中国近代史学文献丛刊

王　东　李孝迁／主编

现代大学史学系概览
(1912—1949)（上）

王应宪／编校

上海古籍出版社

上海高校服务国家重大战略出版工程

上海市教育委员会科研创新计划重大项目
"重构中国：中国现代史学的知识谱系（1901-1949）"
（2017-01-07-00-05-E00029）

丛刊缘起

　　学术的发展离不开新史料、新视野和新方法,而新史料则尤为关键。就史学而言,世人尝谓无史料便无史学。王国维曾说:"古来新学问之起,大都由于新发现。"无独有偶,陈寅恪亦以为"一时代之学术,必有其新材料与新问题",取用此材料,以研求问题,则为此时代学术之新潮流;顺此潮流者,谓之预流,否则谓之未入流。王、陈二氏所言,实为至论。抚今追昔,中国史学之发达,每每与新史料的发现有着内在联系。举凡学术领域之开拓、学术热点之生成,乃至学术风气之转移、研究方法之创新,往往均缘起于新史学之发现。职是之故,丛刊之编辑,即旨在为中国近代史学史学科向纵深推进,提供丰富的史料支持。

　　当下的数字化技术为发掘新史料提供了捷径。晚近以来大量文献数据库的推陈出新,中西文报刊图书资料的影印和数字化,各地图书馆、档案馆开放程度的提高,近代学人文集、书信、日记不断影印整理出版,凡此种种,都注定这个时代将是一个史料大发现的时代。我们有幸处在一个图书资讯极度发达的年代,当不负时代赋予我们的绝好机遇,做出更好的研究业绩。

　　以往研究中国近代史学,大多关注史家生平及其著作,所用材料以正式出版的书籍和期刊文献为主,研究主题和视野均有很大的局限。如果放宽学术视野,把史学作为整个社会、政治、思潮的有机组成部分,互相联络,那么研究中国近代史学所凭借的资料将甚为丰富,且对其也有更为立体动态的观察,而不仅就史论史。令人遗憾的是,近代史学文献资料尚未有系统全面的搜集和整理,从而成为学科发展的瓶颈之一。适值数字化时代,我们有志于从事这项为人作嫁衣裳的事业,推出《中国近代史学文献丛刊》,计划陆续出版各种文献资料,以飨学界同仁。

丛刊收录文献的原则:其一"详人所略,略人所详",丛刊以发掘新史料为主,尤其是中西文报刊以及档案资料;其二"应有尽有,应无尽无",丛刊并非常见文献的大杂烩,在文献搜集的广度和深度上,力求涸泽而渔,为研究者提供一份全新的资料,使之具有长久的学术价值。我们立志让丛刊成为相关研究者的案头必备。

这项资料整理工作,涉及面极广,非凭一手一足之力,亦非一朝一夕之功,便可期而成,必待众缘,发挥集体作业的优势,方能集腋成裘,形成规模。华东师范大学历史学系,在史学理论与史学史研究领域有着长久深厚的学术传统,素为海内外所共识。我们有责任,也有雄心和耐心为本学科的发展贡献绵薄之力。在当下的学术评机制中,这些努力或许不被认可,然为学术自身计,不较一时得失,同仁仍勉力为之。

欢迎学界同道的批评!

前　言

　　清末学制改革,引入西方学术分科观念,京师大学堂史学门的设立,标志着中国史学开始步入专业化进程。1919年北大史学门改称史学系,其后十余年间,稍具规模的大学皆设有史学系,承担历史教育与学术研究的双重使命,在现代史学发展中发挥着不可替代的作用。史学系的建置是现代史学专业化的制度保障,故中国现代史学,若离开史学系课程、教员、教材等方面的考察,必无从认识其全貌。

　　在相当长的时期内,学界对于现代大学史学系史料关注不够,导致相关研究未能充分展开。晚近十余年,随着图书馆、档案馆开放程度提高,《民国史料丛刊》及《续编》、《民国大学校史资料汇编》等大部头资料集出版,以及图书期刊资源数据库建设的日新月异,史学系及其相关问题研究成为一个新方向,如北大、清华、燕京等校史学系皆有专著或学位论文探讨。现代大学史学系的文献资料,或散藏于档案馆、图书馆,或散见于报章杂志,向之研究此学者未有具体的及系统的整理,尚无专门汇编问世,为便于研究者利用,特编此集。

　　本集题名《现代大学史学系概览(1912-1949)》,"大学"涵盖国立、省立、私立以及相关学院,含抗战期间日伪政权所建高校。"史学系"则为"历史学系"、"史地学系"、"历史社会学系"、"历史政治学系"、"文史学系"等的泛称。所录文献大致分三类:

　　第一,课程学程。关于课程、学程概念,《新术语辞典》解释云:"课程:全部学程及其教学时间之支配的总称;学程:课程中的一部,教学内容的一种,亦称科目。"① 时人议及课程标准及教学大纲之意

---

① 知:《新术语辞典》,《新人周刊》1935年第2卷第1期,第12页。

义云："课程为各科目之系统的组织,大纲为某科目之重要的教材。无课程则所定教育之目的莫由达,无大纲则教学之进行无标准。"[1] 欲明了史学系概况,明确其课程、学程及大纲如何,自然为首要之义。就现存史料而言,课程学程集中保存于彼时各校所编《一览》。[2]

现代大学制度兴起之后,各校多组织专门编辑委员会,编制刊行《一览》。其目的主要满足校外社会宣传以及校内师生教学之需,非用以牟利,除无偿赠送外,亦低价出售。如1933年清华大学发行《一览》,对外售价七角,校内师生则减半发售。[3] 至于其发行数量与流通范围,并不尽同。1930年湖南大学刊印《一览》两千本,校教职员及学生、省会各机关、全省各学校、各县政府、各县教育局及全国各大学、中央党部、国民政府各院部、各省政府、各省教育厅、各特别市政府,均赠送一本。[4] 在内容上,其栏目设置大体一致,诸如校史校历、校务院务、组织规程、重要章程、学生通则、各院概况、课程标准、学程纲要、各种委员会以及教职员、学生名录及各项统计表等。由于各校章程学程多有改进添订,教员课程时有变化,故《一览》多为年度出版,按年汇印成册。此类文献绝大部分为中文出版,间有外文版,南开大学即曾编有英文本。[5]

现代大学凡设史学系者,《一览》多存史学系课程学程,是为本集文献的主要来源。至于报刊所载可资补充者,择要收录。此类资料名为"课程指导书"或"学程大纲"等,以纲要形式规定了课程的教学目的、知识范围,涵括科目、学分、时数、必修或选修、内容、教员等信息。一般为史学系负责人会同各教授编制,颇能反映课程实际教学状况。

---

[1] 李建勋:《国立北平师范大学教育学院教育系课程标准及教学大纲·序》,1933年。

[2] 本集所录各校《一览》类文献,名称不一,有"一览"、"总览"、"概览"、"要览"、"概况"等,其涵括范围又有全校与院系之别,便于表述,统称《一览》。

[3] 礼:《本校新一览及学程一览上月出版订价发售》,《清华副刊》1933年第39卷第1期,第18页。

[4] 《湖南大学一览出版》,《湖南大学周报》1930年第10号,第4页。

[5] 《一览将出版》,《南开周刊》1924年第106期,第2页。

近年出版的民国大学史学讲义,大多能与著者任教史学系的课程学程相印证。由于讲义多为校内发行,散佚严重,现存有限,如比照其学程大纲,则可知该课讲授内容之大概,对相关问题或可作出相对准确的评判。因经费、师资等因素制约,各校史学系的发展并不均衡,北大、清华、辅仁、燕京、武汉、中山、中央等校史学系,持续长久,发展稳定,最具代表性。1920 年代朱希祖主政北大史学系,以欧美新史学改造中国旧史学,将历史课程分为基本科学、辅助科学、史学史及史学原理、中外通史及断代史、专门史、外国语六大系统,"国内公私大学史科,纷纷仿行,于是中国史学乃得跻于科学之列"。[①] 故本集对上述各校史学系文献收录较多,以见主流趋向。其余各校,则因篇幅之限,择录一二。

第二,系况。各大学史学系概况,时人屡有论述见诸报章,著者多为主持系务者、任课教员或毕业生,内容涉及该系建制沿革、师资学生、课程等方面,对于了解其历史与现状皆有裨益。本集所录除专文外,主要摘自科系简况、文学院简介,原无单独标题,为标识其所在校系,编者多据原题和内容拟定新题,并于文末注明原题。

第三,课程标准。大学史学系课程标准的规划与讨论,属于制度建设方面。1920 年代现代大学体制建立初期,课程一般由学校依照既有师资安排,并无一定标准。1924 年《国立大学条例》要求各科系及大学院设立教授会规划学程。史学系自主设置课程,在促进自由发展的同时,也因缺乏标准而产生漫无准绳、多变等弊端,颇为识者所忧。郑师许即言:"现时各大学历史系的课程的分歧,从好的一方面说,是自由发展,各有专长;从坏的一方面说,是漫无目的,不合实际。"[②]

有鉴于此,1929 年国民政府教育部成立大学课程标准起草委员会,拟编订大学各学院各学系课程及设备标准,藉为各大学将来实施

---

① 傅振伦:《先师朱逖先先生行谊》,《文史杂志》1945 年第 5 卷第 11、12 期,第 51 页。

② 郑师许:《大学历史系课程分配之商榷》,《学术世界》1935 年第 10 期,第 17 页。

之根据。考虑到事关重大，非集全国各科专家，协同拟定，难期完善，教育部"先行函请各学院各学系专家一人，起草该系之课程及设备标准，尽于一月内将草案汇集整理，第二步再请各学系之专家多人，集会讨论，俾臻完善。"[①] 历史系课程标准由蒋廷黻、朱希祖、张其昀、雷海宗、徐则陵负责拟定、审查与修订，朱希祖兼任历史学系科目表草案起草人。由于时局动荡，尤其受抗战的影响，直至1938年教育部方召开第一次大学课程会议，拟定《大学文理法三学院各学系课程整理办法草案》，试行一年后，正式颁行《大学科目表》，规定必修科目全国一律，选修科目可参照实际需要，酌量损益。1944年召开第二次大学课程会议，检讨修订各系科目，并致函各校及全国专家征求意见。次年教育部致电各校催报研讨意见，文云："现抗战胜利，复员伊始，大学科目表亟待修订颁行。该校/院对于现行大学科目表之意见，仍未呈送到部，特再电催，仰于文到后，迅即呈报，勿再延迟为要。"[②] 按照部定原则，修正大学科目表以"注重基本训练"、"集中科目"、"减少必修学分"三项原则为准绳。在各方意见反馈后，教育部作初步修正，并以各院系课程为单位，召开审查会议，逐一缜密讨论，妥慎决定，于1948年完成修正工作。[③]

《大学科目表》及修正意见对于史学系科目、规定学分、设置年限及学期要求，皆有具体规定。颁定之后，各校遵照部颁标准，组织修订课程。部定标准对于规范史学系课程结构起到积极作用，在历史学科的制度化建设中意义深远。本集收录部定科目表中史学系课程标准，以及朱希祖、杨家骆、蔡尚思、谢澄平、李思纯等改革意见，以反映史学界对于大学历史课程建设之诉求。吕思勉、沈有鼎、吴景超、缪凤林、郑师许、雷海宗等对于史学系课程的商榷文章，亦择要收录。

---

① 刘乃敬：《一月来之教育·大学课程及设备标准》，《时事月报》1931年第5卷第6期，第234页。

② 《再电各院校催报现行大学科目表研讨意见》，《教育部公报》1945年第17卷第11期，第9页。

③ 《大学院系科目修正》（自三十八年度一年级起实行），《英士大学校刊》1949年1月1日，第2版。

以上三类文献,种类庞杂,格式不一,若按原本汇辑,读者难以区别浏览。为此,编者在尊重原本的基础上,主要从以下方面作必要的技术性处理:(一)排序原则。依类区分,按篇名拼音,参照时间先后排列;(二)格式编排。原本竖排繁体者,调整为横排简体;双行夹注者,改为单行夹注;课程学程酌加序号、表格;(三)文字校勘。原文明显错讹处,径行订正;原文污损模糊而无法辨识者,以方框"□"表示;(四)酌拟篇名。原本篇名信息不全、含混不清者,依原名及子目拟定篇名,注明年份,于文末标原篇名;(五)内容删减。对于与主题关涉不大的内容,斟酌删减。如各大学或学院的外国语、体育、党义等公共课程,以及史地学系、历史社会系等合组科系之地理学、社会学课程。

现代大学史学系文献,得其一二不难,求全则不易,故对同行多所借力。同事李孝迁教授,于此涉猎较早,见识亦广,于本集编成居功甚伟。北大尚小明教授,于此关注最多,著述颇丰,编者对尚著颇多参考。于此说明,并致谢忱。在整理期间,编者曾赴各地翻检图书期刊及相关数据库,然囿于目力及学识,本集所揭实为冰山一角。此次不揣谫陋,选辑编校,旨在为读者展示现代大学史学系面貌之大概,期冀引发更多学者的关注,进一步开拓相关资源,深化专题讨论,推进中国近现代史学研究。

王应宪
2016 年夏于华东师大历史系

目 录

北京大学史学门课程（1917–1918）

一、史学门改定课程（1917）

通科：历史学原理、中国通史、东洋通史、西洋通史、人种学及人类学、社会学、外国语（欧洲近代语）。

专科：中国地理沿革、西洋地理沿革、年代学、考古学、中国文明史、中国法制史（法理学及西洋法制史）、中国经济史（经济学）、欧美各国史、亚洲各国史、欧美文明史、欧美政治史、欧美殖民史、中亚细亚地理及历史。

以上各科各生听讲时间必在三〇单位以上。

特别演讲：

（一）以一时代为范围者，如上古、三代、两汉、南北朝、辽金元、法国革命时代、欧洲十九世纪等是。

（二）以一书为范围者，如《尚书》、《周官》、《春秋》、《史记》、《汉书》、《后汉书》、《通志》、海罗多之《希腊史》、泰奇都之《罗马史》、基左之《法国文明史》、兰克之《德国史》、《英国史》、《法国史》等是。

（三）以一种事件为范围者，如中国人种及社会之研究、苗族之考证、中国古代文明与巴比伦文明之比较、墨西哥交通中国之证据等。

（《北京大学文理法科本预科改定课程一览》，

《教育公报》1917 年第 4 卷第 14 期，1917 年 10 月 30 日）

二、中国史学门规程（1917）

	科目	每周时间
第一年级	中国通史	六
	历史学原理	三
	法制史	三
	经济史	三
	学术史	三
	第一种外国语	八
	共计	二六
第二年级	中国通史	六
	金石及考古学	三
	法制史	三
	经济史	三
	学术史	三
	第二种外国语	八
	共计	二六
第三年级	中国通史	六
	民俗及宗教史	六
	人种学	三
	第二外国语	八
	共计	二三

上列现行科目及课程，限于依旧课程毕业之预科生升入本科者行之。

（《国立北京大学规程》，1917 年）

三、中国史学门现行课程（1917）

科目	每周时间	教员担任时间
中国通史	六	黄晦闻　六
地理沿革史	三	张蔚西　三
法制史	三	陈伯弢　三
经济史	三	蒋观云　三
学术史	三	叶浩吾　三
英文	八	
		共计二六

（《文科本科现行课程》，《北京大学日刊》第 12 号，

1917 年 11 月 29 日）

四、中国史学门改正规程（1918）

	本科	每三十小时为一听讲单位
一	中国通史	一二单位
二	历史研究法	二单位
三	东洋通史	二单位
四	地理沿革史	三单位
五	金石及考古学	三单位
六	人类及人种学	三单位
七	法制学	六单位
八	学术史	六单位
九	民俗史及宗教史	三单位
一〇	经济史	六单位
一一	中国与亚洲诸国交通史	二单位
一二	第一外国语	一二单位

（续表）

	本科	每三十小时为一听讲单位
一三	日本文、蒙古文、西藏文、满洲文四种选一	六单位
	共计	六六单位

（一）至（一三）皆必修科

（民国七年最近改正《国立北京大学规程》，1918年）

五、中国史学门课程表（1918）

科目	每周时间	担任教员
中国通史	六	黄晦闻
地理沿革史	三	张蔚西
法制史	三	陈伯弢
学术史	三	叶浩吾
外国语	六	
		共计二一

（《文本科第二学期课程表》，《北京大学日刊》
第38号，1918年1月5日）

第一年级		
科目	每周时间	担任教员
中国通史	六	陈伯弢
地理沿革史	三	张蔚西
东洋通史	二	钱硕人
法制史	三	陈伯弢
学术史	三	叶浩吾

（续表）

第一年级		
科目	每周时间	担任教员
外国语	六	
		共计二三
特别演讲		
中国史学通义	三	黄晦闻
人地学	二	铎尔孟
史记探源	一	崔怀瑾

（《文本科第三学期课程表》,《北京大学日刊》
第 109 号,1918 年 4 月 12 日）

科目	每周时间	担任教员
中国通史（一）	六	陈伯弢
中国通史（二）	六	陈伯弢
地理沿革史	三	张蔚西
东洋通史	二	钱硕人
法制史（一）	三	康心孚
法制史（二）	三	陈伯弢
学术史（一）	三	叶浩吾
学术史（二）	三	叶浩吾
人类学及人种学	三	陈仲骧（哲学门合班）
历史研究法	二	曹馥珊
中国与亚洲诸国交通史	二	曹馥珊
外国语	六	

（《文本科七年度第一学期课程表》,
《北京大学日刊》第 207 号,1918 年 9 月 14 日）

第一学年新生课程如下			
中国通史（一）	陈伯弢		六时
法制史（一）	康心孚		三时
学术史（一）	叶浩吾		三时
地理沿革史	张蔚西		三时
人类学及人种学	陈仲骧		三时
历史研究法	曹馥珊		三时
外国语 第一种		看兼习外国语表	三时
第二种			三时
			共二十四时

第二学年			
中国通史（二）	陈伯弢		六时
法制史（二）	陈伯弢		三时
学术史（二）	叶浩吾		三时
东洋通史（续）	钱硕人		二时
历史研究法	曹馥珊		二时
中国与亚洲诸国交通史	曹馥珊		二时
外国语（二种选一） 第一种		看兼习外国语表	三时
第二种			三时
西洋史	何柏丞		六时
			共二十四时

（《文本科本学年各门课程表》,《北京大学日刊》
第 213 号,1918 年 9 月 26 日）

六、史学门每周功课表（1918）

时间 星期	第二 九时至十时	第三 十时至十一时	第四 十一时至十二时	第五 一时至二时	第六 二时至三时	第七 三时至四时
月	中国通史（一）陈 学术史（二）叶	中国通史（一）陈 学术史（二）叶	历史研究法（二）曹		地理沿革史（一）张 英文（二）何	英文（二）何
火	中国通史（二）陈	法制史（一）康 中国通史（二）陈	法制史（一）康 东洋通史（二）钱	法制史（二）陈	人类学及人种学（一）陈	人类学及人种学（一）陈
水	中国通史（一）陈	中国通史（一）陈 学术史（二）叶	学术史（一）叶 中国与亚洲诸国交通史（二）曹		地理沿革史（一）张 英文（二）何	英文（二）何
木	中国通史（二）陈	法制史（一）康 中国通史（二）陈	历史研究法（二）曹	法制史（二）陈	法制史（二）陈 特别讲演《史记探源》（一）崔	人类学及人种学（一）陈
金	中国通史（一）陈	中国通史（一）陈	东洋通史（二）钱		地理沿革史（一）张 英文（二）何	英文（二）何
土	学术史（一）叶 中国通史（二）陈	学术史（一）叶 中国通史（二）陈	中国与亚洲诸国交通史（二）曹			

（《文本科史学门每周功课表》，《北京大学日刊》第253号，1918年11月19日）

附：史学系课程时间表（1919）

时间／星期	第一时 八时至九时	第二时 九时至十时	第三时 十时至十一时	第四时 十一时至十二时	第五时 一时至二时	第六时 二时至三时	第七时 三时至四时	第十时 七时至八时	第十一时 八时至九时
月		（三）本国通史 陈 （一）科学概论 王	（三）本国通史 陈 （一）科学概论 王	（三）金石学 马 （一）心理学 陈	（三）经济史 王 （一）东洋史法科	（三）英文 何 （二）地理沿革史 张 （一）东洋史法科	（三）英文 何		
火		（三）西洋通史 （二）本国通史 陈 （一）哲学史大纲 胡	（三）西洋通史 （二）本国通史 陈 （一）哲学史大纲 胡	（三）政治史 潘 （二）法制史 康	（二）人类学 陈 （一）论理学 胡	（三）英文 何 （二）人类学 陈 （一）论理学 胡	（三）英文 何 （二）（一）西洋上古史 王	（一）社会学大意 陶	（一）社会学大意 陶
水		（三）史朱史 叶 （二）学术史 叶 （一）本国通史 陈	（三）西洋通史 （二）学术史 叶 （一）本国通史 陈	（三）西洋通史 （二）东洋史钱 史 （一）学术史 叶	（三）经济史 王	（二）地理沿革史 张 （一）史学研究法 王	（二）（一）西洋上古史 王		

（续表）

时间 星期	第一时 八时至 九时	第二时 九时至 十时	第三时 十时至 十一时	第四时 十一时至 十二时	第五时 一时至 二时	第六时 二时至 三时	第七时 三时至 四时	第十时 七时至 八时	第十一时 八时至 九时
木	（一）法制史 康	（三）本国通史 陈 （一）法制史 康	（三）本国通史 陈 （二）法制史 康 （一）交通史	（三）西洋通史 （二）法制史 叶 （一）交通史	（一）史学研究法 王	（三）外交史 法科 （一）经济学 李	（三）外交史 法科 （二）（一）西洋上古史 王		
金		（三）学术史 叶 （一）本国通史 陈	（三）学术史 叶 （二）东洋史 钱 （一）本国通史 陈	（三）金石学 马 （二）东洋史 钱	（二）经济史 王 （一）心理学 陈	（三）英文 何 （二）地理沿革史 张 （一）心理学 陈	（三）英文 何 （二）人类学 陈		
土		（二）本国通史 陈 （一）学术史 叶	（三）政治史 潘 （二）本国通史 陈 （一）学术史 叶	（三）政治史 潘 （一）东洋史 法科 （二）学术史 叶	（一）经济学 李	（三）外交史 法科 （一）经济学 李			

（《文本科史学系三一一学年课程时间表》，《北京大学日刊增刊》第 468 号，1919 年 12 月 4 日）

北京大学史学系课程（1919）

本科第一年课程（新制）

共同必修科	教　员	单　位
哲学史大纲（习哲学者免习）	胡　适	2
科学概论	王星拱	2
社会学大意	陶履拱	2
第一种外国语（习英、法、德文学者免习）		3
第二种外国语		3
		共计 12 或 9

分组选修科：于一组内选习八至十一单位以上		
史学系		
中国通史	陈汉章	4
东洋史		3
学术史（一）	叶　瀚	3
史学研究法	王　徵	2
法制史	康宝忠	3
交通史		2
经济学（与组三合并）	李　芬	3
心理学（与组三合并）		3
论理学（与组三合并）		2

本科分系课程（旧制）

史学系		
本科第二年		
中国通史（二）	陈汉章	4
地理沿革史	张相文	3
学术史（二）	叶　瀚	3
东洋史	钱硕人	3
人类学及人种学	陈仲骧	3
中国法制史	康宝忠	2
第一种外国语		3
第二种外国语		3
		共计24
本科第三年		
中国通史（三）	陈汉章	4
西洋通史	梁敬錞	6
外交史	梁敬錞	3
政治史	潘大道	3
史学史	朱希祖	1
经济史	王　徵	3
金石学	马叔平	2
外国语（仍旧用英文西洋史）	何炳松	6
		共计28

（《国立北京大学学科课程一览》,1919 年至 1920 年度）

北京大学史学系课程（1920）

中国中古史	4	陈汉章
中国近世史（甲）	4	陈汉章
（乙）	4	杨栋林
西周史（研究科目）	2	陈汉章
战国史（研究科目）	2	朱希祖
秦史（研究科目）	1	马叙伦
欧亚交通史	2	陈衡哲
西洋中古史（英文）	3	何炳松
西洋近世史	3	赵文锐
西洋近百年史（预科）	3	
欧洲社会变迁史	2	杨栋林
日本近世史	2	邹宗孟
印度古代史	1	钢
政治史	3	与政治系合班
经济史	3	与经济系合班
外交史	3	与政治系合班
中国法制史	3	冯承钧
中国经济史	2	徐宝璜
中国哲学史	2	与哲学系合班
中国文学史	2	与国文系合班
中国学术史	3	叶瀚

（续表）

中国史学概论	2	朱希祖
新史学（英文）	3	何炳松
唯物史观	2	李大钊
金石学	2	马　衡
人类学及人种学	3	陈映璜

（《国立北京大学学科课程一览》，1920 年度至 1921 年度）

附：史学系课程并说明书（1920）

本科史学系课程：中国通史、中国上古史、中国中古史、中国近世史、西周史、战国史、秦史、中国学术史、中国法制史、中国经济史、中国财政史、中国美术史、中国文学史、中国哲学史、中国史学概论、金石学。

史学系课程说明书：史学系分中国史学及外国史学两部，中国史属于国学，兹说明如左：

中国通史　史学系旧班用之，分三年讲完。以分类法编纂，不以时代相次，此为中国旧法。

中国上古史、中国中古史、中国近世史　史学系新班用之，分三年讲完。盖史学以时代相次，乃能明其原因结果，此乃应用科学方法整理史学者。

西周史、战国史、秦史　此为研究课程。中国自汉以下，每朝各有断代史，而秦以前则无。中国一切学术、政事、风俗皆渊源于周代，而周代仅春秋时有编年之《春秋左氏传》，首尾完具，事迹详备。西周、战国并此无之，唯秦亦然。然西周之政治、战国之学术、秦之改封建为郡县制，皆于后世有莫大之影响，故先整理此三史，以为编纂上古史之基础。盖此三史颇与西洋之希腊史、罗马史有同等之声价，具独立之资格焉。

中国学术史　史学系新班用之，原定一年讲完。后以学术范围甚广，展限至三年讲完。新班已将中国学术史废去，改授中国哲学史、文学史、美术史。盖学术范围甚广,一人不能兼精,故分而为三,使各专门家分任编纂。

中国哲学史、中国文学史、中国美术史　各一年讲完。哲学史隶哲学系,文学史隶文学系,美术史隶史学系,唯史学系学生必须兼治此三种。

中国法制史、中国经济史、中国财政史　各一年讲完。法制史与法律学系合班讲授,经济史、财政史与经济学系合班讲授。

中国史学概论　一年讲完。说明中国史学之源流变迁及编纂方法,并评论其利弊。盖撷《史通》《文史通义》之精华而组织稍有系统,并与西洋史学相比较,使研究史学者有所取资焉。

金石学　一年讲完。中国钟鼎、彝器、甲骨、碑版文字大有裨补史学。此学浩如烟海,提纲挈领,成为有系统之组织,以为史学之补助科学焉。

（《国立北京大学讲授国学之课程并说明书》,
《北京大学日刊》第 720 号,1920 年 10 月 19 日）

北京大学史学系科目（1921）

第一学年

中国上古史四,西洋上古史三暂缺。以上必修。

社会学大意二,生物学大意二,政治学原理三,经济学原理四,人类学及人种学三,印度古代宗教史二。以上选修。

第二学年

中国中古史四,西洋中古史三。以上必修。

法律哲学二,社会心理学二,统计学二,政治史及外交史三,经济史三。以上选修。

第三学年

中国近世史四,西洋近世史三,日本近世史二。以上必修。

中国法制史三,中国经济史三,唯物史观二。以上选修。

第四学年

中国通史（文化之部）四,西洋文明史三暂缺,新史学三,中国史学概论二。以上必修。

中国哲学史二,中国美术史三,中国文学史二,金石学二。以上选修。

说明

本年课程与去年所定的次序略异，去年史学系课程指导书已不适用。

凡一年级学生须尽先把一年级必修选修课程选修，不必选及二年级以下课程。因学史学的须先把史学基本科学学习，然后研究史学方有头绪，如社会学、生物学、政治学、经济学、人类学及人种学皆为史学基本科学。

凡二年级学生亦须先把一年级、二年级所有必须选修课程尽先学习，不必选及三、四年级课程。如一年级课程有未曾习过的，必须补习。

凡三、四年级学生对于三、四年级课程可以随便选习，如一、二年级内所有课程尚有未曾习过的，亦须补习。

（《史学系本年科目》，《北京大学日刊》
第 869 号，1921 年 10 月 19 日）

北京大学史学系课程指导书（1923）

指导书

一、本系对于史学，本国与外国并重。盖现代史学，以人类全部之历史为归宿。故本国与外国各时代史，须汇通观之。

二、历史强分时代与强分国界，皆不适当。惟因教授便利起见，不得不勉强分割。然学习历史时，务期本国与外国同一时代之历史，详细比较，如学本国上古史，同时学习外国上古史，得以两相比较其内容，则于史学乃能融会贯通。他皆仿此。故本系课程本国与外国同时代之历史，渐当谋其排列于同一学年。

三、历史以现代史为尤要。盖史学之目的，在认识现代社会之来历，以谋未来之建设。故现代史在史学中之位置尤为重要。兹将本国、外国之现代史排列在第二学年，其所以不排在第四学年者，欲使教授与学生，讲习此课完了之后，仍年年继续采集现代史之材料以成史，至第四学年毕业时止，则教授与学生时时留意搜集史材，造成史书，作为一种实地练习功课，盖一举两得者也。其所以不排列在第一学年者，以史学基本科学未习，则搜集史材，尚无判断之能力故也。

四、学史学者，先须习基本科学。盖现代之史学，已为科学的史学，故不习基本科学，则史学无从入门。所谓基本科学者，即生物学、人类学、人种学、社会学、政治学、经济学、法律哲学、社会心理学等科，必须于二年以内，先行学完，乃可以言史学。而各种科学中，以社会学及社会心理学尤为重要。故本系各种基本科学，按其先后次第，尽排列在第一、第二两学年中（基本科学中，尚有人地学一科，将来亦须添设）。

　　五、基本科学既习之后，则各种科学的历史，如政治史、经济史、法制史、社会变迁史，亦须次第选习。而美术史、文学史、哲学史以及文化史，皆学史学者所宜注意者也，但不可躐等以求耳。

　　六、既学史学，则于本国、外国史学之变迁利病，尤宜深知灼见，如史学研究法、史学思想史及本国史学概论、本国史学名著研究，即为此而设。而历史哲学，尤为重要，现在正拟筹画添设。

　　七、考古学一门，为研究史学之重要辅助学科，今亦正拟添设。而本国之金石学，亦为考古学之一部，宜先注意学习。

　　八、研究史学，既以全部人类之历史为归宿，则外国语至为重要。盖不通外国语，无以研究外国史。本系学生，对此尤宜集注全力以学之。此后本系外国史，拟酌用外国原文讲授。

　　九、本系课程，就高等普通应有之常识，务求设备完全。至于得此常识以后，欲专研人类全史，以成所谓世界史；或专研究一国史，如本国史及英、美、德、法、俄、日等国史；或专研究科学史，如政治史、经济史、法制史等，则任各生之志愿，此则研究所之责任，而非本系四年内所能谋及矣。惟将来改三三制时则课程自当更定。

课　程

第一学年

本国史一：上古史……………………… 4 ……………… 陈汉章

外国史一：西洋上古史………………… 3 ……………… 徐渭津

外国史二：印度古代史………………… 1 ……………… 钢和泰

本国史学名著研究……………………… 1 ……………… 朱希祖

　　以上必修科

社会学…………………………………… 3 ………………

政治学原理……………………………… 3 ………………

经济学原理……………………………… 4 ………………

生物学…………………………………… 2 ………………

人类学及人种学………………………… 3 ……………… 陈映璜

　　以上选修科（凡不注教授名姓者在别系选习，下仿此）

第二学年

本国史二：中古史……………… 4 ……………… （未定）

外国史三：西洋中古史……………… 3 ……………… 徐渭津

本国史五：现代史……………… 1 ……………… 杨栋林

外国史六：现代史……………… 1 ……………… 杨栋林

　　以上必修科

法律哲学……………… 2 ………………

社会心理学……………… 3 ………………

统计学……………… 3 ………………

外国经济史……………… 3 ………………

本国经济史……………… 3 ……………… 黎世蘅

　　以上选修科

第三学年

本国史三：近古史……………… 4 ……………… （未定）

外国史四：西洋近世史……………… 3 ……………… 张　健

外国史五：日本近世史……………… 2 ……………… 张孝年

　　以上必修科

政治史及外交史……………… 6 ………………

本国法制史……………… 3 ……………… 冯承钧

本国美术史……………… 3 ……………… 叶　瀚

金石学……………… 3 ……………… 马　衡

　　以上选修科

第四学年

本国史四：近世史……………… 4 ……………… 杨栋林

欧洲文化史……………… 3 ……………… 熊　遂

史学研究法……………… 2 ……………… 张　健

本国史学概论……………… 2 ……………… 朱希祖

　　以上必修科

欧洲社会变迁史·······················2······················杨栋林

史学思想史·························3······················李大钊

本国文学史·························3······················

本国哲学史·························2······················

　　以上选修科

　　　　　　　　（《史学系课程指导书》十二年至十三年度，

《北京大学日刊》第 1302 号，1923 年 9 月 29 日）

北京大学史学系课程指导书（1924）

Ⅰ.说明

一、本系对于史学，本国与外国并重。盖现代史学，以人类全部之历史为归宿，历史哲学家所谓普遍史是也。故本国与外国各种史，须汇通观之。

二、历史强分时代与强分国界，皆不适当。惟因教授便利起见，不得不勉强分割。然学习历史时，务期本国与外国同一时代之历史，详细比较，如学本国上古史，同时学习外国上古史，得以两相比较其内容，则于史学乃能融会贯通。他皆仿此。故本系课程本国与外国同时代之历史，均排列于同一学年，学习时务宜注意。

三、学史学者，先须习基本科学。盖现代之史学，已为科学的史学，故不习基本科学，则史学无从入门。所谓基本科学者，即地史学、生物学、人类学及人种学、社会学、政治学、经济学、法律哲学、社会心理学等，必须于二年以内，先行学完，乃可以研究史学。而此各种科学中，尤以社会学及社会心理学尤为重要，学习时尤宜注意。

四、基本科学既习之后，则各种科学的学术史，如政治史、经济史、法制史、宗教史，亦须次第选习。而文学史、哲学史、美术史、教育史等，皆可以补通史之不足，学者所最宜注意，但不可躐等以求。

五、既学史学，则于本国、外国史学之变迁利病，尤宜深知灼见。如本国史学概论、本国史学名著讲演、欧美史学史等，即为此而设。此为本系最重要之学科也。

六、考古学一门，为研究史学之重要补助学科，今尚未能添设。而本国之金石学，亦为考古学之一部，宜先注意学习。统计学亦为史学之重要补助学科。

七、研究史学，既以全部人类之历史为归宿，则外国语至为重要。盖不通外国语，无以研究外国史。今兹本系外国语作为必修科外，各种外国史，均酌定各国原本为必需之参考书。

八、本系课程，就史学应有之常识，务求设备完全。至于得此常识以后，欲专研究人类全史，以成所谓世界史或普遍史；或专研究一国史，如本国史及英、美、法、德、俄、日等国史；或专研究学术史，如政治史、经济史、法制史、宗教史等，则任各生之志愿，此则大学院或研究所之责任，而非本系四年内所能谋及。若就此四年内分课程为三组，如本国史组、外国史组、学术史组，各便择一专攻，则史学应有之常识，恐不完备，造就浅薄，颇不适于复杂之史学。此本系课程之组织与他系不同之点也。

Ⅱ.课程一览

第一学年

本国通史…………………………………… 3 …………………… 洪允祥

欧美通史…………………………………… 3 …………………… 陈翰笙

本国史学名著讲演………………………… 1 …………………… 陈翰笙

人类学及人种学…………………………… 3 …………………… 陈映璜

政治学……………………………………… 3 …………………… （政治系）

经济学……………………………………… 4 …………………… （经济系）

社会学……………………………………… 2 …………………… （政治系）

以上必修科。注意：外国语 4 时亦为必修科。

地史学……………………………………… 1 …………………… 朱家骅

生物学……………………………………… 2 …………………… （哲学系）

以上选修科。

第二学年

本国上古史………………………………… 3 …………………… 陈汉章

欧洲上古史……………………3……………………刘崇鋐

社会心理学……………………2……………………（哲学系）

本国经济史……………………3……………………黎世蘅

外国经济史……………………3……………………（经济系）

宗教史大纲……………………4……………………（哲学系）

以上必修科。注意：外国语4时亦为必修科。

法律哲学………………………2……………………（法律系）

古代印度宗教史………………2……………………（哲学系）

统计学…………………………2……………………（政治系）

以上选修科。

第三学年

本国中古史……………………3……………………刘富槐

本国近古史……………………3……………………戴锡璋

欧洲中古史……………………3……………………陈翰笙

本国法制史……………………3……………………冯承钧

政治史及外交史二……………3……………………（政治系）

金石学…………………………3……………………马　衡

以上必修科。

本国美术史……………………3……………………叶　瀚

西洋美术史……………………2……………………（哲学系）

以上选修科。

第四学年

本国近世史……………………3……………………洪允祥

欧美近世史……………………3……………………陈翰笙

日本近世史……………………2……………………张孝年

本国史学概论…………………2……………………朱希祖

欧美史学史……………………1……………………陈翰笙

欧美文化史……………………3……………………熊　遂

以上必修科。

本国文学史·······················3·····················（国文学系）

本国哲学史·······················2·····················（哲学系）

教育史···························3·····················（教育学系）

以上选修科。

Ⅲ.本国史

本国通史·························3····················· 洪允祥

　　叙述本国各人种之由来,及其盛衰兴废之因果,与各时代政治、经济、宗教以及学术思想之变迁,并与环境相互之关系。

本国上古史·······················3····················· 陈汉章

　　自上古迄周末。

本国中古史·······················3····················· 刘富槐

　　自秦汉迄五代。

本国近古史·······················3····················· 戴锡璋

　　自宋迄明。

本国近世史·······················3····················· 洪允祥

　　自明中叶迄民国。

本国金石学·······················3····················· 马　衡

　　此科专为整理中国史之客观的材料而设,所以补载籍之不足,或订正其谬误者也。金石者,古人之遗文及一切有意识之作品,赖金石或其他物质以直接流传至今者也。此种材料虽多属残缺,而皆为最真确、最有价值之历史材料。惜范围广漠,种类繁琐,向之研究此学者鲜有具体的及系统的整理,致此学尚未能充分发展。此编即注重此点,示人以治此学之方法。全书共分三篇:第一篇总论,说明定义及范围及其与史学之关系。第二篇分论,分述各种材料并论前人之得失。第三篇结论,说明今后研究之方法及处置材料之方法。

本国美术史·······················3····················· 叶　瀚

本课分两部分讲授：甲部：第一编图画史，分山水、写生、图象三门，共十章。第二编雕刻史，分金工、玉工、石工、竹木、牙角、漆工六门，共六章。第三编塑像史，分铸像、琢像、雕像、塑像、漆像五门，共六章。乙部：第一编陶磁史，分六章，述各时代陶磁之发达及类别。第二编织绣史，分十章，述织及绣品种类，及其源流派别。第三编建筑史，分八章，述各时代建筑之发展及类别。

本国经济史……………………………… 3 …………………… 黎世蘅

本课分两篇讲授：甲篇共分四章，作为导论。举凡经济史之性质与特质，并范围、种类，以及研究方法、搜集材料等等，俱略揭梗概。他如经济组织未发生以前之人类生活状态，与夫经济发达之基因及阶段等等，亦联带条述，以资参验。乙篇共分八章，作为本论。举凡关于我国古代之经济思想、土地制度、户口调查、丁口确数、货币沿革、物价消长，以及工商业之发展、社会政策之设施、财政税则之变迁等等，皆胪述纲要，认在攻究范畴之列。

本国法制史……………………………… 3 …………………… 冯承钧

本国史学概论…………………………… 2 …………………… 朱希祖

本课分三编讲授：第一编，叙述本国史学之起源，并说明古代史官为书记官，非历史官。自魏晋以下，始有历史专官。又，春秋以前为有文字时代，不能谓为有历史时代。自春秋以下，始为有历史时代。第二编，叙述本国历史之种类派别，并评论其利病得失。第三编，叙述本国历史学思想之发展及进步，并规画改良之方法。

本国史学名著讲演…………………… 1 …………………… 朱希祖

吾国史学、文学，自古以来，均混而为一，且往往以史学为文学之附属品。观近代史学名家章学诚尚著《文史通义》，其他可知。惟唐刘知幾深恶文人作皆史，史学脱离文学而独立，特著《史通》以表其义。兹故以《史通》二十卷为讲演之书，而以《文史通义》为参考之书。

Ⅳ. 外国史

日本近世史·························· 2 ·························· 张孝年
　　讲述日本维新事业之由来、经过及其成效。特别注意日本最近之政治政策、经济组织与社会现象，采用国府种德之《大日本近世史》，并辅以新闻纸、杂志等材料。

欧美通史·························· 3 ·························· 陈翰笙
　　欧美政治与文化之来历，希腊与罗马之权势，中古时代宗教之魔力与建设帝国之尝试，近世政治、经济、制度与学术思想之发展及变迁。习此课者须自备下列书籍，英、法、德文可任择一种：
　　英文（A）J. H. Robinson and J. H. Breasted, *A General History of Europe*, Boston, Ginn and Co., 1921, pp.667.
　　（B）E. D. Fite, *History of the United States,* N. Y. Henry Holt, 1923, 2nd Rev. Ed. pp.603.
　　法文（A）Ed. Channing, *Histoire des Etats-Unis d' Amerique*, traduit par Guillemot-Magitot Paris: Colin,12Fr.
　　（B）A. C. Coolidge, *Les Etats-Unis,Puissance Mondiale*, traduction par R. L. Cru, Paris: Colin 7Fr.
　　德文（A）Hans F. Helmholt, *Weltgeschichte in Umrissen,* Berlin, Mittler u. Sohn, 1923, M. 10.
　　（B）F. Luckwaldt, *Geschichte der Vereinigten Staaten von Amerika*, Berlin: Walter de Gruyter, 2 Bande, M. 10.

欧洲上古史·························· 3 ·························· 刘崇鋐
　　此课继通史之后，以详研欧洲开化迄罗马灭亡一段历史为范围，以了然于彼时文化为今日欧美文化之基础为宗旨。
　　有史以前欧洲人生之概状；欧洲文化先导之近东；希腊之政治与文化：1. 希腊民族文化之进化，2. 波斯西侵之拒止，3. 雅典文化之鼎盛，4. 各邦之互相争长，5. 亚历山大之武功，6. 东西文化之参合；罗马之政治与文化：1. 罗马势力之发展，2. 内乱及共和之推翻，3. 帝国之兴衰，4. 蛮族之侵入及罗马之灭亡。

学生自备：J. H. Breasted, *Ancient Time,* Boston, Ginn & Co., 1916,pp.742.

欧洲中古史·······························3······························ 陈翰笙

（甲）上古至中古之过渡时代（西历 300 年至 600 年）：条顿民族之南下，基督教权势之伸长，东罗马帝国之创造。（乙）中古时代之中叶（600 年至 1300 年）：教皇威信之传播，回教徒之侵掠，东罗马之改造，拉丁文化在西欧之复兴。（丙）中古至近世之过渡时代（1300 年至 1500 年）：教皇威信之堕落，东罗马为土耳其所灭亡，西欧各国政治之独立，意大利之文艺复兴。（丁）中古文化之总评。下列三书择一自备：

（A）E. Emerton, *Mediaeval Europe*, Boston, Ginn & Co., 1922, pp. 607.

（B）Ch. Bement, *Histoire de l' Europe au Moyen Age*, Paris. Alcan. 1914. Nouvelle edition, 5 Fr.

（C）Friedrich V. Bezold, *Aus Mittelalter und Renaissance*, München/Berlin, Oldenbourg, 1918, 464S, M. 8.

欧美近世史·······························3······························ 陈翰笙

十五世纪以来欧美列强在近世史上之地位：十五至十七世纪之经济革命，欧洲之思想革命，近世科学之起原，欧洲宗教革命与战争，君主制度与君主间之争夺，欧美之政治革命，工业革命与属地之经营，国家主义与帝国主义所产生之军事与外交，欧美社会主义之发展，欧战后俄德等国之革命与大不列颠帝国之改造问题。下列三书须自备一种：

（A）C. J. H. Hayes and P. T. Moon, *Modern History*. N. Y. Macmillan. 1923. pp. 890.

（B）Ch. Seignobos, *Historie Politique de l'Europe Contemporaine*, Paris, Colin, 1921, 30Fr.

（C）D. Schafer, *Weltgeschichte der Neuzeit,* Berlin, 1922,2 Bande, 12 Aufl.

欧洲近世文化史·························3······························ 熊 遂

说明近三百年欧洲政治、经济、社会之变迁及其现状。习此科者须备：R. L. Ashley, *Modern European Civilization*, New York: Macmillan, 1921.（本校讲义股已有印本）

欧美史学史·························· 1 ·························· 陈翰笙

欧美史学发达之经过与史学家思想之变迁，现时欧美史学社会之概况与史学杂志之介绍。下列三种书籍，择一自备：

（A）1. J. T. Shotwell, *Introduction to the History of History,* N.Y.: Columbia University Press, 1922, pp. 339.

2. G. P. Gooch, *History and Historians in the 19th Century*, Lodon: Longmans, Green and Co. 1920, pp. 604.

（B）Ed. Fueter, *Histoire de L' historiographie Moderne*, traduit par Emil Jeanmaire, Paris: Alcan,1914, pp. 785, 25 Fr.

（C）Moritz Ritter, *Die Entwicklung der Geschichtswissenschaft,* München/Berlin: Oldenbourg, 1919, 461 S., M, 20.

欧美史学选读·························· 1 ·························· 陈翰笙

选读英、德、法文史学名著及关于史学之论文，以助研究欧美史学之兴趣。本校印发原文讲义，可不必另备课本。

V. 地史学

地史学·························· 1 ·························· 朱家骅

本课纲目如下：地球之性质、地力之流行、地壳之产生于变迁、大洋、汽圈与气候、火山之现象、地史之证据、地史时期之区别、元古界之概略。

古生代：通论、气候、地球之形、海洋与大内斜、造山、造煤。中生代：通论、大陆与大内斜之演进、海洋与大陆、地壳之分布、海进、造山作用与火山。新生代：通论、海洋与大陆、造山作用与火山、气候、第三纪之概略、洪积层之冰期、历史前之人类。

VI. 人类学及人种学

（《国立北京大学史学系课程指导书》，1924 年至 1925 年度）

北京大学史学系课程指导书（1925）

Ⅰ.说明

一、本系对于史学,本国与外国并重。盖现代史学,以人类全部之历史为归宿,历史哲学家所谓普遍史是也。故本国与外国各种史,须汇通观之。

二、历史强分时代与强分国界,皆不适当。惟因教授便利起见,不得不勉强分割。然学习历史时,务期本国与外国同一时代之历史,详细比较,如学本国上古史,同时学习外国上古史,得以两相比较其内容,则于史学乃能融会贯通。他皆仿此。故选习之时,本国与外国同时代之历史,均宜于同一学年学习。

三、学史学者,先须习基本科学。盖现代之史学,已为科学的史学,故不习基本科学,则史学无从入门。所谓基本科学者,即地史学、人文地理、生物学、人类学及人种学、社会学、政治学、经济学、宪法、社会心理学等,必须于二年以内,先行学完,乃可以研究史学。而此各种科学中,尤以政治学、经济学、社会学及社会心理学尤为重要,学习时尤宜注意。

四、基本科学既习之后,则各种科学的学术史,如政治史、经济史、法制史等,亦须次第选习。而宗教史、文学史、哲学史、美术史等,亦可以补通史之不足,学者所最宜注意,但不可躐等以求。

五、既学史学,则于本国、外国史学之变迁利病及治史方法,尤宜深知灼见。如本国史学概论、本国史学名著讲演、历史学、欧美史学史等,即为此而设。此为本系最重要之学科也。

六、考古学一门,为研究史学之重要补助学科,今尚未能添设。

而本国之金石学,亦为考古学之一部,宜先注意学习。统计学亦为史学之重要补助学科。

七、研究史学,既以全部人类之历史为归宿,则外国语至为重要。盖不通外国语,无以研究外国史。今本系外国语作为必修科外,各种外国史,均酌定各国原本为必需之参考书。

八、本系课程,就史学应有之常识,务求设备完全。至于得此常识以后,欲专研人类全史,以成所谓世界史或普遍史;或专研究一国史,如本国史及英、美、法、德、俄、日等国史;或专研究学术史,如政治史、经济史、法制史、宗教史等,则任各生之志愿。此则大学院或研究所之责任,而非本系四年内所能谋及。若就此四年内分课程为二组,如本国史组、外国史组,各便择一专攻,则史学应有之常识,恐不完备,造就浅薄,颇不适于复杂之史学。此本系课程之组织与他系不同之点也。

九、本系现定必修科为四十单位,选修科及外国文至少亦须满四十单位。

Ⅱ. 课程一览

课程	单位	教师
本国史学概论	2	朱希祖
历史学	2	李 璜
欧美史学史	2	陈翰笙
本国上古史	3	陈汉章
本国中古史	3	刘富槐
本国近古史	3	洪允祥
本国近世史	3	洪允祥
欧洲上古史	3	李 璜
欧洲中古史	3	熊 遂
欧洲近世史	4	陈翰笙
日本史	3	李宗武
政治学	3	（政治学系）
经济学	4	（经济学系）

社会学·······················2·····················（哲学系）

外国语　别有课程

　以上必修科

地史学·······················1·····················朱家骅

人文地理·····················3·····················李宗武

生物学·······················2·····················（生物学系）

人类学及人种学···············3·····················陈映璜

金石学·······················3·····················马　衡

本国文字学···················3·····················（国文学系）

言语学·······················3·····················（国文学系）

统计学·······················2·····················（政治学系）

本国史学名著讲演·············1·····················朱希祖

社会心理学···················2·····················（哲学系）

宪法·························2·····················（政治学系）

欧美经济学说·················3·····················（经济学系）

欧洲文化史　甲···············2·····················李　璜

　　　　　　乙···············2·····················李　璜

宗教史·······················4·····················（哲学系）

政治史·······················3·····················（政治学系）

外交史·······················3·····················（政治学系）

欧美政治思想史···············4·····················（政治学系）

经济史·······················3·····················（经济学系）

美术史·······················3·····················（哲学系）

本国法制史···················3·····················冯承钧

本国经济史···················3·····················黎世蘅

本国美术史···················3·····················叶　瀚

本国哲学史···················3·····················（哲学系）

本国文学史···················3·····················（国文学系）

　以上选修科

　　注意：本年起课程一览，不分年级，惟选习时，必须自定次序。如未选上古史,不宜先选中古以下史。未选经济学,不宜先选经济史。又,基本科学,如政治、经济、社会、人文地理等学科,宜在第一年选习。凡学科下注姓名者,皆系本系科目。

Ⅲ. 本国史

本国史学概论·························· 2 ···························· 朱希祖

  本课分三编讲授:第一编,叙述本国史学之起源,并说明古代史官为书记官,非历史官。自魏晋以下,始有历史专官。又,春秋以前为有文字时代,不能谓为有历史时代。自春秋以下,始为有历史时代。第二编,叙述本国历史之种类派别,并评论其利病得失。第三编,叙述本国历史学思想之发展及进步,并规画改良之方法。

本国上古史·························· 3 ···························· 陈汉章

  自上古迄周末。

本国中古史·························· 3 ···························· 刘富槐

  自秦汉迄五代。

本国近古史·························· 3 ···························· 洪允祥

  自宋迄明。

本国近世史·························· 3 ···························· 洪允祥

  自明中叶迄民国。

本国金石学·························· 3 ···························· 马 衡

  此科专为整理中国史之客观的材料而设,所以补载籍之不足,或订正其谬误者也。金石者,古人之遗文及一切有意识之作品,赖金石或其他物质以直接流传至今者也。此种材料虽多属残缺,而皆为最真确、最有价值之历史材料。惜范围广漠,种类繁琐,向之研究此学者鲜有具体的及系统的整理,致此学尚未能充分发展。此编即注重此点,示人以治此学之方法。全书共分三篇:第一篇总论,说明定义及范围及其与史学之关系。第二篇分论,分述各种材料并论前人之得失。第三篇结论,说明今后研究之方法及处置材料之方法。

本国史学名著讲演·····················1··················· 朱希祖

　　吾国史学、文学，自古以来，均混而为一，且往往以史学为文学之附属品。观近代史学名家章学诚尚著《文史通义》，其他可知。惟唐刘知幾深恶文人作皆史，史学脱离文学而独立，特著《史通》以表其义。兹故以《史通》二十卷为讲演之书，而以《文史通义》为参考之书。

本国经济史······················3··················· 黎世蘅

　　本课分两篇讲授：甲篇共分四章，作为导论。举凡经济史之性质与特质，并范围、种类，以及研究方法、搜集材料等等，俱略揭梗概。他如经济组织未发生以前之人类生活状态，与夫经济发达之基因及阶段等等，亦联带条述，以资参验。乙篇共分八章，作为本论。举凡关于我国古代之经济思想、土地制度、户口调查、丁口确数、货币沿革、物价消长，以及工商业之发展、社会政策之设施、财政税则之变迁等等，皆胪述纲要，认在攻究范畴之列。

本国法制史·······················3··················· 冯承钧

本国美术史·······················3··················· 叶　瀚

　　本课分两部分讲授：甲部：第一编图画史，分山水、写生、图象三门，共十章。第二编雕刻史，分金工、玉工、石工、竹木、牙角、漆工六门，共六章。第三编塑像史，分铸像、琢像、雕像、塑像、漆像五门，共六章。乙部：第一编陶磁史，分六章，述各时代陶磁之发达及类别。第二编织绣史，分十章，述织及绣品种类，及其源流派别。第三编建筑史，分八章，述各时代建筑之发展及类别。

Ⅳ. 外国史

历史学····························2··················· 李　璜

　　本课陈述近今欧洲历史学家之历史研究方法，使治史学者了然历史材料的搜集、批判及综合等功夫，而知所从事。但为学者明了历史学在近今学术界之地位及价值起见。本课特先及历史

学□意义与其范围,历史学与社会科学的关系,以及历史哲学等
题。本课参考书:

Ch. –V. Langlois et Ch. Seignobos, *Introduction Aux Etudes
Historiques.* 有英译本。

E. Bernheim, *Lehrbuch der Historischen Methode und der
Geschichtsphilosophie.*

欧美史学史·························· 2 ···························· 陈翰笙

欧美史学之起原与其发达之经过,注意史家思想之变迁,并
讲现时欧美史学社与史学杂志之概况。

本校印发讲义,可不必另备课本。参考书在第一院第五图书
阅览室。

欧洲上古史·························· 3 ···························· 李　璜

本课详述欧洲开化以迄罗马灭亡一段历史,以求了然彼时社
会一切建设实为今日欧洲文化之基础。(A)欧洲文化先导之近
东: 1. 埃及。2. 加尔提与亚叙里。3. 希白来。4. 非尼基。5. 波
斯。(B)希腊之政治与文化: 1. 希腊文化之初基。2. 斯巴达与雅
典。3. 希腊之向外发展。4. 雅典文化之盛况。5. 亚力山大之帝
国。(C)罗马之政治与文化: 1. 罗马建设之初期。2. 罗马势力之
扩张。3. 共和时代之罗马。4. 帝国时代之罗马。5. 蛮族侵入及
罗马灭亡。本课参考书:

J. H. Breasted, *Ancient Times.*

G. Maspero, *Histoire Ancienne Des Peuples de L'Orient.*

Ch. Seignobos, *Histoire Ancienne de L'Orient et de la Gree.*

Ch. Seignobos, *Antiquite' Romaine et Per-moyen Age.*

欧洲中古史·························· 3 ···························· 熊　遂

(甲)上古至中古之过渡时代(西历 300 年至 600 年): 条顿
民族之南下,基督教权势之伸长,东罗马帝国之创造。(乙)中古时
代之中叶(600 年至 1300 年): 教皇威信之传播,回教徒之侵掠,
东罗马之改造,拉丁文化在西欧之复兴。(丙)中古至近世之过渡
时代(1300 年至 1500 年): 教皇威信之堕落,东罗马为土耳其所

灭亡,西欧各国政治之独立,意大利之文艺复兴。(丁)中古文化之总评。下列三书择一自备：

（A）E. Emerton, *Mediaeval Europe,* Boston: the 19th Century London Longmans, Green and Co 1920. pp. 604.

（B）Ed. Fueter, *Histoire de L'historiographie Moderne*, traduit par Emile Jeanmaire. Paris: Alcan. 1914. pp. 785, 25 Fr.

（C）Moritz. Ritter, *Die Entwicklung der Geschichtswissenschaft* Müncren/Berlin: Oldenbourg, 1919, 461 S. M. 20.

欧美近世史·························· 4 ··························   陈翰笙

十五世纪以来欧美列强在近世史上之地位：十五至十七世纪之经济革命,欧洲之思想革命,近世科学之起原,欧洲宗教革命与战争,君主制度与君主间之争夺,欧美之政治革命,工业革命与属地之经营,国家主义与帝国主义所产生之军事与外交,欧美社会主义之发展,欧战后俄德等国之革命与东欧各国之改造,现时欧美列强之政治经济威权。学生须自备读本：

C. J. H. Hayes and P. T. Moon, *Modern History*. N. Y. Macmillan. 1923. pp. 890.

参考书分类陈列于第一院第五图书阅览室。

日本史························· 3 ·················   李宗武

略述上古至近代史实之重要点,详讲近代政治与文化之进展的过程,并特别注意最近之社会组织及学术思想之新倾向。

教材编纂讲义外,定下列各书为参考书：(一)《日本历史精要》,藤泽直枝著；(二)《日本文化史研究》,内藤湖南著；(三)《日本社会史》,本庄荣治郎著；(四)《日本国民思想史讲话》,石田文四郎著；(五)《日本通史》,宫本恭彦著。

欧洲文化史·················· 甲2乙2 ···············   陈翰笙

本课之目的有三：(一)陈述欧洲社会各种建设以明其文化之意义。(二)应用近今欧洲考古成绩以明其文化之起源。(三)比较欧人今昔生活变迁以明其文化之趋向。

本课之内容既重在详细说明欧人社会生活及其建设,则陈述时不取普通史所用朝代及时代之规定,而一以每个文化之内容及其特点为分配之标准。如陈述希腊文化或罗马文化时,均略分物质生活、家庭生活、政治生活、宗教生活、文艺生活等等,以分别叙述之。又如在希腊文化中,以其科学哲学为影响于后来欧洲思想最大。在罗马文化中,以其法律制度为影响于后来政治生活最大,皆特别详及之,固不拘于一律。

近今欧洲考古学上所得之成绩对于史学上之贡献最多且大,尤其对于欧洲文化起源方面。从前认为不可解者,本今日地下之掘得品,已了解其大半;从前仅有想象之谈者,今日已得实物之证据。此种成绩为治西史者所最不可忽。故此课特别对于有史以前或史所未载,而为近今考古学家、史学家所公认之材料,皆详及之,以便了然欧洲文化之渊源。如希腊文化以前之爱琴文化的叙述即其一例。

本课之时间定为两学年。因欲略明欧洲文化之内容,方面既多,且须处处加以说明,两年已觉不敷分配,一年授完则其势必不可能。现暂定计画为第一学年从有史以前至罗马,第二学年自中古至最近代。但如第一年授至罗马而尚有余时,则兼及中古,因授者愿本自家之眼光及学生之需要,自由取材,不愿十分为定本及时间所限制也。

本课之参考书:

H. G. Wells, *A Short History of the World*.

Ch. Seignobos, *Abrégé d'histoire de la Civilisation*.

Fustel de Coulanges, *La Cité Antique*.

V. 地理

地史学·······························1 ····························· 朱家骅

本课纲目如下:地球之性质、地力之流行、地壳之产生于变迁、大洋、汽圈与气候、火山之现象、地史之证据、地史时期之区别、元古界之概略。

古生代：通论、气候、地球之形、海洋与大内斜、造山、造煤。中生代：通论、大陆与大内斜之演进、海洋与大陆、地壳之分布、海进、造山作用与火山。新生代：通论、海洋与大陆、造山作用与火山、气候、第三纪之概略、洪积层之冰期、历史前之人类。

人文地理……………………… 3 ……………………… 李宗武

本课之重要纲目：（1）人文地理之基础概念。（2）地理学发达史。（3）地理学之分类。（4）地形与人文。（5）境界论。（6）人类地理学。（7）产业地理学。（8）政治地理学。（9）交通地理学。（10）大战后之欧洲境界问题。

教者编讲义外，习此课者可选备下书之一种：

（一）E. Huntington, *Principles of Human Geography.* New York, 1921.

（二）J. Brunhes, *Human Geography.* New York, 1920.

（三）日本山崎直方：《经济地理》。

VI. 人类学及人种学

人类学及人种学……………………… 3 ……………………… 陈映璜

人类学　第一编总论：（一）人类在自然界之位置。（二）人类学之定义及其目的。第二编本论：（一）人类之起源。（二）人类与诸动物体格上之比较。（三）人类与诸动物心理上之比较。（四）人类之化石的证据。（五）人类之地理学的分布。（六）人类之社会的进化。（七）人类之将来。（八）人类学与优生学之关系。（九）人类之教育问题及其他问题。

人种学　第一编总论：（一）人种学及人种之分类。第二编各论：（一）亚细亚人种。（二）欧罗巴人种。（三）亚美利加人种。（四）亚非利加人种。（五）海岸岛屿人种。叙述以上各人种盛衰之因果及其风俗上之差异。

（《国立北京大学史学系课程指导书》，1925 年至 1926 年度）

北京大学史学系课程指导书（1926）

Ⅰ.说明

一、本系对于史学,本国与外国并重。盖现代史学,以人类全部之历史为归宿,历史哲学家所谓普遍史是也。故本国与外国各种史,须汇通观之。

二、历史强分时代与强分国界,皆不适当。惟因教授便利起见,不得不勉强分割。然学习历史时,务期本国与外国同一时代之历史,详细比较,如学本国上古史,同时学习外国上古史,得以两相比较其内容,则于史学乃能融会贯通。他皆仿此。故选习之时,本国与外国同时代之历史,均宜于同一学年学习。

三、学史学者,先须习基本科学。盖现代之史学,已为科学的史学,故不习基本科学,则史学无从入门。所谓基本科学者,即人文地理、生物学、人类学及人种学、社会学、政治学、经济学、宪法、社会心理学等,必须于二年以内,先行学完,乃可以研究史学。而此各种科学中,尤以政治学、经济学、社会学及社会心理学尤为重要,学习时尤宜注意。

四、基本科学既习之后,则各种专门的学术史,如政治史、经济史、法制史等,亦须次第选习。而宗教史、文学史、哲学史、美术史等,亦可以补通史之不足,学者所最宜注意,但不可躐等以求。

五、既学史学,则于本国、外国史学之变迁利病及治史方法,尤宜深知灼见。如本国史学概论、本国史学名著讲演、历史学、欧美史学史等,即为此而设。此为本系最重要之学科也。

六、考古学一门,为研究史学之重要补助学科,今尚未能添设。

而本国之金石学,亦为考古学之一部,宜先注意学习。统计学亦为史学之重要补助学科。

　　七、研究史学,既以全部人类之历史为归宿,则外国语至为重要。盖不通外国语,无以研究外国史。今本系外国语作为必修科外,各种外国史,均酌定各国原本为必需之参考书。

　　八、本系课程,就史学应有之常识,务求设备完全。至于得此常识以后,欲专研究人类全史,以成所谓世界史或普遍史;或专研究一国史,如本国史及英、美、法、德、俄、日等国史;或专研究学术史,如政治史、经济史、法制史、宗教史等,则任各生之志愿。此则大学院或研究所之责任,而非本系四年内所能谋及。若就此四年内分课程为二组,如本国史组、外国史组,各便择一专攻,则史学应有之常识,恐不完备,造就浅薄,颇不适于复杂之史学。此本系课程之组织与他系不同之点也。

　　九、本系现定必修科为四十单位,选修科及外国文至少亦须满四十单位。

Ⅱ. 课程一览

本国史学概论	2	朱希祖
历史学	2	李 璜
欧美史学史	2	陈翰笙
本国通史	3	李泰棻
本国上古史	3	章 嵚
本国中古史	3	刘富槐
本国近古史	3	章 嵚
本国近世史	3	章 嵚
欧美通史	3	（　）
欧洲上古史	3	（　）
欧洲中古史	3	熊 遂
欧洲近世史	4	陈翰笙
日本史	3	李宗武

政治学……………………………… 3 ………………（政治学系）

经济学……………………………… 4 ………………（经济学系）

社会学……………………………… 2 ………………（哲学系）

外国语　别有规定

　　以上必修科

人文地理…………………………… 3 ………………… 李宗武

生物学……………………………… 2 ………………（生物学系）

人类学及人种学…………………… 3 ………………… 陈映璜

金石学……………………………… 3 ………………… 马　衡

本国文字学………………………… 3 ………………（国文学系）

统计学……………………………… 2 ………………（政治学系）

本国史学名著讲演………………… 1 ………………… 朱希祖

社会心理学………………………… 2 ………………（哲学系）

宪法………………………………… 4 ………………（政治学系）

经济学史…………………………… 3 ………………（经济学系）

欧洲文化史　甲…………………… 3 ………………… 李　璜

　　　　　　乙…………………… 3 ………………… 李　璜

宗教史大纲………………………… 4 ………………（哲学系）

政治史……………… 3（政治外交史一）………（政治学系）

外交史……………… 3（政治外交史二）………（政治学系）

政治思想史………………………… 4 ………………（政治学系）

经济史……………………………… 3 ………………（经济学系）

美术史……………………………… 2 ………………（哲学系）

本国法制史………………………… 3 ………………… 程树德

本国经济史………………………… 3 ………………… 黎世蘅

本国美术史………………………… 3 ………………… 叶　瀚

本国哲学史………………………… 3 ………………（哲学系）

本国文学史………………………… 3 ………………（国文学系）

　　以上选修科

　　　　注意：本年起课程一览，不分分级，惟选习时，必须自定次序。如未选上古史,不宜先选中古以下史。未选经济学,不宜先选经济史。又基本科学,如政治、经济、社会、人文地理等学科,宜在第一年选习。凡学科下注姓名者,皆系本系科目。

Ⅲ. 本国史

本国史学概论·················· 2 ·················· 朱希祖
　　本课分三编讲授:第一编,叙述本国史学之起源,并说明古代史官为书记官,非历史官。自魏晋以下,始有历史专官。又,春秋以前为有文字时代,不能谓为有历史时代。自春秋以下,始为有历史时代。第二编,叙述本国历史之种类派别,并评论其利病得失。第三编,叙述本国历史学思想之发展及进步,并规画改良之方法。

本国通史·················· 3 ·················· 李泰棻
　　叙述本国各人种之由来,及其盛衰兴废之因果,与各时代政治、经济、宗教以及学术思想之变迁,并与环境相互之关系。

本国上古史·················· 3 ·················· 章　嵚
　　自上古迄周末。

本国中古史·················· 3 ·················· 刘富槐
　　自秦汉迄五代。

本国近古史·················· 3 ·················· 章　嵚
　　自宋迄明。

本国近世史·················· 3 ·················· 章　嵚
　　自明中叶迄民国。

本国金石学·················· 3 　　马　衡
　　此科专为整理中国史之客观的材料而设,所以补载籍之不足,或订正其谬误者也。金石者,古人之遗文及一切有意识之作品,赖金石或其他物质以直接流传至今者也。此种材料虽多属残缺,而皆为最真确、最有价值之历史材料。惜范围广漠,种类繁琐,向之研究此学者鲜有具体的及系统的整理,致此学尚未能充分发展。此编即注重此点,示人以治此学之方法。全书共分三篇：第一篇总论,说明定义及范围及其与史学之关系。第二篇分论,分述各种材料并论前人之得失。第三篇结论,说明今后研究之方法及处置材料之方法。

本国史学名著讲演······················ 1 ···················· 朱希祖

　　吾国史学、文学,自古以来,均混而为一,且往往以史学为文学之附属品。观近代史学名家章学诚尚著《文史通义》,其他可知。惟唐刘知幾深恶文人作皆史,史学脱离文学而独立,特著《史通》以表其义。兹故以《史通》二十卷为讲演之书,而以《文史通义》为参考之书。

本国经济史······················ 3 ···················· 黎世蘅

　　本课分两篇讲授：甲篇共分四章,作为导论。举凡经济史之性质与特质,并范围、种类,以及研究方法、搜集材料等等,俱略揭梗概。他如经济组织未发生以前之人类生活状态,与夫经济发达之基因及阶段等等,亦联带条述,以资参验。乙篇共分八章,作为本论。举凡关于我国古代之经济思想、土地制度、户口调查、丁口确数、货币沿革、物价消长,以及工商业之发展、社会政策之设施、财政税则之变迁等等,皆胪述纲要,认在攻究范畴之列。

本国法制史······················ 3 ···················· 程树德

本国美术史······················ 3 ···················· 叶　瀚

　　本课分两部分讲授：甲部：第一编图画史,分山水、写生、图象三门,共十章。第二编雕刻史,分金工、玉工、石工、竹木、牙角、漆工六门,共六章。第三编塑像史,分铸像、琢像、雕像、塑像、漆像五门,共六章。乙部：第一编陶磁史,分六章,述各时代陶磁之发达及类别。第二编织绣史,分十章,述织及绣品种类,及其源流派别。第三编建筑史,分八章,述各时代建筑之发展及类别。

Ⅳ. 外国史

历史学······················ 2 ···················· 李　璜

本课陈述近今欧洲历史学家之历史研究方法，使治史学者了然历史材料的搜集、批判及综合等功夫，而知所从事。但为学者明了历史学在近今学术界之地位及价值起见。本课特先及历史学□意义与其范围，历史学与社会科学的关系，以及历史哲学等题。本课参考书：

Ch. –V. Langlois et Ch. Seignobos, *Introduction Aux Études Historiques.* 有英译本。

E. Bernheim, *Lehrbuch der Historischen Methode und der Geschichtsphilosophie.*

欧美史学史·····························2 ························· 陈翰笙

欧美史学之起原与其发达之经过，注意史家思想之变迁，并讲现时欧美史学社与史学杂志之概况。

本校印发讲义，可不必另备课本。参考书在第一院第五图书阅览室。

欧美通史·····························3 ·······················（ ）

欧美政治与文化之来历，希腊与罗马之权势，中古时代宗教之魔力与建设帝国之尝试，近世政治、经济、制度与学术思想之发展及变迁。习此课者须自备下列书籍，英、法、德文可任择一种：

英文（A）J. H. Robinson and J. H. Breasted, *A General History of Europe*, Boston, Ginn and Co., 1921. pp. 667.

（B）E. D. Fite, *History of the United States*, N. Y. Henry Holt, 1923, 2nd Rev. Ed. pp. 603.

法文（A）Ed. Channing, *Histoire des Etats-Unis d'Amerique*, traduit par Guillemot-Magitot Paris: Colin, 12Fr.

（B）A. C. Coolidge, *Les Etats-Unis,Puissance Mondiale,* traduction par R. L. Cru, Paris: Colin 7Fr.

德文（A）Hans F. Helmholt, *Weltgeschichte in Umrissen*, Berlin, Mittler u. Sohn, 1923, M. 10.

（B）F. Luckwaldt,*Geschichte der Vereinigten Staaten von Amerika*, Berlin: Walter de Gruyter, 2 Bande, M. 10.

欧洲上古史……………………… 3 ……………… 李　璜

　　本课详述欧洲开化以迄罗马灭亡一段历史，以求了然彼时社会一切建设实为今日欧洲文化之基础。（A）欧洲文化先导之近东：1. 埃及。2. 加尔提与亚叙里。3. 希白来。4. 非尼基。5. 波斯。（B）希腊之政治与文化：1. 希腊文化之初基。2. 斯巴达与雅典。3. 希腊之向外发展。4. 雅典文化之盛况。5. 亚力山大之帝国。（C）罗马之政治与文化：1. 罗马建设之初期。2. 罗马势力之扩张。3. 共和时代之罗马。4. 帝国时代之罗马。5. 蛮族侵入及罗马灭亡。本课参考书：

　　J. H. Breasted, *Ancient Times.*

　　G. Maspero, *Histoire Ancienne Des Peuples de L'Orient.*

　　Ch. Seignobos, *Histoire Ancienne de L'Orient et de le Grec.*

　　Ch. Seignobos, *Antiquite' Romaine et Per-moyen Age.*

欧洲中古史……………………… 3 ……………… 熊　遂

　　（甲）上古至中古之过渡时代（西历 300 年至 600 年）：条顿民族之南下，基督教权势之伸长，东罗马帝国之创造。（乙）中古时代之中叶（600 年至 1300 年）：教皇威信之传播，回教徒之侵掠，东罗马之改造，拉丁文化在西欧之复兴。（丙）中古至近世之过渡时代（1300 年至 1500 年）：教皇威信之堕落，东罗马为土耳其所灭亡，西欧各国政治之独立，意大利之文艺复兴。（丁）中古文化之总评。下列三书择一自备：

　　（A）E. Emerton, *Mediaeval Europe*, Boston: the 19th Century London Longmans, Green and Co 1920. pp.604.

　　（B）Ed. Fueter, *Histoire de L'historiographie Moderne,* tradnit par Emile Jeanmaire. Paris: Alcan. 1914. pp. 785, 25 Fr.

　　（C）Moritz. Ritter, *Die Entwicklung der Geschichtswissenschaft* München/Berlin: Oldenbourg, 1919,461 S. M. 20.

欧美近世史……………………… 4 ……………… 陈翰笙

　　十五世纪以来欧美列强在近世史上之地位：十五至十七世纪之经济革命，欧洲之思想革命，近世科学之起原，欧洲宗教革命与战争,君主制度与君主间之争夺,欧美之政治革命,工业革命与属地之经营,国家主义与帝国主义所产生之军事与外交,欧美社会主义之发展,欧战后俄德等国之革命与东欧各国之改造,现时欧美列强之政治经济威权。学生须自备读本:

C. J. H. Hayes and P. T. Moon, *Modern History*. N. Y. Macmillan. 1923. pp. 890.

参考书分类陈列于第一院第五图书阅览室。

日本史·························· 3 ·················· 李宗武

略述上古至近代史实之重要点,详讲近代政治与文化之进展的过程,并特别注意最近之社会组织及学术思想之新倾向。

教材编纂讲义外,定下列各书为参考书:(一)《日本历史精要》,藤泽直枝著;(二)《日本文化史研究》,内藤湖南著;(三)《日本社会史》,本庄荣治郎著;(四)《日本国民思想史讲话》,石田文四郎著;(五)《日本通史》,宫本恭彦著。

欧洲文化史····················· 甲3乙3 ···················（　　）

本课之目的有三:(一)陈述欧洲社会各种建设以明其文化之意义。(二)应用近今欧洲考古成绩以明其文化之起源。(三)比较欧人今昔生活变迁以明其文化之趋向。

本课之内容既重在详细说明欧人社会生活及其建设,则陈述时不取普通史所用朝代及时代之规定,而一以每个文化之内容及其特点为分配之标准。如陈述希腊文化或罗马文化时,均略分物质生活、家庭生活、政治生活、宗教生活、文艺生活等等,以分别叙述之。又如在希腊文化中,以其科学哲学为影响于后来欧洲思想最大。在罗马文化中,以其法律制度为影响于后来政治生活最大,皆特别详及之,固不拘于一律。

近今欧洲考古学上所得之成绩对于史学上之贡献最多且大,尤其对于欧洲文化起源方面。从前认为不可解者,本今日地下之掘得品,已了解其大半;从前仅有想象之谈者,今日已得实物之证据。此种成绩为治西史者所最不可忽。故此课特别对于有史以前或史所未载,而为近今考古学家、史学家所公认之材料,皆详及之,以便了然欧洲文化之渊源。如希腊文化以前之爱琴文化的叙述即其一例。

本课之时间定为两学年。因欲略明欧洲文化之内容,方面既多,且须处处加以说明,两年已觉不敷分配,一年授完则其势必不可能。现暂定计画为第一学年从有史以前至罗马,第二学年自中古至最近代。但如第一年授至罗马而尚有余时,则兼及中古,因授者愿本自家之眼光及学生之需要,自由取材,不愿十分为定本及时间所限制也。

本课之参考书:

H. G. Wells, *A Short History of the World.*

Ch. Seignobos, *Abrégé d'histoire de la Civilisation.*

Fustel de Coulanges, *La Cité Antique.*

人文地理……………………………… 3 ……………………… 李宗武

本课之重要纲目:(1)人文地理之基础概念。(2)地理学发达史。(3)地理学之分类。(4)地形与人文。(5)境界论。(6)人类地理学。(7)产业地理学。(8)政治地理学。(9)交通地理学。(10)大战后之欧洲境界问题。

教者编讲义外,习此课者可选备下书之一种:

(一)E. Huntington, *Principles of Human Geography.* New York,1921.

(二)J. Brunhes, *Human Geography.* New York. 1920.

(三)日本山崎直方:《经济地理》。

VI. 人类学及人种学

人类学及人种学…………………… 3 ……………………… 陈映璜

人类学　第一编总论:(一)人类在自然界之位置。(二)人类学之定义及其目的。第二编本论:(一)人类之起源。(二)人类与诸动物体格上之比较。(三)人类与诸动物心理上之比较。(四)人类之化石的证据。(五)人类之地理学的分布。(六)人类之社会的进化。（七）人类之将来。（八）人类学与优生学之关系。（九）人类之教育问题及其他问题。

　　人种学　第一编总论:（一）人种学及人种之分类。第二编各论:（一）亚细亚人种。（二）欧罗巴人种。（三）亚美利加人种。（四）亚非利加人种。（五）海岸岛屿人种。叙述以上各人种盛衰之因果及其风俗上之差异。

附录

依本校规定,他系学生得以史学为辅科,本系特订规则如下:

本国通史　3 单位；欧美通史　3 单位；社会学　2 单位。以上三科,为研究史学者必须先修之科目,其余若本国史学概论、欧美史学史等,则任学生选修,修满二十单位为限。

　　　　　　（《国立北京大学史学系课程指导书》,1926 年至 1927 年度）

北京大学史学系课程（1929）

（1）中国通史一	四	邓之诚
（2）中国通史二	四	邓之诚
（1）西洋通史一	四	陆懋德
（2）西洋通史二	四	陈衡哲
（2）东洋史	三	王桐龄
（选）中国上古史	二	陆懋德
（4.3.）魏晋南北朝史	二	邓之诚
（4.3.）清史（　）	二	朱希祖
（4.3.）清史（鸦片战争及太平天国）	二	罗家伦
（4.3.）清史（外交）	二	蒋廷黻
（4.3.）南北朝高僧传	二	陈寅恪
（4.3.）西藏史	二	吴寄莛
（4.3.）中西交通史	三	张星烺
（4.3.）英国史	二	刘崇鋐
（4.3.）史学方法论	二	傅斯年
（4.3.）史学史（西洋）	二	孔繁霱
（4.3.）史学史（中国）	二	朱希祖
（4.3.）史籍名著评论	二	陈　垣
（4.3.）历史专书选读（中国）	二	顾颉刚
（4.3.）历史专书选读（西洋）	二	陈衡哲
（选）金石学三　实习	二	马　衡
（选）考古学	三	原田淑人
（2.1.）地理学（人文）	三	毛　准

（2.1.）地图学　　　　　　　　二　　　　　　　毛　准

（4.3.）地史学　　　　　　　　二　　　　　　　翁文灏

（2.1.）人类学及人种学　　　　三　　　　　　　陈映璜

（选）中国美术史　　　　　　三　　　　　　　叶　瀚

　　以上本系

（2.1.）社会学　　　　　　　　二

（2.1.）政治学　　　　　　　　三

（2.1.）经济学原理　　　　　　四

（4.3.）外交史　　　　　　　　三

（2.1.）宗教史　　　　　　　　三

（4.3.选）政治思想史　　　　　三

（4.3.选）经济学史　　　　　　三

（选）中国文学史　　　　　　三

（选）西洋文学史

（选）中国哲学史　　　　　　三

（选）西洋哲学史　　　　　　三

（选）文字学　　　　　　　　四

（选）言语学　　　　　　　　一

　　以上别系（注：科目上之数字系表明各年级之必修课）

　　　　　（《国立北京大学史学系课程》十八年至十九年度，

　　　　《北京大学日刊》第 2237 号，1929 年 9 月 23 日）

北京大学史学系课程指导书（1930）

（甲）一、二年级

一、本系课程,分为一、二年及三、四年两期。一、二两年,偏重讲授,三、四两年,兼重研究,故凡注明三、四年级之课程,一、二年级不得选修。

二、政治学、经济学、社会学,为史学之基本科学；中国通史、西洋通史、东洋通史,为初习史学者得到全部人类有系统的史学概念而设。此六种课程,必须于一、二年级先行学习。

三、外国语为学习史学最要工具,故第一、第二外国语,亦须于一、二年级努力习毕。

四、中国史学史、地学通论、人类学及人种学、金石学,亦可于一、二年级选习,但三、四年级亦得补选。

一、二年级课程列左：

必修科：凡括弧中注明（一）、（二）者为一、二年级（三、四年级仿此）。

（一）中国通史：上古	3	陆懋德
（一、二）中国通史：秦至五代	4	邓之诚
（一）中国通史：宋至民国	4	徐　曦、邓之诚
（一）西洋通史：上古	3	陆懋德
（一、二）西洋通史：中古	2	李飞生
（二）西洋通史：近世	3	李飞生
（一、二）东洋通史	3	王桐龄
（一、二）中国史学史	2	朱希祖

（一、二）政治学	3	政治学系
（一、二）经济学原理	4	经济学系
（一、二）社会学	3	政治学系
（一、二）第一外国语		课程另有规定
（一、二）第二外国语		课程另有规定

选修科

（一、二）地学通论	3	毛　准
（一、二）人类学及人种学	3	陈映璜
（一二）金石学	3	马　衡
（一二）金石学实习	1	马　衡

（乙）三、四年级

一、中国分代史研究，随教员常治之史，选择其一，共同研究。例如甲教员常治汉代史或唐代史，乙教员则常治宋代史或元代史，丙教员常治明代史或清代史，则三、四年级生选择其一史，专攻两年，将研究成绩报告，方为毕业。其研究次序如左：

1. 将某代史句读一过，以表明读完此史。

2. 将某代史撰述源流及后人重修或考订之历史，编成报告。

3. 将某代史有关系之参考书，及中外杂志上对于某代史之著述，编成一目。

4. 将某代史之历史的地理，并其时代之政治、经济、学术、风俗及其他一切文化，分类研究，各择其一类，撰成有系统的论文。

5. 各时代史，各有特殊情形，其研究方法，由担任教员自由指导。

此课系本学年新设，须两年毕业，故惟三年级生可选；四年级生则时间仅有一年，只可就其一时代史中为部分的研究。例如宋代史，可选其时之辽史、金史、西夏史等；元代史，可选其时之西辽史、察哈台汗国史、钦察汗国史、伊儿汗国史、后元史等。

二、中国近百年史，分民国前及民国两部；西洋近百年史，分欧战前及欧战后两部。皆非专重讲授,兼以练习搜辑资料为主,新发生之史实,并练习组织记载。

此课可分两年选。或第一年选中国,第二年选西洋；或第一年选中国与西洋前半期,第二年选中国与西洋后半期。

三、三四年级选修科目较多,不必全选,兹分为五组,三、四年级生宜各择其性之所近者,至多选修二三组。因单位有限制,且三、四年级宜偏重自动研究也。

三、四年级课程列左:

必修科

中国分代史研究

(三、四)秦汉史	2	徐　曦
(三、四)魏晋南北朝史	2	邓之诚
(三、四)宋史	2	朱希祖
(三、四)元史	2	陈　垣

以上四科各选其一专修之

(三、四)中国近百年史一：民国前	2	蒋廷黻
(三、四)中国近百年史二：民国后	1	朱希祖
(三、四)西洋近百年史一：欧战前	2	刘崇鋐
(三、四)西洋近百年史二：欧战后	1	李宗武
(三、四)日本近世史	2	李宗武
(三、四)西洋史学史	2	黄文山
(三、四)史学方法论	2	傅斯年

选修科

第一组

(三、四)欧洲地志	3	毛　准
(三、四)地图基线论	2	毛　准

第二组

(三、四)明清史籍研究	2	伦　明
(三、四)西北历史地理	2	张星烺

第三组

（三、四）西藏史	2	吴燕绍
（三、四）英国史	2	英文系

第四组

（三、四）政治史及外交史	3	政治系
（三、四）中国经济史	3	黎世蘅

第五组

（三、四）宗教史大纲	2	哲学系
（三、四）中国哲学史	3	哲学系
（三、四）西洋哲学史	3	哲学系

　　凡本系学生，除第一、第二外国语必修外，其他科目须满六十四单位，方许毕业，每一单位以每种课程一小时计算。

（《史学系课程指导书》十九年至二十年度，

《北京大学日刊》第 2470 号，1930 年 10 月 16 日）

北京大学史学系课程指导书（1931）

　　大学中的史学，和其他一切有组织的学问一样，他的第一个要求是严整的训练。所谓有组织的学问者，指一切在实验室中，或在材料场所中，以条贯的方法所取得的互相关联的知识，自然科学和人文科学当然都在其内。所谓严整的训练者，指脚踏实地不取转手的训练而言。严整的训练，在反面有三个条件：一、不取乎泛澜漫汗的知识；二、不取乎不能充实的知识；三、不取乎不相干的知识。

　　他在正面又有三个条件：一、因人之指导而成之自动的态度；二、直接应付这个学问的对象，而不假手于中间的物事之态度；三、步步要放得稳，而各步能相互照应着的态度。把这话应用在史学的研求上，我们可以说：诸位到大学中的史学系来，乃应是借教员的指导，取得一种应付史料的严整方法，不应是借教员的贩卖，聚集一些不相干的杂货。假如诸位跑到东安市场买上些不能懂得，在翻译者自己不能懂得的翻译书，回来囫囵吞枣一瞧，以为史学的研求是凭这样看书法能进步的，在大学教育的意义上说是可耻，在诸君学业的前程上说是自误。又假如诸位泛读一些东西教科书，抱着几套讲义本子，毕了业后，以此问世，在中国的史学若果进步，这样的人也要归于淘汰。史学系的修习完满，而不能直接处理某一部分史料，便是一场失败。所以诸位切不可以教员为抬轿夫，而自以为是坐轿子的，教员乃是你们的引路者，你们要依教员的指导而自去走路。诸位切不可以教员为贩货物给你们享受的，你们乃是向教员受戒律，而取得三宝的——史学中的典著，接近史料的工具，整理史料的方法，就是你们的三宝。

　　大学中的史学，和其他一切有组织的学问一样，他的第二个要求是充分的工具。假若诸位问，物理学的工具是算学和实验的工具，其他自然科学称是,历史学的工具是甚么呢? 我们现在回答说: 史学的工具,第一类是目录学,目录学诚然可以流成耳食之学,然而不习目录学,如何去做第一步搜集史料的工作呢? 本年度本系的科程在二、三、四年的学生已无所谓必修课,但第一年尚以目录学为必修,庶几使初习史学者,先得走进史籍之门。他的第二类是各种语言,这里边又可分为三细类: 一是汉语,汉语研究中之文字、声音、训诂学和金石学的关系之密切,金石学和史学的关系之密切,都是不待分辨自然明白的。二是史籍所凭的外国语言,譬如我们研究在近代发达的史学,不能不看英、法、德文的书,虽然我们并不想研究这些专史,而这些语言终是使我们进于这个学问的方便唯一法门。三是史料所凭的语言,譬如我们要研求四裔史的某部分,遂不得不习西藏语、回回语、蒙古语、日本语等等语中之某某有关系者。因此,史学的研究每每与语学的研究分不开,同一研究,文字方面是语学,事迹方面是史学。所以在欧洲大陆上,特别是在德国,史学、语学皆总称之曰 Philologie。照本年文学院的课程,第一外国语在第一年是必修科,在第二年、第三年是选修科,诸君应对此多多注意。在史学系,毕业时要至少有一种外国语能自由使用,另有一种外国语能勉力看书。所有西藏、回回、蒙古等语言,也将次第添设。研求中国史和东方史,是我们中国人的责任,而这些四裔的语言正是东方史的工具,因为东方史的史料正写在这些语言中。

祝诸君脱去享受现成的架子,离开心思手足都不动转的稳椅,抛弃浮动浅陋的态度,而向史学的正轨"步步登天"。史学的步次是什么呢? 第一步是亲切的研习史籍,第二步是精勤的聚比史料,第三步是严整的辨析史实。取得史实者乃是史学中的学人,不曾者是不相干的人。

　　　　　　　　暂代史学系主任蒋梦麟　中华民国二十年九月

史学系教员

教　授: 马衡、毛准、孟森、陈受颐、陶希圣（政治系）;
副教授: 钱穆、赵万里;

讲　师：伦明、张星烺、傅斯年、蒋廷黻、顾颉刚、陆懋德、柯昌泗、李季
　　　　谷、吴燕绍、王桐龄、梁思成、白眉初；
专任讲师：黎东方。

史学系选课规则

（一）本系课程分甲类、乙类，史学之一般科目为甲类，近于专题研究者为乙类。

（二）一年级学生选课，每周至少须满二十五小时，至多不得过三十小时，除文学院公同必修科十二小时，内计党义二小时、国语四小时、外国语六小时以外，须习本系下列科目：

史学研究法　二小时；中国史料目录学　三小时；清代史学书录　二小时。

上列必修科以外，所余钟点，可自由选习甲类科目，其愿选乙类科目者须先得本系主任之同意。

（三）二、三年级学生选课在甲类中须占全数五分之三，其余选乙类之课。其愿选习他系某种科目以代乙类之钟点者，须先得本系主任之许可。

（四）四年级学生，应各就兴趣所近，与本系某教员商定题目，并由其指导，撰述论文一篇，于学年完结时缴出。四年级学生选课每周至多不得过十五小时，至少须满八小时，无甲类、乙类之限制，但选他系科目者，须先得本系主任之许可。

课程一览

科　目	钟　点	教　员
甲类		
中国上古史	3	钱　穆
汉魏史	3	钱　穆
宋史	4	柯昌泗
满洲开国史	4	孟　森

明清史料择题研究·····················4····················孟　森

欧洲中古史·······················4····················陈受颐

西洋近代史···············4（外有实习二时）············黎东方

战后国际现势·····················1····················李季谷

中国社会政治史·····················3····················陶希圣

中国近三百年学术史·················3····················钱　穆

中国史料目录学·····················3····················赵万里

金石学·······················4····················马　衡

考古学·······················3····················陆懋德

乙类

历史研究法·······················2····················黎东方

中国近代外交史·············每两周 3 小时·················蒋廷黻

中国古代文籍文辞史·················2····················傅斯年

清代史学书录·····················2····················伦　明

尚书研究·······················2····················顾颉刚

中国哲学史（哲学系课）···············2····················胡　适

中国佛教史（哲学系课）···············3····················汤用彤

中国政治思想史（与政治系合班）···3····················陶希圣

中国历史地理·····················3····················白眉初

西藏史·······················2····················吴燕绍

南洋史地·······················2····················张星烺

近代中欧文化接触研究···············2····················陈受颐

法国大革命史·····················2····················黎东方

日本近世史·····················2····················李季谷

东洋史·······················3····················王桐龄

科学发达史·······················3····················毛　准

中国雕板史·····················2····················赵万里

东洋建筑史·······················2····················梁思成

西洋建筑史·······················2····················梁思成

课程说明

马　衡

中国金石学并实习　　　　　　　　　　　　　　　　四小时

　　此科专为整理中国史之客观的材料而设，所以补载籍之不足，或订正其谬误者也。金石者，古人之遗文及一切有意识之作品，赖金石或其他物质流传至今者也。此种材料虽多属残缺，而皆为最真确、最有价值之历史材料。惜范围广漠，种类繁琐，向之研究此学者鲜有具体的及系统的整理，致此学尚未能充分发展。此编注重此点，示人以治学之方法。全书共分三篇：第一篇总论，说明定义及范围及其与史学之关系。第二篇分论，分述各种材料并论前人之得失。第三篇结论，说明今后研究之方法及处理材料之方法。

毛　准

科学（发达）史　　　　　　　　　　　　　　　　　三小时

　　本课论述科学发达的历史，并阐明科学的发达和人群文化的演进的关系。

孟　森

满洲开国史　　　　　　　　　　　　　　　　　　　四小时

　　满洲之史实，清代官书，反成恍惚难信，其实根柢甚深。斡朵里部落之名，成于元代；清肇祖原皇帝行事之可纪者，在明初太祖、太宗、宣宗之世，以后历代皆有可详。欲修清史，必当求其来历。今世能定其世次及事迹者，绝不能据清世之纪载，非另出手眼曲折勾稽不可。为清史计，此实应为专门一种学业。

明清史料选题研究　　　　　　　　　　　　　　　　四小时

　　明史因专为清代避忌之故，所应研究之问题极多。其大者，如建文逊国，何以必证其为伪。南北关为明捍边，为最忠勇之藩属，何以竟不入外藩传，并抹杀其事迹。明代辽东大吏，何以传中皆无事实。烈皇殉国，其子至康熙末年始被杀，妻姜子孙及子妇男皆受害,妇女一律投缳,其惨烈与崇祯十七年相埒,今竟无人能言之。又如清史料乾隆以前之官书谕旨,何以与乾隆以后不同,《明史稿》与《明史》皆为官书,其去取之故何在。逐题研究,以为清史揭其真相。

陈受颐

欧洲中古史　　　　　　　　　　　　　　　　　四小时

　　略论欧洲中古时期之政治、宗教、文学以及其他种种文化迁流之迹。自蛮族之侵入迄东罗马帝国之灭亡。

近代中欧文化接触之研究　　　　　　　　　　　二小时

　　叙述与解释近代中欧文化互相影响之迹象,尤注意于十七八两世纪。

钱　穆

中国上古史　　　　　　　　　　　　　　　　　三小时

　　本学程自上古迄先秦,考订本期中各项史料之真伪,而重定其系统。其研究法先自六国逆溯而上以及远古。其间划分数时期,于每一期中求出几点重要的特性,从之推断其前后,互为联络而归之条贯。并于各种史料传说之伪误处,为之籀出公例以资别择。历来各家对于古史上之见解,并主博采以为讨论之助。

　　参考书举要:选习本学程者,于《尚书》、《诗》、《易》、《左传》、《国语》、《国策》、《史记》、《竹书纪年》诸书,最好先自浏览,并备马骕《绎史》(有石印本)。取其取材较广,便于翻阅。崔述《考信录》为清儒怀疑古史之一大家,顾颉刚《古史辨》为近人怀疑古史之代表,均可先读。其他参考书随时指导,不能备引。

汉魏史　　　　　　　　　　　　　　　　　　　三小时

　　本学程以两汉为主,上起秦人一统,下迄三国分裂,与上古史学程相衔接。其研究取材,以政治上重要措施及变迁为主,推及于并时经济、社会、学术、思想、宗教、迷信各方面相为因果之处。指陈中国民族于统一的局面下达于全盛之由来,及其渐趋衰颓,以下开中衰期的命运之所以然。略其事实之铺叙，而为史实之解释。

参考书举要：选习本学程者，于《史记》、《汉书》、《后汉书》、《三国志》四史最好各办一部，先自浏览。同时或参读《通鉴》及两《汉纪》。其他参考书随时指导，不备引。

中国近三百年学术史　　　　　　　　　　　　　　二小时

本学程以有清一代之学术思想为主。上起明末诸遗老，下迄民国，列举对于学术思想上有关系诸家，分述其学术之大要，互为比勘以发明变迁异同之迹。并求其因果，判其得失。一面可为中国已往学术思想史上最后之结束，一面可供开创以后学术新潮之暗示。

参考书举要：选习本学程者，梁任公《清代学概论》，范围略同，可先读。梁氏又有《近三百年学术史》，曾刊《史地学报》第三卷各期，惟迄无成书。胡适之《戴东原的哲学》，虽只讲一家而牵涉极广，亦可先阅。江藩《汉学师承记》亦可浏览。其他随时指导，不能详列。

赵万里

中国史料目录学　　　　　　　　　　　　　　　　三小时

本学程所包涵之空间性为中国及高丽、安南等旧属国，时间性为史后迄近代，旧史料如正史、编年史、传记、实录、志乘，新史料如甲骨、金石文字、档案等，并重图表，注重板本。

中国雕板史　　　　　　　　　　　　　　　　　　二小时

本学程虽名为雕板史，然写本书及未有雕板前之简册与卷子本亦论及之。以近世新出及旧有之材料为有系统之研究，注重目验。

伦　明

清代史学书录　　　　　　　　　　　　　　　　　二小时

清儒治史，方法周密，体裁完备。综其成绩，宜分八类：（一）辑轶，如《旧五代史》、《七家后汉书》；（二）补注，如《汉书补注》；

（三）重编，如《晋略》、《新元史》；（四）补志、补表、补传，如《补后汉书艺文志》、《后汉书补表》、《宋史翼》；（五）考订，如《廿二史考异》、《诸史拾遗》；（六）史评，如《读通鉴论》、《文史通义》；（七）撰著，此类非一体，录其要者；（八）方志，择其体例备而文笔优者。各书详其主旨与地位，评较其优劣。俾研究者多所采获，述作者得所仿效。

张星烺

南洋史地　　　　　　　　　　　　　　　　　　　二小时

　　本课之重要纲目：（1）南洋地理概观，（2）印度文明传入马雷西亚，（3）中国与马雷西亚之古代交通，（4）阿拉伯与马雷西亚之关系，（5）元明两代中国势力伸入马雷西亚，（6）回回教在南洋之广布，（7）欧洲与马雷西亚之初期关系，（8）葡萄牙东方帝国之盛衰，（9）西班牙在斐律宾之历史，（10）美国在斐律宾之历史，（11）荷兰在爪哇等地之历史，（12）英国在海峡殖民地及北婆罗州之历史，（13）华侨史。

　　　　参考书：Stanford, *Australasia*.

　　　　　　　　Winstedt, *Malaya*.

　　　　　　　　Cabaton, *Java and the Dutch East Indies*.

　　　　　　　　Swettenham, *British Malaya*.

　　　　　　　　Fernandez, *History of the Philippines*.

　　　　　　　　Benity, *History of the Philippines*.

　　　　　　　　Steiger-Benitez, *History of the Orient*.

　　　　　　　　Song Ony Siang, *Hundered Years of the Chinese in*
Singapore.

　　　　　　　　Rutter, *British North Borneo*.

　　　　　　　　MacNair, *The Chinese Abroad*.

　　中国正史海南诸国传、《高僧传》、《瀛涯胜览》、《星槎胜览》、《象胥录》、《西洋朝贡典录》、《东西洋考》、《南洋华侨通史》、《兰领东印度史》。

傅斯年

中国古代文籍文辞史　　　　　　　　　　二小时

此科本即所谓"中国古代文学史"，因求表显其内容，用避误解，故取此名。此科中所讲者，大致分为三类：一、泛论。内讨论文学之界说、文体之演进、文章之演成、文学与环境之关系等；二、经典时代中文籍之考订。大略分析其成分、来源与时代；三、古代文体、诗体之演化。

顾颉刚

尚书研究　　　　　　　　　　　　　　　　二小时

本课主旨：（1）提出《尚书》中包孕之问题，说明古今各家对于此项问题之解释，俾为将来继续研究之准备。（2）分析其真伪与窜乱，说明其逐次涂附之迹，俾知《尚书》中有若干为当时之真记载，及其所以列于经典之故。（3）说明《尚书》与古史之关系，俾知若干古史问题有因《尚书》中某问题已解决而得解决者，又有须待《尚书》中某问题解决之后而得解决者。（4）从本书之研究见出中国古书问题之繁重，俾为将来校订其他古文籍之训练。

蒋廷黻

中国近代外交史　　　　　　　　　　每两周三小时

本学程主旨在叙述及分析中国加入国际系统之过程，及在此系统中所受之待遇，以期了解中国今日国际地位。所用书籍，除普通中外关系史之著作外，特别注重中国方面之外交史料。

陆懋德

考古学并实习　　　　　　　　　　　　　　三小时

本科分历史的、理论的、实习的三部分，务在应用欧美最近之方法，以整理中国旧有之材料。随时指示鉴别古物及发掘古迹之技术。实习则注重参观及实地练习 Field Work。每周三小时，约分二小时讲授，一小时实习。

柯昌泗

宋史　　　　　　　　　　　　　　　　　　　四小时

《宋史》一书,最号繁重。(一)宋代享国甚久,事迹过多。(二)汉唐以来政治、典章、学术、思想经五代之乱,渐次递嬗,至宋而大为变化。(三)宋人最重史学,当时学者对其本朝史实多有撰述,即在文集笔记中,亦皆喜谈掌故,史料之多,为历代之冠。(四)宋与辽、金、西夏、蒙古诸蕃等国交涉频繁,情形复杂。凡此诸端,非从《宋史》及各种史料细心钩稽,不能了然。且自宋迄清,国家制度、社会风俗以及一切事物类皆沿袭宋人之遗,随时演变。溯其变迁之迹,宜从《宋史》入手。本课程内容,系将《宋史》中重要史实,参考各种史料,编为讲义,分别讲述,略见梗概。一面指导学者对于《宋史》加以缜密之研究,及应研究之方法。并随时介绍研究《宋史》必须参考之书。且对各种史料随时评骘其得失,以资旁证。

吴燕绍

西藏史　　　　　　　　　　　　　　　　　　二小时

是编分四卷。上古荒邈难稽,故断自贞观中年。首详唐宋以来吐蕃之战争、和亲、败盟、内附之史实。次载元明时宗教势力之膨涨。至清而接触愈繁,事务愈赜,故叙述加详。本学年赓续上学年讲述。上起雍乾下迄近今,俾学者明达边情及藏事之本末。

王桐龄

东洋史　　　　　　　　　　　　　　　　　　三小时

本学程目的,在证明历史上中国在亚洲及世界所占之位置,及其对四围民族之关系,兼叙四围民族各自相互间及其对远洋各民族之关系。用自著《东洋史》为教本(商务出版),不足之部分用讲义补充。课程内容略如下述:序论,授定义、人种、地理及年代划分法;上古史,授古代印度、西里亚、波斯、安息、大夏事迹;中古史,授中世印度、大月氏、嚈哒、大食、匈奴、东胡、乌桓、鲜卑、柔然、吐谷浑、奚、契丹、丁零、高车、铁勒、突厥、薛延陀、回纥、氐、羌、吐蕃、朝鲜、高丽、三韩、百济、新罗、渤海、日本、吐火罗及昭武九姓等国盛衰兴亡大略；近古史，授黠戛斯、南诏、林邑、占城、真腊、扶南、骠国、交趾、大理、海南诸小国、后高丽、契丹、女真、党项、东大食、西大食、南大食、波斯境内 Taher Soffar、Samana Buya、印度境内 Ghazni Ghor 奴隶、中亚境内 Seljuks、西辽、乃蛮、花刺子模等国盛衰兴亡大略，蒙古帝国及其对于亚欧各国关系、帖木儿帝国及其对于亚欧各国关系、郑和之远征、欧人之东渐；近世史，授日本、暹罗以下亚洲各国之盛衰兴亡大略，与欧美列强侵略亚洲事迹。

梁思成

西洋建筑史 二小时

本学程叙西洋建筑之沿革及建筑上之几个基本原则，使学生对于建筑得一种了解与欣赏。自石器时代迄于今日，将各时代各派别建筑之产生发展，以及社会政治、地理气候等等与建筑的关系，详细讨论之。幻灯、插图。

东洋建筑史 二小时

本学程述中国建筑之沿革。在文献与汉以后遗物中，作先秦、两汉建筑史料的考证，六朝以后佛教对于建筑的影响，唐宋遗物，明清宫殿园囿。日本推古朝以后之建筑，与所受中国的影响。幻灯、插图。

白眉初

中国历史地理 三小时

系叙古代沿革地理，分上下编：上编政治方面，下编自然方面。政治方面，述历代疆域及都会变迁、战争形势、中外交通等主要材料。自然方面述《禹贡》、《水经注》、运河史料、黄河变迁等主要材料。上下编讲义同时渐次印发，更迭讲述。

参考书举要：《读史方舆纪要》，顾祖禹；《李氏五种》，李兆洛；《中国历代疆域战争合图》，武昌亚新地学社出版。

黎东方

西洋近代史　　　　　　　　讲授四小时指导二小时　　　四小时

　　讲授自文艺复兴起，至一九一四年止。指导上半年为个别谈话，下半年为工作批评。本门目的在说明西洋近代文化之来源及其成长，诸国之递兴及其政治、经济各别之演进，社会组织之逐次蜕化，学说文章之时间的发达及空间的分布。将欧美数百年事迹由封建崩颓叙迄帝国主义形成。

历史研究法　　　　　　　　　　　　　　　二小时

　　本门目的，在说明历史学今日之标准，史书之读法，材料如何搜集，如何鉴别，如何采用，以及专题如何研究，史书如何构作等等。本门立论，专从西史，而目的则在使选修者获得作史之一般常识。

法国大革命史　　　　　　　　　　　　　　二小时

　　上半年授法国大革命，下半年授拿破仑。法国史学之精神于此两代最为显露，尤以大革命为甚。本门目的在泛说各家史派之方法而衡论其得失，并将二专题化为若干小题依次演解，使受讲者得于实际上领略西洋史学今日已进至何种阶段。

李季谷

日本近世史　　　　　　　　　　　　　　　二小时

　　本课程以研究日本的政治、制度、学术、思想以及其民族特性等为标的，但特别注意于江户时代的发展过程、明治维新后的国力膨胀及其最近的政党政治与对外方策。

战后国际现势　　　　　　　　　　　　　　二小时

　　讲述巴黎和平会议后的国际关系及各国的政治背景，并指导阅读国际问题近著。

（《国立北京大学史学系课程指导书》，
1931 年度，1931 年 9 月至 1932 年 6 月）

北京大学史学系课程指导书（1932）

选课规则

（一）依据文学院课程规定，凡文学院一年级学生必修下列四种科目。

科　　目	每周时数	学期及学分	
		上	下
A. 哲学概论	2	2	
B. 科学概论	2		2
C. 中国通史	4	4	4
D. 西洋通史	4	4	4

（二）除上列四种文学院共同必修学科外，中国史料目录学为本系一年级必修科。

（三）本系中国史、西洋史、断代研究科目，系采取两年一轮回办法。中国史分七段，西洋史分四段，每年开中国史四段或三段，西洋史二段（本年所开设之断代史科目，下年即不重开），两年之后，周而复始。

本系学生应修毕中国断代史全部及西洋断代史二段，或西洋代史全部及中国断代史二段，始得毕业（此规定自本年度之二年级起实行）。

（四）一年级学生除必修科外，得选习他系科目，以代替本系选修科，但须得主任之许可。

（五）史学方法导论为二年级学生必修科。

（六）四年级学生，于学年开始时，应各就兴趣所近，选择专门研究题目，认定本系教员受其指导，撰述论文，于学年完结时交纳，始得毕业。

课程一览

号　数	科　目	每周时数	学期及学分 上	下	担任教员	备　注
史 31-32	中国史料目录学	4	4	4	赵万里	
史 102	史学方法导论（上）	1		1	傅斯年	
史 113-4	中国上古史	3	3	3	钱　穆	
史 117-8	秦汉史	3	3	3		本年停
史 123-4	魏晋南北朝史	3	3	3		本年停
史 217-8	隋唐五代史	3	3	3		本年停
史 131-2	宋史	3	3	3	赵万里	
史 135-6	辽金元史	3	3	3	方壮猷	
史 143-4	明清史	4	4	4	孟　森	
史 151-2	西洋上古史	4	4	4		本年停
史 155-6	西洋中古史	4	4	4		本年停
史 163	文艺复兴与宗教改革	3	3		陈受颐	
史 170	西洋十七八世纪史	3		3	陈受颐	
史 175-6	西洋近百年史	3	3	3	陈同燮	
史 401-2	考古学与人类学导论	2	2	2	李　济 梁思永	
史 405-6	金石学	4	4	4	马　衡	
史 411-2	中国近三百年学术史	3	3	3	钱　穆	
史 415-6	中国社会史（与政治系合班）	3	3	3	陶希圣	
史 417-8	中国政治思想史（与政治系合班）	3	3	3	陶希圣	
史 419-20	中国政治制度史	3	3	3	钱　穆	
史 423-4	中国法制史（与政治系合班）	3	3	3	程树德	
史 429	中国外交史（续）	2	2		蒋廷黻	
史 433-4	中国雕板史	2	2	2		本年停

（续表）

号　数	科　目	每周时数	学期及学分		担任教员	备　注
			上	下		
史 439-40	中西交通史	2	2	2	张星烺	
史 441-2	近代中欧文化接触研究	2	2	2	陈受颐	
史 445-6	中亚民族史	3	3	3	聂　鑫	
史 447-8	西洋近代外交史（与政治系合班）	3	3	3	张忠绂	
史 451-2	西洋经济史（与经济系合班）	2	2	2	周炳琳	
史 455-6	殷周史料考定	2	2	2	董作宾徐仲舒	
史 459-60	满洲开国史	4	4	4	孟　森	
史 465-6	英国史	3	3	3	陈同燮	
史 469-70	日本史	3	3	3	李宗武	
史 473-4	科学发达史	3	3	3	毛　准	
史 477-8	尚书研究（2）	2	2	2	顾颉刚	
史 481-2	清代史学书录	2	2	2	伦　明	
史 483-4	西洋史籍举要	2	2	2		本年停
史 489-90	中国地理	3	3	3	白眉初	
史 493	地图学	3	3		毛　准	
史 495-6	地理学（与地质系合班）					
哲 7-8	中国哲学史	3	3	3	胡　适	
国文 135-6	中国古代文学史	2	2	2	傅斯年	
国文 361-2	古历学	2	2	2	范文澜	
国文 371-2	古地理学	2	2	2	郑天挺	
国文 379-80	古典制学	2	2	2	姜忠奎	

课程说明

中国通史　本学程将中国史上重要节目,简括为若干题,由专家分任讲述,侧重说明中国文化之进步,民族之溶合,社会政治经济之状况,而略于普泛事实之叙述。起于上古,而迄于有清中叶(鸦片战争以前)。

西洋通史　本学程研究范围以人类有史以来为起点,以欧战后巴黎和会为终点。对于欧洲文明之起源及其发展之途径,作一有系统之说明。俾学者于相当时期内,对于人类全部进步情形得一明了之概念。

中国史料目录学　本学程所包涵之空间性为中国及高丽、安南等旧属国,时间性为史后迄近代,旧史料如正史、编年史、传记、实录、志乘,新史料如甲骨、金石文字、档案等,并重图表,注重板本。

史学方法导论　本科内容大致如下:一、中国及欧洲史学观点之演进;二、自然科学与史学之关系;三、史料之整理方法。

中国上古史　本学程自上古迄先秦,考订本期中各项史料之真伪,而重定其系统。其研究法先自六国逆溯而上以及远古。其间划分数时期,于每一期中求出几点重要的特性,从之推断其前后,互为联络而归之条贯。并于各种史料传说之伪误处,为之籀出公例以资别择。历来各家对于古史上之见解,并主博采以为讨论之助。

参考书举要:选习本学程者,于《尚书》、《诗》、《易》、《左传》、《国语》、《国策》、《史记》、《竹书纪年》诸书,最好先自浏览,并备马骕《绎史》(有石印本)。取其取材较广,便于翻阅。崔述《考信录》为清儒怀疑古史之一大家,顾颉刚《古史辨》为近人怀疑古史之代表,均可先读。其他参考书随时指导,不能备引。

宋史　本学程注重介绍新材料以补充旧材料,而尤致力于典制、学术、艺术、风俗、文学诸方面。

辽金元史　本学程之目的,在阐明辽、金、元三国之民族的起源,国家的形成,领土的开拓,文化的演进及其社会生活的深化等等为主。其阐发虽注重于纯学术的探讨,然契丹、女真、蒙古三族皆发祥于今东北境内,且其相续统治今东北地方者凡数百年,其与今东北民族之历史的、地理的及社会生活的种种方面,皆有密切关系。今东北沦亡,故本课程之涉及上述诸端者,亦当详为阐明,藉为应时之助。

明清史　明清史据本校课程计画,以明史及清代乾隆末年以上为一段落,以后则与国外接触渐繁,作为近百年史范围。故本课目拟本此编制讲义,但仍以明清各自分代。惟纪代讲义,止编乾隆末年,其间亦自分段落。如明之开国、靖难、夺门、议礼等大关目,皆于一朝政治之迁变有关,本此作为纲领云。

文艺复兴与宗教改革　本课以文艺复兴与宗教改革两运动为核心,研究欧洲当时之思想、信仰、文学、艺术、政治、社会诸方面之史实,尤注意于西洋中古文化之潜注与近代文化之渊源。

西洋十七八世纪史　本课继续前课研究范围,自十七世纪之初年至法国革命之前夕。

西洋近百年史　本学程以十八世纪末年法国大革命起,至二十世纪止,为研究范围。对于法国革命之经过及欧洲大陆革命潮流之发展,皆作相当的研究;而普法战争以后国际上工商业之竞争、各国秘密外交之进行、攻守同盟条约之缔结及欧战后中欧一带新国之勃兴及现时一切国际问题,尤为本学程研究之中心。其有关吾国之一切国际问题,亦加以相当的注意。

人类学考古学导论　第一期人类学,第二期考古学。每期约十五讲,每讲二小时。人类学讨论范围:为人类之起源、演化及其分类,物质文化之沿革,语言、宗教与社会组织之变迁,总论现代生活之历史的背景。考古学范围注重发掘方法,讨论使用此种方法之目的及其手续与其所得之结果,并就应用此种方法所得之史料择要讨论。

金石学　此科为整理中国史之客观的材料而设,所以补载籍之不足,或订正其谬误者也。金石者,古人之遗文及一切有意识之作品,赖金石或其他物质流传至今者也。此种材料虽多属残缺,而皆为最真确、最有价值之历史材料。惜范围广漠,种类繁琐,向之研究此学者鲜有具体的及系统的整理,致此学尚未能充分发展。此编注重此点,示人以治学之方法。全书共分三篇:第一篇总论,说明定义及范围及其与史学之关系。第二篇分论,分述各种材料并论前人之得失。第三篇结论,说明今后研究之方法及处理材料之方法。

中国近三百年学术史　本学程以有清一代之学术思想为主。上起明末诸遗老,下迄民国,列举对于学术思想上有关系诸家,分述其学术之大要,互为比勘以发明变迁异同之迹。并求其因果,判其得失。一面可为中国已往学术思想史上最后之结束,一面可供开创以后学术新潮之暗示。

参考书举要：选习本学程者,梁任公《清代学概论》,范围略同,可先读。梁氏又有《近三百年学术史》,曾刊《史地学报》第三卷各期,惟迄无成书。胡适之《戴东原的哲学》,虽只讲一家而牵涉极广,亦可先阅。江藩《汉学师承记》亦可浏览。其他随时指导,不能详列。

中国政治制度史　本学程将中国历代政治制度作一概括的研究,略分三类:(一)治权阶级之成立及转移：包括古代贵族世袭制及秦后历代王室来历及其体统,并其附属,如功臣、外戚、宦官等,并及历代之征辟、选举、学校、考试制度等;(二)政治权之分配：包括古代封建制及秦后郡县之划分以及历代官制沿革等;(三)统治阶级之维系：包括历代赋税制、兵制、刑制等。上列三类分期注意各项制度之共同的背景,以推籀其创制之用意及施行之利病,并求阐明各项制度演进之共同倾向,以指陈现代政治社会制度之来历及其历史上之真实意义。

中国外交史　本学程主旨在叙述及分析中国加入国际系统之过程,及在此系统中所受之待遇,以期了解中国今日国际地位。所用书籍,除普通中外关系史之著作外,特别注重中国方面之外交史料。

中西交通史　本课起始于汉武帝遣张骞通西域及印度洋海道之航行,迄十八纪世之末。叙述中国与亚洲西部各国及欧洲政治、军事、商业、宗教、文化各种关系。分作三大时期,第一期由汉至宋,第二期元代,第三期由明中叶至清乾隆末。

参考书：

G. F. Hudson, *Europe and China: A Survey of their Relations from the Earliest Times to 1800.*

H. Yule, *Cathay and the Way Thithes.*

Richthofen, *China*, I.

F. Hirth, *China and the Roman Orient.*

Albert Herrmann, *Die alten Seidenstrassen zwischen China und Syrien.*

T. F. Carter, *The Invention of Printing in China and Its Spread Westward.*

P. Y. Saeki, *The Nestorian Monument.*

A. C. Moule, *Christians in China Before the Year 1550 A. D.*

K. S. Latourette, *A History of Christian Missions in China.*

《中西交通史料汇编》,张星烺

近代中欧文化接触研究　叙述与解释中世纪以后中欧文化互相影响之迹象,尤注意于十七八两世纪。

中亚民族史　聂鑫　数年来各国对中亚之考古,于文化上多所发现,其尤著者为数种死语言之复活。兹就已有之探讨,略述中亚民族之活动:(一)通论:(1)中亚之地理,(2)中亚与世界史之关系,(3)关于中亚民族史史料之批评,(4)中亚民族与语言学;(二)中亚之民族:(1)新石器时代民族分布之大概情形,(2)亚利安民族(说 Indo-eurpéen 语言的民族),(3)阿尔泰民族(说 Oltaique 语言的民族),(4)西藏民族;(三)结论:总述中亚各民族对于东西文化之关系。

殷周史料考定　本课以近代的史学工具,研治殷周两代历史。根据甲骨、金文及考古发掘的遗物、遗迹,参证典籍中的记载、传说以考定真实的史料。使选修者得具体的研究方案,以养成其自动研治古史,运用新方法,处理新材料之能力与兴趣。

满洲开国史　满洲之史实,清代官书,反成恍惚难信,其实根柢甚深。斡朵里部落之名,成于元代;清肇祖原皇帝行事之可纪者,在明初太祖、太宗、宣宗之世,以后历代皆有可详。欲修清史,必当求其来历。今世能定其世次及事迹者,绝不能据清世之纪载,非另出手眼曲折勾稽不可。为清史计,此实应为专门一种学业。

英国史　本学程目的乃研究英国国家发展之程序,及其在国际上之地位。其宪法之演进、工商业之进步及海外殖民地之扩充,皆在研究范围之内。又现时各自治属地对于祖国之关系及将来之趋势,亦加以相当的讨论。

日本史　本课程以研究日本的政治、制度、学术、思想以及其民族特性等为标的。但特别注意于江户时代的发展过程、明治维新后的国力膨胀及其最近的政党政治与对外方策。

科学发达史　本课论述科学发达的历史，并阐明科学的发达和人群文化演进的关系。

尚书研究　本课主旨：（1）提出《尚书》中包孕之问题，说明古今各家对于此项问题之解释，俾为将来继续研究之准备。（2）分析其真伪与窜乱，说明其逐次涂附之迹，俾知《尚书》中有若干为当时之真记载，及其所以列于经典之故。（3）说明《尚书》与古史之关系，俾知若干古史问题有因《尚书》中某问题已解决而得解决者，又有须待《尚书》中某问题解决之后而得解决者。（4）从本书之研究见出中国古书问题之繁重，俾为将来校订其他古文籍之训练。

清代史学书录　清儒治史，方法周密，体裁完备，综其成绩，宜分八类：（一）辑轶，如《旧五代史》、《七家后汉书》；（二）补注，如《汉书补注》；（三）重编，如《晋略》、《新元史》；（四）补志、补表、补传，如《补后汉书艺文志》、《后汉书补表》、《宋史翼》；（五）考订，如《廿二史考异》、《诸史拾遗》；（六）史评，如《读通鉴论》、《文史通义》；（七）撰著，此类非一体，录其要者；（八）方志，择其体例备而文笔优者。各书详其主旨与地位，评较其优劣。俾研究者多所采获，述作者得所仿效。

本国地理　本学程系说明本国地文人文一切复杂之真相，其全部排列，用圆轮集中法，分上下两编，上编九卷述自然现象，下编六卷述地方志。叙述方面，侧重边疆及社会、经济、国耻与建设诸要点。

地图学　本课讲明地图学的大意，并给学生以充分的练习，以使选习本课者能应用地图作法和读法于地学或史学的研究为目的。

（《国立北京大学史学系课程指导书》，

1932 年 8 月至 1933 年 7 月适用）

北京大学史学系课程指导书（1933）

选课规则

（一）依据文学院课程规定，凡文学院一年级学生必修下列四种科目。

科　目	每周时数	学期及学分	
		上	下
A. 哲学概论	2	2	
B. 科学概论	2		2
C. 中国通史	4	4	4
D. 西洋通史	4	4	4

（二）除上列四种文学院共同必修学科外，中国史料目录学为本系一年级必修科。

（三）本系中国史、西洋史、断代研究科目，系采取两年一轮回办法。中国史分六段，西洋史分四段，每年开中国史三段，西洋史二段（本年所开设之断代史科目，下年即不重开），两年之后，周而复始。

本系学生应修毕中国断代史全部及西洋断代史二段，或西洋断代史全部及中国断代史三段，始得毕业（此规定自二十一年度之二年级起实行）。

（四）一年级学生除必修科外，得选习他系科目，以代替本系选修科，但须得主任之许可。

（五）史学方法导论为二年级学生必修科。

（六）四年级学生，于学年开始时，应各就兴趣所近，选择专门研究题目,认定本系教员受其指导,撰述论文,于学年完结时交纳,始得毕业。

　　课程一览

号　数	科　目	学期及学分		教　员	备　注
		上	下		
共同必修	中国通史	4	4	钱　穆	
共同必修	西洋通史	4	4	陈同燮	
史 31-2	中国史料目录学	4	4	赵万里	
史 101-2	史学方法导论	1	1	傅斯年	
史 113-4	中国上古史	3	3		本年停
史 117-8	秦汉史	3	3	钱　穆	
史 123	魏晋南北朝史	6		蒙文通	
史 127	隋唐五代史		6	蒙文通	
史 131-2	宋辽金元史	3	3		本年停
史 143-4	明清史	3	3		本年停
史 151-2	西洋上古史	4	4	陈同燮	
史 155-6	西洋中古史	4	4	陈受颐	
史 163	文艺复兴与宗教改革	3			本年停
史 170	西洋十七八世纪史		3		本年停
史 175-6	西洋近百年史	3	3		本年停
史 251	欧洲殖民事业发展史	2		陈同燮	
史 280	一八一五年以后之英帝国		2	陈同燮	
史 401-2	考古与人类学导论	2	2		本年停
史 405-6	金石学	4	4	马　衡	
史 411-2	中国近三百年学术史	3	3		本年停
史 413-4	中国近三百年学术史研究	2	2	钱　穆	

（续表）

号 数	科 目	学期及学分		教 员	备 注
		上	下		
史 419-20	中国政治制度史	2	2		本年停
史 439-40	中西交通史	2	2		本年停
史 441-2	近代中欧文化接触研究	2	2		本年停
史 443-4	南洋史地	2	2	张星烺	
史 445-6	中亚民族史	2	2		本年停
史 457-8	殷周史料考定（2）	2	2	徐中舒	
史 459-60	满洲开国史	4	4	孟 森	
史 461-2	周秦民族与思想	2	2	蒙文通	
史 463-4	中国古代地理沿革史	2	2	顾颉刚	
史 465-6	英国史	3	3		本年停
史 467-8	法国革命史	2	2	吴正华	
史 469-70	日本史	3	3	李宗武	
史 473-4	科学发达史	3	3	毛 准	
史 477-8	尚书研究	2	2		本年停
史 479-80	先秦文化史	2	2	唐 兰	
史 481-2	清代史学书录	2	2		本年停
史 483	西洋史籍举要	2		陈受颐	
史 484	西洋十七八世纪史研究		2	陈受颐	
史 489-90	中国地理	3	3		本年停
史 491-2	西洋地理	2	2	王 谟	
史 493	地图学	3		毛 准	
史 495-6	地理学	2	2		
政治系	中国外交史	2	2	张忠绂	
政治系	中国社会史	3	3	陶希圣	
政治系	西洋近代外交史	3	3	张忠绂	

（续表）

号　数	科　目	学期及学分		教　员	备　注
		上	下		
政治系	西洋政治思想史	3	3	张奚若	
法律系	中国法制史	3	3	程树德	
经济系	中国经济史	2	2	崔敬伯	
经济系	中国财政史	2	2	胡谦之	
经济系	近代经济史	2	2	周炳琳	
哲学系	中国哲学史	3	3	胡　适	
哲学系	西洋哲学史	3	3	张　颐	
哲学系	中国佛教史	3	3	汤用彤	
国文系	中国文学史概要	3	3	罗　庸	
国文系	经学史		4	马裕藻	
国文系	古历学	2	2	范文澜	

课程说明

中国通史　起上古，迄近代，于民族之融合，文化之进展，政治、社会、经济、学术种种之关联处，作一简要的系统之叙述。俾学者对本国史，得一比较整个的认识与了解。

西洋通史　本学程研究范围以人类有史以来为起点，以欧战后巴黎和会为终点。对于欧洲文明之起源及其发展之途径，作一有系统之说明。俾学者于相当时期内，对于人类全部进步情形得一明了之概念。

中国史料目录学　本学程所包涵之空间性为中国及高丽、安南等旧属国，时间性为史后迄近代，旧史料如正史、编年史、传记、实录、志乘，新史料如甲骨、金石文字、档案等，并重图表，注重板本。

史学方法导论　本科内容大致如下：一、中国及欧洲史学观点之演进；二、自然科学与史学之关系；三、史料之整理方法。

秦汉史　本学程以两汉为主，上起秦人一统，下迄三国分裂，与上古史学程相衔接。其研究取材，以政治上重要措施及变迁为主，推及于并时经济、社会、学术、思想、宗教、迷信各方面相为因果之处。指陈中国民族于统一的局面下达于全盛之由来，及其渐趋衰颓，以下开中衰期的命运之所以然。略其事实之铺叙，而为史实之解释。

魏晋南北朝史 叙述自三国至隋之统一兴替之大概、各民族间之竞争及其制度之沿革、学术之变迁。

西洋上古史 本学程以古代东方诸国及希腊罗马为研究范围，对于各民族之兴衰隆替及其文化之特长详细讨论，尤注意近世文明之来源及其嬗变之程序。

西洋中古史 略论欧洲中古时期之政治、宗教、文学以及其他种种文化迁流之迹。自蛮族之侵入迄东罗马帝国之灭亡。

欧洲殖民事业发展史 本学程内容大致如下：1.欧洲各国海外殖民地发展之起源及其所占领之区域；2.各国海外竞争之经过及其盛衰；3.各国殖民地政策及其管理方法。

金石学 此科为整理中国史之客观的材料而设，所以补载籍之不足，或订正其谬误者也。金石者，古人之遗文及一切有意识之作品，赖金石或其他物质流传至今者也。此种材料虽多属残缺，而皆为最真确、最有价值之历史材料。惜范围广漠，种类繁琐，向之研究此学者鲜有具体的及系统的整理，致此学尚未能充分发展。此编注重此点，示人以治学之方法。全书共分三篇：第一篇总论，说明定义及范围及其与史学之关系。第二篇分论，分述各种材料并论前人之得失。第三篇结论，说明今后研究之方法及处理材料之方法。

近三百学术史研究 继续前开近三百年学术史作比较深窄一层的指导。旨在使学者能自动的对本期学术有所探检。课堂讲演，则偏重道咸以后。

南洋史地 本课之重要纲目：（1）南洋地理概论，（2）印度文明传入马雷西亚，（3）中国与马雷西亚之古代交通，（4）阿拉伯与马雷西亚之关系，（5）元明两代中国势力伸入马雷西亚，（6）回回教在南洋之广布，（7）欧洲与马雷西亚之初期关系，（8）葡萄牙东方帝国之盛衰，（9）西班牙在斐律宾之历史，（10）美国在斐律宾之历史，（11）

荷兰在爪哇等地之历史，（12）英国在海峡殖地及北婆罗州之历史，（13）华侨史。

参考书：Stanford, *Australasia.*

Winstedt, *Malaya.*

Cabaton, *Java and the Dutch East Indies.*

Swettenbam, *British Malaya.*

Fernandez, *History of the Philippines.*

Benity, *History of the Philippines.*

Steiger-Benitez, *History of the Orient.*

Song Ony Siang, *Hundered Years of the Chinese in Singapore.*

Rutter, *British North Borneo.*

MacNair, *The Chinese Abroad.*

中国正史海南诸国传、《高僧传》、《瀛涯胜览》、《星槎胜览》、《象胥录》、《西洋朝贡典录》、《东西洋考》、《南洋华侨通史》、《兰领东印度史》。

殷周史料考定　本课以近代的史学工具，研治殷周两代历史。根据甲骨、金文及考古发掘的遗物、遗迹，参证典籍中的记载、传说以考定真实的史料。使选修者得具体的研究方案，以养成其自动研治古史，运用新方法，处理新材料之能力与兴趣。

满洲开国史　满洲之史实，清代官书，反成恍惚难信，其实根柢甚深。斡朵里部落之名，成于元代；清肇祖原皇帝行事之可纪者，在明初太祖、太宗、宣宗之世，以后历代皆有可详。欲修清史，必当求其来历。今世能定其世次及事迹者，绝不能据清世之纪载，非另出手眼曲折勾稽不可。为清史计，此实应为专门一种学业。

周秦民族与思想　叙述各民族之迁移及各方思想之比较与进展变迁，兼及今文学之来源。

中国古代地理沿革史　搜集中国古代之地理材料，分析其属于想像的或实际的，就其发生时代，作为系统的说明。

法国革命史　法国革命，前后四次，扰攘纷乱，历八十年。本课将革命发生的原因、革命进行的情形与大革命的影响，分别叙述，俾学者得一整个的认识。

日本史 本课程以研究日本的政治、制度、学术、思想以及其民族特性等为标的。但特别注意于江户时代的发展过程、明治维新后的国力膨胀及其最近政党政治与对外方策。

科学发达史 本课论述科学发达的历史，并阐明科学的发达和人群文化演进的关系。

先秦文化史 上古文化，其少纪载。旧时史家，多因袭讹谬妄造肊说。今一以考古学之眼光为之整理，俾成确实而有系统之上古文化史。

西洋史籍举要 本课为西洋史籍目录之初步。选择西洋史籍中之重要者，分为若干类，作简略之说明。西洋人之东方史学著述，亦附带论及。

西洋十七八世纪史研究 由西洋十七八世纪史实中选择若干专题，作较狭而深的研究。去年曾读西洋十七八世纪史者，始得选习此课。

（《国立北京大学史学系课程指导书》，
1933 年 8 月至 1934 年 7 月适用）

附录：教员名录

教授兼系主任：陈受颐；名誉教授：朱希祖、傅斯年、孟森、马衡；教授：毛准、姚士鳌；副教授：蒙文通、钱穆、陈同燮；名誉讲师：顾颉刚；讲师：王谟、赵万里、李季谷、吴正华、张荫麟、徐中舒、张星烺；助教：余逊。

（《国立北京大学一览》，1933 年度）

北京大学史学系课程（1934）

本系简规

（一）除文学院共同必修学科外,中国史料目录学为本系一年级必修科。

（二）本系中国史西洋断代研究科目,系采取两年一轮回办法。中国史分七段,西洋史分四段,每年开中国史四段或三段,西洋史二段（本年所开设之断代史科目,下年即不重开）,两年之后,周而复始。

（三）本系学生应修毕中国断代史全部及西洋断代史二段,或西洋断代史全部及中国断代史三段,始得毕业。

（四）一年级学生除必修科,得选习他系科目,以代替本系选修,但须得主任之许可。

（五）历史研究法为二年级学生必修科。

（六）四年级学生,于学年开始时,应各就兴趣所近,选择专门题目,认定本系教员受其指导,撰述论文,于学年完结交纳,始得毕业。

课程一览

号　数	科　目	每周时数	学期及学分		担任教员	备　注
			上	下		
史 31-2	中国史料目录学 *	2	2	2	赵万里	
史 101-2	历史研究法 *	2	2	2	姚士鳌	
史 113-4	中国上古史 *	3	3	3	钱　穆	

（续表）

号　数	科　目	每周时数	学期及学分 上	学期及学分 下	担任教员	备　注
史 117-8	秦汉史 *	3	3	3		本年停
史 123-4	魏晋南北朝史 *	3	3	3	蒙文通	
史 127-8	隋唐五代史 *	3	3	3		本年停
史 131-2	宋史 *	3	3	3	蒙文通	
史 135-6	辽金元史 *	3	3	3	姚士鳌	
史 143-4	明清史 *	4	4	4	孟　森	
史 151-2	西洋上古史 *	4	4	4		本年停
史 155-6	西洋中古史 *	4	4	4		本年停
史 163	文艺复兴与宗教改革 *	4	4		陈受颐	
史 170	西洋十七八世纪史 *	4		4	陈受颐	
史 175-6	西洋十九世纪史 *	3	3	3	刘崇鋐	
史 202	中国上古史择题研究	4		4	傅斯年	
史 207-8	殷周史料考定	2	2	2		本年停
史 215-6	先秦文化史	2	2	2		本年停
史 219-20	周秦民族与思想	2	2	2		本年停
史 231-2	满洲开国史	4	4	4		本年停
史 241-2	东北史地	2	2	2	冯家昇	
史 251-2	金石学	4	4	4	马　衡	
史 261	中国政治制度史	4	4		钱　穆	
史 265-6	中国近三百年学术史	2	2	2		本年停
史 271-2	中国史学史	2	2	2	蒙文通	
史 275-6	近代中欧文化接触研究	2	2	2		本年停

（续表）

号　数	科　目	每周时数	学期及学分 上	学期及学分 下	担任教员	备注
史 281	明清之际西学东渐史	2	2		向　达	
史 284	近四十年中国史学上之新发现	2		2	向　达	
史 287-8	中西交通史	2	2	2	张星烺	
史 291-2	中国古代地理沿革史（二）	2	2	2	顾颉刚	
史 301-2	西洋史籍举要	2	2	2		本年停
史 211-2	西洋史择题研究	2	2	2	姚士鳌	
史 221-2	西洋上古史择题研究	2	2	2	聂　鑫	
史 331-2	中亚民族史	2	2	2	聂　鑫	
史 337-8	希腊文明史	2	2	2	毛　准	
史 341-2	日本史	3	3	3		本年停
史 345-6	法国革命史	2	2	2		本年停
史 401-2	中国地理	2	2	2	王　庸	
史 405-6	外国地理	2	2	2	王　谟	
史 409	地图学	3	3			本年停
史 501	毕业论文 *		2	2	本系教员	
哲 127-8	中国哲学史	3	3	3		本年停
哲 133-4	中国思想史	3	3	3	容肇祖	
哲 149-50	西洋哲学史	3	3	3	张　颐	
哲 439-40	中国佛教史	3	3	3		本年停
国 1-2	中国文学史概要	3	3	3	胡　适	
国 142	中国古代文学史	4		4	傅斯年	
国 143-4	中国中古文学史	3	3	3	罗　庸	

（续表）

号　数	科　目	每周时数	学期及学分 上	学期及学分 下	担任教员	备　注
国 145-6	中国近世文学史（上）	2	2	2		本年停
国 147-8	中国近世文学史（下）	2	2	2		本年停
国 293-4	传记文学研究	2	2	2	郑　奠	
英 363-4	英国文学史	3	3	3	梁实秋	
日 245-6	日本文学史	2	2	2	周作人	
政治系	中国外交史	2	2	2	张忠绂	
政治系	中国社会史	3	3	3	陶希圣	
政治系	西洋近代外交史	3	3	3	张忠绂	
政治系	西洋政治思想史	3	3	3		
法律系	中国法制史	3	3	3	程树德	
经济系	中国经济史	2	2	2		本年停
经济系	中国财政史	3	3	3	胡谦之	
经济系	近代经济史	2	2	2	蔡　鼎	

课程纲要

史 31-2　中国史料目录学 * 　本学程所包涵之空间性为中国及高丽、安南等旧属国,时间性为史后迄近代。旧史料如正史、编年史、传记、实录、志乘,新史料如甲骨、金石文字、档案等,并重图表,注重板本。

史 101-2　历史研究法 * 　本课包含:1.历史学的性质与任务,2.史源学(或史料的研究,为本课主要部分),3.历史学的辅助科学和历史学与其他社会科学的关系,4.欧洲近代通行的几种历史观。

史 113-4　中国上古史 * 　本学程自上古迄先秦,考订本期中各项史料之真伪,而重定其系统。其研究法先自六国逆溯而上以及远古。

其间划分数时期,于每一期中求出几点重要的特性,从之推断其前后,互为联络而归之条贯。并于各种史料传说之伪误处,为之籀出公例以资别择。历来各家对于古史上之见解,并主博采以为讨论之助。

参考书举要:选习本学程者,于《尚书》《诗》《易》《左传》《国语》《国策》《史记》《竹书纪年》诸书,最好先自浏览,并备马骕《绎史》(有石印本)。取其取材较广,便于翻阅。崔述《考信录》为清儒怀疑古史之一大家,顾颉刚《古史辨》为近人怀疑古史之代表,均可先读。其他参考书随时指导,不能备引。

史 123-4　魏晋南北朝史 *　叙述自三国至隋之统一兴替之大概、各民族间之竞争及其制度之沿革、学术之变迁。

史 131-2　宋史 *　注重探讨有宋一代政治之升降、学术之转变、制度之沿革、民族之盛衰,以吕东莱、陈君举、叶水心之说为本,取材于《东都事略》《南宋书》《宋朝事实》《太平治迹》,以济元修《宋史》之阙;更从《文献通考》辑出《建隆编》佚文,以为《宋会要》之纲。

史 135-6　辽金元史 *　本课讲述辽、金、元三朝通史(上学期授元史,下学期授辽金史),拟分为下列诸时期:一、辽朝:1.辽国的建立,2.辽宋对峙时代,3.辽朝的衰亡,4.(附)西辽建国的始末;二、金朝:1.金朝的崛起,2.金与宋的和战和对峙,3.南迁后的金朝;三、元朝:1.自成吉斯汗到蒙哥汗(拔都西征中欧,另见西洋史择题研究),2.忽必烈时代,3.忽必烈以后的元朝。

史 143-4　明清史 *　明清史据本校课程计画,以明史及清代乾隆末年以上为一段落,以后则与国外接触渐繁,作为近百年史范围。故本课目拟本此编制讲义,但仍以明清各自分代。惟纪代讲义,止编乾隆末年,其间亦自分段落。如明之开国、靖难、夺门、议礼等大关目,皆于一朝政治之迁变有关,本此作为纲领云。

史 163　文艺复兴与宗教改革 *　本课以文艺复兴与宗教改革两运动为核心,研究欧洲当时之思想、信仰、文学、艺术、政治、社会诸方面之史实,尤注意于西洋中古文化之潜注与近代文化之渊源。

史 270　西洋十七八世纪史　本课继续前课研究范围,自十七世纪之初年至法国革命之前夕。

史175-6　西洋十九世纪史 ＊　本课程目的,在明了欧美自维也纳会议至欧战百年中变迁之大势(因教材与时间之限制,欧战后之事变只略述),俾于现代趋势,现时问题,得历史之了解。工作分讲演与论文两部分。论文每人每学年一篇,意在多读参考书,以期至少于十九世纪史之一方面,有进一步之认识。

史201-2　中国上古史择题研究　此科所讲,大致以近年考古学在中国古代史范围中所贡献者为限,并以新获知识与经典遗文比核,以辨理下列各问题:(1)地理与历史,(2)古代部落与种姓,(3)封建,(4)东夷,(5)考古学上之夏殷,(6)周与西土,(7)春秋战国间社会之变更,(8)战国之大统一思想,(9)由部落至帝国,(10)秦汉大统一之因素。

史241-2　东北史地　主旨在叙述东北民族之活动,东北地理之沿革,各民族相互之关系,与中国在文化及政治上之关系,并介绍外国学者研究之状况。

史251-2　金石学　此科为整理中国史之客观的材料而设,所以补载籍之不足,或订正其谬误者也。金石者,古人之遗文及一切有意识之作品,赖金石或其他物质流传至今者也。此种材料虽多属残缺,而皆为最真确、最有价值之历史材料。惜范围广漠,种类繁琐,向之研究此学者鲜有具体的及系统的整理,致此学尚未能充分发展。此编注重此点,示人以治学之方法。全书共分三篇,第一篇总论,说明定义及范围及其与史学之关系。第二篇分论,分述各种材料并论前人之得失。第三篇结论,说明今后研究之方法及处理材料之方法。

史261-2　中国政治制度史　本学程将中国历代政治制度作一概括的研究,略分三类:(一)治权阶级之成立及转移:包括古代贵族世袭制及秦后历代王室来历及其体统,并其附属,如功臣、外戚、宦官等,并及历代之征辟、选举、学校、考试制度等;(二)政治权之分配:包括古代封建制及秦后郡县之划分以及历代官制沿革等;(三)统治阶级之维系:包括历代赋税制、兵制、刑制等。上列三类,分期注意各项制度之共同的背景,以推籀其创制之用意及施行之利病,并求阐明各项制度演进之共同倾向,以指陈现代政治、社会、制度之来历及其历史上之真实意义。

史 271-2　中国史学史　从各时代学风之变迁以究其及于史学之影响，凡中国史学进展之大势，名著之梗概，均详为叙述。

史 281　明清之际西学东渐史　明季中国与欧洲，交通重开，天主教士相率东来，藉制器尚象之学为传布教义之具。于是西洋学术随之传入。有清三百年形下之学，超绝前代，受西学之影响为多，而言近代中西文化之接触，亦当溯源于此。本学程之所欲讨究者，即为自明万历初至清乾隆季叶，因天主教士而传入之西学梗概。计分三篇讲授：首叙鸦片战争以前中西交通之大略，唐宋元时代传布中国之基督教，以及明季之政治社会，使学者略明西学传入之背景。次于传入中国之西学如历算、格致、穷理、地理、音韵、美术诸端，分类标举，述其大要。中国士大夫之化于西学，以及十七八世纪中国文化之及于西洋，并为附著篇末，藉明中西双方文化交流之概。末篇专述当时士大夫对于西学之反对，天主教内部之分裂，康雍乾三朝之禁止西教，以及西学因而中绝之故。鉴往知来，论述三百年前中西思想之冲突，实处处可以资今日之借镜也。

史 284　近四十年中国史学上之新发现　本学程所讲授者为：中国之史前时代、甲骨、汉晋简牍、佛教美术遗迹、敦煌学、西夏及辽金元时代之新史料、明清档案诸项新发现，凡此皆为近四十年始先后见知于世者。此种材料不惟可以解释旧有之文献，并为中国史学多辟无数新途径。所讲大概为目录学性质，略示初学以新史料之内容，在史学上之关系及其重要文献。

史 287-8　中西交通史　本课起始于汉武帝遣张骞通西域及印度洋海道之航行，迄十八纪世之末。叙述中国与亚洲西部各国及欧洲政治、军事、商业、宗教、文化各种关系。分作三大时期：第一期由汉至宋，第二期元代，第三期由明中叶至清乾隆末。

史 291-2　中国古代地理沿革史　搜集中国古代之地理材料，分析其属于想像的或实际的，就其发生时代，作为系统的说明。

史 311-2　西洋史择题研究　1. 匈人与匈奴，2. 一二四一年到一二四二年侵入中欧的蒙古人，3. 土耳其的西侵（以上欧人称为广义的黄祸），4.欧洲文艺复兴以前所受东亚文化的影响：a.东罗马与我国的丝织品；b.造纸术与活字板的流传欧洲；c.指南针；d.火药；e.磁器与漆器。

史321-2　西洋上古史择题研究　现拟数题为例：（1）先史时代埃及近东之殖民情形，（2）亚利安人之转徙及其来源之检讨，（3）埃及年代考证，（4）初民的社会组织，（5）亚力山大东征与东方文化所发生之影响。

史331-2　中亚民族史　数年来各国对中亚之考古，于文化上多所发现，其尤著者为数种死语言之复活。兹就已有之探讨，略述中亚民族之活动：（一）通论：（1）中亚之地理，（2）中亚与世界史之关系，（3）关于中亚民族史史料之批评，（4）中亚民族与语言学；（二）中亚之民族：（1）新石器时代民族分布之大概情形，（2）亚利安民族（说 Indo-Eurpean 语言的民族），（3）阿尔泰民族（说 Oltaique 语言的民族），（4）西藏民族；（三）结论：总述中亚各民族对于东西文化之关系。

史401-2　中国地理　本课程内容，约分为气候、地势、水道、产业、交通、民族、政治诸篇，一面说明本国地理之基本常识，一面将现代对于研究中国地理之新成绩亦加以讲述。讲义则除尽量采录实际材料之原文外，并详列参考图书之原文，以便作进一步自修之研究，而不为讲义所拘。选此课者，每人可购备申报馆再版之中国分省新图，以便讲授及自修之参考。

史405-6　外国地理（二）　本课程继续上学年讲述，预定教程如下：1.亚细亚洲，地方志——日本，南部亚细亚，西部亚细亚（续上学年）；2.欧罗巴洲，总论及地方志；3.北亚美利洲及南亚美利加洲；4.阿非利加洲、海洋洲及南极地方。

（《国立北京大学文学院课程一览》，1934 年至 1935 年度）

北京大学史学系课程（1935）

本系简规

（一）本系自本年度一年级起，将四学年程分为二阶级。一、二年课程致力于基本训练，俾学者于治学之方法途径及中外史实之重要关节，有明了正确之认识、健全笃实之修养。三、四年级则注重专门训练，学者选习各专史及专题研究，以充实其知识，培补其学力。更由教者指导，选择题目，从事于史料之搜辑、排比、钩稽，史实之比较、考证、论定诸工作，以培养其研究能力。

（二）本系课程均编号数，以区别其学期、年级、必修或选修。

1—99　一年级必修科

101—199　本系各年级必修科

201—499　本系选修科

凡上学期之科目均编奇数，下学期之科目均编偶数。一科目须两学期授毕者，为连续之二号码。研究院课程，本科学生有适宜之修养者亦得选修（如曾修过辽金元史者得选修蒙古史研究）。

（三）本系科目，除一年必修科中国史料目录学、历史学研究法逐年开班外，其中国史六段、西洋史四段均取两年一轮回办法，每年开中国史三段、西洋史二段，两年之后，周而复始。

（四）自本年度一年级起，学生须于第一、第二两学年内，将中国及西洋断代史全部修竣。其本年度二年级以上学生，仍照本系旧章修毕中国断代史全部、西洋断代史二段，或西洋断代史全部、中国断代史三段，始得毕业。

（五）本系学生在第三学年开始时，即须各就前二年肄业兴趣所近,拟定研究题目,交呈教授会审查。教授会审定研究题目后,即就题目性质推定教员担任导师。各生即须受导师指导撰述毕业论文,于第四学年前结束前交纳,经审查及格后,始得毕业。

（六）本年度四年级学生,于上学期注册截止后一星期,须将论文题目交齐。在春假前,须将初稿交纳,经指导教授审查指正后发还。于学年考试前（五月三十一日前）交呈清本,不得迟延自误。

课程一览

号　数	科　目	每周时数	学期及学分		担任教员	备　注
			上	下		
史 31-2	中国史料目录学 *	2	2	2	赵万里	
史 41-2	历史学研究法 *	2	2	2	姚士鳌	
史 101-2	中国上古史 *	3	3	3		本年停
史 107-8	秦汉史 *	3	3	3	钱　穆	
史 113-4	魏晋南北朝史 *	3	3	3		本年停
史 121-2	隋唐五代史 *	3	3	3	柯昌泗	
史 127-8	宋辽金元史 *	3	3	3	姚士鳌	
史 133-4	明清史 *	4	3	3		本年停
史 151-2	西洋上古史 *	4	3	3	皮名举	
史 157-8	西洋中古史 *	4	3	3	陈受颐	
史 163	文艺复兴与宗教改革 *	4	3			本年停
史 164	西洋十七八世纪史 *	4		3		本年停
史 171-8	西洋十九世纪史 *	3	3	3		本年停
史 233-4	清史研究	4	3	3	孟　森	
史 241-2	东北史地	2	2	2		本年停

（续表）

号　数	科　目	每周时数	学期及学分 上	学期及学分 下	担任教员	备　注
史 245-6	西北史地	2	2	2	张星烺	
史 247-8	边疆民族史	2	2	2	冯家昇	
史 249	朝鲜史	2	2		冯家昇	
史 250	台湾史	2		2	冯家昇	
史 251-2	金石学	4	3	3		本年停
史 255-6	考古学	4	3	3	罗念生	
史 261-2	中国政治制度史	2	2	2		本年停
史 265-6	中国近三百年学术史	2	2	2	钱　穆	
史 287-8	中西交通史	2	2	2		本年停
史 301-2	西洋史籍举要	2	2	2		本年停
史 321-2	西洋上古史择题研究	2	2	2		本年停
史 323-4	西洋中古民族迁移史	2	2	2	聂西生	
史 327-8	西洋史学史	2	2	2	皮名举	
史 329-30	西洋当代史	2	2	2	齐思和	
史 331-2	中亚民族史	2	2	2		本年停
史 337-8	希腊文明史	2	2	2		本年停
史 341-2	日本史	2	2	2	王辑五	
史 347-8	法国史	2	2	2	聂西生	
史 349-50	英国史	3	2	2	刘崇鋐	
史 351-2	科学发达史	3	2	2	毛　准	
史 361-2	中国地理	2	2	2		本年停
史 365-6	外国地理	2	2	2	王　谟	
史 369-70	地图学	2	2	2	毛　准	
史 371	历学	2	2	2	毛　准	

（续表）

号　数	科　目	每周时数	学期及学分 上	学期及学分 下	担任教员	备　注
史 401-2	中国史学名著评论	2	2	2	陈　垣	
史 415-6	春秋史	2	2	2	顾颉刚	
史 431-2	近代中欧文化接触史	2	2	2	陈受颐	
史 601-2	中国上古史择题研究	2	2	2		本年停
史 611-2	汉魏史择题研究	4	3	3	傅斯年 劳　榦	
史 631-2	蒙古史研究	2	2	2	姚士鳌	
史 641-2	满洲开国史	4	3	3		本年停
史 651-2	中国古代地理沿革史	2	2	2		本年停

课程纲要

史 31-2　中国史料目录学 *　本课程所包涵之空间性为中国及高丽、安南等旧属国,时间性为史后迄近代。旧史料如正史、编年史、传记、实录、志乘,新史料如甲骨、金石文字、档案等,并重图表,注重板本。

史 41-2　历史学研究法(现代历史学) *　本课程分为四部:(一)现代历史学的性质与任务,(二)历史方法论,(三)欧洲史学家所称道的几种历史观,(四)历史学与其他社会科学的关系和历史学的几种辅助科学。

史 107-8　秦汉史　本课程以两汉为主,上起秦人一统,下迄三国分裂,与上古史学程相衔接。其研究取材,以政治上重要措施及变迁为主,推及于并时社会、经济、学术、思想、宗教、迷信各方面相为因果之处。指陈中国民族于统一的局面下达于全盛之由来,及其渐趋衰颓,以下开中衰期的命运之所以然,略其事实之铺叙,而为史实之解释。

史 121-2　隋唐五代史 *　本课程讲授内容,拟分为下列各节目:1.隋唐之统一建设。2.隋唐统一与南北文化之沟通及其支配近代之力量。3.中唐以后之经济制度及民生。4.隋唐之官制、地理及中唐后之军区制度。5.唐代之中西交通。6.唐代之宗教。7.唐代之科举制度。8.唐代之学术、思想、文学、艺术。9.五代之纷乱与民生。10.五代十国之疆域。11.五代时下开两宋文化之起因。12.隋唐之域外经营及外族之待遇。13.隋唐五代各种史籍略评。14.隋唐五代史料之研究。

史 127-8　宋辽金元史 *　本课程拟分两部,每部又各分为四编:第一部　辽宋的建国与金朝的灭辽破宋。这一部的四编是:第一编:辽宋的建国,第二编:宋辽的对峙与王安石的变法,第三编:金朝与他的灭辽破宋,第四编:南宋与建都燕京以后的金朝。第二部　蒙古的崛兴联宋灭金和忽必烈建立的元朝。这一部的四编是:第一编:成吉思汗时代,第二编:南迁后的金朝与窝阔台的联宋灭金,第三编:蒙古与南宋的对抗与忽必烈的统一中国,第四编:忽必烈统一后的元朝。

史 151-2　西洋上古史 *　本课程以古代东方诸国及希腊罗马为研究范围,对于各民族之兴衰隆替及其文化之特长详细讨论,尤注意近世文明之来源及其嬗变之程序。

史 157-8　西洋中古史 *　略论欧洲中古时期之政治、宗教、社会、文学以及其他种种文化迁流之迹。自蛮族之侵入迄东罗马帝国之灭亡。

史 233-4　清史研究　清一代耳目接近,十三朝事顺序胪列尚为易晓,惟其根本制度自有特异之处。因满汉隔阂,文字拘忌,多有隐义,无人能解。兹先钩贯其重要者数端,认识一朝真面,再为具体讲演。

史 245-6　西北史地　本课程讲授内容,拟分为下列各节目: 1.中央亚细亚及亚洲西部之地理。2.古代文明曙光。3.中国初通西域及西域各国情形。4.西域各民族之盛衰。5.中国历代在西域势力之盈消。6.西域与中国文明之关系。

史 247-8　边疆民族史　本课程研究历史上中国边疆民族之地理

分布、文化状况,尤注意其与中国之关系,旁引他国史籍域外撰著以资参证。

史 249　朝鲜史　主旨在研究朝鲜历史上诸民族活动之状况,及与中国在政治上及文化上之关系,并参证外国学人之研究,以为他山之助。除讲义外,读者须参考他书,作成报告,按期呈缴,以资讨论。

史 250　台湾史　本课研究台湾与中国在历史上之关系及丧失后之一斑,备有讲义及参考书目,读者除对讲义了然外,每周须阅读所指定之图书,作成报告,按期呈缴。

史 255-6　考古学　本课程内容如下:(甲)导论:考古学之性质、范围及目的,考古学与其他学科之关系,考古学之取材。(乙)史前史概说:石器时代,铜器时代,铁器时代。(丙)西洋考古学:由埃及至罗马,略依时代先后,分区讨论。(丁)中国考古学:史的分期,考古学的材料,最近的发掘。(戊)考古学之方法:史迹之调查与研究,发掘的工作,考订,古物之保存及博物馆之事业。每周讲演二小时,实习二小时。

史 265-6　中国近三百年学术史　本课程以有清一代之学术思想为主。上起明末诸遗老,下迄民国,列举对于学术思想上有关系诸家,分述其学术之大要,互为比勘以发明变迁异同之迹。并求其因果,判其得失。一面可为中国已往学术思想史上最后之结束,一面可供开创以后学术新潮之暗示。

史 323-4　西洋中古民族迁移史　本课程自纪元三七六年起至九五五年止,即自哥特人入侵罗马至匈加利人奥格斯堡尔格(Augsbury)之败,叙述当时欧洲诸蛮族之骚扰与新国家之建立,而构成欧洲近代诸国之前身。此科所讲,共分四部:(1)日耳曼,(2)斯拉夫,(3)芬族,(4)阿拉伯。

史 327-8　西洋史学史　本课程之目的为研究西洋各时代史学之进展,尤注重近代史学家之生平及其著作与为学方法。除正式讲演及指读参考书外,学生须选读西洋史学名著数种,每学期并作报告一篇。

史 329-30　西洋当代史　本课程托始于一九一四,迄于现今,讨论二十年来国际间之重要问题及各国之内政外交。举凡世界大战暴发之原因,战后国际间政治上、经济上之改造,国联之成立,华盛顿等国际会议之经过,战债、军缩、修约等问题之发展,现今国际间之纵横捭阖,经济恐慌之情形与补救,各国太平洋问题之研究,以及英、美、德、俄、法、意及其他小国二十年来内政外交之进展,皆就可能范围内为有系统之讨论,俾学者可明了世界大势、各国现状与中国在国际之地位。教材以 W. C. Langeam 之 *The World Since 1914*（Res. ed., N. Y. 1934）为大纲,兼选读重要史料及书报论文,再以讲演补充。

史 341-2　日本史　本课程研究内容：1. 日本民族之起源,中国文化之东渐与原始日本,建国年代之新考证；2. 隋唐文化波及日本之影响及其转变之新姿态；3. 最近百年来日本史及最近日本国情之阐明与其新动向。

史 347-8　法国史　本课程所讲范围,以高卢为起源,迄于欧战之前夕。对法国全部历史,尤其关于文化者,作一有系统之说明。其关于近代诸问题：如十八世纪法国之经济社会、法国封建制度、法国大革命等,另作专题研究。

史 349-50　英国史　本课程目的乃研究英国国家发展之程序及其在国际上之地位。其宪法之演进、工商业之进步及海外殖民之扩充,皆在研究范围之内。又现时各自治属地对于祖国之关系及将来之趋势,亦加以相当的讨论。

史 351-2　科学发达史　本课程叙述科学思想演化的途程。上学期从上古讲到中世纪的末叶,下学期从十六纪讲到现代。中土科学文献有足称述的尤必详细附及（凡治科学、史学或哲学的学生皆可选习）。

史 365-6　外国地理　本课程预定教程如下：1. 亚细亚洲,2. 欧罗巴洲,3. 北亚美利加洲及南亚美利加洲,4. 阿非利加洲、海洋洲及南极地方。

史 369-70　地图学　本课程专讲授地图基线的各种常用绘法,以植制图的基本知识。凡于绘制地图具有兴趣而略知初等数学者皆可选修。

史 371　历学　本课先述天文的历学,使学者略知星象大要和推算历史上日期及日月蚀的方法。次叙古代几个重要文化民族的历,以为研读史书的帮助。

史401-2 中国史学名著评论 择取历代史学名著,说明其史料之来源,编纂之体例、板本之异同,使学者明了著述及读史方法。

史415-6 春秋史 由春秋时代之史料中,整理其民族、疆域、政治、经济、宗教诸大端,作为系统之说明,并探索其承前启后之关系(选课生以曾习中国上古史者为限)。

史431-2 近代中欧文化接触史 叙述与解释中世纪以后中欧文化互相影响之迹象,尤注意于十七八两世纪(选课生以曾习史163-4者为限)。

史611-2 汉魏史择题研究 一、史料解题:(1)史籍。(2)汉晋人著述。(3)金石。(4)后代人有关之著述。(5)新出史料。(6)西洋人著作。二、秦:(1)秦之地形。(2)秦之建业。(3)秦与三晋思想。(4)帝制。三、地理:(1)两汉地方风俗与战国之比较。(2)两汉郡国与户口。(3)三辅建置与移民。(4)两汉王国封疆之变迁。(5)财赋重心与交通。(6)江南与岭外之开发。(7)水利与转运。(8)各地风尚。四、政治与思想:(1)秦汉统一运动中之几件重要原素。(2)黄老与汉初政治。(3)西汉儒术与政治。(4)王莽。(5)东汉儒术。(6)汉末世风。五、制度:(1)郎官与选举。(2)郡县制度。(3)尚书与九卿。六、兵事:(1)兵制沿变。(2)车骑与地形。(3)北边。(4)沿边疆界。(5)胡越兵。七、社会:(1)关东与关西。(2)西汉世家与政治。(3)郡国豪族与政治。(4)奴客。(5)汉末世家。(6)汉末盗贼。八、四裔:(1)匈奴。(2)东夷。(3)西域。(4)氐羌及西南夷。(5)山越(选课学生以曾习秦汉史者为限)。

史631-2 蒙古史研究(四大汗时代) 本课程注重"蒙古通史"中四大汗时代的重要史事与关于这时代现存的史源。依次讨论下列几个题目:1.关于成吉思汗的旧史源与新著作。2.成吉思汗的西征。3.窝阔台汗与耶律楚材。4.一二四一到一二四二年拔都的西征匈牙利。5.贵由汗与蒙哥汗和欧洲使臣们对于这时期蒙古人的记载(选课生以曾习金、南宋、元史者为限)。

史学系教员录

职　别	姓　名	字	年　龄	籍　贯	住　址	电　话
教授兼主任	陈受颐	妥颐	三六	广东番禺	小石桥甲十六号	东局二三三六
教授	姚士鳌	从吾	四二	河南襄城	东城万历桥二号	借东局九八五
教授	孟森	心史	六九	江苏武进	马圈胡同三号	
教授	钱穆	宾四		江苏无锡	东四马大人胡同甲十二号	
教授	毛准	子水	四二	浙江江山	安内兑街二号	东局三八六九
名誉教授	陈垣	援庵		广东	米粮库二号	东局五五三
名誉教授	马衡	叔平	五五	浙江鄞县	小雅宝胡同四十八号	东局二七六九
名誉教授	朱希祖	逷先	五七	浙江海盐	德内草厂大坑二十一号	
名誉教授	钢和泰 Baron A. Vonsteel Holstein		五九	埃细尼亚国	东交民巷奥使馆	
副教授	皮名举		二八	湖南长沙	清华同学会	东局三八七八
讲师	聂西生	西生	三四	河北大名	西城翠花街十二号	
讲师	冯家昇	伯平	三二	山西孝义	海甸成府后罗锅胡同四号	
讲师	王谟	献今	四一	四川仪陇	西城石板房二十二号	西局一八二三
讲师	刘崇鋐	寿民	三八	福建闽侯	清华大学	

（续表）

职 别	姓 名	字	年 龄	籍 贯	住 址	电 话
讲师	张星烺	亮生	四九	江苏泗阳	地安门外方砖厂二十三号	
讲师	顾颉刚		四二	江苏吴县	西城大院胡同一号	
讲师	赵万里	斐云	三一	浙江海宁	陟山门大街七号	东局二〇五〇
讲师	齐思和	致中	二九	河北宁津	宣外西椿树胡同三十六号	
讲师	罗念生		三〇	四川	东城椿树胡同一号	
讲师	柯昌泗	燕舲	三七	山东胶县	阜内王府仓十六号	
讲师	王辑五		三六	河北雄县	琉璃厂东北园六十四号	
讲师	劳榦	贞一	二九	湖南长沙	地安门外方砖厂下洼子路西十二号	
助教	梁茂修	竹航	二八	山东新泰	东城西杨威胡同二号	
助理	贺次君		二六	四川成都	东四马大人胡同甲十二号	

（《国立北京大学一览》，1935年度）

北京大学史学系课程（1936）

本系简规

（一）本系自本年度之一、二年级起，业将四年学程分为两阶段。一、二年课程注重基本训练，俾学者于治学之方法途径及中西史实之重要关节，有正确明了之认识、健全笃实之修养。三、四年级则注重专门训练，学者选习各专史及专题研究，以充实其知识，培补其学力。更由教者指导，选择题目，从事于史料之搜辑、排比、钩稽，史实之比较、考证、论定诸工作，以培养研究能力。

（二）本系课程均编号数，以区别其学期、年级、必修或选修。

1—99　一年级必修科

101—199　本系各年级必修科

201—599　本系选修科

600 以后　研究院课程

凡上学期之科目均编奇数，下学期之科目均编偶数。一课目须两学期授毕者，则为连续之二号码。研究院课程，本系学生有适宜之修养者亦得选修（如曾修明清史者得选修明清史专题研究之类）。

（三）本系科目，除一年级必修科中国史料目录学、历史研究法逐年开班外，其中国史六段、西洋史四段均取两年一轮回办法，即每年开中国史三段、西洋史二段，两年之后，周而复始。

（四）本系一、二年级学生，须遵去年新章，于一、二两学年内，将中国及西洋断代史全部修竣。其本年度三年级以上学生，仍照本系旧章修毕中国断代史全部、西洋断代史二段，或西洋断代史全部、中国断代史三段，始得毕业。

（五）本系学生在第三学年开始时，即须各就前二年肄业兴趣所近，拟定研究题目，交呈教授会审查。教授会审定研究题目后，即就题目性质推定教员担任导师。各生即须受导师指导从事撰述毕业论文，于第四学年结束前交呈，经审查及格后，始得毕业。

（六）本年度四年级学生，于上学期注册截止后一星期内，须将论文题目交齐。在春假前须将初稿交呈，经导师审查指正发还。于学年考试前交呈清本，不得迟延自误。

课程一览

号　数	科　目	每周时数	学期与学分		教员	备　注
			上	下		
史 31-2	中国史料目录学 *	2	2	2	赵万里	
史 41-2	历史研究法 *	3	2	2	姚从吾	
史 101-2	中国上古史 *	3	3	3	钱　穆	
史 107-8	秦汉史 *	3	3	3		本年停
史 113-4	魏晋南北朝史 *	3	3	3	郑天挺	
史 121-2	隋唐五代史 *	3	3	3		本年停
史 127-8	宋辽金元史 *	4	3	3		本年停
史 133-4	明清史 *	4	3	3	孟　森	
史 151-2	西洋上古史 *	4	3	3		本年停
史 157-8	西洋中古史 *	4	3	3		本年停
史 163-4	西洋近古史 *	3	3	3	卢明德	
史 177-8	西洋十九世纪史 *	4	3	3	皮名举	
史 241-2	东北史地	2	2	2	冯家昇	
史 245-6	西北史地	2	2	2		本年停
史 247-8	边疆民族史	2	2	2		本年停
史 255-6	考古学	4	3	3		本年停
史 263-4	宋元明思想史	2	2	2	钱　穆	

（续表）

号　数	科　目	每周时数	学期与学分 上	下	教员	备　注
史 265-6	中国近三百年学术史	2	2	2		本年停
史 287-8	中西交通史	2	2	2		本年停
史 301-2	西洋史籍举要	2	2	2		本年停
史 303-4	西洋史学名著选读	2	2	2	皮名举	
史 311-2	世界史择题研究	2	2	2	姚从吾	
史 323-4	西洋中古民族迁移史	2	2	2		本年停
史 327-8	西洋史学史	2	2	2		本年停
史 329-30	西洋当代史	2	2	2		本年停
史 331-2	中亚民族史	2	2	2	聂西生	
史 337-8	希腊文明史	2	2	2	罗念生	
史 341-2	日本史（自上古迄近世）	2	2	2		本年停
史 343-4	日本近世史	2	2	2	王辑五	
史 345-6	美国史	2	2	2		本年停
史 347-8	法国史	2	2	2		本年停
史 349-50	英国史	2	2	2		本年停
史 351-2	俄国史	2	2	2	卢明德	
史 355-6	科学思想史	4	3	3	毛准	
史 361-2	中国地理	2	2	2		本年停
史 365-6	外国地理	2	2	2		本年停
史 381	德意志近代史	2	2		李锡禄	
史 382	意大利近代史	2		2	李锡禄	
史 383-4	思想自由发达史	2	2	2	毛准	

（续表）

号　数	科　目	每周时数	学期与学分 上	学期与学分 下	教员	备　注
史 385-6	地理学通论	2	2	2	毛　准	
史 401-2	中国史学名著评论	2	2	2		本年停
史 415-6	春秋史（二）	2	2	2	顾颉刚	
史 431-2	近代中欧文化接触史	2	2	2		本年停
史 601-2	史源学实习	2	2	2	陈　垣	
史 617-8	西洋近世史择题研究	2	2	2	刘崇铉	
史 661-2	满洲开国史	2	2	2	孟　森	
史 671-2	蒙古史研究	3	2	2	姚从吾	
史 681-2	明清史料择题研究	2	2	2	孟　森	

课程纲要

史 31-2　中国史料目录学＊　本课程所包涵之空间性为中国及高丽、安南等旧属国,时间性为史后迄近代。旧史料如正史、编年史、传记、实录、志乘,新史料如甲骨、金石文字、档案等并重。

史 41-2　历史研究法（现代历史学）＊　本课程分为四部:(一)现代历史学的性质与任务,(二)历史方法论,(三)欧洲史学家所称道的几种历史观,(四)历史学与其他社会科学的关系和历史学的几种辅助科学。

史 101-2　中国上古史＊　本学程自上古迄先秦,考订本期中各项史料之真伪,而重定其系统。其研究法先自六国逆溯而上以及远古。其间划分数时期,于每一期中求出几点重要的特性,从之推断其前后,互为联络而归之条贯。并于各种史料传说之伪误处,为之籀出公例以资别择。历来各家对于古史上之见解,并主博采以为讨论之助。

参考书：选习本学程者,于《尚书》、《诗》、《易》、《左传》、《国语》、《国策》、《史记》、《竹书纪年》诸书,最好先自浏览,并备马骕《绎史》(有石印本)。取其取材较广,便于翻阅。崔述《考信录》为清儒怀疑古史之一大家,顾颉刚《古史辨》为近人怀疑古史之代表,均宜先读。其他参考书随时指导,兹不备举。

史113-4　魏晋南北朝史＊　略述汉建安以后迄隋开皇统一以前四百年间,政治之升降,学术之转变,典制之沿革,州郡之废置,民族之盛衰,民生之丰啬,宗教之兴替,以及中古史籍史料之研究。

史133-4　明清史＊　明清史一课,据历年授课经验,因明清两代史实丰富,不容出以简略；现已截每代为一课,分年间授。本学年再修订《明史讲义》,一年适毕。

史163-4　西洋近古史＊　详述十五、十六、十七、十八四世纪西洋历史在各方面之演化,起文艺复兴、宗教革命至法国大革命为止。

史177-8　西洋十九世纪史＊　本课程目的,在使学者明了欧美自维也纳会议至欧洲大战百年中变迁之大势(因时间限制,欧战后之事变只予略述),俾于现代趋势,现时问题,得史的了解。工作分讲演与论文两部分,论文每人每学年一篇,意在使学者多读参考书,以期至少能于十九世纪史之一方面,有进一步之认识。

史241-2　东北史地　本课主旨有二：一、介绍中外学者研究的成绩及最近的新发现。二、研究东北民族的演变及历代的地方建置。介绍约分三编：(一)欧洲人的研究,(二)日本人的研究,(三)国人的研究。研究约分七编：(一)原始时代,(二)郡县时代,(三)藩属时代,(四)对峙时代,(五)潜伏时代,(六)国际竞争时代,(七)日本独占时代。希望学者同时选读日文,以便直接利用日本材料。三十年来日本之"朝鲜学"或"满蒙学"对学术界供献极大,欧美人早已注意,国人不得不注意,选此课者更不得不注意也。

史63-4　宋元明思想史　叙述宋、元、明三朝各家思想之派别流变,下接近三百年学术史,将来拟合为中国近代学术史之上下部。

史 303-4　西洋史学名著选读　暂选西洋史名著数种,作为研习西洋史之补助,以促进学者阅读西洋史籍之能力(详细内容,随堂说明)。

史 311-2　世界史择题研究　此课研究的题目是"匈奴与匈人"(我国古代的匈奴与欧洲第五世纪的匈人)。重要的纲领如下:引论:(1)匈奴与匈人在东亚史与世界史上的重要性,(2)关于这个题目的史原与参考书,与(3)新匈奴通史的编辑(以匈奴各单于的世次为主,组织一部新的匈奴通史)。本论:分为三编:第一编:匈奴本部的历史(我国史书中的匈奴),自冒顿建国到匈奴的分裂与西迁(从纪元前200 年到纪元后 91 年)。第二编:迁到窝耳迦河以后的匈奴(匈奴族的西迁与欧洲学者"匈人即匈奴"的考定)。(J. Deguignes, F. Hirth, 与 J. J. M. De Groot 关于匈奴著作的介绍)。第三编:第五世纪欧洲匈王阿提拉建国称霸的历史(欧洲史书中的匈人),自 374 年匈人侵入中欧到阿提拉所建帝国的瓦解(374-453)。

史 331-2　中亚民族史　数年来各国对中亚之考古,于文化上多所发现,其尤著者为数种死语言之复活。兹就已有之探讨,略述中亚民族之活动:(一)通论:(1)中亚之地理,(2)中亚与世界史之关系,(3)关于中亚民族史史料之批评,(4)中亚民族与语言学;(二)中亚之民族:(1)新石器时代民族分布之大概情形,(2)亚利安民族(说 Indo-Eurpean 语言的民族),(3)阿尔泰民族(说 Oltaique 语言的民族),(4)西藏民族;(三)结论:总述中亚各民族对于东西文化之关系。

史 337-8　希腊文明史　本课讲演古代希腊文化的发生和演进,尤注重于推阐古代希腊文学、美术、哲学、宗教等对于现代欧洲文化的关系。

史 343-4　日本近世史　本课程研究内容:(一)先述古代史略,以揭开日本近世史之序幕;(二)阐明日本近世初期之武家政治文化,与德川幕府之兴亡;(三)历述明治维新以来庶政之改革、不平等条约之改正及内政外交之进展;(四)详述欧战后日本政治、经济、文艺、思想等,并阐述最近日本国情之真象与动向。

史 351-2　俄国史　本课程以研究俄国民族文化之发达为目的,尤注重自彼得大帝以来之史迹。

史 354-6　科学思想史　本课程叙述科学思想演化的途程。上学期从上古讲到中世纪的末叶,下学期从十六世纪讲到现代。中土科学文献有足称述者尤必详细述及（凡治科学、史学或哲学学生,皆可选习）。

史 381　德意志近代史

（Evolution of Modern Germany 1870-1936）

史 382　意大利近代史

（Evolution of Modern Italy 1870-1936）

Introduction: Germany and Italy as New-Comers among the great European powers. Both achieve national unification as late as 1870-71, though on a different constitutional bases.

I. Germany

Geographical and economical bases

Germany's sudden rise from an agricultural to an industrical state. Unification of Reich achieved by Bismarck through Prussian leadership, after overthrowing the neighbours most opposed to a unified German Reich in 3 succesive wars.

1. 1871-1890 The rise of hegemony on the Continent

a, Bismarck's policy of alliances

b, Foundation of a colonial Empire

c, Bismarck's social policy

d, The fall of Bismarck 1890

2. 1890-1914 The rise to world Powers

a, Creation of the fleet

b, Oriental policy

c, Alliance with Austria and estrangement from Russia

d, Germany-British rivalry

3. Germamy in the World War

4. Germany after the World War and the rise of National Socialism

II. ITALY

Geographical and economical survey

An agricultural state, no raw materials, arising population.

The aim of a unified Italy is the domination of the Mediterranean, thereby clashing first with Austria, then with either France or England. Thus traditional Italian frence-riding policy.

（1）1870–1878

National unification having been achieved through French assistance 1859 and Prussian assistance 1866 and 1870, Italian political aims now are:

（a）to conquer Italian speaking provinces from Austria

（b）to acquire African territories

When Tunis 1878 becomes French, Crispi 1879 enters the Triple Alliance with German and Austria.

（2）1879–1922

a, French diplomacy keeps Austro-Italian antagonism alive

b, Italy enters the World War on the side of the Allies

c, Italy fails to get her share of German colonies in the Peace Treaties

d, Danger of Communism arising in dissatisfied post-war Italy; Fascism a nationalist and reformatory counter current

（3）1922–1936

a, Mussolini's home policy

b, Mussolini's expansionist program

史383-4　思想自由发达史　本课叙述有史以来人类对于思想自由的奋斗，和这个奋斗对于人类文化演进的关系。

史385-6　地理学通论　本课演讲现代地理学的基本观念，间及历史和地理的关系、中等地理教授法等等。

史415-6　春秋史（二）　由春秋时代之史料中，整理其民族、疆域、政治、经济、宗教诸大端,作为系统之说明,并探索其承前启后之关系(选课生以曾习中国上古史者为限)。

　　史 601-2　史源学实习　择近代史学名著一二种,一一追寻其史源,考正其伪误,以练习读史之能力,儆惕著论之轻心。

　　史 617-2　西洋近世史择题研究　本课之设,为已曾读西洋近世史者作进一步之研究。各择一范围较小之题目,博览与题目有关系之文献,然后自抒心得,作一相当详尽之论文。题目由各生自选,但须顾及研究能力与图书设备。研究问题举例:(1)约翰·弥尔(John Stuart Mill)之自由主义(主要参考资料为弥尔氏之哲学、政治、经济等著作,此种书籍不难得亦不难读);(2)英国工党之兴起(自 1900 组党至1924 当政);(3)庚子联军各国之外交;(4)屠格涅夫(Turgeniev)六部小说中所表现之俄国社会状况与思想潮流。

　　史 661-2　满洲开国史　满洲开国史一课,现方纂辑《明元清系通纪》未毕,研究班中有能共修此课者,拟分两种办法:(一)就《明元清系通纪》已成之部分,加以整理,提纲挈领将通纪作为长编,而成更有系统之一史或一教本。(二)就《明元清系通纪》未成之部分即已裒集之材料,共事纂辑,助此可速成。

　　史 671-2　蒙古史研究(成吉思汗的时代与蒙古的西征)　本课程为专题研究性质(仿照德国大学"历史初级研究班"Historisches Proseminar 的办法),选读史源与讨论问题,同时并重。选课生以曾习宋辽金元史者为限。一、一般的指示:(1)史源、方法与共信,(2)关于蒙古四大汗时代的史源与参考书。二、成吉思汗和他的时代:1.成吉思汗的幼年时代,2.成吉思汗的统一内部与建号"成吉思汗",3.他的西征(蒙古第一次西征),4.当时的金朝与木华黎的占领黄河北部,5.成吉思汗的灭西夏与他的死,6.其他关于成吉思汗的问题。三、拔都汗的西征匈牙利:1.拔都兵入匈牙利以前,2.瓦耳施他提(Wallstatt)的战争,3.蒙古兵入波海米亚,4.拔都汗的征服匈牙利,5.由蒙古西征引起的问题。

　　史 681-2　明清史料择题研究　明清史料择题一课,现拟作有系统之编纂,即为清史记事本末之试笔。姑以一帝一时代为大略限断,

立一题即择一文，积成巨帙，或藉众手为之，以期成此创作。现虽未敢
必期于成，愿求同志，试肩此任。

（《国立北京大学文学院课程一览》，1936 年至 1937 年度）

北京大学史学系课程（1939）

（一）普通必修科目

国文,第一年日语,第二年日语,第三年日语,第一年第一欧语,第二年第一欧语（英、法、德任选一种）,第三年第一欧语,文字学,中国学术思想概要,论理学。

（二）本系必修科目

中国上古史,中国中古史,中国近代史,中国现代史,东亚史,日本史,西洋上古史,西洋中古史,西洋近代史,西洋现代史,中国文化史,日本文化史,西洋文化史,中国史专籍研究（第二、第三两年连修）,外国史专籍研究（第二、第三两年连修）,史学方法概论,考古学概论,历史地理。

（三）选修科目

秦汉史,魏晋南北朝史,隋唐五代史,宋辽金元史,明清史,中亚民族史,中西交通史,宗教史,民俗学,中国史料目录学,金石学,中国史学史,西洋史学史,中国政治思想史,西洋政治思想史,中国哲学史,西洋哲学史,中国文学史,日本文学史,西洋文学史,人类学,哲学概论,第四年日语,第四年第一欧语,第一年第二欧语,第二年第二欧语,第三年第二欧语,其他。

（四）论文

史学系各年级课程表

科目名称	每周小时数
（一）第一年级	
（甲）普通必修科目	
国文	四
第一年日语	四
第一年第一欧语（英、法、德任选一种）	四
文字学	二
中国学术思想概要	二
论理学	二

（乙）本系必修科目

中国上古史，东亚史，西洋上古史，考古学概论，历史地理。

（二）第二年级	
（甲）普通必修科目	
第二年日语	
第二年第一欧语	四
（乙）本系必修科目	
中国中古史	二
日本史	二
西洋中古史	二
中国史专籍研究（一）	二
外国史专籍研究（一）	二
（丙）选修科目（至少选修十小时）	
秦汉史	二
魏晋南北朝史	二
金石学	二
中国政治思想史	二

中国文学史   三

人类学   二

哲学概论   二

第一年第二欧语（英、法、德任选一种，必须连修满两年）   四

其他

（三）第三年级

（甲）普通必修科目

第三年日语   四

第三年第一欧语   四

（乙）本系必修科目

中国近代史   二

西洋近代史   二

日本文化史   二

中国史专籍研究（二）   二

外国史专籍研究（二）   二

史学方法概论   二

（丙）选修科目（至少选修八小时）

隋唐五代史   二

宋辽金元史   二

宗教史   二

中国史料目录学   二

中国史学史   二

西洋政治思想史   二

中国哲学史   四

西洋文学史   三

第二年第二欧语   四

第一年第二欧语（英、法、德任选一种，必须连修满二年）   四

其他

（四）第四年级

（甲）本系必修科目

中国现代史	二
西洋现代史	二
中国文化史	二
西洋文化史	二
（乙）选修科目（至少选修八小时）	
明清史	二
中亚民族史	一
中西交通史	一
民俗学	一
西洋史学史	二
西洋哲学史	四
日本文学史	二
第四年日语	二
第四年第一欧语	二
第三年第二欧语	四
第二年第二欧语	四
其他	
（丙）论文	

史学系课程说明

（一）本系课程，中国史及东西洋史均重，期使学生通习而不偏废。凡中国及东西洋通史并中外历史要籍之研究，均列为本系必修科目。本国历史自应特加详习，故于选修科目内列入中国近代史及中国史料目录学、金石学等课，以资补充。各种学术史亦均列入选修科目内，则为本系必修科目项中所列诸种文化史之补充课程也。

（二）本系各年级之课程，其每周之上课小时数，计第一年级普通必修科目一八，本系必修科目十，共为二八；第二年级普通必修科目八，本系必修科目十，选修科目至少十，共为二八；第三年级普通必修科目八，本系必修科目一二，选修科目至少八，共为二八；第四年级本系必修科目八，选修科目至少八，著作论文时间以每周四小时计，共为二〇。四年合计,普通必修科目三四,本系必修科目四〇,选修科目二八,论文四,总计一〇六。本系学生必须修满此数,并均及格后,始得毕业。

（三）本系选修科目,学生非得任意选择。各个学生选择时,须得主任、教授之指导并许可。

（四）本系之毕业论文,以四万言之著作为最低数量。论文题目必须于第四学年开始时呈交指导教授审查,得其许可。著作完成后,须经指导教授审查认为及格,始予通过,著作详细办法由院另定之。

（《国立北京大学文学院一览》,1939 年度）

北京大学史学系课程（1941）

每周时数 科目 \ 学期 学年	第一学年		第二学年		第三学年		第四学年	
	第一学期	第二学期	第一学期	第二学期	第一学期	第二学期	第一学期	第二学期
国文	四	四						
日语	六	六	六	六	四	四		
欧语（英文）	四	四	四	四	四	四		
中国文字学概要	二	二						
中国学术思想概要	二	二						
中国通史	三	三						
东亚史	二	二						
西洋通史	三	三						
历史地理	二	二						
中国上古史			二	二				
日本史			二	二				
西洋上古史			二	二				
中国近代史					二	二		
西洋近代史					二	二		
日本文化史					二	二		
西洋文化史					二	二		
中国史专籍研究			二	二	二	二		

（续表）

科目＼学期＼学年	第一学年		第二学年		第三学年		第四学年	
	第一学期	第二学期	第一学期	第二学期	第一学期	第二学期	第一学期	第二学期
外国史专籍研究			二	二	二	二		
史学方法概论					二	二		
○秦汉史			二	二				
○中国史料目录学			二	二				
○金石学			二	二				
○人类学			二	二				
○甲骨文			二	二				
○古代社会发达史			二	二				
○哲学概论			二	二				
○宗教史			二	二				
○中国文学史概要			三	三				
○欧洲文学史			三	三				
○第一年第二欧语			四	四				
○魏晋南北朝史					二	二		
○隋唐五代史					二	二		
○辽金元史					二	二		
○中亚民族史					二	二		
○中西交通史					二	二		
○西洋史学史					二	二		

（续表）

每周时数\科目	学年\学期	第一学年		第二学年		第三学年		第四学年	
		第一学期	第二学期	第一学期	第二学期	第一学期	第二学期	第一学期	第二学期
总计		二八	二八	二十〇十	二十〇十	二二〇八	二二〇八	未定	未定
备考		1.有〇号者为选修科目。2.选修科目,第二学年至少选修十小时,第三学年八小时。							

（《国立北京大学总览》,1941 年度）

北京高等师范学校史地部
教授实施状况（1918）

　　一、预科（一学年）

　　（一）**伦理学**　每周一小时　同国文部（第一学期：伦理学定义，行为及品性，意志目的论；动机论，结果论；第二学期：快乐说，直觉说，禁欲说，真正之博爱主义，人道的国家主义；第三学期：厌世主义，害及恶，道德与宗教之关系。）

　　（二）**论理学**　每周二小时　同国文部（第一学期：绪论，概念论，断定论，推理论；第二学期：定言推测，假言推测，变体推测，类比推理，归纳推理；第三学期：索究的方法，密鲁之方法，概括统计，盖然量假说，因明学大意。）

　　（三）**国文**　每周三小时　以补足历史地理课程，并删改中等学校国文为目的。分讲读、作文、文法。

　　讲读，由《左传》、二十四史、唐宋元明清诸大家古文中选叙事文及史论文，每学期约授十篇上下。

　　作文，练习作应用文（如书札之类）、叙事文（如笔记之类）及史论文，兼练习改文（由本校附属中学或小学高等级学生所作之课文中任取一篇，付油印分与本级学生，令练习删改批点，俟学生删改批点后，仍由本级国文教员再批评其删改批点之得失）。每学期约作三次或四次。

　　文法，授以文学概说及各种文体之类别。

　　（四）**英语**　每周七小时　以补助历史地理课程，兼练习看参考书为目的。分讲读、默写、翻译、文法。

　　讲读，用《欧洲地理读本》（Carpenter's *Geographical Reader: Europe*）

每周四小时,约一学年授毕。除练习英文外,兼授以关于欧洲地理之普通知识,以为入本科后研究外国地理之补助。

默写,于讲读时间内行之,每隔二、三周一次。

翻译,于讲读时间内行之,每小时由教员指定一、二人用口头翻译,每隔数周全体用笔答一次。

文法,用《增广英文法》(*Mother Tongue*),每周三小时,授以《高等英文法》,大略约一学年授毕。

（五）**日文** 每周四小时 以补助历史地理课程,兼练习看书为目的。分讲读、默写、翻译、文法。

讲读,用日本文部省编《高等小学读本》卷一作教科书,除练习日文外,兼授以关于日本历史地理之普通知识,约二学期授毕,第三学期授《高等小学读本》卷五,约选授二十课上下。

翻译,于讲读时间内行之,每小时由教员指定学生一、二人用口头翻译,每课授毕后,仍指定一人在堂下用笔翻译,译毕由教员订正后交缮写讲义室油印。

文法,用松本龟次郎著《汉译日本文典》,略授以九品词之性质,评解动词、助动词、形容词之变化与助词之用法。

（六）**数学** 每周三小时 以补助地理实习中之绘图及测量学大意为目的。分立体几何、平面三角、弧三角定例式。

几何用温德华氏《几何学》(Wentworth's *Geometry*),约一学年授毕。

三角用温德华氏《三角法》(Wentworth's *Trigonometry*),约一学年授毕。

（七）**中国史** 每周二小时 以补助本科时间之不足为目的。分概论及上古史,自编讲义。概论,授以定义、中国史上民族之分部、汉民族之特性、历代户口之消长、中国史上区域之伸缩、历代帝都之地点、历代地方行政区域之变迁、黄河扬子江西江三大流域历史上之特色、中国史上年代之确数、历代之纪年法及岁首、历代之纪元法及年号、干支纪年法、中国史上时代之区分等,每周一小时,约一学年授毕。

上古史,自叙论起,授以太古之传说、三皇五帝之伟业、唐虞三代之盛衰兴亡与春秋战国事迹大略,每周一小时,约一学年授毕。

（八）**西洋史**　每周二小时　以补助中等西洋史知识，兼练习欧文固有名词为目的。用福利门《欧洲略史》（*History Primers* Edited By John Richard A. Freeman）作教科书，约一学年授毕。

（九）**图画**　每周二小时　以补助地理实习中之绘图为目的。分临画、用器画、写生画。

第一学期授铅笔画、临帖及写生画，第二学期授水彩、临帖及写生画，第三学期授投影画法。

（十）**兵式体操**　每周二小时　同国文部。

（十一）**乐歌**　每周一小时　各部同。

二、本科（一年级）

（一）**伦理学**　每周二小时　同国文部。

（二）**心理学及教育学**　每周三小时　第一、二学期授心理学，第三学期授教育学，余同国文部。

（三）**国文**　每周四小时　以补助史地课程，兼练习看关于史地之参考书，并删改中学校国文为目的。分讲读、作文、文法。

讲读，授叙事文及史论文，每学期授十余篇。

作文，练习作应用文、叙事文及史论文，兼练习改文，每学期三、四次。

文法，指定陈曾则《国文讲义》为参考书，授以经史子集文体。

（四）**英语**　每周三小时　以补助史地课程，兼练习看关于史地之英文参考书为目的。分讲读、翻译、文法。

讲读，用《欧洲名人传记》（*Heroes of History* by Whitcomb）作教科书，授以英文普通知识，兼补助西洋史教科所未及。

翻译及文法，俱于讲读时间内行之。

（五）**日文**　每周二小时　以补助史地课程，兼练习看关于史地之日文参考书为目的。分讲读、翻译。

讲读，用峰岸米造著师范学校用《日本历史》上卷为教科书，约二学期以上授毕。授毕后，仍选授以言文一致之日文数篇。

翻译,于讲读时间内行之。课毕后,仍指定学生笔译,由教员删润后付油印。

（六）**中国史**　每周三小时　以发挥国粹,兼养成爱国心为目的,自编讲义。第一、二学期授序论及上古史,略述三皇五帝之功业与唐虞夏商西周盛衰事迹、春秋战国之群雄角逐与上古文化史略。

第三学期授中古史,略述秦汉二代盛衰兴亡事迹。

（七）**东亚史**　每周三小时　以证明历史上中国在东亚所占之位置,及其对四围民族与四围民族各自相互间,及其对西洋各民族之关系,兼养成爱国心与自觉心为目的,自编讲义。

第一学期授序论及上古史,略述东洋史之定义与东洋史上之人种、地理及年代区分法。

第二、第三学期授中古史,略述古代印度、西里亚、波斯、安息、大夏、大月氏、嚈哒、大食、匈奴、东胡、乌桓、鲜卑、柔然、吐谷浑、契丹、高车、铁勒、突厥、薛延陀、回纥、氐羌、吐蕃、朝鲜、三韩、高句丽、百济、新罗、渤海、日本各国盛衰兴亡大略,并各民族间分离合并事迹及各国文化史略。

（八）**西洋史**　每周四小时　以证明欧美列强文化之起源为目的。用邬氏《上古史》（*Essentials in Ancient History* by Wolfson）作教科书。第一学期略述埃及、巴比伦、亚述、腓尼西亚、希腊各国事略,至雅典极盛时代。第二学期授雅典斯巴达之盛衰、马基顿王国之勃兴、罗马之建国及其初年之武功。第三学期授罗马之势力扩张、罗马之内乱、帝国之兴衰、蛮族之南下及基督教之胜利。

（九）**地理学通论**　三或四　以研究地球对于各界之关系为目的,自编讲义。第一学期授自然地理,略述太阳与诸游星及月之关系、地球之形状、大质量及比重、经纬度、方位及地磁、自转与公转、季节、岁差等。

第二学期继续授制图法、透视透影法、肢圆锥图法、便宜投影法与陆志学中水陆之分布、水平节、海岸线、山岳之种类、溪谷之种类等。每周二小时。另外授人文地理,略述人类之起源、世界之人口、人类之种别、人口之增加等,每周一小时。第三学期继续授陆志学中之地形、地壳、陆界之变迁等，人文地理中之自然与人生等，每周各一小时。另外授岩石篇、地史篇，略述岩石之构造成分与地球发达之次序，每周二小时。

（十）**中国地志**　每周二小时　证明中国在地球表面上之位置，以养成爱国心为目的，自编讲义。

第一学期授国号、地球之成立及其变化、住民之起源及位置。第二学期授国界、区划、山脉。第三学期授河流。

（十一）**外国地志**　每周二小时　证明当今世界大势、人地关系，并注重人种分布、文化变迁，以养成国民自觉心为目的。用赫氏《近世地理》(*Modern Geography* by William Hughes)作教科书。第一学期授总论，即数理地理、地文地理、政治地理及商业地理。第二学期授英、法二国地理。第三学期授比利时、荷兰、瑞士、德意志、奥大利、匈牙利及丹麦诸国。

（十二）**兵式体操**　每周一小时　同国文部。

（十三）**柔软体操**　同各部。

三、本科（二年级）

（一）**西洋伦理学史**　每周二小时　同国文部（第一学期：希腊罗马之伦理，基督教之伦理，近世之伦理；第二学期：近世之伦理；第三学期：十九世纪以后之伦理。）

（二）**教育学及教育史**　三或四　同国文部（教育学：教育学总论，儿童论，目的论。教育史：据孟罗氏《教育史》讲授，自原人时代之教育至希腊时代之教育。）

（三）**中国史**　每周三小时　授中古史，自编讲义。第一学期授秦汉两朝盛衰兴亡事迹与中古期之文化。第二学期授三国两晋南北朝汉族与西北民族分离合并事迹与中古中叶之文化。第三学期授隋唐二朝盛衰兴亡事迹与中古末年之文化。

（四）**东亚史**　每周三小时　自编讲义。第一学期授中古史。第二学期略述回纥、薛延陀、新罗、百济、高句丽、渤海、日本、波斯、大食、印度笈多、乌苌两王朝、吐火罗、昭武九姓等国、吐谷浑、吐蕃与天山南北路各国相互间，及其对于中国与西方诸国之关系，并各族之文化。第三学期授近古史第一、二、三期。略述黠戛期、回纥、吐蕃、南诏、契丹、渤海、后高丽、林邑、占城、真腊、扶南、骠国、交趾、大理、后理、女真、党项与海南诸小国相互间，及其对于中国与西方诸国之关系，并各族之文化。第三学期授东大食、西大食、南大食、波斯境内之 Taher 王朝、Soffar 王朝、Samana 王朝、Buya 王朝、波斯及中亚阿富汗印度境内之 Ghozni 王朝、Seljuk's 王朝、Ghor 王朝、西辽、乃蛮、花剌子模、印度境内之奴隶王朝各族相互间之关系、蒙古之勃兴及其对于女真、党项、乃蛮、花剌子模、奇卜察克、阿速、Arcasses、俄罗斯、康里、Kermad、Herat、小亚尔美尼亚、Georgia Run、摩苏尔、不里阿尔、宇烈儿、马札尔、木剌夷、埃及、后理、吐蕃、安南陈氏、后高丽、日本、缅甸、占城、爪哇、琉球与海外诸番国之关系，并当时各族相互间之关系及其文化。

（五）**西洋史** 每周四小时 用邬氏《上古西洋史》（*Essentials in Ancient History* by Wolfson）及哈丁氏《中古近古西洋史》（*New Medieval and Modern History* by Harding）作教科书。第一学期授上古史，略述希腊末年事迹、罗马领土之扩张、内乱、帝国之盛衰、基督教之传播、西罗马之灭亡及日耳曼诸国之成立、罗马教皇与沙立曼帝国之关系等。第二学期授中古史，略述沙立曼帝国之成立及其瓦解、北蛮之南下、封建制度之盛行、教会之兴盛及教会与帝国之争权、十字军及中古之社会情状等。第三学期授中古史末季，略述西欧诸国之兴起、英法百年战争、中古末年之教会、文艺复兴及宗教改革等。

（六）**地理学通论** 每周三小时 自编讲义。第一学期授陆志学中之火山构成之物体、火山之标式及其喷出物、火山喷发之原因、温泉、地震、山岳之生成、土地之升降、地下水之作用、流水之作用等，每周二小时。人文地理学授气界与人生中之气温、气压、风雨与人生，陆界与人生中之平原与人生、山岳与人生、山脉与人生、溪谷地峪岛屿与人生，水界与人生中之河流与人生、湖沼与人生、湾港与人生等，每周一小时。第二学期授陆志学中之河水之沉积作用、冰雪之作用、冰河之运动、湖沼之作用、海洋之作用、波浪潮流之作用、风之作用、生物之作用、海志学中之海之水平、海底之地形、海底之沉质等,每周二小时。人文地理学授宗教之分布、经济地理、物产中之谷类菜类等,每周一小时。第三学期授海志学中之盐分之分布与海水之比重、海水之温度、海水之运动、波浪、洋流、潮汐等,每周二小时。人文地理学授物产中之烟草、阿片、棉麻、果树、饮料类等,每周一小时。

（七）**中国地志**　三或四　自编讲义。第一学期授第一编总论、第一章疆域,略述国名、地域之成立及其变化、住民之起源、位置、国界、区划等,每周三小时。第二学期授第二章自然地理,略述山脉、河流等,每周四小时。第三学期继续授自然地理,略述湖泊、海岸线、气候等,每周四小时。

（八）**外国地志**　每周三小时　用朗氏《近世地理》(Longman's *Modern Geography* III) 作教科书。第一学期授阿富汗、俾路芝、印度、暹罗、缅甸、安南、西伯利亚地志。第二学期授埃及、撒哈拉沙漠、英属法属葡属德属比属西非、东非、南非、非洲岛屿、北美、北冰洋、坎拿大、合众国、中美诸国、西印度群岛。第三学期授南美诸国、澳洲地志及海洋洲。

（九）**地理实习**　每周二小时　授绘图。第一学期授图式及花文字实习、地图放大、平射图法。第二学期授马加多图法、地形记入、断面图。第三学期授等深线、改良圆锥图法、地图复写、距离测计、统计图表。

（十）**法制经济**　每周二小时　先授经济通论,自编讲义。第一学期授第一编经济泛论、第二编价值成立论。第二学期授价值变动论。第三学期授价值消灭论。

（十一）**日文**　每周二小时　用峰岸米造著师范学校用《日本历史》下卷作教科书,自第九章起,一学期授毕。

（十二）**兵式体操**　一或二　同国文部。

（十三）**柔软体操**　同各部。

现任教员录（历史）

担任课程	专任或兼任	姓名	别号	年岁	籍贯	住址	到校年月
英文兼西洋史	专任	凌善安	子平	四十	广东宝安	皇城根取灯胡同	民国五年一月
中国史	专任	黄人望	伯珣	三十九	浙江金华	西河沿	民国三年九月
中国史	兼任	沈士远	士远	三十八	浙江吴兴	东城什方院	民国七年九月
西洋史外国地理	专任	何炳松	柏臣	三十	浙江金华	大安澜营	民国六年八月

（《北京高等师范学校十周纪念录》,1918 年）

北京民国大学历史学系学则概要（1924）

号数	学程名	学分	每周讲授钟点	教学年限
基本科目				
1	中国史概论	六	三	二
2	西洋史大纲	四	二	二
3	东洋史大纲	四	二	二
4	史学研究法	三	三	一
5	中国史学名著研究	三	三	一
6	地理沿革史	三	三	一
7	史学思想史	二	二	一
8	外国文	八	四	二
选修科目　选修科目第一号至第四号须于第三学年各选一种专修				
1	中国上古史	四	四	
2	中国中古史	四	四	一
3	中国近古史	四	四	一
4	中国现代史	四	四	
5	中国经济史	三	三	一
6	中国法制史	三	三	一
7	中国学术史	三	三	一
8	中国近代政治史及外交史	三	三	一
9	欧洲近代社会及政治史	三	三	一

（续表）

号数	学程名	学分	每周讲授钟点	教学年限
10	外国经济史	三	三	一
11	美术史	二	二	一
12	宗教史	三	三	一
13	生物学	二	二	一
14	西方文化史	三	三	一
15	人类学及人种学	二	二	一
16	金石学	二	二	一
17	考古学	三	三	一
18	年代学	二	二	一
19	塞外民族史	二	二	一
20	经济史观	二	二	一
21	第二外国语	六	三	二

研究问题举例

（1）由文字学研究历史之方法，（2）《三国志》地理考，（3）中国历代风俗考，（4）中国语言变迁考。

（《北京民国大学一览》，1924年）

北京师范大学史学系课程（1942）

科目 ＼ 学年别	第一学年	第二学年	第三学年	第四学年
教育学		二	二	
心理学概说	二			
伦理学概说	二			
论理学概说	一			
哲学概论			二	
社会学概论			二	
教育心理学		一		
东洋伦理学		二		
教学法				二
教育行政及学校管理				二
国语及国文	二	二		
日语	八	六	四	
东亚史论（中日文化交流史包括在内）			二	
世界现势论				二
参观及实习				
体育	二	二	二	
劳作	一	一	一	

（公共必修科目）

（续表）

科目 \ 学年别		第一学年	第二学年	第三学年	第四学年
专攻科目	必修科 中国通史	四	四	四	四
	西洋通史	四	四	四	四
	日本史及东亚史概说	三	三		
	史学概论	二			
	中国沿革地理	二			
	甲骨文及金文		二		
	史学研究法		二		
	周秦至唐学术史		三		
	中国史学目录学			三	二
	宋元明清学术史			三	
	考古学				二
	历史教学法				二
	选修科 经济学	二			
	本国地志		三		
	人类学		二		
	世界地志			三	
	地史学			二	
自由选修科目	英文	三	三	三	
	德文	三	三	三	
	法文	三	三	三	

（《国立北京师范大学一览》,1942 年）

北平大学女子师范学院史地学系（1930）

第一学年		
	每周时数	学分数
国文	2	2
教育概论	2	2
中国通史	4	4
西洋通史	4	4
地理学通论	2	2
本国地理	3	3
世界地理	2	2
天文地理	2	2
英文	2	2
体育（体操、跳舞）	2	1
第二外国语（德、法、日）	2	2
党义	1	1
第二学年		
	每周时数	学分数
各科教学法	2	2
中国通史	4	4
西洋通史	4	4
本国地理	3	3
世界地理	2	2
人文地理	1	1
地文地理	2	2

（续表）

	每周时数	学分数
世界人文地理	1	1
地图研究	1	1
人类学及人种学	2	2
英文	2	2
体育（体操、跳舞）	2	1
第二外国语（德、法、日）	2	2
党义		1
第三学年		
	每周时数	学分数
教育行政	2	2
中国通史	2	2
西洋通史	3	3
本国地理	2	2
世界地理	2	2
地文地理	2	2
人文地理	1	1
边疆地理	1	1
人类学及人种学	2	2
远古人类史	1	1
考古学大意	2	2
体育（体操、跳舞）	2	1
第二外国语（德、法、日）	2	2
党义	1	1
第四学年		
	每周时数	学分数
史料整理实习	4	4
本国地理	2	2
世界地理	2	2
地文地理	2	2

（续表）

	每周时数	学分数
人文地理	1	1
参观批评与实习	3	4
体育（体操、跳舞）	2	1
党义	1	1

（《国立北平大学校况简表》，1930年）

北平大学女子文理学院文史学系（1936）

一、文史学系课程要旨

本系课程以中国语言文学及中外历史为范围，以培植文学、史学专门人材为宗旨。

二、文史学系课程一览

一年级必修课目

课目	学分	每周时数		附注
		上学期	下学期	
党义		1	1	必修课不计学分
基本国文	8	4	4	附实习
文学概论	4	2	2	
声韵学	4	2	2	
中国通史	6	3	3	
西洋通史	6	3	3	
基本英文	6	3	3	
体育		2	2	必修课不计学分
学分共计	34		每周时数共计	20

二年级必修课目

课目	学分	每周时数		附注
		上学期	下学期	
周秦文	4	2	2	
中国文学史	6	3	3	
文字及训诂	4	2	2	
散文实习	2	1	1	
中国学术思想史	4	2	2	
目录及校勘	4	2	2	
西洋社会制度史	4	2	2	
英文选读	4	2	2	在英文系选不另开设
第二外国语 日、德、法	6	3	3	日、德、法任选一种
体育		2	2	必修课不计学分
学分共计		38	每周时数共计	21

三年级必修课目

课目	学分	每周时数		附注
		上学期	下学期	
汉魏六朝文	4	2	2	
辞赋	4	2	2	
诗选	4	2	2	六朝以前之部附实习
中国小说	4	2	2	
高等国文法	4	2	2	本学程与修辞学隔年开设

（续表）

课目	学分	每周时数		附注
		上学期	下学期	
修辞学	4	2	2	本学程与高等国文法隔年开设
文史要籍解题	4	2	2	
中国社会变迁史	4	2	2	
第二外国语	6	3	3	
体育		2	2	
学分共计	34	每周时数共计		19

四年级必修课目

课目	学分	每周时数		附注
		上学期	下学期	
唐宋以降文	4	2	2	
诗选二	4	2	2	唐宋以后之部附实习
词曲	4	2	2	
中国现代文学	4	2	2	附创作指导
经学通论	4	2	2	
中国史学史	4	2	2	
中国近世史	4	2	2	
西洋近世史	4	2	2	
论文指导		1	1	不计学分
体育		2	2	必修课不计学分
学分共计	32	每周时数共计		19

三、文史学系选修科目

课目	学分	每周时数		选修年级	附注
		上学期	下学期		
地理学概论	6	3	3	四	
日本史	4	2	2	二　三	
历史哲学或史学方法论	4	2	2	三　四	
中国古代史料研究	4	2	2	三　四	
中国文学批评	4	2	2	二　三	
文学方法论	4	2	2	二　三	
欧洲文艺思潮	4	2	2	三　四	

余见公共选修课目

四、文史学系课程内容简说

课目	内容简说
基本国文	精选条理明晰,篇幅适中,足资范式之文,于其用笔布局诸端,详加讲解,并督促学生诵读纯熟,每周练习作文一次。
中国通史	分上古、中古、近古、近世四编讲述,撮取先民一切活动之遗影,显示一确凿之概要,重在解析内容,探讨因果,俾了然民族发展之阶段与趋向。
西洋通史	以人类有史初期为起点,以世界大战为终点,概述欧洲文明之起源及其发展之经过,俾学者明了西洋文明进步之过程。
文字及训诂	说明中国文字构造及其形体变迁,并略明训诂大意。

（续表）

课目	内容简说
声韵学	略示声韵调之发音原理及中国古今声韵变迁概况,以为考古审音之基础。
高等国文法	就《马氏文通》以来所形成的国文法之规律加以研究,而为新规律的发见及旧说的补正。又择单词用法、复词构成及句读分析等讲述之,并举前集成文,作实习之资料。
修辞学	讲述修辞学之理论及方法,并就中国各体之文学名著,证以实例,俾明修辞学之一般规律。
文学概论	叙述文学一般及各别的基本原理,俾学者获得纯文学之正确概念。
中国文学史	系统说明中国文学各体之源流、重要作家之思想、艺术与其历史之背景,以为专门研究之预备。
中国文学批评	述晚周以降文学理论之变迁及其流派,说明各派理论之成因及其影响。
周秦文	选授周秦诸子名篇,阐明其学说内容、篇章结构,使学者得明诸子学说之概要,并养成欣赏古文之能力。
汉魏六朝文	选授汉魏骈散名作,以《昭明文选》为主,兼采各家专集以见此时期中作者之殊致,并示文章嬗变之迹。
唐宋以降文	选授自唐迄清大家之散文,比较其不同之风格,并说明其渊源变迁之关系。
中国现代文学	取材自《新青年》时代起,至现今止,说明中国现代文学产生之主因及各派主要作家之代表作品,使学生系统的了解中国现代文学运动之起因、经过及动向。
辞赋	选读《楚辞》以降骚赋名著,明其体势,述其源流。
诗选（一）	选授《三百篇》及汉魏六朝诗,说明其体裁及流变。

（续表）

课目	内容简说
诗选（二）	选授唐宋迄清之诗，说明其体裁及流变。
词曲	选读晚唐五代以降词及元明南北曲，明其源流，辨其体制。
中国小说	述中国小说之流变及研究小说史之方法。
经学通论	述经学之派别及研究之门径，使学者明六艺之渊源，知学术之流变。
目录及校勘	系统叙述刘《略》班《志》以降目录之分合，辨析群书之部居，兼示学术之升降，目录应用之方法，亦附及之。
欧洲文艺思潮	综述最近欧洲主要文艺思潮，上起文艺复兴，下迄大战以后，俾学者认识近代世界文学演进之一般的趋势。
文史要籍解题	介绍周秦以降文史要籍，分别说明各书之内容及作者之思想与背景，并指示研究方法。
中国近世史	讲授自鸦片战争至现在百年间之重要史实，注意于中国政局之转变、外交之失败、民族之革命、东西文化之沟通、社会经济之状况。
中国社会变迁史	讲述中国历代社会制度之变迁及其对于民众日常生活思想之反应，并指示搜集史料之方法。
中国学术思想史	讲述自先秦至清末各派学术思想之概略，以明其盛衰之迹，并批评其得失。
中国古代史料研究	根据甲骨、金石文字及一切新发掘的实物遗迹，考订先秦典簿中记载传说，重新估定古代史料的真实性，以养成学者研究古史的能力与兴趣。

（续表）

课目	内容简说
中国史学史	内容侧重晚周、六朝、两宋三时期，以中国史学以哲学发达而发达，此三时期哲学最盛，史学亦在在受其影响。晚周述明儒墨东方派之历史，与屈原、庄周南方派之历史，法家，北方派之历史各方思想既殊，故言史亦异，阴阳家为东方前期史学，故独详邃古之传说，至杂家盛而司马氏出焉，而史以衰。魏晋号为五百年史之中兴，有道家清谈派之史，有反清谈派之史，史家文学思想大率与藻丽之作、放达之思不侔，而各体竞作尤为大观，于唐修五史而又衰。两宋史学为中国极盛时代，北宋史学与道学关系最切，至南宋渐东尤盛，经制、事功、性理三派至矣。
史学方法论	概述中外史学演进之程序及学习历史应有之基本知识，并示以治史之方法。
历史哲学	先论哲学与历史之概念及其接触点，并历史哲学之任务，次述近代历史哲学发达的过程，并讨论历史哲学上诸问题。
西洋近世史	讲述十九世纪之思想、政治、文化之演进，特别注意自由主义、资本主义、社会主义等对于政治文化之影响。
西洋社会制度史	以客观的眼光，讲说西洋社会制度变迁之原因、经过及其影响，并及一般的政治思潮。
基本英文	本学程为各系或各组第一学年共同功课，包含文法、发音、读写诸端，目的在培植学生之英文根柢，增进阅读及写作之能力。
散文实习	由教者指示作法，令学者写作散文，按期呈缴，后由教者予以修正，并指示其文章利弊所在。
地理学概论	讲授地上之各种现象、成因及其与人生之关系，为学习地理历史的基础。

（续表）

课目	内容简说
论文指导	本学程为指导四年级学生毕业论文而设,由各教员轮流指导,其内容临时酌定之。
西洋文学名著选读	选授西洋名文,并指示其风格,用备欣赏,阐明作法,以资观摩。
西洋史学名著选读	养成学生阅读欧美历史名著之能力,并使体会西洋名史家主张及作史之体裁,以介绍 Gr. Green; E. A. Freeman; T. B. Macaulay; E. Gibbon; Lord Acton 等为主。
日本史	以研究日本的政治制度、学术思想及其民族特性等为标的,特别注意江户幕府之发展经过、明治维新后之国力澎涨、最近的政党政治、对外方策及其对中国交涉之关系。

教员

姓名	别号	性别	年龄	籍贯	现任职务	学历及经验
李季谷		男	四一	浙江绍县	文史学系教授兼系主任	日本东京高等师范学校毕业,英国 Bristol 大学毕业,北大、师大等校讲师
严既澄	慨忱	男	三八	广东四会	文史学系教授	国立北京大学讲师,中法大学教授
戴君仁	静山	男	三六	浙江鄞县	文史学系教授兼秘书	国立北京大学毕业,浙江大学专任讲师,南开大学教员
吴祥麒	鸣时	男	四五	浙江嘉兴	文史学系教授	日本东京高等师范毕业,英国伦敦大学肄业,北京大学及前女子师范大学讲师

（续表）

姓名	别号	性别	年龄	籍贯	现任职务	学历及经验
陈君哲		男	五五	浙江绍县	文史学系教授与医学院合聘	日本第六高等学校毕业，九州帝国大学修业，北京大学、师范大学讲师
沈启无	闲步	男	三五	江苏淮阴	文史学系副教授	燕京大学毕业，河北省立女子师范学院国文系主任，燕京大学、北京大学讲师
萧璋			见前		文史学系专任讲师兼图书馆主任	见前
孟世杰	咸宇	男	四二	河北大兴	文史学系讲师	国立北京高等师范史地部毕业，北平师范大学、四川大学讲师
曹联亚		男	四〇	河南	文史学系讲师	留欧，西北大学教授，东北大学、中国大学讲师
罗庸	膺中	男	三七	江苏江都	文史学系讲师	国立北京大学文学士，国立中山大学教授，现任国立北京大学教授
孙席珍		男	三三	浙江绍县	文史学系讲师	师大、中大等校讲师，民大教授
章廷谦	予尘	男	三四	浙江绍县	文史学系讲师	国立北京大学文学士
罗根泽		男	三五	河北深县	文史学系讲师	国立清华大学毕业，现任师范大学教授
陆宗达	颖明	男	三一	浙江慈溪	文史学系讲师	国立北京大学毕业，东北大学、中国学院讲师

（续表）

姓名	别号	性别	年龄	籍贯	现任职务	学历及经验
傅振伦	维本	男	三〇	河北新河	文史学系讲师	国立北京大学毕业
林　庚	静希	男	二七	福建闽侯	文史学系讲师	国立清华大学毕业,民国大学讲师
邱文采		女	二五	安徽怀宁	文史学系助理	本校女子文理学院毕业

（《国立北平大学一览》,1936 年度）

北平大学女子学院史学系（1930）

第一学年

中国通史上古史、中古史 2,西洋通史 2,中国人文地理 2,人类学及人种学 2,经济学 2,社会学 2,第一外国语 4,体育 2,地史学（以下选修科） 2,生物学 2。

第二学年

中国通史中古史、近古史 2,西洋通史 2,世界人文地理 2,社会心理学 2,宗教史大纲 2,中外经济史大要 2,第一外国语 4,体育 2,统计学（以下选修科） 2,本国佛教史 2。

第三学年

中国现代史 2,世界现代史 4,本国法制史 2,政治史及外交史 2,国学概论 2,金石学 2,第一外国语 4,第二外国语 4,体育 2,中国美术史（以下选修科） 2,西洋美术史 2。

第四学年

中国文化史 2,欧洲文化史 2,日本近世史 2,本国史学概论 2,西洋历史哲学 2,金石学 2,第二外国语 4,体育 2,本国史学名著选读（以下选修科） 2,英文史学选读 3。

（《国立北平大学校况简表》,1930 年）

北平临时大学补习班第七分班史学系（1946）

现任教员

主任：李飞生；教授：王桐龄、胡宜斋、韩道之、王静如、戚佑烈；讲师：单乾、莫东寅、魏重庆、王辑五、戴蕃豫、蔡增棠；助教：程富淇、余大陶。

在校学生

一年级：男二十四人，女九人；二年级：男十四人，女九人；三年级：男十一人，女四人；四年级：男十人，女五人。

设备

图书：中文书一六七册，西文书六十二册；标本：青铜及甲骨、陶器等共八十件。

课程

	一年	时数	二年	时数	三年	时数	四年	时数
本系主修	西洋上古史	四	西洋中古史	四	西洋近古史	四	西洋近世史	四
	中国上古史	四	中国中古史	四	中国近古史	四	中国近世史	四
	中史概论	二	中史研究法	二	中国文化史	三	中国社会与发展史	二

（续表）

	一年	时数	二年	时数	三年	时数	四年	时数
本系主修	地学通论	二	中史概论	二	中国民族史	二		
	经济学	二	地史学	二	英国史	二		
			中国地志	二	史书目录学	二		
			经济学	二	外国地志	三		
			社会学	一				
公共必修	国文	二	教育心理学	二	教育学	二	普通教学法	二
	普通心理学	二	体育	一	体育	一	体育	一
	伦理学	一						
	体育	一						
补习科目	英语	五	英语	五	英语	五	英语	五
	中国历史	二	中国历史	二	中国历史	二	中国历史	二
	中国地理	一	中国地理	一	中国地理	一	中国地理	一
	抗战史略	一	抗战史略	一	抗战史略	一	抗战史略	一

（《教育部特设北平临时大学补习班第七分班概览》，1946 年）

北平师范大学历史系课程标准（1934）

本系设置目标

（A）造就中等学校历史课程教师及初级中学地理或公民课程教师。

（B）养成学生独立研究史学之能力。

本系课程要旨

（A）教材　为达本系设置之目标,中国史与外国史、理论课程与方法课程并重。

（B）主科　为适应中等学校之需要,本系课程分为主科与副科。主科课程备学生精研史学而设,包有必修与选修课目:

1.必修课目　共计五十六学分,本系学生必须在毕业前修完。

2.选修课目　共计九十二学分,本系学生至少须选修十四学分。

（C）副科

1.本系学生以他系为副科者。为养成学生能在中等学校担任主科外其他课程起见,本系规定以地理或公民为副科。学生志愿以国文、英文或音乐(限于女生)为副科者,须商得主任之特许,课目须依各该系所规定选习二十至三十学分。

2.他系学生以本系为副科者。凡以历史为副科者,须依本系规定之副科课目范围内选修二十至三十学分。

（D）修养及专业课程

本系学生除修完主科与副科至少九十六学分外,尚须加习公共必

修课程五十学分（修养课程十六学分，专业课程三十四学分）。在四年
中合计须修完一百四十六学分始得毕业。

历史系第一年级必修课目一览表

课目名称	学分数	每周时数		预修	附注
		上学期	下学期		
社会科学概论	2	1	1		
自然科学概论	2	1	1		
卫生	2	1	1		
体育	2	1	1		
教育概论	4	2	2		
中国上古史	6	3	3		
西洋上古史	6	3	3		
必修课目学分共计	24				

历史系第二年级必修课目一览表

课目名称	学分数	每周时数		预修	附注
		上学期	下学期		
哲学概论	2	1	1		
体育	2	1	1		
教育心理	4	2	2		
中国中古史	8	4	4		
西洋中古史	6	3	3		
必修课目学分共计	22				

历史系第三年级必修课目一览表

课目名称	学分数	每周时数		预修	附注
		上学期	下学期		
体育	2	1	1		
普通教学法	4	2	2		
教育统计及测验	4	2	2		
参观	1				三年级上下学期共一学分
中国近古史	8	4	4		
西洋近古史	8	4	4		
历史研究法	4	2	2		亦得斟酌情形在第二年开班
必修课目学分共计	31				

历史系第四年级必修课目一览表

课目名称	学分数	每周时数		预修	附注
		上学期	下学期		
党义	2	1	1		
中等教育	4	2	2		
教育史					四课目中任选四学分或于三年级选修
教育行政	4	2	2		
儿童及青年心理					
师范教育					
历史教学法	2	1	1		
参观	1				四年级上学期
实习	6				四年级下学期
中国近世史	6	3	3		
西洋近世史	4	2	2		
必修课目学分共计	29				

历史系各年级选修课目一览表

课目名称	学分数	每周时数		预修	选修年级	附注
		上学期	下学期			
中国通史	8	4	4		一、二年级	他系学生以历史为副科者此为必修
西洋通史	8	4	4		一、二年级	他系学生以历史为副科者此为必修
民国史	4	2	2		一、二年级	
西洋史学名著选读	4	2	2		一、二年级	
东亚各国史	4	2	2		二、三年级	
西洋国别史	4	2	2		二、三年级	
中国史学史	4	2	2		二、三年级	
西洋史学史	4	2	2		二、三年级	
西洋文化史	4	2	2		二、三年级	
中国外交史	4	2	2		二、三年级	
西洋政治思想史	4	2	2		二、三年级	
西洋经济思想史	4	2	2		三、四年级	
法俄革命史	4	2	2		三、四年级	
中国社会史	4	2	2		三、四年级	本课目之学分列入公民副科计算
中西交通史	4	2	2		三、四年级	
疆域沿革史	4	2	2		三、四年级	
日本中国史料研究	4	2	2		三、四年级	
史学目录学	4	2	2		三、四年级	
史源学实习	4	2	2		三、四年级	
唯物史观	4	2	2		三、四年级	
苏俄研究	4	2	2		三、四年级	
考古学	4	2	2		三、四年级	

历史系四学年所设课目学分总表

年级	公共必修课目			本系课目（主科）		他系课目（即副科）	自由选修课目	合计
	修养类	专业类		必修	选修			
		普通的	特殊的					
第一年级	8	4		12	24	8		56
第二年级	4	4		14	28	8		58
第三年级	2	8	1	20	40	4		75
第四年级	2	8	9	10		4		33
总计	16	24	10	56	92	24		222

历史系各课目简要内容

课目名称	内容大要
历史研究法	本课目讲授历史之重要原则、编纂方法、历来史家对于史学研究之理论及治史必具之常识等。
历史教学法	讲述教授历史之目的、方法与取材，理论与实际并重，使学生明了历史教学之实况。
中国通史	本课历述历代之兴亡、政治之沿革、疆域之变迁、文化之演进及社会与民生之状况。
西洋通史	此系将西洋历史自史前至于现在作一整个的纵面的叙述的课程，说明构成西洋政教文物之背景，以明现在之由来。与中国通史同为他系学生选历史为副科者所必修。
民国史	讲述辛亥革命之原因及经过，民国成立以来政治、经济、社会、民生、外交状况之概略等。
西洋史学名著选读	选定西史名著数种，由教师指导学生研究。并随时提示要旨、批评内容、解答艰深，以增长学生读史之兴味。
东亚各国史	内容包括东亚各国历史之概要与其相互之关系，期为学生分别研究之门径。

（续表）

课目名称	内容大要
西洋国别史	此为讲授英、法、德、俄、美等重要国家之专史,应设何种,每年斟酌情形,随时公布。
中国上古史	本课目范围起自石器时代,迄于战国之末,为本国史之第一期。备述我国民族之由来,初民之生活,制度、文物之演进,学术之发达等。
中国中古史	本课目为本国史之第二期,由秦之统一起,至于唐末。凡此期中,政治之沿革、社会之变迁、国土之开拓、异族之浸扰、文化之发达以及东西交通之大概,莫不详述。
中国近代史	此为本国史之第三期,自五代至于明末。以一学期授五代两宋,以一学期授辽金元明,关于塞外民族与中国各朝之关系,尤特加注意。
中国近世史	此为本国史之第四期,自清初至于现在。讲述三百年来重大事迹之因果起讫,而尤注意于国际之关系。
西洋上古史	本课目自史前时代起,至罗马帝国之没落止。讲述初民生活之演进、各民族之散布、古王国之盛衰及文化之发达等。
西洋中古史	内容包括西元第五世纪至第十五世纪间,民族之接触与混合,社会民生状况之改变,政教文物之演进,近代诸国之起源等。
西洋近古史	本课目之范围自文艺复兴起,至普法战争止。首述十四、十五、十六世纪欧洲政教、文化、思想之转变,以阐明过渡之状况。次论十七、十八世纪欧洲历史演进之大势。末详法国大革命以来新旧思想之冲突,各国发展之趋势,意大利、日耳曼之统一等。
西洋近世史	本课目讲授分两期:一自普法战争结束至欧战,二自欧战至现在。注重于大战后之政治及经济状况及国际形势。
中国史学史	本课目讲述我国史学之概要与史书之类别。
西洋史学史	叙述西洋史学之起源、派别、发达与变迁等,可与中国史学互相参证。

（续表）

课目名称	内容大要
西洋文化史	研究西洋文化之起源、演进与其交互之影响，特注重希腊与现在两时期。
中国外交史	讲述我国与列强间近代之外交关系及我国在国际间现在所处之地位。
西洋政治思想史	讲授欧洲历来政治学说之原理及其影响，尤注重于近代各名家之思想。
西洋经济思想史	讲授欧洲自希腊至近代经济思想之派别与其发达变迁之概要。
法俄革命史	讲授法俄二大革命产生之背景经过及其对于世界史全体之影响。
中国社会史	本门讲述中国社会之结构、发展与现状，以期学生获得我国社会演进之整个观念。
中西交通史	讲述中西交通之大要及其交互之影响，尤注重于文化方面。
疆域沿革史	本课目内容分为四篇：一、疆域，二、都会，三、战争，四、杂组，举上、中、近古史上所见之主要地名加以诠释。
日本中国史料研究	本门合总日本东洋史学家整理中国史料之成绩，并研究中国史料之方法。
史学目录学	讲述中国史学分类之方法及其历史，以示读史之门径。
史源学实习	择近代史学名著一二种，逐一追寻其史源，检照其合否，以练习读一切史书之识力及方法。又可警惕自己论撰时之不敢轻心相掉也。
唯物史观	本门研究之内容为：（一）唯物论在马克斯学说中之地位，（二）生产力与生产关系，（三）各社会形态之发展与唯物论，（四）唯心论与唯物论之异点等。
苏俄研究	本门研究之内容包括：一、国家资本主义，二、军事共产主义，三、新经济政策及第一、第二五年计划等。
考古学	讲述考古学之目的、范围与方法，理论与实证并重。

他系学生以本系为副科者逐年应习之课目一览

年级	课目	学分	上课时数		必修或选修	先习课目	另行开班抑与本系合班
			上学期	下学期			
第一年级	中国通史	8	4	4	必		另行开班
	计	8					
第二年级	西洋通史	8	4	4	必		另行开班
	计	8					
第三年级	历史研究法	4	2	2	必		与本系合班
	计	4					
第四年级	任选本系课目一种	4	2	2	选		与本系合班
	计	4					
四年总计		24					

北平师范大学历史系教员（1933年度）

姓名	别号	性别	籍贯	学历及经历	到校年月	现任职务或担任学科	现在住址	电话号数
李飞生		男	江苏武进	美国华盛顿大学，哥仑比亚大学学士，硕士。历任河南大学，厦门大学，北平女师大历史系主任。	十六年二月	历史学系教授兼主任	南沈篦子胡同二十号	西局452
王桐龄	峄山	男	河北任邱	日本东京帝国大学文学士。	元年十月	历史学系教授	蔡院胡同十五号	
陆懋德	咏沂	男	山东历城	美国威士康森大学，欧亥欧大学文科学士，硕士。历充清华大学教授，北大讲师。	十六年十一月	同前	二龙路贵仁关十五号	
陈　垣	援庵	男	广东新会		二十二年八月	同前	东城米粮库一号	东局553
饶用泽	劼民	男	江西南昌	美国约翰霍金史大学学士，芝加哥大学博士。比国路温大学博士。比国昂维斯副领事，中央大学政治系副教授，南开大学政治系教授。	十一年九月	历史学系讲师	西四翠花街四号	西局808
卢郁文		男	河北昌黎	北平师大教研毕业，伦敦政治经济学院修业。历任师大附中教员，河北训政学院教务主任，河北教育厅高等教育科长。	二十一年八月	同前	西京畿道官房胡同四号	

（续表）

姓名	别号	性别	籍贯	学历及经历	到校年月	现任职务或担任学科	现在住址	电话号数
熊梦飞	仁安	男	湖南宁乡	北京师大史地部毕业。历任北京女师大、中央大学、私立复旦大学教授及讲师，劳动大学秘书长，湖南省立一师校长。	二十一年九月	同前	西四兵马司朱苇箔胡同三号	西局2609
张景汉	云波	男	河南荥阳	日本东京帝国大学大学院出身。河南大学讲师。	二十二年九月	同前	王府井大街迎贤公寓	东局1124
张星烺	亮尘	男	江苏泗阳	曾留学美国哈佛大学、德国柏林大学。历充北平及外省各大学教授、讲师。	二十二年九月	同前	后门外方砖厂二十三号	东局2895
吴正华	西屏	男	安徽庐江	法国巴黎大学法科毕业。曾任安徽大学教授，现任北平大学、朝阳学院等校讲师。	二十一年九月	同前	朝内南小街六十一号	东局1616
王亚权	肖裳	女	安徽英山	国立女子师范大学硕士。曾任师范大学、北京大学、女子文理学院讲师。	二十一年九月	同前	西单小将坊胡同二十三号	西局1930
萧杰五	特夫	男	湖南湘乡	法国巴黎大学、俄国经济学院。历任各校教员。	二十一年九月	同前	头发胡同一号	

（续表）

姓名	别号	性别	籍贯	学历及经历	现任职务或担任学科	到校年月	现在住址	电话号数
陶希圣					同前	二十二年八月	学院胡同一号西院	西局2835
许兴凯	志平	男	北平	师大研究科毕业。河北法商学院教授,北平法学院讲师。	历史学系公民科科讲师	二十年十月	西四翠花街十九号	西局13
王辑五		男	河北雄县	日本广岛文理科大学毕业。	历史学系公民科科讲师	二十二年九月	东北园六十四号	
罗集谊	觉僧	男	陕西扶风	清华学校肄业,日本庆应大学经济学士。国立中山大学法学院教授。明治大学政学士。	社会科学概论讲师	二十二年九月	李阁老胡同法学院第三院	西院174
邓之诚	文如				长期演讲		燕大	
何竹淇	丽生	男	湖南衡山	本校毕业,继入本校研究院。历任平市各中学校教员。	历史学系助教	二十一年七月	草厂十条二号	南分局1301
向凤鸣	萍吾	女	四川广汉	北平师范大学毕业。	历史学系助理	二十二年八月	本校	南局1815

（《国立北平师范大学一览》，1934年）

长沙临时大学历史社会学系（1937）

学程	必修或选修	学期	学分	教师
中国通史	I，II		8	钱　穆
中国通史	I，II		8	雷海宗
西洋近代史	I，II		8	皮名举
西洋近代史	I，II		8	刘崇鋐
辽宋金元史			6	姚从吾
欧洲十九世纪史	II，III		6	皮名举
欧洲十九世纪史	II，III		6	刘崇鋐
现代日本	2,3,4		4	王信忠
俄国近代史	3,4		6	噶邦福
近代中国外交史	3,4		6	邵循正
近代中日外交史	3,4		4 或 6	王信忠
欧洲经济史			6	张德昌
近代欧洲经济发展史			6	张德昌
史学研究法	IV		4	姚从吾
战史资料收集试习	3	上	2	雷、姚及本系其他教授
中国近三百年学术史			4	钱　穆
社会学通论	必		6	陈序经

（续表）

学程	必修或选修	学期	学分	教师
民族与优生		上	3	潘光旦
初级社会调查	III		6	李景汉
※ 高级社会调查	4		6	李景汉
△社会机关参观	必		4	苏汝江
中国上古史			4	雷海宗
科学史			6	毛子水
年代史			2	毛子水
晋南北朝史				陈寅恪
晋南北朝隋唐史研究				陈寅恪
隋唐五代史			6	郑天挺
劳工问题			6	陈 达
人口问题			6	陈 达
社会心理学			6	樊际昌

※ 选此课者，以五人为限。

△ 本系生必选，他系生可选修，但人数总共不得过二十人。

（《长沙临时大学历史社会学系必修选修学程表》，1937 年，

《国立西南联合大学史科》，云南教育出版社 1998 年）

成都大学历史学系课程（1929）

必修学科

中史,五部；西洋史,五部；东洋通史；史学,二部；历史地理学,一部；中国法制史,一部；中国政治史,一部；中国哲学史,一部；西洋哲学史,一部；中国外交史,一部；世界外交史,一部；西洋文化变迁史,一部；历史哲学,一部；历史目录学,一部。

选修学科　以下学科每周二小时

社会心理学,人类学及人种学,古生物学,历史地质学,金石学,统计学,中国民族史,中国经济史,西洋经济史,中国文学史,西洋文学史,中国美术史,欧洲美术史,欧洲政治史,欧洲社会运动史,印度史,希腊史,罗马史,美国史,日本近世史,法兰西革命史,俄国革命史,世界革命史,世界大战史,欧洲文艺复兴史,帝国主义侵略史,史学名著研究（甲、《史记》《汉书》《后汉书》《三国志》《元史》《明史》《通典》《通志》等作提要之研究,乙、世界新史学名著）,外国文:（一）英文,（二）日文,（三）德文,（四）法文。

说明

一、本课目分必修、选修两科,除必修科外,每学年必选五科以上,其能多选者听。

二、前三学年内于五选科之中必须选习英文一门,本系必修学科配布于四学年,其配置及每周教授时间如左。

第一学年	每周时数
中国上古史	四
西洋上古史	四
西洋通史	三
中国政治史	三
历史地理学	二
中国史学	二
第二学年	每周时数
中国中古史	四
西洋中古史	四　上学期
东洋通史	三
中国哲学史	二
西洋近古史	四　下学期
中国法制史	二
史学原论及研究法	二
第三学年	每周时数
中国近古史	四
西洋哲学史	二
西洋近世史	三　上学期
东洋通史	三
西洋文化变迁史	三
第四学年	每周时数
中国近世史	三　上学期
中国现世史	三　下学期
世界现世史	四
中国外交史	二
世界外交史	二
历史哲学	二
历史目录学	二　上学期

（《国立成都大学一览》,1929 年）

成都师范大学历史学系课程标准（1930）

甲　必修科目

第一学年	每周时数
中国通史	四
西洋通史	四
中国史学史	二
历史地理学	二
中国哲学史	二
中国法制史	二
中国民族史	二
教育学科	二
第二外国语　法语	二
第二学年	每周时数
中国通史	四
西洋通史	四
东亚各国史	三
历史研究法	二
社会学	二
西洋哲学史	二
中国近代文化史	二
教育学科	四
第二外国语　法语	二

第三学年	每周时数
中国通史	四
西洋通史	四
西洋近代文化史	二
中国现代法制史	二
中国近代外交史	二
考古学	二
人类学	二
教育学科	六
第四学年	每周时数
中国通史	四
世界现代史	二
世界近世外交史	二
中国历史名著研究	二
历史目录学	二
历史哲学	二
教育学科	八
实验各校实习	临时规定

乙　选修科目

选修科目为中国文学史、中国政治史、中外交通史、史前史、西洋文学史、西洋法制史、英国史、美国史、日本史、欧洲文艺复兴史、小说史、殷墟文字研究及教育学科各选修科目等。此等科目，每学期应授何种，由教授临时规定，但学生同时不能选修二种以上。

教授一览表

姓字	籍贯	担任学科	所授班次	履历	备考
张仲铭	成都	中国史学史	本历	曾任成都高师、嘉陵高中、成都联合中学、华阳中学各校教员。	新聘
祝屺怀	华阳	中国上古史国史	本中本历文三	曾任四川省立第一师范校长,成都中学以上各校国史教员。	新聘历史学系主任
蔡绍康	酉阳	国史地理	文二文一甲文一乙	四川高等学堂毕业	
徐朴生	新津	西洋史	文一甲文一乙	国立成都高等师范毕业,香港大学教育学士,现任成都联中校长。	
刘东塘	新津	西洋史	文三文二	日本早稻田大学史地科毕业,曾任四川国税厅长、嘉陵道尹、成都联中校长。	新聘
谭励陶	荣经	西洋史英语	高史理三文一甲	美国米西干大学经济硕士,现代理川大外文院学长。	

（《国立成都师范大学概览》,1930 年）

重庆大学史学系（1935）

学　程

第一年级学程				
学程名称	第一学期		第二学期	
	每周时数	学分	每周时数	学分
国文	2	2	2	2
英文	3	3	3	3
军事训练	2	1	2	1
中国上古史	3	3	3	3
西洋上古史	3	3	3	3
中国近百年史	2	2	2	2
中国史部目录学	2	2	2	2
东亚各国史	2	2	2	2
中国历史地理学	2	2	2	2
史学名著导读	2	2	2	2
第二年级学程				
学程名称	第一学期		第二学期	
	每周时数	学分	每周时数	学分
军事训练	2	1	2	1
第二外国语	3	3	3	3
中国中古史	3	3	3	3
西洋中古史	3	3	3	3

（续表）

学程名称	第一学期		第二学期	
	每周时数	学分	每周时数	学分
东亚各国史	2	2	2	2
中国文化史	2	2	2	2
西洋文化史	2	2	2	2
考古学	2	2	2	2
史学名著导读	2	2	2	2
第三年级学程				
学程名称	第一学期		第二学期	
	每周时数	学分	每周时数	学分
第二外国语	3	3	3	3
中国近古史	3	3	3	3
西洋近古史	3	3	3	3
中国文化史	2	2	2	2
西洋文化史	2	2	2	2
西洋史部目录学	2	2	2	2
史学名著导读	2	2	2	2
第四年级学程				
学程名称	第一学期		第二学期	
	每周时数	学分	每周时数	学分
中国近世史	3	3	3	3
西洋近世史	3	3	3	3
西洋现代史	2	2	2	2
历史研究法	2	2	2	2
史学专著研究	2	2	2	2
史学名著导读	2	2	2	2

课程说明

中国上古史　本学程授中国太古以讫秦统一之史。其内容为古史之传说及三代之文化、东周以前之外族、春秋之大势、战国之变更、周秦学术之概要等。

中国中古史　本学程授中国秦统一后讫五代之史。其内容为两汉之政治及两汉之开拓、三国之兴亡、五胡之乱华、南北对峙之局、隋唐之政治、自秦讫唐之外族、五代之纷扰、汉以后之学术制度及宗教等。

中国近古史　本学程授中国宋至明之史。其内容为北宋之内政外交、南宋之内政及与金之对峙、蒙古族之入主中国及元代之内政、宋辽金元之政制及社会、明之内政、明之政制及社会、宋明之理学、宋明间之东西交通等。

中国近世史　本学程授满洲之兴讫清道光中叶之史。其内容为满洲之入主中国、康雍乾之内政及开拓、清中叶之内乱、清代政制与道光以前之学术等。

中国近百年史　本学程授清道光中叶讫现代之史。其内容为道光以后之内政及太平军之始末、鸦片战争以后之外交、中华民国之成立、袁氏帝制及历年内战、国民革命之进展、民国成立以后之外交、近百年政治、经济、学术之概况。

中国史部目录学　本学程授中国史部之分类及历代史学名著内容之大要。

中国文化史　本学程授中国太古讫今日文化演进之经过，阐明其蜕变之原因。其内容包括政治、经济、学术、美术、工艺、宗教各类。

中国历史地理　历史地理之宗旨在于明了政治地理之变更，其地形之迁变、气候之差异、富源之转移、交通之进展、都市之盛衰等，均于文化有最要之关系，均一一分别述之。

西洋上古史　本学程授罗马帝国以前地中海沿岸诸民族之史。其内容包括埃及、巴庇伦、亚述、犹太、腓尼基、波斯、希腊、罗马诸国。

西洋中古史　本学程授四世纪至十五世纪之欧西史。其内容大要为罗马帝国之灭亡、基督教会与日耳曼人之兴起、黑暗时代、封建时代等。

西洋近古史　本学程授十六世纪至十八世纪之欧西史。其内容大要为文艺复兴、宗教改革、新地发现与殖民竞争、君主专制时代等。

西洋近世史　本学程授十八世纪末至二十世纪初之欧美史。其内容大要为法国大革命与拿破仑、民族主义与民治主义之革命、欧洲新帝国主义与美国之发展、秘密外交与国际新局面等。

西洋现代史　本学程授最近世之欧美史。其内容大要为欧洲大战、巴黎和会与国际联盟、战后世界之新形势等。

西洋史部目录学　本学程授西洋史部分类之法，并讨论西洋史部之名著。

西洋文化史　本学程授希腊、罗马及欧西文化。其内容包括文学、艺术、哲学、宗教、科学、法制、经济、风俗等类。

考古学　本学程授考古学之基本知识，以为治史学之助。

东亚各国史　本学程授东亚各国之兴衰及其政制社会一切。其内容包括日本、朝鲜、中亚、后印度半岛诸国。

历史研究法　本学程采中外史学家治史方法而折衷其说，以为治史之标准。

史学专著研究　本学程采取中外史家专著，而研究其立论之所由，以为治史之基础。

史学名著导读　本学程由教授指定中文或西文史学名著一二种，由学者自行阅读，并随时由教授指导方法或作札记。

附：选修学程

本系选修学程为史前史、中国民族史、中国法制史、中国外交史、日本史、西藏史、蒙古史、印度史、西洋国别史、欧亚交通史、历史哲学等目。其授课时数及学分，临时由担任教授酌定。

教员

担任职务	姓名	别号	年龄	籍贯	履历	到校日期	任址 永久	任址 临时
史学系主任兼教授	祝同曾	屺怀	五一	华阳	前四川高等学堂修业，四川省立私立各中学校历史教员，国立四川大学史学系主任兼教授。	民国二十三年秋季	成都少城斌井街第二十七号	本校
史学系讲师	张 圣 奘	圣奘	三一	湖北江陵	美国俄海阿 Ohio 大学史学博士，国立北京大学文学士，德国莱卜西克大学大学院东方文明史研究员，上海暨南大学外国文学系主任兼现代文学教授，上海复旦大学外国文学系世界文学，近代小说，现代文学教授，鄂省教育厅科长，国语专门学校教务长兼欧洲文化史、中国文化史教授，上海美术专门学校世界美术史教授，汉口市高级中学校长，北京民国大学图书馆主任兼英文、国文教授。	民国二十三年秋季	湖北河市崇文街张积盛号转	本校

（《四川省立重庆大学一览》，1935 年）

大夏大学历史社会学系（1934）

学程分配表

第一学年			
学程号数	学程名称	上学期	下学期
国学一〇一A—B	国文	3	3
英文一〇一—一〇二	英文	5	5
自然科学	自然科学	4	4
人与社会	人与社会	4	4
史社一六二	统计	3	
师一〇五	心理		3
史地一〇一—一〇二	中国通史	3	3
	共计学分	22	22
第二学年			
学程号数	学程名称	上学期	下学期
英文一〇三—一〇四	英文	4	4
史社一六一A—B	社会学	3	3
史社一三一	西洋上古史	3	
史社一三二	西洋中古史		3
史社一六七	人类学	3	
史社一六八	社会起源		3
军事学	军事训练	1	1
	辅系	3	3
	中国史选修	3	3
	共计学分	20	20

第三学年			
学程号数	学程名称	上学期	下学期
史社一三三——三四	西洋近代史	3	3
史社一六五	社会调查		3
政治一〇一——〇二 经济一〇一——〇二 哲学一〇一——〇二	政治或经济或哲学	3	3
史社一六九	社会问题	3	3
史社一六三——六四	社会心理	3	
军事学	军事训练	1	1
	西洋史选修	3	3
	中国史选修	3	3
	共计学分	19	19

第四学年			
学程号数	学程名称	上学期	下学期
	论文	1	1
	辅系	6	3
	社会学程选修		3
	西洋史选修	3	3
	中国史选修	3	3
军事学	军事训练	1	1
	共计学分	14	14

学程概要

（子）普通学程

史社一〇一——〇二　中国通史，一学年，每星期三小时，六学分。本学程讲授中国自上古至近代历史概要。于历代史迹作简单叙述外，尤注意各种事变之解释，为学生进一步研究之指示。

史社一〇三　中国近百年史，一学期，每星期三小时，三学分。鸦片战争之后，我们备受帝国主义之侵凌。时至今日，仍处其百劫莫复地位。在此百年中，我国之经济、政治，动辄受不平等条约之束缚，几夷为帝国主义之附庸。清之末季，改革之声起，经辛亥革命、五四运动、五卅运动，国人渐有觉悟，冀摆脱帝国主义束缚而自强，故近百年史实有详加研究之必要。

史社一〇四——一〇五　中国民族史，一学年，每星期三小时，六学分。本学程研究中国史上各重要民族兴替、移徙、蜕变、混合之情形，各民族间文化上互相之影响，及现在民族间问题之状况。教授法以讲授为主，而以讨论、读参考书等辅之。

史社一〇六　中国上古史，一学期，每星期三小时，三学分。预修学程：中国通史。吾国上古史，因地下遗物尚未有系统的掘发，故缺少科学之材料。本学程在可能范围内，探取石器、陶器、甲骨、吉金、石刻、《竹书纪年》等以证古史。至其春秋战国时社会、经济之剧变及思想之解放，尤特别注意。

史社一〇七　中国中古史，一学期，每星期三小时，三学分。预修学程：中国上古史。本学程为总括自秦汉迄元一大段时期，对于汉族强弱、文化兴衰、版图广狭及中外交通、宗教传播等等，作一详细之讨论。

史社一〇八　清史，一学期，每星期四小时，四学分。满清为异族入主中原，而终为汉族文化所同化。其始汉族以不堪思想之压迫，遂相率出于考据一途，以图免祸。道咸以后，西力东渐，西洋文化亦随之而至，文化史上遂别开一生面，以其时代之近，故其关系更为重要。

史社一〇九——一一〇　中国文化史，一学年，每星期三小时，六学分。本学程探讨中国历代经济、社会、政治状况之变迁，宗教、思想、文艺之演进，中国文化对于世界文化之贡献，尤特别注意。

史社一三一　西洋上古史，一学期，每星期三小时，三学分。本学程对于西洋古代各种文化之特点及其在世界史上之地位，皆详加讨论。除用教科书作讨论之基础外，并指定各种参考书以补充之。

史社一三二　西洋中古史，一学期，每星期三小时，三学分。预修学程：西洋上古史。西洋中古史，上承罗马古文化，下启近代新文化，实为一过渡时期。必对此过渡时期有明确之了解，始可言近代之新文化。本学程取中古时期之特殊现象及重要事件，如教会之兴起、封建制之盛行、蛮族之入寇及同化、新文化之萌芽等，加以详细之研究。

史社一三三——三四　西洋近代史，一学年，每星期三小时，共六学分。预修学程：西洋上古史、西洋中古史。本学程研究近世欧洲各国政治与社会之发展，由十六世纪初年至现代止。关于宗教、政治、工业、各种革命运动，尤为注意。此学程为本科第三年学生必修科。

史社一三五　英国史，一学期，每星期三小时，三学分。预修学程：西洋上古史、西洋中古史。英国为工业革命之发源地，其海军及工商业执世界之牛耳者垂百年，其殖民地之广，无与伦比，故有"世界上最大之帝国主义"之称。以其在国际上之重要及与我国关系之密切，故另列为一学程，作特别之研究。

史社一三六　美国史，一学期，每星期三小时，三学分。预修学程：西洋上古史、西洋中古史。美国为新兴之国，因工商业发展迅速，在国际上已取得领导地位，大有驾英国而上之势。此后世界史上，美国将占一最重要地位，其在太平洋之重要更不待言，与我国之关系尤密切，故另列为一学程，作特别之研究。

史社一三七　俄国史，一学期，每星期三小时，三学分。预修学程：西洋上古史、西洋中古史。俄国由极端专制之国家，一跃而为共产主义之国家，近十年来与世界之资本主义国家成一对抗形势。其在国际上之地位甚重要，而与我国之关系甚密切，故另列为一学程，作特别之研究。

史社一三八——三九　西洋文化史，一学年，每星期三小时，六学分。本学程研究西洋文化之发展，注重社会、经济及学术各方面，由上古至现代之变迁及演进。本院三、四年级学生曾读西洋上古史及近代史者可以选读。

史社一四〇　族国主义发展史，一学期，每星期三小时，三学分。本学程研究世界民族结合之原理，族国主义之所以产生，及现代族国主义与世界政潮、社会、经济各方面之关系。本院三、四年级学生可选读。

史社一四一——四二　亚洲通史，一学年，每星期三小时，共六学分。本学程讲述亚洲各民族之历史概况，如古代之波斯、印度，东方之鞑靼人，中亚之突厥族，以及日本、朝鲜及南洋群岛各民族之史迹，尤注意其与中国之关系。

史社一六三——一六四 社会问题，一学年，每星期三小时，共六学分。预修学程：社会学概论、统计学。本学程授以社会问题之意义，叙述现代各种社会问题，如人口、家庭、劳工、妇女、贫穷、犯罪、青年等问题，对于各种问题之原因及解决之方法均加以较详之讨论。

史社一六五 社会调查，一学期，每星期三小时，三学分。预修学程：社会问题、统计学。本学程应用统计之方法实地调查，并编制统计以明了社会状况。

史社一六六 社会事业概论，一学期，每星期三小时，三学分。预修学程：社会问题。本学程授以社会事业之目的、范围及方法，社会工作之练习及社会事业机关之组织及政策等，除演讲讨论外，尚有实地调查。

史社一六七 人类学，一学期，每星期三小时，三学分。本学程分成三部：第一部授以各种化石人之时代、地点及特点，旧石器、新石器及金属时代之文化情况；第二部研究各种分类之标准；第三部注重现代种族之分配及特点。

史社一六八 社会起源，一学期，每星期三小时，三学分。预修学程：人类学。本学程专就文化之起源、发展与分布加以叙述及讨论，原始人中之各种发明及婚姻、宗教、政府等制度之演进均在讨论之列。

史社一六九 社会心理，一学期，每星期三小时，三学分。预修学程：社会概论。本学程研究人类社会行为、心理方面之各种问题，如团体生活之交互刺激，群众暴动之变态行为，及领袖与宣传心理等，最近社会心理学之派别、趋向亦在讨论之列。

（丑）研究学程

史社二〇一 历史研究法，一学期，每星期三小时，三学分。本学程为有志作高深之研究，或充当历史教员者而设，本院三、四年级学生对于历史有相当根底者始可选修。内容包括历史之意义及目的、过去史学界、史料之各类、史料之搜集、史料之鉴别、史事之比较等。教授法以讲授为主,而以讨论、读参考书、作论文统计表等辅之。

史社二〇二　**现代史（世界政治新潮）**,一学期,每星期四小时,四学分。本学程一年修毕,随时提出当代发生之本国或国际间之问题,研究其历史的背景及其目前之症结。

史社二〇三　**西洋史学史**,一学期,每星期三小时,三学分。本学程讲授西洋史学发展之情形,及近代科学方法之应用于历史学之上等等。

史社二〇四　**中国史学史**,一学期,每星期三小时,三学分。预修学程：西洋史学史。本学程讲授中国历代史家之生平及其著作之内容,使学者明了中国史籍进化之概况,又就历代史籍分为文化、经济、社会、学术、政治、法制等性质之专史,使欲以科学之方法整理者知所取材。

史社二〇五　**历史教学法**,一学期,每星期三小时,三学分。本学程为讲述历史之教学方法,尤注意历史材料之搜集及整理等。

史社二〇六　**社会运动史**,一学期,每星期三小时,三学分。本学程讲述世界各国社会运动之史略,并研究此种运动发生之背景,及其学说与在国际间或各国分别之组织活动及其趋势,最近中国之社会运动亦包括之。

史社二〇七　**社会专题研究**,一学期,每星期三小时,三学分。本系三、四年级学生得选修。选修本学程者,任择本人兴趣所近之一二问题加以有系统之研究。

史社二〇八　**社会思想史**,一学期,每星期三小时,三学分。本系三、四年级学生得选修。本学程讲述西洋历代各社会学家之重要思想,并批评其得失之点。

（《私立大夏大学一览》,1934 年）

东北大学史学系（1931）

本系总则

（一）本系原名史学群学系，后改今名。除教授历史上之重要智识，俾学生得熟悉研究史学之门径外，并以群学为其辅科，藉副原定计划，且可知历史与社会科学有密切之关系也。

（二）本系遵照院章规定，修满一百九十学分毕业。

（三）本系必修学程为一百七十八学分。

（四）本系学生除必修学程外，得任选其他学系与本系有关系之学科，或本系临时增设课程之有关于群学者十二学分。

本系学程表

第一学年必修学程				
学程名称	上学期		下学期	
	每周时数	学分	每周时数	学分
国文	五	五	五	五
英文	五	五	五	五
第二外国文	四	三	四	三
史学概论	二	二	二	二
中国近百年政治史	三	三	三	三
西洋通史	四	四	四	四
中国上中古史	三	三	三	三
群学原理	三	二	三	二
总计	二九	二七	二九	二七

第二学年必修学程				
学程名称	上学期		下学期	
	每周时数	学分	每周时数	学分
第二外国文	四	三	四	三
中国文化史	五	五	五	五
西洋近百年史	三	三	三	三
亚洲文化史	三	三	三	三
社会演化	三	三		
优生学			三	三
日本及朝鲜史	三	三	三	三
东西交通史	三	三		
中国法制史	三	二	三	二
历史地理学			三	三
总计	二七	二五	二七	二五

第三学年必修学程				
学程名称	上学期		下学期	
	每周时数	学分	每周时数	学分
西洋近世文化史	三	二	三	二
历史研究法	三	三	三	三
中国外交史	三	三	三	三
近代社会思潮	二	二	二	二
社会心理学	三	三	三	三
中国史学史	三	三	三	三
中亚各国史	三	三	三	三
考古学	二	二	二	二
总计	二二	二一	二二	二一

第四学年必修学程				
学程名称	上学期		下学期	
	每周时数	学分	每周时数	学分
清代思想史	三	三	三	三
英国宪政发达史	三	三		
西洋史学史	二	二	二	二
编史学			三	三
西洋上中古文化史	三	二	三	二
史学专书研究	三	三	三	三
社会思想史	二	二	二	二
党义	二	二		
总计	一八	一七	一六	一五

本系学程说明

　　史学概论　　内容批评前代史裁之得失及指摘其史迹之错误、史识之幼稚,进而论搜集史料之方法、补助历史之科学以及史料之鉴别、史籍之整理,俾治此学者得以知所从事。

　　中国近百年政治史　　本书记中国近百年政治上之大事,间附述其治乱变迁之原起。自鸦片战争将萌芽时迄于民国最近,中间如洪杨时代及清末革命运动,有为官书所忌讳者,现为传信计,皆行编入以存其真。

　　西洋通史　　述西洋上世、中世、近世一般之史迹,俾学者藉此缩影可以知西洋自有历史以来之大势。

　　中国上中古史　　本学程上起远古、下至唐,中间包括远古、三代、春秋、战国、秦汉、三国、魏晋南北朝等时代,每时代中所有政治事实、社会状况、各种制度皆加概括扼要之说明,而对于中国人种之由来、境内各族之同化、历代疆域之分合、社会组织之变迁、经济生活之演进以及学术思想之昌明,尤皆提要钩玄,分别讨论,务使学生对于中国历史之由来、中国文化之背景有澈底之了解。

群学原理 本学程分为两段：首段专就理论方面研究，如社会学之起源、派别、定义及范围，二段专就实际方面研究，为社会之组织、制度、演进、问题及改造。

中国文化史 凡关于朝代因革、政治变迁、种族纠纷等为政治史所详者，本课概不重述，仅就其文化方面，如建官、理财、选举、教育、治兵、用法、哲学、史学、文学、艺术、语言、文字、风俗、宗教均条分而例举之。

西洋近百年史 本学程以维也纳会议闭会后为起点，分别讨论支配西洋近百年政治之五大动力：（一）民治主义，（二）民族主义，（三）社会主义，（四）帝国主义，（五）国际联盟。

亚洲文化史 自中央亚细亚、巴比伦、二河流、波斯、亚拉伯、埃及、印度作系统之概论，特别注意欧洲古代希腊、罗马文化所受古代西部亚细亚文化影响之比较研究。东部亚细亚以中国文化为主眼，述及日本、朝鲜、安南、暹罗、缅甸以至南洋诸原始民族文化之互相关系，兼及关于亚洲文化之艺术考古学，特别引起对于东北（满蒙）文化研究兴趣，并促进关于亚洲文化考古之事业。

社会演化 研究文化之发展与种族之关系，对东方文化尤特别注意。

优生学 述遗传学之原理，继以优生运动问题之精读，对其起源、发展及与现代社会之改良并将来人种之改造，均阐发无遗。

日本及朝鲜史 本学程以日本为主，朝鲜附之，计分两部：第一部，在日本方面，述其地理概况、民族由来、天皇统系、幕府专权，至强藩迫幕府归政止；在朝鲜方面，述其地理概况、民族由来、箕子建国、三韩纷争、高丽、百济、新罗互相攻伐，至清初征服朝鲜止。第二部，日本从明治维新起，详述新政内容、对外交涉、日俄战争、中日战争、参加欧战，至现代止；朝鲜从东学党乱起，详述朝鲜独立、日人并韩、韩人反日，至现代止。第一部中兼注重日韩使节之西来、中国文化之东被，第二部中兼注重日本对于满蒙之侵略、闽鲁之阴谋。即第一部详于文化关系，第二部详于外交关系。

东西交通史 内容述东洋、西洋历史上交通之事迹，穷源竟委，别类分门,所有文化上之交通、宗教上之交通、军事上之交通、皆纪载无遗,以见东西列国其关系日趋密切由来。

中国法制史 叙述中国历代法制,其起源何如,沿革何如,影响何如,以现代科学之眼光批评其得失,藉以知历代法制之变迁与社会科学之常识。

历史地理学 历史上之地理,其名称多与今不同,读者因不知其在今何地,遂觉寂然寡趣。本学科详为考证,用有系统的记载,以增读史者之兴味,得此不特可以补助史学,亦可以补助一般地理学。

西洋近世文化史 西洋近世之文化,实执世界之牛耳。本学科述其文化发达之经过,及其原因何如,结果何如,影响于全世界者又何如,以见西洋近世文化之特色。

历史研究法 历史之大部分为过去之事实,记载是否错误,不能起古人而问之,且内容极丰富,欲知其详,殚毕生之力,犹有不逮。本编鉴于此等困难,以科学的眼光,标举研究之法,俾治史者知历史上所有不易解答之问题,皆有解答之法。

中国外交史 本学程自中西交通之起源开始,以至于今日,按年顺序,为系统的、整个的分段分章叙述而无遗漏。至关于土地主权之丧失,各条约缔结之经过,与缔结后国家所受之影响,亦依次备述其详,以期读者了解中国今日之国际地位。

近代社会思潮 研究近百年来社会观念、原理及方法之发展与变迁,以推测未来社会学之趋势。

社会心理学 本学程系以科学方法专研究群众之心理、动作及行为,以作社会改造之基础。

中国史学史 本学程上起三代,下终民国,将中国历来所有之史料、史家及史学专著共有若干、优劣如何,一一为之说明,如上古时代则讨论传说史籍之起原、史官之建置,中古时代则研究史家传记、史籍之流别、史料之真伪,近代则说明史评、史注、史补之功用,中外史家研究中国史之结果及史料所在与保存史料之方法。其目的在使学者明了中国文化之所以然,并能直接研究旧有之史料。

中亚各国史 述东亚各国建国以来之历史,及其相互之关系、文化之沟通,藉此可以知东亚古今之大势。

考古学　考察古代之碑坊、志铭、器具及其他一切遗物,求解释古代人民之艺术、信仰、习惯及生活等。

清代思想史　本学程内容自黄梨洲、王船山、顾亭林等之思想起,迄清末输入之西洋思想止。中间有汉学与宋学之争长、今文派与古文派之角立、金石学与经史学之分立而相提携。其中汉学之一派因致力考证,渐注重于客观的研究,有倾于科学之趋势,故对于西洋思想易与为缘,而金石学亦产生现在之考古学,使国史及古典上有种种之发见,本学科就各派思想,说明其变迁之经过及其发达之原因。

英国宪政发达史　本学程系就近代史中宪政最称完善、为各国所取法之英国,详述其民族、地理、历史、社会、政治,而尤注意其宪法之起原与发展、国会之组织与运用。上起大宪章之成立、第一国会之召集,中叙权利请愿书、民权法典、出庭状、统一条例、一致条条之经过,末述一八三二、一八六七、一八八四年三次选举权之扩充,及一九一七年妇女之参政。其目的在使学生知民权运动之经过、民主政治之精神概皆由英国以传播于他国。

西洋史学史　本学程上起埃及,下终近代,将西洋历来所有之史料、史家及史学专著作一概括之说明。如上古时代则指示埃及之刻石及编年史、巴比伦之泥砖法典、犹太之旧约圣经,稍晚如希腊史学希罗多德、修亚德狄、波里庇由诸人之生平及其著述,罗马史家凯撒、李维、特西托之生平及著述,亦一一加以说明,中世时代则讨论年代学、教会史及教会对于历史之贡献。近代如英、美、德、法诸国之史家及其著述为之提要钩玄,而以近代史学界之新趋势殿其后。其目的一方面在使学生熟知欧美史料之源泉,他方面在使学生明了现代文化之端绪。

编史学　本学程专为史学系高年级学生而设,在学生已具有中外历史常识之后,作进一步之研究。计分三部:第一部说明历代史籍之体裁与所用之方法,并批评其得失;第二部讨论一般史家所应具之史德、史识、史才等基本要素,并研究平素学养之功夫;第三部指示史料之如何采用与处理、史迹之如何排比与论次、史文之如何草创与润泽。其目的在使学生不独为一历史研究家,且能为一历史著述家。

西洋上古中古文化史　述西洋上古、中古文化之继承、发明及传播，以见西洋上古、中古文化之价值何如，其影响又何如。

史学专书研究　选择史学名著，研究其特色、要义及疑难问题，以资治史学之助。

社会思想史　述东西洋自远古迄现代社会思想之起源、发达与变迁，对柏拉图之共和论、奥古斯丁之上帝之城、康伯尼拉之太阳城市、锡尼之亚加底亚、摩亚之乌托邦等说，均特别精读。

教员表

现任职务	姓名	次章	籍贯	履历	最初到校年月
史学系主任教授	吴贯因	柳隅	广东澄海	日本早稻田大学政治学士，历充北京华北大学副校长、教员，交通大学教员。	十七年八月
史学系讲师	周传儒	书舲	四川江安	清华国学研究院毕业，暨南大学教授。	十八年八月
史学系教授	田世英		安徽阜阳	美国斯丹佛大学历史学士，哈佛大学历史硕士。	十九年八月
史学系教授	吕醒寰		安徽阜阳	美国米西干大学学士，曾任安徽第六中学、第五农业学校校长，东北交通大学教授兼教务长。	十九年八月
史学系讲师	蒋绵恩	长啸	江苏松江	东吴大学文科毕业，美国梵特皮尔大学社会学科硕士，广州第一中山大学法科教授，黄浦军校教官，松沪警备司令部秘书，青岛特别市政府社会局技士。	十九年九月

（《东北大学文法学院一览》，1931 年）

东南大学历史系学程详表（1923）

号数	学程名	每周讲授或讨论时数	教学年限	学分数	预修学程之号数或名称	备注
（1）	中国通史	二	一	四		分甲乙
（2）	西洋通史	二	一	四		分甲乙
（3）	现代文化概论	三	一	六	（2）	分甲乙
（11）	中国古代文化史	三	一	六	（1）	分甲乙
（12）	中国中古及近世文化史	二	一	四	（11）	分甲乙
（13）	朝鲜史	二	半	二		
（14）	日本史	二	半	二		
（15）	印度史	二	半	二		
（16）	南方诸国史	二	半	二		
（17）	中亚史	二	半	二		
（18）	中国美术史	三	一	六	（11）（12）	分甲乙
（21）	西洋近世文化史	三	半	三	（2）	
（22）	西洋古代文化史	二	半	二		
（23）	西洋中古文化史	二	半	二		
（24）	希腊史	二	半	二		
（25）	罗马史	二	半	二		
（26）	西洋美术史	三	一	六		分甲乙

（续表）

号数	学程名	每周讲授或讨论时数	教学年限	学分数	预修学程之号数或名称	备注
（27）	西欧学术史	三	一	六		分甲乙
（28）	文艺复兴史	三	半	三		
（29）	欧洲经济发展史	三	半	三		
（30）	近今帝国主义史	三	一	六		分甲乙
（31）	俄国近世史	二	半	二		
（32）	德国近世史	二	半	二		
（33）	法国近世史	二	半	二		
（34）	美国近世史	二	半	二		
（35）	英国近世史	二	半	二		
（36）	英国宪法史	二	半	二		
（41）	史学	三	半	三		
（42）	史部目录学	一	半	一		
（43）	考古学	二	半	二		
（44）	历史地理	三	一	六		分甲乙
（45）	中学历史教材研究	时间学分临时酌定				
（46）	中学历史教学法	二	半	二		

（《国立东南大学一览》,1923 年）

东吴大学文理学院历史系学程纲要（1936）

　　主科　凡以历史为主科者,须以政治、社会或本国文学为第一副科,以任何文科学系为第二副科。以历史为主科者,下列诸课为必修课:历史学二三一　中国古代史,二学分。历史学二三二　中国中古史,二学分。历史学二三五　英国史,三学分。历史学二三八　美国史,三学分。历史学三三一　中国近世史,三学分。历史学三三四　欧洲近百年史,三学分。历史学三四二　中国文化史,三学分。历史学四四一　史学研究法,二学分。历史学四四三　西洋文化史,三学分。地理学三〇二　人文地理,三学分。

　　副科　凡以历史为副科者,下列诸课为必修课:历史学二三五　英国史,三学分。历史学二三八　美国史,三学分。历史学三三二　中国近百年史,三学分。历史学三三四　欧洲近百年史,三学分。本系选课,三学分。

　　历史一一三——一一四　世界史　各三学分。讲述英、法、德、俄以及其他欧洲各国政治、社会、经济之变迁。课本: Hayes, Moon and Wayland, *World History.* 文学院各系必修课。

　　历史二三一　中国古代史　二学分。本课讲述自太古周末民族发展之大势,及政制、风俗、学术、思想之进步与其兴亡大概。课本:王桐龄编《中国史》。本课为历史系主科生必修课。

　　历史二三二　中国中古史　二学分。本课讲述自秦至唐历朝兴亡大概及民族向外发展之情形与政治、经济、社会上变迁之大势。课本:同前。本课为历史系主科生必修课。

　　历史二三五　英国史　三学分。本课研究英国上古、中古、近世之各种制度,工业革命、内阁制之兴起,殖民地之发展,帝国主义及欧战前后之状况。课本：Cheyney, *A Short History of England*. 本课为以历史为主科或副科生之必修课。

历史二三八　**美国史**　三学分。讲述发现新大陆以来欧洲各种殖民地之经过，以及美利坚开国以来政治、社会、经济之变迁。课本：Forman, *Advanced American History*. 先修课历史二三五。本课为以历史为主科或副科生之必修课。

历史三二四　**近世史**　三学分。本学程内容大旨与历史一一三、一一四相同，惟教学时注重课本，较少课外参考。课本：Hayes and Moon, *Modern History*. 本课为理科生必修课。

历史三三一　**中国近世史**　三学分。本课讲述自五代至清中叶历朝兴亡之大概，及外族统一中夏之情形与政治、经济、社会上变迁之大势。课本：王桐龄编《中国史》。本课为历史系主科生必修课。

历史三三二　**中国近百年史**　三学分。本课讲述自清鸦片战争至最近时期政制之变迁与国势之消长及国际之关系。课本：陈恭禄著《中国近代史》。本课为文理学院各系公共必修课。

历史三三三　**欧洲中世史**　三学分。本课研究第四世纪至第十五世纪末之欧洲，历史、政治、社会、文学、美术各方面皆所注意。虽注意西欧及英伦，然于东欧及回教诸国亦不偏废。课本：Stephenson, *Mediaeval History*.

历史三三四　**欧洲近百年史**　三学分。本学程研究欧洲诸国自维也纳会议以至今日之国际情势及内政之改进与社会事业之发展。课本：Hayes, *Political and Cultural History of Modern Europe*. 先修课历史一一三、一一四。本课为以历史为主科或副科生之必修课。

历史三三六　**近二十年世界史**　三学分。本课讲述欧战之前因后果及其与近东远东之关系。课本：Benns, *Europe Since 1914*. 本课间年教授。

历史三四二　**中国文化史**　三学分。本课讲述自尚古迄清末各时期文化演进变迁之状况。课本：李继煌译《中国文化史》。本课为历史系主科生必修课。

历史三四三　**中国民族史**　二学分。本课讲述国内各大民族在国内发展之原因及其结果。课本：王桐龄编《中国民族史》。本课间年教授。

历史三五六　俄国发展史　二学分。本课约分三部讲述：第一部讲述俄国自大彼得帝立国以来政治演进之史迹，第二部讲述俄国与远东各国之关系，最后讲述苏俄实行苏维埃政制后之各种社会情形。本课不用课本，用多种参考书。本课间年教授。

历史三六一　日本史　二学分。本课讲述日本之政治变迁及其历朝与我国之关系、近世国际关系等。课本：陈恭禄编《日本全史》。本课间年教授。

历史三六二　朝鲜史　二学分。本课讲述朝鲜历朝之兴亡变迁及与我国之关系。课本：陈清泉译《朝鲜通史》。本课间年教授。

历史三六三　印度史　二学分。本课讲述印度五千年来兴亡之大概与其宗教、哲学、思想之变迁及与我国之关系。课本：讲义。本课间年教授。

历史四四一　史学研究法　二学分。本课研究名家之评史专著，及史料之搜集、整理与史籍之编纂方法等等。课本：梁启超著《中国历史研究法》。本课为历史系主科生之必修课。

历史四四三　西洋文化史　三学分。本课讲述西洋文化之演进，自希腊罗马以迄近代。课本：Thorndike, *A Short History of Civilization.* 本课为历史系主科生必修课。

地理三〇二　人文地理　三学分。本课讲述自然环境对于人类之影响、现代文化及政治之受地形之支配。课本：Huntington and Cushing, *Principles of Human Geography.* 本课为历史系主科生必修课。

地理四五一　中国地理沿革　一学分。本课讲述历代疆域之广狭及州县之沿革。本课间年教授。

下列诸学程得认为历史系选课：

经济学三〇七　西洋经济史；政治学三〇三　国际政治；政治学四〇一　中国国际关系。

（《私立东吴大学文理学院一览》，1936 年度）

复旦大学史地学系分年课程表（1947）

本系学生四年共选习一四二学分,须修满一三六学分方得毕业。

学程名称	第一学年			
	第一学期		第二学期	
	学分	已修	学分	已修
文学院共同必修				
三民主义	2		2	
一年级国文	3		3	
一年级英文	3		3	
中国通史	3		3	
哲学概论	2		2	
自然科学	3		3	
体育	0		0	
本系必修				
中国地理总论	2		2	
中国沿革地理			3	
共计	18		21	

学程名称	第二学年			
	第一学期		第二学期	
	学分	已修	学分	已修
文学院共同必修				
伦理学	3			
世界通史	3		3	

（续表）

学程名称	第一学期		第二学期	
	学分	已修	学分	已修
理则学			3	
社会科学	3		3	
体育	0		0	
本系必修				
中国近世史	3		3	
中国区域地理	3		3	
世界地理	2		2	
西洋近世史	3		3	
共计	20		20	
第三学年				
学程名称	第一学期		第二学期	
	学分	已修	学分	已修
本系必修				
中国断代史	3		3	
西洋断代史	3		3	
亚洲诸国史	3		3	
西洋国别史			3	
经济地理	3		3	
体育	0		0	
选修	6		3	
共计	18		18	
第四学年				
学程名称	第一学期		第二学期	
	学分	已修	学分	已修
本系必修				
中国断代史	3			

（续表）

学程名称	第一学期		第二学期	
	学分	已修	学分	已修
西洋断代史	3			
专门史	3		3	
中国史学史或 西洋史学史	3			
史学方法或 史学通论			3	
体育	0		0	
选修	3		6	
共计	15		12	

（三十四年度起实施）

史地学系教员录

姓名	别号	籍贯	职别	学历	经历	到校年月	通信处
周谷城		湖南	专任教授兼系主任		曾任国立中山大学，暨南大学教授兼系主任。	三十二年八月	本校
朱澂		江苏	专任教授	金陵女子文理学院学士，美国密歇根大学硕士。	曾任浙江大学，金陵女子文理学院，大夏，湖南，复旦等大学教授。	三十四年二月	本校
周子同		浙江	专任教授		曾任安徽大学文学院长，中文系主任，暨南大学教务长，史地系主任。	三十五年七月	四马路开明书店转
陶绍渊		江西	专任教授	光华大学毕业，美国芝加哥大学理科硕士，克拉克大学地理研究院研究。	九江光华大学教导主任，上海光华大学社会科学系主任，国立师范学院，西南联大教授。	三十五年八月	本校
温雄飞	定甫	广东台山	专任教授	美国加里福尼亚大学文学士	前暨南大学，辅仁大学教员。	三十五年	本校宿舍
胡厚宣		河北望都	专任教授	北京大学毕业，中央研究院研究七年。	齐鲁大学国文系教授兼主任，历史社会系教授兼主任。	三十六年二月	本校

（续表）

史地学系教员录

姓名	别号	籍贯	职别	学历	经历	到校年月	通信处
陈 述		河北乐亭	专任教授	北平师范大学毕业，续在中央研究院历史所研究六年。	国立东北大学、暨南大学教授。	三十六年二月	本校
Hoskins. Lewis M.		美国	兼任教授	B. A. Pacific College, M. A. Haverford College, Ph. D. Univ. of Michigan.	Teaching Pacific College 2 years, Friends Univ. 1 year.	三十五年十月	169 Yuen Ming-Yuen Road. Shanghai 0% FSu
丁 山			兼任教授			三十六年二月	
崔万秋		山东	兼任教授	日本广岛文理科大学毕业	沪江大学、中央大学教授，中宣部指导组组长，《中华时报》总编辑。	三十六年二月	上海南京路二四一号中华时报馆
叶栗如	以粹	江苏镇江	专任副教授	国立清华大学理学士	曾任国立女师院讲师、副教授。	三十五年十月	南京下关鲜鱼巷上海银行叶以文转

（续表）

史地学系教员录

姓名	别号	籍贯	职别	学历	经历	到校年月	通信处
周涛桂		浙江	助教	本校毕业		三十一年秋	
王蕙		浙江嵊县	助教	浙江大学文学士	复旦助教。	三十三年春	本校嘉陵村A3号
林同奇		福州	助教	本校史地系毕业		三十五年夏	本校
闵煜铭		江苏太仓	助教	复旦大学史地系毕业	本校助教一年。	三十五年八月	嘉陵村D区十号楼下

（《国立复旦大学一览》，1947年）

福建协和大学历史学系（1928）

历史、政治及经济社会三系，合为社会科学组。组内各学程之开设，意在栽培学者，使其于毕业后能担任社会指导及中等学校社会科学教授之事业。

学程编号	学程名称	每周上课钟点	学分	说明
历史一、二	中国历史	全年三	六	论述汉族自太古以及近今时代之历史，研究其文化、制度之演进，风俗、政治之变迁。历史系必修，普通选修。
历史三	民国历史	半年三	三	叙述辛亥革命迄于现在之大事，尤注意于近年民族运动之经过及效果。历史系第二年级必修，普通修完历史一、二者选修。
历史四、五	亚洲各国史	全年三	六	特别注意近代亚洲各国盛衰之现像，如日本、高丽、菲力滨、西伯利亚、印度、波斯、土耳其、南洋群岛等，皆以历史的眼光研究之。历史系第二年级必修，他系修完历史一、二者选修。
历史六	美国历史	半年三	三	研究美国自由制度之起源及其文化、物质之发达。历史系二、三年级选修，他系修完历史一、二者选修。

（续表）

学程编号	学程名称	每周上课钟点	学分	说明
历史七、八	欧洲历史	全年三	六	上学期研究欧洲中古史，下学期研究近代史，以欧战及欧战以后之改造问题为结束。历史系二、三年级选修，他系修完历史一、二者选修。
历史九	南美洲诸国史	半年三	三	修完历史六者选修。
历史十十一	西洋上古文化史	全年二	四	上学期研究希腊史，下学期研究罗马史。历史系三、四年级选修，他系修完历史七、八者选修。
历史十二	希伯来史	半年二	二	修完历史七、八者选修。
历史十三十四	时事研究	全年二	四	专门研究现在世界之大事。历史系三、四年级选修，他系修完历史四、五或七、八或六、九者选修。
历史十五	历史研究法	半年三	三	历史系三、四年级选修，他系修完二年之历史者选修。
历史十六	中国史学史	半年三	三	研究中国史学之发达及史学家所用之材料与方法。历史系三、四年级选修，他系修完历史三者选修。
历史十七	历史教授法	半年三	三	历史系三、四年级选修，他系修完二年之历史者选修。

教员名录

姓名	籍贯	履历	职务
林天兰	福建闽侯	美国西南大学学士,美国柏林司登大学政治科硕士。历任国立南京高等师范教授、国立东南大学教授、福建厦门大学教授、国立上海商科大学教授、上海大夏大学教授。	教务主任兼历史学政治学教授
高　智	美国	美国威士林大学学士,美国卓鲁大学神学士,哥仑比亚大学硕士,美国毕克大学神学博士,威士林大学神学博士。前任福州英华书院校长兼历史教员,本校校长兼历史学教授。	历史学教授
郭　熙	江苏吴县	江苏优级师范本科毕业,师范科举人。前任江苏省立第一师范学校国文教员、吴淞中国公学国文教员。	中国历史学及中国文学讲师

（《私立福建协和大学一览》,1928 年至 1929 年）

福建协和学院历史社会学系（1934）

本系必修学程

本系主修学程有两种:（一）注重历史者,（二）注重社会者。

（一）注重历史者之必修学程：历史一〇一－二,六学分, 二〇一,三学分,二二一－二,六学分,三〇一－二,六学分。政治 二〇一－二,六学分。

（二）注重社会者之必修学程：政治二〇一－二,六学分, 二二一－二,六学分,二三一－二,六学分。历史一〇一－二,六学分。 经济二〇一－二,六学分。

本系学程

（一）历史学门

历史一〇一、一〇二　中国历史　三学分、三学分。 本学程讲述 汉族自太古以及近今时代之历史,研究其文化、制度之演进,风俗、政 治之变迁。本系必修,普通选修。

历史一〇三、一〇四　时事研究　二学分、二学分。 本学程研究 国内外重要时事,预修历史一〇一或政治一〇一者选修。

历史二〇一　中国近世史　三学分。 本学程自鸦片战争讲起,至 于太平天国、辛亥革命及国民革命之经过。特别注意政治、社会、经济 制度及思想、文艺、伦理观念等之变迁。本系二年级必修,他系修完历 史一〇二者选修。

历史二二一、二二二　欧洲史　三学分、三学分。 本学程上学期研究欧洲中古史，下学期研究近代史，以欧战及欧战以后之改造问题为结束。本系二年级选修，他系修完历史一〇一者选修。

历史二二三　**美国史**　三学分。本学程研究美国史，自发现新大陆至现在之社会、政治、经济之起源与发达。预修历史六小时者选修。

历史三〇一、三〇二　**亚洲各国史**　三学分、三学分。本学程分为：（一）近东之部，特别注意奥土门帝国及其继承诸国；（二）中东及近东之部，注意印度、波斯、日本、高丽、菲力滨、西伯利亚、南洋群岛等。第三年级选修。

历史四〇一　**历史研究法**　二学分。本学程专为高级学生而设，对于历史在社会科学中之地位、史料之考订、事实之编比均予以切实之研究。三、四年级选修。

历史四〇二　**历史教学法**　二学分。本学程根据教育心理学之原理研究教学历史之方法。四年级选修。

（《私立福建协和学院一览》，1934 年度）

辅仁大学史学系课程（1930）

第一年			第二年		
科目	每周小时	每期学分	科目	每周小时	每期学分
史学通论	二	二	中国史（秦汉）	二	二
中国学术史	二	二	中国史（魏晋南北朝）	二	二
中国史（秦以前）	三	三	西洋史	三	三
西洋史	二	二	文字学	二	二
中国近百年史	一	一	目录学	二	二
世界近世史（普通科）	二	二	地理学概论	二	二
英文（普通科）	三	三	英文（普通科）	二	二
德文法文或日文（普通科）	三	三	德文法文或日文（普通科）	三	三
逻辑学（普通科）	三	三	认识论（普通科）	二	二
军事训练（普通科）	三	三	选修	五	五
选修	二	二			
共	二六	二六	共	二五	二五

第三年			第四年		
科目	每周小时	每期学分	科目	每周小时	每期学分
中国史（隋唐五代）	二	二	中国史（明清）	二	二
中国史（宋辽金元）	三	三	东方史	三	三
西洋史	三	三	中西交通史	二	二
史学研究法	一	一	中国外交史	二	二
中国史学名著评论	二	二	历史哲学	二	二
历史的地理	二	二	专修	七	七
金石学	二	二			
年代学	一	一			
西文汉学书阅读	二	二			
选修	四	四			
共	二二	二二	共	一八	一八

（《辅仁大学》,1930 年）

辅仁大学史学系（1931）

第一学年			第二学年		
科目	每周小时	每年学分	科目	每周小时	每年学分
中国史（秦以前）	二	四	中国史（秦汉）	二	四
中国近百年史	二	四	中国史（魏晋南北朝）	二	四
地理学概论	二	四	中国史学史	二	四
西洋史（自上古起至第七世纪止）	三	六	西洋史（自中古至法国革命止）	三	六
国文名著选读	二	四	国学概论	二	四
英文选读	三	六	英文选读	二	四
逻辑学	三	六	第二外国语	三	六
第二外国语	三	六	选修	五	一〇
党义	一	二			
军事教育	三	六			
共	二四	四八	共	二一	四二

第三学年			第四学年		
科目	每周小时	每年学分	科目	每周小时	每年学分
中国史（隋唐五代）	二	四	中国史（明清）	二	四
中国史（宋辽金元）	三	六	近世中国外交史	三	六
史学研究法	二	四	西洋文明史	三	六
西洋史（自法国革命起至今代止）	三	六	中西交通史	三	六
历史的地理	二	四	论文预备	一	二
选修	六	一二	选修	六	一二
共	一八	三六	共	一八	三六
			四年总共	八三	一六六

说明

（1）本系共一百六十六学分,计本系必修学科八十四学分,共同必修学科四十八学分,选修学科三十四学分。

（2）选修学科三十四学分中,必须有本系功课十学分,本院功课十学分,他院功课十四学分。

（3）本系定指选修科目如下：

一、本系选修：日本史、明代满洲史、南洋史地、中国佛教史。

二、国文系：文学史、目录学、金石学、考古学、文学史大纲。

三、社会科学系：经济思想史、社会思想史、中国边疆垦殖问题。

四、教育系：中国教育史、西洋教育史。

五、哲学系：哲学史大纲。

（《北平辅仁大学简章》,1931 年）

辅仁大学文学院史学系课程组织及说明（1935）

一、本系课程一览

（一）本系学生四年所修学科，须修满132学分（党义、军事教育、论文预备在外）。

（二）本系必修学科，约四年学科总数之半；共同必修学科，约四年学科总数四分之一；选修学科，约四年学科总数四分之一。

（三）本系为学生明了起见，将学科分为五种。

1. 文学院一年级共同必修学科

（见文学院一年共同必修科表）

2. 文学院二年级共同必修学科

（见文学院二年共同必修科表）

3. 本系必修学科

学科	小时	学分
中国史（秦以前）	3	6
中国史（秦汉）	2	4
中国史（魏晋南北朝）	2	4
中国史（隋唐五代）	2	4
中国史（宋辽金元）	3	6
中国史（明清）	2	4
西洋史（上古至七世纪）	3	6
西洋史（中古至法国革命）	3	6

（续表）

学科	小时	学分
西洋史（法国革命至今代）	3	6
地理学概论	2	4
史学史（中国或西洋,任选一科）	2	4
史学研究法	2	4
西洋文明史	3	6
人种学概论（本年不授）	2	4
毕业论文预备	1	2

4. **本系选修学科**

学科	小时	学分
史源学实习（本年不授）	2	4
中西交通史	3	6
中国历史的地理（本年不授）	2	4
近世中国外交史（本年不授）	3	6
考古学	2	4
金石学（本年不授）	2	4
史学原理	2	4
匈奴史研究	2	4
中国近世西北史	2	4
天主教史	2	4
史学名著评论	2	4
南洋史地第一部（本年不授）	3	6
南洋史地第二部		
欧化东渐史（本年不授）	2	4

5. 本系选修他院系学科

学科	小时	学分
中国教育史（教育学院教育学系）	3	6
西洋教育史（教育学院教育学系）	3	6
中国文学史（中国文学系）	2	4
目录学（中国文学系）	3	6
经济发达史（社会经济系）	3	6
经济思想史（社会经济系）	2	4
社会思想史（社会经济系）	2	4
西洋哲学史（哲学系）	2	4

二、本系学科说明

（一）必修学科

中国史（秦以前）　容肇祖　用考古学所得的新材料，鉴定殷周及以前的史料，讲述实证的上古史，春秋战国重要的政治、文化、学术等的演进，并为分析的、系统的说明。

中国史（秦汉）　余嘉锡　秦之制度，开阡陌，废封建，重农抑商；两汉之政，如罢黜百家，表章六经，服匈奴而通西域，造车船而兴盐铁，皆影响后世甚大；他如卖官之制，党锢之狱，外戚宦官之祸，开魏晋以后之乱源。今于此类特为注意，从史传中钩稽出之，详为阐明，期与学者互为研究焉。

中国史（魏晋南北朝）　柯昌泗　魏及晋宋南北因袭之各种制度，五胡民族之变迁，魏晋清谈思想之树立及其影响，佛教之盛行及道教之成立，魏以后之门第阶级及九品中正，中西交通之经过，南北文化之递进，魏晋南北朝之学术、文学、艺术，南北朝之纷乱及民生，魏晋南北朝之社会观。

中国史（隋唐五代）　柯昌泗　隋唐之统一建设，隋唐统一与南北文化之沟通及其支配近代之力量，中唐以后之经济制度及民生，隋唐五代地方制度之扩大，唐代中西交通之盛，三教及三夷教、回教之盛衰，唐代科举制度励行后门第阶级之堕落，隋唐之域外经营及对于外族之待遇，唐代之学术、思想、文学、艺术，五代之纷乱及民生，隋唐五代之社会观。

中国史（宋辽金元） 张星烺 讨论此数朝之民族兴亡，政府组织，当时国际交涉，元代西征事迹，当时世界交通及其特别文化。

中国史（明清） 柯昌泗 明代之民族革命，明代边防，国外经营，国内政治，东北边事，西力东渐，满清兴起，明之亡国。清初政治，域外经营，西学输入，西洋势力深入，内政腐败，清之倾覆。

西洋史（上古至七世纪） 顾尔格伦 （1）旧石器时代，（2）新石器时代，（3）上古文明与近东诸国文明（埃及、米索不达米亚、希伯来、腓尼基、波斯、爱琴），（4）亚洲与美洲之古文化，（5）希腊诸城邦，（6）波希战争，（7）雅典与斯巴达，（8）贝里克时代，（9）亚力山大与希腊文化之扩张，（10）罗马城之兴起，（11）罗马之武功与其帝国主义，（12）罗马之由共和而帝国，（13）罗马帝国与其文化，（14）中国与印度。

西洋史（中古） 胡鲁士 法兰克时代：东罗马，阿拉伯及法兰克帝国；封建时代：神圣罗马帝国，法国和英国，十字军，基督教文明；后期中古史：教会威权之衰替，百年战争，德国及欧洲南部文艺复兴；初期近世史：各种大发明，教会分裂，天主教改良，三十年战争，路易十四世时代。

西洋史（近世） 胡鲁士 十八世纪，法国革命，工业革命，共和政治及民族国家运动之争战（梅特涅、拿破仑第三、喀富尔、俾思麦），武装和平与帝国主义时代，世界大战。

地理学概论 王庸 （1）本学科教学之主旨，在于概括的阐明人类活动与自然环境相关之理法，予学者以地理学之基本智识与门径，及课外自由研究之机会。（2）本学科附隶于历史学系中，关系亦至重要，盖因历史之研究，必须藉地理以作基础，过去时代人类文化之进展，多有地理的背景，以地理解释历史实为历史研究之一种新趋势。（3）本学系设置此门，则不外使学者一面学习历史，一面接受地理学之训练与教养，以期予历史学之深造也。

中国史学史 陆懋德 首述中国史学之起源，次及历代史学之变迁，并讨论著名史学家学术之修养及其著述之经过，至于各家史书之内容及体裁组织，亦附带评论。

史学研究法 陆懋德 开始讲演史学理论，次及搜集史料，审查史料，运用史料之方法，并讨论历史的考证及历史的批评，务使初学对于历史具有深刻认识。

西洋文明史 鲍润生、胡鲁士 本学科阐明文明之意义、起源、阶段、时期及其发展之原因与背景，更进而研究其特征、要素及其互相之关系。

人种学概论 史禄国 人类科学之分系，人群之划分，人群之纪述，人种单位之性质及功用（本年不授）。

（二）选修学科

史源学实习 陈垣 择近代史学名著一二种，逐一追寻其史源，检照其合否，以练习读一切史书之识力及方法，又可警惕自己论撰时之不敢轻心相掉也（本年不授）。

中国史学名著评论 陈垣 择取历代史学名著，说明其史料之来源、编纂之体例及得失，板本之异同，使学者明了著述及读史之方法。

中西交通史 张星烺 古代中国与欧洲及亚洲西部各国交通事迹。说明中国史书上关于欧洲之记载及西洋史书上关于中国之记载。东西文化互换，古代使节、僧侣、游客、商人来往记载。由上古起至明末清初止。

南洋史地（第一部） 张星烺 美属斐律宾群岛、荷属东印度、英属马来亚三地之地理、天气、人种、历史，尤注意古代各地与中国之交通及近代华侨发展史（本年不授）。

南洋史地（第二部） 张星烺 接续第一部斐律宾史、荷领东印度史、马来亚史、华侨史、后印度之地理、缅甸史、暹罗史、安南史。

欧化东渐史 张星烺 此课程为中西交通史之续，先述葡萄牙人至中国后西洋各国对中国之通商、外交关系，基督教传教师在中国工作情形，中国留学生，次注重各种欧洲文化之输入中国情形（本年不授）。

中国历史的地理 谭其骧 讲授读史者所必备之历代地理知识，

专门问题之提出与研究:(1)地方区划之沿革(割据与封建附),(2)各都邑及军事重镇之建置兴废,(3)名山与大川(名称之改易,水道之变迁),(4)边疆与四裔。取材除正史地志及一统志外,兼及各地方志,并唐宋以来诸家考订校释古地理之作(本年不授)。

近世中国外交史 刘彦 将中国近世以来之一切外交事件,为整个有系统的编制。起自康熙二十八年之《尼布楚条约》,终于现在日本占领东三省。其间各帝国主义侵略中国之次第,与中国由一等国变成二等国,由二等国变成三等国,乃至变成今日之地位,皆就每次被侵害之事实,说明国际地位之变迁,即一部中国被侵害史也(本年不授)。

考古学 陆懋德 首述考古学之理论,次就地下发现之古物,以考石器时代、铜器时代之文化。每次演讲,均辅以实物研究,以便养成直接观察的习惯,以及发掘古物,鉴别古物方法。

金石学 陆开钧 本学科分前后二编,前编述金石之源流及类别与鉴定之法,后编述甲骨、陶玉、木刻文字之有关系于金石者(本年不授)。

中国近代西北史 张鸿翔 本课主旨,叙述中国近代西北民族之盛衰,各民族相互之交往,与中国民族、文化、政治上之关系,及形成现代西北局面之因果。分篇讲授,使学者明了六百年来历史演变之真相。

历史学原理 姚从吾 本课程分为四部:(一)历史学的性质,(二)现代德国史学界所称道的几种历史观,(三)历史学的辅助科学,与(四)历史学与其他科学的关系。

匈奴史研究(我国的匈奴与欧洲第五世纪的匈人) 姚从吾 本课程分为三部:(一)纪元前在东亚与汉族争霸的匈奴,(二)匈奴的西迁与何以匈奴即是第五世纪欧洲的匈人,与(三)匈王阿提拉称霸欧洲的历史。

美国史(上学期) 胡鲁士 十六、十七两世纪中十三邦重要史事,如开辟及膨涨,对母国之各种关系,独立战争,宪法,领土扩张,人口增加,南北战争,经济发展,帝国主义及对外政策。

天主教史(全年) 胡鲁士 古代:异端时代罗马帝国内之天主

教会及改奉基督教后罗马帝国内之天主教会；中世纪：宗教大师及日耳曼与拉丁民族之领袖人物，势力衰败。近世：教会分裂，反对国家专制，冷淡及不信任，势力日增。

民主政治民族运动（下学期） 胡鲁士 民主政治运动：起源，目的，困难，逐渐发达；民族运动：起源，目的，困难，逐渐发达。

三、本系课程表

第一年级必修课程表

科目	小时	学分	教员
中国史（秦以前）	3	6	张星烺
西洋史（上古至七世纪）	3	6	顾尔格伦
地理学概论	2	4	王 庸
中国史学史	2	4	陆懋德
国文	2	4	储皖峰
英文	3	6	谢翰英
逻辑学	2	4	英千里
第二外国语	3	6	
共	20	40	
党义	1	2	
军事教育	3	6	
共	4	8	
总共	24	48	

第二年级必修课程表

科目	小时	学分	教员
中国史（秦汉）	2	4	余嘉锡
中国史（魏晋南北朝）	2	4	柯昌泗
史学研究法	2	4	陆懋德

（续表）

科目	小时	学分	教员
西洋史（中古至法国革命）	3	6	胡鲁士
英文	3	6	余 乐
第二外国语	3	6	
选修	3	6	
军事教育	3	6	曾任藩
总共	21	42	

第三年级必修课程表

科目	小时	学分	教员
中国史（隋唐五代）	2	4	柯昌泗
中国史（宋辽金元）	3	6	张星烺
西洋史 （法国革命至今代）	3	6	胡鲁士
选修	8	16	
总共	16	32	

第四年级必修课程表

科目	小时	学分	教员
中国史（明清）	2	4	柯昌泗
西洋文明史	3	6	胡鲁士
选修	8	16	
共	15	30	
论文预备	1	2	张星烺
共	1	2	
总共	15	32	

（《北平辅仁大学文学院概况》，1935 年度）

辅仁大学史学系（1937）

教员录

张星烺,系主任。

张星烺,教授：宋辽金元史,欧化东渐,中国外交史,南洋史地；

陈垣,教授：魏晋南北朝史,史源学实习；

胡鲁士,教授：西洋中古史,西洋近世史,西洋文明史；

司徒资,教授：西洋中古史,西洋近世史,列强外交政策（自一八七一年起）；

萨达利,教授：西洋上古史,印度史,殖民史；

余嘉锡（国文学系教授）：秦汉史；

容肇祖（国文学系副教授）：秦以前史；

张鸿翔,讲师：隋唐五代史,明清史,中国近代西北史（二部）；

陆懋德,讲师：中国史学史,史学研究法；

苏益信,讲师：西洋上古史；

王光玮,讲师：地理学概论；

姚士鳌,讲师：蒙古史专题研究,历史学原理。

课程表

一年级				
			每周时数	每年学分
甲必修科	一普通必修科	英文	六	八
		国学常识	二	四
		哲学概论（第一学期）	三	三
		逻辑学（第二学期）	三	三
		党义	一	二
		军事学	一	二
		军事训练	二	四
		体育	一	二
	二专门必修科	秦以前史	三	六
		西洋上古史	三	六
		中国史学史	二	四
		地理学概论	二	四

二年级				
			每周时数	每年学分
甲必修科	一普通必修科	英文	三	六
		伦理学	二（第一学期）	二
			一（第二学期）	一
		第二外国语（法文、德文、日文）	三	六
		军事学	一	二
		军事训练	二	四
	二专门必修科	秦汉史	二	四
		魏晋南北朝史	二	四
		西洋中古史	三	六
		史学研究法	二	四

（续表）

		每周时数	每年学分
乙 选修科	历史学原理	二	四
	殖民史	二	四
	印度史（第一学期）	二	二
	列强外交政策 （自一八七一年起）	二	四
	政治学	三	六
	经济学概论	三	六

三年级			
		每周时数	每年学分
甲 必 修 科	一 普通必修科	第二外国语 （法文、德文、日文）　三	六
	二 专门必修科	隋唐五代史　二	四
		宋辽金元史　三	六
		西洋近世史　三	六
乙 选修科	欧化东渐	二	四
	南洋史地	二	四
	中国近代西北史（二部）	二	四
	蒙古史专题研究	一	二
	中国外交史	二	四
	历史学原理	二	四
	史源学实习	二	四
	殖民史	二	四
	印度史（第一学期）	二	二
	列强外交政策 （自一八七一年起）	二	四
	经济学概论	三	六

四年级				
			每周时数	每年学分
甲必修科	普通必修科	无		
	专门必修科	明清史	二	四
		西洋文明史	三	六
乙选修科		欧化东渐	二	四
		南洋史地	二	四
		中国近代西北史（二部）	二	四
		蒙古史专题研究	一	二
		中国外交史	二	四
		历史学原理	二	四
		史源学实习	二	四
		殖民史	二	四
		印度史（第一学期）	二	二
		列强外交政策（自一八七一年起）	二	四
		经济学概论	三	六

（《私立北平辅仁大学一览》,1937 年）

辅仁大学史学系（1938）

教员录

张星烺，系主任。

张星烺，教授：秦以前史，宋辽金元史，南洋史地，欧化东渐史；

陈垣，教授：魏晋南北朝史，中国史学名著选读；

叶德礼，教授：日本文明史；

胡鲁士，教授：西洋上古史，西洋文明史，公教史；

司徒资，教授：西洋中古史，西洋近世史；

余嘉锡（国文学系教授）：秦汉史；

史禄国，名誉教授：俄国膨涨史，亚洲东北史地；

张鸿翔，讲师：隋唐五代史，明清史，中国历史研究法；

韩儒林，讲师：中央亚细亚民族史；

刘厚滋，讲师：金石学；

王静如，讲师：新疆考古概要；

王光玮，讲师：地理学概论。

课程表

一年级				
			每周时数	每年学分
甲必修科	一普通必修科	作文	二	四
		英文	五	六
		逻辑学	二	四
		体育	二	四
	二专门必修科	地理学概论	二	四
		秦以前史	二	四
		西洋上古史	三	六
乙选修科		中国文学史	二	四
		目录学	三	六
		文字学纲要	二	四
		社会经济问题概论	二	四
		法文、德文或日文	三	六

二年级				
			每周时数	每年学分
甲必修科	一普通必修科	英文	二	四
		法文、德文或日文	三	六
		伦理学	二	四
	二专门必修科	秦汉史	二	四
		魏晋南北朝史	二	四
		西洋中古史	三	六
		中国历史研究法	二	四
乙选修科		南洋史地	二	四
		欧化东渐史	二	四
		中国史学名著选读	二	四
		金石学	二	四

（续表）

		每周时数	每年学分
乙 选修科	新疆考古概要	二	四
	中央亚细亚民族史	二	四
	亚洲东北史地	二	四
	俄国膨涨史	二	四
	公教史	二	四
	经济学概论	三	六

三年级			
		每周时数	每年学分
甲 必 修 科	一 普通必修科	法文、德文或日文	三	六
	二 专门必修科	隋唐五代史	二	四
		宋辽金元史	二	四
		西洋近世史	三	六
		西洋文明史	三	六
乙 选修科	南洋史地	二	四
	欧化东渐史	二	四
	中国史学名著选读	二	四
	金石学	二	四
	新疆考古概要	二	四
	中央亚细亚民族史	二	四
	亚洲东北史地	二	四
	俄国膨涨史	二	四
	日本文明史	二	四
	公教史	二	四
	经济学概论	三	六

四年级			每周时数	每年学分
甲 必 修 科	一 普通必修科	中学普通教学法	三	六
	二 专门必修科	明清史	二	四
		西洋文明史	三	六
乙 选修科		南洋史地	二	四
		欧化东渐史	二	四
		中国史学名著选读	二	四
		金石学	二	四
		新疆考古概要	二	四
		中央亚细亚民族史	二	四
		亚洲东北史地	二	四
		俄国膨涨史	二	四
		日本文明史	二	四
		公教史	二	四
		法文、德文或日文	三	六

附录一：文科研究所史学部教员录

张星烺,部主任；

沈兼士,教授：初期意符字之形态与性质；

陈垣,教授：清代史学考证法；

叶德礼,教授：日本文明史；

胡鲁士,教授：西洋文明史；

雷冕,教授：宗教之起源及其发展,人种学及史前史研究法；

司徒资,教授：西洋史学方法概论；

余嘉锡,教授：文章著作源流；

史禄国,名誉教授：俄国膨涨史,亚洲东北史地。

· ★民国二十六年成立。

附录二：文科研究所史学部课程表

学科	每周时数	每年学分
清代史学考证法	一	二
西洋史学方法概论	二	四
西洋文明史	三	六
日本文明史	二	四
俄国膨涨史	二	四
亚洲东北史地	二	四
人种学及史前史研究法	二	四
宗教之起源及其发展	二	四
初期意符字之形态与性质	一	二
文章著作源流	一	二

（《私立辅仁大学一览》,1938年度）

辅仁大学史学系（1939）

教员录

张星烺,系主任;

张星烺,教授：秦以前史,宋辽金元史,中西交通史;

陈垣,教授：史源学实习,中国史学名著评论;

叶德礼,教授：南洋人种学;

胡鲁士,教授：西洋上古史,西洋中古史,西洋文明史,美国史,公教史;

卢德思,教授：公教史;

司徒资,教授：西洋中古史,西洋近世史;

福克司,名誉教授：舆图学,海外汉学研究;

柴德赓,讲师：中国史纲要;

张鸿翔,讲师：隋唐五代史,明清史,中国历史研究法;

牟传楷,讲师：魏晋南北朝史;

王静如,讲师：隋唐史研究;

王光玮,讲师：地理学概论;

余逊,讲师：秦汉史。

课程表

一年级				
			每周时数	每年学分
甲必修科	一 普通必修科	国文	二	四
		英文	五	六
		伦理学	二	四
		体育	一或二	二或四
	二 专门必修科	地理学概论	二	四
		中国史纲要	二	四
		秦以前史	二	四
		西洋上古史	三	六
乙 选修科		中国文学史	二	四
		目录学	三	六
		文字学纲要	二	四
		社会经济原始概论	二	四
		法文、德文或日文	三	四

二年级				
			每周时数	每年学分
甲必修科	一 普通必修科	英文	二	四
		法文、德文或日文	三	四
		伦理学	二	四
	二 专门必修科	秦汉史	二	四
		魏晋南北朝史	二	四
		西洋中古史	三	六
		中国历史研究法	二	四
乙 选修科		中西交通史	二	四
		中国史学名著评论	二	四
		隋唐史研究	二	四

（续表）

			每周时数	每年学分
乙 选修科		南洋人种学	二	四
		公教史	二	四
		社会经济原始	二	四
		家政学	三	六

三年级				
			每周时数	每年学分
甲 必 修 科	一 普通必修科	法文、德文或日文	三	四
	二 专门必修科	隋唐五代史	二	四
		宋辽金元史	三	六
		西洋近世史	三	六
		西洋文明史	三	六
乙 选修科		中西交通史	二	四
		史源学实习	二	四
		中国史学名著评论	二	四
		隋唐史研究	二	四
		南洋人种学	二	四
		公教史	一	二
		美国史	一	二
		舆图学	一	二
		美学	二	四
		海外汉学研究	一	二
		哲学原理	二	四

四年级			每周时数	每年学分
甲 必修科	一 普通必 修科	中学普通教学法	二	四
	二 专门 必修科	明清史	二	四
		西洋文明史	三	六
乙 选修科		中西交通史	二	四
		史源学实习	二	四
		隋唐史研究	二	四
		南洋人种学	二	四
		公教史	一	二
		美国史	一	二
		舆图学	一	二
		美学	二	四
		海外汉学研究	一	二
		哲学原理	二	四
		法文、德文或日文	三	四

附录一　文科研究所史学部教员录

张星烺，部主任；

沈兼士，教授：字族问题，诗经选读；

陈垣，教授：论文指导；

叶德礼，教授：南洋人种学；

胡鲁士，教授：西洋文明史，公教史；

高步瀛，教授：史记研究，古礼制研究，诸子选读，论文指导；

雷冕,教授：人种学研究；

司徒资,教授：西洋史学研究法；

余嘉锡,教授：汉书艺文志理董,山海经研究；

福克司,名誉教授：海外汉学研究,满洲文学史,舆图学；

孙人和,名誉教授：抱朴子研究。

附录二　文科研究所课程表

学科	每周时数	每年学分
史记研究	二	四
古礼制研究	二	四
汉书艺文志理董	一	二
山海经研究	一	二
抱朴子研究	一	二
字族问题	一	二
诗经选读	一	二
诸子选读	一	二
西洋史学研究法	二	四
西洋文明史	三	六
南洋人种学	二	四
人种学研究	二	四
海外汉学研究	一	二
满洲文学史	一	二
舆图学	一	二
公教史	一	二
论文指导	二	四

（《私立辅仁大学一览》,1939 年度）

辅仁大学史学系（1941）

教员录

张星烺,主任；

教员：安祺乐,教授；包敏,客座教授；张星烺,教授；叶德礼,研究教授；陈垣,教授；胡鲁士,教授；卢德思,教授；柴德赓,讲师；张鸿翔,讲师；牟传楷,讲师；余逊,讲师；王光玮,讲师；赵光贤,教员；叶德禄,教员。

学科说明

中国史纲要　柴德赓　内容分年代、官制、地理、经济、姓氏、民族、学术、科举、避讳、史部目录等门。各门中仍以类相次,分题讲述。所举多普通常识,尤致意于史学工具书之运用及史料来源指示。一年级必修。每周二小时,全年四学分。

秦以前史　张星烺　黄帝、尧、舜、夏、商、西周之政治与文明,周朝政治组织,春秋时代各霸国之地理、民族与霸业,老庄学派,道教与老子之关系,孔子事迹及删述《诗》、《书》,孔子之影响,战国七雄之政治史,战国时代学术,杨朱、墨子、孔门弟子。一年级必修。每周二小时,全年四学分。

地理学概论　王光玮　地理学以研究地表自然现象与人文关系为目的。本编总论其概要,对地球之运动略说其与日月星辰之关系,而推究岁时、四季、五带及历法等原理。对水、陆、气三界,则略言其成因、种类、分布与人生之关系。至记载地理变迁之地史及研究地理必需之地图均有扼要叙述。一年级必修。每周三小时,全年六学分。

西洋上古史 赵光贤 本课概述埃及、巴比伦、亚述、喜泰、菲尼基、希伯来与波斯诸国之历史,稍详于希腊、罗马之政治、社会与经济发展。一年级必修。每周三小时,全年六学分。

秦汉史 余逊 本课以政治、社会、经济诸问题为经,以学术、思想为纬,政治方面,说明秦汉制度之沿革、对外之嬴缩、外戚宦官擅权之因果、学术思想与政治之关系;社会经济方面,讲述秦汉之国计民生、儒家思想与王莽之社会政策、社会风习与政治之相互影响。二年级必修。每周二小时,全年四学分。

魏晋南北朝史 牟传楷 本课注意汉民族衰落、三国鼎立、八王及五胡之乱、汉民族自保、南朝门阀、民族迁徙、玄学、佛教、北朝统治汉族、北魏华化与迁都、六镇之乱、周齐胡化诸问题。二年级必修。每周二小时,全年四学分。

中国历史研究法 柴德赓 内容分史料、考证、著作三部。史料则论其分类、搜集、来源之大概。考证则论校勘、辨伪、考异之方法,而多举其史料。著作则论古今著书之体例、历代著述之风气与今后作者应取之途径。二年级必修。每周二小时,全年四学分。

西洋中古史 安祺乐、胡鲁士 本课概述中古初期拜占廷、阿剌伯、法兰克诸国之历史,稍详于中古中期神圣罗马帝国、教皇、十字军、法国与英国之历史,与中古末期教权与皇权之衰微,百年战争,西班牙、意大利城国与土耳其之勃兴,以及文化再生之开端等。二年级必修。每周三小时,全年六学分。

隋唐史 叶德禄 首述隋唐五代政治制度之沿革、学术思想之变迁,社会经济之状况。次及民族之迁徙、文化之移动。以史传为根据,野史、说部诸书为旁证,冀与时贤所论相发明。三年级必修。每周二小时,全年四学分。

宋辽金元史 张星烺 讨论此数朝之民族兴亡、政府组织、当时国际交涉、元初蒙人西征事迹、元世祖之建设事业、元时世界交通及其特别文化。三年级必修。每周三小时,全年六学分。

西洋近世史(一) 胡鲁士 本课概述近代欧洲之宗教、经济与政治之发展史,尤置重于新教之变,公教改革,法、英、俄、普诸国之专制,欧洲诸国之海外扩张,英美二国之革命。三年级必修。每周三小时,全年六学分。

明清史　张鸿翔　明祖统一、边防设施、国外经营、国内政治、东北边事、欧化东渐、民生状况、学术概要、满清兴起、明清争衡、南明始末、清初政治、外藩怀柔、三藩活动、西学输入、清季内忧、清之倾覆。四年级必修。每周二小时,全年四学分。

西洋近世史（二）　胡鲁士　本课讲述法国革命、民主政治与国家主义之兴起与胜利、工业发达、海外殖民之扩张及世界大战。四年级必修。每周三小时,全年六学分。

西洋文明史（一）　胡鲁士　本课讲述先史时代之原始、初级、二级与三级文化,并述上古与中古之政治、社会、经济与宗教观念,以及学术、文艺之发展、变革、消灭等。三、四年级必修。每周三小时,全年六学分。

历史的地理　牟传楷　本课分为二部:(一)历代疆域沿革,注意秦三十六郡、汉十三刺史部、西汉百三郡国,与夫南北朝侨置郡县等疆域划分问题。(二)城市与交通,就文化、经济各点阐述历代京城及重要都市之地位及沿革等问题,并就历代国内交通诸水陆干线研究经济上、政治上诸问题。二年级选修。每周二小时,全年四学分(本年不授)。

清代学术史　牟传楷　本课以申明三百年来考据之学兴盛之原因及其影响为主旨,并阐述当时学者治学方法及态度与夫各种学术发展情况。二年级选修。每周二小时,全年四学分。

中国史学名著评论　陈垣　择取历代史学名著,说明其史料及来源、编纂之体例及得失、板本之异同,使学者明了著述及读史之方法。二年级选修。每周二小时,全年四学分。

史源学实习　陈垣　择近代史学名著一二种,逐一追寻其史源,检照其合否,以练习读一切史书之识力及方法,又可警惕自己论撰时之不敢轻心相掉也。三年级选修。每周二小时,全年四学分。

中国近代西北史　张鸿翔　叙述中国近代西北民族之盛衰,各民族相互之交往与中国民族、政治上之关系,及形成现代西北局面之因果。分篇讲授,使学者明了六百年来之历史之演变真相。三、四年级选修。每周二小时,全年四学分(本年不授)。

中国民俗史 张鸿翔 本课讲授中国各时各地婚丧节令之演进、衣食住行之变迁、士风娱乐之动态,并说明对政治、交通、宗教相互之关系。分篇叙述,使学者明了中华数千年来民俗实况之梗概。三、四年级选修。每周二小时,全年四学分。

中西交通史 张星烺 古代中国与欧洲及亚洲西部各国交通事迹,说明中国史书上关于欧洲之记载及西洋史书上关于中国之记载、东西文化互换、古代史节、僧侣、游客、商人来往记载,由上古起至明末清初止。二、三、四年级选修。每周二小时,全年四学分。

欧化东渐史 张星烺 此课为中西交通史之续,先述葡萄牙人至中国后,西洋各国对中国之通商外交关系、基督教传教师在中国工作情形、中国留学生,次叙述欧洲各种有形文化与无形文化输入中国情形。二、三、四年级选修。每周二小时,全年四学分(本年不授)。

南洋史地 张星烺 美属斐律宾群岛、荷属东印度、英属马来亚三地之地理、人种、历史,尤注意古代各地与中国之交通及近代华侨发达史。三、四年级选修。每周二小时,全年四学分(本年不授)。

美国史 胡鲁士 本课分殖民地之奠基与发展、英美之竞争、独立战争、独立后之内政与外交,南北战争与统一后之内政、外交、人口与经济之发展等,以为研究美国文学之准备。隔年讲授。三、四年级选修。每周二小时,全年四学分。

公教史 胡鲁士、卢德思 本课主要讲述公教之向外发展,内分公教之历史的生长与地域之扩张、传教之方法、所受之阻碍、成功与失败以及公教与其他宗教之关系等。三、四年级选修。每周二小时,全年四学分。

政治地理 张星烺 特别注重各种地理影响、人类须适合环境、气候与人类、文明产生中各种地理因素、地理位置之重要、环境种族性质与宗教信仰、旧世界之各区域、最初成立国家之诸地、历史舞台之推广、古今诸大国之政治地理概况。三、四年级及研究生选修。每周二小时,全年四学分。

研究所课程说明

西洋史学研究法　包敏　本课讲授高深西洋史学方法。注重史料之来源、判断与分析。研究生必修。每周讲课二小时，讨论一小时，全年六学分。

清代史学考证法　陈垣　取清儒史学考证之书，如顾氏《日知录》等为课本，注重实习，因其所考证者而考证之，观其如何发生问题，如何搜集证据，如何判断结果，由此可得前人考证之方法，并可随时纠正其论据之偶误，增加本人读书之经验。研究生必修。每周二小时。全年四学分。

古代西洋史学史　胡鲁士　本课讲述希腊与罗马大史学家之小传、主要著作、方法、文体及其意义。并选读希罗多德、屠西逖地、鲍莱比阿、布鲁塔、萨拉斯特、李维及塔西陀等人之作品。隔年讲授。研究生必修。每周二小时，全年四学分（本年不授）。

近代西洋史学史　胡鲁士　本课讲述近代欧美之历史家及其学派，尤注重十九世纪与二十世纪。并选读兰凯、麦可来、蒙森、丹尼飞、巴司脱等人之著作。隔年讲授。研究生必修。每周二小时，全年四学分。

印度哲学　施格莱（社会经济学系教授）　本课讲印度之耆那、吠陀波罗门、佛教、印度教各派思想之发达史。隔年讲授。研究生选修。每周三小时，全年六学分（本年不授）。

（《私立辅仁大学一览》，1941 年度）

辅仁大学史学系（1942）

本 科

科　目	年　级		小　时	学　分	教　员
1. 秦以前史	一	必修	二	四	张星烺
2. 中国史纲要	一	必修	二	四	柴德赓
3. 西洋上古史	一	必修	三	六	赵光贤
4. 地理学概论	一	必修	三	六	王光玮
5. 中国历史研究法	二	必修	二	四	柴德赓
6. 秦汉史	二	必修	二	四	余　逊
7. 魏晋南北朝史	二	必修	二	四	牟传楷
8. 西洋中古史	二	必修	三	六	蔡思客
9. 中国史学名著选读	二三四	选修	二	四	陈　垣
10. 中国佛教史籍概论	二三四	选修	二	四	陈　垣
11. 欧化东渐史	二三四	选修	二	四	张星烺
12. 南洋史地	二三四	选修	二	四	张星烺
13. 宋元学术史	二三四	选修	二	四	牟传楷
14. 西北史地	二三四	选修	二	四	张鸿翔
15. 宋辽金元史	三	必修	三	六	张星烺
16. 隋唐史	三	必修	二	四	叶德禄
17. 西洋近世史	三	必修	三	六	胡鲁士
18. 公教史	三四	必修	二	四	胡鲁士
19. 西洋史学史	三四	必修	二	四	胡鲁士
20. 明清史	四	必修	二	四	张鸿翔
21. 西洋文明史	四	必修	三	六	胡鲁士
22. 清史研究	四	必修	二	四	朱师辙

研　究　所

科　目	小　时	学　分	教　员
1. 史学研究法	二	四	胡鲁士
2. 近代西洋史学史	二	四	胡鲁士
3. 外国语			
4. 中国佛教史籍概论	二	四	陈　垣
5. 修史经验	二	四	朱师辙
6. 南洋史地	二	四	张星烺
7. 史通研究	二	四	余嘉锡
8. 人类学及史前史研究	二	四	雷　冕
9. 印度，印度支那及南洋民族研究	二	四	雷　冕 蔡思客
10. 民俗学研究法	二	四	叶德礼
11. 民俗学研究实习	一	二	叶德礼
12. 中国古代风俗史料	二	四	陈祥春
13. 声训论	二	四	沈兼士
14. 初期意符字之形态及其性质	一	二	沈兼士
15. 中国语辞分化法之研究	一	二	沈兼士
16. 古礼制研究	二	四	刘盼遂
17. 甲骨文研究	二	四	于省吾
18. 文学批评	二	四	教员未定

附注：一、课程 1 系文科研究所史学部全体学生之必修科。

　　　二、各该生其他应修课程得由指导教授指定，或由学生自选但须得指导教授之许可。

（《私立辅仁大学一览》，1942 年度）

辅仁大学史学系（1947）

学科说明

中国史纲要 柴德赓 一年级必修，每周三小时，全年六学分。内容分年代、官制、地理、经济、姓氏、民族、学术、科举、避讳、史部目录等门。各门中仍以类相次，分题讲述。所举多普通常识，尤致意于史学工具书之运用及史料来源指示。

秦以前史 赵光贤 一年级必修，每周三小时，全年六学分。黄帝、尧、舜、夏、商、西周之政治与文明，周朝政治组织，春秋时代各霸国之地理、民族与霸业，老庄学派，道教与老子之关系，孔子事迹及删述《诗》、《书》，孔子之影响，战国七雄之政治史，战国时代学术，杨朱、墨子、孔门弟子。

地理学概论 黄玉蓉 一年级必修，每周三小时，全年六学分。地理学以研究地表自然现象与人文关系为目的。本编总论其概要，对地球之运动略说其与日月星辰之关系，而推究岁时、四季、五带及历法等原理。对水、陆、气三界，则略言其成因、种类、分布与人生之关系。至记载地理变迁之地史及研究地理必需之地图均有扼要叙述。

西洋上古史 赵光贤 一年级必修，每周三小时，全年六学分。本课概述埃及、巴比伦、亚述、喜泰、菲尼基、希伯来与波斯诸国之历史，稍详于希腊、罗马之政治、社会与经济发展。

中国史学史 张鸿翔 二年级必修，每周三小时，全年六学分。讲述中国史学的起源、历代史学的变迁，并讨论史学权威的学术修养和其著述的经过，他如各家史书的内容、体裁等，亦略为说明。

中国历史研究法 柴德赓 二年级必修，每周二小时，全年四学分。内容分史料、考证、著作三部。史料则论其分类、搜集、来源之大概。考证则论校勘、辨伪、考异之方法，而多举其史实。著作则论古今著书之体例、历代著述之风气与今后作者应取之途径。

秦汉史　余逊　二年级必修，每周二小时，全年四学分。本课以政治、社会、经济诸问题为经，以学术、思想为纬。政治方面，说明秦汉制度之沿革、对外之盈缩、外戚宦官擅权之因果、学术思想与政治之关系；社会经济方面，讲述秦汉之国计民生、儒家思想与王莽之社会政策、社会风习与政治之相互影响。

魏晋南北朝史　余逊　二年级必修，每周二小时，全年四学分。本课注重汉民族衰落、三国鼎立、八王及五胡之乱、汉民族自保、南朝门阀、民族迁徙、玄学、佛教、北朝统治汉族、北魏华化与迁都、六镇之乱、周齐胡化诸问题。

西洋中古史　胡鲁士　二年级必修，每周三小时，全年六学分。本课概述中古初期拜占庭、阿剌伯、法兰克诸国之历史，稍详于中古中期神圣罗马帝国、教皇、十字军、法国与英国之历史，与中古末期教权与皇权之衰微，百年战争，西班牙、意大利城国与土耳其之勃兴，以及文化再生之开端等。

中国近代西北史　张鸿翔　二、三年级选修，每周二小时，全年四学分。叙述中国近代西北民族之盛衰，各民族相互之交往与中国民族、政治上之关系，及形成现代西北局面之因果。分篇讲授，使学者明了六百年来之历史的演变真相。

南亚史　方豪　二、三年级选修，每周三小时，全年六学分。越南、暹罗、缅甸、印度属于南亚部份，上述各地或原为中国郡县（越南），或列于藩属（暹罗），或与我国同为亚洲最古之文化发源地（印度），皆为本国习史者所不可不知，惟印度史另有课目，故不在本课范围以内。

隋唐史　叶德禄　三年级必修，每周二小时，全年四学分。首述隋唐五代政治制度之沿革、学术思想之变迁、社会经济之状况。次及民族之迁徙、文化之移动。以史传为根据，野史、说部诸书为旁证，冀与时贤所论相发明。

宋辽金元史　张星烺　三年级必修，每周三小时，全年六学分。

讨论此数朝之民族兴亡、政府组织、当时国际交涉、元初蒙人西征事迹、元世祖之建设事业、元时世界交通及其特别文化。

中国历史的地理 黄玉蓉 三年级必修,每周二小时,全年四学分。本课分为二部:(一)历代疆域沿革,注意秦三十六郡,汉十三刺史部、西汉百三郡国,与夫南北朝侨置郡县等疆域划分问题。(二)城市与交通,就文化、经济各点阐述历代京城及重要都市之地位及沿革等问题,并就历代国内交通诸水陆干线研究经济上、政治上诸问题。

考古学概论 方豪 三年级必修,每周三小时,全年六学分。讲述考古学之定义、起源、目的与任务、分类及考古学与其他科学之关系外,更研讨古物之调查与发掘、古物之整理、保存及公开。

西洋近世史(一部) 安祺乐、蔡思客 三年级必修,每周三小时,全年六学分。本课概述近代欧洲之宗教、经济与政治之发展史,尤置重于新教之变,公教改革,法、英、俄、普诸国之专制,欧洲诸国之海外扩张,英美二国之革命。

史源学实习 陈垣 三、四年级选修,每周二小时,全年四学分。择近代史学名著一二种,逐一追寻其史源,检照其合否,以练习读一切史书之识力及方法,又可警惕自己论撰时之不敢轻心相掉也。

中国宗教史 方豪 三、四年级选修,每周二小时,全年四学分。侧重于我国宗教思想之起源,我国古代宗教思想之成份,及汉以后佛教、回教、摩尼教、火祆教、景教、犹太教、天主教与新教输入情形与传布经过。

清代学术史 柴德赓 三、四年级选修,每周三小时,全年六学分。本课以申明三百年来学术兴盛之原因及其影响为主旨,并阐述当时学者治学方法及态度与夫各种学术发展情况。

唐代社会研究 叶德禄 三、四年级选修,每周二小时,全年四学分。研究唐代之社会情形及风俗,尤注意其所受西域之影响。

公教史 胡鲁士 三、四年级选修,每周二小时,全年四学分。本课主要讲述公教之向外发展,内分公教之历史的生长与地域的扩张、传教之方法、所受之阻碍、成功与失败以及公教与其他宗教之关系。

英国海外发展史 施格莱 三、四年级选修,每周二小时,全年四学分。讲授自都铎尔朝至十八世纪英、法竞争之英国殖民史，十九世纪之英国海外发展。首先叙述自由主义时期（一八二〇——一八五八），次述帝国主义时期（一八五八——一九一四），最后其衰落时期（一九一四——一九四五）。

明清史　张鸿翔　四年级必修，每周三小时，全年六学分。明祖统一、边防设施、国外经营、国内政治、东北边事、欧化东渐、民生状况、学术概要、满清兴起、明清争衡、南明始末、清初政治、外藩怀柔、三藩活动、西学输入、清季内忧、清之倾覆。

西洋文明史　蔡思客　四年级必修，每周三小时，全年六学分。本课讲述先史时代之原始、初级、二级与三级文化，并述上古与中古之政治、社会、经济与宗教观念，以及学术、文艺之发展、变革、消灭。

西洋近世史（二部）　安祺乐、蔡思客　四年级必修，每周三小时，全年六学分。本课讲述法国革命、民主政治与国家主义之兴起与胜利、工业发达、海外殖民之扩张及世界大战。

史学研究法　胡鲁士　四年级选修，每周二小时，全年四学分。本课讲授高深西洋史学方法，注重史料之来源、判断与分析。

西洋近世史学史　胡鲁士　四年级选修，每周二小时，全年四学分。本课讲述近代欧美之历史家及其学派，尤注重十九世纪与二十世纪。并选读兰凯、麦可来、蒙森、丹尼飞、巴司脱等人之著作。

教员录

一、教授、名誉教授：安祺乐，史学教授；柴德赓，史学教授；张星烺，史学教授兼史学系主任；张鸿翔，史学教授；陈垣，史学教授兼史学研究所主任；方豪，史学教授；胡鲁士，史学教授；施格莱，史学教授。

二、副教授：赵光贤，史学副教授；蔡思客，史学副教授；

三、讲师：胡鹤岭，史学讲师；黄玉蓉，史学讲师；时眉鸣＊，史学讲师；叶德禄，史学讲师；余逊，史学讲师。

四、导师

五、教员

六、专任助教：刘乃和,史学教员。

七、兼任助教：荣天琳,史学助教；尹敬坊,史学助教。

＊本年度休假

（《私立北平辅仁大学一览》,1947 年度）

广东大学史学系课程（1924）

必修科目	单位数	选修科目	单位数
史学概论	一	考古学	一
哲学概论	二	生物学	一
人类学	一	地质学	一
社会学	一	政治学	一
地理学	一	言语学	一
心理学	二	第二外国语	二
经济学	二	中国法制史	一又二分之一
东洋史	二	中国经济史	一
西洋史	三	中国财政史	一
中国史	三	外国经济史	二
统计学	一	近代政治史	一又二分之一
第一外国语	四	近代外交史	一又二分之一
论文	四	以上至少选修十单位（参看本课程说明二）	

　　编者按 "课程说明二"：学生在学中选定一学系为专修学系，对于该学系所属之必修科目须一律修完，对于选修科目亦须修习法定最少数额之单位。此外，亦可选修其他学系或他学院之科目，以凑足法定之单位总数。但选修其他学院之科目时，须得本学院及该学院之许可。

（《国立广东大学文科各系课程》，
《陆海军大元帅大本营公报》第 25 号,1924 年 9 月 10 日）

广东大学史学系课程（1941）

甲 必修科目

第一年级

上学期			下学期		
科目	学分	时间	科目	学分	时间
中国通史上	三	三	中国通史上	三	三
史学要论	三	三	史学要论	三	三
史记研究	三	三	史记研究	三	三
日本明治维新史	二	二	日本史	二	二
史通研究	二	二	史通研究	二	二
文献通考研究	二	二	通志	二	二
国文	一	二	国文	一	二
第一外国语	一.五	三	第一外国语	一.五	三
第二外国语	一	二	第二外国语	一	二
	共一八.五	共二二		共一八.五	共二二

第二年级

上学期			下学期		
科目	学分	时间	科目	学分	时间
中国通史下	三	三	中国通史下	三	三
西洋通史	三	三	西洋通史	三	三
中国文化史	三	三	中国文化史	三	三
欧美近百年史	三	三	欧美近百年史	三	三
汉书研究	三	三	汉书研究	三	三
国文	一	二	国文	一	二
第一外国语	一.五	三	第二外国语	一.五	三
第二外国语	一	二	第二外国语	一	二
	共一八.五	共二二		共一八.五	共二二

第三年级

上学期			下学期		
科目	学分	时间	科目	学分	时间
世界文化史	三	三	世界文化史	三	三
资治通鉴研究	三	三	资治通鉴研究	三	三
后汉书研究	三	三	后汉书研究	三	三
中国交通史	三	三	中国史学史	三	三
中国近世外交史	三	三	世界近百年来外交史	三	三
史学研究法	三	三	中国史部目录学	三	三
	共一八	共一八		共一八	共一八

第四年级

上学期			下学期		
科目	学分	时间	科目	学分	时间
史前文化史	三	三	历史哲学	三	三
历史学派研究	三	三	浙东派史学研究	三	三
资治通鉴研究	三	三	资治通鉴研究	三	三
三国志研究	三	三	三国志研究	三	三
历史地理学	三	三	历史地理学	三	三
	共一五	共一五		共一五	共一五

乙 选修科目

科目	学分	时间
晋书研究	三	三
南北史研究	三	三
新唐书研究	三	三
五代史研究	二	二
元史研究	三	三
明史研究	三	三
明清之际史	三	三
清史研究	三	三
通典研究	二	二
水经研究	三	三
隋书地理志研究	三	三
汉书艺文志隋书艺文志研究	三	三
校勘学	二	二
编年史研究	二	二

（续表）

科目	学分	时间
纪传史研究	二	二
年谱学	二	二
先秦学术思想史	四	四
宋元明理学史	四	四
中国近三百年思想史	四	四
王道精神之研究	四	四
中国民族史	二	二
中国佛教史	二	二
中国政制史	三	三
中国美术史	二	二
英国近世史	二	二
德国近世史	二	二
法国近世史	二	二
美国建国史	二	二
希腊史	二	二
罗马史	二	二
科学史	二	二
东西方文化比较研究	三	三

（《史学系课程》,《省立广东大学校刊》1941 年第 10、11 期）

广东省立勷勤大学教育学院文史学系暂行课程表（1935）

文史学系暂行课程学分总表

年　级	必修学分	选修学分	全年学分	
			至少	至多
一	三二	八一一二	四〇	四四
二	三二	八一一二	四〇	四四
三	国文组　一八	一四一二〇	三二	三八
	历史组　一八	一四一二〇	三二	三八
四	国文组　一二	二〇一二四	三二	三六
	历史组　一二	二〇一二四	三二	三六
四学年学分总计	国文组　九四	五〇一六八	一四四	一六二
	历史组　九四	五〇一六八	一四四	一六二

附注：1. 本系学生四学年须修满一百四十四学分,方得毕业(前两学年各四十学分,后两学年各三十二学分)。

2. 本系第一、二年级,文史不分,至第三、四年级,分国文、历史两组。愿入国文组者,即以该组功课(无论必修科与选修科)为主科,而以历史组功课(无论必修科与选修科)为副科。愿入历史组者亦然,副科科目皆为选修,在此组为必修者,他组为选修。

3. 党义、军训及体育学分不在内。

4. 毕业论文须于第四学年开始时,由学生就主要科目选定研究题目,受该科教授指导,自行选述,在毕业试前提出。

5. 本学院学生在附属学校实习成绩不及格者,不论其学业
　　成绩如何,不准毕业。

文史学系暂行课程表
第一学年

必修科目	第一学期		第二学期		学分总计	附　注
	时数	学分	时数	学分		
党义	二		二			
体育	一		一			
普通心理学	三	二	三	二	四	
社会学	二	二	二	二	四	
中国文字形义	二	二	二	二	四	
中国文学史	三	二	三	二	四	
中国通史（一）	三	二	三	二	四	
西洋通史（二）	三	二	三	二	四	
史学概论	二	二	二	二	四	
国文选读与习作	三	二	三	二	四	
总计	二四	一六	二四	一六	三二	
选修科目						
文学概论	二	二	二	二	四	
诗名著选	二	二	二	二	四	
唐宋词	二	二	二	二	四	
东洋史	二	二	二	二	四	
英文	三	二	三	二	四	入学考试英文不满八十分者必须选修

第二学年

必修科目	第一学期		第二学期		学分总计	附　注
	时数	学分	时数	学分		
教育心理学	三	二	三	二	四	
教育学	三	二	三	二	四	
中国文字音韵	二	二	二	二	四	
目录学	二	二	二	二	四	
经学通论	二	二	二	二	四	
诸子概论	二	二	二	二	四	
中国通史（二）	三	二	三	二	四	
西洋通史（二）	二	二	二	二	四	
总计	一九	一六	一九	一六	三二	
选修科目						
中国修词学	二	二	二	二	四	
中国学术思想史	二	二	二	二	四	
近代文艺思潮	二	二	二	二	四	
骈文选	二	二	二	二	四	
曲学及曲选	二	二	二	二	四	
中国民族史	二	二	二	二	四	
中国近百年史	二	二	二	二	四	
第二外国语	三	二	三	二	四	第一学年英文满七十分者得选修
英文	三	二	三	二	四	第一学年英文不满七十分者须补修

第三学年　历史组

必修科目	第一学期		第二学期		学分总计	附　注
	时数	学分	时数	学分		
教育史	三	二	三	二	四	
现行教育制度及法令	二	一	二	一	二	
史学研究法	三	二	三	二	四	
中国史部目录	二	二			二	
西洋史部目录			二	二	二	
中国史学史	二	二	二	二	四	
总计	一二	九	一二	九	一八	
选修科目						
史前史	二	二	二	二	四	
中国历代史研究（一）	三	二	三	二	四	
各国历代史研究（一）	三	二	三	二	四	
中国文化史	二	二	二	二	四	
西洋文化史	二	二	二	二	四	
欧美近百年史	二	二	二	二	四	
中国史部名著研究	二	二	二	二	四	
中国地理总论	四	三			三	在博地系选修
中国地理分论			四	三	三	在博地系选修
第二外国语	三	二	三	二	四	

第四学年　历史组

必修科目	第一学期		第二学期		学分总计	附　注
	时数	学分	时数	学分		
教育哲学	二	二	二	二	四	
历史教学法	二	二	二	二	四	
考古学	二	二	二	二	四	
毕业论文						
参观及实习						
总计	六	六	六	六	一二	
选修科目						
中国论史名著研究	二	二	二	二	四	
中国古器物研究	二	二	二	二	四	
中国历代史（二）	三	二	三	二	四	
各国历代史（二）	三	二	三	二	四	
中西交通史	二	二	二	二	四	
西洋史部名著研究	二	二	二	二	四	
社会进化史	二	二	二	二	四	
现代国际问题	二	二	二	二	四	
外国地理	四	三	四	三	六	在博地系选修
第二外国语	三	二	三	二	四	

（《勷大旬刊》1935 年第 1 卷第 10 期）

光华大学历史系（1936）

文学院各系一年级必修学程

类别	学程号数	学程名	全年或半年	上学期学分	下学期学分	全年学分	备注
文学院各系必修	001、002	国文	全	三	三	六	
	0010、0020	国文作文	全	一	一	二	
	003、004	英文	全	三	三	六	
	0030、0040	英文作文	全	一	一	二	
	A101、102	普通数学	全	三	三	六	
		自然科学	全	四	四	八	物理、化学、生物任择一种。
	009、010	体育	全	一	一	二	

除以上学分，文院各系一年级必修外，学生须视其所入之系添修下列三学分，每学期共计十九学分。

类别	学程号数	学程名	全年或半年	上学期学分	下学期学分	全年学分	备注
国文系必修	A501、502	中国文化史	全	三	三	六	
英文系必修	A301、302	英国文学史	全	三	三	六	
政治系必修	A601、602	政治原理	全	三	三	六	

（续表）

类别	学程号数	学程名	全年或半年	上学期学分	下学期学分	全年学分	备注
教育系必修	A401、402	教育原理	全	三	三	六	
历史系必修	A503、504	中国近世史	全	三	三	六	
社会系必修	A701、702	社会原理	全	三	三	六	
各系必修共计				一九	一九	三八	全系必修，并无选修。

文学院各系二年级必修学程

类别	学程号数	学程名	全年或半年	上学期学分	下学期学分	全年学分	备注
文院各系必修	005、006	国文	全	三	三	六	
	007、008	英文	全	三	三	六	
	0070、0080	英文作文	全	一	一	二	
	011、012	体育	全	一	一	二	
除以上学分，文院各系二年级必修外，学生须视其所入之学系添修下列三种学程，每学期共计十七学分。							
国文系必修	A203、204	说文	全	三	三	六	
	A201、202	中国文学史	全	三	三	六	
	A503、504	中国近世史	全	三	三	六	
英文系必修	A303、304	西洋文学史	全	三	三	六	
	A305、306	西洋小说	全	三	三	六	

（续表）

类别	学程号数	学程名	全年或半年	上学期学分	下学期学分	全年学分	备注
英文系必修	A201、202	中国文学史	全	三	三	六	
政治系必修	A603、604	比较政府	全	三	三	六	
	A605、606	西洋政治思想史	全	三	三	六	
	A505、506	西洋通史	全	三	三	六	
教育系必修	A403、404	普通心理	全	三	三	六	
	A405、406	教育心理	全	三	三	六	
	A407、408	西洋教育史	全	三	三	六	
历史系必修	A505、506	西洋通史	全	三	三	六	
	A501、502	中国文化史	全	三	三	六	
	A601、602	政治原理	全	三	三	六	
社会系必修	A703、704	人类学	全	三	三	六	
	A705、706	社会问题	全	三	三	六	
	A601、602	政治原理	全	三	三	六	
各系必修共计				一七	一七	三四	全系必修，并无选修。

文学院历史系三、四年级必修学程

学程号数	学程名	全年或半年	上学期学分	下学期学分	全年学分	备注
A511、512	西洋近代史	全	三	三	六	
A605、606	西洋政治思想史	全	三	三	六	
A709、710	西洋社会思想史	全	三	三	六	
A507、508	史籍研究	全	三	三	六	
A509、510	史学研究法	全	三	三	六	
共计			一五	一五	三〇	以上学程，隔年开班，限于三、四年级二年内修毕。

文学院历史系三、四年级选修学程

学程号数	学程名	全年或半年	学分数	备注
A541、542	中国上古史	全	六	
A543、544	中国中古史	全	六	
A545、546	中国近古史	全	六	
A547、548	东洋通史	全	六	
A549	日本史	半	三	
A550	朝鲜史	半	三	
A551	南洋史	半	三	
A552	希腊史	半	三	
A553	罗马史	半	三	
A554	俄罗斯史	半	三	
A556	法兰西史	半	三	

（续表）

学程号数	学程名	全年或半年	学分数	备注
A557	德意志史	半	三	
A558	意大利史	半	三	
A555	英吉利史	半	三	
A559	美利坚史	半	三	
A560	拉丁美洲史	半	三	
A561	中国民族史	半	三	
A562	中国政治思想史	半	三	
A563	中国政治制度史	半	三	
A564	中国经济思想史	半	三	
A565	中国经济制度史	半	三	
A257	先秦学术史	半	三	
A566	佛学史	半	三	
A258	理学史	半	三	即理学纲要
A201、202	中国文学史	全	六	
A245	经学史	半	三	
A567	中国史学史	半	三	
A568	中国宗教史	半	三	
A569、570	西洋文化史	全	六	
C207	世界经济史	半	三	
A571	现代世界史	半	三	
A573	历史哲学	半	三	
A577、578	历史地理	全	六	
A575、576	考古学	全	四	
A265、266	金石学	全	四	现国文系选修中有之

以上学程，学校可斟酌情形开设，不必以此表所列为限，惟选课人数不满五人者不开班。

（《私立光华大学章程》，1936 年）

海疆学校史地组科目表（1945）

科目	学分	必修或选修	设置学年
社会科学概论	3　3	必修	二年制第一学年
史学通论	3　3	必修	二年制第一学年　五年制第三学年
地学通论	3　3	必修	二年制第一学年　五年制第三学年
中国地理总论	3	必修	二年制第二学年　五年制第四学年
中国上古史	3	选修	二年制第二学年　五年制第四学年
中国中古史	3	选修	二年制第一学年　五年制第四学年
中国近世史	3	选修	二年制第二学年　五年制第五学年
西洋通史	2　2	选修	二年制第一学年　五年制第四学年
西洋近世史	3	选修	二年制第二学年　五年制第五学年
国别史	3	选修	二年制第二学年　五年制第五学年
文化史	3	选修	二年制第一学年　五年制第四、五学年
专门史	3	选修	二年制第二学年　五年制第四、五学年
史学方法	3	选修	二年制第二学年　五年制第四、五学年
世界地理	3	选修	二年制第二学年　五年制第四、五学年
人生地理	3　2	选修	二年制第一、二学年　五年制第四、五学年
经济地理	3　3	选修	二年制第一、二学年　五年制第四、五学年
中外区域地理	3　3	选修	二年制第二学年　五年制第四、五学年
政治地理	3	选修	二年制第二学年　五年制第四、五学年

（《国立海疆学校一览》，1945 年）

河北省立女子师范学院史地学系概况（1934）

一、本系设置之经过

（一）本系设置状况　本系于十九年秋,与英文学系同时设置,国、家两系,晚设一载。当设置伊始,聘请程国璋先生为本系教授兼主任职务,凡课程之编制,章则之规定,皆所擘划,用立基础。自第一学级学生入学之第二学期,复创史地学会,以本系师生为基本会员,他系同人,有志研究史地者,亦任加入。至二十年增加班次后,程君以负责心重,积劳致疾,遂于二十一年秋,力辞主任职务,专任教职,其时本系一切发展,倚赖方殷,遽行摆脱,势有未许,乃请班书阁先生代理主任,与程君协同办理。迄二十二年夏程君作古,主任职务始由班君实行担任。其时学生仅三班,今则四班已满,其第一学级,且将卒业。

（二）课程之标准　本系因现代中等学校所聘教员,史地两课,率归一人,故合历史、地理为一系。所定课程,系参照国内师范大学,暨普通各大学所有历史学系、地理学系课程组织大纲,弃其过于专精,偏重一人之独造,不合教授中学之需者,而专取其普遍额要,深合中等学校师资之要求,且又包括有余,以为本系课程之标准。是以所定课程除以中西史地与夫与地史有辅助者外,而更辅以社会、经济、政治、法律等选修课目,盖以此类课目不惟为研究史地者所应知,且以当代中等学校凡设有社会经济课目者,恒归史地教员担任之,非然者,则不合完全教员之资格。然本系课程虽已订定,逐年亦有变更,盖本系当处于客观地位,视中等学校要求之变化为课程去取之标准。

（三）教员之延聘　本系教员,向由院长与系主任商同延聘。自二十一年设置教务处后,先经院长、教务主任、系主任三方面商妥后,

再由院长延聘。兹将本系历年所聘教员姓名及到院离院年月,分列于下:

程国璋十九年八月到院,二十二年五月病故。张金云十九年八月到院。顾如二十年八月到院,未及一年即离院。殷祖英二十年八月到院。李飞生二十年到院,二十二年三月离院。班书阁二十一年八月到院。卢卓三二十一年八月到院,本年十月离院。侯宪二十一年八月到院。苏从武二十一年十月到院。饶用泽二十二年三月到院,本年七月离院。孙棠毓二十二年 月到院。

以上所列,为担任本系必修课目及本系选修课之教员,其担任公共必修、公共选修及选修他系各课程之教员,以非本系所聘,故未列入。

(四)学生之录取 分述如下:

(甲)招考地点与课目 本院历年招生,不拘何系,大抵皆天津与北平同时招考,其试验分第一、第二、第三三试。第一试为通试,课目为党义、数学、国文、英文四项;第二试为分试,投考本系者,其课目为中国历史、西洋历史、中国地理、世界地理四项;第三试为口试,于第二试完毕后行之。

(乙)历年录取之人数 十九年第一学级录取二十二人,二十年第二学级录取二十三人,二十一年第三学级录取二十一人,二十二年第四学级录取二十人。

(丙)学生河北省籍与他省之比例 本系学生属于河北省籍者,第一学级居十分之五,第二学级居十分之四,第三学级居十分之五,第四学级居十分之三。

(丁)录取之困难 本系因有史地之别、中西之分,故历年试卷,皆感史地未必兼长,中西未必兼优,求其皆能及格,实属不易。且史地答案多属记忆,鲜属理论,试卷时有文字通顺而答案模棱,或答案及格而文理欠通,衡其去取,皆感困难。

二、 本系设备

(一)研究室 本系自设置伊始,即有研究室之设,用备学生课外读书以及绘图之用,举凡本系之图书、仪器,一切设备,悉存于此。迄二十三年之二月,新建图书馆落成,规模宏敞,设备完美,各系图书胥移于此,故研究室因之取消。

(二)绘图室 本系学生,凡选制图学者,绘图为其惟一工作,成绩之考查,即视其作品之优劣。自研究室取消后,因辟此室,以供绘图之用。

(三)书籍 本系书籍,向存研究室中,取消研究室后,悉移图书馆内,总计历年中西史地书籍,约共五千六百六十三册,价值约居全院图书百分之十四。购书办法,为由本系主任视每年本系购书费之盈绌,请各教员就其所任课程拟具书单,汇交图书馆主任,按目采购。如教员与学生对研究问题遇有急需,亦可随时开单,交馆购买。

(四)图表 本系所购图类可分下列数种:

中国全图,中国各省分图,世界全图,世界各国分图,物产图,人种图,地形图,天文图,古器物图。

以上诸类,多有尚未完备,正在积极购置者。表则亦皆关于史地之作,率为本系自制。此外尚有各种照片、拓片之属,皆存绘图室中。

(五)仪器古物 本系仪器,现有者惟地球仪及绘图仪器数种,古物亦无甚多,正拟逐渐购买。

(六)钱币 本系藏有历代铜币数百种,颇足供研究历代币制之助。近代纸币,亦有数十种,均藏绘图室中。

三、 本系现有教员人数及教学状况

(一)教员现有人数 本系历聘教员,已如上述,兹将现有之人数及所任课程,分列于左:

张金书 地学通论一二三 中国地理一二三 地理教学法 制图学

殷祖英 人生地理 世界地志一二三

苏从武 中国上古史 中华民国史 历史教学法

班书阁 中国中古史 中国近古史 中国近代史 中国史学概论

孙毓棠　西洋上古史　西洋中古史　西洋近古史　西洋近代史

侯　宪　法学通论

（二）教学状况　课程性质，各有不同，故教法亦难一致，兹就概况分列如下：

（甲）填写教学纲要　各教员在各学期开学之始，所任课程，皆须填写教学纲要，其项目分为：（一）教学目标，（二）本课目毕业最低限度，（三）教材纲目及时间之分配，（四）教学方法，（五）成绩查法，（六）成绩计算法。逐条填写后，送交教务处，以备存查。

（乙）讲演与讨论　教学平时以讲演为主，遇有问题，则令学生互相讨论，如有错误，加以订正。

（丙）课堂笔记　笔记分为四种：一、讨论问题之结果，二、讲义文字以外之补充，三、讲义中疑难文字之解释，四、所示课外研究之途径。

（丁）指定参考书籍　教员在讲室所授，不过提纲挈领，示以端倪，故须随时指定参考书籍，告以篇章，使课外参考，以资深造。然所指书籍，亦有必须参考与自由参考之别，必须参考者，为与所授教材有密切关系，试验时与讲义同一重要。自由参考者，在指定之义，不过示以深造之方法、如无兴趣，可任自便。

（戊）揭示专题　各教员就所授课程，拟若干题目，示以参考书籍与搜集材料及整理之法，使学生课外研究，教员加以更正，其佳者于期刊中发表之。

（己）实际观察　教授史地，图表固属重要，而有时必须利用实物或标本模型也，方能明了。研究地理，除讲解讨论外，尤贵旅行，使学生获得实地经验，以与讲解之问题互相印证。

（庚）成绩考查　成绩考查，分为三种，一、平时考查，二、临时试验，三、学期试验。平时考查，又分为随时问答、读书报告、审查笔记诸法。临时试验，宿题与即答题，参互行之。学期试验，一律用即答题。

四、 本系现有之班次及学习状况

（一）本系现有之班次　本系学生，现有四班，兹将各班录取、休

学、退学及现有之人数,列表于下:

学级	录取年月	录取人数	休学人数	退学人数	现存人数
第一学级	十九年秋	二十二人	一人	四人	十七人
第二学级	二十年秋	二十三人	四人	三人	十六人
第三学级	二十一年秋	二十一人	五人	二人	十四人
第四学级	二十二年秋	十九人	三人	一人	十五人

（二）学习状况　学生学习状况,除注意听讲、讨论问题、整理笔记外,须有下列工作:

（甲）读书报告　教员在课堂指定参考书籍,学生阅览后,或摘录要旨,或笔记心得,须拟具报告书,使教员知其确已读过,并考其注意之点,是否额要。

（乙）专题研究　教员所示专题,学生须遵其途径,潜心研究,不特可得练习搜集材料与整理材料,集腋成裘,即为著述之技能,且可藉以博览群书,扩充眼界,即研究苟有未当,获益实亦良多。

（三）课外活动　本系学生原有史地学会之组织,其规定大致如下:

（甲）轮流讲演　其讲演以告研究心得与介绍新书为宗旨,盖志在公诸同好,以便观摩。

（乙）讨论问题　同学遇有疑难问题,则开会共同讨论,如仍不能解决,再请教员加以解释。

（丙）社会观察　规定每两周举行一次,其时间以星期六下午,不误课程为主。视察地点,如工厂、局所、报馆、图书馆、陈列馆、学校、公署等一切有组织之团体,皆在其列。每次视察所得,须推举纪录数人,作为有条理之报告,间或附以图表,用资印证。

（丁）津外参观　每年春假举行一次,地点临时公议,其作报告、制图表与社会视察同。

五、　本系课程组织及说明

（一）学系总则　本系总则,规定如左:

1. 目标　本学系以培养中等教育历史、地理科师资及独立研究史地学术之能力为宗旨，因适应现今中等学校之需要，故令历史学及地理学为一系。

2. 学科种类　本系学科种类，分别如下：

主科　若中国历史、西洋历史、中国地理、世界地理之类，悉为主科。

辅科　若史学概论、中西文化史、民族史、东亚各国史之类，悉为辅科。

修养　若政治学、法学通论、社会学、经济学之类，悉为修养科目。

3. 本系规则　本系规则，规定如左：

（1）本系学生，四年中于公共必修课目三十七学分外，必须修满本系必修课目七十学分、本系选修课目二十五学分，始得毕业。

（2）本系学生，在第一、二学年，各得学习三十六至四十学分，第三、四学年，各得学习三十至三十六学分。

（3）他系学生，欲以本系历史组为副系者，须修满左列课目及学分，方得毕业。

课目	每周时数	学分数
第一学年		
中国上古史	三—三	三—三
西洋上古史	三—三	三—三
第二学年		
中国中古史	三—三	三—三
西洋中古史	二—二	二—二
第三学年		
中国近古史	三—三	二—二
西洋近古史	三—三	二—二
第四学年		
中国近代史	二—二	二—二
西洋近代史	三—三	二—二
历史教学法	一—一	一—一

（4）本系各课目,普通所用教学方法,为讲演、讨论、笔记与指定参考书,斟酌并用。

（5）本系成绩考查,分平时考查、期中试验、学期试验三种。成绩计算,平时考查定为二成,期中试验定为三成,共为五成,学期试验,定为五成,合上述两项共为十成。

（二）各学年课之分配

第一学年		
（1）公共必修课目	每周时数	学分数
党义	一—一	○—○
普通体育	二—二	○—○
国文名著选读及习作	四—四	三—三
基本英文（一）	三—三	三—三
（2）本系必修课目		
中国上古史	三—三	三—三
西洋上古史	三—三	三—三
中国地理一	三—三	三—三
地学通论一	二—二	二—二
（3）公共选修课目		
第二外国语	三—三	三—三
（4）本系选修课目		
中国民族史	一—一	一—一
中国革命史	一—一	一—一
中国近世外交史	二—二	二—二
中国人文地理	二—二	二—二
人类学及人种学	二—二	二—二
制图学	二—二	一—一
社会学	二—二	二—二
经济学	二—二	二—二

第二学年		
（1）公共必修课目	每周时数	学分数
普通体育	二一二	〇一〇
基本英文（二）	二一二	二一二
（2）本系必修课目		
中国中古史	三一三	三一三
西洋中古史	三一三	二一二
中国地理二	三一三	二一二
地学通论二	二一二	二一二
世界地志一	二一二	二一二
人生地理	三一三	三一三
（3）公共选修课目		
第二外国语	三一三	三一三
科学概论	二一二	二一二
哲学概论	二一二	二一二
论理学	二一二	二一二
伦理学	二一二	二一二
西洋哲学史	二一二	二一二
（4）本系选修课目		
中国经济史	三一—	三一—
远古人类史	—一—	—一—
中国史学概论	二一二	二一二
经济地理学	二一二	二一二
政治学	二一二	二一二
法学通论	二一二	二一二
国际公法	—一二	—一二

第三学年		
（1）公共必修课目	每周时数	学分数
普通教学法	——三	——三
普通心理及教育心理	三—三	三—三
教育概论	三——	三——
（2）本系必修课目		
中国近古史	三—三	二—二
西洋近古史	三—三	二—二
中国地理三	二—二	二—二
地学通论三	二—二	二—二
世界地志二	二—二	二—二
（3）公共选修课目		
近代文化	二—二	二—二
中国教育史大纲	二—二	二—二
教育统计	三——	三——
教育测验	——三	——三
教育调查	三——	三——
教育史	——三	——三
中等教育	二——	二——
师范教育	——三	——二
儿童及青年心理	三——	三——
社会心理学	——三	——三
动物心理学	二——	二——
变态心理学	——二	——二
（4）本系选修课目		
中国文化史	二—二	二—二
西洋文化史	二—二	二—二
世界近世外交史	二—二	二—二
东洋各国史	二—二	二—二

（续表）

	每周时数	学分数
东西交通史	一一一	一一一
西洋史学概论	一一一	一一一
现代国际问题	二一二	二一二
历史地理学	二一二	二一二
测量学	一一一	一一一
地质学	一一一	一一一
岩石学	一一一	一一一
气象学	一一一	一一一
河北经济地理	一一一	一一一
考古学	二一一	二一一
金石学	一一二	一一二
目录学	二一一	二一一
历史特别研究	另定	
地理特别研究	另定	

第四学年		
（1）公共必修课目	每周时数	学分数
教育行政	二一二	二一一
教育实习	二一二	二一二
（2）本系必修课目		
中国近代史	二一二	二一二
西洋近代史	二一三	二一二
世界地志三	二一二	二一二
历史教学法	一一一	一一一
地理教学法	一一一	一一一
中华民国史	一一一	一一一
（3）公共选修课目	与第三学年同	
（4）本系选修课目	与第三学年同	

本系选修课目与公共选修课目之开班与否，须依据学校经济及教员人才等情形，于每学期开始时，决定宣布。

（三）各课内容之说明　下列各说明，其课目皆为本系所设，其非本系所设者，皆详他系课程说明中，悉不赘述。

1. 本系历史必修课目说明

中国上古史　研究中国民族文化之来原及递变，考察社会民生演变之实况，以明了古代进化之历程。为中国史之第一期，自太古至秦统一。

中国中古史　研究中国历代递嬗之迹象，注重社会民生变迁之因果关系，以明了其演化之趋势。为中史之第二期，自秦之统一至隋统一。

中国近古史　研究隋、唐、五代、宋、元兴衰之迹，以及异族入据中国之原因、文化之演变。为中国史之第三期。

中国近代史　研究中国近代史迹之真象，注重东西交通之经过及影响，考察近世民生剧变之情形，以明了中国社会之来原及改进之方法。为中国史第四期，自明至清末。

中华民国史　研究中华民国史迹之真象及今后之现状及趋势，使学生明了现代环境，并注意重要问题之讨论研究。

西洋上古史　本课目所包括之时代，起自欧洲旧石器时代，授至四七六年罗马帝国之灭亡，目的在使学生了解古代人类文明演化之大概趋势，古代文化之贡献对于日后欧洲文化之影响。

西洋中古史　本课目自罗马灭亡起，至文艺复兴初期止，即自四七六年至一二五〇年。目的在使学生了解近代文化及欧洲社会之来源，尤重其与近代文化有关系处，讲授时侧重此时代之文化与典章制度。

西洋近古史　本课程包括文艺复兴、宗教革命、十七十八世纪、法国革命及拿破仑时代，计自一二五〇年至一八一五年。使学生明了近代西洋文化之渊源、进步及发展之概况，尤重视文化之进步、欧洲之向外发展及法国大革命三方面，以期学生能了解近代西洋文明之线索及其在世界文化上之地位。

西洋近代史　本课目名为西洋近代史，亦即西洋十九世纪史，讲授自一八一五维也纳会议始，至一九一八欧洲大战结束止。目的在使学生明了法国大革命后,欧洲百余年来政治上、社会上之各种运动及变迁演化之渊源与趋势,并明了现代世界大势。

历史教学法 讨论历史教学方法之得失,比较中等学校通用历史教科书之优劣,并研究教学方法及编辑教科书之改进计划。

2. 本系地理必修课目说明

中国地理总论 研究中国自然地理及人文地理之现状,注重其互相之关系,以明了全国之概况。

中国地理一 以自然区域为标准,分区详细研究各区域内人民之生活与自然环境之关系,注重交通及经济状况。

中国理地二 说明同上。

中国地理三 说明同上。

地学通论一 研究地理学普通原理及现象,注重自然与人文之相互关系,为地理学之基础知识。

地学通论二 说明同上。

地学通论三 说明同上。

世界地志一 研究世界自然地理与人文地理之关系以及现状,注意各国国际关系,以明了世界之概况。

世界地志二 说明同上。

世界地志三 说明同上。

人生地理学 研究自然与人生之相互关系,及种族、政治、经济等之组织及现状,注意人类对自然适应与改造之方,以达征服自然、提高人生之目的。

地理教学法 讨论地理教学法之得失,比较中等学校通用地理教科书之优劣,并研究教学方法及编辑教科书之改进计划。

3. 本系历史选修课目说明

中国文化史 研究中国文化之渊源及递变,注意其演化之因果关系,及中国文化之特点与现状。

西洋文化史 研究西洋文化之渊源及演进,考查其发展之原因及经过,并注意其与世界及中国文化之影响。

中国近世外交史 研究明中叶以来中国与世界各国交通之沿革

及影响,明了中国现代国际地位及对外问题之状况,以谋今后之改进。

世界近世外交史　研究汉族及各民族之渊源及其混化演进之经过,注意发挥民族固有精神与联结融合而构成大中华民族之方法。

中国革命史　研究中国革命之历史、背景及其与进化之关系,特详清末以来国民党所领导革命势力发展之经过,并注意革命史料之搜集与整理。

中国经济史　研究中国历代社会经济制度及民生状况之演进,以明了中国史迹递变之主因及现代社会经济状况之来原,并谋今后之改进及建设。

东洋各国史　研究东洋各民族文化之演进及其相互影响,特重日本、印度、朝鲜及南洋诸国与我国之关系。

东西交通史　研究欧亚交通之史迹,注重中国与中亚、欧洲交通演进之经过。

远古人类史　研究有文字纪录以前人类之历史,考察人类骨骼及使用器具之变迁,注意其主要发明及进化阶级。

中国史学概论　研究中国史学之源流及其体系,明了史学家及其名著之概要,批评其得失,并注意中国史学界之状况。

西洋史学概论　研究希腊以来西洋史学界之源流及其演进之概况,注意现今西洋史学之特长及与我国史学之比较。

历史特别研究　遇有对史学特别创见或专题研究者,随时特开课目,学分亦临时规定。

4.本系地理选修课目说明

现代国际问题　研究现今国际形势及其主要问题之来原及现状,使学生明了世界大势,并讨论今后国际问题之趋势及解决方法,注意与我国之关系及国际连合运动之进展。

经济地理学　研究自然与人生、经济、生活之影响,及物产、交通、职业、都市等经济现象,以明了世界民生及国际经济问题之状况及趋势。

历史地理学　应用历史学演进之原理及地理学自然与人生互相之关系,研究历史上地理区域发展及变迁之沿革,并证明自然影响人生及人生改造自然之情况。

人类学及人种学 研究人类种族之起原、分布、语言、宗教等之概要，并比较其风俗、习尚及民生现状，注意其与自然之影响。

中国人文地理 研究中国自然与人生之影响及民族、政治、经济之现状，尤注意今后经济建设之方针及计划，以谋改造自然，提高民生。

制图学 研究制图学之原理及应用，并切实练习制图仪器之使用，各种地图之作法与技能。

测量学 研究测量之原理及应用，并切实练习测量仪器之使用及实测之方法及技能。

地质学 研究地球之来原及地层之构造，考察地质及生物之时代及变迁，以明了地壳构成之概况。

气象学 研究空气之寒暖、燥湿、流动等现象之因果及与人生之关系，并注意测验气象之方法。

岩石学 考察岩石之种类、性质及其应用，注意生成之原因及鉴别之方法。

河北经济地理 研究河北自然与经济状况之影响，及物产、交通、职业、都市等经济现象，注意其与全国及外国之关系。

地理特别研究 遇有对地理特别创见或专题研究者，随时特开课目，学分亦临时规定。

5. 本系修养选修课目

经济学 说明详家政系课程说明。

社会学 说明同上。

法学通论 本学科之目的，在求与未尝学习法律学者以法律基本之知识，故以有系统之方法说明法律学全体之原理原则及其互相关系处。又初习法学通论者，往往但知抽象之原理原则，终苦无具体之事实藉作参证，以为透澈了解之根据，故本科讲授时，尤在征引例证，而所征引之例证，尤在求其切合本国之现行法制及社会实际情况，俾对于此科要义得有透澈之了解，不徒可为将来担任公民学师资之准备，并且可以为立身社会及成一健全国民之基础。

政治学 此科之目的，在求与未尝学习政治各学科者以政治基本之知识,举凡关于政治学之范围,国家之本质、起源、主权及政体之组织等,皆为简要概括之说明。此外更将本国政治制度与英、美、法、德、俄、意诸国加以比较,以为阐明政治组织原理之根据,务求使读者洞悉政治学中之要目与夫近世政治趋向之大势,以为将来出为人师之预备。

六、 未来计划

（一）课程　本系课程进行计划,预拟如左:

（甲）合班教授　本系选修课目,拟悉改为合班教授,使课目轮流更换,不惟经济时间,且可救胶柱之弊。

（乙）提倡自修　教员在讲室授课,若就讲义逐行讲解,于进行上不无迟滞,故拟使其注重自修。教员宜但示以纲要,各讲课文以外之材料,讲义中之材料,使其自读,尤贵多指参考书籍,广其见闻,教授既可节省时间,进展反较迅速。

（丙）改国文名著为史籍选读　本系一年级之公共必修国文名著,其内容皆与史地无关,拟请国文学系担任本系国文名著之教员,所授教材,以选读史籍文字为主。例如九通序,正史中之列传与序例,《天下郡国利病书序》之类,不惟可培养其史地基本知识,且其文章亦尽名著,不背设课之旨。

（丁）减少基本英文　本系以公共必修课目过于繁多,以致本系应添课目无法设置,故拟在第二学年不读基本英文,改设其他关于史地课目。

（二）设备　本系设备计划预拟如左:

（甲）添置图表器物　本系图表,缺乏尚多,其他一切器物,如研究史地所需者,皆感不敷参考,拟逐类添置,以期完备。

（乙）设史地陈列室　因现有之绘图室过于偏隘,所有图表以及其他器物,深感无处陈设,故拟急筹规模较大之处所为史地陈列室,以为储藏器物一切图表之需。

（丙）设史地专用教室　教授史地,端赖图表,而图表之过大者,不便临时摘挂,故与其他学理合用一室,与教授深感不便,是以专用教室乃势所必需，不止可免图表摘挂携带之劳，且深不易受损。

（三）课外作业 学生课外作业，于学生学习状况中业已言之，兹更拟提倡如左：

（甲）编辑索引 中国之书籍浩瀚，向未整理，是以索引工作需要甚急，拟督其合力工作，每学期以完成一种为最低限度。

（乙）教学预习 本系既为造就师资人才，是以第四学年教学实习为必修课程，然在最短期内不易有显著成绩，故在二、三学年即宜互相讲授，以资磋磨。

教员一览

姓名	字	籍贯	性别	职务	家庭住址及通信处
班书阁	饶三	河北杞县	男	史地学系教授	天津义领事馆后五号谢宅或河南杞县聂桥口本宅
张金书	珍楼	河北南宫	男	同前	天津河北大经路进德里十号或南宫城内南街恒华杂货铺赵立恒转旺村寺
殷祖英	伯西	河北房山	男	史地学系讲师	北平西单辟才胡同郑王府夹道二号
苏从武	正静	河北沙河	男	同前	平汉路沙河县城内北街本宅
孙毓棠		江苏无锡	男	同前	天津特别二区大营门外大沽路九十五号孙宅
侯 宪	侠夫	山东平原	男	同前	山东平原县城东南李炉庄

（《河北省立女子师范学院一览》，1934 年）

河南大学文史学系（1935–1936）

　　一年级：国文主系,高晋生；英文甲,张仲和；中国通史,张邃青；文字学,高晋生；西洋上古史,余协中。

　　二年级：中国文学史,孔德；音韵学,邵次公；散文（上古至隋）,李雁晴；目录学,邵次公；中国上古史,孔德。

　　三年级：散文（唐至现代）,嵇文甫；经学专题研究,邵次公；西洋文学概要,饶孟侃；诸子专著研究,高晋生；西洋近代史,余协中；中国中古史,张邃青；甲骨文,李雁晴；中国近古史,张邃青。

　　四年级：训诂学,邵次公；校勘学,李雁晴；清代学术思想史,嵇文甫；最近国际关系,余协中；中国近代史,萧一山；毕业论文,教授之一。

　　选修学程：中国文学批评,孔德；历史方法论,萧一山；中国社会史,嵇文甫；宋元明学术思想史,嵇文甫；史通研究,张邃青；经学通论,李雁晴；金石学,高晋生；修辞学,涂公遂；西洋哲学史,郭本道；中国哲学史,郭本道。

（《本校本学期各院系开设学程一览》,

《河南大学校刊》1935 年第 81 期）

　　一年级：国文主系,涂公遂；文字学,高晋生；中国通史,张邃青；外国地理；中国上古史,范文澜；古代史研究与西洋上古史,胡石青；自然科学；社会科学。

　　二年级：中国社会史,嵇文甫；经学概论,范文澜；先秦学术思想史,嵇文甫；修辞学,涂公遂；目录学,邵次公；中国文学史,范文澜；隋唐五代史,张邃青；中国哲学史,郭本道；西洋中古及近古史,余协中；两汉魏晋南北朝史,牟润孙。

三年级：训诂学,邵次公；音韵学,邵次公；文心雕龙研究,范文澜；宋元明史,张邃青；西洋近代史,余协中；历史哲学,郭本道。

四年级：毛诗,高晋生；文字专书研究,高晋生；词选,邵次公；沿革地理,牟润孙；史学名著评论,张邃青；最近国际关系,余协中；逻辑,郭本道；清史研究,萧一山；史源学实习,牟润孙；宋元学术思想史,嵇文甫；英国史,高福德代；诸子专书研究,高晋生；西洋哲学史,郭本道；毕业论文。

（《本学期各院系开设学程一览》,
《河南大学校刊》1936 年第 135 期）

沪江大学政治历史系（1931）

学程简表

政治学及历史系				学分
历史	101—102	英国史	History of Great Britain	2—2
历史	103—104	中国近代史	History of Modern China	2—2
历史	105,106	基督传历史的研究	Hist. Study of the Life of Christ	2—2
历史	110	欧洲近代史	Modern Europe	0—3
历史	204	美国史	History of U. S. A.	0—3
历史	205	近代中国史	Modern China	3—0
历史	206	日本近代史	Modern Japan	0—3
历史	207	欧洲经济史	Economic History of Europe	3—0

历　史

韩森（Victor Hanson）	硕士	教授
魏馥兰（Francis Johnstone White）	博士	教授
韦爱伦（J. Hundley Wiley）	博士	社会学教授
余日宣	硕士	教授
魏馥兰夫人（Edith Thompson White）	学士	教师
潘树藩	学士	教师

学　程

历史一〇一——一〇二　**英国史**　本课研究英国宪法与民族自由思想之发展,兼及英国殖民政策之滋长与其现在之国际地位。大一选修,二学期,每周授课二小时,每学期二学分。

历史一〇三——一〇四　**中国近代史**　本课研究今日国内各重要问题在历史上的背景。又为历史二〇五植其基础。凡拟入社会学系者宜选此课。大一选修,二学期,每周授课二小时,每学期二学分。

历史一〇五、一〇六　**基督传历史的研究**　研究耶稣生平及教义与其历史的背景,使知耶稣如何制胜其环境。指示现代与当时情形有相似之处,足为青年奋斗之借镜者。大二选修,二学期,每周授课二小时,每学期二学分。

历史二〇二　**欧洲近代史**　本课研究欧洲近代史,自法国革命起,至世界大战,指示欧洲国际之发展与亚美两洲之关系。随时讨论时事,为今日世界政治行动进一解释。大二本系必修,下学期,每周授课三小时,三学分。

历史二〇四　**美国史**　本课研究美国之发展、社会之制度及其国际地位。大三、大四选修,下学期,每周授课三小时,三学分。

历史二〇五　**近代中国史**　本课之研究,自欧化东渐起,其间政治组织之变迁、宪法之改进及各种有关系的问题,皆为政治系学生应有之知识。大三、大四选修,上学期,每周授课三小时,三学分。

历史二〇六　**日本近代史**　本课研究日本史,自一八六八年明治即位起,历指其改革风俗制度,采取西方文化,使封建制度下之日本一变而为近世一等国家的原因。大三、大四选修,下学期,每周授课三小时,三学分。

历史二〇七　**欧洲经济史**　研究欧洲列强实业之发展,注重文化上和政治上的经济学原则。大三、大四选修,上学期,每周授课三小时,三学分。

教员录

姓　名	籍贯	履　历	担任课目	
韩森 V. Hanson	美国	B. A., Buena Vista College; B. A., M. A., University of Chicago.	政治历史	教授
魏馥兰 F. J. White	美国	B. A., M. A., D. D., Ottawa University; Rochester Theological Seminary.	伦理哲学	教授
韦爱伦 J. H. Wiley	美国	B. A., University of Richmond; Th. M., Southern Baptist Theological Seminary. M. A., University of Chicago., Ph. D., Southern Baptist Theological Seminary.	社会学	教授
余日宣	湖北	文华大学文学士, 伯林司登大学硕士	政治历史	教授
魏馥兰夫人 E. T. White	美国	B. A., Ottawa University	历史	教师
潘树藩	浙江	光华大学文学士	党义	教师

（《私立沪江大学一览》, 1931 年度）

华中大学历史社会系（1935）

辅系：文学院或教育学院各系组课程均可。

中期考试：除国文、英文、历史、社会学外，另选一门。

第一学期

课程		学分	
国文	一〇一～一〇二	二	二
国文	一〇三～一〇四	二	二
英文	一〇一～一〇二	三	三
英文	一〇三～一〇四	二	二
体育		二	二
政治	一〇一～一〇二	一	一
历史	一〇一～一〇二	三	三
历史	二〇一～二〇二	二	二
经济	一〇一～一〇二	三	三
生物	一〇五～一〇六	三	三
共计		二二	二二

第二学期

课程		学分	
英文	二〇一～二〇二	二	二
英文	二〇二～二〇四	二	二
体育		一	一
哲学	选修	三	三

（续表）

课程		学分	
心理	二〇一～二〇二	三	三
经济	二〇三～二〇四或	二	二
	三〇三～三〇四	三	三
社会	二〇一～二〇二	三	三
选修		二或三	二或三
共计		一九	一九

第三学期

课程		学分	
体育	三〇一～三〇二	一	一
体育		一	一
历史	三一一	三	
社会	三〇三～三〇四	三	三
	三〇五～三〇六	三	三
	三二六	三	
选修		五	五
共计		一六	一六

第四学期

课程		学 分	
体育		一	一
社会	三〇一～三〇二	三	三
	三〇八～三〇九	三	三
	三三一～三三二	二	二
社会		三	
选修		四	七
共计		一六	一六

历史辅系

课程		学　分		
必修：历史	一〇二～一〇二	三	三	六
	二〇二～二〇二	三	三	六
选修：历史				六
共计				一八

社会学辅系

课程		学　分		
必修：社会	二〇一～二〇二	三	三	六
选修：社会学				一二
共计				一八

历史一〇一～一〇二　**西洋史**　本课程讲授西洋史纲，特别注重西洋各国在法国革命迄大战期间之发展，务使学者明了近代西洋文物、政教变迁之迹，而得一有系统之历史观念。每周讲授三小时，六学分，一学年授完。

历史二〇一～二〇二　**中国史**　本课程讲述我国历代政治之沿革、社会之发展、各民族盛衰兴亡之因果、学术思想之演变及其与政治之相互影响。每周讲授二小时，四学分，一学年授完。

历史二〇三～二〇四　**英国史**　本课程讲述英国开国以来变迁之迹，注重其宪法之演进、经济之发展、人文之嬗变以及其近代海外事业之开拓。每周讲授三小时，六学分，一学年授完。先修课程：历史一〇一～一〇二。

历史二〇五～二〇六　**经济史**　东亚各国经济组织之演进。

历史三一一　**西洋文明史**　本课程讲述地中海沿岸文化之变嬗及其对中古和近代欧洲之贡献、革命运动、工业革命及民族主义等等。每周讲授三小时，三学分，一学年授完。先修课程：政治一〇一～一〇二。

历史三一三～三一四　**耶教史**　本课程讲述耶教之来源和发达，

在中古时代之位置,宗教改革与反改革之情形及其对于世界文化上之贡献。每周讲授三小时,六学分,一学年授完。

历史三一五～三一六　远东国际关系史　本课程研究十九世纪泰西各国与中国、日本、印度、菲律宾等国所发生之国际关系,以期了解中国之国际地位。每周讲授三小时,六学分,一学年授完。

历史三一七　史学方法　本课程讲述历史之类别及其研究之方法,并截某段西洋史以史学方法批评之。每周授课三小时,三学分,一学期授完。

历史三二三～三二四　时事研究　本课程就现代各民族与国际间之发展事实,用历史眼光以推究世界将来之情形。学分及学时临时规定。

（《私立武昌华中大学一览》,1935 年度）

暨南大学历史地理学系（1936）

一、 教员名录（二十四年度）

教授：周予同（主任）、张凤、周谷城、陈高傭、王勤堉、吴泽霖（兼海外文化部主任）。

兼任教授及讲师：张资平、钱亦石、楚曾、葛受元。

助教：苏乾英、俞寿松。

二、 学程总则

（一）本学系以养成研究中外史地之专门人材为宗旨，特别着重南洋方面史地之研究，而同时留意国内与华侨中等教育段史地学科师资人才之培养。

（二）凡志愿投考本学系之学生，除入学考试平均成绩及格外，史地成绩须在七十分以上。

（三）本学系学生于四学年内除党义、军训、南洋概况外，须修足一百三十六学分。

（四）本学系学生于第二学年开始时须认定文学院其他一系（中国语文学系、外国语文学系或教育学系）为辅系，各辅系学程由各该学系规定之。

（五）本学系学生于第二、三、四学年内，除规定必修学程外，须选定中国史、西洋史或地理学之若干规定学程（详下文第一类、第二类，第三类必修学程）为专门研究之必修学程。

（六）本学系学生于四学年内须学习必修学程六十三学分，选修学程最高十六学分,最低七学分。

（七）本学系学生于第二、三、四学年内须选修辅系学程,最高二十四学分,最低十五学分。

（八）本学系学生于四学年内须认定德、法、日三国文字之一为第二外国语,不得少于十二学分。

（九）本学系学生须于第四学年开始时选定研究专题,商准系主任,由教授担任指导,选著毕业论文,于毕业考试前送缴,经本院系院系会议通过后,方得毕业。毕业论文不给学分。

（十）他学院他学系之学生转入本学系者,其已修习学程学分须经本学系分别认可。

（十一）他学院学生如欲转入本学系者,须于第二学年开始时依照转院系手续办理。

三、学程总表

（甲）史学类一——中国史

学程名称	年级	必选修	学分数	年限	每周上课时数	备注
中国通史	一	必	六	一	三	
中国上古史（前史——秦）	三、四	*选必	三	半	三	*"选必"指选修学程而可认为必修者,如偏重史学之学生可以中国分期史为必修学程。以下同。
中国中世史上（秦——五代）	三、四	选必	三	半	三	
中国中世史下（宋——明末）	三、四	选必	三	半	三	
中国近世史（明末——清）	二、三	选必	三	半	三	
中国现代史（民国）	二、三	选必	三	半	三	
中国民族史	二、三	选	三	半	三	

（续表）

学程名称	年级	必选修	学分数	年限	每周上课时数	备注
中国经济史	二、三	选	三	半	三	
中国政制史	二、三	选	三	半	三	
中国社会史	二、三	选	三	半	三	
中国宗教史	二、三	选	三	半	三	
中国学术史	二、三	选	三	半	三	
中国艺术史	二、三	选	三	半	三	
中国文化史综论	三、四	*选	三	半	三	*须修选本类学程中国经济史、政制史、社会史、宗教史、学术史、艺术史三种以上者，始得选修本学程。
蒙古史	三、四	选	三	半	三	
西域史（西藏及新疆）	三、四	选	三	半	三	
中西交通史	三、四	选	三	半	三	
中国民族海外发展史	三	必	三	半	三	

（乙）史学类二——西洋史

学程名称	年级	必选修	学分数	年限	每周上课时数	备注
西洋上古史（前史——罗马君士坦丁帝前　附上古近东各国）	三、四	选必	三	半	三	
西洋中世史（罗马君士坦丁帝——一四五三年东罗马灭亡）	三、四	选必	三	半	三	

（续表）

学程名称	年级	必选修	学分数	年限	每周上课时数	备注
西洋近代史上（一四五三年——一七九二年法国革命以前）	三、四	选必	三	半	三	
西洋近代史下（法国革命——一九一三年欧洲大战以前）	二、三	选必	三	半	三	
西洋现代史（欧洲大战——今日）	二、三	选必	三	半	三	
西洋产业革命史	二、三	选	三	半	三	
西洋海外拓殖史	二、三	选	三	半	三	
法国革命史	二、三	选	三	半	三	
俄国革命史	二、三	选	三	半	三	

（丙）史学类三——东亚史

学程名称	年级	必选修	学分数	年限	每周上课时数	备注
南洋史	二	必	三	半	三	
亚洲东部诸国史（日本及朝鲜）	二、三	选	三	半	三	
亚洲南部诸国史（印度、暹罗、安南、缅甸）	二、三	选	三	半	三	

（丁）史学类四——通论及其关系科学

学程名称	年级	必选修	学分数	年限	每周上课时数	备注
历史哲学	三、四	选	三	半	三	
史学通论	三	必	三	半	三	
社会进化史	二、三	选	三	半	三	
文化人类学	二、三	选	三	半	三	
考古学	三、四	选	三	半	三	
史前史	三、四	选	三	半	三	
中国史学史	四	必	三	半	三	
西洋史学史	四	必	三	半	三	
年代学	三、四	选	三	半	三	
史料研究	三、四	选	三	半	三	

四、分年程表

（甲）必修学程

第一学年			
中国通史 三——三	自然地理 三——〇	气象学 〇——三	
第二学年			
南洋地理 三——〇	南洋史 〇——三	气候学 三——〇	地质学 〇——三
第三学年			
中国民族海外发展史 三——〇	史学通论 〇——三	地形学 三——〇	人文地理 〇——三
第四学年			
中国史学史 三——〇	西洋史学史 〇——三	地图学及图表法 三——〇	地理学史 〇——三

（乙）二、三、四年级选修学程

除上列本学系各年级必修学程外,本学系学生须就下列各类,选一类定一类修习之。

1. 第一类——中国史

	年 级	学分数	年 限
中国上古史	三、四	三	半
中国中世史上	三、四	三	半
中国中世史下	三、四	三	半
中国近世史	二、三	三	半
中国现代史	二、三	三	半

2. 第二类——西洋史

	年 级	学分数	年 限
西洋上古史	三、四	三	半
西洋中世史	三、四	三	半
西洋近代史上	三、四	三	半
西洋近代史下	二、三	三	半
西洋现代史	二、三	三	半

五、 史地学系作为他学系之辅系学程表

中国上古史 三——〇	中国中世史上 〇——三	中国中世史下 三——〇	中国近世史 三——〇
中国现代史 〇——三	西洋上古史 三——〇	西洋中世史 〇——三	西洋近代史上 三——〇
西洋近代史下 三——〇	西洋现代史 〇——三	亚洲东部诸国史 三——〇	自然地理 三——〇
人文地理 〇——三	本国地理 三——三	亚洲地理 三——〇	欧洲地理 〇——三
美洲地理 三——〇			

（注一）以上学程，从中国上古史至亚洲东部诸国史，关于史学方面；从自然地理至美洲地理，关于地理方面。（注二）各生选修上列学程，希先决定偏重史学或地理学。

六、 学程说明

史一〇一——一〇二　中国通史　全年六学分，每周授课三小时。本学程内容，分为三部分：（一）导言：略述治史之旨趣，史学之对象及中国史之重心。（二）依"研究人类过去活动"之观念，分中国史为若干期，将各期之特征作一概括的比较。（三）依所分之期，逐步讲述。讲述时，侧重经济、政治与文化各方面。

史三〇一　中国上古史（史前——秦）　半年三学分，每周授课三小时，预修学程：中国通史。本学程为中国分期史之一，上起史前时代，下迄六国之亡，内容分为四部分：一、史前史，探究我国未有记载以前之史迹，分述北平原人与新旧石器时代文化之发现，古代神话传说之内容及其产生之由来。二、殷商史。根据殷虚遗物之发现，以补正旧史之缺误。三、西周史，整理古代遗留之文献，参以周代铜器款识之研究。四、春秋战国史，综合故籍，分别真伪，对于本时期之经济、政治、文化与民族之演变，作系统的、正确的叙述。

史三〇二　中国中世史上（秦——五代）　半年三学分，每周授课三小时。预修学程：中国通史。本学程为中国分期史之二，上起秦之统一，下迄五代之纷扰。内容分为三部分：一、秦汉史，二、魏晋南北朝史，三、隋唐五代史。每时期，除依据正史及新出史料分述政治、宗教、学术外，对于经济之演变、民族之同化、疆域之开拓与外族交通等，特加注意。

史三〇三　中国中世史下（宋——明末）　半年三学分，每周授课三小时。预修学程：中国通史。本学程为中国分期史之三，上起宋之统一，下迄明末之纷扰。其教材，除根据正史外，并利用新出之史料。内容分述北宋帝国之建立，外族之压迫，宋帝国之对策，南宋之中兴，对外之暂时妥协，蒙古族之兴起与南侵，蒙古族对汉族之统治政策，汉族之抬头及大明帝国之建立，明之政治，明末社会问题之严重及其社会之骚乱。

史二〇一　中国近代史（明末——清） 半年三学分,每周授课三小时。预修学程:中国通史。本学程为中国分期史之四,上起满族之崛兴,下迄民国之成立。依据中外史家所搜集之材料,分述明末流寇之兴与满族之乘机进逼,满族平定明室之复国运动及确立大清帝国,平定三藩,清帝国之扩大及巩固政策(对各族之治理,对邻国之交好与降服,及康雍乾三帝之帝国巩固政策),各族之反抗运动(东南部之汉族、西北部之回族、西南部之苗族之反抗运动),太平天国之反满运动,西力东渐,列强对中国之武力压迫(鸦片之战,英法联军,义和团之排外,中日之战),中国之殖民地化,维新图强,戊戌政变及辛亥革命。

史二〇二　中国现代史（民国） 半年三学分,每周授课三小时。预修学程:中国通史。本学程为中国分期史之五,专述民国成立以来之史迹。内容采纵剖法,大略分下列各项讲授:一、经济组织之演变,二、社会关系之变迁,三、政治制度之演进,四、文化之变动,而于九一八事变之前因及其影响,特加详尽。

史二五一　中国民族史 半年三学分,每周授课三小时。预修学程:中国通史。一、中国之原始民族,二、中国原始民族之混合,三、中国古代文化与汉苗二种,四、汉族之扩大,五、北方民族与西方民族之兴起,六、中国民族之第二次大混合,七、中国民族与印度民族之接触,八、唐代中国民族与异族之斗争,九、东北民族之侵入,十、蒙古民族之崛起,十一、东北民族之再起与满清入关,十二、汉满二族之斗争,十三、中国民族之海外发展,十四、中国近代民族问题。

史二五二　中国经济史 半年三学分,每周授课三小时。预修学程:中国通史。本学程为中国文化史之一部门,内容专研究中国各时代之生产方法、经济制度,以及社会人民之生活状况,并说明中国经济发展变迁之历程,及其对于社会组织、人民意识上发生之作用,使学者由此明了中国社会发展之根本原因及目前改善中国经济之必然途径。

史二五三　中国政制史 半年三学分,每周授课三小时。预修学程:中国通史。本学程为中国文化史之一部门,内容专述历代政治制度之实际情形,说明各种政治制度之机能,在当时发生之利弊,以及各种政制之源流变迁,兴废沿革,使学者由此得认识吾民族历来集团生活之组织能力,并明了各种政治制度与实际社会生活之关系。

　　史二五四　中国社会史　半年三学分,每周修课三小时。预修学程:中国通史。本学程为中国文化史之一部门,内容专述中国社会组织之起源及其演变,分为:一、总论,二、中国社会之远古期,三、中国封建社会之成立,四、所谓井田制,五、周代封建社会之变迁,六、秦汉之际之社会形态,七、中国社会史上之重农轻商思想,八、王莽变法与社会变革,九、中国社会史上之奴隶问题,十、汉代以后之土地问题,十一、汉代以后之社会矛盾现象,十二、中国近世之商业资本,十三、中国前资本主义时代之手工业,十四、元代商业资本之发展与新封建,十五、元末明初之农民暴乱,十六、明初之封建与专制,十七、明代官吏与平民之斗争,十八、明清之际之党社运动,十九、满清入关与中国社会之变迁,二十、清代秘密结社,二十一、近代中国社会之突变。

　　史二五五　中国宗教史　半年三学分,每周授课三小时。预修学程:中国通史。本学程为中国文化史之一部门,内容专从中国文化发展之阶段上叙述,并说明中国宗教之发展历程。首讲中国宗教之特质及中国宗教之发展阶段,次述中国固有宗教(即拜祖先教)之变迁,再次述印度佛教输入后之中国宗教及道教在秦汉以后之生成与发展,再次述近世基督教传入后之中国宗教情形,而于历代发生之所谓"邪教",亦尽量叙出其生成发展之现象并说明其社会背景,其目的在使学者明了中国文化史上究竟有无所谓宗教,中国宗教在文化史上占如何地位,及中国宗教生成发展之社会的背境。

　　史二五六　中国学术史　半年三学分,每周授课三小时。预修学程:中国通史。本学程为中国文化史之一部门,内容专述中国学术之产生与演变,及其所以产生与演变之社会背景。分为:一、绪论,讨论中国学术思想之分期及其所以如此分期之理由;二、孔老以前之学术思想,及其与宗教、政治、社会之关系;三、先秦子学;四、两汉经学;五、晋魏玄学;六、隋唐佛学;七、宋明理学;八、清代朴学;九、现代西洋学术之输入。而于历代之天文、舆地、算学、音律等,亦附带述及。

　　史二五七　中国艺术史　半年三学分,每周授课三小时。预修学程:中国通史。本学程为中国文化史之一部门,内容专述中国艺术之分类及其产生与演变,分为:一、玉石器之攻治及其成形,二、铜器之冶铸及其花纹,三、陶器之色绘及其印纹,四、壁画之起源及其作风,五、石室雕刻与塑像,六、周秦古鉥与汉代刻印,七、书法史,八、画学史,九、建筑史。

史三五一　中国文化史综论　半年三学分,每周授课三小时。预修学程:中国通史及中国经济、政制、社会、宗教、学术、艺术各史之任何三专史。本学程对于中国文化史作综合的研究,使学者对于中国文化得一明确的鸟瞰。其内容分为:一、中国文化之本质,二、中国文化之形成,三、中国文化之发展阶段,四、构成中国文化之诸民族,五、殷周之际的文化形态,六、封建制度下之中国文化,七、春秋战国时代之中国文化,八、秦汉以后封建势力与商业资本矛盾下之文化,九、中国与印度文化之沟通,十、中国近世文化与宋明理学,十一、中国文化与西洋文化之接触,十二、中国文化与科学,十三、中国文化与宗教,十四、中国文化与伦理,十五、中国文化之现阶段。

史三五三　蒙古史　半年三学分,每周授课三小时。预修学程:中国通史。本学程为专史之一,专述蒙古族之兴起与其变演之史迹,使学者对于中国现代问题获得深究之能力。内容分为:一、蒙古民族,二、蒙古地理,三、古代北狄与中国之关系,四、汉之匈奴,五、北朝诸部之入主中原,六、唐之突厥与其东西之分裂,七、成吉思汗之勃兴与元域之开拓,八、四汗国之强盛与其衰落,九、明清以来之蒙古汗国,十、现在状况及其与中国之关系。

史三五四　西域史（新疆及西藏）　半年三学分,每周授课三小时。预修学程:中国通史。本学程为专史之一,专述新疆及西藏一带边疆之史迹,使学者对于中国现代问题获得深究之能力。内容分为:一、西域民族略述,二、西域地理撮要,三、汉代及隋唐之交通与内附,四、回部之叛乱与平治,五、光绪八年之新疆设省,六、喇嘛教之政教统治,七、清代之羁縻政策,八、英俄之窥伺,九、现代状况。

史三五二　中西交通史　半年三学分,每周授课三小时。预修学程:中国通史。本学程专述中西交通之史迹,使学者明了中国在世界史上之地位。其内容分为:一、绪论,二、上古时代中西交通之考证,三、张骞使西域与中西交通之开展,四、大秦景教之来华,五、中西交通史上突厥民族之地位,六、元代西征与中西交通,七、欧洲基督教徒之来华,八、马哥孛罗之东游,九、中西交通之中断,十、中西交通之复兴,十一、十五世纪时欧人之访契丹,十二、俄罗斯之再通中国,十三、英吉利之通华,十四、明清之际之天主教,十五、近代西学之东来,十六、中西贸易与十三洋行,十七、鸦片战争与中国门户之开放。

史三〇五　中国民族海外发展史　半年三学分,每周授课三小时。预修学程:中国通史。本学程专述中国民族向外发展之史迹,使学者明了中国民族过去之光荣及其目下之危机。其内容分为:一、绪论;二、移民之史迹,再分为 1. 俄国及西伯利亚,2. 欧洲,3. 南非洲,4. 坎拿大,5. 美国,6. 墨西哥,7. 中美,8. 南美,9. 西印度诸岛,10. 澳洲及纽丝兰,11. 东印度群岛,12. 马来半岛,13. 婆罗洲,14. 菲律宾群岛,15. 暹罗,16. 缅甸,17. 越南;三、各地对我国移民之限制及其对策;四、结论。

史三〇七　西洋上古史　半年三学分,每周授课三小时。本学程为西洋分期史之一,上起史前,下迄罗马君士坦丁帝之即位。其内容首述史前文化,次述由埃及至罗马时期之经济、政治、社会等制度之进展及其人民生活思想之演变,而于近东诸国,如巴比伦、亚叙亚、腓尼基、西伯来、波斯等国之文化及其演变,亦一并附及。

史三〇八　西洋中世史　半年三学分,每周授课三小时。本学程为西洋分期史之二,上起罗马君士坦丁帝之即位,下迄一四五三年东罗马之灭亡。其内容专述欧洲中世时代之经济、政治、社会、宗教及其人民之生活状况、思想变迁等。

史三〇九　西洋近代史上　半年三学分,每周授课三小时。本学程为西洋分期之三,上起东罗马之灭亡,下迄一七九二年法国革命之前夜。其内容专述此时期内经济、政治之变迁,宗教改革之因果,民治之趋向,及法国革命之酝酿。

史二〇三　西洋近代史下　半年三学分,每周授课三小时。本学程为西洋分期史之四,上起法国革命,下迄一九一三年欧洲大战之前夜。其内容讲授法国革命之因果,拿破仑之兴起与其失败,维也纳会议之改造,欧洲工业革命之发生与其影响,欧洲各民族国家之建立与其殖民地之开拓,世界第一次大战之酝酿。

史二〇四 西洋现代史 半年三学分,每周授课三小时。本学程为西洋分期史之五,上起一九一三年之欧洲大战,下迄今日。其内容首述欧战之原因、经过及其影响,巴黎和会之经过与各种和约之内容,国际联盟之组织与任务;次及战债赔款问题,军缩问题,世界经济会议之召集;末述最近各国之内政、外交,世界不景气之因果,及各国复兴运动;最后指示世界政局之动向。

史二五九 西洋产业革命史 半年三学分,每周授课三小时。本学程为西洋专史之一,讲述西洋产业革命之经过及其影响,使学者对于现代国际问题获得明确之认识。内容分为:一、绪论,二、产业革命的背景,三、产业革命的过程,四、英国的产业革命,五、法国的产业革命,六、德国的产业革命,七、美国的产业革命,八、俄国的产业革命,九、产业革命的影响,十、结论。

史三六〇 西洋海外拓殖史 半年三学分,每周授课三小时。本学程为西洋专史之一,讲述西洋各国海外殖民之史迹及其影响,使学者对于现代国际问题获得明确之认识。内容分为:一、新航路与新大陆之发现,二、欧洲各国之殖民事业及其相互间之冲突,三、英法等殖民帝国之建造。而于第三部分特加注重。

史二六一 法国革命史 半年三学分,每周授课三小时。本学程为西洋专史之一,讲授法国大革命之史迹。内容分为:一、法国大革命之时代背景及其原因,二、革命之爆发与其经过,三、列强干涉之影响,四、拿破仑之兴起与其失败,五、维也纳会议与波旁复辟后之局势。而于一八三〇年之七月革命、一八四八年之二月革命亦加以叙述。

史二六二 俄国革命史 半年三学分,每周授课三小时。本学程为西洋专史之一,讲述俄国大革命之史迹。内容分为:一、俄国大革命之时代背景及其原因,二、革命运动之经过,三、一九〇五年之革命,四、一九一七年三月至十一月之革命,五、苏维埃政府成立后之内忧外患,六、苏维埃政府对于政治、经济以及社会组织之改革,七、俄国大革命对于世界各国之影响。

史二〇六 南洋史 半年三学分,每周授课三小时。本学程为专史之一，专述南洋各地之史迹。其内容分为：一、概论，再分为 1. 欧人未东渡前之南洋，2. 葡西荷各国与南洋之关系，3. 德美英各国与南洋之关系，中国与南洋之关系；二、英属马来；三、荷属东印度；四、菲律宾；五、英属北婆罗洲；六、沙劳越；七、日本委任统治群岛。

史二六三　亚洲东部诸国史（日本及朝鲜） 半年三学分，每周授课三小时。本学程专述亚洲东部诸国之史迹，以日本为主，而兼及朝鲜。关于日本部分，特别注重现代史，例如明治维新之因果，中日之役，日俄之役等史实，皆特加精密研究。朝鲜之兴亡，对于东亚之关系甚大，亦特加注重。至于讲授方法，则以"中华民族"与"世界情势"为背景，以免沉闷苦涩之弊。

史二六四　亚洲南部诸国史 半年三学分，每周授课三小时。本学程专述亚洲南部诸国之史迹，以印度、暹罗、安南、缅甸四国为主。其内容分述诸国民族、政治、宗教、社会之沿革，诸国与中国之关系，西洋殖民政策实行后之变迁及其最近之趋势。

史三五五　历史哲学 半年三学分，每周授课三小时。本学程对于历史哲学作概括的讲述，务使学者得到一种正确的历史观，以为推进历史及认识历史之方法。其内容分为：一、历史法则之说明，二、史学原理之阐发，三、史学方法之研究，四、各种史观之叙述，五、历史构成之各种因子之分析，六、历史哲学之成立与发展，七、历史哲学之派别，八、历史的创造与认识。

史三一〇　史学通论 半年三学分，每周授课三小时。本学程对于史学原理作系统的深入的研究，其内容分为下列各部分讲授：第一、几种基本概念之解说，首先说明何谓"历史"，次说明组成历史之个别的"史事"，又次说明保存史事之各种纪录，"记载"或实物，末述彼此之关系。第二、关于"历史"诸学理之探讨。首述西洋学者对历史之见解，次述中国学者对历史之见解。又次对于重要理论问题作试探的解决。如历史之发展有无法则，诸史事之间有无因果，支配历史者为心灵抑为物质，以及其他类此之问题，均加以讨究。第三、关于"史事"与"记载"之研究。首述史事之取舍与编排等事，次述记载或实物之搜罗与考订等事。第四、谓述通史与专史之大别，并及史学教育之推广等。

史二六五　社会进化史　半年三学分,每周授课三小时。本学程讲述人类社会进化之一般现象,务使学者对于人类历史获得正确之概念。其内容分为：一、绪论,二、人类社会之起源,三、原始社会,四、氏族社会,五、奴隶社会,六、封建社会,七、资本主义社会,八、社会主义社会之出现。

史二六六　文化人类学　半年三学分,每周授课三小时。本学程讲述人类学之文化部门,务使学者对于人类历史之演进,获得正确之观念。其纲要如次：一、绪论：1. 文化人类学之意义及其研究之范围,2. 文化之解说及其物质基础,3. 文化人类学与历史科学；二、人类之起源与社会之发生：1. 现代人之人种区分与所谓人种说之批判,2. 人类之起源,3. 人类出现之时期及其地域,4. 原始时代之生产力与生产关系,5. 社会经济诸构成之理论；三、考古学的考察：1. 原始时代研究之根据,2. 旧石器时代之物质文化,3. 新石器时代之技术,4. 从石器到金属器具之推移,5. 石器时代之经济生活；四、社会学的考察：1. 原始时代之社会组织,2. 从采集经济到生产经济之推移,3. 人类进化之诸时代,4. 家族之诸形态,5. 私有财产之出现与阶级之发生；五、工艺学的考察：1. 作为防卫及经济手段的火之发见,2. 原始人类之身体涂饰及衣服之进化,3. 原始的艺术；六、言语学的考察：1. 言语之发生,2. 言语与劳动生产,3. 关于言语之起源诸学说之批判；七、土俗学的考察：1. 原始的思维,2. 思维之体系的万物有灵论,3. 宗教信仰之发生及其最初的发展阶段；八、结论：1. 原始时代之意识形态,2. 文化之发展及其演进之诸阶段,3. 人类文化之将来。

史三五六　考古学　半年三学分,每周授课三小时。本学程对于考古学作概括的讲述,使学者获得研究古史之基本知识。其内容分为：一、前论：化石人类与史前生活等；二、古物范围：材料之收集与石器之认识等；三、发掘：调查与工作；四、研究：辨伪、排列、集成、层位、型式、共存、土俗与时代之决定等；五、附论：出版、保存、修理与博物院之组织等。

史三五七　史前史　半年三学分,每周授课三小时。本学程讲述人类社会有史以前之史迹,使学者对于人类初期社会之演进获得正确之概念。其内容分为：一、地史,二、人类之曙光（北京人骨、爪哇人骨、萨霍克牙床、海得堡尔人骨、皮尔当人骨、内安得尔达人骨、克鲁麦那人骨），三、史前之工具，四、初民之言语，五、初民之美术，六、初民之崇拜，七、初民之智慧，八、史前之交通，九、史前之一般生活，如婚姻等，十、从图画以至文字之出现。

史四〇一　中国史学史　全年四学分，每周授课三小时。本学讲授中国史学之起原与其演变，使学者明了中国史学之旧绩与其最近之动向。其内容分为：一、史之起原，二、史之位置，三、史籍之类别，四、史籍之体例，五、史官之制度，六、史学家及其著作，七、正史、补编及其内容之批评。

史四〇二　西洋史学史　半年三学分，每周授课三小时。本学程讲授西洋史学之起原及其演变，使学者明了西洋史学之发展及其最近治史之方法。内容分为：一、文字以前之史学材料，二、犹太史学及其史料之根据，三、希腊史家，四、罗马史家，五、中古史料之探讨，六、近代史学之进展及其成绩。

史三五八　年代学　半年三学分，每周授课三小时。本学程对于历史的年代学作概括的讲述，专门研究各民族，更其是中国民族如何划分时间，以及如何使各种史实有正确的时间比列，务使学者获得治史之基础知识。其内容分为：一、年代学与史学之关系，二、年代学与其他科学之关系，三、天文学之重要知识，四、历法之种类及其优劣，五、巴比仑之历法，六、埃及之历法，七、印度之历法，八、中国殷商以前之历法，九、殷商之历法，十、周初之历法与年代，十一、干支、十二辰与二十八宿，十二、春秋战国之历法，十三、秦至汉初之历法，十四、太初历与三统历，十五、汉人所称之古历，十六、中西交通与天文历法，十七、中国年代学著作述略。

史三五九　史料研究　半年三学分，每周授课三小时。本学程对于新发现之史料作系统的讲述，务使学者能利用新史料，以形成新史观。就中国部分而言，其内容分为：一、北京人之发见，二、河南、甘肃、辽宁、山西各期之石器与陶片，三、江南陶片，四、殷墟甲骨，五、新郑铜器群，六、寿县铜汉器群，七、晋简汉牍，八、敦煌写经与其他遗物，九、西夏文字与辽代碑志，十、大库档案，十一、太平天国史料。

历史地理学系教员

职别	姓名	别号	年龄	籍贯	履历	通讯处	备注
教授兼系主任	周予同		三九	浙江瑞安	历任教育志杂志社编辑主任,安徽大学文学院院长兼中文系主任。	上海马浪路新民里二四号	
教授	张凤	天方	五〇	浙江嘉善	法国巴黎大学文学博士,历任本校文学院院长及图书馆主任。	真如新木桥四号	
教授	吴泽霖				见海外文化事业部		兼海外文化事业部主任
教授	周谷城		三六	湖南益阳	国立北平师范大学毕业,历任广州中山大学教授及本校教授,本校社会系主任,兼社会系主任及史社系主任。	上海老靶子路四四〇号	
教授	王勤堉	鞠侯	三五	浙江慈溪	国立东南大学学士,历任东南,中央大学讲师,商务印书馆编辑,浙江省立图书馆主任。	上海北西藏路安宜村四七号	
教授	陈高佣		三四	山西平遥	北平师范大学学士,日本东京大学研究院学士,历任上海劳动,中公等大学教授。	上海环龙路善庆坊五号	
兼任教授	张资平		四五	广东	日本东京帝国大学理学士,历任武昌师范大学教授,中山大学史地系主任,广东蕉岭矿厂经理。	真如李家阁甲三号	
兼任教授	钱亦石		四三	湖北武昌	日本东京明治大学毕业,历任上海法政及中国公学教授,中华书局编辑。	上海澳门路四六九号	

（续表）

职别	姓名	别号	年龄	籍贯	履历	通讯处	备注
兼任教授	费鸿年		三七	浙江海宁	日本帝国动物学科毕业，日本帝大生物研究所研究员，广东、武昌、中山、北平等大学教授。	上海中华学艺社	
兼任教授	王绳祖	成组	三四	江苏上海	芝加哥大学史学硕士，芝加哥地理硕士，历任清华大学，哈佛大学，厦门大学教授，大夏大学教授兼史地系主任。	上海极司非而路梅村三〇号	下学期离校
兼任教授	罗香林	元一	三一	广东兴宁	国立清华大学学士，历任国立中山大学秘书兼语言历史研究所编辑，广东通志馆编修，国立中央大学教员。		下学期离校
兼任讲师	曾 楚		三六	云南文山	北平师大毕业	上海金父路群贤别墅五号	
助教	苏乾英		二八	广东潮安	本校文学士	本校	
助教	俞寿松		二七	江苏江都	本校文学士	本校	

（《国立暨南大学一览》1936年度）

金陵大学历史学系（1933）

　　凡以历史为主系者,宜选政治学、经济学、社会学为辅系,其他选择须得系主任之同意。

　　凡以历史学为主系者,除一年级规定学程外,必修左列各学程:

　　历史一四〇　中国通史（一）　四学分。

　　历史一四一　中国通史（二）　四学分。

　　历史一四六　近代欧洲史（1500—1815）　四学分。

　　历史一五〇　世界史大纲（一）　四学分。

　　历史一五一　世界史大纲（二）　四学分。

　　历史一七〇　毕业论文　二学分。

　　凡以历史学为辅系者,除一年级规定学程外,必修左列学程。

　　历史二四六　近代欧洲史（1500—1815）　四学分。

　　历史一三〇　中国近百年史　四学分。讲授清季以来政府之组织、内政之变迁、叛乱之迭起、外交上之大事、废除不平等条约之运动及最近之经济状况等。每周上课五小时,文学院一年级学生必修。

　　历史一三五　近代欧洲史（1815—1932）　四学分。讨论维也纳会议、工业革命、民治主义与民族主义发达略史、欧洲列强之政治经济政策、欧战前之国际关系及战后之新世界等。每周上课五小时,文学院一年级学生必修。教科书: Hayes, *A Political and Social History of Modern Europe.* 下册。

　　历史一三六　欧洲近百年史　四学分。讨论欧洲近百年政治、经济发展之状况。每周上课五小时,理学院学生必修。教科书: Schapiro, *Modern and Contemporary European History,* Revised Edition.

　　历史一四〇　中国通史（一）　四学分。讨论远古迄于唐代之治乱兴亡,外交、政治、社会、学术上之变迁。每周上课四小时,主系学生必修。

历史一四一　中国通史（二）　四学分。续前学程,讲授唐以后内政、外交、政治、社会、经济之情状。每周上课四小时,主系学生必修,预修学程历史一四〇。

历史一四二　印度史　四学分。讲授印度社会、文化之发展,及其在英国治理下政治、经济之状况。每周上课三小时,选修,预修学程历史一三四、一三五。教科书：Smith, *Student's History of India,* 10th Edition.

历史一四三　日本史　三学分。讲授日本内政外交之变迁及明治维新后之状况。每周上课三小时,选修,预修学程历史一三四、一三五。教科书：陈恭禄著《日本全史》

历史一四六　近代欧洲史（1500—1815）　四学分。讨论国家组织、商业革命、宗教革命、文艺复兴运动、德法争长、英法殖民地之角逐、英国政治变迁、普奥争雄、东欧列强之兴替及法国大革命等。每周上课五小时,主系及辅系学生必修。教科书：Hayes, *A Political and Social History of Modern Europe.* 上册。

历史一五〇　世界史大纲（一）　四学分。以批评与比较之眼光研究古今列国对于文化上之贡献,兴亡发展之经过,不仅注重史迹,并欲使学生明了世界上文化、经济、社会等情状。每周上课四小时,主系学生必修,预修学程历史一三四、一三五。教科书：Wells, *Outline of History.* 或《世界史大纲》译本。

历史一五一　世界史大纲（二）　四学分。续前学程。每周上课四小时,主系学生必修,预修学程历史一五〇。教科书同上。

历史一五二　英国史　四学分。说明英国历史上之大事、宪法之发展、工业革命及最近之帝国问题等。每周上课四小时,选修,预修学程历史一三四、一三五。教科书：Hume, *History of the British People.*

历史一五三　美国史　四学分。研究美国人民发展之过程,并注意其特殊问题及其成功之原因等。每周上课三小时,选修,预修学程历史一三四、一三五。

历史一五四　近代大事记　三学分。研究近代之史迹,取材于各种报章杂志。每周上课三小时,选修,预修学程历史一三四、一三五。

历史一五五　俄国史　四学分。研究俄国帝制时期之文化及其发展之过程,并讨论革命后之情状与影响。每周上课三小时,选修,预修学程历史一三四、一三五。

历史一五六　历史研究法　二学分或临时酌定。讲授历史之重要原则、编纂方法,尤注重史材之分析,研究史学家之理论,并选读其名著。每周上课二小时,主系学生必修。教科书:李思纯译《史学原论》。

历史一五七　欧洲近代外交史(自一八七〇年至一九一四年)四学分。研究普法战争后国际间之关系、形势,及世界大战之主因。每周上课四小时,选修,预修学程历史一三四、一三五。

历史一五八　欧洲近代外交史(自一九一四年至一九三一年)四学分。研究大战期内及战后之国际关系、列强之外交政策。每周上课四小时,选修,预修学程历史一三四、一三五。

历史一五九　明清史　三学分。研究明清二代之制度,内政、外交之变迁,及社会、经济、学术概况。每周上课三小时,选修,选此学程者以读过历史一四一为宜。

历史一七〇　毕业论文　二学分。学生选择专题,由系主任或教授审定指导,搜集材料,悉心研究,就其所得作论文一篇。每两周须报告工作情形一次,四年级主系学生必修。

附注一:除上列课程而外,中国文化研究所之研究员曾教授课程多种,如正史解题、蒙古史、中日文化关系史、朝鲜史、汉史西述等,将来如继续开班,临时公布。

附注二:凡以史学为主系或辅系者,苟得历史学系之同意,政治学一四八亦得算为历史学学分。

史学系教员

姓名	字号	性别	籍贯	履历	职务	通讯处
贝德士	M. S. Bates	男	美国	美国哈兰大学学士，英国牛津大学学士、硕士，法国哥利诺伯勒及美国耶鲁大学院研究员，曾任东南大学、中央大学、中央政治学校教授。	教授兼主任	本校或南京汉口路十一号
王绳祖	伯武	男	江苏高邮	本校文学士，曾任厦门集美中学、镇江崇实女中教员。	讲师	本校或高邮焦家巷
马文焕	博盒	男	江苏仪征	本校文学士，美国哥伦比亚大学博士，前本校教务主任。	教授	本校或南京金银街十二号
陈恭禄		男	江苏镇江	本校文学士	讲师	本校或高资北河边

（《私立金陵大学一览》，1933 年）

金陵女子文理学院历史学系（1936）

历史一一～一二　世界史概要　八学分。讲授自有史以前,至现代之政治、社会、经济演进之情状。此为本系各学程之预修学程。文科一年级生必修。每周授课四小时,学年学程。对于主修历史学生,本学程不算入主修学分。

历史一九　近代欧洲史　四学分。研究十五世纪中叶以迄今日之欧洲政治、社会状况,特别注重近百年政治、社会之进展。每周授课四小时。理科二年级生必修。

历史二一～二二　英国史　四学分。研究英国政治、社会及经济之发展。每周授课二小时,学年学程。主系学生必修,二、三、四年级选修。与历史三一～三二更迭教授。

历史二三～二四　中国通史　八学分。研究古今治乱兴亡及外交、政治、学术之概要。每周授课四小时,学年学程。主系学生必修。与历史四三～四四更迭教授。

历史二七　美国史　二学分。研究美国独立运动后社会、经济、政治之发展。每周授课二小时。

历史三一～三二　英国宪政史　四学分。上学期教授 Anglo-Saxon 时代至 Tudor 时代之英国宪政运动。下学期教授内阁制度、政党史及欧战期内与战后之英国政治。每周授课二小时,学年学程。与历史二一～二二更迭教授。

历史三三　十八、十九世纪欧洲史　四学分。讨论欧洲各国自法国革命、欧战前民族、民治主义之产生,经济、文化之进展,国际间之关系,及战后之状况。此学程为辅修历史之学生必修。每周授课四小时。

历史三四　现代世界史　四学分。研究自一九一四年以迄今日之世界史,尤注重各国之外交关系。每周授课四小时。此学程为主修及辅修历史之学生必修。

历史三五~三六　欧洲文化史　八学分。研究自上古以迄近世欧洲文化之演进情形。每周教授四小时,学年学程。主修生必修,三、四年级生选修。

历史三七　中国近百年史　四学分。研究中国近百年来治乱兴亡,外交内政,尤注重外交关系。每周授课四小时。辅修生必修,二、三、四年级生选修。

历史四一　俄国史　四学分。讲授俄国史概要,注重其革命后之情形及其新经济方策。每周授课四小时。与历史四二及金大历史一五五更迭教授。

历史四二　日本史　四学分。讲授日本史概要,注重日本与中国之关系。每周授课四小时。与历史四一及金大历史一四三更迭教授。

历史四三~四四　中国文化史　八学分。研究历代文化演进变迁之概况。每周授课四小时,学年学程。

历史四六　历史教学法　二学分。高、初级中学历史教学法。每周授课二小时。

历史五〇　历史研究　二学分。研究历史编纂法及史材分析法。每周授课二小时。

历史五五　毕业论文　二学分。主修学生须作论文一篇,由教授指导搜集材料,在指定时间须报告工作之经过。

（《私立金陵女子文理学院章程》,1936年）

岭南大学史学科目说明（1934）

史学 A	历史补习 科（上）	0	近世迄一八七十年。演讲，笔记，参阅，浏览，报告，讨论。	每周四小时。一学期（不给学分）
史学 B	历史补习 科（下）	0	继续上科。	每周四小时。一学期（不给学分）
史学 一 甲乙	世界大战 前五十年 史	3|3	研究列强彼此之关系、内部之演进、帝国主义及国家主义之趋势与夫世界大战之原起。	每周三小时。二学期（各三学分）
史学 二一 甲乙	中国近代 外交史	3|3	研究清代中外之关系。	每周三小时。二学期（各三学分）
史学 二三	中国古代 外交史	3	研究汉代至明末中外之关系。本科实为史学二一甲乙之背境。	每周三小时。一学期（三学分）
史学 三一 甲乙	世界大战 及战后史	3|3	研究战罪问题，着重世界大战之政治方面、解决之经过、德意两国之革命及此后和平之希望。	每周三小时。二学期（各三学分）

（续表）

史学三四	近代欧洲经济史	3	研究近代欧洲主要国家农工商业之发展,并注意经济组织之重要变迁。此科隔年开设。	每周三小时。一学期(三学分)
史学四一	希腊罗马文化史	3	研究西方文化之起源,政治、美术、文学与科学之发展及其对于近代之影响。	每周三小时。一学期(三学分)
史学六一	日本近世史	3	研究明治维新期之变革与法制之进步及其外交关系,尤注重其与中国关系所在及日本如何成为世界列强之一。	每周三小时。一学期(三学分)
史学六二	日本近世史	3	研究日本维新后社会及经济之进展,及明治以来之政治与外交状况。	每周三小时。一学期(三学分)
史学六三	日本之文化及民族性	3	研究日本文化之起源及其演进,与中国及其他各国文化比较。	每周三小时。一学期(三学分)
史学七四甲乙	英国宪法史	3|3	研究英国从古迄今政治制度之演进,尤注意近百年民治之发达。	每周三小时。二学期(各三学分)
史学七八甲乙	俄国史	3|3	研究近世俄国地理、人民、风俗、历史背景及其政治的、社会的发展,一九零五年及一九一七年三月与十一月等革命,并研究苏维埃政治状况。	每周三小时。二学期(各三学分)

（续表）

史学 八一	美国史	3	研究美国之国基统一与伸展,尤注重其民主政治之基础及联邦之问题。	每周三小时。一学期（三学分）
史学 八二	美国史	3	研究美国最近政治、社会、种族及国际问题。	每周三小时。一学期（三学分）
史学 八六	中国上古及中古史	3		每周三小时。一学期（三学分）
史学 八七	中国近古史	3		每周三小时。一学期（三学分）
史学 八八	清史	3		每周三小时。一学期（三学分）
史学 八九	中华民国史	3		每周三小时。一学期（三学分）
史学 九九 甲乙	毕业论文	2|2		二学期（各二学分）

（《私立岭南大学一览》,1934年）

南开大学文科历史学学程表（1923）

号数	名称	教授年限	每周授课时数	每周实验时数	绩点	预修之学程
A.B.	西洋通史	一	三			
三.四.	一百五十年来之欧洲	一	三		六	历史 A.B.
五.六.	英利吉通史	一	三		六	历史 A.B.
七.八.	美利坚合众国通史	一	三		六	历史 A.B.
九.十.	近世欧洲经济史	一	三		六	历史一二或三四或商学一二
十一.十二.	欧洲列强扩充他洲史	一	三		六	已习历史二年
十三.十四.	欧洲文艺复兴及宗教改革史	一	三		六	已习历史二年

历史 A.B. 西洋通史 教员：蒋廷黻 本学程注重现今泰西文化特点之来源及发达。授课时间：星期一、三、五日下午一钟半至二钟半。教科书：*Ancient Times*, Breasted. *Medieval and Modern Times*,

Robinson.

　　历史二.四.　一百五十年来之欧洲（全年六绩点）　教员：蒋廷
黻　本学程上学期讲法兰西革命及拿破仑时代,下学期论维也纳和
会后之欧洲,注重近世欧洲德谟克拉西（Democracy）及列省列立体
（Nationality）之发达。预修学程：历史 A. B.（西洋通史）。授课时间：
星期一、三、五日上午八钟至九钟。教科书：*The Revolutionary Period in
Europe*, Bourne. *Modern and Contemporary European History*, Schapiro.

　　历史五.六.　英吉利通史（全年六绩点）　教员：刘崇铉　英国
社会、政治及宪法之变迁,从罗马灭英时代至现世。预修学程：历史
A. B.（西洋通史）。授课时间：星期二、四、六日上午十一钟至十二钟。

　　历史七.八.　美利坚合众国通史（全年六绩点）　教员：刘崇
铉　美国人民发达,从殖民时代至现世（本学程隔年设立,民国十二年
秋至十三年夏设立,十三年秋不设）。预修学程：历史 A.B.（西洋通
史）。授课时间：星期一、三、五日上午十钟至十一钟。

　　历史九.十.　近世欧洲经济史（全年六绩点）　教员：蒋廷
黻　本学程专论近世欧洲"实业革命"之来源、发达及结果（本学程隔
年设立,民国十二年秋至十三年夏设立,十三年秋不设）。预修学程：
历史一.二.或三.四.或商学 A.B.。授课时间：星期二、四、六日上午
九钟至十钟。教科书：*Economic Development of Modern Europe*, Ogg.

　　历史十一.十二.　欧洲列强扩充他洲史（全年六绩点）　教员：
蒋廷黻　本学程专论欧洲列强从十五世纪至现世在他洲占地或扩势
之原因、方法及结果。三、四年级学生已学历史二年者均可选读本学
程（本学程隔年设立,民国十二年秋至十三年夏不设,民国十三年秋至
十四年夏设立）。

　　历史十三.十四.　欧洲文艺复兴及宗教改革史（全年六绩点）　教
员：刘崇铉　欧洲文艺复兴及宗教改革史。三、四年级学生已学历史
二年者均可选读本学程（本学程隔年设立,民国十二年秋至十三年夏
不设,民国十三年秋至十四年夏设立）。

（《天津南开大学一览》,1923 年）

齐鲁大学历史政治学系（1931）

　　教授：奚尔恩,哲学博士,主任；胡约瑟；张立志,学士；张维华,学士。

第一学年

	课目	课号	学分		课目	课号	学分
第一学期	党义		一	第二学期	党义		一
	国文	一〇一	三		国文	一〇二	三
	英文		三		英文		三
	文化基础		二		现代文化		二
	社会学	A一或A二	二		经济	一	二
	中国史	一〇一	四		科学		三
	科学		三		选修		四
			共十八				共十八

第二学年

	课目	课号	学分		课目	课号	学分
第一学期	国文	二〇一	三	第二学期	国文	二〇二或二〇六	三
	英文		三		英文		三
	历史	二〇二、二〇五或政治学二五一	六		历史	二〇三、二〇四或二〇六	六
	教育	二〇三	三		选修与副科		五
	选修与副科		二				
			共十七				共十七

第三学年

	课目	课号	学分		课目	课号	学分
第一学期	国文		二	第二学期	国文		二
	教育	三〇一	三		历史	三〇二、三〇四	五
	历史	三〇一或三〇三	五		选修与副科		十
	选修与副科		七				
			共十七				共十七

第四学年

	课目	课号	学分		课目	课号	学分
第一学期	历史	四〇一或政治学四五一或四五三	四	第二学期	教育	四〇二	二
	选修与副科		十三		历史	四〇六或政治学四五六或四〇七及四〇四	六
					选修		九
			共十七				共十七

公同必修　　　五十六学分

主　　科　　　三十二学分

副　　科　　　十六学分　　　总学分一百三十八。

选　　修　　　三十四学分

本系课程内容简要说明

一、历史

文化基础 A 一 文一年级公同必修，二学分。一、天然界：1. 人为天然的产品。2. 人为天然的管主。二、人性界：1. 人类行为之唯一性。2. 具社会意义的个人习性。

现代文化 A 二 文一年级公同必修，二学分。一、现代特性之概观：1. 理智之眼光。2. 商业革命。3. 农业革命。4. 工业革命。5. 十八世纪思想之发展——人道主义、唯理主义、浪漫主义。二、世界列强之历史。三、今日之重要问题：帝国主义与后进民族的问题，国家主义与国际主义的问题，国家自决与历史，种族，军事，地理与经济上之要求对峙。

中国历史纲要 一〇一 文一年级公同必修，四学分。专论中国经济、政治、文化之发展概况。

中国古代史 二〇一 二学分。研究秦代以前古史之概略。特别注意社会、政治组织之发展与学术思想之演进。报告、参考与绘图为本科所必需。

中古中国史 二〇二 四学分。依次研究秦汉至一五一七欧洲商人东渐期间，中国教育、社会、政治之进展与蜕变。特别注重汉代佛教之传入及元朝与西欧之交通。报告、参考与绘图为此科所必需。

近世中国史 二〇三 预修历史二〇二，四学分。研究自一五一七至最近期间中国之近世史。特别注意宗教、政治、教育与外交之变迁，使学者明晰现时中国之情势与问题。讲义、报告、参考与绘图为本科之主要部分。

中国农业史 二〇四 二学分。此科专论中国农业发展之概况及乡村生活演进之情势。

远东政治经济地理 二〇五 二学分。此科之目的在使本系学生明晰远东政治、经济、地理上之纲要，庶可于研究历史时更易切实了解。

地理要素 二〇六 二学分。略论世界各国历史所受地理情势之影响与裁制，举凡沙漠、海洋、平原、森林及其他地理对于人类历史之影响，均一一讨论之。

中古欧洲史　三〇一（四七六～一六四八）　五学分。此科目的，在使学者明晰西罗马亡后至威斯斐利亚和议期间欧史之要领，特别注意各项运动及组织之极有影响于近代文化者。

近世欧洲史　三〇二　预修历史三〇一，五学分。依次考究宗教战争至现代欧洲之历史，特别注意社会、宗教及政治之重要运动及促成欧洲现势之原因。此科之末，特别注重世界大战之原因及争点并战后和平问题。

英国史　三〇三　预修相当之英文程度，五学分。此科在使学者明了英国历史之梗概，历察其政治及宪政发展之要领，更略考其社会实业及殖民之扩展。

美国史　三〇四　预修历史三〇三，五学分。此科乃一美国普通历史，略察欧人起始之经营，然后详考美国社会、经济、政治及宪政之发展。绘图及报告系本科所必需。

远东史　四〇一　四学分。此科专论自日本开海禁后至华府会议期间，中国、日本、高丽、印度、菲利滨、西比利亚各地社会、政治及实业变迁之梗概。回报、参考与绘图为本科所必需。

山东史　四〇二　二学分。此科综论山东一省之普通历史，对于一九〇〇以后之事实尤为注意。

考证　四〇三　二学分。每星期用两小时详细考据中国历史中之原文案件，务令高级学生得研究历史之方法。

历史教学法　四〇四　二学分。中学历史教学方法。

西方农业史　四〇五　四学分。此科专论欧洲及北美农业发展之概况，对于机器之应用及乡村合作之发展尤为注意。

苏俄史　四〇六　二学分。此科专论今日俄国历史上之背景及其政治、经济、宪法上之演进。

欧战后之历史　四〇七　二学分。此科在使学者明了引起欧战之原因及当时之情势，并欧战后和平之处理、新国际组织之发生与一九一四年以后之重大事实。

二、政治

中国政治论　二五一　四学分。专论中央与地方各级政治之组织、行政之方法与各机关之职权等事,条分缕析而研究之。特别注意民国以来宪政之变迁与演进,以实际为主,不尚虚理空谈。

政治学大纲　四五一　预修历史三〇二,四学分。此科专论国家之起源与发展,并国家之性质主权、政治学说及政府之组织与功用。

宪政之比较　四五二　预修历史三〇二、三〇三、三〇四,四学分。此科在比较英吉利、法兰西、美国、瑞士与近代中国宪政之发展。目的在使学者精密比较中国宪政与他先进民治国宪法之演进与价值。

国际法　四五三　预修历史三〇一、三〇二,四学分。此科专论国际法之起源、发展、原理与问题等事,尤注重于中国之国际关系。

乡村政治组织　四五四　二学分。此科专论中国乡村之政治生活及政治组织,尤注意于近世之变迁。

乡村研究　四五五　二学分。此科在使学者获得查考乡村政治生活中重要问题之方法,并写成详细之报告。

近世政治理想　四五六　预修政治学二五一,二学分。此科在使学者明了近世之主要政治学说,尤注意于资本主义、社会主义及共产主义。

注:一、关于上列各课程,无论何学系学员,如能将预修之课程读毕,可任意选习。二、主科与副科课程之详细规定,见附表甲、乙。

附表

甲、历史政治学主修课程表
第二年级

	课目	课号	学分		课目	课号	学分
第一学期	中国中古史	二〇二	四	第二学期	中国近世史	二〇三	四
	中国政府论	二五一	四		中国农业史	二〇四	四
	远东政治经济地理	二〇五	二		地理要素	二〇六	二
	三者选二,共成六学分				三者选二,共成六学分		

第三年级

第一学期	课目	课号	学分	第二学期	课目	课号	学分
	中古欧洲史	三〇一	五		近世欧洲史	三〇二	五
	英国史	三〇三	五		美国史	三〇四	五
	二者任选其一				二者任选其一		

第四年级

第一学期	课目	课号	学分	第二学期	课目	课号	学分
	政治学纲要	四五一	四		苏俄史	四〇六	二
	远东史	四〇一	四		近世政治理想	四五六	二
	国际法	四五三	四		欧战后之历史	四〇七	四
					历史教学法	四〇四	二
	三者任选其一				选读四〇六、四五六及四〇四或四〇七与四〇四		

乙、历史政治学副科课程表

第二年级

第一学期	课目	课号	学分	第二学期	课目	课号	学分
	中国中古史	二〇二	四		近世中国史	二〇三	四
	中国政府论	二五一	四		中国农业史	二〇四	四
	二者任选其一				二者任选其一		

第三年级

第一学期	课目	课号	学分	第二学期	课目	课号	学分
	中古欧洲史	三〇一	五		近世欧洲史	三〇二	五
	英国史	三〇三	五		美国史	三〇四	五
	二者任选其一				二者任选其一		

第四年级

第一学期	课目	课号	学分	第二学期	课目	课号	学分
	远东史	四〇一	四		苏俄史	四〇六	二
	政治学纲要	四五一	四		历史教学法	四〇四	二
	二者任选其一						

此表为以历史政治学作副科者设，其学分为十七。

（《山东济南私立齐鲁大学文理两学院一览》，1931 年）

清华大学历史系（1926）

　　本校历史系已定于下学年开办专科,闻该系主任已拟定计画书一件,送交评议会,内容分:(一)中西并重以成全才,(二)添聘通才以宏造就,(三)改造史书以便学界,(四)搜罗东西材料以资研究,(五)注重西史方法以广传习,(六)添设考古学室以资参证等项。并闻下年添开历史研究法一门,由梁任公担任。其后二年中史之专题研究,亦由梁任公、王国维二君分任云。课程如下:

第一年	每周钟点
国文	三
英文	三
自然科学一种	三或四
中国通史（附注）	四
西洋通史（附注）	四
	共十七或十八

附注：学生凡经本系考验,认为已有中国通史或西洋通史相当程度者,准其改习他种史学课程。

第二年	每周钟点
历史研究法（中文）	一
中国近代史或欧洲近百年史（附注）	四
本系选习	三
自由选习	九或十
	共十七或十八

（续表）

附注：学生专门中史者先习中国近代史,专门西史者先习欧洲近百年史,如时间不冲突,亦可同时兼习。一、二年之选习课程如下：在本系内者——中国上古史四,中国文化史三,英国史三,美国史二,日本史二；在他系内者——中国哲学史,中国文学史,政治学,经济学,社会学,本国文学,英国文学,外国语（附注）,经济思想史。

附注：选习外国语者以连习二年为佳。

第三年	每周钟点
历史研究法（西史）	二
本系选习	六
自由选习	九
	共十七
第四年	每周钟点
史学专题研究及论文（中史或西史）（附注）	二
本系选习	六
自由选习	八或九
	共十六或十七

附注：学生专门中史者选中史专题研究,专门西史者选西史专题研究。三、四年之选习课程如下：在本系内者——中国上古史四,中古史四,西洋上古史四,中古史四,中史名著研究四,欧亚交通史三,俄国史二,印度史二,中国断代史四,西洋革命时代史三,欧洲文艺复兴时代史三,欧洲扩展史三,历史教授法二；在他系内者——本国文学,英国文学,外国语,中国法制史,中国财政史,英国宪政史,西洋政治思想史,西洋哲学史,科学史,教育史,其余不备列。

（彝鼎：《大学部各系课程》,《清华周刊》1926 年第 25 卷第 15 期）

清华大学历史学系（1929）

教授：罗家伦（系主任），朱希祖，孔繁霱，刘崇鋐。

兼任教授：陈寅恪。

讲师：张星烺，王桐龄。

助教：郭斌佳。

一、历史系课程说明

本系课程，颇有修订，所规定之必修科目，除各系共同规定第一学年所必修者外，其余本系必修科目，仅列其最基本而能藉以作纲纬或资以为工具者。至于本系选修课目，多系按时间、区域或问题而分之，专史须视教授之专门研究，于每学年分别开班，故不必列举。

（一）第一学年

国文　六学分。

英文　六学分。

中国通史　六学分。

西洋通史　六学分。

以上二课程，均二年授毕，专为本系学生而设，与一年之通史有别，目的在使学生得于中西历史有一整个纵面的历史观念。此外，尚有因时代或地域而分之专史，系按教授之专长而设，学生读此通史后，将来再学该项专史时，能了解各该专史在整个历史系统中之地位。

中国通史　分四学期授毕，其分配如下：（1）远古至周末，（2）秦至南北朝，（3）隋唐至元，（4）明清至现代。

西洋通史　分四学期授毕，其分配如下：（1）远古至四七六年（西罗马灭亡），（2）四七六年至一四九二年（美洲发现），（3）一四九二年至一七八九年（法国革命），（4）一七八九年至现代。

甲种科学 六～八学分。

自由选修 六学分。

（二）第二学年

中国通史（说明见前） 六学分。

西洋通史（说明见前） 六学分。

东亚史 六学分。本课程专讲述中国以外东亚各重要民族政治、文化发展之大概，以为学生分别研究之津梁。

第二外国语 八学分。

本系选修 六学分。

自由选修 八学分。

（三）第三学年

史学方法 四学分。本课程宗旨，在示学生以治史之正确方向及途径，凡重要之历史辅助科学、目录学及治史必具之常识，均择要讲授。

历史专书选读（中或西） 二学分。本学年开班，教授朱希祖（中）、刘崇鋐（西）。本课程教授法为选择中西历史之重要名著，令学生切实看完，且辅以参考载籍，使其体会名著中之方法、见解、结构等项，以辅助史学方法及史学史之研究，并养成学生看完大部著作之习惯。

第二外国语 八学分。

本系选修 二学分。

自由选修 二学分。

（四）第四学年

史学史 四学分。本年开班 教授朱希祖（中） 刘崇鋐、孔繁霱（西）。本课程分中国、西洋两部分，分两学期教授，分述中西史学之起源及历代各派史学发展之概况，注意各时代文化、思想之背景，而以近代史学视点评论重要著作之价值。

历史哲学 四学分。本课程注重说明及考察唯心论、唯物论、目的论、机械论、进化论及近代心理、社会诸学派之历史哲学，俾扩大学生治史之眼光，不致蹁于一隅之见，使其能体会各家以求历史演化之真义。

历史专书选读（中或西）　二学分。本年开班说明见前，教授朱希祖（中）、刘崇鋐（西）。

本系选修　十二学分。

自由选修　十学分。

二、 本学年开班之本系选修课程

中国近百年史　六学分。教授罗家伦。本课程自鸦片战争讲起，注重鸦片、英法联军、中法、中日、八国联军五次对外战争，太平天国、辛亥革命及国民革命之经过，与中西文明接触以后中国政治、社会、经济、制度以及思想、文艺、伦理观念之变迁，尤注重中西史料之比较的研究。

西洋近百年史　八学分。教授刘崇鋐。本课程讲述欧美自维也纳和会至现代变迁之大势，分为三期：（一）自和会至普法战争，（二）普法战争至欧战，（三）欧战至现代。先考各时期之普通趋势，再分举各国以识其经历之概要，末总观其结果，以期于现时西方各国状况及其问题得明了了解。

西洋中古史　六学分。教授孔繁霱。本课程为继续以前课程中之上古史而设，自西历纪元四七六年起，至一四九二年止，为研究中世史较专门之讲授。

美国史　六学分。教授刘崇鋐。本课程叙述美国自发现至现代四百余年进展之概要，自政治、经济、文物各方面观其变迁之迹，并识其与世界之关系。

西洋通史　八学分。教授孔繁霱。本课程为他系学生选习西洋通史者而设，一年讲毕。自史前以至最近代。注重构成西洋文物、政教之主要成分，为由纵面研究西洋文化之阶梯。如二年修毕之西洋通史未能开班时，本系学生亦得选习，但参考书籍须由教授特别指定，较他系学生为多。

中国通史　教授王桐龄。本课程亦为一年修毕，自远古至现代。讲述历代各民族之盛衰、政治之沿革、疆域之伸缩、学术思想之变迁、社会之状况及学术、政治之交互影响，系与一年修毕之西洋通史同。

唐代西北史料　教授陈寅恪。取近年西北发见之史料与旧史互相解释证明。用书：《旧唐书》，《蒙古源流》。自撰问题研究论文。

中西交通史　教授张星烺。本课程叙述自汉迄清初中国与欧洲交通经过、古代欧亚交通、道路、通商情形、文化影响，引用中西古代记载证明之。

他系选修

政治学，经济学，社会学，人类学，中国哲学史，西洋哲学史，西洋文学概论，中国文学史，政治思想史，经济思想史，中国法制史，考古学，地理学。

（《国立清华大学学程大纲附学科说明》，1929 年）

清华大学历史学系（1930）

教授：蒋廷黻（系主任），罗家伦，孔繁霱，刘崇鋐，朱希祖（兼任），陈寅恪。

讲师：张星烺，王桐龄，原田淑人，杜捷尔（G. M. Dutcher）。

教员：郭廷以。

助教：朱延丰。

一、 本系学程表

（一）第一学年

国文　六学分。

英文　六学分。

物理学、化学、生物学、论理，择一　八学分。

西洋通史　十学分。

中国通史　八学分。

（二）第二学年

第二外国语　八学分。

西洋近百年史　八学分。

东亚史　四学分。

其他本系学程　四至八学分。

政治、经济、地理、社会学、心理学、哲学、中国文学、西洋文学，择二　八至十二学分。

（三）第三学年

第二外国语（第二年）　八学分。

史学方法　四学分。

其他本系学程　八至十六学分。

政治、经济、地理、社会学、心理学、哲学、中国文学、西洋文学,择一　四至八学分。

（四）第四学年

中国史学史　四学分。

西洋史学史　二学分。

其他本系学程　十六至二十八学分。

政治、经济、地理、社会学、心理学、哲学、中国文学、西洋文学,零至八学分。

附说明：以本系为主系者,至少须选习本系学程七十学分。

二、 本系现有学程说明

中国通史　全年八学分。王桐龄。本学程讲述历代各民族之盛衰、政治之沿革、疆域之伸缩、学术思想之变迁、社会之状况及学术、政治之交互影响。

西洋通史　全年八学分。孔繁霱。本学程讲述西洋自史前至最近之发展,注重构成西洋文物、政教之主要成分,以期学生能得一整个纵面的历史观念(附注：历史系学生须加读参考书,授课时间每周亦增一小时,全年改为十学分。)

西洋近百年史　全年八学分。刘崇鋐。本课程讲述欧美自维也纳和会至现代变迁之大势,分为三期:(一)自和会至普法战争,(二)普法战争至欧战,(三)欧战至现代。先考各时期之普通趋势,再分举各国以识其经历之概要,末总观其结果,以期于现时西方各国状况及其问题得明了了解。

教科书：Schapiro: *Modern and Contemporary European History.*（1929 Edition）

东亚史　全年四学分。王桐龄。本学程讲述历史上中国在东亚所占之地位,及其对四围民族与四围民族相互之关系,并东亚民族与远洋民族之关系,中国以外东亚各民族政治、文化之发展亦述大概,以为学生分别研究之门径。

宋辽金元史　全年四学分。张星烺。本学程注重塞外民族之生活、风俗、历史及对于中国各朝之关系,蒙古人膨胀之详细经过,各外族同化于中国之历史及北族助长中国文化之经过。

英国史　全年六学分。刘崇鋐。本课程统观英国自古迄今变迁之迹,于寻常政治事实外,注意英史之特点,如宪法之演进、文物之变嬗、工商之发展、帝国之开拓以及英与世界之关系。课本之外,多涉猎名著,以备日后进求高深。

教科书: Howard Robinson: *A History of Great Britain.*（1927）

欧洲近代史初期　全年四学分。孔繁霱。本学程之宗旨,系阐明欧洲中古史之究竟与近代史之由来,讲述十四五世纪时欧洲政治、文化、学术、思想,由中古时代性渐转为近代性之过渡状况之大要。

欧洲十七十八世纪史　全年四学分。刘崇鋐。本课程以宗教战争之结束为起点,以法国革命之开始为终点,观察其间百余年欧洲全体之趋势与各国进展之概略,于此时代之数种新现象,如海外拓殖、工商发展、科学与思想之进步,均求了解大要。

法兰西革命史　全年四学分。蒋廷黻。本学程讲述:(一)革命前法国之政治、社会、经济状况及思想潮流,(二)革命之演化与所产生之新制度,(三)拿破仑与革命之关系。

中国外交史　全年六学分。蒋廷黻。本学程之目的,在叙述及分析中国加入世界国际系统之过程,以期了解中国今日之国际地位。所用书籍除普通中外关系史之著作外,特别注重中国方面之外交史料。

高僧传之研究　上学期二学分。陈寅恪。本学程以近年中亚考古学、东方语言学所得之材料及研究之结论与中国旧籍互相证明,藉供治中国中古文化史者之参考。

唐代西北石刻译证（或年历学及中国古天象年历）　下学期二学分。陈寅恪。

西洋近代史史料概论　下学期二学分。杜捷尔。本学程讲述:(一)西洋近代史史料之类别及各类之价值,(二)史料之收藏与编辑,(三)

史料之书目。

史学方法 全年四学分。孔繁霱。本学程之宗旨,在示学生以治史之正确方向及途径,凡重要之历史辅助科学、目录学及治史必具之常识,均择要讲授。

考古学 下学期二学分。原田淑人。

西洋史家名著选读 全年四至六学分。蒋廷黻、孔繁霱、刘崇鋐。本学程之宗旨,在使学生体会名著中之方法、见解、结构等项,以辅助史学方法及史学史之研究,并养成学生看完大部著作之习惯。

西洋史学史 全年二学分。孔繁霱。本学程讲述西洋史学之起源及历代各派史学发展之概况,注意各时代文化思想之背景,而以近代史学视点评论重要著作之价值。

中国史学史 全年四学分。朱希祖。本学程与西洋史学史为相互参证之学程。

中国外交史专题研究 全年四学分。蒋廷黻。本学程于每学年初约有十次讲演,讨论:(一)中国外交史之学术的现状,(二)尚待解决之问题,(三)中外史料之概况,余时由学生选题研究。预修学程:中国外交史。

中国近百年史专题研究 全年四学分。罗家伦。本学程注重引导学生自动研究鸦片战争以后中国历史上之专题,将重要历史现象分裂成若干方面,划作较小问题,俾供详尽之研究,于材料之搜集、批评与中外材料之比较、考订尤为注意。

教职员姓名录

姓名	次章	职务	籍贯	年龄	履历	到校年月
蒋廷黻	廷黻	主任	湖南宝庆	三十五	美国哥伦比亚大学博士，南开大学历史系主任。	民国十八年八月
孔繁霱	云卿	教授	山东滕县	三十七	天津南开中学毕业，格林奈尔大学学士，芝加哥大学硕士，在柏林大学研究。	民国十八年八月
刘崇鋐	寿民	同上	福建闽侯	三十三	清华学校毕业，美国威司康心大学学士，哈佛大学硕士，曾任南开大学讲师。	民国十四年八月
朱希祖	逖光	教授（合聘）	浙江海盐	五十二	日本早稻田大学史地部毕业，国立北京大学史学系主任。	民国十六年八月
原田淑人		同上	日本		日本东京帝国大学教授	民国十九年二月
王桐龄	峄山	讲师	河北任邱	五十一	前清增生，日本东京帝国大学士，前教育部参事，北京高等师范学校教务主任，北京师范大学教授，北京大学，女子师范大学，北京法政大学，私立中国大学讲师，志成中学校长，私立燕京大学教授。	民国十七年十月
张星烺	亮生	同上	江苏泗阳	四十四	美国哈佛大学，德国柏林大学毕业，燕京大学，辅仁大学历史系教授。	民国十七年十月
郭廷以	量宇	教员	河南舞阳		国立东南大学文士	民国十七年九月
朱延丰		助教	江苏萧县	二十三	国立清华大学文学士	民国十八年八月

（《国立清华大学一览》，1930年）

清华大学历史学系（1932）

教职员

教授：蒋廷黻（系主任），陈寅恪（中国文学系合聘），孔繁霨，刘崇鋐，钱稻孙（外国语文系合聘），噶邦福，雷海宗。讲师：张星烺，钱穆，黎东方，陶希圣。助教：杨凤岐。

一、 本系课程表

（一）第一年

国文　六学分。

英文　六学分。

物理学、化学、生物学、论理，择一　八学分。

中国通史　八学分。

西洋通史　八学分。

（二）第二年

第二外国语　八学分。

西洋近百年史　八学分。

其他本系学程　四至八学分。

政治、经济、地理、社会学及人类学、心理学、哲学、中国文学、外国文学，择二　八至十二学分。

（三）第三年

第二外国语　六至八学分。

史学方法　四学分。

其他本系学程　八至十六学分。

他系学程择一　四至八学分。

（四）第四年

毕业论文　无学分。

本系学程　十六至二十八学分。

他系学程　四至八学分。

说明：1. 以历史学系为主系者，至少须选习本系学程六十学分。

　　　2. 下列他系学程得算为本系学程：

　　　　　（一）中国文学史，（二）中国哲学史，（三）中国中古哲学史，（四）西洋政治思想史，（五）英国宪法史，（六）经济思想史，（七）中国财政史。

二、研究所学业条规

（一）研究生在第一学年须选习本系学程十八学分，在第二学年须选习本系学程十二学分。

（二）研究生在三学年内须于（1）晋南北朝隋唐史、（2）清史二门内选学一门，于毕业前受专门考试。

（三）研究生须于其专学之门内，选一研究问题，撰博士毕业论文一篇，于毕业前呈交所长并受论文考试。

（四）研究生于毕业前须受二种外国语言之考试。

（五）专门考试、论文考试及外国语言考试，按照研究院章程举行之。

三、学程说明

史一〇一——一〇二　中国通史　全年八学分。本学程讲述我国自史前至最近之发展，朝代之盛衰、制度之沿革、生活状况之演变系其主要内容，而所注重者为变迁之起因及结果。

史一〇三——一〇四　西洋通史　全年八学分。孔繁霱、黎东方。本学程讲述西洋自史前至最近之发展,注重构成西洋文物、政教之主要成分,以期学生能得一整个纵面的历史观念。

史一〇五——一〇六　**日本通史**　全年四学分。钱稻孙。本学程选取日本高等程度之讲本为基础,参酌近时之新研究。讲述日本历史之大要,注重其与中国之关系及幕末维新之业绩。

史一〇七——〇八　**美国通史**　全年四学分。刘崇鋐。本学程述美国自发现以来至现代四百余年进展之概要。自政治、经济、文物各方面观其变迁之迹,并识其与世界之关系（本学程与英国通史轮流设立）。

史一〇九———〇　**英国通史**　全年六学分。刘崇鋐。本学程统观英国自古迄今变迁之迹,于寻常政治事实外,注意英史之特点,如宪法之演进、文物之变嬗、工商之发展、帝国之开拓以及美国与世界之关系。课本之外,多涉猎名著,以备日后进求高深（本学程与美国通史轮流设立）。

史一一一——一一二　**俄国通史**　全年四学分。噶邦福。本学程之主旨,在说明俄国之政治、经济及社会发展之纲领。于俄国与亚洲之关系及俄国西欧化之过程,特加注意。

史一二一——一二二　**中国社会史**　全年六学分。陶希圣。本学程欲寻求中国社会组织之发达过程,依于每一时之社会组织,说明其时之政治制度、政治现象及主要的思潮。兹分期如下:（一）上古,（二）古代,（三）中古,（四）近世,（五）现代。上古期所述者为氏族社会及其转变,即由商至周。古代期所述者为奴隶社会,即秦汉。中古期所述者为农奴社会,即三国至五代。近世期所说明者为宋至清。清末以来为现代。

史一二七——一二八　**近代中国外交史**　全年六学分。蒋廷黻。本学程之目的,在叙述及分析中国加入世界国际系统之过程,以期了解中国今日之国际地位。所用书籍除普通中外关系史之著作外,特别注重中国方面之外交史料。

史一七一——一七二　**西洋十九世纪史**　全年六学分。刘崇鋐。本学程讲述欧美自维也纳和会至现代变迁之大势,分为三期:（一）自和会至普法战争,（二）普法战争至欧战,（三）欧战至现代。先考各时期之普通趋势,再分举各国以示其经历之概要,末总观其结果,以期于现时西方各国状况及其问题得明了了解。

教科书: Schapiro, *Modern and Contemporary European History.* (1929)

史一七三——一七四　一九一四年以后之欧洲　全年二学分。刘崇鋐。本学程讲述欧战期间及战后十余年欧洲形势之变迁、各国势力之消长,社会经济亦加注意,俾于各国现状及其问题得明概要。

史二〇一——二〇二　史学方法　全年四学分。雷海宗。本学程讲述历史研究方法之基础原则,旨在训练读书、搜集史料、批评、鉴别、综合、叙述各种能力。此外并略述古今重要历史哲学之派别。

史二〇三——二〇四　欧洲近代史学史　全年四学分。噶邦福。本学程兼论史学方法之发展及史学思想派别之推演,讲演范围包括自文艺复兴时代至最近,尤注重近百年。但希腊、罗马之史学,因其本身之价值及其所生之影响,亦略及之。

史二二七——二二八　中国近百年史专题研究　全年四学分。蒋廷黻。本学程于每学年初约有十次讲演,讨论:(一)中国近百年史之学术的现况,(二)尚待解决之问题,(三)中外史料之概况,余时由学生选题研究。

史二二九——二三〇　中国近三百年学术史　全年四学分。钱穆。本学程大体划分为三期:(一)自明末至清雍正约一百年,(二)乾嘉两朝八十五年,(三)道咸以下迄于近代约一百十年。第(一)期自宋明理学家讲究身心性命之风转到经世致用,第(二)期自经世致用转到训诂考订,第(三)期又自训诂考订转到经世致用,指陈学术随时势政局为转变。主旨在藉讲述近代学术为中国学术史作一总结束,并为中国学术史指示一研究之总门径,且作将来学术新蹊径之启示。

史二三一——二三二　中西交通史　全年四学分。张星烺。本学程目的,在使学生明了古代中西交通路线,中西两方各种相互记载,阐明两方文化交换、势力之互相盈消、商业贸易之变迁、各种宗教之东传及旅行记之研究。

史二三三——二三四　南洋史地　全年四学分。张星烺。本学程内容可分为三段：第一段为南洋地理概况:（甲）美属斐律宾群岛,（乙）荷属东印度群岛,（丙）英属马来亚及北婆罗洲。目的在使学生明了南洋各地情形,尤其各地华侨概况。第二段述欧人东来以前之南洋史:（甲）印度文明之传入雷细亚,（乙）古代中国与马雷雪亚之交通,（丙）阿拉伯与马雷雪亚之关系,（丁）元明两代中国势力之伸入南洋,（戊）回教传入南洋。第三段述欧人在南洋之历史:（甲）葡萄牙东方帝国之盛衰,（乙）西班牙及美国在斐律宾之历史,（丙）荷兰在爪哇等地之历史,（丁）英国在马来亚及北婆罗洲之历史,（戊）华侨史。

史二四一—二四二　中国上古史　全年六学分。雷海宗。本学程讲述华夏民族自殷商迄战国时代政治、社会、经济方面演化之经过,兼述各期宗教、思想与文艺之概况。

史二四三—二四四　战国秦汉史　全年四学分。钱穆。本学程自战国迄后汉,前后约八百年。战国为上古期结束,两汉为中古期开始。战国时种种学术思想,秦汉两朝皆曾逐一实施。其间封建渐次破坏,郡县制渐次确立,古代氏族社会一变而为后世经济的社会,中国民族渐次统一达于极盛,复又转为衰落与分裂。本学程本此诸点,于上层的政治制度、下层的政治经济及中层的学术思想,联络研究,指陈中国民族在此期间盛衰、升降、转移之大势及其所以然。

史二四五　东汉史　半年二学分。钱穆。本学程主旨,在陈述东汉社会上几种极大的变动,开此后数百年中之衰运。概分如下:（一）王莽末年社会变动及光武中兴,（二）明、章两朝之儒术,（三）宦官与外戚,（四）东汉之选举制度,（五）东汉中叶以后之风尚及其与选举制度之关系,（六）名士与太学生,（七）党锢之狱,（八）羌祸始末,（九）黄巾与州牧,（十）道佛两教传播及社会一般思想,（十一）三国分争,（十二）清谈及门阀之渊源等。

史二四七—二四八　晋南北朝隋唐史之研究　全年四学分。陈寅恪。本学程以晋初至唐末为一整个历史时期,就此时期内关于民族、文化、政治、社会等问题择要讨论,并旁采外国古籍及近年新发见之材料,与中国所已知者互相比证,以期补充旧史之未备及订正其伪误。

史二四九—二五〇　晋南北朝隋唐文化史　全年四学分。陈寅恪。

本学程专就此时期民族精神生活与社会环境互相影响诸问题,加以讨论。

  史二五一——二五二 晋南北朝隋唐之西北史料 全年四学分。陈寅恪。本学程专就此时期西北史料,以故释新,以新证故,用补阙遗,而正谬误。

  史二五七——二五八 蒙古史料之研究 全年四学分。陈寅恪。本学程取东西文字中旧有之蒙古重要史料加以解说及批评。近年北平故宫博物院发见之满蒙文书籍,其与蒙古史有关者亦讨论及之。

  史二七三——二七四 法国革命史 全年四学分。黎东方。本学程讲述:(一)革命前法国之政治、社会状况及思想潮流,(二)革命之演化与其所产生之新制度,(三)拿破仑与革命之关系。

  史二七五——二七六 欧洲十七十八世纪史 全年四学分。刘崇鋐。本学程以宗教战争之结束为起点,以法国革命之开始为终点,观察其间百余年欧洲全体之趋势与各国进展之概略,于此时代之数种新现象,如海外拓殖、工商发展、科学与思想之进步,均求了解大要。

  史二七七——二七八 欧洲宗教改革时代史 全年四学分。孔繁霱。本学程为欧洲近代史之次期,题为宗教改革,并非狭义的宗教史之谓。因本期欧洲史乃"再生"运动中之新倾向,发源于阿尔卑斯山南,渐次推衍迄于威斯提斐利亚和约。宗教的变迁而外,何以由教会之崩裂,引起思想与近代科学之树立、新国家之勃兴、王权之膨涨。何以由教会之崩裂,递入十七、十八世纪之欧洲史,乃本学程所注意阐明者。

  入门参考书:Smith, *The Age of the Reformation.*

    Beard, *The Reformation in its Relation to Modern Thought and Knowledge.*

  史二七九——二八〇 欧洲近代史初期 全年四学分。孔繁霱。本学程之宗旨,系阐明欧洲中古史之究竟与近代史之由来,讲述十四五世纪时欧洲政治、文化、学术、思想,由中古时代性渐转为近代性之过渡状况之大要。

  史二八一——二八二 欧洲中古史 全年六学分。雷海宗。本学程讲述五世纪至十五世纪之欧西历史。其要点如下:(一)罗马帝国之灭亡,（二）基督教会与日耳曼人之兴起,（三）黑暗时代,（四）封建时代政治、社会、经济方面之演化,（五）宗教文艺与思潮。

史二八三—二八四　罗马史　全年六学分。噶邦福。本学程分二部:上学期论罗马共和时代,下学期论罗马帝国时代。意大利半岛民族之来源、罗马并吞半岛、罗马大帝国之建设、政治及社会之变迁、帝国之衰落以及罗马人之文化精神,皆特别加以研究（本学程与上古之近东及希腊轮流设立）。

史二八五—二八六　上古之近东及希腊　全年六学分。噶邦福。本学程分二部:上学期论近东,下学期论希腊。主旨不在分述各国之历史,而在推论地中海文化之沿革及各部之相互关系。除政治、经济、社会方面外,精神文化,尤其是宗教均加以研究（本学程与罗马史轮流设立）。

史二八七—二八八　俄国近代史　全年六学分。噶邦福。本学程起自大彼得时代,止于一九一七年之革命。目的在研究俄国近代之政治、社会及经济发展,思想潮流之变迁亦略及之,所注重者乃俄国近代之各种改革。

史三二三—三二四　清史史料研究　全年六学分。蒋廷黻。本学程注意下列二点:（一）各种史料产生之过程及可靠之程度,（二）各种史料之新知识的贡献。所研究之史料多半为故宫博物院及中央研究院所出版者。

研究所清史门　蒋廷黻。

研究所中国中古史门（晋至唐）　陈寅恪。

（《国立清华大学一览》,1932 年）

清华大学历史学系（1935）

教职员（1935年度）

教授兼主任：蒋廷黻。教授：刘崇鋐，陈寅恪（与中国文学系合聘），孔繁霱，雷海宗，噶邦福，钱稻孙（与外国语文系合聘）（本学年休假）。专任讲师：张荫麟（与哲学系合聘）（本学年请假）。讲师：张星烺，钱穆。教员：吴春晗。助教：杨凤岐，谷霁光，何基。助理：谷光曙。书记：吴达。

学程一览（1935年至1936年度）

一、课程总则

（一）本系学生应按照本大学教务通则之规定，修满一百三十二学分，及完成毕业论文，方得毕业。

（二）本系学生应修之一百三十二学分，分配如下：

甲、大学一年级共同必修课目三十四学分。

乙、本系学程六十学分。

1.本系必修学程为下列三项：

（一）中国通史或西洋通史（第一年所选通史之外）　八学分。

（二）欧洲十九世纪史　八学分。

（三）史学方法　四学分。

2.他系学程可认为本系学程者，有下列各项：

（一）文学史（中国或西洋，下同），（二）哲学史，（三）法制史，（四）政治思想史，（五）经济史，（六）经济思想史，（七）社会思想史，（八）

美术史。

丙、第二外国语两年　十六学分。

丁、自由选习（本系或他系学程）　二十二学分。

（三）本系学程有每年开班者,有两年轮流开班者,选课时须注意。

二、分年课程表

（一）第一年,共三四学分。

不分院系共同必修　三十四学分。

（二）第二年,共三〇至三八学分。

中国通史或西洋通史　八学分。

欧洲十九世纪史（留待第三年亦可）　八学分。

第二外国语　八学分。

其他本系学程　四至八学分。

他系学程选修　八至十二学分。

（三）第三年,共三〇至三六学分。

史学方法（留待第四年亦可）　四学分。

第二外国语　八学分。

其他本系学程　八至十六学分。

他系学程选修　四至八学分。

（四）第四年,共二八至三二学分。

毕业论文　无学分。

本系学程　十六至二十八学分。

他系学程选修　四至八学分。

三、学程一览表

（一）专为本科学程

学程名目	学分	备注
史101—102 中国通史	八	
史103—104 西洋通史	八	
史105—106 日本通史	四	本年暂缺
史107—108 美国通史	四　本年不开班	两年轮流开班
史109—110 英国通史	六	
史111—112 俄国通史	四	与俄国近代史轮流开班
史121—122 中国社会史	四	
史127—128 近代中国外交史	六	
史133—134 南洋史地	四	与中西交通史轮流开班
史171—172 欧洲十九世纪史	六或八	

（二）本科及研究院共修学程

学程名目	学分	备注
史201—202 史学方法	四	
史205—206 西洋史学史	四	
史225—226 中国学术史上古至东汉	六	本年暂缺
史227—228 中国学术史东汉至清	六	
史229—230 中国近三百年学术史	四	
史231—232 中西交通史	四　本年不开班	与南洋史地轮流开班
史241—242 中国上古史	四　本年不开班	轮流开班
史243—244 秦汉史	四	

（续表）

学程名目	学分	备注
史 247—248 晋南北朝隋唐史	四	
史 251—252 晋南北朝隋唐史研究	四	
史 257—258 宋史	四	本年暂缺
史 261—262 明史	六	
史 263—264 明代社会史	四	本年暂缺以后
史 265—266 明史研究	四	轮流开班
史 269—270 中国近百年史专题研究	四	
史 271—272 希腊史	六	轮流开班
史 273—274 罗马史	六　本年不开班	
史 275—276 欧洲中古史	六	
史 277—278 欧洲近代史初期	四	轮流开班
史 279—280 欧洲宗教改革时代史	四　本年不开班	
史 281—282 欧洲十七十八世纪史	四	暂不开班
史 283—284 法国革命史	四	
史 285—286 近代国际关系史	四	
史 287—288 俄国近代史	四　本年不开班	与俄国通史轮流开班
史 289—290 俄国在亚洲发展史	本年不开班	轮流开班
史 291—292 欧洲海外发展史	四	

四、学程说明

史 101—102 中国通史　全年八学分。雷海宗。本学程讲述史前至最近民族、政治、社会、经济变迁之大势，兼及宗教与思想之发展。

史 103—104 西洋通史　全年八学分。刘崇鋐。本学程讲述西洋自史前至最近之发展，注重构成西洋文物、政教之主要成分，以期学生能得一整个纵面之历史观念。

史 105—106 日本通史　全年四学分。钱稻孙。本学程选取日本高等程度之讲本为基础，参酌近世之新研究。讲述日本历史之大要，注重其与中国之关系及幕末维新之业绩。

史 107—108 美国通史　全年四学分。刘崇鋐。本学程述美国自发现以来至现代四百余年进展之概要。自政治、经济、文物各方面观其变迁之迹，并识其与世界之关系。

史 109—110 英国通史　全年六学分。刘崇鋐。本学程统观英国自古迄今变迁之迹，于寻常政治事实外，注重英史之特点，如宪法之演进、文物之变嬗、工商之发展、帝国之开拓以及英国与世界之关系。课本之外，多涉猎名著，以备日后进求高深。

史 111—112 俄国通史　全年四学分。噶邦福。本学程之主旨，在说明俄国政治、经济及社会发展之纲领。于俄国与亚洲之关系及俄国西欧化之过程，特加注意。

史 121—122 中国社会史　全年四学分。陶希圣。本课欲寻求中国社会组织之发达过程，依于每一时代之社会组织，说明其时之政治制度、政治现象及主要的思潮。本课将中国社会之发达分为如下之数期：（一）上古，（二）古代，（三）中古，（四）近世，（五）现代。上古期所述者为氏族社会及其转变，即由商至周。古代期所述者为奴隶社会，即秦汉。中古期所述者为农奴社会，即三国至五代。近世期所说明者为宋至清。清末以来为现代。

史 127—128 近代中国外交史　全年六学分。蒋廷黻。本学程之目的，在叙述及分析中国加入世界国际系统之过程，以期了解中国今日之国际地位。所用书籍除普通中外关系之著作外，特别注重中国方面之外交史料。

史 133—134 南洋史地　全年四学分。张星烺。本学程内容可分为三段：第一段为南洋地理概观：（甲）美属斐律宾群岛，（乙）荷属东印度群岛，（丙）英属马来亚及北婆罗洲。目的在使学生明了南洋各地情形，尤其各地华侨概状。第二段述欧人东来以前之南洋史：（甲）印度文明之传入雷细亚，（乙）古代中国与马雷雪亚之交通，（丙）阿拉伯与马雷雪亚之关系，（丁）元明两代中国势力之伸入南洋，（戊）回教传入南洋。第三段述欧人在南洋之历史：（甲）葡萄牙东方帝国之盛衰，（乙）西班牙及美国在斐律宾之历史，（丙）荷兰在爪哇等地之历史，（丁）英国在马来亚及北婆罗洲之历史，（戊）华侨史。

史 171—172 欧洲十九世纪史　全年六或八学分。刘崇鋐。本学程之目的，在明了欧美自维也纳会议至欧战百年中变迁之大势，俾于现代趋势及现代问题得历史之了解。加选两学分者，加作读书报告，意在多读参考书，以期至少于十九世纪史之一方面，有进一步之认识。

史 201—202 史学方法　全年四学分。雷海宗。本学程讲述历史研究法之基础原则，旨在训练读书、搜集史料、批评、鉴别、综合、叙述各种能力。此外并略述古今重要历史哲学之派别。

史 203—204 西洋史学史　全年四学分。孔繁霱。本学程讲述西洋史学之起源及各时代史学发展之概况，兼及文化思想之背景。

史 225-6、227-8 中国学术史　分上、下两期，每期全年六学分。张荫麟。本学程追溯我国学术之沿革，特别注意天文、历法、算学、音律及其他自然知识与应用艺术。上期自殷周至东汉末止，下期自东汉末至清道光间止。

史 229—230 中国近三百年学术史　全年四学分。钱穆。本学程自明末遗老迄于近代，择要讲述，意在明其流变、抉其利病、借鉴古人、自勘当躬。

史 231—232 中西交通史　全年四学分。张星烺。本学程目的，在使学生明了古代中西交通路线，中西两方各种相互之记载，阐明两方文化交换、势力互相盈消、商业贸易之变迁、西方各种宗教之东传及旅行记之研究。

史 241—242 中国上古史　全年四学分。雷海宗。本课讲述史前时代至秦并六国之历史,其要点如下：中国原始民族与文化之探讨,殷商政治文化之特征,西周封建制度、王朝政治与宗教信仰,春秋战国之社会发展、国际政治与思想潮流,秦国一统事业之进展与一统政治之建设。

史 243—244 秦汉史　全年四学分。雷海宗。本课讲述秦及汉初一统政治之创始与完成,汉代之重农抑商与社会安定政策,贫富不均与各级生活,向外发展与内部停滞,儒教与道教之确立及佛教之输入,学术思想之整理与停顿,汉末以下之民族消沉,外族入侵与中原文化之危亡。

史 247—248 晋南北朝隋唐史　全年四学分。陈寅恪。此学程为普通讲演性质之课。

史 251—252 晋南北朝隋唐史研究　全年四学分。陈寅恪。此学程为专题讨论性质之课,就此时期内关于民族、文化、政治、社会等问题择要讨论,并旁采外国书籍及近年新发见之材料,与中国所已知者互相比证,以期补充旧史之未备及订正其伪误。

史 257—258 宋史　全年四学分。张荫麟。本学程从社会组织、学术思想、"大人物"及政治变动四方面考察,约自纪元九五〇至一二八〇年间之历史,并说明以上四因素之相互关系。

史 261—262 明史　全年六学分。吴春晗。本学程以元末群雄起事始,以清初平定三藩终,自西元一三四一至一六八一,约三百四十年间之史事,分期讲述。

史 263—264 明代社会史　全年四学分。吴春晗。本学程主旨,在阐明明代社会组织、思想流别、政治制度等之形成及其变革,并指出此等因素对后代之影响。

史 265—266 明史研究　全年四学分。吴春晗。遍搜明代史料,考证价值,用以改订现行之明史,并指导学生作专题研究,以期解决若干前人所未解决之问题。

史 269—270 中国近百年史专题研究　全年四学分。蒋廷黻。本学程于学年初约有十次讲演,讨论：（一）中国近百年史之学术现状,（二）尚待解决之问题,（三）中外史料之概况,余时由学生选题研究。

史 271—272 希腊史　全年六学分。噶邦福。本学程论希腊史，兼及上古之近东。主旨在推论地中海文化之沿革及各部之相互关系。除政治、经济、社会方面外，精神文化，尤其是宗教，均加以研究。

史 273—274 罗马史　全年六学分。噶邦福。本学程分二部：上学期论罗马共和时代，下学期论罗马帝国时代。意大利民族之来源、罗马并吞半岛、罗马大帝国之建设、政治及社会之变迁、帝国衰落以及罗马人之文化精神，皆特别加以研究。

史 275—276 欧洲中古史　全年六学分。孔繁霱。约自西历三百年至一千三百年之欧洲史，其讲述旨趣系欲学者对于近代欧洲文化有较深之认识。

史 277—278 欧洲近代史初期　全年四学分。孔繁霱。本学程同时注意两方面，一系欧洲中古史之究竟，一系近代史之由来。讲述十四五世纪时，欧洲政治文化由中古时代性个别的、逐渐的转变为近代性过渡状况之大要。

史 279—280 欧洲宗教改革时代史　全年四学分。孔繁霱。本学程为欧洲近代史之次期，题为宗教改革，并非狭义的宗教史之谓。因本期欧洲史乃"再生"运动中之新倾向。宗教的变迁而外，何以由教会之崩裂，引起近代思想与科学之树立、新国家之勃兴、王权之膨涨。何以由教会之崩裂，递入十七、十八世纪之欧洲史，乃本学程所注意阐明者。

史 281—282 欧洲十七十八世纪史　全年四学分。本学程以宗教战争之结束为起点，以法国革命之开始为终点，观察其间百余年欧洲全体之趋势与各国进展之概略。

史 283—284 法国革命史　全年四学分。本学程讲述：（一）革命前法国之政治、社会状况及思想潮流，（二）革命之演化与其所产生之新制度，（三）拿破仑与革命之关系。

史 285—286 近代国际关系史　全年四学分。蒋廷黻。本学程讨论近六十年之国际关系、国际间冲突及妥协之原动力、欧洲与他洲之相互影响，一国之内部构造与其外交之关系等乃讨论之集中点。

史 287—288 俄国近代史　全年六学分。噶邦福。本学程起自大彼得时代，止于一九一七年之革命。目的在研究俄国近代之政治、社会及经济之发展,思想潮流之变迁亦略及之。所注重者乃俄国近代之各种政策。

史 289—290 俄国在亚洲之发展　全年四学分。噶邦福。

史 291—292 欧洲海外发展史　全年四学分。噶邦福。本学程述欧洲自海外发见时期至现代之殖民发展,其目的在说明:(一)欧洲主要各国海外殖民地的探险、征服及其组织,(二)近代帝国主义性的海外殖民发展与世界大战的导源。

文科研究所历史学部（1935年至1936年度）

本部主要工作,为指导已有相当程度之学生,作独立切实之研究,俾其本人得充分之治史训练,而于中国史学,亦期微有贡献。现在因资料与导师关系,研究范围暂限于中国中古史及清史两门。学程有专为研究生设者,为可与本科三、四年级生共修者(本科历史学系学程号数在 200 以上者属此类。其在 200 以下者,可旁听,但不给学分。别系高级课程亦可选修,但其学分总数,不得超过总学分之二分之一)。兹分列于下:

一、专为研究生所设学程

中国中古史专题研究　陈寅恪。

清史专题研究　蒋廷黻。

清史史料研究　蒋廷黻。

本学程注意下列二点:(一)各种史料产生之过程及可靠之程度,(二)各种史料之新知识的贡献。所研究之史料多半为故宫博物院及中央研究院所出版者。其可在外国搜集得之史料,亦将用以补充比较。

全年六学分。

二、可与本科三、四年级共修学程(本年开班者,说明详见本科历史学系)

史 201—202 史学方法　四学分。雷海宗。

史 205—206 西洋史学史　四学分。孔繁霱。

史 229—230 中国近三百年学术史　四学分。钱穆。

史 243—244 秦汉史　四学分。雷海宗。

史 247—248 晋南北朝隋唐史　四学分。陈寅恪。

史 251—252 晋南北朝隋唐史研究　四学分。陈寅恪。

史 261—262 明史　六学分。吴春晗。

史 271—272 希腊史　六学分。噶邦福。

史 275—276 欧洲中古史　六学分。孔繁霱。

史 277—278 欧洲近代史初期　四学分。孔繁霱。

史 291—292 欧洲海外发展史　六学分。噶邦福。

（《国立清华大学一览》,1935 年）

清华大学历史学系（1937）

教职员（1936年度）

教授兼主任：蒋廷黻（本学年请假）。教授兼代理主任：刘崇鋐。教授：陈寅恪（与中国文学系合聘），孔繁霬，噶邦福（J. J. Gapanovich），雷海宗，张荫麟（与哲学系合聘）（本学年请假）。专任讲师：王信忠，邵循正。讲师：齐思和，谭其骧。教员：吴晗。助教：何基，鲁光桓。助理：谷光曙。书记：吴达。

学程一览（1936年至1937年）

一、课程总则

（一）本系学生应按照本大学教务通则之规定，修满一百三十二学分，及完成毕业论文，方得毕业。

（二）本系学生应修之一百三十二学分，分配如下：

甲、大学一年级共同必修课目三十六学分。

乙、本系学程六十学分。

1. 本系必修学程为下列三项：

（一）中国通史或西洋通史（第一年所选通史之外） 八学分。

（二）欧洲十九世纪史 八学分。

（三）史学方法 四学分。

2. 他系学程可认为本系学程者，有下列各项：

（一）文学史（中国或西洋，下同），（二）哲学史，（三）法制史，（四）

政治思想史,(五)经济史,(六)经济思想史,(七)社会思想史,(八)美术史。

丙、第二外国语 两年。十六学分。

丁、自由选习(本系或他系学程) 二十学分。

(三)本系学程有每年开班者,有两年轮流开班者,选课时须注意。

二、分年课程表

(一)第一年 共三六至三八学分。

国文 六学分。

第一年英文 八学分。

中国通史、西洋通史(择一) 八学分。

逻辑、高级算学、微积分(择一) 六或八学分。

普通物理、普通化学、普通地质学、普通生物学(择一) 八学分。

(二)第二年 共三〇至三八学分。

中国通史或西洋通史 八学分。

欧洲十九世纪史(留待第三年亦可) 八学分。

第二外国语 八学分。

其他本系学程 四至八学分。

其他学程选修 十二至八学分。

(三)第三年 共三〇至三六学分。

史学方法(留待第四年亦可) 四学分。

第二外国语 八学分。

其他本系学程 八至十六学分。

他系学程选修 八至四学分。

(四)第四年 共二八至三二学分。

毕业论文 二学分。

本系学程 十四至二十六学分。

他系学程选修 八至四学分。

三、学程一览表

学程名目	学分	备注
史 101—102 中国通史	八	
史 103—104 西洋通史	八	
史 105—106 日本通史	六	
史 109—110 英国通史	六	本年暂缺
史 111—112 俄国通史	六	与俄国近代史轮流开班
史 121—122 中国社会史	四	本年暂缺
史 127—128 近代中国外交史	六	本年暂缺
史 129—130 近代中日外交史	四或六	
史 171—172 欧洲十九世纪史	六或八	
史 173—174 西洋现代史	四	
史 197—198 古物古迹调查实习	五	

本科及研究院共修学程

学程名目	学分		备注
史 201—202 史学方法	四		
史 205—206 西洋史学史	四		本年暂缺
史 209—210 史学名著选读	四		
史 225—226 中国学术史	六		本年暂缺
史 231—232 中西交通史	四		本年暂缺
史 237—238 中国地理沿革史	四		
史 241—242 中国上古史	四		轮流开班
史 243—244 秦汉史	四	本年不开班	
史 247—248 晋南北朝隋史	四	本年不开班	轮流开班
史 249—250 隋唐史	四		
史 251—252 晋南北朝隋唐史研究	四		
史 257—258 宋史	四		本年暂缺

（续表）

学程名目	学分	备注
史 261—262 明史	六	
史 263—264 明代社会史	四	
史 265—266 清史	六	本年暂缺
史 269—270 中国近代外交史专题研究	四或六	
史 271—272 希腊史	六　本年不开班	轮流开班
史 273—274 罗马史	六	
史 275—276 欧洲中古史	六	
史 277—278 欧洲近代史初期	四	轮流开班
史 279—280 欧洲宗教改革时代史	四　本年不开班	
史 287—288 俄国近代史	六　本年不开班	与俄国通史轮流开班
史 291—292 欧洲海外发展史	四	本年暂缺
史 295—296 蒙古史	六	

四、学程说明

史 101—102 中国通史　全年八学分。雷海宗。本学程讲述史前至最近民族、政治、社会、经济变迁之大势，兼及宗教与思想之发展。

史 103—104 西洋通史　全年八学分。刘崇鋐。本学程讲述西洋自史前至最近之发展，注重西洋文物、政教之构成，以期能得一整个纵面之历史观念。

史 105—106 日本通史　全年六学分。王信忠。本学程之目的，在讲述日本政治、经济、文化等之发展过程，使读者对于日本历史能得一整个概念。讲授时先就各时代之特点加以说明，然后进而检讨各种政教、经济、文物等变迁之迹、起因及结果。取材以日本史籍为主，参以中国及西洋方面有关材料及研究著述。

史 109—110 英国通史　全年六学分。刘崇鋐。本学程统观英国自古迄今变迁之迹,于寻常政治事实外,注重英史之特点,如宪法之演进、工商之发展、帝国之开拓以及英国与世界之关系。课本之外,多涉猎名著,以备日后进求高深。

史 111—112 俄国通史　全年六学分。噶邦福。本学程之主旨,在说明俄国政治、经济及社会发展之纲领。于俄国与亚洲之关系及俄国西欧化之过程,特加注意。

史 121—122 中国社会史　全年四学分。本课欲寻求中国社会组织之发达过程,依于每一时代之社会组织,说明其时之政治制度、政治现象及主要的思潮。

史 127—128 近代中国外交史　全年六学分。本学程之目的,在叙述及分析中国加入世界国际系统之过程,以期了解中国今日之国际地位。所用书籍除普通中外关系之著作外,特别注重中国方面之外交史料。

史 129—130 近代中日外交史　本学程分六学分与四学分两种,仅听讲者给四学分,愿作专题研究者加给二学分。王信忠。本学程之目的,在讲述中日近六十年来之外交关系,除使读者得一系统的概念外,拟使领会中日外交史研究之门径,故注重史料之阅读。

史 171—172 欧洲十九世纪史　全年六或八学分。刘崇鋐。本学程之目的,在明了欧美自维也纳会议至欧战百年中变迁之大势,俾于现代趋势及现代问题得历史之了解。加选两学分者,加作读书报告,意在多读参考书,以期至少于十九世纪史之一方面,有进一步之认识。

史 173—174 西洋现代史　全年四学分。齐思和。本学程讲述欧战后迄今日欧美与世界之进展大势,注重现时各问题之产生与演变。

史 197—198 古物古迹调查实习　全年五学分。本学程注重实地观察,每星期出发一次,参观城内及近郊之古物古迹。参观后须作报告(本学程系与燕京大学历史系合作)。

史 201—202 史学方法　全年四学分。雷海宗。本学程讲述历史研究法之基础原则,旨在训练读书、搜集史料、批评、鉴别、综合、叙述各种能力。此外并略述古今重要历史哲学之派别。

史 203—204 西洋史学史　全年四学分。本学程讲述西洋史学之起源及各时代史学发展之概况,兼及文化思想之背景。

史 209—210 史学名著选读 孔繁霱、刘崇鋐、雷海宗、张荫麟。本学程目的,为训练精读西文史籍。选读资料分两种:（一）论文,由担任此课之教授选史学论文若干篇,轮流上班指导研读。（二）专书,诸教授各担任名著一二种,学生各选定一种,个别请教授指导研读。

本年选读之专书为下列五种:

Gibbon, E., *Decline and Fall of the Roman Empire*（Bury's Edition）.

Dill, S., *Roman Society in the Last Century of the Western Empire.*

Spengler, O., *The Decline of the West.*

Fay, S. B., *Origins of the World War.*

Langer, W. L., *The Diplomacy of Imperialism.*

史 255—256 中国学术史。

史 231—232 中西交通史 全年四学分。本学程目的,在使学生明了古代中西交通路线,中西两方各种相互之记载,阐明两方文化交换、势力互相盈消、商业贸易之变迁、西方各种宗教之东传及旅行记之研究。

史 237—238 中国地理沿革史 全年四学分。谭其骧。本课以讲述历代疆域变迁、州郡沿革、都会兴衰、形势阨塞为主,兼及河渠水利与边徼四裔地理之概要。并指导选习者研读《汉志》、《水经注》等诸古地理名著。

史 241—242 中国上古史 全年四学分。雷海宗。本课讲述史前时代至秦并六国之历史,其要点如下：中国原始民族与文化之探讨,殷商政治文化之特征,西周封建制度、王朝政治与宗教信仰,春秋战国之社会发展、国际政治与思想潮流,秦国一统事业之进展与一统政治之建设。

史 243—244 秦汉史 全年四学分。雷海宗。本课讲述秦及汉初一统政治之创始与完成,汉代之重农抑商与社会安定政策,贫富不均与各级生活,向外发展与内部停滞,儒教与道教之确立及佛教之输入,学术思想之整理与停顿,汉末以下之民族消沉,外族入侵与中原文化之危亡。

史 247—248 晋南北朝隋史 陈寅恪。

史 249—250 隋唐史　全年四学分。陈寅恪。此学程为普通讲演性质之课。

史 251—252 晋南北朝隋唐史研究　全年四学分。陈寅恪。此学程为专题讨论性质之课，就此时期内关于民族、文化、政治、社会等问题择要讨论，并旁采外国书籍及近年新发见之材料，与中国所已知者互相比证，以期补充旧史之未备及订正其伪误。

史 257—258 宋史　全年四学分。张荫麟。本学程从社会组织、学术思想、"大人物"及政治变动四方面考察，约自纪元九五〇至一二八〇年间之历史，并说明以上四因素之相互关系。

史 261—262 明史　全年六学分。吴晗。本学程以元末群雄起事始，以清初平定三藩终，自西元一三四一至一六八一，约三百四十年间之史事，分期讲述。

史 263—264 明代社会史　全年四学分。吴晗。本学程主旨，在阐明明代社会组织、思想流别、政治制度等之形成及其变革，并指出此等因素对后代之影响。

史 265—266 清史　吴晗。

史 269—270 中国近代外交史专题研究　全年四学分或六学分。邵循正。此学程注重自由研究，无演讲，选修者自撰题目，经教师审定，再行搜集材料，从事研究，写成论文，惟随时须向教师报告进行经过，并商讨疑难问题。论文无心得者不给学分。

史 271—272 希腊史　全年六学分。噶邦福。本学程论希腊史，兼及上古之近东。主旨在推论地中海文化之沿革及各部之相互关系。除政治、经济、社会方面外，精神文化，尤其是宗教，均加以研究。

史 273—274 罗马史　全年六学分。噶邦福。本学程分二部：上学期论罗马共和时代，下学期论罗马帝国时代。意大利民族之来源、罗马并吞半岛、罗马大帝国之建设、政治及社会之变迁、帝国衰落以及罗马人之文化精神，皆特别加以研究。

史 275—276 欧洲中古史　全年六学分。孔繁霱。约自西历三百年至一千三百年之欧洲史，其讲述旨趣系欲学者对于近代欧洲文化有较深之认识。

史 277—278 欧洲近代史初期　全年四学分。孔繁霱。本学程同时注意两方面,一系欧洲中古史之究竟,一系近代史之由来。讲述十四五世纪时,欧洲政治文化由中古时代性个别的、逐渐的转变为近代性过渡状况之大要。

史 279—280 欧洲宗教改革时代史　全年四学分。孔繁霱。本学程为欧洲近代史之次期,题为宗教改革,并非狭义的宗教史之谓。因本期欧洲史乃"再生"运动中之新倾向。宗教的变迁而外,何以由教会之崩裂,引起近代思想与科学之树立、新国家之勃兴、王权之膨涨。何以由教会之崩裂递入十七、十八世纪之欧洲史,乃本学程所注意阐明者。

史 287—288 俄国近代史　全年六学分。噶邦福。本学程起自大彼得时代,止于一九一七年之革命。目的在研究俄国近代之政治、社会及经济之发展,思想潮流之变迁亦略及之。所注重者乃俄国近代之各种政策。

史 291—292 欧洲海外发展史　全年四学分。噶邦福。本学程述欧洲自海外发见时期至现代之殖民发展,其目的在说明:(一)欧洲主要各国海外殖民地的探险、征服及其组织,(二)近代帝国主义性的海外殖民发展与世界大战的导源。

史 295—296 蒙古史　全年六学分。邵循正。每周三小时。两小时讲蒙古在中国与西域发展之经过与影响,并讨论专门问题,期选读者能得治此学之基本知识与训练,渐能从事于独立之研究。一小时授波斯文,上学期讲文法,下学期讲授波斯史籍关于蒙古史之记载。

文科研究所历史学部（1936年至1937年度）

本部主要工作,为指导已有相当程度之学生,作独立切实之研究,俾其本人得充分之治史训练,而于中国史学,亦期微有贡献。研究范围暂限于中国上古史、中古史及清史诸门。学程有专为研究生设者,有可与本科三、四年级生共修者(本科历史学系学程号数在 200 以上者属此类。其在 200 以下者,可旁听,但不给学分。别系高级课程亦可选修,但其学分总数,不得超过总学分之二分之一)。兹分列于下:

一、专为研究生所设学程

中国上古史专题研究。雷海宗。

中国中古史专题研究。陈寅恪。

清史专题研究。张荫麟。

二、可与本科三、四年级共修学程（本年开班者，说明详见本科历史学系）

史 201—202　史学方法四学分　雷海宗。

史 209—210　史学名著选读　四学分。雷海宗、孔繁霱、刘崇鋐。

史 237—238　中国地理沿革史　四学分。谭其骧。

史 241—242　中国上古史　四学分。雷海宗。

史 249—250　隋唐史　四学分。陈寅恪。

史 251—252　晋南北朝隋唐史研究　四学分。陈寅恪。

史 261—262　明史　六学分。吴晗。

史 269—270　中国近代外交史专题研究　邵循正。

史 273　罗马史　三学分。噶邦福。

史 275—276　欧洲中古史　六学分。孔繁霱。

史 277—278　欧洲近代史初期　四学分。孔繁霱。

史 295—296　蒙古史　六学分。邵循正。

（《国立清华大学一览》，1937 年）

清华大学历史学系（1947）

一、必修学程一览

（一）第一年级

学程号数	学程名称	学期	每周时数				学分	先修学程
			演讲	讨论	实验次数	每次实验时数		
中 101—102	国文		3				6	
外 101—102	英文一		5				6	
史 101—102	中国通史		3				6	
哲 101—102	逻辑（或理则学）		3				6	
数 103—104	微积分	择一	4				8	
物 101—102	普通物理学		3	1	3		8	
化 103—104	普通化学		3	1	3		8	
生 101—102	普通生物学		3	1	3		8	
地 101—102	普通地质学		3	1	3		8	
地 151—152	地学通论		3	1	3		8	
数 101—102	高级数学		4				8	
政 101—102	政治学概论	择一	3					
经 101—102	经济学概论		3	1			6	
社 101—102	社会学概论		3	1				
	三民主义							
	体育		2					

（二）第二年级

学程号数	学程名称	学期	每周时数				学分	先修学程
			演讲	讨论	实验次数	每次实验时数		
史 103—104	西洋通史（或世界通史）		3				6	
史 201—202	殷周史	择一①	2—3				4—6	
史 203—204	秦汉史		2—3				4—6	
史 205—206	魏晋南北朝史		2—3				4—6	
史 207—208	隋唐五代史（或唐史）		2—3				4—6	
史 209—210	宋史（或附辽金）		2—3				4—6	
史 211—212	辽金元史（或元史）		2—3				4—6	
史 213—214	明史		2—3				4—6	
史 215—216	清史		2—3				4—6	
史 217—218	中国近世史		3				6	
哲 103—104	哲学概论		2				4	
地 177—178	中国地理总论		2				4	
	伦理学							
	选修						2—14	
	体育		2					

———————————

① 自"殷周史"至"清史"之中国断代史八种，于二至四年级间修习三种。

（三）第三年级

学程号数	学程名称	学期	每周时数				学分	先修学程
			演讲	讨论	实验次数	每次实验时数		
史 221—222	西洋上古史	择①一	3				6	
史 223—224	西洋中古史		3				6	
史 225—226	西洋近古史		3				6	
史 227—228	西洋近世史		3				6	
史 231—232	英国史	择②一	3				6	
史 233—234	美国史		3				6	
史 235—236	法国史		3				6	
史 237—238	德国史		3				6	
史 239—240	俄国史		3				6	
史 241—242	亚洲诸国史		3				6	
史 191—192	世界地理③		2				4	
史 194	中国沿革地理	下	3				3	
	选修						0—9	
	体育		2					

———————

① 西洋上古、中古、近古史三学程，于三、四两年级内修完。

② 西洋国别史五种，一种为必修，得于四年级修习。

③ 得以地学系性质相同学程替代。

（四）第四年级

学程号数	学程名称	学期		每周时数				学分	先修学程
				演讲	讨论	实验次数	每次实验时数		
史 261—262	中国文化史	择①二		3				6	
史 263—264	中国社会经济史			3				6	
史 265—266	中国外交史			3				6	
史 267—268	中西交通史			2—3				4—6	
史 271—272	西洋文化史			3				6	
史 273—274	西洋社会经济史			3				6	
史 275—276	欧洲外交史			3				6	
史 277—278	欧洲殖民史			3				6	
史 281	史学方法	择一	上	3				3	
史 283	史学通论		上	3				3	
史 286	中国史学史	择一	下	3				3	
史 288	西洋史学史		下	3				3	
史 197—198	毕业论文							2	
	选修							8—20	
	体育			2					

---

① 专门史八种，或他系所开专门史学程，二种为必修，得于三、四年级分别修习。

二、 选修学程一览

（一）第三、四年级

学程号数	学程名称	学期	每周时数				学分	先修学程
			演讲	讨论	实验次数	每次实验时数		
史 219—210	中国现代史		3				6	
史 229—230	西洋现代史		3				6	
史 243—244	蒙古史		2—3				4—6	
史 245—246	中亚史		2—3				4—6	
史 247—248	朝鲜史		2—3				4—6	
史 249—250	日本史		2—3				4—6	
史 251—252	印度史		2—3				4—6	
史 253—254	南洋史		2—3				4—6	
史 289—290	中国史部目录学		2				4	
史 291—292	中国史学名著选读						4	
史 293—294	西洋史学名著选读						4	
史 295—296	传记学		2—3				4—6	

三、 研究所学程及学科

研究生除于本系主任及导师指导下，得选习 201 至 299 号本科及研究所各种学程，或本系逐年开设之 301 至 399 号研究所学程，以符学分规定外，须就下列二类二十五种学科，认定研究范围。

第一类　中国史

（一）殷周史;（二）春秋战国史;（三）秦汉魏晋史;（四）晋南北朝史;（五）隋唐五代史;（六）宋史(或附辽金);（七）元史(或附辽金);（八）明史;（九）清史;（十）民国史。

第二类　外国史

（十一）古代近东史;（十二）希腊罗马史;（十三）西洋中古史;（十四）西洋近古史;（十五）西洋近世史;（十六）欧洲殖民史(附拉丁美洲史);（十七）国别史——不列颠;（十八）国别史——美利坚;（十九）国别史——德意志;（二十）国别史——法兰西;（二十一）国别史——俄罗斯;（二十二）国别史——日本;（二十三）印度史;（二十四）南洋史;（二十五）回教史。

四、 研究所学科选定办法

（一）各生须认定三学科为研究范围,初试时即以此为考试范围。

（二）各生须由认定三学科范围内选定论文题目,但如经本系同意,得于学科范围外选定题目。

（三）如因参考图书缺乏或其他原因,本系得定某学科为暂缓研究或不能选定论文题目之范围。

（四）各生于第一学年开始时,最少须先认定一学科；第二学年开始时,三学科须全部认定。

附（一）201—299 号学程名称：

第一类　中国断代史

学程号数	学程名称	学期	每周时数				学分	先修学程
			演讲	讨论	实验次数	每次实验时数		
史 201—202	殷周史						4—6	
史 203—204	秦汉史						4—6	
史 205—206	魏晋南北朝史						4—6	
史 207—208	隋唐五代史（或唐史）						4—6	
史 209—210	宋史（或附辽金）						4—6	
史 211—212	辽金元史（或元史）						4—6	
史 213—214	明史						4—6	
史 215—216	清史						4—6	
史 217—218	中国近世史						6	
史 219—220	中国现代史						6	

第二类　西洋断代史及国别史

学程号数	学程名称	学期	每周时数				学分	先修学程
			演讲	讨论	实验次数	每次实验时数		
史 221—222	西洋上古史						6	
史 223—224	西洋中古史						6	
史 225—226	西洋近古史						6	
史 227—228	西洋近世史						6	
史 229—230	西洋现代史						6	
史 231—232	英国史						6	
史 233—234	美国史						6	
史 235—236	法国史						6	
史 237—238	德国史						6	
史 239—240	俄国史						6	

第三类　亚洲史

学程号数	学程名称	学期	每周时数				学分	先修学程
			演讲	讨论	实验次数	每次实验时数		
史 241—242	亚洲诸国史						6	
史 243—244	蒙古史						4—6	
史 245—246	中亚史						4—6	
史 247—248	朝鲜史						4—6	
史 249—250	日本史						4—6	
史 251—252	印度史						4—6	
史 253—254	南洋史						4—6	

第四类　专门史

学程号数	学程名称	学期	每周时数				学分	先修学程
			演讲	讨论	实验次数	每次实验时数		
史 261—262	中国文化史						6	
史 263—264	中国社会经济史						6	
史 265—266	中国外交史						6	
史 267—268	中西交通史						4—6	
史 271—272	西洋文化史						6	
史 273—274	西洋社会经济史						6	
史 275—276	欧洲外交史						6	
史 277—278	欧洲殖民史						6	

第五类　方法论及史学史

学程号数	学程名称	学期	每周时数				学分	先修学程
			演讲	讨论	实验次数	每次实验时数		
史 281	史学方法						3	
史 283	史学通论						3	
史 286	中国史学史						3	
史 288	西洋史学史						3	
史 289—290	中国史部目录学						4	
史 291—292	中国史学名著选读						4	
史 293—294	西洋史学名著选读						4	
史 295—296	传记学						4—6	

附（二）301—399 号研究所学程名称于开设时公布。

（《国立清华大学一览》, 1947 年）

山西大学历史学系（1947）

教员

系主任：阎宗临；代理系主任：陈超；教授：张秉仁、李相显、俞静安、班书阁；副教授：王葵经（兼秘书）；讲师：杜洽、梁祥厚、徐庆符；助教：张华。

一、 必修课程一览

（一）一年级

科目	开学设期	每周时数		学分	备注
		讲授	实习		
国文	上	4		3	
	下	4		3	
第一年英文	上	6		4	
	下	6		4	
中国通史	上	4		3	
	下	4		3	
哲学概论	上	2		2	
	下	2		2	
中国地理	上	3		2	
	下	3		2	
中国沿革地理	上				
	下	3		3	

（续表）

科目	开学设期	每周时数		学分	备注
		讲授	实习		
政治学	上	3		3	
	下	3		3	
经济学	上	3		3	必须选习一种
	下	3		3	
社会学	上	3		3	
	下	3		3	
生物学	上	3		3	
	下	3		3	
普通心理学	上	3		3	必须选习一种
	下	3		3	
普通地质学	上	3		3	
	下	3		3	
三民主义	上	2		2	
	下	2		2	
军训与体育	上		2		
	下		2		
总计	上	27	2	22	
	下	30	2	25	

（二）二年级

科目	开学设期	每周时数		学分	备注
		讲授	实习		
第二年英文	上	3		3	
	下	3		3	
伦理学	上	3		3	
	下				
世界通史	上	4		3	
	下	4		3	

（续表）

科目	开学设期	每周时数 讲授	每周时数 实习	学分	备注
理则学	上				
	下	3		3	
中国近世史	上	2		2	
	下	2		2	
西洋近世史	上	3		3	
	下	3		3	
世界地理	上	2		2	
	下	2		2	
体育	上		2		
	下		2		
总计	上	17	2	16	
	下	17	2	16	

（三）三年级

科目	开学设期	每周时数 讲授	每周时数 实习	学分	备注
商周史	上	3		3	
	下				
秦汉史	上	3		3	
	下				
魏晋南北朝史	上	3		3	必须选习二种
	下				
隋唐五代史	上	3		3	
	下				
西洋上古史	上	3		3	
	下				
西洋中古史	上				
	下	3		3	

（续表）

科目	开学设期	每周时数		学分	备注
		讲授	实习		
亚洲诸国史	上				
	下	3		3	
西洋国别史	上				
	下	3		3	
体育	上		2		
	下		2		
总计	上	9	2	9	
	下	9	2	9	

（四）四年级

科目	开学设期	每周时数		学分	备注
		讲授	实习		
宋辽金元史	上	3		3	
	下				必须选习一种
明清史	上	3		3	
	下				
西洋十七八世纪史	上	3		3	
	下				
中国史学史	上	3		3	
	下				
史学方法	上				
	下	3		3	必须选习二种
西洋史学史	上	3		3	
	下				
史学通论	上				
	下	3		3	

（续表）

科目	开学设期	每周时数		学分	备注
		讲授	实习		
中国哲学史	上	3		3	
	下				
中国政治思想史	上				
	下	3		3	
中国经济史	上	3		3	三、四年级必须选习二种
	下				
中国文学史	上				
	下	3		3	
西洋经济史	上				
	下				
中国外交史	上	3		3	
	下				
毕业论文	上	2		2	
	下	2		2	
体育	上		2		
	下		2		
总计	上	12	2	12	
	下	11	2	11	

二、 选修课程一览

二、三、四年级

科目	开学设期	每周时数		学分	备注
		讲授	实习		
中国史部目录学	上			3	
	下				
中国古代史研究	上			3	
	下				
民俗学	上			3	
	下				
史前史	上			3	
	下				
人类学	上			3	
	下				
考古学	上			3—6	
	下				
传记学	上			3—4	
	下				
制图学	上			3—4	
	下				
地史学	上			6	
	下				
古文字学	上			6	
	下				
历史学科教材教法	上			4	
	下				
社会心理学	上			3—4	
	下				

（续表）

科目	开学设期	每周时数		学分	备注
		讲授	实习		
中国史学名著选读	上			6	
	下				
西洋史学名著选读	上			6	
	下				
第二外国语	上			6	必须连习二年
	下				
总计	上			64	
	下				

（《国立山西大学一览》,1947 年）

山西省立教育学院史学系课程表（1934）

一、必修科目

（一）第一学年

课目	每周时数	学分
国文	二	二
英文	二	二
党义	一	二
教育概论	二	二
普通心理学	二	二
史学概论	二	四
中国史（上古至秦）	三	六
西洋史（上古至七世纪）	二	四
世界通史（上古至十八世纪）	三	四
中国文化史纲	二	四
中国近世外交史	二	三
中国地理	二	三
世界地理	二	三
合计		四一

（二）第二学年

课目	每周时数	学分
国文	二	二
英文	二	二
党义	一	二
教育史	二	二
教育心理学	二	二
中国史（秦汉魏晋南北朝）	三	六
西洋史（七世纪至法国革命）	二	四
世界通史（十八世纪至现代）	二	四
中国文化史纲	二	四
西洋文化史纲	二	四
历史研究法	二	三
中西交通史	二	二
地理学概论（人文地理）	二	二
合计		三九

（三）第三学年

课目	每周时数	学分
国文	二	二
英文	二	二
党义	一	二
教学法	二	二
管理法	二	二
中国史（隋唐五代宋辽金元）	四	六
西洋史（法国革命至现代）	二	四
西洋文化史纲	二	四
蒙藏史	二	二
地理学概论（自然地理）	二	二
合计		二八

（四）第四学年

课目	每周时数	学分
党义	一	二
教育行政	二	二
统计与测验	二	二
中国史（明清至现代）	三	六
日本近世史	二	二
中国古物学	二	二
历史的地理	二	二
历史教学法	二	四
中外史专题研究	二	二
合计		二四

二、选修科目

课目	每周时数	学分
中国史部目录学	二	二
中国特别史	二	二
西洋特别史	二	二
近世欧洲外交史	二	二
历史哲学	二	二
考古学	二	二
史学史	二	二
史籍名著评论	二	二
伦理学	二	二
地理实习	二	二
第二外国语	二	四

本系课程说明

一、必修科目

史学概论　每周二小时。一学年四学分。1. 史之解义，2. 史书之本原，3. 史学之范围，4. 史部之类别，5. 正史之体裁，6. 史家之撰述，7. 史料之所资，8. 史籍之实用。

中国史　每周三小时或四小时。每学年六学分。本课程即中国通史，研究历代之兴革及其制度、学术、政治、思想、文化、外交等问题，通贯古今，作一扼要之讲述，使学者觇国论政皆有历史之根据。

西洋史　每周二小时。三学年一二学分。本课程自石器时代起，讨论上古文明与近东诸国文明，如何传递于欧西。中间以民族移徙、政治变迁为骨干，兼述文化潮流。

世界通史　每周三小时。二学年八学分。本课程范围甚广，使学生对于古今一切开化民族之历史，得一鸟瞰之了解。旧日所谓东洋史，即在此中容纳。

中国文化史纲　每周二小时。二学年八学分。讲述：1. 自邃古以迄两汉，吾国民族创造之精神及其实质；2. 东汉以迄明季，印度文化输入与吾国文化之牴牾及融洽；3. 自明季迄今日，欧西之学术、思想、宗教、政治之输入。

中国近世外交史　每周二小时。一学年三学分。中国在鸦片战以前，外交不甚重要。本课程所应注意者，自鸦片战起，至于近今，尤期了解中国今日之国际地位。

历史研究法　每周二小时。一学年三学分。本课程讨论已往历史之如何着眼，如何鉴别，并及于运用史料之方法，务使初学对于历史具有深刻之认识。

西洋文化史纲　每周二小时。二学年八学分。本课程研究欧西哲学、文学、宗教、科学、法律、政治制度之递嬗变迁，并及其影响。

中西交通史　每周二小时。一学年二学分。本课程可分三大时期：第一期由汉至宋，第二期元代至明，第三期自明中叶至清高宗季年——十八世纪末。

蒙藏史　每周二小时。一学年二学分。本课程有切要之问题。按元史为今欧美各国所重视，因元史而推及蒙古，更觉蒙古史重要。西藏喇嘛教与近世社会极有关系，其民族性亦极奇特，外人目其地，不啻为秘密之府、妖怪之库。今蒙藏为俄、英、日三国所垂涎，研究不遗余力，吾人岂可忽诸。

中国古物学　每周二小时。一学年二学分。本课程即金石学之扩大者。除金石外，彼玉器、土器、陶器、骨器、木器以及最近西北发现之竹简，均在讲述之内，与考古学极有关系。

历史的地理　每周二小时。一学年二学分。本课程或可名古地理学。讲述：1. 中国边境之开拓，2. 历代政治区域之变迁，3. 中国水利之兴替，4. 中国都会之迁移，5. 古来国际交通之地理。

日本近世史　每周二小时。一学年二学分。日本维新，轰动世界各国。本课程先述幕府衰亡，次及明治维新，次及大政、昭和之现代实况，作一有系统之考研，俾资借鉴。

历史教学法　每周二小时。一学年四学分。1. 能得到历史事实，2. 古今事迹之因果及将来之推测，3. 保护过去事实于将来。

中外史专题研究　每周二小时。一学年二学分。就本系必修科中研究之所得，而择题讨论之，即论文预备。

中国地理　每周二小时。一学年三学分。本课程讲解国内各天然区域之地形、气候、物产与人民之生活状况。

世界地理　每周二小时。一学年三学分。讲述世界各国之位置、地形、气候、物产、交通、风俗等，并及其民族性。

地理学概论　每周二小时。二学年四学分。本课程包括天文、地文等自然现象，并及于人类、人种、政治、经济、物产等之人文现象。

教育概论　每周二小时。一学年二学分。讲授教育之意义及其必要与目的，并使学生了解教育变迁与科学关系。

普通心理学　每周二小时。一学年二学分。讲授人类行为之事实与法则，使学生养成基本知识，为将来研究高深心理学之基础。

教育史　每周二小时。一学年二学分。本课程研究中西教育之起原、制度、变迁及其影响。

教育心理学　每周二小时。一学年二学分。讨论学习心理、个性差异及儿童心理，为教学之根据。

教学法　每周二小时。一学年二学分。研究各科教学之程序与方法及课程之性质和编制。

管理法　每周二小时。一学年二学分。1.教育制度之组织及系统，2.学校之设备，3.学校教科之研究，4.学生课外活动及其管理，5.新式学校制度之组织及其实行之结果。

教育行政　每周二小时。一学年二学分。1.教育行政范围，2.教育行政系统，3.教育行政机关之组织，4.学校行政之组织及其各项之实施。

统计与测验　每周二小时。一学年二学分。讲授教育统计之内容与测验之原理，并研究其各种方法，以便应用。

国文　每周二小时。三学年六学分。研究历代名家文词，以养成鉴别与撰述之能力。此外尤注重学术文、史传之文及应用文。

英文　每周二小时。三学年六学分。授以英文文法及史籍读本，并练习作文，使学生养成阅读英文书籍与翻译技能。

党义　每周一小时。四学年八学分。本课程内涵三民主义、五权宪法、建国大纲、建国方略及党内重要言论与著作。

体育　每周二小时。四学年八学分。授以器械、柔软军式体操及球类、田径赛各项运动。

二、选修科目

中国史部目录学　每周二小时。一学年二学分。本课程讲授中国史部渊源、位置、源流、分类及古今重要史目，使学生明了读史之门径与过去中国史部之派别。

中国特别史　每周二小时。一学年二学分。本课程内含中国法制史、风俗史、经济史、学术史、艺术史、政治思想史、古历学等，选择教授。

西洋特别史　每周二小时。一学年二学分。本课程内含西洋法制、经济、风俗、外交、殖民等史，选择教授。

近世欧洲外交史　每周二小时。一学年二学分。研究自普法战争及世界大战以来之国际关系与列强之外交政策。

历史哲学　每周二小时。一学年二学分。本课程研究人类历史之意义与本质及历史学科之论理的、认识论的基础。

考古学 每周二小时。一学年二学分。1. 中国考古学略史,2. 西洋考古学略史,3. 考古学方法,4. 古物之种类,5. 古物之鉴定。

史学史 每周二小时。一学年二学分。此科在中国尚在萌芽时代,见于著作者极尠。本系酌量情形,或授西洋史学史,或授中国史学史。

伦理学 每周二小时。一学年二学分。本课程辨明道德起源与标准及现代伦理上之思潮。

史籍名著评论 每周二小时。一学年二学分。本课程得按实施情形,分两种步骤: 1. 讨论中国史籍名著,2. 讨论外国史籍名著。

地理实习 每周二小时。一学年二学分。本课程包括中西地理学进步之概况,并训练关于地理之观察、判断以及叙述之能力,而绘图方面亦及焉。

第二外国语 每周二小时。二学年四学分。本课程授以日文读音、文法及史籍读本,并练习阅书,使学生养成翻译能力。

二、教员

姓名	别号	籍贯	职务	担任学科	履历	到院年月	备注
乔鹤仙	笙侣	山西河津	教授	文学史、诸子概论、中国近古史	山西优级师范毕业，山西大学校教授。	十五年八月	
常乃惪	燕生	山西榆次	教授	西洋文化史、历史教学法、西洋文学史、历史哲学、近世欧洲外交史	国立北京高等师范学校毕业，历任燕京大学、大夏大学、河南大学等教授。	二十二年八月	
李振邦	次亮	山西新绛	教授	东洋史、中国近世史、近世世界史、中国古物学	国立北京大学史学系文学士，国立北京大学研究院文史部助教，私立华北大学、民国大学、平民大学讲师。	二十二年四月	兼史学系主任
张淑琳	毅庵	山西五台	教授	史记、中国教育史、中国风俗史	清王寅科举人，历充山西工业专门学校教授。	十五年八月	兼中国文学系主任
郭象升	允叔	山西晋城	教授	文学研究法、中国史部目录学、中国伦理学史	清己酉科拔贡，保荐硕学通儒，清史馆纂修，前山西大学文科学长。	十四年八月	兼院长

（《山西省立教育学院一览》，1934年）

上海女子大学史地学系（1938）

中国上古史	三学分	中国地理	六学分
中国中古史	三学分	中国近世史	三学分
自然地理	三学分	西洋近代史	六学分
人文地理	三学分	欧洲地理	三学分
西洋上古史	三学分	亚洲通史	三学分
西洋中古史	三学分	史地教学法	三学分
地图绘法及实习	三学分	亚洲地理	二学分

（《上海女子大学一览》,1938 年）

圣约翰大学历史系学程（1922）

学程名	用书	每周时数	年	教员
欧洲近古史	Hayes, *Political and Social History of Modern Europe.*	3	1	MacNair
英国宪法史	Montague, *The Elements of English Constitutional History.*	3	1/2	Robert
美国史	Muzzey, *American History.*	3	1/2	Robert
欧亚人民发展史	演讲与研究	3	1	MacNair
二十世纪世界史	Marriott, *Europe & Beyond.*	3	1/2	Robert
日本近代史	Latourette, *Development of Japan.*	3	1/2	MacNair
印度史	Smith, *The Oxford Student's History of India.*	3	1/2	MacNair
高等近百年欧洲史	研究	2	1	MacNair

[《圣约翰大学文理科历史系学程》(1922—1923)，

《国内五大学历史系学程一览》,《史地学报》1923 年第 2 卷第 7 期]

四川大学史学系（1936）

（一）第一学年

（甲）必修课程	每周时数	期间	学分	备考
中国上古史	3	一学年	6	
中国近古史	3	一学年	6	
西洋上古、中古、近古史	4	一学年	8	
中国地理	3	一学年	6	
国文	3	一学年	6	
英文	3	一学年	6	
军事学	1	一学年		
军事训练	2	一学年		男生必修
军事看护	1	一学年		女生必修
体育	2	一学年		女生必修
党义	2	一学期		
（乙）选修课程	每周时数	期间	学分	备考
伦理学	3	一学期	3	
论理学	3	一学期	3	
自然科学概论	3	一学期	3	
以上三种选修课程必选二种。				

（二）第二学年

（甲）必修课程	每周时数	期间	学分	备考
中国中古史	3	一学年	6	
中国近世史	3	一学年	6	
西洋近世史	4	一学年	8	
世界地理	3	一学年	6	
国文	3	一学年	6	
英文	3	一学年	6	
体育	2	一学年		
（乙）选修课程	每周时数	期间	学分	备考
政治学	3	一学年	6	
经济学	3	一学年	6	
以上二种选修课程必选一种。				

（三）第三学年

Ⅰ 中史组

（甲）必修课程	每周时数	期间	学分	备考
隋唐五代史	3	一学年	6	
宋辽金元史	3	一学年	6	
中国史学史	3	一学年	6	
中国学术思想史	3	一学年	6	
第二外国语	3	一学年	6	
体育	2	一学年		
（乙）选修课程	每周时数	期间	学分	备考
清代学术史	2	一学年	4	
中国哲学史	3	一学年	6	
希腊文化史	3	一学年	6	

（续表）

（乙）选修课程	每周时数	期间	学分	备考
中国文学史	4	一学年	8	
政治学	3	一学年	6	
经济学	3	一学年	6	
社会学	3	一学年	6	
人类学	3	一学年	6	
考古学	2	一学年	4	本年停授
金石学	2	一学年	4	本年停授
专题研究	2	一学年	4	
以上选修课程任选二种。				

Ⅱ 西史组

（甲）必修课程	每周时数	期间	学分	备考
欧洲各国成立史	3	一学年	6	
欧洲各国扩土史	3	一学年	6	
西洋史学史	3	一学年	6	
文艺复兴及宗教改革史	3	一学年	6	
第二外国语	3	一学年	6	
体育	2	一学年		
（乙）选修课程	每周时数	期间	学分	备考
罗马帝国史	3	一学年	6	
英国史	3	一学年	6	
法国革命史	3	一学期	3	本年停授
西洋哲学史	3	一学年	6	
清代学术史	2	一学年	4	
政治学	3	一学年	6	
经济学	3	一学年	6	
社会学	3	一学年	6	

（续表）

（乙）选修课程	每周时数	期间	学分	备考
人类学	3	一学年	6	
专题研究	2	一学年	4	

（四）第四学年

Ⅰ 中史组

（甲）必修课程	每周时数	期间	学分	备考
中国文化史	3	一学年	6	
清代学术史	2	一学年	4	
历史方法与教授法	3	一学期	3	
第二外国语	3	一学年	6	
体育	2	一学年		
（乙）选修课程	每周时数	期间	学分	备考
先秦史学	4	一学期	4	
尚书研究	4	一学期	4	
以上两种选修课程必选一种。				
中国哲学史	3	一学年	6	
文艺复兴及宗教改革史	3	一学年	6	
社会学	3	一学年	6	
人类学	3	一学年	6	
考古学	2	一学年	4	本年停授
金石学	2	一学年	4	本年停授
专题研究	2	一学年	4	
以上选修课程任选一种。				

Ⅱ 西史组

（甲）必修课程	每周时数	期间	学分	备考
战后欧洲史	3	一学年	6	
希腊文化史	3	一学年	6	
历史方法与教授法	3	一学期	3	上学期
工业革命史	3	一学期	3	下学期
第二外国语	3	一学年	6	
体育	2	一学年		
（乙）选修课程	每周时数	期间	学分	备考
德国史	2	一学年	4	本年停授
英国史	3	一学年	6	
美洲史	3	一学年	6	本年停授
西洋哲学史	3	一学年	6	
中国学术思想史	3	一学年	6	
中国文化史	3	一学年	6	
人类学	3	一学年	6	
社会学	3	一学年	6	
专题研究	2	一学年	4	
以上选修课程任选一种。				
文法两院公共课程	每周时数	期间	学分	备考
中国通史	4	一学年	8	
西洋通史	3	一学年	6	

课程内容

（甲）课程编制大意

（一）本系主旨　本系课程编制之主旨，在使学者明了吾族及各民族之由来，及其蕃衍至今或业已灭亡之经过，并就此项史实阐发各民族盛衰兴替之原因、隆污升降之轨则，俾吾人察往知来，有所取鉴，且以人类生活为有目的之进展。绅绎史乘,方可审察此目的之为何,人类演进距此目标尚有几许途程,吾族生活在政治、社会、文化、学说及实业、技能上至何阶段,其与他族比较优劣若何,目前须如何努力乃不至落伍而可与他族交劇而并进。

(二)课程分配　本系学生须于四年内修满部定学分,并撰拟毕业论文,经教者评定及格后,方得毕业。其在一、二年级内须注重基本训练,中西史兼修,务于彼我史乘得有明确之认识、坚实之修养。三、四年级方从事专门训练,所有功课分为中史、西史两组,学者可各就所选,进而为断代史方面史、国别史及各种专题之研究。

本系必修课程以每年均开为原则,选修课程则须随时视教员多寡与学生需要而定。

(三)工具增修　本系学生在第一、二年级内须充分准备修学工具,即国文与第一外国语,第三、四年级内须添修第二外国语。

(乙)课程纲要

中国上古史　每周三小时　一学年　六学分　必修　担任教员:杨筠如
本学程(一)略叙史前之社会与民族分布状况,(二)略叙残缺之夏史,(三)略叙商周二族发达之历史与其政治、文化之要点,(四)略叙春秋战国之大势与政治、文化之蜕变。

中国近古史　每周三小时　一学年　六学分　必修　担任教员:张云波
本学程自宋初至元末,为中国通史之第三部,讲述其政治流变及文化概要,作史学系第一年级基本课程。

西洋上古、中古、近古史　每周四小时　一学年　八学分　必修　担任教员:何鲁之　本学程为西洋通史之上半部,自史前至法国革命。举凡民族之兴衰、政治之递嬗、文化之隆替、社会之变迁皆讲述之,务使新生对于此时期中之历史获得一贯概念,以为将来进攻专史之预备。

中国地理　每周三小时　一学年　六学分　必修　担任教员:郭秀敏
本学程分为总论与分论两部。总论之部,首论自然地理要素,如位置、地形、山脉、气候、土壤、海岸、自然生物及自然区域等,再研究其对于中国文化发展之影响,如人口之分部、政治之划分、农业土地之分配、对内对外贸易之情况、工业交通之发展、水土利用之情形等，以及将来经济之展望与政治之重要。至于分论之部，以分区为标准，分疆界及面积、自然状况、经济状况、民生状况等数项，详细研究各区人民之生活与环境之关系及各区之地方志，且兼略述我国近百年来所丧失之土地与境界变迁之沿革。

中国中古史　每周三小时　一学年　六学分　必修　担任教员：杨筠如　本学程（一）略叙秦汉统一之大势与其政治文化，（二）略叙魏晋六朝之分争与离乱之现象。

中国近世史　每周三小时　一学年　六学分　必修　担任教员：张云波　本学程自明初至民国，为中国通史之第四部，讲述其政治流变及文化概要，作历史系第二年级基本课程。

西洋近世史　每周四小时　一学年　八学分　必修　担任教员：周谦冲　本学程讲述自维也纳会议（一八一四——一五）至巴黎和会（一九一九）时代之西洋史，特别注重叙述近百年来西洋各国政治、社会、经济之发展与文化、思想之进步，并详述自由宪政运动、民主革命运动、民族统一运动、社会改革运动、工业革命与帝国主义之发展，俾学者了解欧洲之时代精神。

主要参考书：何炳松编：《近世欧洲史》。

Palm, *Europe Since Napoleon.*

Schapiro, *Modern and Contemporary European History*（*1815—1934*）.

Hayes, *A Political and Cultural History of Modern Europe*, Vol II 1830—1935.

其他参考书随时指示。

世界地理　每周三小时　一学年　六学分　必修　担任教员：徐子明　本学程自地球总论以外，其所讨论可约略分为三端：（一）地文地理，凡海洋、陆地之分布以及各方气候之殊异与动植物之散处等皆属焉。（二）政治地理，凡东西各国所据之地位及每国所主之政体及其习俗、宗教等皆属焉。（三）商业地理，凡各国之富源特产及其交通运输方法等皆属焉。又本学程除讲论以外，亦时督学生绘图以资实习，限一学年修毕。

隋唐五代史　每周三小时　一学年　六学分　必修　担任教员：祝屺怀　本学程约分为四部：（一）政治大要，（二）外族与唐之关系，（三）制度，（四）学术、宗教、风俗等。皆根据正史、《通鉴》、《六典》、《会要》诸书，而杂家传记及诗文集亦斟酌而慎取之。关于此时代之重要问题，则抉择原书，详为演述，启学者自行读史之门径，养成其研究专题之学力。

宋辽金元史　每周三小时　一学年　六学分　必修　担任教员：张云波　此学程为中史组断代史研究之一，注重在宋、辽、金、西夏及元相互之关系，辽、元民族之来源，宋、辽、金、元各民族之转移，辽、金、元之特殊制度，辽、金、元对汉文化之关系及其固有文化，宋元理学、词曲之史的发展，宋元时代之中外交通，元代领土发展等问题。

中国史学史　每周三小时　一学年　六学分　必修　担任教员：彭云生　本学程注重之点有四：（一）探究古代史官之精神，（二）叙明历代史学之演进，（三）评述历代史家之得失，（四）推阐近代史学之趋势。

中国学术思想史　每周三小时　一学年　六学分　必修　担任教员：杨筠如　本学程（一）略叙先秦时代之学派及其他学术，（二）略叙两汉经学及基于经学之各家思想，（三）略叙佛道二家之思想与佛学之发达，（四）略叙理学之各派及其他学术，（五）略叙清代之新经学运动与其主要之学术思想。

清代学术史　每周二小时　一学年　四学分　选修　担任教员：张云波　本学程为中史组中国学术史之一，内容约分五编，第一、二、三编述朴学之流变及其派别，第四编述清代治学之成绩，第五编述欧洲文化之输入。

希腊文化史　每周三小时　一学年　六学分　选修　担任教员：何鲁之　本学程讲述希腊政治制度之推进、经济制度之演变、教育之标准、社会之进化以及一切学术思想发展。

人类学　每周三小时　一学年　六学分　选修　担任教员：胡鉴民　本学程教授文化人类学，分上下两编：上编叙述文化人类学上的一般问题，如文化起源，文化模式的地理分布，支配文化模式的因素等等；下编包括原始（或初民）的经济生活,家庭与婚姻制度,政治、法律与风俗习惯,以及信仰、艺术、语言与初民心理等等专篇的研究。

欧洲各国成立史 每周二小时 一学年 六学分 必修 担任教员：范祖淹 本学程追述查理曼帝国之解体。上学期讲法、英、葡、西、瑞士、荷兰,下学期续授德、意、比、巴干、德之 Schleswig-Holstein 两州脱离丹麦 1864、挪威之瑞典分立 1905,兼及俄、土、奥、匈诸国。

欧洲各国扩土史 每周三小时 一学年 六学分 必修 担任教员：范祖淹 本学程讲述自 1415—1498 年间地理上之发见至列强在南北美洲、菲洲、近东、南洋、远东之侵略。

西洋史学史 每周三小时 一学年 六学分 必修 担任教员：周谦冲 本学程讲述西洋史学之起源及其演进史。先略述自上古至十八世纪西洋史学之概况,及时代思潮对于史学研究与史学著述之影响;次详述十九世纪西洋各国史学发达史,叙述各名史家之生平,分析其治史方法,批评其著述,推论其影响,俾学者知所取法;继述各种专史研究之进步,以引起学者专攻之兴趣;最后讲述二十世纪西洋史学之趋势,并评论"新史学"运动之得失。

主要参考书：何炳松译:《西洋史学史》。

Fueter, *Geschichte der enueren Historiographie,* München, 1936.

Gooch, *History and Historians in the 19th Century,* London, 1928.

Bemont, *Histoire et historiens depuis Cinquanteans* （1876—1926）2vols. Paris, 1928.

文艺复兴及宗教改革史 每周三小时 一学年 六学分 必修 担任教员：范祖淹 本学程讲述十五世纪文艺复兴之意义、原因、内容及其影响,十六世纪之宗教改革运动系十四五世纪宗教、社会、政治变迁促成之,并将新教主义所被诸国分别叙述。

罗马帝国史 每周三小时 一学年 六学分 选修 担任教员：何鲁之 本学程自罗马建国时起,迄西罗马覆亡时止。举凡罗马政治之变迁、社会之演进、经济之荣枯、文化之进展、战争之性质、疆域之拓殖,皆详述之,务使学者对于古代罗马获得一完整观念。

英国史　每周三小时　一学年　六学分　选修　担任教员:谭励陶　本学程讨论:(一)自最古迄诺曼征服侵入不列颠各种族的混合,(二)自诺曼征服迄宗教改革英吉利民族的造成,(三)推铎尔时期宗教改革、文艺复兴及海权肇始,(四)斯图亚特时期国会自由及海外膨胀,(五)汉诺威王朝前期华族当权、海上称霸及工业革命,(六)汉诺威王朝后期庞大帝国的保存及民主政治的趋近。

中国文化史　每周三小时　一学年　六学分　必修　担任教员:祝屺怀　本学程注重中国文化之起源及变迁,究其与国家、社会之因果关系,至于吾国文化渐被外族与夫外族文化输入吾国之关键,亦所特重。其断制皆采前人精确之论,加以折衷,俾研究者明了吾国文化真象而知所保守及改进,以树立新文化之基础。

历史方法与教授法　每周三小时　一学期　三学分(上期授)　必修　担任教员:范祖淹　(一)凡重要之历史辅助科学及治史必具之常识,诸如史料之搜集、外形与内容之鉴定、史料之编法等,均扼要讲授;(二)说明历史教学之要旨、教材之选择及教学时应注意之点,如持论、事实、图表之应用、练习、预习等。

先秦史学　每周四小时　一学年　八学分　选修　担任教员:丁山　本学程之先修课程为古文字学、经学专书研究、考古学、人类学等,以地下埋藏之直接史料证载籍传闻之古代事,考证先秦民族之分布情形及各民族文化之演进关系。

战后欧洲史　每周三小时　一学年　六学分　必修　担任教员:周谦冲　本学程讲述自巴黎和会至最近期间欧洲各国政治、社会、经济之变迁及国际关系之演变,特别注重叙述战后经济复兴运动,赔款问题,裁军问题,关税战争与经济恐慌,民主政治之危机与独裁政治之兴起,苏俄之更生,土耳其之复兴,战后和平运动与国联之事业,战后帝国主义之新发展与殖民地之觉醒,并详述新工业革命之影响与二十世纪欧洲之文化。

主要参考书:谢元范译:《一九一四年后之世界》。

Landman, *The World Since 1914.* 3rd, ed. 1936. New

York, Maemillum.

Benus, *Europe Since 1914*. 1935 Rev. ed. Crafts.

Barnes, *History of Western Civilization*. Vol. II 1935.
Harcourt.

工业革命史 每周三小时 一学期 三学分 必修 担任教员：范祖淹 本学程讲述工业革命之起因、现象、发展之程序，及其在政治上、经济上、社会上之影响，均详加阐明。

中国通史 每周四小时 一学年 八学分 担任教员：祝同曾 本学程分时代讲授，先述治乱兴亡、统一分裂之大势，次及典章、制度、学术、宗教、风俗之因革，并详述历代外族势力之消长，俾学者了然于华夏建国本末、民族自立之基础。

西洋通史 每周三小时 一学年 六学分 担任教员：何鲁之 本学程讲述西洋自史前至最近之发展史迹，俾学者对于西洋历史获得一贯之整个观念。

教员名录

姓名	别号	职别	性别	年龄	籍贯	经历	通讯处
丁山		史学系教授	男	三六	安徽和县	北京大学研究所国学门毕业，曾任国立中山、中央、山东各大学教授，中央研究院历史语言研究所专任研究员。	吉祥街六号
何鲁之		史学系教授	男	四六	四川	巴黎大学文科学士，历任国立四川大学、成都大学教授兼史学系主任，成都师范大学教授。	长发街十三号
周谦冲		史学系教授	男	三五	湖北黄陂	法国巴黎大学文学博士，曾任国立武汉大学教授，国立中山大学教授。	东城根街十八号
祝同曾	屺怀	史学系教授	男	五二	成都原籍浙江	前清四川高等学堂修业二年，历任四川省立县立各中学历史教员，四川省立第一师范学校校长、国立成都高等师范学校、国立成都师范大学史学系教授、私立成都大学教授、重庆大学史学系主任兼教授，本校史学系主任。	斌升街二十七号
张云波	原名景汉	史学系教授	男	三二	河南荥阳	北平师范大学毕业，日本东京帝国大学研究院毕业，曾任河南大学教授，北平师范大学讲师。	西华门街四十四号
范祖淹	冰佛	史学系教授	男	三四	江苏昆山	美国哥伦比亚大学史学硕士，英国伦敦大学研究员，正中书局特约编辑。	春熙路青年会三十六号

（续表）

姓名	别号	职别	性别	年龄	籍贯	经历	通讯处
杨筠如	德钊	史学系教授	男	三四	湖南常德	清华大学研究院毕业,国立中山大学、暨南大学、山东大学、河南大学教授。	本校
徐 光	子明	史学系特约教授	男	四九	江苏宜兴	美国威斯康辛大学文学士,德国海特尔堡大学博士,曾任北京大学德文教授,外交部秘书,中央大学史学系欧洲史教授。	宽巷子十四号
郭秀敏		史学系讲师	男	三一	四川资中	国立北平师范大学地理学系毕业,历任四川省立第六中学高中地理专任教员,建国中学高中地理教员,南薰中学教导主任。	古中市市街三十八号
谭其襄	励陶	史学系讲师	男	四六	四川荣经	美国米西干大学文学院毕业,得 B. A. 学位,研究院毕业,得 M. A. 学位,曾任前四川公立外国语专门学校校长,公立四川大学外国文学院院长。	宽巷子十九号

（《国立四川大学一览》,1936 年）

武汉大学史学系（1930）

（一）第一学年

（甲）必修课程	时数	教员	备考
▲基本英文			
论理学	2	屠孝实	
经济学	3	陶　因	
社会学	2	张有桐	
欧洲通史（一）近代	3	罗家伦	
中国通史（一）上古	3	刘掞藜	
中国通史（二）近代	2	罗家伦	
世界地理	2	韦润珊	本年以一学期授完，每周四小时。

（乙）选修课程		时数	教员	备考
政治学		3	李剑农	
哲学概论		3	屠孝实	
中国文学史		3	游国恩	
▲▲第二外国语（一）	法文	3	袁昌英	
	德文	3	格拉塞	
	日文	3	杨宣诚	
以上选修课程可任选一门。				

▲各院基本英文由李儒勉、朱世溙、胡稼胎诸先生分任,其支配另定之。

▲▲凡选修第二外国语者,须继续学习三年,故惟有一、二年级学生方准选修第二外国语（一）,一年级学生之已选习第二外国语（一）者得习第二外国语（二）。

（二）第二学年

（甲）必修课程	时数	教员	备考
欧洲通史（二）	3		本年不设,与一年级合班习欧洲通史（一）。
中国通史（三）汉魏六朝	3	周贞亮	已习者得免习,以选修课程一种代。
中国通史（四）	3	刘掞藜	
近代中国政治史	3	李剑农	
经济地理	2	韦润珊	本年以一学期授完,每周四小时。
附注：凡本年度史学系二年级生,概须修习一年级之中国史（一）、中国史（二）。			

（乙）选修课程		时数	教员	备考
西洋哲学史				本年不设
诸子概论		3	谭戒甫	
经济学		3	陶　因	本年度本年级生得选习
第二外国语（二）	法文	3	袁昌英	已习第二外国语（二）者,得习第二外国语（三）。
	德文	3	格拉塞	
	日文	3	杨宣诚	
以上选修课程可任选一门。				

（三）第三学年

（甲）必修课程	时数
三民主义	1
中国通史（五）	3
欧洲通史（三）	3
近代欧洲政治史	3
特殊地域专史（一）	3
史学方法	2
西洋史学名著选读	3
统计学	3

（乙）选修课程	时数
政治思想史	3
经济思想史	3
社会问题	2
比较宪法	3
校勘学	2
第二外国语（二）或（三）	3
以上选修课程可任选二门。	

（四）第四学年

（甲）必修课程	时数
近代欧洲外交史	3
中国外交史	3
近代中国政治史	3
近代外国经济史	3
特殊地域专史（二）	2
西洋哲学史	2

（乙）选修课程	时数
现代政治	2
中国法制史	3
比较政治制度	4
社会主义及社会运动	2
英国文学史	3
第二外国语（三）	3
以上选修课程可任选二门。	

学程内容

中国通史（一）上古　每周三小时　一年授完　本学程系钩稽中国太古至秦代之社会、政治、经济、文物及民族等现象,均衡诠叙,使人明其事变演进之迹。

中国通史（二）近代　每周二小时　一年授完　本学程自鸦片战争讲起,注重中西政制、军事、文化之接触及其影响。于鸦片、英法联军、中法、中日、庚子五次国际战争,及太平天国一代之兴亡与辛亥革命之因果,尤为注意。讲授时并注意中西史料之相互订正,以唤起学生比较研究之兴趣。

中国通史（三）汉魏六朝　每周三小时　一年授完　本学程编述两汉魏晋南北朝八百年间国力之更迭盛衰、政治之互为因革、文化之渐次展进、人物之代有设施以及社会经济之状况。

中国通史（四）隋唐五代　本学程系编述隋唐五代之时政治、经济、社会、民族、文化等现象,阐明其变迁,并说明其推移因革、盛衰消长之因果。

欧洲通史（一）近代　每周三小时　一年授完　本学程自法兰西大革命讲起,至巴黎和会止,注重法国革命以来欧洲政治、社会、制度及思想、文化变迁之经过。

课本：Alexander C. Flick, *Modern World History: 1776—1926,*

A Survey of the Origin and Development of Contemporary Civilization.

参考书：Robinson and Beard, *Readings in Modern European History.*

　　F. S. Marvin, *Recent Development in European Thought, The Century of Hope,* etc.

（《国立武汉大学一览》，1930 年度）

武汉大学史学系（1931）

（一）第一学年

（甲）必修课程	时数	教员	备考
▲基本英文	3		
论理学	2	万卓恒	已习者得免习
经济学	3	陶 因	
社会学	2	张有桐	
欧洲通史（一）上古	3	周谦冲	
中国通史（一）上古	3	刘掞藜	
中国通史（二）汉魏六朝	3	周贞亮	
世界地理	2		本年不开

（乙）选修课程		时数	教员	备考
政治学		3	李剑农	
现代文化		3	汪德亮	
中国文学史		3	苏雪林	
哲学概论		3		本年不开
▲▲第二外国语（一）	法文	3	陈登恪	
	德文	3	格拉塞	
	日文	3	陈尧成	
以上选修课程可任选一门。				

　　▲各院基本英文由李儒勉、朱世溱、胡稼胎、胡光廷诸先生分任，其支配另定之。

　　▲▲凡选修第二外国语者,须继续学习三年,故惟有一、二年级学生方准选修第二外国语(一),一年级学生之已选习第二外国语(一)者得习第二外国语(二)。

（二）第二学年

（甲）必修课程	时数	教员	备考
欧洲通史(二)中古	3	雷海宗	
中国通史(三)隋唐五代	3	刘揆黎	
中国通史(四)宋元明清	3	刘揆黎	
近代中国政治史	3	李剑农	
经济地理	2	韦润珊	本年不授
注附:凡本年度史学系二年级生概须修习一年级之中国史(二)、欧洲通史(一)。			

（乙）选修课程		时数	教员	备考
西洋哲学史		3	高　翰	
诸子概论		3	谭戒甫	
经济思想史		3	任凯南	
第二外国语(二)	法文	3	陈登恪	已习第二外国语(二)者,得习第二外国语(三)。
	德文	3	格拉塞	
	日文	3	陈尧成	
以上选修课程可任选一门。				

（三）第三学年

（甲）必修课程	时数	教员	备考
三民主义	1		
中国哲学史	3	雷海宗	
欧洲通史（三）近代	3	周谦冲	
近代欧洲政治史	3		本年授欧洲通史（一）
特殊地域专史（一）	3		本年授欧洲通史（二）
史学方法	2		本年授中国通史（四）
西洋史学名著选读	2	周谦冲	

（乙）选修课程	时数	教员	备考
统计学	2	张　峻	
政治思想史	3	苏益信	
社会问题	2		本年不开
比较宪法	3	周鲠生	
第二外国语（二）或（三）	3		
以上选修课程可任选一门。			

（四）第四学年

（甲）必修课程	时数	教员	备考
近代欧洲外交史	3		
中国外交史	3		
近代中国政治史	3		
近代外国经济史	3		
特殊地域专史（二）	2		
西洋哲学史	2		

（乙）选修课程	时数	教员	备考
现代政治	2		
中国法制史	3		
欧洲政治制度	4		
社会主义及社会运动	2		
英国文学史	3		
第二外国语（三）	3		
以上选修课程可任选二门。			

学程内容

中国通史（一）上古　每周三小时　一年授完　本学程系钩稽中国太古至秦代之社会、政治、经济、文物及民族等现象，均衡铨叙，使人明其事变演进之迹。

中国通史（二）汉魏六朝　每周三小时　一年授完　本学程编述两汉魏晋南北朝八百年间国力之更迭盛衰、政治之互为因革、文化之渐次展进、人物之代有设施以及社会经济之状况。

中国通史（三）隋唐五代　每周三小时　一年授完　本学程系编述隋唐五代之时政治、经济、社会、民族、文化等现象，阐明其变迁，并说明其推移因革、盛衰消长之因果。

中国通史（四）宋元明及清初史　每周三小时　一年授完　本学程系编述宋元明及清初之政治、军事、经济、社会、民族、文物等现象，阐明其变迁，并说明其推移因革、盛衰消长之因果。

欧洲通史（一）上古　每周三小时　一年授完　本学程计分四大段：（一）先史时代的欧洲，（二）近东上古史—埃及、巴比伦、波斯诸帝国史，（三）希腊史，（四）罗马史。上起石器时代，下迄蛮族入寇与西罗马帝国之灭亡。讲授时注意叙述欧洲上古世界政治、经济、文化、社会之变迁及近代文明之上古来源，并随时评述各时代史料之出处（如先史时代欧洲史料之来源、埃及史料之来源等），讨论上古史上之问题（如先史考古学、埃及编年学上之问题等），以引起学者对上古史深造与专攻之兴趣。

基本参考书：Breasted, *Ancient Times: A History of the Early World*. 1916（N. Y.）

其他参考书随时指示。

欧洲通史（二）中古　每周三小时　一年授完　本学程讲述欧西民族自罗马帝国灭亡迄法国革命时代政治、社会、经济方面演化之经过，兼及宗教、文艺与思潮。

欧洲通史（三）近代　每周三小时　一年授完　本学程自拿破仑战争与维也纳会议（一八一五）讲起，至伦敦海军会议（一九三〇）止。要目如下：（一）十八世纪的欧洲之鸟瞰：法国革命、农业革命、工业革命，（二）拿破仑与欧洲，（三）维也纳会议与欧洲，（四）民族解放运动与民主革命运动之进展（一八一五——一八七〇），（五）欧洲政治与社会的改革运动（一八七〇——一九一四），（六）科学的、社会的与经济的运动之进展，（七）大战前之欧洲：欧洲之扩张，（八）大战中之欧洲（一九一四——一九一八），（九）大战后之欧洲（一九一八——一九三〇），（十）现代欧洲之回顾与前瞻：二十世纪之文化。讲授时于近代欧洲史料（如维也纳会议史料、欧战史料等）之来源，亦随时加以指示，并于讲授一时代完毕之后，征集各史家意见，作一概括的批评，俾学者了解欧洲的"时代精神"。

基本参考书：Flick, *Modern World History: 1776-1926*, New York（1928）.

其他参考书随时指示。

史学名著选读　每周两小时　一年授完　本学程之目的，在选读西洋史学家对于史学方法及史学之名著，俾学者得知研究史学之方法，并了解世界名史家之生平及其著作。

主要课本：Seignobos and Langlois, *Introduction to the Study of History*. French edition: 1897（Paris）; Eng. Translation: 1898（London）.

其他史学名著随时选授。

（《国立武汉大学一览》，1931 年度）

武汉大学史学系（1932）

（一）第一学年

（甲）必修课程	时数	教员	备考
▲基本英文	3		
论理学	2	万卓恒	
经济学	4	陶　因	
政治学	2	李剑农	
中国近世史	3	陈祖源	
西洋近世史	3	李惟果	
世界地理	2	韦润珊	

（乙）选修课程		时数	教员	备考
文字学		3	刘　赜	
社会学		3	张有桐	
中国文学史		3	苏雪林	
哲学概论		3	陈元德	
第二外国语（一）	法文	3	袁昌英	
	德文	3	格拉塞	
	日文	3	陈尧成	
以上选修课程任选一门。				

　　▲各院基本英文由李儒勉、朱世溱、胡稼胎、胡光廷诸先生分任，其支配另定之。

▲▲凡选修第二外国语者,须继续学习三年,故惟有一、二年级学生方准选修第二外国语(一),一年级学生之已选习第二外国语(一)者得习第二外国语(二)。

（二）第二学年

（甲）必修课程	时数	教员	备考
中国文化史	3	吴其昌	
欧洲上古史	3		本年不开,授西洋近世史。
欧洲中古史	3	李惟果	
近代中国政治史	3	李剑农	
经济地理	2	韦润珊	本年先习世界地理
西洋史学名著选读（一）	3	李惟果	
附注:凡本年度史学系二年级生概须修习中国近世史。			

（乙）选修课程		时数	教员	备考
声韵学		3	刘　赜	
西洋哲学史		3		本年度可选修哲学概论
诸子概论		3	谭戒甫	
经济思想史		3	任凯南	
第二外国语（二）	法文	3	陈登恪	
	德文	3	格拉塞	
	日文	3	陈尧成	
以上选修课程任选一门,在预科已习世界地理者,可习经济地理或另选一门。				

（三）第三学年

（甲）必修课程	时数	教员	备考
三民主义	1		
西洋文化史	3	陈祖源	
近代欧洲政治史	3	周鲠生	
近代外国经济史	4		本年习经济地理 2
专史研究	3	吴其昌	本年授宋元明清学术史
中国哲学史	3	陈元德	
西洋史学名著选读（二）	3		本年不开，授西洋近世史。
附注：凡本年度史学系三年级生概须修习中国文化史。			

（乙）选修课程		时数	教员	备考
目录学		3		本年不开，可选古代文字学。
统计学		3	戴铭巽	
政治思想史		3	刘乃诚	
宪法		3	周鲠生	
第二外国语（三）	法文	3	陈登恪	
	德文	3	格拉塞	
	日文	3	陈尧成	
以上选修课程可任选一门。				

（四）第四学年

（甲）必修课程	时数	教员	备考
近代欧洲外交史	3		本年不开,授西洋文化史。
中国外交史	3	时昭瀛	
中国经济史	3	李剑农	
专史研究	3		本年不开,授中国文化史。
史学方法	2	陈祖源	
毕业论文			

（乙）选修课程	时数	教员	备考
古代文字学	3	吴其昌	
宋元明清学术史	3	吴其昌	
比较政治制度	4	刘乃诚	
国际政治	3	时昭瀛	
英国文学史	3	方　重	
以上选修课程任选二门			

学程内容

中国近世史 每周三小时 一年授完 本课讲授,始自明代中叶,迄于民国成立,分为三编：第一编为政治,阐发近世政治革命之现象与原因；第二编为经济,叙述有清一代财政之沿革、列强经济之侵略、农工生活之状况；第三编为学术与思想,说明其变迁与影响。

西洋近世史 每周三小时 一年授完 本学程叙述,并解释欧洲自一五〇〇年至一九三〇年政治、经济、社会各方面变迁之经过。首述欧洲近代社会之背景及欧西文化之远播,次述中产阶级之兴起及中产阶级获得统治者之地位后之建设与发展,末述大战后中产阶级之彷徨,欧洲政治、经济、社会组织之动摇,同时说明新制度之产生与新思潮之激荡。在可能范围内,暗示将来之趋势,并解释此时期之过渡性质。使学生不仅知其然，且知其所以然。

基本参考书：Hayes and Moon, *Modern History*, Commercial Press, Shanghai, 1924.

欧洲上古史　每周三小时　一年授完　本学程计分四大段：（一）先史时代的欧洲，（二）近东上古史—埃及、巴比伦、波斯诸帝国史，（三）希腊史，（四）罗马史。上起石器时代，下迄蛮族入寇与西罗马帝国之灭亡。讲授时注意叙述欧洲上古世界政治、经济、文化、社会之变迁及近代文明之上古来源，并随时评述各时代史料之出处（如先史时代欧洲史料之来源、埃及史料之来源等），讨论上古史上之问题（如先史考古学、埃及编年学上之问题等），以引起学者对上古史深造与专攻之兴趣。

基本参考书：Breasted, *Ancient Times: A History of the Early World*, 1916（N. Y.）

其他参考书随时指示。

欧洲中古史　每周三小时　一年授完　本学程讲述欧西民族自罗马帝国灭亡迄法国革命时代政治、社会、经济方面演化之经过，兼及宗教、文艺与思潮。

中国文化史　每周三小时　一年授完　本课程将中国文化史全体，综分为四部，二十二篇，若干章，择其最重要者而讲授之，特别注重社会组织篇之婚姻、宗法、亲族、门第、奴婢，及国民经济篇之田制、赋税、货币、生产方法等各门。

西洋文化史　每周三小时　一年授完　本课分为上古、中古、近世、现代四编，叙明西洋诸国之政治、社会、经济、宗教、学术之变迁及贡献。习此课者，可备下列诸书，以资参考：

Ch. Seignobos, *History of Ancient Civilzation*, Scribuers, N. Y., 1906.

Ch. Seignobos, *History of Mediaeval and Modern Civilization*, Scribuers, N. Y., 1907.

Ch. Seignobos, *History of Contemporary Civilization*, Scribuers, N. Y., 1909.

R. L. Ashley, *Early European Civilization*, Macmillan, N. Y., 1920.

R. L. Ashley, *Modern European Civilization*, Macmillan, N. Y., 1923.

Lynn Thorndike, *A Short History of Civilization*, John Marray, London, 1927.

宋元明清学术史 每周三小时 一年授完 本课程将唐中叶以后（八世纪初）至清乾道以降（十九世纪半）中华民族第二次所创造之华梵结合文化，用考证方法整理叙述之，尤注意学说之血脉统系、物质条件及社会影响三端。

史学研究法 每周三小时 一年授完 此课分为二编：一阅读法，略述中外史籍之源流及读时应注意之点；一编纂法，讨论史题之选择，史料之搜集、鉴别与综合诸法。

学生参考书：F. M. Fling, *The Writing of History*, Yale Univ. Press, New Haven, 1923.

Ch. V. Langlois and Ch. Seignobos, *Introduction to The Study of History*, Henry Holt and Co. N. Y., 1898.

Ch. Seignobos, *La Méthode Historique Appliguée Aux Sciences Sociales*, Alcan, Paris, 1909.

西洋史学名著选读（一） 每周三小时 一年授完 本学程选读关于史学理论、史料及名家著作，使学生对于西洋史学得一基本观念。

参考书随时指定。

（《国立武汉大学一览》，1932 年度）

武汉大学史学系（1933）

（一）第一学年

（甲）必修课程	时数	教员	备考
基本英文	3		
论理学	2	万卓恒	
经济学	4	陶　因	
政治学	2	李剑农	
中国近世史	3	陈恭禄	
西洋近世史	3	郭斌佳	
世界地理	2	韦润珊	

（乙）选修课程	时数	教员	备考
文字学	3	刘　赜	
社会学	3	张有桐	
中国文学史	3	苏雪林	
哲学概论	3	范寿康	
以上选修课程任选一门。			

（二）第二学年

（甲）必修课程	时数	教员	备考
中国文化史	3	吴其昌	
欧洲上古史	3	陈祖源	
欧洲中古史	3		本年不开，修近代外国经济史。
近代中国政治史	3	李剑农	
经济地理	2	韦润珊	
西洋史学名著选读（一）	3		与三年级合班

（乙）选修课程		时数	教员	备考
声韵学		3	刘赜	
西洋哲学史		3	高翰	
诸子概论		3	谭戒甫	
经济思想史		3	任凯南	
第二外国语（一）	法文	3	陈登恪	
	德文	3	格拉塞	
	日文	3	陈尧成	
第二外国语（二）	法文	3	袁昌英	
	德文	3	格拉塞	
	日文	3	陈尧成	
以上选修课程任选一门。				

（三）第三学年

（甲）必修课程	时数	教员	备考
三民主义	1		
西洋文化史	3	陈祖源	
近代欧洲政治史	3	周鲠生	本年授近代欧洲外交史 2
近代外国经济史	4	任凯南	
专史研究	3	吴其昌	本年授清代学术史
中国哲学史	3		本年不开，授远东近世史。
西洋史学名著选读（二）	3	郭斌佳	

附注：凡本年度史学系三年级生未习经济地理者概须补习。

（乙）选修课程		时数	教员	备考
目录学		2	刘　异	
古代文字学		3	吴其昌	本年授甲骨文
统计学		2	朱祖晦	
政治思想史		3	刘乃诚	本年不开
宪法		2	周鲠生	
第二外国语（三）	法文	3	陈登恪	
	德文	3	格拉塞	
	日文	3	陈尧成	

以上选修课程可任选一门。

（四）第四学年

（甲）必修课程	时数	教员	备考
近代欧洲外交史	2	周鲠生	
中国外交史	3	时昭瀛	
中国经济史	2	李剑农	
专史研究	3	陈恭禄	第一学期授日本史,第二学期授印度史。
史学方法	2	陈祖源	
毕业论文			

（乙）选修课程	时数	教员	备考
目录学	2	刘 异	
古代文字学	3	吴其昌	本年授甲骨文
清代学术史	3	吴其昌	
远东近世史	3	郭斌佳	
比较政治制度	4	刘乃诚	
国际政治	3	时昭瀛	
英国文学史	3	方 重	
以上选修课程任选二门。			

学程内容

中国近世史　每周三小时　一年授完　本学程讲授近代中国之内政外交,迄于现时。首述国内之政治状况、对外观念及欧人来华贸易之情形。次述订约通商之经过,太平天国、捻、回、苗之扰乱,战后之善后问题,改革之失败,土地属国之次第丧失,军港之租借,仇教排外运动所受之损失。末言清末之改革、党人之活动、清帝之逊位、外交上之大事、民国以来之内政外交。讲授时综合思想、经济、社会之势力及其交互影响,说明史迹造成之背景与原因,使学生明了现时国际上中国之地位及国内之主要问题。

参考书随时指示。

西洋近世史　每周三小时　一年授完　本学程注重西洋近世史之基本智识,为学生讲授与解释。使其对于近代世界史具有明晰之概念。为一年级生必修功课。本课范围,自十六世纪至今日,政治、经济、社会各方并重。

基本参考书：Hayes and Moon, *Modern History*, Commercial Press, Shanghai, 1924.

欧洲上古史　每周三小时　一年授完　本学程计分四大段:(一)先史时代的欧洲,(二)近东上古史——埃及、巴比伦、波斯诸帝国史,(三)希腊史,(四)罗马史。上起石器时代,下迄蛮族入寇与西罗马帝国之灭亡。讲授时注意叙述欧洲上古世界政治、经济、文化、社会之变迁及近代文明之上古来源,并随时评述各时代史料之出处(如先史时代欧洲史料之来源、埃及史料之来源等),讨论上古史上之问题(如先史考古学、埃及编年学上之问题等),以引起学者对上古史深造与专攻之兴趣。

基本参考书：Breasted, *Ancient Times: A History of the Early World*. 1916(N. Y.)

其他参考书随时指示。

欧洲中古史　每周三小时　一年授完　本学程讲述欧西民族自罗马帝国灭亡迄法国革命时代政治、社会、经济方面演化之经过,兼及宗教、文艺与思潮。

中国文化史　每周三小时　一年授完　本课程将中国文化史全体,综分为四部,二十二篇,若干章,择其最重要者而讲授之,特别注重社会组织篇之婚姻、宗法、亲族、门第、奴婢,及国民经济篇之田制、赋税、货币、生产方法等各门。

西洋文化史　每周三小时　一年授完　本课分为上古、中古、近世、现代四编,叙明西洋诸国之政治、社会、经济、宗教、学术之变迁及贡献。习此课者,可备下列诸书,以资参考:

Ch. Seignobos, *History of Ancient Civilization*, Scribuers, N. Y., 1907.

Ch. Seignobos, *History of Mediaeval and Modern Civilization*, Scribuers, N. Y., 1907.

Ch. Seignobos, *History of Contemporary Civilization*, Scribuers, N. Y., 1909.

R. L. Ashley, *Early European Civilization*, Macmillan, N. Y., 1920.

R. L. Ashley, *Modern European Civilization*, Macmillan, N. Y., 1923.

Lynn Thorndike, *A Short History of Civilization*, John Marray, London, 1927.

宋元明清学术史 每周三小时 一年授完 本课程将唐中叶以后（八世纪初）至清乾道以降（十九世纪半）中华民族第二次所创造之华梵结合文化，用考证方法整理叙述之，尤注意学说之血脉统系、物质条件及社会影响三端。

远东近世史 每周三小时 一学期授完 本学程讲述过去百五十年间远东变迁之历史。其目的在阐明现代中国所处之地位与世界各国在东亚竞争之因果。使读者认识吾人当前之问题与远东演化之动向。

日本史 每周三小时 一年授完 本学程讲述古代日本政治社会状况，倭人与大陆诸国之交通，大化改革，佛教之兴盛，藤原氏之势力，武人之专横、镰仓、室町、江户幕府之盛衰，开港通商之经过，幕府之覆亡，明治维新期内之政治改革，农工商业之进步，外交上之大事，中日、日俄战后之国势，近时内政外交之趋势，经济状况及人口问题。

参考书随时指示。

印度史 每周三小时 一学期授完 本学程先讲古代印人之生活状况、宗教改革、阿育王之事业、孔雀朝之兴亡、外患之迭起，迄于回人侵入印度。次讲列朝国王创国之经过、蒙兀儿帝国之盛衰及欧人之争夺利益，止于一七六一年。末言英国东印度公司之兼并土地、长官之改革内政、英王之统治印度、近时之内政外交及印人之自治运动。讲授时说明各时代之经济、社会状况及文化上之特点。

基本参考书：陈恭禄：《印度通史大纲》。

Smith, *The Oxford History of India.*

史学研究法　每周三小时　一年授完　此课分为二编：一阅读法，略述中外史籍之源流及读时应注意之点；一编纂法，讨论史题之选择，史料之搜集、鉴别与综合诸法。

学生参考书：F. M. Fling, *The Writing of History*, Yale Univ. Press. New Haven. 1923.

Ch. V. Langlois and Ch. Seignobos, *Introduction to the Study of History*, Henry Holt and Co. N. Y., 1898.

Ch. Seignobos, *La Méthode Historique Appliqué Aux Sciences Sociales.* Alcan. Paris, 1909.

西洋史学名著选读（一及二）　每周三小时　一年授完　本学程选读西洋著名史家之著作。自希腊至二十世纪，择各时代之代表作品，依次读去。使学生明白西洋史学发展之迹，并启发其阅书兴味。

（《国立武汉大学一览》，1933 年度）

武汉大学史学系（1934）

（一）第一学年

（甲）必修课程	时数	教员	备考
基本英文	3	胡光廷	
论理学	2	万卓恒	
经济学	4	陶　因	
政治学	2	李剑农	
中国近世史	3	陈恭禄	
西洋近世史	3	郭斌佳	
世界地理	2	韦润珊	
军事训练			

（乙）选修课程	时数	教员	备考
文字学	3	刘　赜	
社会学	2	张有桐	
中国文学史	3	苏雪林	
哲学概论	3	范寿康	
以上选修课程任选一门。			

（二）第二学年

（甲）必修课程	时数	教员	备考
中国文化史	3	吴其昌	
欧洲上古史	3	陈祖源	
欧洲中古史	3	陈祖源	
中国通史	4	陈恭禄	
人生地理	2	韦润珊	
西洋史学名著选读（一）	3	郭斌佳	
军事训练			

（乙）选修课程		时数	教员	备考
近代中国政治史		3	李剑农	
声韵学		3	刘　赜	
西洋哲学史		3	高　翰	
诸子概论		3	谭戒甫	
经济思想史		3	任凯南	
第二外国语（一）	法文	3	陈登恪	
	德文	3	格拉塞	
	日文	3	陈尧成	
以上选修课程任选一门。				

（三）第三学年

（甲）必修课程	时数	教员	备考
三民主义	1		
西洋文化史	3	陈祖源	
近代外国经济史	4	任凯南	本年度修欧洲中古史
专史研究	3	吴其昌	本年授宋元明清学术史
中国地理	2	韦润珊	本年授人生地理
西洋史学名著选读（二）	3	郭斌佳	与二年级合班
普通体育			
附注：本年度史学系三年级生须补习中国通史及修习史学方法。			

（乙）选修课程	时数	教员	备考
目录学	2	谭戒甫	
甲骨文	3	吴其昌	本年不开授金文
近代欧洲政治史	3	周鲠生	
统计学	3	朱祖晦	
政治思想史	3	刘乃诚	
宪法		周鲠生	
第二外国语（二）	法文 3	陈登恪	
	德文 3	格拉塞	
	日文 3	陈尧成	
第二外国语（三）	法文 3	袁昌英	
	德文 3	格拉塞	
	日文 3	陈尧成	
以上选修课程可任选一门。			

（四）第四学年

（甲）必修课程	时数	教员	备考
经济地理	2		本年授人生地理
中国哲学史	3	范寿康	
中国经济史	3	李剑农	
专史研究	2	陈恭禄	本年授日本史
史学方法	2	郭斌佳	授一学期，第二学期开始。
毕业论文			
普通体育			

（乙）选修课程	时数	教员	备考
近代欧洲外交史	3	周鲠生	本年不开，可选近代欧洲政治史。
金文	3	吴其昌	
宋元明清学术史	3	吴其昌	
远东近世史	3	郭斌佳	本年不开
比较政治制度	4	刘乃诚	
国际政治	3	时昭瀛	
英国文学史	3	方　重	
中国外交史	3	时昭瀛	
中国通史	4	陈恭禄	
以上选修课程任选二门。			

学程内容

中国近世史　每周三小时　一年授完　本学程讲授近代中国之内政外交，迄于现时。首述国内之政治状况、对外观念及欧人来华贸易之情形。次述订约通商之经过，太平天国、捻、回、苗之扰乱，战后之善后问题,改革之失败,土地属国之次第丧失,军港之租借,仇教排外运动所受之损失。末言清末之改革、党人之活动、清帝之逊位、外交上之大事、民国以来之内政外交。讲授时综合思想、经济、社会之势力及其交互影响,说明史迹造成之背景与原因,使学生明了现时国际上中国之地位及国内之主要问题。

参考书随时指示。

西洋近世史 每周三小时 一年授完 本学程注重西洋近世史之基本智识,为学生讲授与解释。使其对于近代世界史具有明晰之概念。为一年级生必修功课。本课范围,自十六世纪至今日,政治、经济、社会各方并重。

基本参考书: Hayes and Moon, *Modern History*, Commercial Press, Shanghai, 1924.

欧洲上古史 每周三小时 一年授完 本学程计分四大段:(一)先史时代的欧洲,(二)近东上古史—埃及、巴比伦、波斯诸帝国史,(三)希腊史,(四)罗马史。上起石器时代,下迄蛮族入寇与西罗马帝国之灭亡。讲授时注意叙述欧洲上古世界政治、经济、文化、社会之变迁及近代文明之上古来源,并随时评述各时代史料之出处(如先史时代欧洲史料之来源、埃及史料之来源等),讨论上古史上之问题(如先史考古学、埃及编年学上之问题等),以引起学者对上古史深造与专攻之兴趣。

基本参考书: Breasted, *Ancient Times: A History of the Early World*. 1916 (N. Y.)

其他参考书随时指示。

欧洲中古史 每周三小时 一年授完 本学程讲述欧西民族自罗马帝国灭亡迄法国革命时代政治、社会、经济方面演化之经过,兼及宗教、文艺与思潮。

中国通史 每周四小时 一年授完 本学程起自史前,迄于现时,讲授石器、铜器时代之人民生活、历代之兴亡盛衰、中外之交通、政治制度之演进、社会经济之情状、思想学艺之嬗变,尤注重史料之审查、史迹之解释,庶使学生得知研究中国史之方法与途径。

参考书随时指示。

中国文化史　每周三小时　一年授完　本课程将中国文化史全体，综分为四部，二十二篇，若干章，择其最重要者而讲授之，特别注重社会组织篇之婚姻、宗法、亲族、门第、奴婢，及国民经济篇之田制、赋税、货币、生产方法等各门。

西洋文化史　每周三小时　一年授完　本课分为上古、中古、近世、现代四篇，叙明西洋诸国之政治、社会、经济、宗教、学术之变迁及贡献。习此课者，可备下列诸书，以资参考：

Ch. Seignobos, *History of Ancient Civilization*, Scribuers, N. Y., 1907.

Ch. Seignobos, *History of Mediaeval and Modern Civilization*, Scribuers, N. Y., 1907.

Ch. Seignobos, *History of Contemporary Civilization*, Scribuers, N. Y., 1909.

R. L. Ashley, *Early European Civilization*, Macmillan, N. Y., 1920.

R. L. Ashley, *Modern European Civilization*, Macmillan, N. Y., 1923.

Lynn Thorndike, *A Short History of Civilization*, John Marray, London, 1927.

宋元明清学术史　每周三小时　一年授完　本课程将唐中叶以后（八世纪初）至清乾道以降（十九世纪半）中华民族第二次所创造之华梵结合文化，用考证方法整理叙述之，尤注意学说之血脉统系、物质条件及社会影响三端。

远东近世史　每周三小时　一学期授完　本学程讲述过去百五十年间远东变迁之历史。其目的在阐明现代中国所处之地位与世界各国在东亚竞争之因果。使读者认识吾人当前之问题与远东演化之动向。

日本史　每周三小时　一年授完　本学程讲述古代日本政治社会状况，倭人与大陆诸国之交通，大化改革，佛教之兴盛，藤原氏之势力，武人之专横、镰仓、室町、江户幕府之盛衰，开港通商之经过，幕府之覆亡，明治维新期内之政治改革，农工商业之进步，外交上之大事，中日、日俄战后之国势，近时内政外交之趋势，经济状况及人口问题。

参考书随时指示。

印度史 每周三小时 一学期授完 本学程先讲古代印人之生活状况、宗教改革、阿育王之事业、孔雀朝之兴亡、外患之迭起，迄于回人侵入印度。次讲列朝国王创国之经过、蒙兀儿帝国之盛衰及欧人之争夺利益，止于一七六一年。末言英国东印度公司之兼并土地、长官之改革内政、英王之统治印度、近时之内政外交及印人之自治运动。讲授时说明各时代之经济社会状况及文化上之特点。

基本参考书：陈恭禄：《印度通史大纲》。

Smith, *The Oxford History of India.*

史学方法 每周二小时 一学期授完 本学程讲治史之根本原则，其目的在指示学者如何用科学方法，阐明史事之真相。凡研究一问题必经之步骤，如史料之搜集、真伪之甄别、事实之编比，以至最后著成史文，皆依次讨论，辅以例证。本课与论理学及目录学有密切关系。

西洋史学名著选读（一及二） 每周三小时 一年授完 本学程选读西洋著名史家之著作。自希腊至二十世纪，择各时代之代表作品，依次读去。使学生明白西洋史学发展之迹，并启发其阅书兴味。

（《国立武汉大学一览》，1934 年度）

武汉大学史学系（1935）

（一）第一学年

（甲）必修课程	时数	教员	备考
基本英文	4		
论理学	2	万卓恒	
经济学	4	陶　因	
政治学	3	樊德芬	
中国近世史	3	陈恭禄	
西洋近世史	3	郭斌佳	
世界地理	2	韦润珊	
作文	2	朱世溱	
军事训练			

（乙）选修课程	时数	教员	备考
文字学	3	刘　赜	
社会学	2	张有桐	
中国文学史	3	苏雪林	
哲学概论	3	范寿康	
以上选修课程可任选一门。			

（二）第二学年

（甲）必修课程	时数	教员	备考
中国文化史	3	吴其昌	
欧洲上古史	3	陈祖源	
欧洲中古史	3	陈祖源	
中国通史	4	陈恭禄	
人生地理	2	韦润珊	本年授中国地理
西洋史学名著选读（一）	3	郭斌佳	本年与三年级合班
普通体育			

（乙）选修课程		时数	教员	备考
近代中国政治史		3	李剑农	
声韵学		3	刘赜	
西洋哲学史		3	高翰	
诸子概论		3	谭戒甫	
经济思想史		3	任凯南	
第二外国语（一）	法文	3	袁昌英	
	德文	3	格拉塞	
	日文	3	陈尧成	
以上选修课程可任选一门。				

（三）第三学年

（甲）必修课程	时数	教员	备考
三民主义	1		
西洋文化史	3	陈祖源	
近代外国经济史	4	任凯南	
专史研究	3	吴其昌	本年授上古史
中国地理	2	韦润珊	
西洋史学名著选读（二）	3	郭斌佳	
普通体育			

（乙）选修课程		时数	教员	备考
目录学		2	谭戒甫	
甲骨文		3	吴其昌	
近代欧洲政治史		3	缪培基	
远东近世史		2	郭斌佳	
统计学		3	朱祖晦	
政治思想史		3	刘乃诚	
宪法		2	周鲠生	
第二外国语（二）	法文	3	陈登恪	
	德文	3	格拉塞	
	日文	3	陈尧成	
以上选修课程可任选二门。				

（四）第四学年

（甲）必修课程	时数	教员	备考
经济地理	2		本年授中国地理
中国哲学史	3	范寿康	
中国经济史	3	李剑农	
专史研究	2	陈恭禄	本年授日本史
史学方法	2	郭斌佳	本年不开,授上古史。
毕业论文			
普通体育			

（乙）选修课程	时数	教员	备考
近代欧洲外交史	3	缪培基	
金文	3	吴其昌	本年不开,授甲骨文。
宋元明清学术史	3	吴其昌	本年不开
远东近世史	2	郭斌佳	
比较政治制度	4	刘乃诚	
国际政治	3	时昭瀛	
英国文学史	3	方　重	
中国外交史	3	时昭瀛	本年不开
第二外国语（三）	法文	3	陈登恪	
	德文	3	格拉塞	
	日文	3	陈尧成	
以上选修课程可任选二门。				

学程内容

中国近世史　每周三小时　一年授完　陈恭禄先生授　本学程注重中国近代之内政外交,起自十六世纪迄于现时。讲授时,综合思想、经济、社会之势力及其交互影响，说明史迹造成之背景与原因，使学生明了国际上中国之地位及现时国内之主要问题。

教本：《中国近代史》，陈恭禄著。

参考书随时指示。

中国通史　每周四小时　一年授完　陈恭禄先生授　本学程起自史前，迄于现时，讲授石器、铜器时代之人民生活、历代之兴亡大事、中外之交通、政治制度之演进、社会经济之情状、思想学艺之嬗变，尤注重史料之审查、史迹之解释，庶使学生得知研究中国史之方法与途径。

参考书随时指示。

西洋近世史　每周三小时　一年授完　郭斌佳先生授　本学程注重西洋近世史之基本智识，为学生讲授与解释。使其对于近代世界史具有明晰之概念。为一年级生必修功课。本课范围，自十六世纪至今，政治、经济、社会各方并重。

基本参考书：Hayes and Moon, *Modern History,* Commercial Press, Shanghai, 1924.

欧洲上古史　每周三小时　一年授完　陈祖源先生授　本学程计分四大段：（一）先史时代的欧洲，（二）近东上古史—埃及、巴比伦、波斯诸帝国史，（三）希腊史，（四）罗马史。上起石器时代，下迄蛮族入寇与西罗马帝国之灭亡。讲授时注意叙述欧洲上古世界政治、经济、文化、社会之变迁及近代文明之上古来源，并随时评述各时代史料之出处（如先史时代欧洲史料之来源、埃及史料之来源等），讨论上古史上之问题（如先史考古学、埃及编年学上之问题等），以引起学者对上古史深造与专攻之兴趣。

基本参考书：Breasted, *Ancient Times: A History of the Early World*, 1916（N. Y.）

欧洲中古史　每周三小时　一年授完　陈祖源先生授　本学程起自蛮族入寇，西罗马灭亡，迄十六世纪，约千余年。中叙蛮族之开化、封建制度之成立、基督教会之发展、东罗马帝国之盛衰、回教徒之勃兴与西欧基督教徒之冲突、近世国家之形成、城市之兴起、文艺复兴、新发明与新发见及宗教革命，使学生明了在中古黑暗混乱之局，人民如何生活,如何接受上古文明产生近世之新局面与新文化。

基本参考书：Thorndike, Lynn, *History of Medieval Europe*, Rev, ed, Boston, 1928.

中国文化史 每周三小时 一年授完 吴其昌先生授 本课程将中国文化史全体,综分为四部,二十二篇,若干章,择其最重要者而讲授之,特别注重社会组织篇之婚姻、宗法、亲族、门第、奴婢,及国民经济篇之田制、赋税、货币、生产方法等各门。

西洋文化史 每周三小时 一年授完 陈祖源先生授 本课分为上古、中古、近世、现代四篇：叙明西洋诸国之政治、社会、经济、宗教、学术之变迁及贡献。习此课者,可备下列诸书,以资参考:

Ch. Seignobos, *History of Ancient Civilization*, Scribuers, N. Y., 1907.

Ch. Seignobos, *History of Mediaeval and Modern Civilization*, Scribuers, N. Y., 1907.

Chr Seignobos, *History of Contemporary Civilization*; Scribuers, N. Y., 1909.

R. L. Ashley, *Early European Civilization*, Macmillan N. Y., 1920.

R. L. Ashley, *Modern European Civilization*, Macmillan, N. Y., 1923.

Lynn Thorndike, *A Short History of Civilization*, John Marray, London, 1927.

中国上古史 每周三小时 一年授完 吴其昌先生授 此学程上自殷下迄先秦止,将神州先民从草昧蓝缕逐次创造文化的史实作简要的叙述。先讲述原始初民的"生活情态",次讲及基此生活情态而构成的"经济状况",次讲及根据此经济条件而表现的"社会轮廓"以次而递及"政治雏形",最后乃讲述综合此经济、社会、政治各方面而酝发出的"思想意识"、"学术流派",以整个民族的大众为对象,不以一二个人或一二特殊故事为对象。

宋元明清学术史 每周三小时 一年授完 吴其昌先生授 本年不开 本课程将唐中叶以后(八世纪初)至清乾道以降(十九世纪半)中华民族第二次所创造之华梵结合文化,用考证方法整理叙述之,尤注意学说之血脉统系、物质条件及社会影响三端。

远东近世史　每周三小时　一学期授完　郭斌佳先生授　本学程讲述过去百五十年间远东变迁之历史。其目的在阐明现代中国所处之地位与世界各国在东亚竞争之因果。使读者认识吾人当前之问题与近东演化之动向。

日本史　每周二小时　一学年授完　陈恭禄先生授　本学程讲述古代日本政治社会状况，倭人与大陆诸国之关系，大化改革，藤原氏之势力，平源氏之专横，镰仓、室町、江户幕府之盛衰，开港之经过，明治维新期内之内政外交，近时政治之趋势，经济状况，人口问题及对外政策等。

参考书随时指示。

印度史　每周三小时　一学期授完　本年不开　本学程先讲古代印人之生活状况、宗教改革、阿育王之事业、孔雀朝之兴亡、外患之迭起，迄于回人侵入印度。次讲列朝国王创国之经过、蒙兀儿帝国之盛衰及欧人之争夺利益，止于一七六一年。末言英国东印度公司之兼并土地、长官之改革内政、英王之统治印度、近时之内政外交及印人之自治运动。讲授时说明各时代之经济社会状况及文化上之特点。

基本参考书：陈恭禄：《印度通史大纲》

Smith, *The Oxford History of India.*

史学方法　每周二小时　一学期授完　本年不开　本学程讲治史之根本原则，其目的在指示学者如何用科学方法，阐明史事之真相。凡研究一问题必经之步骤，如史料之搜集、真伪之甄别、事实之编比，以至最后著成史文，皆依次讨论，辅以例证。本课与论理学及目录学有密切关系。

西洋史学名著选读（一及二）　每周三小时　一年授完　郭斌佳先生授　本学程选读西洋著名史家之著作。自希腊至二十世纪，择各时代之代表作品，依次读去。使学生明白西洋史学发展之迹，并启发其阅书兴味。

（《国立武汉大学一览》，1935年度）

武汉大学史学系（1936）

（一）第一学年

（甲）必修课程	时数	教员	备考
基本英文	4		
论理学	2	万卓恒	
政治学	3	樊德芬	
中国近世史	3	陈祖源	
西洋近世史	3	郭斌佳	
世界地理	2	韦润珊	
作文	2	朱世溱	
军事训练			女性必修普通体育

（乙）选修课程	时数	教员	备考
文字学	3	刘赜	
社会学	2	张有桐	
中国文学史	3	苏雪林	
哲学概论	3	范寿康	
以上选修课程任选一门。			

（二）第二学年

（甲）必修课程	时数	教员	备考
中国文化史	3	吴其昌	
西洋古代史	3	陈祖源	
经济学	4	陶　因	本年生已修习
中国通史	4	方壮猷	
人生地理	2	韦润珊	
西洋史学名著选读（一）	3	郭斌佳	
普通体育			

（乙）选修课程		时数	教员	备考
近代中国政治史		3	李剑农	
声韵学		3	刘　赜	
西洋哲学史		3	高　翰	
诸子概论		3	谭戒甫	
经济思想史		3	任凯南	
宪法		2	周鲠生	
数学		2	程　纶	愿习统计学者预修
第二外国语（一）	法文	3	陈登恪	
	德文	3	格拉塞	
	日文	3	陈尧成	
	俄文	3	捷　希	
以上选修课程可任选二门。				

（三）第三学年

（甲）必修课程	时数	教员	备考
三民主义	1		
西洋古代文化史	2	陈祖源	
近代外国经济史	4	任凯南	
专史研究	3	吴其昌	本年授宋元明清学术史
中国地理	2	韦润珊	本年授人生地理
西洋史学名著选读（二）	3	郭斌佳	本年与二年级合班
普通体育			

（乙）选修课程	时数		教员	备考
目录学	2		谭戒甫	
甲骨文	3		吴其昌	本年授金文
近代欧洲政治史	3		缪培基	
远东近世史	2		郭斌佳	本年不开
统计学	3		朱祖晦	预修学程　数学
欧洲政治思想史	3		樊德芬	
比较政治制度	3		刘乃诚	
第二外国语（二）	法文	3	袁昌英	
	德文	3	格拉塞	
	日文	3	陈尧成	
以上选修课程可任选二门。				

（四）第四学年

（甲）必修课程	时数	教员	备考
西洋近代文化史	2	方壮猷	本年不开，授辽金元史。
中国哲学史	3	范寿康	
中国经济史	3	李剑农	
专史研究	2	汪诒荪	本年授日本史
史学方法	2	郭斌佳	一学期课程，上学期授。
俄国史	3	方壮猷	一学期课程，下学期授。
毕业论文			
普通体育			

（乙）选修课程		时数	教员	备考
近代欧洲外交史		3	缪培基	
金文		3	吴其昌	
宋元明清学术史		3	吴其昌	
远东近世史		2	郭斌佳	本年不开
经济地理		4	韦润珊	
国际政治		3	时昭瀛	本年不开
英国文学史		3	方 重	
中国外交史		3	时昭瀛	本年不开，可选政治思想史。
第二外国语（三）	法文	3	陈登恪	
	德文	3	格拉塞	
	日文	3	陈尧成	
以上选修课程任选二门。				

学程内容

中国近世史 每周三小时 一年授完 陈祖源先生授 本学程将明中叶以后至民国成立之四百年中,我国民族之盛衰、列强之侵扰与夫政治、经济、学术、思想演进之概况,作一简单叙述。

参考书：萧一山:《清代通史》; 陈恭禄:《中国近世史》。

中国通史 每周四小时 一年授完 方壮猷先生授 本学程以讲习本国历史的基础知识为主。其内容约分史前、殷周、秦汉、魏晋南北朝、隋唐五代、宋辽金元、明清、现代八期。始自中国民族之起源蜕化、石器、铜器时代之初民生活,以次及于历代对外国外族之关系、政治制度之变迁、社会经济之演进、思想文化之递嬗,以期阐明今日国内各种现象之所由来。讲授时虽以整个民族、整个社会为对象,而略于局部的或特殊的事项之叙述,然于史料之介绍、史迹之解释则特别注重,以便学者更进而发生深造的兴趣,并略识专攻的途径。

西洋近世史 每周三小时 一年授完 郭斌佳先生授 本学程注重西洋近世史之基本智识,为学生讲授与解释。使其对于近代世界史具有明晰之概念。为一年级生必修功课。本课范围,自十六世纪至今,政治、经济、社会各方并重。

基本参考书：Hayes and Moon, *Modern History*, Commercial Press, Shanghai, 1924.

欧洲古代史 每周三小时 一年授完 陈祖源先生授 本学程包括欧洲上古与中古两时代,凡此时代民族之盛衰、国家之兴替、人民之生活与文化进展之概况,均略加叙述,并阐明对于近世之影响。

参考书：Hays and Moon, *Ancient & Medieval History*, N. Y., 1929.

Robinson and Breasted, *History of Europe: Ancient & Medieval*, rev. ed. Giun & Co. , 1929.

中国文化史 每周三小时 一年授完 吴其昌先生授 本课程将中国文化史全体,综分为四部,二十二篇,若干章,择其最重要者而讲授之,特别注重社会组织篇之婚姻、宗法、亲族、门第、奴婢,及国民经济篇之田制、赋税、货币、生产方法等各门。

西洋古代文化史　每周两小时　一年授完　陈祖源先生授　本学程目的在将西洋上古与中古时代文化作一有系统之说明，俾学者对于此时代之社会、经济、宗教、学术、思想之概况与其进展衰落之原因，得一明确观念。

参考书随时指定。

中国上古史　每周三小时　一年授完　吴其昌先生授　此学程上自殷下迄先秦止，将神州先民从草昧蓝缕逐次创造文化的史实作简要的叙述。先讲述原始初民的"生活情态"，次讲及基此生活情态而构成的"经济状况"，次讲及根据此经济条件而表现的"社会轮廓"以次而递及"政治雏形"，最后乃讲述综合此经济、社会、政治各方面而酝发出的"思想意识"、"学术流派"，以整个民族的大众为对象，不以一二个人或一二特殊故事为对象。

宋元明清学术史　每周三小时　一年授完　吴其昌先生授　本课程将唐中叶以后（八世纪初）至清乾道以降（十九世纪半）中华民族第二次所创造之华梵结合文化，用考证方法整理叙述，尤注意学说之血脉统系、物质条件及社会影响三端。

远东近世史　每周三小时　一学期授完　郭斌佳先生授　本年不开　本学程讲述过去百五十年间远东变迁之历史。其目的在阐明现代中国所处之地位与世界各国在东亚竞争之因果。使读者认识吾人当前之问题与远东演化之动向。

日本史　每周二小时　一年授完　汪诒荪先生授　本学程内容包括日本通史之全部。在讲授上，除阐述其国内政治、经济、社会、文化之变迁外，并重视其对外关系之推移，以期了然于日本历史发展之全般的过程。由授者自编讲义，兼钞笔记。首讲述日本地理环境、民族起源、历史时代以及日本纪元、日本通史叙述与说明诸问题；次将日本先史时代、王朝时代、幕府时代、明治大正时代、昭和时代诸阶段，区分为六编：（一）自原始传说时代至大陆文明之侵渐为上古，（二）自大化革新至保元平治之乱为中古，（三）自镰仓幕府之建立至战国时代为中世，（四）自安土桃山时代至德川末世为近世，（五）自明治维新至大战结束为近代，（六）自大战后日本经济集中与市场膨胀，至昭和四年（一九二九）世界恐慌以来引起"五·一五"迄"二·二六"事变为现代。全部因顾及各时代之特殊历史内容及其关联,政治、经济、社会、文化各方面并重,避免将上述各部门分篇割裂讲授,以保存通史之精神。但在维新前,则特详于中国文化输入日本之影响；维新后,日本及于中国之影响。在教材分配上,尤侧重于明治维新史例以及中日、日俄两战争后日本之飞跃的发展诸史实。"九·一八"以后远东形势为之一变,尤为对日本现阶段之特殊的历史认识。除每章相关之特殊资料及其重要参考文献书目逐一注出外,基本参考书如下：

（一）久米邦武等著:《日本时代史》十二卷；

（二）安藤正次等著:《日本文化史》十二卷；

（三）黑板胜美编辑：岩波讲座《日本历史》十八卷；

（四）早川二郎著:《日本历史读本》；

（五）James Murdoch, *A History of Japan*, 1910.

（六）W. E. Griffis, *The Mikado's Empire*, 1913.

印度史 每周三小时 一学期授完 本年不开 本学程先讲古代印人之生活状况、宗教改革、阿育王之事业、孔雀朝之兴亡、外患之迭起,迄于回人侵入印度。次讲列朝国王创国之经过、蒙兀儿帝国之盛衰及欧人之争夺利益,止于一七六一年。末言英国东印度公司之兼并土地、长官之改革内政、英王之统治印度、近时之内政外交及印人之自治运动。讲授时说明各时代之经济社会状况及文化上之特点。

基本参考书：陈恭禄:《印度通史大纲》；

Smith, *The Oxford History of India*.

辽金元史 每周二小时 一年授完 方壮猷先生授 本学程研究辽、金、元三国之民族起源、国家构成、对外开拓、文化演进及其社会经济的变迁等为主,特别注重此三国之史料源流及近代中外学者研究此学之重要著述,分别提出研究,以便学者深造。讲授时虽注重于纯学术的探讨,但此三国皆发祥于今东北境内,统治东北者凡数百年,其与今东北民族之历史的、地理的及社会生活种种方面,皆有密切的关系。今东北沦亡,故本学程之涉及上述诸端者,亦当详为阐明,以便学者应世之用。

俄国史　每周三小时　一学期授完　方壮猷先生授　本学程研究俄国民族之构成、内治外交之兴替、社会经济之变迁、思想文化之演进。其内容略分古代、蒙古统治时代、莫斯科及罗曼诺夫朝、彼得大帝之维新、农奴制之形成、十九世纪、大革命、革命后之内政外交、现今之社会经济状况等。讲述时，以比较史学之方法分期分事说明，并特别注意俄国与远东之关系。

史学方法　每周二小时　一学期授完　郭斌佳先生授　本学程讲治史之根本原则，其目的在指示学者如何用科学方法，阐明史事之真相。凡研究一问题必经之步骤，如史料之搜集、真伪之甄别、事实之编比，以至最后著成史文，皆依次讨论，辅以例证。本课与论理学及目录学有密切关系。

西洋史学名著选读（一及二）　每周三小时　一年授完　郭斌佳先生授　本学程选读西洋著名史家之著作。自希腊至二十世纪，择各时代之代表作品，依次读去。使学生明白西洋史学发展之迹，并启发其阅书兴味。

（《国立武汉大学一览》，1936 年度）

武汉大学史学系（1937–1938）

（一）第一学年

（甲）必修课程	时数	教员	备考
基本英文	四	胡格理	
论理学	二	万卓恒	
政治学	三	樊德芬	
中国通史	四	方壮猷	
西洋近世史	三	郭斌佳	
世界地理	二	韦润珊	
作文	二	汪诒荪	
军事训练			女生必修普通体育

（乙）选修课程	时数	教员	备考
文字学	四	刘 赜	
社会学	二	张有桐	
中国文学史	三	苏雪林	
哲学概论	三	范寿康	
教育原理	三	普施泽	
以上选修课程任选一门。			

（二）第二学年

（甲）必修课程	时数	教员	备考
史学研究	二	方壮猷	
西洋古代史	三	陈祖源	
经济学	四	陶　因	
中国近代史	三		本年不开,修中国通史。
人生地理	二	韦润珊	本年授中国地理
西洋史学名著选读（一）	二	郭斌佳	本年与三年级合班
普通体育			

（乙）选修课程	时数	教员	备考
近代中国政治史	三	李剑农	
声韵学	三	刘　赜	
西洋哲学史	三	高　翰	
普通心理学	三	高　翰	各授一学期
教育心理学	三	程乃颐	
欧洲政治思想史	三	樊德芬	
宪法	二	刘乃诚	
数学	二	程　纶	愿习统计学者预修
第二外国语（一）	法文	三	陈登恪	
	德文	三	格拉塞	
	日文	三	陈尧成	
	俄文	三	捷　希	

以上选修课程可任选二门。

（三）第三学年

（甲）必修课程	时数	教员	备考
三民主义	一		
西洋古代文化史	三	陈祖源	
近代外国经济史	三	伍启元	
专史研究	三	吴其昌	本年授上古史
专史研究	二	方壮猷	本年授辽金元史
中国地理	二	韦润珊	
西洋史学名著选读（二）	二	郭斌佳	
普通体育			

（乙）选修课程	时数	教员	备考
目录学	二	谭戒甫	
甲骨文	三	吴其昌	
近代欧洲政治史	三	鲍必荣	
近代中国外交史	三	郭斌佳	明年不开
统计学	三	韦从序	预修学程 数学
经济思想史	四	伍启元	
比较政治制度	三	刘乃诚	
教学法	二	王凤岗	下学期功课
第二外国语（二）	法文	三	陈登恪	
	德文	三	格拉塞	
	日文	三	陈尧成	
	俄文	三	捷希	
以上选修课程可任选二门（教学法不计在内）。			

（四）第四学年

（甲）必修课程	时数	教员	备考
西洋近代文化史	二	陈祖源	
中国哲学史	三	范寿康	
中国经济史	三	李剑农	
专史研究	二	汪诒荪	本年授日本史
专史研究	三	郭斌佳	本年授近代中国外交史
毕业论文			
普通体育			

（乙）选修课程		时数	教员	备考
近代欧洲外交史		三	邵循恪	
金文		三	吴其昌	本年授甲骨文
宋元明清学术史		三	吴其昌	本年授上古史
隋唐五代史		二	方壮猷	本年授辽金元史
经济地理		二	韦润珊	
国际政治		三	邵循恪	
英国文学史		三	方　重	
第二外国语（三）	法文	三	袁昌英	
	德文	三	格拉塞	
	日文	三	陈尧成	
以上选修课程任选二门。				

学程内容

中国通史 每周三小时　一年授完　方壮猷、吴其昌两先生授　本课程经教育部规定为文法理三学院一年级生共同必修，注重文化之发展。

其目标在研究我国社会制度之演变,认识民族文化之精华。务使学生对于我国社会基础之特性确切了解,对于民族过去之光荣深刻体念。不仅能认识我国社会与文化之特性,更能发生敬爱民族文化之信念。

中国上古史　每周三小时　一年授完　吴其昌先生授　此学程上自殷下迄先秦止,将神州先民从草昧蓝缕逐次创造文化的史实作简要的叙述。先讲述原始初民的"生活情态",次讲及基此生活情态而构成的"经济状况",次讲及根据此经济条件而表现的"社会轮廓"以次而递及"政治雏形",最后乃讲述综合此经济、社会、政治各方面而酝发出的"思想意识"、"学术流派",以整个民族的大众为对象,不以一二个人或一二特殊故事为对象。

魏晋南北朝史　每周三小时　一年授完　本学程讲述自三国分裂迄隋之统一间各民族竞争之概况,与其政治制度、社会组织、经济活动、思想流别等之形成及其变革,并指出此等因素之互相关系。

隋唐五代史　每周三小时　一年授完　本学程讲述此时期民族之溶合、政治之兴替、社会之变迁、经济之发展、学术之递嬗等,以及此等因素对于后代之影响。

辽金元史　每周三小时　一年授完　方壮猷先生授　本学程研究辽、金、元三国之民族起源、国家构成、对外开拓、文化演进及其社会经济的变迁等为主,特别注重此三国之史料源流及近代中外学者研究此学之重要著述,分别提出研究,以便学者深造。讲述时虽注重于纯学术的探讨,但此三国皆发祥于今东北境内,统治东北凡数百年,其与今东北民族之历史的、地理的及社会生活种种方面,皆有密切的关系。今东北沦亡,故本学程之涉及上述诸端者,亦当详为阐明,以便学者应世之用。

中国近世史　每周三小时　一年授完　陈祖源先生授　本学程将明中叶以后至民国成立之四百年中,我国民族之盛衰、列强之侵扰与夫政治、经济、学术、思想演进之概况,作一简单叙述。

参考书:萧一山:《清代通史》;陈恭禄:《中国近世史》。

中国文化史　每周三小时　一年授完　吴其昌先生授　廿七年度不开班　本课程将中国文化史全体,综分为四部,二十二篇,若干章,择其最重要者而讲授之,特别注重社会组织篇之婚姻、宗法、亲族、门第、奴婢,及国民经济篇之田制、赋税、货币生产方法等各门。

宋元明清学术史　每周三小时　一年授完　吴其昌先生授　本年不开　本课程将唐中叶以后(八世纪初)至清乾道以降(十九世纪半)中华民族第二次所创造之华梵结合文化,用考证方法整理叙述之,尤注意学术之血脉系统、物质条件及社会影响三端。

西洋通史　每周三小时　一年授完　陈祖源先生授　本课程由教育部规定为文法二学院二年级生共同必修。其目标在研究西洋文化之发展,注意于东西文化之异同,并欲使学生明了文化与民族之关系,以期取人之长补己之短云。

西洋古代史　每周三小时　一年授完　陈祖源先生授　本学程包括欧洲上古与中古两时代,凡此时代民族之盛衰、国家之兴替、人民之生活与文化进展之概况,均略加叙述,并阐明对于近世之影响。

参考书：Hays and Moon, *Ancient & Medieval History*, N. Y., 1929.

Robinson and Breasted, *History of Europe: Ancient & Medieval*, rev. ed. Giun & Co. , 1929.

西洋近世史　每周三小时　一年授完　汪诒荪先生授　本学程注重西洋近世史之基本智识,为学生讲授与解释。使其对于近代世界史具有明晰之概念。本课范围,自十六世纪至今,政治、经济、社会各方并重。

基本参考书：Hayes and Moon, *Modern History*, Commercial Press, Shanghai, 1924.

西洋古代文化史　每周三小时　一年授完　陈祖源先生授　本学程目的在将西洋上古与中古时代文化作一有系统之说明,俾学者对于此时代之社会、经济、宗教、学术、思想之概况与其进展衰落之原因,得一明确观念。

参考书随时指定。

西洋近代文化史　每周两小时　一年授完　陈祖源先生授　本学程注意西洋近代文化与现代文化进展之迹,分二部叙之：前部述近世文化之产生,其重要节目为：(1)学问之增进,(2)宗教改革,(3)王权伸张与专制政体,(4)新科学之兴起与学术思想之嬗变,(5)近代社会生活概况；后部述现代文化之发展,重要节目为:(1)宪政运动与民治主义,(2)实业革新与社会改组,(3)现代学术思想之进步,(4)现代社会生活状况,(5)战时与战后文化之转变。

参考书: Charles Seignobos, *History of Mediaeval & Modern Civilization.*

History of Contemporary Civilization.

R. L. Ashley, *Modern European Civilization.*

Lyun Thorndike, *A Short History of Civilization.*

英国史 每周三小时 一学期授完 鄢远猷先生授 英国史课程拟分为三大时期讲授,诺曼征服以前为第一期,以研究英国民族之形成为主眼；由诺曼征服至推铎王朝为第二期,以研究英国国基之奠定为主眼；由推铎王朝至现在为第三期,以研究英国工商业之勃兴、领地之扩张以及政治、科学、经济、社会、文化各方面之演进为主眼。因现代史实之繁复与重要,故拟以四分之一之时间讲授第一期,四分之一之时间讲授第二期,而以四分之二之时间讲授第三期。教材以 Trevelyan 所著之《英国史》为主,参考书之重要者如下:

1. Oman and others, *A History of England* (8vols.)

2. Green, *History of the English People.*

3. Macaulay, *History of England* (5vols.)

4. Gretton, *A Modern History of the English People.*

美国史 每周三小时 一学期授完 鄢远猷先生授 美国史课程拟以一七七六年以前为第一期,注重欧人殖民事业及美国独立。由独立起至一八六五年为第二期,注重美国工业革命及南北势力之冲突。由南北统一至世界大战为第三期,注重农工业之进展、资本主义之发达以及民主政治、通俗教育与外交政策等事。由大战至现在为第四期,注重经济劳工等问题及美国与太平洋之关系。教材大抵从下列各书中采取:

1. Charles A. Beard and Mary R. Beard, *The Rise of American Civilization.*

2. S. E. Marison, *The Oxford History of the United States.*

3. A. E. Martin, *History of the United States.*

4. A. M. Schlesinger & D. R. Fox (editors), *History of American*

Life.

5. G. O. Trevelyan, *The American Revolution* etc.

俄国史　每周三小时　一学期授完　方壮猷先生授　廿七年度不开班　本学程研究俄国民族之构成、内治外交之兴替、社会经济之变迁、思想文化之演进。其内容略分古代、蒙古统治时代、莫斯科及罗曼诺夫朝、彼得大帝之维新、农奴制之形成、十九世纪、大革命、革命后之内政外交、现今之社会经济状况等。讲述时，以比较史学之方法分期分事说明，并特别注意俄国与远东之关系。

日本史　每周二小时　一年授完　汪诒荪先生授　本课程内容包括日本通史之全部。在讲授上，除阐述其国内政治、经济、社会、文化之变迁外，并重视其对外关系之推移，以期了然于日本历史发展之全般的过程。由授者自编讲义，兼钞笔记。首讲述日本地理环境、民族起源、历史时代以及日本纪元、日本通史叙述与说明诸问题；次将日本先史时代、王朝时代、幕府时代、明治大正时代、昭和时代诸阶段，区分为六编：（一）自原始传说时代至大陆文明之侵渐为上古，（二）自大化革新至保元平治之乱为中古，（三）自镰仓幕府之建立至战国时代为中世，（四）自安土桃山时代至德川末世为近世，（五）自明治维新至大战结束为近代，（六）自大战后日本经济集中与市场膨胀，至昭和四年（一九二九）世界恐慌以来引起"五·一五"迄"二·二六"事变为现代。全部因顾及各时代之特殊历史内容及其关联，政治、经济、社会、文化各方面并重，避免将上述各部门分篇割裂讲授，以保存通史之精神。但在维新前，则特详于中国文化输入日本之影响；维新后，日本及于中国之影响。在教材分配上，尤侧重于明治维新史例，以及中日、日俄两战争后日本之飞跃的发展诸史实。"九·一八"以后远东形势为之一变，尤为对日本现阶段之特殊的历史认识。除每章相关之特殊资料及其重要参考文献书目逐一注出外，基本参考书如下：

（1）久米邦武等著：《日本时代史》十二卷；

（2）安藤正次等著：《日本文化史》十二卷；

（3）黑板胜美编辑：岩波讲座《日本历史》十八卷；

（4）早川二郎著：《日本历史读本》；

（5）James Murdoch, *A History of Japan*, 1910.

（6）W. E. Griffis, *The Mikado's Empire*, 1913.

印度史　每周三小时　一学期授完　本学程先讲古代印人之生活状况、宗教改革、阿育王之事业、孔雀朝之兴亡、外患之迭起，迄于回人侵入印度。次讲列朝国王创国之经过、蒙兀儿帝国之盛衰及欧人之争夺利益，止于一七六一年。末言英国东印度公司之兼并土地、长官之改革内政、英王之统治印度、近时之内政外交及印人之自治运动。讲授时说明各时代之经济社会状况及文化上之特点。

基本参考书：陈恭禄：《印度通史大纲》；

Smith, *The Oxford History of India*.

史学方法　每周二小时　一年授完　方壮猷先生授　本学程讲述治史之根本原则，指示学者如何用科学方法阐明史事之真相。凡研究一问题必经之步骤，如（一）史料之搜集，（二）真伪之鉴别，（三）史事之排比，（四）史文之著述等，皆依次讨论，辅以例证。本课程与目录学、校勘学、训诂学、论理学等皆有密切关系，学者宜先分别选习之。

基本参考书：Langlois and Seignobos, *Introduction to the Study of History.*（Translated into English by Berry）

西洋史学史　每周三小时　一学期授完　鄢远猷先生授　史学史材料内容，颇欠平均。古代史学，名著无多，中世纪又为超自然论所笼罩，尤乏良史。直至人文主义派崛起与十七、十八世纪之纯理派勃兴，而后史学之成绩始著。迨十九世纪蓝克（Ranke）提倡科学化之考证方法，史学之进展尤速，名著极多。综合派史学家出，益扩大史学之范围与眼界。故本课程拟以一半时间讲授十九世纪以前之史学，而以其余一半时间讲授十九世纪以来史学之发展，庶几对于客观之考证及史学家在民族、经济、社会、文化各方面之成就，能予以相当之注意。教材来源，略举数种如下：

1. Bury, *The Ancient Greek Historians*.

2. Barnes, *History, Its Rise and Development*（see *Encyclopedia Americana*, Vols. 14）

3. Shotwell, *An Introduction to the History of History*.

4. Gooch, *History and Historians in the Nineteenth Century.*

5. *American Historical Review.*

中国史学史　每周三小时　一学期授完　本学程讲述中国史学之起源,各时代史学进展之大势,各种重要体裁之名著(以编年、纪传、政书、纪事本末四体为主)。除注意于各时代主要思潮对于史学之影响外,并及于近数十年来新史料之发见,如殷商甲骨、汉晋木简、唐人写经、辽夏文字、明清档案等重要文献对于新史学上之贡献。

西洋史籍选读　每周三小时　一学期授完　鄢远猷先生授　本课程一方面在增进历史知识,一方面在养成阅读西洋史之能力。故除选读西史名著外,更指定学生每人读西史一种或多种。前者求其精,后者求其博。教材来源不以少数书籍为限,惟大概有三项标准:(一)作者务选近代名家,(二)内容务选重要史实,(三)文笔务求优美有趣。故Green, Macaulay, Prevelyan 与 Gooch 诸人之作品皆在选读之列。

教　员

职别	姓名	别号	籍贯	经历	到校年月	附注
教授兼代系主任	方壮猷		湖南	法国巴黎大学，国立清华大学研究院毕业，曾任国立中央大学，北京大学，师范大学，北平大学，暨南大学，私立辅仁大学，燕京大学，复旦大学讲师，教授。	廿五年八月	廿六年度任系主任，廿七年四月离职。
教授	李剑农		湖南邵阳	曾任汉口明德大学教授	十九年九月	
教授	吴其昌	子馨	浙江海宁	国立清华大学研究院毕业，历任南开大学、北平辅仁大学、国立清华大学专任讲师，国立北平图书馆特约编纂员。	廿一年八月	
教授	韦润珊		浙江东阳	国立南京高等师范毕业，留学英国伦敦大学研究院，历任东南大学地学系助教，东大附中社会科主任兼地理教员，中央党务学校地理教授。	十八年八月	
教授	陈祖源	其可	江苏吴县	国立北京大学肄业，国立东南大学文学士，巴黎大学博士。	廿一年九月	

（续表）

职别	姓名	别号	籍贯	经历	到校年月	附注
教授	郭斌佳		江苏江阴	美国哈佛大学历史系学士及博士，曾任光华大学教授。	廿二年九月	
教授	鄢远猷		湖南武冈	复旦大学文学士，伦敦大学政治经济学院研究员，曾任中央宣传部译述服务总干事暨国立编译馆专任编译等职。	廿七年十月	
讲师	汪诒荪		安徽怀宁	国立北平大学法学士，日本九州帝国大学法文学部历史研究科毕业。	廿五年九月	
助教	陆维亚		湖南长沙	国立武汉大学史学系毕业。	廿三年八月	

（《国立武汉大学一览》，1937-1938 年度）

中国近代史学文献丛刊

王东 李孝迁／主编

现代大学史学系概览
(1912—1949)（下）

王应宪／编校

上海古籍出版社

西北大学历史学系（1947）

一、必修科目

中国近世史，中国断代史，西洋近世史，西洋断代史，亚洲诸国史，西洋国别史，专门史，中国地理总论，中国沿革地理，世界地理，中国史学史、史学方法、西洋史学史、史学通论（以上四种选习二种），毕业论文。

二、选修科目

中国史部目录学，中国古代史研究，民俗学，史前史，考古学，传记学，制图学，人类学，古文字学，历史学科教材教法，社会心理学，地史学，中国史学名著选读，西洋史学名著选读。

三、教员

职别	姓名	别号	性别	年龄	籍贯	履历	到校年月
教授兼代主任	马师儒					见前	
教授	周传儒	书舲	男	四八	四川江安	英国剑桥大学、德国柏林大学毕业，山西大学文学院院长、训导长主任，山东大学历史系主任。	三十四年
教授	许重远		男	五三	河北饶阳	北京高等师范学校史地部毕业，美国哥伦比亚大学历史系研究，英国伦敦政治经济学院选修国际政治，曾任北平师范大学、西北联合大学教授，河北省政府教育厅厅长，河北省政府委员，北洋工学院训导主任。	三十五年一月
教授	冯永轩		男	五〇	湖北黄安	北平清华大学研究院国学门毕业，曾任新疆学院、安徽学院，教育部特设汉临时大学教授。	三十五年八月
教授	关益斋	百益	男	六五	河南开封	北京大学堂毕业，曾任河南优级师范校长，河南通志馆纂修，河南博物馆馆长，伦敦展览会聘会审定铜器顾问，陇海铁路局考古主任。	三十五年八月
讲师	冉昭德	晋叔	男	三九	山东曹县	国立山东大学中国文学系毕业，曾任山东省立民众师范，省立济南中学，国立第六中学教员。	三十年十月

（续表）

职别	姓名	别号	性别	年龄	籍贯	履历	到校年月
兼任讲师	刘垂萱	茂融	女	四四	湖南衡山	国立北平师范大学历史系毕业，曾任青岛市立女中历史教员，北平郁文大学讲师，溯放女中，两吉女中、湖南省立第二女中，北平市立女二中、西北中学、五三高中历史教员，本校先修班历史教员。	三十六年二月
助教	孙锡本		男	二九	安徽怀远	本校历史学系毕业，曾任安徽怀远县政府科长、陆军第一军司令部少校教官。	三十五年八月

（《国立西北大学概况》，1947 年）

西南联合大学历史社会学系（1937）

蒙　自

学程	必修或选修	学期	学分	教师
西洋近代史	Ⅰ,Ⅱ		8	刘崇鋐
欧洲十九世纪史	Ⅱ,Ⅲ		6	刘崇鋐
中国通史	Ⅰ,Ⅱ		8	钱　穆
中国近三百年学术史			4	钱　穆
中国上古史			4	雷海宗
辽宋金元史			6	姚从吾
史学研究法	Ⅳ		4	姚从吾
现代日本	2,3,4		4	王信忠
现代中日外交史	3,4		4或6	王信忠
隋唐五代史			6	郑天挺
年代学		上	2	毛子水
科学史		上	3	毛子水
战史资料收集试习	3,4	上	2	历史系各教授
民族与优生		上	3	潘光旦
家庭问题（隔周上课）		下	2	潘光旦
人才论（隔周上课）		下	2	潘光旦
劳工问题			6	陈　达
人口问题			6	陈　达
社会心理学			6	樊际昌
初级社会调查	Ⅲ		6	李景汉

（续表）

学程	必修或选修	学期	学分	教师
高级社会调查	4		6	李景汉
社会机关参观	必		4	苏汝江
社会学通论	必		6	陈序经
※ 主权论		下	2	陈序经

※ 政治学系课程

（《西南联合大学历史社会学系必修选修学程表》，
1937 年至 1938 年度下学期，《国立西南联合大学史料》，
云南教育出版社 1998 年）

学程	必修或选修	学期	学分	教师
中国通史	Ⅰ，Ⅱ		8	雷海宗
西洋近代史	Ⅰ，Ⅱ		8	皮名举
科学史			6	毛子水
西洋文化史		下	2	雷海宗

（《西南联合大学历史社会学系必修选修学程表》，
1937 年至 1938 年度，《国立西南联合大学史料》，
云南教育出版社 1998 年）

西南联合大学历史社会学系（1938）

	学程	必修或选修	学期	学分	教师
	中国通史　甲	I		6	钱　穆
	中国通史　乙	I		6	雷海宗
	西洋通史	II		6	皮名举
	秦汉史	2,3		4	钱　穆
	隋唐史	3,4		4	陈寅恪
	晋至唐史研究	4		4	陈寅恪
	宋史	3,4	上,下	2,2	张荫麟
	明清史	2,3		6	郑天挺
	清史研究	3,4		4	郑天挺
	近代中国外交史	3,4		6	邵循正
	近代中日外交史	2,3		6	王信忠
历史组	蒙古史研究	4		4	邵循正
	匈奴与匈人	3,4		6	姚从吾
	希腊罗马史	2,3		6	噶邦福
	欧洲中古史	3,4		6	雷海宗
	欧洲十九世纪史	3,4		6	刘崇鋐
	欧洲现代史	2,3		6	皮名举
	近代欧洲外交史	3,4		6	蔡维藩
	英国史	3,4		6	刘崇鋐
	俄国近代史	3,4		6	噶邦福
	现代日本	2,3		6	王信忠
	西洋经济史	3,4		6	张德昌
	近代欧洲经济发展史	3,4		6	张德昌
	科学史	2,3		6	毛　准

（续表）

	学程	必修或选修	学期	学分	教师
历史组	历史哲学	3,4		4	张荫麟
	历史研究法	IV		4	姚从吾
	毕业论文	IV		2	本系各教授

（《西南联合大学历史社会学系必修选修学程表》，
1938 年至 1939 年度，《国立西南联合大学史料》，
云南教育出版社 1998 年）

西南联合大学历史社会学系（1939）

	学程	必修或选修	学期	学分	教师
历史学组	中国通史 甲（注一）	I，II		6	吴　晗
	中国通史 乙（注二）	I，II		6	雷海宗
	西洋通史 甲（注三）	I，II		6	皮名举
	西洋通史 乙（注四）	I，II		6	蔡维藩
	两汉社会	2，3		4	孙毓棠
	明清史	2，3	上，下	3，3	郑天挺
	中国近世史（注五）	II		6	邵循正
	清史研究	3，4		4	郑天挺
	近代中国外交史	3，4		6	邵循正
	近代中日外交史	2，3		6	王信忠
	波斯文 西域史料选读	3，4	上，下	2，2	邵循正
	西洋上古史	3，4	上，下	3，3	噶邦福
	西洋中古史	3，4		6	雷海宗
	西洋近世史（注六）	III	上，下	3，3	刘崇鋐
	西洋现代史（注七）	3，4		6	皮名举
	近代欧洲外交史	3，4		6	蔡维藩
	欧洲殖民史	3，4	上	3	噶邦福
	英国史	3，4		6	刘崇鋐
	现代日本	2，3		6	王信忠
	西洋经济史	3，4		6	张德昌

（续表）

	学程	必修或选修	学期	学分	教师
历史学组	高级经济史	3,4		6	张德昌
	战争史	3,4	下	3	噶邦福
	史学方法（注八）	Ⅲ,Ⅳ		4	姚从吾
	史籍名著	3,4		4	毛 准
	毕业论文	Ⅳ		2	张荫麟

注一：文学院、师范学院。

注二：理学院、法学院。

注三：文学院、法学院。

注四：师范学院。

注五：自道光年间至最近。

注六：自维也纳会议至欧战。

注七：自欧战至最近。

注八：此班明年不开，三、四年级学生本年均须选修。

（《西南联合大学历史社会学系必修选修学程表》，
1939 年至 1940 年度，《国立西南联合大学史料》，
云南教育出版社 1998 年）

西南联合大学历史学系（1940）

学程	必修或选修	学期	学分	教师
中国通史（注一）	I		6	吴　晗（暂停）
中国上古史（迄汉末）（注二）	II，III		8	雷海宗　孙毓棠
辽金元史	3，4	上，下	3，3	姚从吾
明清史	2，3	上，下	3，3	郑天挺
中国近世史	II		6	邵循正
近代中国外交史	3，4		6	邵循正
近代中日外交史	2，3		6	王信忠
两汉社会	2，3		4	孙毓棠
中西交通史	2，3，4		6	向　达
铜器铭文研究（古物与古史）（注三）	2，3，4	上	3	陈梦家
中国史学史	III，IV		4	姚从吾
史学名著	3，4		4	毛　准
西洋通史 甲（注四）	I，II		6	皮名举
西洋通史 乙（注五）	I，II		6	蔡维藩
西洋上古史	3，4	上，下	3	噶邦福
西洋中古史	3，4		6	雷海宗
西洋近世史	III		6	皮名举

（续表）

学程	必修或选修	学期	学分	教师
近代欧洲外交史	3,4		6	蔡维藩
欧洲经济史（注六）	3,4		6	张德昌
欧洲经济史（高级）（注六）	4		6	张德昌
欧洲海外发展史	3,4	上	3	噶邦福
战争史	3,4	下	3	噶邦福
日本通史（停开）	2,3,4		6	王信忠
秦汉史（停开）	2,3		6	张政烺
金石学	3,4		4	张政烺
中国地学史		下	3	王　庸
毕业论文	IV		2	

注一：本课昆明不开班。

注二：本课师范学院史地学系二、三年级必修,并非文学院历史学系中国断代史之一种。

注三：本课同时在中国文学系开班。

注四：文法学院。

注五：师范学院。

注六：本课同时在经济学系开班。

（《西南大学历史学系必修选修学程表》,1940 年至 1941 年度,
《国立西南联合大学史料》,云南教育出版社 1998 年）

西南联合大学历史学系（1941）

学程	必修或选修	学期	学分	教师
中国通史 甲（注一）	I		6	吴　晗
中国通史 乙（注二）	I		6	雷海宗
中国中古史（汉末迄五代）（注三）	II ~ V		6	孙毓棠
隋唐五代史	2,3,4		6	郑天挺
宋史	2,3,4		6	姚从吾
元史	2,3,4		6	邵循正
明清史	2,3,4	上,下	3,3	郑天挺
中国近世史	II		6	邵循正
近代中日外交史	2,3,4		6	王信忠
中国社会经济史（迄六朝）	3,4		6	孙毓棠
中国史学史（注四）	IV		4	姚从吾
史学名著（史记）	3,4		4	毛　准
史学名著（宋元明清史）				吴　晗
西洋通史 甲（注五）	II		6	皮名举
西洋通史 乙（注六）	II		6	蔡维藩
西洋上古史	3,4	上,下	3,3	噶邦福
西洋中古史	3,4		6	雷海宗
西洋近世史	III		6	皮名举
近代欧洲外交史	3,4		6	蔡维藩

（续表）

学程	必修或选修	学期	学分	教师
欧洲经济史（注七）	3,4		6	张德昌
欧洲经济史（高级）（注七）	4		6	张德昌
英国史	3,4		6	白约翰
日本通史	2,3,4		6	王信忠
印度通史	3,4		6	向 达
俄国近世史	3,4		4	噶邦福
战争史	3,4		4	噶邦福
史学方法	Ⅲ,Ⅳ		4	姚从吾
毕业论文	Ⅳ		2	
中国通史 丙	Ⅰ		6	吴 晗 宋泽生

注一：文学院及师范学院。

注二：理学院及法商学院。

注三：本课为师范学院史地系二至五年级必修，并非文学院历史学系中国断代史之一种。

注四：本年为补修课，时间地点由选习人商请担任教师指定。

注五：文法学院（经济学系及商学系除外）。

注六：师范学院（经济学系及商学系）。

注七：本课同时在经济学系开班。

（《西南大学历史学系必修选修学程表》，1941 年至 1942 年度，
《国立西南联合大学史料》，云南教育出版社 1998 年）

西南联合大学历史学系（1942）

学程	必修或选修	学期	学分	教师
中国通史 甲（注一）	I		6	吴　晗
中国通史 乙（注二）	I		6	孙毓棠
中国通史 丙（注三）	I		6	雷海宗
西洋通史 甲（注四）	II		6	蔡维藩
西洋通史 乙（注五）	II		6	蔡维藩
辽金元史	2,3,4		6	姚从吾
明清史	2,3,4	上,下	3,3	郑天挺
中国近世史	II		6	邵循正
中国近代外交史	2,3,4		6	王信忠
中国社会经济史（辽明代）	3,4		6	孙毓棠 吴　晗
中国社会史（明代）	3,4	上	4	吴　晗
中国史学史	III,IV		4	姚从吾
蒙古史研究（注六）	研		6	邵循正
史籍名著（汉书）	3,4		4	毛　准
史籍名著（晋书）	3,4	下	3	孙毓棠
西洋上古史	3,4	上,下	3,3	噶邦福
西洋近古史（十六至十八世纪）	3,4		6	雷海宗

（续表）

学程	必修或选修	学期	学分	教师
西洋近世史	Ⅲ		6	钟道铭
欧洲经济史	3,4		6	陈岱孙
欧洲经济史（高级）	4		6	陈岱孙
英国史	3,4		6	白约翰
俄国近世史（大彼得至列宁）	3,4		6	噶邦福
日本通史	2,3,4		6	王信忠
史籍名著（俄国史）（注七）	3,4		2	噶邦福
史学方法（注八）	Ⅳ		4	姚从吾
罗马帝国制度史	2,3,4		6	雷海宗
毕业论文	Ⅳ		2	

注一：文学院、理学院一年级。

注二：法商学院、师范学院一年级。

注三：各学院二、三、四、五年级。

注四：各院系（经济及商学除外）。

注五：经济学系、商学系。

注六：四年级生选习此课须先得担任教师签准。

注七：已习或现习俄国通史或俄国近世史者得选此课。

注八：本年为四年级补修课,时间地点由选习各生商请担任教师指定。

（《西南联合大学历史学系必修选修学程表》,1942 年至 1943 年度,
《国立西南联合大学史料》,云南教育出版社 1998 年）

西南联合大学历史学系（1943）

学程	必修或选修	学期	学分	教师
中国通史 甲（注一）	I		6	吴　晗
中国通史 乙（注二）	I		6	孙毓棠
中国通史 丙（注三）	I		6	雷海宗
西洋通史 甲（注四）	II		6	蔡维藩
西洋通史 乙（注五）	II		6	蔡维藩
魏晋南北朝史	2,3,4		6	孙毓棠
隋唐五代史	2,3,4		6	郑天挺　汪　篯
宋史	2,3,4		6	姚从吾
明清史	2,3,4	上,下	3,3	郑天挺 何鹏毓
中国近世史	II		6	邵循正
中国史学史（注六）	IV		4	姚从吾
史籍名著（史记）	3,4		4	毛　准
史籍名著（资治通鉴）	3,4		4	吴　晗
史籍名著（西方学者中国史地论文）	研		6	邵循正
西洋上古史	3,4	上	3	噶邦福
西洋上古史	3,4	下	3	噶邦福
西洋中古史	3,4		6	雷海宗
西洋近世史	III		6	刘崇鋐
欧洲殖民史	3,4		6	噶邦福

（续表）

学程	必修或选修	学期	学分	教师
英国史	3,4		6	白约翰
英国近世史	4研		6	刘崇鋐
印度史（注七）	3,4	上	4	钟道铭
美国史（注七）	3,4	下	4	钟道铭
史学方法	Ⅲ,Ⅳ		4	姚从吾
毕业论文	Ⅳ		2	

注一：文学院、理学院一年级。

注二：法商学院、师范学院一年级。

注三：各院二、三、四、五年级及重读一年级。

注四：各院系（经济及商学两系除外）。

注五：经济学系及商业学系。

注六：本为四年级补修课程。

注七：每周讨论一小时。

（《西南联合大学历史学系必修选修学程表》，1943 年至 1944 年度，

《国立西南联合大学史料》，云南教育出版社 1998 年）

西南联合大学历史学系（1944）

学程	必修或选修	学期	学分	教师
中国通史 甲（注一）	文Ⅰ 理Ⅰ		6	吴　晗
中国通史 乙（注二）	法Ⅰ 师Ⅰ		6	孙毓棠
中国通史 丙（注三）	Ⅱ，Ⅲ，Ⅳ，Ⅴ		6	雷海宗
西洋通史	Ⅱ		6	蔡维藩
魏晋南北朝史	2,3,4		6	孙毓棠
辽金元史	2,3,4		6	姚从吾
元史	2,3,4		6	邵循正
明清史	2,3,4		3,3	郑天挺
中国近世史	Ⅱ		6	邵循正
中国经济史（宋、元、明）	3,4		4	吴　晗
中国史学史	Ⅲ、Ⅳ		4	姚从吾
中国史部目录学	3,4		4	郑天挺
史籍名著（左传）	3,4		4	毛　准
西洋上古史	3,4		3,3	噶邦福
西洋近古史	3,4		6	雷海宗
西洋近世史	Ⅲ		6	刘崇鋐
英国史（注四）	3,4	上	4	白约翰
美国史	3,4		6	刘崇鋐
俄国近世史	3,4		6	噶邦福
欧洲外交史	3,4		6	蔡维藩
美国史研究（注五）	研		6	刘崇鋐
史学方法（注六）	Ⅳ		4	姚从吾

（续表）

学程	必修或选修	学期	学分	教师
印度史	3,4		6	钟道铭
中西交通史	3,4	下	4	姚从吾
隋唐史	2,3,4	下	4	郑天挺
毕业论文	IV		2	

注一：文学院、理学院一年级。

注二：法商学院、师范学院一年级。

注三：各院系二、三、四、五年级及重读一年级。

注四：每周讨论一小时，时间由教师另定。

注五：上课时间地点由教师指定。

注六：本为四年级补修课，时间教师另定。

（《西南联合大学历史学系必修选修学程表》，1944 年至 1945 年度，

《国立西南联合大学史料》，云南教育出版社 1998 年）

西南联合大学历史学系（1945）

学程	必修或选修	学期	学分	教师
中国通史 甲（注一）	I		6	吴　晗
中国通史 乙（注二）	I		6	丁则良
西洋通史	II		6	蔡维藩
秦汉史	2,3,4		6	雷海宗
宋史	2,3,4		6	姚从吾
明清史	2,3,4		3,3	向　达
中国经济史（宋元明）	3,4		4	吴　晗
中国史学史（注三）	IV		4	姚从吾
史籍名著（史记）	3,4		4	毛　准
史籍名著（资治通鉴）	3,4		4	丁则良
西洋上古史	3,4		6	噶邦福
西洋中古史	3,4		6	雷海宗
西洋近世史	III		6	刘崇鋐
英国史	3,4		6	刘崇鋐
欧洲外交史	3,4		6	蔡维藩
欧洲殖民史	3,4		6	噶邦福
史学方法	III,IV		4	姚从吾
史籍名著（史通）	3,4		4	毛　准
中国近世史	IV		6	雷海宗
西洋史学史	IV		4	雷海宗
印度史	3,4		6	向　达
毕业论文	IV		2	

注一：文学院、理学院一年级，各院系二、三、四年级。

注二：法商学院、师范学院一年级。

注三：本课为四年级补修课，时间地点由教师另定。

（《西南联合大学历史学系必修选修学程表》，1945 年至 1946 年度，
《国立西南联合大学史料》，云南教育出版社 1998 年）

厦门大学历史社会学系（1926）

一、史学门课程表

学年	学期\学程名	第一学期			第二学期		
		每周演讲或讨论时数（内包含问答）	每周实习或实验时数	绩点	每周演讲或讨论时数（内包含问答）	每周实习或实验时数	绩点
第一学年	国文	二	实习一小时	三	二	实习一小时	三
	英文	三	实习一小时	三	三	实习一小时	三
	经济学	三		三	三		三
	动物学一				三	实验四小时	五
	植物学一	三	实验四小时	五			
	西洋近世史	三		三	三		三
	日本近世史				三		三
	计	十六	六	十八	十九	六	二十一

（续表）

学年	学期	第一学期			第二学期		
	学程名	每周演讲或讨论时数（内包含问答）	每周实习或实验时数	绩点	每周演讲或讨论时数（内包含问答）	每周实习或实验时数	绩点
第二学年	心理学一、二	三		三	三		三
	政治学	三		三			
	统计学	二	实习二小时	三			
	社会原理一、二	三		三	三		三
	人类学				三		三
	史学研究法	二	实习三小时	三			
	本国上古史	三		三			
	本国中古史				三		三
	希腊文化史				三		三
	本国历代地理沿革				二		二
	任意选修学程				三		三
	计	十六	五	十八	二十		二十

（续表）

学年	学期 学程名	第一学期			第二学期		
		每周演讲或讨论时数（内包含问答）	每周实习或实验时数	绩点	每周演讲或讨论时数（内包含问答）	每周实习或实验时数	绩点
第三学年	法学总论	三		三			
	社会心理学一、二	三		三	三		三
	罗马史				三		三
	西洋上古史	三		三			
	西洋中古史				三		三
	本国学术史	三		三			
	印度古代史				三		三
	英国史	三		三	三		三
	美国史一、二	三		三			
	任意选修学程	三		三	三至五		三至五
	计	二十一		二十一	十八至二十		十八至二十

（续表）

学年	学期 学程名	第一学期			第二学期		
		每周演讲或讨论时数（内包含问答）	每周实习或实验时数	绩点	每周演讲或讨论时数（内包含问答）	每周实习或实验时数	绩点
第四学年	泰西哲学一、二	三		三	三		三
	本国美术史	三		三			
	金石学				三		三
	古物学	三		三			
	西洋美术史				三		三
	远东外交史一、二	三		三	三		三
	英国经济史	三		三			
	本国经济史				三		三
	演习（调查翻译或论文）	临时酌定		三	临时酌定		三
	计	十五		十八	十五		十八

二、历史学门学程纲要

中国近世史　一学年　三小时　六绩点　预科学生必修学程　讲述中国近三百年来重大之变迁，自清初至于现在。举其重大事迹，综其始末,述其因果,而尤注意于国际之关系。

日本近世史　半学年　三小时　三绩点　史学门必修学程　讲述日本开国之经过,明治维新之设施,以及其外交之方针,俾读者明因应之方。

西洋近世史(自法兰西大革命起至近今止)　一学年　三小时　六绩点　史学门必修学程　讲授:(一)西方各国政治、社会、工业上之革命及改进,(二)意大利、日耳曼之统一,(三)列强之侵略主义及世界之大战争。

教本：Robinson & Beard, *Outlines of European History*. Part Ⅱ

参考：Hazen, *Modern European History*.

Robinson & Beard, *Readings in Modern European History*.

英国史　一学年　三小时　六绩点　史学门必修学程　本学程略述英国社会上、经济上、政治上、宪法上进步之状况,以个人之自由、国土之开展与帝国之成立为中心问题。

美国史　半学年　三小时　三绩点　史学门必修学程　本学程注重于合众国之重要事实,自新大陆之发现起,至完全开拓时期止。举凡殖民制度之推展以及宪政之创立、政党之产生、解放黑奴之内战俱叙及之,至于社会、实业、生活之情形,容当与教育进步共同讨论之。

中国上古史　半学年　三小时　三绩点　史学门必修学程　本学程根据六经、诸子及《太史公书》所记载之事实为上古史之材料,讲明此时期政治之状况与学术之发达。

中国中古史　半学年　三小时　三绩点　史学门必修学程　本学程由秦始皇起,迄于陈隋。讲明政治上之变迁、国土之开拓与内部之分裂、异族之侵扰,并及于东西交通之关系。

西洋上古史　半学年　三小时　三绩点　史学门必修学程　本学程研究:(一)有史以前之时代与上古王国,(二)希腊与罗马。

西洋中古史　半学年　三小时　三绩点　史学门必修学程　本学程研究中古社会之宗教信仰、经济状况及智识进步。

印度古代史　半学年　三小时　三绩点　史学门必修学程　讲授印度古代政治、社会、宗教、文化之重要变迁,并推论其原因。

希腊文化史　半学年　三小时　三绩点　史学门必修学程　本学程研究自希腊建国至罗马战胜时代之史要,特别注重于波斯战争后之文化,而间及建筑、雕刻、文学、哲学与社会、风俗。

罗马史 半学年 三小时 三绩点 史学门必修学程 本学程研究自罗马建国至西罗马灭亡之史要,特别注重于后期之共和政体及初时帝国时代。

南洋各岛史 半学年 三小时 三绩点 讲授南洋各民族之来源、风尚及其与东西各国文化交通各方面之关系及过程。

中国学术史 半学年 三小时 三绩点 史学门必修学程 本学程讲述周秦诸子学说、两汉经学、宋明理学、清代汉学之大要,明其变迁之原因及在社会上之影响。

中国美术史 半学年 三小时 三绩点 史学门必修学程 本学程讲述古今美术之种类及其源流派别,或某时代代表之作品,并说明其变迁之原因。

西洋美术史 半学年 三小时 三绩点 史学门必修学程 本学程对于古代近世之建筑、雕刻、图画进步之历程,略有系统之叙述,特别注重于希腊时代、文艺复兴时代及十九世纪之美术。

法国史 半学年 三小时 三绩点 本学程对于法国政治上、社会上之变更俱有叙述,自其君主政体成立起,至现时止。

中外文化交通史 一学年 三小时 六绩点 讲授中外文化交互之关系及其经过,并从各种科学方面证明之。

金石学 半学年 三小时 三绩点 史学门必修学程 本学程讲述古代钟鼎彝器之鉴别与碑刻文字之考校方法,并明其与历史之关系。

古物学 半学年 三小时 三绩点 史学门必修学程 根据金石彝器及可信之图谱考究古代器用,如商彝周鼎及秦权量等之变迁。

史学研究法 半学年 三小时 三绩点 史学门必修学程 讲授中西历史之重要原则、编纂方法及一般史学家对于史学研究之理论。

中国历代地理沿革 半学年 二小时 二绩点 史学门必修学程 本学程根据历朝正史之《地理志》及《水经》等书,讲明历代地域之沿革。

（《文科课程》,《文科学程纲要》,《厦门大学布告》
1926 年第 5 卷第 4 期）

厦门大学史学系（1930）

一、课程表

（一）第一学年

学程名称	第一学期		第二学期	
	每周时数	绩点	每周时数	绩点
国文一	3	3	3	3
英文一	3	3	3	3
英文修辞学及作文	2	2	2	2
经济学	3	3	3	3
生物学一	6	4	6	4
社会学原理	3	3	3	3
东亚通史	3	3	3	3
军事训练	3	1.5	3	1.5
合　计	26	22.5	26	22.5

（二）第二学年

学程名称	第一学期		第二学期	
	每周时数	绩点	每周时数	绩点
国文二	3	3	3	3
英文二	3	3	3	3
论理学	3	3	3	3
中国上古史	4	4	0	0
中国中古史	0	0	4	4
政治学	3	3	0	0
西洋近世史	3	3	3	3
党义	0	0	3	3
军事训练	3	1.5	3	1.5
合　计	22	20.5	22	20.5

（三）第三学年

学程名称	第一学期		第二学期	
	每周时数	绩点	每周时数	绩点
社会心理学	3	3	0	0
中国史学史	3	3	0	0
中国近古史	4	4	0	0
西洋上古史	3	3	0	0
西洋中古史	0	0	3	3
历史研究法	0	0	3	3
中国近代史	0	0	4	4
英国史一、二	3	3	3	3
本系指定选修学程	0	0	3	3
第二外国文一	3	3	3	3
合　计	19	19	19	19

（四）第四学年

学程名称	第一学期		第二学期	
	每周时数	绩点	每周时数	绩点
泰西哲学史一、二	3	3	3	3
美国史	3	3	0	0
史学专书研究	2	2	0	0
史学专题研究	0	0	2	2
本系指定选修学程	6	6	6	6
第二外国文二	3	3	3	3
论文		临时酌定		临时酌定
合　计	17	17	14	14

二、学程纲要

中国上古史　半年　四绩点，**中国中古史**　半年　四绩点，**中国近古史**　半年　四绩点，**中国近代史**　半年　四绩点。以上为中国史基本学程。以先秦为上古，秦至唐末为中古，五代至鸦片战争为近古，鸦片战争至当代为近世。对于民族之同化、版图之开拓、经济之发展、社会组织、政治制度及文化各方面之演进，皆加以扼要之研究（附注：以上之分期，仅为时间分配便利起见，非谓中国史之分期本当如此也）。

东亚通史　一学年　三小时　六绩点　本学程以日本、朝鲜、印度、西域、北亚及南方诸国为范围，于西亚则于其与东亚有特殊关系时附见。除分叙各国略史外，特著重其与中国之关系及各国彼此间之相互关系。

中国史学史　半年　三绩点　中国史学，特别发达。本学程于各时代之史学家及史著依次研究，并述其时代背景及其与他种学问之关系，于各种体裁之开创、继承、流变尤详。

专书研究　半年　二绩点　本学程于史学要籍中（如《尚书》、《春秋》及其《传》、《国语》、《史记》、《汉书》、《史通》、《文史通义》……）择其一作专门研究。其旨趣尤在指示方法，务使学者知研究专书之门径，以为异日深造之基。

专题研究 半年 二绩点 本学程由教授提出问题若干，学生自由选定后，分头从事研究。上课时则分别报告个人研究之心得，并提出各种问题，互相讨论。其旨趣尤在指示研究之方法，以为异日深造之基。其研究结果，作成论文，即作毕业论文。

历史研究法 半年 三绩点 本学程以训练读史、评史、订史、作史之能力为主。以刘知幾《史通》、章学诚《文史通义》、梁启超《历史研究法》及美人 Robinson, *New History*、法人 Langlois and Seignobos, *Introduction to the Study of History* 为主要参考书。

中西文化交通史 一学年 三小时 六绩点 中西文化交通，发轫于上古。至汉世张骞怀致远之略，班超奋封侯之志，始称盛焉。洎后三国南北朝，不绝如缕，至唐而再盛。元以异族入主中国，跨有欧亚，尤为中西交通最频繁之时代。明以闭关为得策，而是时欧洲诸国方以传教通商竞于海上，至晚清而门户大开，遂有今日之局。本学程以张星烺氏之《中西交通史料汇编》为主要参考资料，对中西文化交互之关系及经过详加研究。

历史哲学 半年 三绩点 中西大哲，对于历史本质之解释，各有不同，而皆各富义蕴，不特影响于史学甚大，且有以之为革命之基本理论者。本学程于各种史观之内容及流变，皆加以客观之研究。

历史教学法 半年 三绩点 历史一门，在中等教育中有非常重要之地位。但因教科书之不良及师资之缺乏，结果不佳。本学程为有志于中学历史教授者而设，于救济此种缺憾尤有特别意义。凡关于历史教学之特殊问题皆提出讨论，而于一般教授法则略焉。

中国美术史 半年 三绩点 中国美术虽与其他各国之美术有相互取与之处，要自独成一系，而有其特殊地位焉。近日国内外学者渐知注意之。本学程对于中国历代之建筑、雕刻、绘画、塑像、书法、音乐、跳舞……之历史皆作一扼要之研究，而铜器、玉器、陶瓷……之美术的价值亦附见焉。

考古学 半年 三绩点 科学的历史之有待于考古学，已为新史学界所公认。近五十年来西洋古史且因考古学之发达而改其面目。中国考古兴味，萌芽于宋代，盛于清代，而至近日始有成为科学之希望。本学程对于中西考古学略史、中国古物史料之种类及其发掘、收藏、鉴别、摹拓等皆加以讲授。各种著录则择要介绍，于甲骨及金器则作较深之研究以示例焉。

历史地理学　半年　三绩点　历代文化发展之次序、分布之状况、经济重心之转移、风俗民情之异趣及其他史事之征实，皆有赖于历史地理学，而版图之盈缩，尤足以觇民族之盛衰、文化之隆替。近百年来，日蹙百里，危急之势，有如累卵，本学程之设，岂特研究陈迹，亦以唤起青年之觉悟也。

中国民俗史　一学年　三小时　六绩点　古有采风之官，观民俗以觇盛衰。见微知著，可谓得治道之要。自专制毒盛，斯制遂泯。历代学者对于民俗虽有片断之议论，而绝少系统之研究。本学程研究历代风俗之变迁，述其所以变迁之故及其对于社会各方面之影响。

史籍提要　半年　三小时　三绩点　吾国故籍，乙部特盛，而亦最难治。本学程职在有系统的介绍重要史籍，为学者作高深研究之准备，而于史籍之分类、旧史之佚存亦附带及之（附注：闻章实斋之《史籍考》现有抄本，存于美国华盛顿国会图书馆，若有力者能翻印以飨学术界，可为本学程之主要参考书）。

中国史学上之怀疑学派　半年　三小时　三绩点　对于史事与史籍之怀疑，汉有王充，唐有刘知几，自后稍盛于宋，而大盛于清。本学程除按时代作一扼要的叙述外，更提出《论衡》、《史通》、《考信录》等数书，作较专之研究，辨伪事与伪书之方法亦附及焉。

印度及南洋诸国史　半年　三小时　三绩点　印度与吾国文化渊源甚深，南洋诸国更为华侨群萃之区。于其已往之历史及将来之命运，吾人慎无秦越肥瘠之视也。本学程于诸国政治文化之变革、主权之转移及其与中国之关系皆研究之，而其近日民族运动亦详焉。

日本史　一学年　三小时　三绩点　日本与吾国关系最切，近日以侵略手段施之吾国，吾人遭其毒害，遂痛恨之。然日人之于吾国各事皆研究甚详，而吾国学者，则于日本史普通知识亦缺乏。昔契丹主谓我于宋国之事纤悉皆知,而宋人视我国事如隔十重云雾。何其事之由类也。本学程于日本与我国之关系及其维新后国力之发展特加研究。朝鲜、台湾、琉球之略史附述焉。

史学论文选读 半年 三小时 三绩点 近日吾国史学研究,渐趋科学化,发表之论文可取者甚多。本学程选其尤者,一一阅读,而于近日吾国史学发展之各种趋势作一概论。

中国文化史 半年 三小时 三绩点 本课程专为本系以外学生而设,本系学生不得选修。取数千年中国文化之演变,作扼要之叙述,以明文化进步之原则及我国特有之优点。

西洋近世史（自法兰西大革命起至近今止） 一学年 三小时 六绩点 史学门必修学程 讲授:(一)西方各国政治、社会、工业上之革命及改进,(二)意大利、日耳曼之统一,(三)列强之侵略主义及世界之大战争。

英国史 一学年 三小时 六绩点 史学门必修学程 本学程略述英国社会上、经济上、政治上、宪法上进步之状况,以个人之自由、国土之开展与帝国之成立为中心问题。

美国史 半学年 三小时 三绩点 史学门必修学程 本学程注重于合众国之重要事实,自新大陆之发现起,至完全开拓时期止。举凡殖民制度之推展以及宪政之创立、政党之产生、解放黑奴之内战俱叙及之,至于社会、实业、生活之情形,容当与教育进步共同讨论之。

西洋上古史 半学年 三小时 三绩点 史学门必修学程 本学程研究:(一)有史以前之时代与上古王国,(二)希腊与罗马。

西洋中古史 半学年 三小时 三绩点 史学门必修学程 本学程研究中古社会之宗教信仰、经济状况及智识进步。

希腊文化史 半学年 三小时 三绩点 史学门必修学程 本学程研究自希腊建国至罗马战胜时代之史要,特别注重于波斯战争后之文化,而间及建筑、雕刻、文学、哲学与社会风俗。

罗马史 半学年 三小时 三绩点 本学程研究自罗马建国至西罗马灭亡之史要,特别注重于后期之共和政体及初时帝国时代。

法国史 半学年 三小时 三绩点 本学程对于法国政治上、社会上之变更俱有叙述，自其君主政体成立起至现时止。

中外文化交通史　一学年　三小时　六绩点　讲授中外文化交互之关系及其经过，并从各种科学方面证明之。

（《厦门大学一览》，1930 年至 1931 年）

厦门大学史学系（1931）

一、课程表

共同必修学程共四十三绩点

国文 十二绩点,英文 十二绩点,英文修辞 四绩点,党义 三绩点,军事 六绩点,论文 六绩点。

主系必修学程共五十一绩点

中国上古中古史 六绩点 一年,中国近古近代史 六绩点 二年,东亚通史 六绩点 一年,西洋近世史 六绩点 二年,英国史 六绩点 三年,西洋上古中古史 六绩点 三年,中国史学史 三绩点 三年,西洋史学史 三绩点 四年,历史研史法 三绩点 四年,希腊史 三绩点 四年,罗马史 三绩点 四年。

辅系必修学程最少三十绩点

（一）第一学年

学程名称	第一学期		第二学期	
	每周时数	绩点	每周时数	绩点
国文一	3	3	3	3
英文一	3	3	3	3
英文修辞学及作文	2	2	2	2
中国上古史	3	3	0	0
中国中古史	0	0	3	3
社会学原理	3	3	3	3
东亚通史	3	3	3	3
军事训练	3	1.5	3	1.5
合　计	20	18.5	20	18.5

（二）第二学年

学程名称	第一学期		第二学期	
	每周时数	绩点	每周时数	绩点
国文二	3	3	3	3
英文二	3	3	3	3
中国近古史	3	3	0	0
中国近代史	0	0	3	3
西洋近世史	3	3	3	3
党义	0	0	3	3
军事训练	3	1.5	3	1.5
选修学程或辅系学程	6	6	3	3
合　计	21	19.5	21	19.5

（三）第三学年

学程名称	第一学期		第二学期	
	每周时数	绩点	每周时数	绩点
中国史学史	3	3	0	0
西洋中古史	3	3	0	0
西洋上古史	0	0	3	3
英国史一、二	3	3	3	3
选修学程或辅系学程	9	9	9	9
第二外国文一	3	3	3	3
合　计	21	21	18	18

（四）第四学年

学程名称	第一学期		第二学期	
	每周时数	绩点	每周时数	绩点
西洋史学史	3	3	0	0
历史研究法	3	3	0	0
希腊史	3	3	0	0
罗马史	0	0	3	3
选修学程或辅系学程	3	3	9	9
第二外国文二	3	3	3	3
论文	3	3	3	3
合　计	18	18	18	18

二、学程

中国上古史　半年　三绩点,中国中古史　半年　三绩点,中国近古史　半年　三绩点,中国近代史　半年　三绩点,东亚通史　一学年　六绩点,中国史学史　半年　三绩点,史学专书研究　半年　二绩点,史学专题研究　半年　二绩点,历史研究法　半年　三绩点,中西文化交通史　一学年　六绩点,历史哲学　半年　三绩点,历史教学法　半年　三绩点,中国美术史　半年　三绩点,考古学　半年　三绩点,历史地理学　半年　三绩点,中国民俗史　一学年　六绩点,史籍提要　半年　三绩点,印度及南洋诸国史　半年　三绩点,日本史　一学年　六绩点,史学论文选读　半年　三绩点,中国文化史　半年　三绩点,英国史　一学年　六绩点,美国史　半学年　三绩点,西洋上古史　半学年　三绩点,西洋中古史　半学年　三绩点,西洋近世史　半年　三绩点,希腊史　半学年　三绩点,罗马史　半学年　三绩点,俄国史　半学年　三绩点,法国史　半学年　三绩点,西洋史学史　半年　三绩点。

（《厦门大学一览》,1931 年至 1932 年）

厦门大学历史社会学系（1933）

一、史学组课程表

（一）第一学年

学程名称	第一学期		第二学期	
	每周时数	学分	每周时数	学分
国文一	3	3	3	3
英文一	3	3	3	3
英文修辞学及作文	2	2	2	2
中国上古史	3	3	0	0
中国中古史	0	0	3	3
社会学原理	3	3	3	3
东亚通史	3	3	3	3
军事训练	3	1.5	3	1.5
合　计	20	18.5	20	18.5

（二）第二学年

学程名称	第一学期		第二学期	
	每周时数	学分	每周时数	学分
国文二	3	3	3	3
英文二	3	3	3	3
中国近古史	3	3	0	0
中国近代史	0	0	3	3
西洋近世史	3	3	3	3
党义	0	0	3	3
军事训练	3	1.5	3	1.5
地理学原理	3	3	0	0
选修学程或辅系学程	3	3	3	3
合　计	21	19.5	21	19.5

（三）第三学年

学程名称	第一学期		第二学期	
	每周时数	学分	每周时数	学分
世界经济地理	3	3	3	3
西洋中古史	3	3	0	0
西洋上古史	0	0	3	3
英国史一、二	3	3	3	3
选修学程或辅系学程	6	6	6	6
第二外国文一	3	3	3	3
合　计	18	18	18	18

（四）第四学年

学程名称	第一学期		第二学期	
	每周时数	学分	每周时数	学分
欧洲扩张史	3	3	3	3
历史研究法	3	3	0	0
选修学程或辅系学程	6	6	6	6
第二外国文二	3	3	3	3
论文			临时酌定	3
合　计	15	15		15

二、史学门学程

　　中国上古史　半年　三学分,中国中古史　半年　三学分,中国近古史　半年　三学分,中国近代史　半年　三学分,东亚通史　一学年　六学分,中国史学史　半年　三学分,史学专书研究　半年　二学分,史学专题研究　半年　二学分,历史研究法　半年　三学分,中西文化交通史　一学年　六学分,历史哲学　半年　三学分,历史教学法　半年　三学分,中国美术史　半年　三学分,考古学　半年　三学分,地理学原理　半年　三学分,历史地理学　半年　三学分,世界经济地理　一学年　六学分,中国民俗史　一学年　六学分,史籍提要　半年　三学分,印度及南洋诸国史　半年　三学分,日本史　一学年　六学分,史学论文选读　半年　三学分,中国文化史　半年　三学分,英国史　一学年　六学分,美国史　半学年　三学分,西洋上古史　半学年　三学分,西洋中古史　半学年　三学分,西洋近世史　半年　三学分,希腊史　半学年　三学分,罗马史　半学年　三学分,俄国史　半学年　三学分,法国史　半学年　三学分,西洋史学史　半年　三学分,大战后的欧洲　一学年　六学分,欧洲扩张史　一学年　六学分。

　　　　　　　　　　　　　　　　（《厦门大学一览》,1933 年至 1934 年）

厦门大学历史社会学系（1934）

学程	每周时数	学分		上课时间		担任教员	教室	修习年级
		全年	半年	星期	点钟			
世界通史	3	6	3	2,4,6	10—11	薛澄清先生	17	一年级本院必修
中西文化交通史	3	6	3	2,4,6	11—12	同上	17	
南洋史地	3	6	3	1,3,5	13-14	同上	9	
中国上古史	3	6	3	1,3,5	14—15	郑德坤先生	生120	一年级本系（历史）必修
中国近世史	3	6	3	1,3,5	15—16	同上	生120	二年级本系（历史）必修
中国文化史	3	6	3	1,3,5	11—12	同上	生120	二年级本院必修
中国历史地理	2		2	1,3	9—10	郑德坤先生	生120	
中国考古学	2		2	1,3	8—9	同上	生120	
东亚地理	2		2	2,4	15—16	王成组先生	9	

（续表）

学程	每周时数	学分		上课时间		担任教员	教室	修习年级
		全年	半年	星期	点钟			
历史研究法	2		2	2,4	16—17	同上	9	四年级本系（历史）必修
欧洲上古史	3		3	1,3,5	8—9	同上	9	三年级本系（历史）必修
欧洲近代发展史	3		3	1,3,5	9—10	同上	9	
英国史	3	6	3	2,4,6	11—12	同上	4	三年级本系（历史）必修
美国史	2	4	2	2,4	13—14	薛永黍先生	9	
西洋近世史	3	6	3	2,4,6	9—10	同上	9	二年级本系（历史）必修
大战后之欧洲	2		2	2,4	14—15	同上	9	
日本史	3	6	3	2,4,6	8—9	待定	9	
中国民族史	2		2	春季开班		郑德坤先生		
目录学	2		2	春季开班		同上		
世界经济地理	2		2	春季开班		王成组先生		
史学史	2		2	春季开班		同上		
欧洲中古史	3		3	春季开班		王成组先生		三年级本系（社会）必修
法国史	3		3	春季开班		同上		
英国宪法史	2		2	春季开班		薛永黍先生		

（续表）

学程	每周时数	学分		上课时间		担任教员	教室	修习年级
		全年	半年	星期	点钟			
中国中古史	3	6	3	本年不开班				一年级本系（历史）必修
中国近古史	3	6	3	本年不开班				一年级本系（历史）必修
社会学原理	3	6	3	1,3,5	16—17	徐声金博士	8	二年级本系（社会）必修
社会学方法论	3		3	2,4,6	11—12	同上	8	三年级本系（社会）必修
社会思想史	3	6	3	1,3,5	15—16	同上	8	同上
社会学名著选读	3		3	2,4,6	10—11	同上	8	四年级本系（社会）必修
人类学	3	6	3	2,4,6	9—10	林惠祥先生	17	二年级本系（社会）必修
社会起源及进化	3	6	3	1,3,5	9—10	同上	17	三年级本系（社会）必修
民俗学	3		3	1,3,5	8—9	同上	17	
社会行为	3		3	1,3,5	13—14	同上	8	
社会问题	3	6	3	1,3,5	14—15	林惠祥先生	8	
社会科学概论	3		3	1,3,5	14—15	郑成坤先生	9	一年级本系（社会）必修
家庭研究	3		3	春季开班		徐声金博士		四年级本系（社会）必修

（续表）

学程	每周时数	学分		上课时间		担任教员	教室	修习年级
		全年	半年	星期	点钟			
社会进步	3		3	春季开班		同上		
社会制裁	3		3	春季开班		林惠祥先生		
社会变迁	3		3	春季开班		同上		四年级本系（社会）必修
社会调查	3		3	春季开班		郑成坤先生		同上
社会运动	3		3	本年不开班				
现代社会学说	3		3	同上				
中国社会思想史	3	6	3	同上				
文化论	3		3	同上				
乡村社会学	3		3	同上				
都市社会学	3		3	同上				
现代文化	3		3	同上				一年级本系（社会）必修

　　附注：历史社会学系本学年不开班学程尚有：俄国史、印度史、史学专书研究、史学专题研究、历史教学法、中国史部目录学、古籍校读法。

　　　　　　　　　　　（《厦门大学学生入学手册及学程一览》，

　　　　　　　　　　　　　　1934 年 9 月—1935 年 1 月）

厦门大学历史社会学系（1935）

一、历史组课程表

（一）第一学年

学程名称	第一学期		第二学期	
	每周时数	学分	每周时数	学分
国文一	3	3	3	3
英文一	5	5	5	5
军事训练（男生） 军事看护（女生）	3	1.5	3	1.5
世界通史	3	3	3	3
中国上古史	3	3	3	3
欧洲上古史	3	3	0	0
欧洲中古史	0	0	3	3
合　计	20	18.5	20	18.5

（二）第二学年

学程名称	第一学期		第二学期	
	每周时数	学分	每周时数	学分
国文二	3	3	3	3
英文二（小品）	3	3	3	3
第二外国语（一）	3	3	3	3
党义	3	3	0	0
中国中古史	3	3	3	3
西洋近世史	3	3	3	3
本组选修课程	0	0	3	3
合　计	18	18	18	18

（三）第三学年

学程名称	第一学期		第二学期	
	每周时数	学分	每周时数	学分
第二外国语（二）	3	3	3	3
中国文化史	3	3	3	3
中国近世史	3	3	3	3
历史研究法	2	2	0	0
历史教学法	0	0	2	2
本组选修课程	7	7	3	3
自由选修课程	0	0	4	4
合　计	18	18	18	18

（四）第四学年

学程名称	第一学期		第二学期	
	每周时数	学分	每周时数	学分
论文				3
本组选修课程	6	6	3	3
自由选修课程	10	10	10	10
合　计	16	16		16

附注：本院必修课程 46 学分，本组必修课程 49 学分，本组选修课程 22 学分，自由选修课程 24 学分，计共 141 学分。

二、历史组课程

本组主修生应修课程及学分

（一）本院各系必修课程计四十六学分

国文一　全年　六学分，国文二　全年　六学分，英文一　全年　十学分，英文二　全年　六学分，党义　半年　三学分，军训　全年　三学分，第二外国语　两年　十二学分。

（二）本组必修课程计四十九学分

世界通史　全年　六学分（一年级），中国上古史　全年　六学分（一年级），欧洲上古史　半年　三学分（一年级），欧洲中古史　半年　三学分（一年级），中国中古史　全年　六学分（二年级），西洋近世史　全年　六学分（二年级），中国近世史　全年　六学分（三年级），中国文化史　全年　六学分（三年级），历史研究法　半年　二学分（三四年级），历史教学法　半年　二学分（三四年级），毕业论文　三学分（四年级）。

（三）本组选修课程计二十二学分

（四）自由选修课程计二十四学分

三、历史组学程

世界通史　全年　六学分　一年级必修,中国上古史　全年　六学分　一年级必修,欧洲上古史　半年　三学分　一年级必修,欧洲中古史　半年　三学分　一年级必修,中国中古史　全年　六学分　二年级必修,西洋近世史　全年　六学分　二年级必修,中国近世史　全年　六学分　三年级必修,中国文化史　全年　六学分　三年级必修,历史研究法　半年　二学分　三、四年级必修,历史教学法　半年　二学分　三、四年级必修,中西文化交通史　全年　六学分,中国考古学　半年　二学分,中国民族史　半年　二学分,中国目录学　半年　二学分,中国历史地理　半年　二学分,东亚通史　半年　三学分,中国地理　半年　三学分,外国地理　半年　三学分,南洋史地　全年　六学分,英国史　全年　六学分,美国史　半年　三学分,法国史　半年　三学分,日本史　全年　六学分,史学史　半年　二学分,人生地理学　半年　三学分。

（《厦门大学一览》,1935 年至 1936 年）

厦门大学历史社会学系（1936）

一、课程表

（一）第一学年

学程名称	第一学期		第二学期	
	每周时数	学分	每周时数	学分
国文一	3	3	3	3
英文一	5	5	5	5
党义	3	3	0	0
军事训练（男生） 军事看护（女生）	3	1.5	3	1.5
中国上古史	3	3	0	0
中国中古史	0	0	3	3
社会学原理	3	3	3	3
选修学程	0	0	3	3
合　计	20	18.5	20	18.5

（二）第二学年

学程名称	第一学期		第二学期	
	每周时数	学分	每周时数	学分
国文二	3	3	3	3
英文二（小品）	3	3	3	3
第二外国语（一）	3	3	3	3
中国近世史	3	3	3	3
社会起源	3	3	0	0
社会进化	0	0	3	3
西洋上古史	3	3	0	0
西洋中古史	0	0	3	3
合　计	18	18	18	18

（三）第三学年

学程名称	第一学期		第二学期	
	每周时数	学分	每周时数	学分
第二外国语（二）	3	3	3	3
西洋近世史	3	3	3	3
社会思想史	3	3	3	3
东亚通史	0	0	3	3
人类学 人类起源（上学期） 人类学（下学期）	3	3	3	3
选修学程	6	6	3	3
合　计	18	18	18	18

（四）第四学年

学程名称	第一学期		第二学期	
	每周时数	学分	每周时数	学分
社会问题	3	3	0	0
论文				3
选修学程	13	13	13	13
合　计	16	16		16

附注：本院各系必修学程 49 学分，本系必修学程 54 学分，辅系选修学程 21 学分，自由选修学程 17 学分，计共 141 学分。

二、课程

本系主修生应修学程及学分

（一）本院各系必修学程计四十九学分

国文一　全年　六学分，国文二　全年　六学分，英文一　全年　十学分，英文二　全年　六学分，党义　半年　三学分，军训　全年　三学分，第二外国语　两年　十二学分，毕业论文　三学分。

（二）本系必修学程计五十四学分

中国上古史　半年　三学分（一年级），中国中古史　半年　三学分（一年级），西洋上古史　半年　三学分（二年级），西洋中古史　半年　三学分（二年级），中国近世史　全年　六学分（二年级），西洋近世史　全年　六学分（三年级），东亚通史　半年　三学分（三年级），社会学原理　全年　六学分（一年级），社会起源　半年　三学分（二年级），社会进化　半年　三学分（二年级），社会思想史　全年　六学分（三年级），人类学　全年　六学分（三年级），社会问题　半年　三学分（四年级）。

（三）辅系选修学程计二十一学分

（四）自由选修学程计十七学分

三、学程

中国上古史　半年　三学分　一年级必修,中国中古史　半年　三学分　一年级必修,西洋上古史　半年　三学分　二年级必修,西洋中古史　半年　三学分　二年级必修,中国近世史　全年　六学分　二年级必修,西洋近世史　全年　六学分　三年级必修,东亚通史　半年　三学分　三年级必修,社会学原理　全年　六学分　一年级必修,社会起原　半年　三学分　二年级必修,社会进化　半年　三学分　二年级必修,人类学　全年　六学分　三年级必修,社会思想史　全年　六学分　三年级必修,社会问题　半年　三学分　四年级必修,历史研究法　半年　三学分,历史教学法　半年　三学分,中西文化交通史　全年　六学分,中国考古学　半年　三学分,中国民族史　半年　三学分,中国古史专题研究　全年　六学分,中国历史地理　半年　二学分,中国地理　半年　三学分,外国地理　半年　三学分,南洋史地　全年　六学分,英国史　半年　三学分,美国史　半年　三学分,法国史　半年　三学分,德国史　半年　三学分,人生地理学　半年　三学分,社会变迁　半年　三学分,社会科学概论　半年　三学分,社会学方法论　半年　三学分,社会调查　半年　三学分,现代社会学说　半年　三学分,社会学名著选读　半年　三学分,家庭研究　半年　三学分,社会进步　半年　三学分,社会控制　半年　三学分,民俗学　半年　三学分,乡村社会学　半年　三学分,都市社会学　半年　三学分,中国社会思想史　半年　三学分,中国社会史　半年　三学分,社会心理学　半年　三学分。

四、学程纲要

中国上古史　半年三学分　一年级必修

中国中古史　半年三学分　一年级必修

西洋上古史　半年三学分　二年级必修　纲要：本学程研究五世纪以前的西洋历史。内容包括石器时代的欧洲,近东诸古国之盛衰与文明,希腊城邦之兴起与贡献,波斯与雅典之争雄,亚力山大之统一地中海东部与传布西方文化于亚洲,罗马之由共和政体变为军人独裁,罗马之先后统一地中海西部与东部,罗马帝国太平时代的文化,以及帝国晚年之内战与外患以至于灭亡。

西洋中古史　半年三学分　二年级必修　纲要：本学程研究自五世纪至十六世纪的西洋历史。内容包括基督教之兴起,蛮族之入侵,欧西诸国之建立,回教徒占据地中海南岸,查理大帝之事业,所谓中世纪之社会、政治及文化,十字军之东征,土耳其人之兴起,教会之衰微,专制政体之复活,英法之长期争斗,文艺复兴,海外发展以及因之而起的新态度与新倾势。

中国近世史　全年六学分　二年级必修　纲要：以上为中国史基本学程,以秦以前为上古,秦至明末为中古,清初至当代为近世。对于民族之同化、版图之开拓、经济之发展、社会组织、政治制度及文化各方之演进,皆加以扼要之研究。

西洋近世史　全年六学分　三年级必修　纲要：本学程研究十五世纪以后的西洋历史。上学期讲授哥白尼与伽利略所发动的思想革命,路德与喀尔父所提倡的宗教革新,英国海军之战败西班牙,路易十四之称霸欧洲,彼得大帝之建立新的俄罗斯,腓特烈大帝之扩张普鲁士疆域,英法在海外争夺殖民地,英美法之各别政治革命,拿破仑之称雄一时,以及工业革命的前因后果。下学期讲授维也纳和会如何逐渐被撕破,波旁王室如何被推翻,第三次共和国如何成立,喀富尔如何统一意大利,俾斯麦如何统一德意志,俄皇如何继续压迫弱小民族,巴尔干诸小国如何先后获得独立,帝国主义如何伸张势于亚洲非洲,欧洲大战之原因、经过与效果,中欧各国如何建立民主政体,苏俄如何试验共产主义,并述及国际的最近状况。

东亚通史　半年三学分　三年级必修　纲要：本学程以日本、朝鲜、印度、西域、北亚及南方诸国为范围。于西亚则于其与东亚有特殊关系时附见。除分叙各国略史外,特着重其与中国之关系及各国彼此间之相互关系。

社会学原理　全年六学分　一年级必修　纲要：阐明社会学之性质、范围及方法,研究社会之起源、发展与变迁,分析社会之结构、活动及影响社会演化之各种要素。

社会起源　半年三学分　二年级必修　纲要：探究文化之起源，以为了解现代文化之助。内容分为：（一）物质文化：火、衣、食、住、狩猎、畜牧、农耕、石器、铜器、铁器、陶器、武器、交通。（二）社会组织：婚姻、家族、氏族、部落、秘密社会、法律、财产、伦理、政治。（三）宗教：自然崇拜、动植物崇拜、图腾崇拜、灵物崇拜、偶像崇拜、多神教、二神教、一神教、巫觋、神话、祭祀、祈祷、宗教发生之学说。（四）艺术：身体装饰、器物装饰、绘画、雕刻、跳舞、音乐、诗歌。（五）语言文字：拟势语、符号语、结绳刻木、图画文字、真文字。

社会进化　半年三学分　二年级必修　纲要：本学程接社会起源，叙述人类社会脱离野蛮状态后，如何演进至近代文明阶段。范围系就全世界全人类而论。材料采用历史记载，但性质系理论的而非叙述的。

人类起源　半年三学分　三年级必修　纲要：（一）总论：史前学沿革，地质的时代，文化的时代。（二）史前人类：爪哇猿人，中国猿人，辟而当人，海德耳伯人，尼安达他耳人，克鲁麦囊人等。（三）史前文化：始石器时代，旧石器时代，新石器时代，铜器时代，铁器时代。

人类学　半年三学分　三年级必修　纲要：（一）人类学总论。（二）体质人类学：人类进化论，人类各种族之分类标准法。（三）人种学：蒙古利亚种三大族，高加索种四大族，尼革罗伊种二大族，混合种。（四）种族论：种族不平等论，种族平等论，折衷论。

社会思想史　全年六学分　三年级必修　纲要：研究历代关于社会结构及社会政策之思想的源流与派别，讨论自柏拉图起迄孔德止一般的社会思想，注重自孔德迄现在社会学各派学说之内容。

社会问题　半年三学分　四年级必修　纲要：研究现代各种社会问题，如人口、优生、劳动、农村、贫穷、犯罪、婚姻、家庭、妇女等等，就世界各国及中国比较讨论之。

历史研究法　半年三学分　纲要：本学程将研究历史所必有的各步骤或方法加以讨论。先讨论怎样收集材料及其他预备工作；再讨论怎样进行分析的工作，如考订版本、调查作者、分类史料、解释文句、辨别诚伪程度、断定个别事实；然后讨论怎样进行综合的工作，如编比之条件、推论之方式以及著述的标准。

历史教学法 半年三学分　纲要：本学程对于历史教学之理论与实际同样注意。分三部分：第一部分对于各种历史观逐一加以叙述与批评，以便得到一个选择教材的标准。第二部分阐明历史之种种价值，尤其注意历史对于训练想像与训练思索之关系，及实现这些价值的具体方法。第三部分对于教历史各阶段的不同方法作一比较的研究。如关于课堂的工作，比较演讲法与讨论法；关于排列课程之内容，比较顺进法例教法与螺旋教法；关于考试，比较旧式作题法与新式测验法。

中西文化交通史 全年六学分　纲要：中西文化交通，发轫于上古。至汉世张骞怀致远之略，班超奋封侯之志，始称盛焉。泊后三国南北朝不绝如缕，至唐而再盛。元以异族入主中国，跨有欧亚，尤为中西交通最频繁之时代。明以闭关为得策，而是时欧洲诸国方以传教通商竞于海上，至满清而门户大开，遂有今日之局。本学程以张星烺氏之《中西交通史料汇编》为主要参考资料，对于中西文化交互之关系及经过，详加研究。

中国考古学 半年三学分　纲要：科学的历史之有待于考古学，已为新史学界所公认。近五十年来西洋古史且因考古学之发达而改面目。中国考古兴味，萌芽于宋代，盛于清代，而至近日始有成为科学之希望。本学程内容分为（甲）考古学通论：讲述考古学之定义、范围、分科略史，古物之性质种类，古迹之性质种类，探检发掘法，搜集陈列法。（乙）中国考古学：1. 史前时代，叙述中外学者所发见中国之史前时代，即石器时代之古迹古物。2. 有史时代，叙述自铜器时代有龟甲文以后以至于近古之古迹古物，如用甲骨、铜器、陶磁、玉石、砖瓦、明器、泉币、武器、建筑物、纹样等。

中国民族史 半年三学分　纲要：本学程以研究中国国内诸民族之过去史迹为目的。内容分为：（甲）总论：1. 中国民族史之分类，2. 中国民族史之分期。（乙）各论：1. 华夏系，2. 东夷系，3. 荆吴系，4. 百越系，5. 东胡系，6. 肃慎系，7. 匈奴系，8. 突厥系，9. 蒙古系，10. 氐羌系，11. 藏系，12. 苗瑶系，13. 罗罗缅甸系，14. 僰人掸系，15. 白种，16. 黑种。

中国古史专题研究　全年六学分　纲要：讲授研究方法，尤注重材料搜集法与题目选择法，使学生认识自修之门径，并由学生认定题目，报告研究之结果。

中国历史地理　半年二学分　纲要：历代文化发展之次序，分布之状况，经济重心之转移，风俗民情之异趋及其他史事之征实，皆有赖于历史地理学，而版图之盈缩，尤足以觇民族之盛衰、文化之隆替。近百年来，我国版图，日蹙百里，危急之势，有如累卵。本学程之设，岂特研究陈迹，亦以唤起青年之觉悟也。

中国地理　半年三学分　纲要：本学程内容，约分为气候、地势、水道、产业、交通、民族、政治等篇。一面说明本国地理之基本常识，一面将现代对于研究中国地理之新成绩，交加以讲述。

外国地理　半年三学分　纲要：本学程内容，分为气候、地势、水道、产业、交通、民族、政治等篇。一面说明外国地理之基本常识，一面讲述现代地理学研究之新成绩。

南洋史地　全年六学分　纲要：本学程讲授南洋各属之历史及地理，尤重在说明华侨在南洋发展之经过及现在之地位。

英国史　半年三学分　纲要：本学程依次叙述英国历史上的重要阶段。内容计：民族的形成，文艺复兴与宗教改革，国会胜利与海外膨胀，美国独立与新起潮流，法国革命与帝国发展，工业革命与内政改革，自治领土之发达，欧洲大战及战后的倾势。

美国史　半年三学分　纲要：本学程依次叙述美国历史上的重要阶段。内容计：探险及移民，独立战争及事后的建设，初期政治及疆域的扩张，国家民主主义的发展，南北战争及善后，十九世纪末叶的工业进步，新民主政治及大战，不景气与复兴事业。

法国史　半年三学分　纲要：本学程依次叙述法国历史上的重要阶段。内容计：罗马时代的高卢，法兰克人与基督教，封建制度之形成，帝权之伸张，百年战争，文艺复兴与喀尔文教，专制政体之发展，路易十四时代，海外之失败，大革命，一八三〇与一八四八的政变，第三共和国之成立，列强竞争与大战，战后的发展。

德国史　半年三学分　纲要：本学程依次叙述德意志历史上的重

要阶段。内容计：民族的形成,政教之争,骑士团与汉萨同盟,宗教改革,三十年战争,普鲁斯与奥大利,德意志之分裂,普鲁斯之再生,立宪运动之失败,普法战争与统一,列强竞争与大战,共和时期,独裁政治。

人生地理学 半年三学分 纲要：内容分为(一)人生地理学略史。(二)人地关系总论。(三)陆地与人类：平原,山地,海岛。(四)水与人类：海洋,河流。(五)气候与人类：热带,温带,寒带。(六)天产与人类：植物,矿物,动物。

社会变迁 半年三学分 纲要：本学程目的,在研究社会变迁大势之预测及其应付方法。(一)变迁趋势之理论：旧进化论,新进化论,退化论,循环论,文化社会学派折中论。(二)变迁历程：常态变迁,非常变迁(即革命)。(三)对于变迁之态度：保守派,急进派,改良派。

社会科学概论 半年三学分 纲要：简单阐明人类的社会生活及社会组织,如经济、政治等等,并讨论各种社会科学内容及方法之大要。

社会学方法论 半年三学分 纲要：详细探讨现代社会学上之各种方法,使学者明了在最复杂的社会现象中,如何发现其原则,而构成科学的社会学思想。

社会调查 半年三学分 纲要：本学程注重实际研究,讨论调查进行法,编制调查表,整理调查报告,并指定一小区域或一问题,作精密之探究。

现代社会学说 半年三学分 纲要：本学程专就现代社会学诸派学说加以详细的讨论,养成批判的态度,俾了解现代社会学研究之趋向,如机械派、地理派、生物有机体派、天演派、种族派、优生派、人口派、新实证主义派、杜耳耿派、甘蒲罗威派、形式社会学派、经济史观派、行为派、内省派、本能派、文化派、风俗论派、循环论派、社会动性派、宗教论派等。

社会学名著选读 半年三学分 纲要：本学程依学生之兴趣及需要,精细研究各家名著,使学者对于各家之思想结构及其方法,彻底明了,养成独立研究之能力。

家庭研究 半年三学分 纲要：研究家庭之起源、发展、变迁及其演进之种种要素,并讨论现代家庭问题及家庭制度之优劣。

　　社会进步　半年三学分　纲要：研究社会进步的观念与学说，社会进步的标准与要素。特别注重社会进步的法则，使学者养成独立的进步观，批判现代各种社会运动之价值与趋势。

　　社会控制　半年三学分　纲要：（一）总论：意义、基础、需要、趋向、系统、限度、标准。（二）工具：舆论、法律、信仰、教育、风俗、理想、礼仪、艺术、智识、幻想、伦理等。（三）方法：酬赏、褒奖、谄媚、劝导、广告、标语、宣传、闲谈、讥刺、哗笑、绰号、命令、威吓、惩罚等。

　　民俗学　半年三学分　纲要：研究文明民族之旧风俗，以为改良风俗及考证历史之助。内容分为（一）民俗学：迷信、法术、占卜、婚礼、丧礼、诞生、成丁、故事、歌谣、谚语。（二）神话学：起源、解释法、种类、研究法。（三）迷信论：应用科学方法说明迷信之起因，祛除迷信观念。

　　乡村社会学　半年三学分　纲要：讨论乡村文化之特点，乡村社会之性质，乡村之社会组织，乡村人口、交通、卫生、家庭、农民之社会兴趣与心理，乡村领袖与乡村改良等问题。

　　都市社会学　半年三学分　纲要：都市文化与乡村文化之比较，都市之发达及其原因，都市区域之分配，都市之种种问题，如邻里、娱乐、卫生、住宅等。

　　中国社会思想史　半年三学分　纲要：研究中国历代学者关于社会之学说，以为明了中国社会或人类社会之助。内容为儒家、道家、法家、墨家、名家、两汉学者、清谈派、理学派、功利派、维新派等。

　　中国社会史　半年三学分　纲要：（一）中国社会之起源。（二）中国社会之分期。（三）现代中国社会之状况。（四）中国社会性质之理论：封建社会论，半封建社会论，资本主义社会论，商业资本社会论，小农商社会论，宗法社会论，亚细亚生产方法社会论。（五）中国社会之前途。

　　社会心理学　半年三学分　纲要：本学程内容分为四部份：（一）社会心理学绪论。（二）社会之本能的基础。（三）群众心理以及社会上普通一般的心理现象。（四）各种有组织的团体之心理。其主要纲目则为社会心理学之范围及派别，社会心理学与各种社会科学之关系，研究之方法，人类本性及其社会化之历程，自我的意识之生长，情绪与情操之养成（以上第一学期讲授）；社会上共同的风俗、习惯、信仰及意志，群众的行为，有组织之团体的行为，团体意识，国民心意等各项问题（以上第二学期讲授）。

（《私立厦门大学文学院一览》，1936 年至 1937 年）

厦门大学历史学系（1941）

一、课程表

本系学生须修满 132 学分方得毕业。

（一）第一学年

学程名称		学分		先修学程
		上	下	
国文一		3	3	
英文一		4	4	
中国通史		3	3	
论理学		2	2	
社会科学（选一）	社会学	3	3	
	政治学			
	经济学			
数学或自然科学		3 或 4	3 或 4	
总计		18 或 19	18 或 19	

（二）第二学年

学程名称	学分		先修学程
	上	下	
英文二 [①]	3		英文一
西洋通史	3	3	
哲学概论	3	3	
社会科学（选一）	3	3	
中国近世史	2	2	中国通史
中国断代史（一）	2	2	中国通史
选修	2	5	
总计	18	18	

（三）第三学年

学程名称	学分		先修学程
	上	下	
中国断代史（二）	2	2	中国通史
西洋断代史（一）	2	2	西洋通史
西洋近世史	3	3	西洋通史
国别史	2 或 3	2 或 3	
史学方法 [②]	2	2	
选修	3 或 4	3 或 4	
总计	15	15	

---

① 英文一满七十分者免修英文二。
② 系外学生修毕史学学分廿以上者始可选修。

（四）第四学年

学程名称	学分		先修学程
	上	下	
中国史学史	3		
西洋断代史（二）	2	2	西洋通史
专门史	2 或 3	2 或 3	
中国地理		3	
论文	1 或 2	1 或 2	
选修	5 或 7	5 或 7	
总计	15	15	

（五）辅系必修科目

学程名称	学分	
	上	下
中国近世史	2	2
中国断代史	2	2
西洋近世史	3	3
中国断代史或西洋断代史	2	2
中国地理	3	
总共	21	

（六）主系选修科目

学程名称	学分
中国断代史：每种商周、秦汉、魏晋、隋唐、宋元、明清。	4
西洋断代史：每种上古、中古、文艺复兴至法国革命、大战后之世界。	4
国别史：每种日、俄、英、美。	4-6
专门史：每种中国经济史、中国社会史、中国近代外交史等。	4-6
历史教学法	4
经济地理	3-6
文字学概要	6

二、课程说明

史 101-102　中国通史　全年六学分　每周三小时　本学程撷取历代政治、制度、经济、学术、思想等大端，作一概要之叙述，以阐明各个时代文化之特点及其沿革情形。

史 205-206　西洋通史　全年六学分　每周三小时　本学程对于西洋五千余年之历史，作一概要之叙述，以阐明诸民族之各别贡献以及各时期之文化特点。

史 211—212　中国近世史　全年四学分　每周二小时　先修史 101—102 中国通史　本学程以鸦片战争为起点，首论中西冲突背景与开关后之变局，次及外患内祸中之多次挣扎与振拔，终则以演变至今日抗战之全盘局势为结束。其中尤致意于改革与革命运动之发展，暨百年来各种救国方案之分析，以究窥中国建设与现代化之前途。

史 221—222　商周史　全年四学分　每周二小时　先修史 101—102 中国通史　本学程讲述本时期中：一、风俗信仰与社会组织之演进及其相互之关系；二、政治经济之特质及其变迁；三、文物制度与学术思想相互之关系及其影响；四、民族之迁徙同化及其向外发展。

史 223—224　秦汉史　全年四学分　每周二小时　先修史 101—102 中国通史　本学程讲述本时期中：一、大一统的政治制度之树立及其影响；二、域外之经营及治边之政策；三、儒学与道教之盛衰及其演变；四、经济制度之变迁；五、社会组织与礼俗在政治上所发生之影响。

史 225—226　魏晋南北朝史　全年四学分　每周二小时　先修史 101—102 中国通史　本学程讲述魏晋南北朝民族文化与政治经济变迁大势及其相互影响。全□讲稿，约分十章。就中提出一二专题、详予讨论，以引起研究兴趣，兼指示研究途辙。

史 321—322　隋唐五代史　全年四学分　每周二小时　先修史 101—102 中国通史　本学程继魏晋南北朝之后，讲述南北混一及统一后之文物制度等。注重之点，在于暗示混乱与一统过程中前后关系，庶史实连贯，不因学程割裂而大受影响。专题讨论，附讲演之后，随时提出。

史 323—324　宋辽金元史　全年四学分　每周二小时　先修史 101—102

中国通史　本学程以宋元为主,讲述南北宋国力微弱之原因、政潮起伏之关系、学术思想之趋向、与宋代外交、金元制度、中西交通等重要问题。至专题研究与专书选读,中外人士,已多刊行,均择要指定参考。就中提出一二问题,详予讨论,使学生更能新辟途径,不致为前人研究所囿。

史 325—336　明清史　全年四学分　每周二小时　先修史 101—102 中国通史　本学程述明太祖开国（一三六八）至清代鸦片战争前夕（一八三八）四百七十余年间之史事,以盛明、残明、盛清三大段落,而探究其规制大略及治乱之迹,要目如下:（1）大明建国,（2）边患与内乱,（3）嘉靖中兴,（4）建夷与流寇,（5）明代之士风,（6）边藩攻略,（7）皇清制度,（8）中衰之局,（9）经世与考古。

史 331—332　西洋上古史　全年四学分　每周二小时　先修史 205—206 西洋通史　本学程上学期首述埃及巴比伦文明：科学、美术、宗教及政府组织,并根据地理背景述其经济发展之过程。继述亚述波斯帝国兴衰之原因及波斯帝国之组织。然后叙述希腊爱琴文明,尤着重于雅典之经济发展及文学、美术、宗教。下学期述马其顿之兴起、亚力山大帝国及罗马帝国,至野蛮人之入侵、西罗马帝国之覆亡。

史 333—334　西洋中古史　全年四学分　每周二小时　先修史 205—206 西洋通史　本学程继续西洋上古史,讲述耶教回教之兴起、蛮族所建立之新王国、封建制建、天主教会与神圣罗马帝国之盛衰,以及近代诸国早年的发展。

史 341—342　西洋近世史　全年六学分　每周三小时　先修史 201—202 西洋通史　本学程之范围起自维也纳会议,讫于现在。首先,阐明法国革命及产业革命对于欧洲所发生之重大影响。次就民族统一国家之形成、民主政治之发展、现代文明之产生、欧洲之向外澎涨、世界大战之因果、战后之国际问题及各国之内政外交、二次欧战之原因等,依次讲授之。

史 351—352　日本史　全年六学分　每周三小时　本学程之范围自日本建国起,止于现在。其主要内容为将日本之人种问题及日本国家成立之时期问题加以考证的讨论,王朝时代氏族社会之构造,武家政治时代封建国家之成立,明治维新与民族国家之发展。尤注意历代中日关系之变迁及日本受我汉族文化之种种影响。最后讲及日本之现状及其动向。

史355—356　俄国史　全年四学分　每周二小时　本学程讲述斯拉夫人民在九世纪后半移居俄国后之政治、文化及经济生活。上学期述北人统治基辅及其与希腊之经济关系、基督教传入俄国后之文化影响、基辅之衰亡，及小政治中心之形成、蒙古人之入侵、立陶宛王国之兴起，及莫斯科王国发展之过程。下学期述大彼得之欧化运动、俄帝国之缔造、克撒林第二之文化工作及外交、俄帝国版图之拓展，至欧洲大战俄帝国之覆亡、共产主义革命为止。

史361　英国史　半年四学分　每周四小时　本学程研究英国发展之程序，注意其宪法之演进、工商业之进步、海外殖民之经过、帝国之组织及其国际上之地位。

史366　美国史　半年四学分　每周四小时　本学程从殖民时期讲起，依次讨论独立后之党争与外交、向西发展及南北之争、工商进步与帝国倾势、资本主义及"新政"尝试、上次参战之经过与今后参战之可能。

史381　史学方法　半年四学分，每周讲演二小时，讨论一小时，实习三小时　本学程授以史料鉴定、史实诠释、史篇编撰之必要知识与方法。除注重讲演、讨论与指定参考外，并辅以例题与实习，使学生渐精于原则运用，而奠定史学研究之良好基础。

史384　历史教学法　半年四学分，每周讲演二小时，讨论一小时，实习三小时　本学程注重高初级中学历史教材之选择与编制，以及讲授前之设计待验，讲授中之辅佐教具等问题。讲演之部，一在指示现今教学不良之症结所在，一在提供可予试行之诸种建议。实习之部大都为课本编撰之尝试，参以二、三次之演讲与参观，庶能集中精力，先其所急。讨论之部，不限范围，欲以引起新问题、新意见之提出，藉供日后研究与设计参考。

史401　中国史学史　半年三学分　每周三小时　本学程讨论：一、史部之创立与史籍之区分，二、史体与史例之沿革，三、史官之建置与官私修撰之分野，四、史学风气之变迁，五、史观与政治论之相互影响，六、史学之新趋向。

史431—432　文艺复兴与法国革命　全年四学分　每周二小时　本

学程以十五世纪至十九世纪初之重要政治、经济与文化发展为对象，讨论文艺复兴、改革运动、向外伸张、神圣王权、政治革命、科学进步以及工业革命。

史 435—436　大战后之世界　全年四学分　每周二小时　本学程始于一九一四，讫于现在。其主要内容为第一次欧战之原因及经过、讲和条约及其影响、国联之成立与活动、赔款、军缩、安全保障等问题，战后英法美等国之内政外交、俄国革命与苏维埃制之成立、意大利之法西斯化、由共和而纳粹之德国、东北事变与中日战争、慕尼黑会议前后之欧洲形势、二次欧战之爆发及其动向等，皆就可能范围内作有系统之讨论。

史 471—472　中国经济史　全年六学分　每周三小时　本学程按照社会经济发展程序，分期讲述。其中尤注重农业之技术进展、土地分配、工商业之或盛或衰、中西之相互影响等问题。除指定普通参考书外，另印补充参考，作为专题讨论基础。

史 473—474　中国社会史　全年六学分　每周三小时　本学程讲述历代社会精神生活与物质生活之现象与转变，尤注意于社会组织特点及其意义之说明，俾学者明了中国社会之真相及中西社会之异同。

史 475—476　中国近代外交史　全年六学分　每周三小时　本学程专论清中叶中西通商关系改变以来对外关系之发展，主要在于分析各外交事件之真相及失败之教训。外交为整个国力之反映，求外交演变于文化背景之中，极为重要，此其一。甲午战争为一关键，东方新兴势力击退西方势力，中国外交情况为之一变，且更形繁复与紧张，个中演进，最堪注意，此其二。

史 477　中国民族史　全年四学分　每周四小时　本学程讲述中国民族构成之经过与文化演变之关系，兼及民族特性、地域差异、智力比较等问题。讲授时侧重特殊问题之提出与有关资料之搜求。凡史实隐晦及史料有缺者，论断宁可存疑，以待证于将来之科学研究。

史 492　中国地理　半年三学分　每周三小时　本学程先述中国之自然地理背景，继述中国之农业、人口、矿产及交换等问题。根据土地、人口解释中国农民生活困难之原因，根据资源讨论中国工业化之可能性与限度。然后根据自然地形分区，详细讲述各区资源及人民生活。

三、职教员录

职别	姓名	年龄	经历	到校年月	附注
教授兼系主任	吴士栋	三九	美国芝加哥大学学士，哈佛大学硕士，河南大学、大同大学、中国公学、复旦大学及浙江大学等校教授。	廿四年七月	
教授	谷霁光	三二	国立清华大学文学学士，清华大学助教，南开大学讲师，中央研究院社会科学研究所特约撰述兼编辑。	廿七年八月	
副教授	李祥麟	三四	中国公学大学部法学学士，日本东京帝国大学法学部研究院研究生。	廿六年八月	
副教授	叶国庆（谷馨）	三八	本大学教育学士，燕京大学历史系硕士。	廿五年八月	
专任讲师	魏应麒（瑞甫）	三七	见前	见前	与中国文学系合聘
专任讲师	沈 鉴	二八	国立清华大学文学士，清华大学研究院历史研究所研究。	廿九年十月	
专任讲师	施其南	二九	国立清华大学文学士，德国柏林大学 Dorpat 大学研究。	廿九年十月	

（《国立厦门大学一览》，1941 年）

燕京大学历史学系（1920）

　　一—二　近代欧美历史之来历　五次　考查近代政治策略、社会举动以明国际之问题。系预科文科第一年必读课。

　　三—四　近代亚洲历史之来历　五次　考查泰西与亚东近代国际之问题。上半年土耳其、印度、西北力亚及近东，下半年中华、日本及远东之问题。系预科文科二年必读之功课。

　　五—六　普通史　四次　泰西文化之历史，自古至二十世纪，研究欧洲政治及文学之进化。预科未读者，入本科时必修此课。

　　七—八　中国史　三次　研究历代沿革，尤注重民国之发展。

　　九—十　法国革新及十九世纪　三次　自一七八三年迄今欧洲政治、社会、生计之进化。

　　十一　亚洲历史　三次　研究中日以外之亚洲各大国史及其对世界进化之关系。

　　十二　太平洋沿岸史　三次　沿岸地带居民之迁徙及国际问题。

　　十三—十四　基督教会史　二次　研究基督教之历史及其伟人。

　　十五—十六　英国普通历史。　四次

　　十七—十八　美国史。　四次

（《燕京大学章程》，1920 年）

燕京大学历史学系（1928）

说明

本学年不开班之课程,缀以"星点"(如: * 历史 129)。

本布告内所列学科男女生均可修习。有专为女生或男生而设者,则于该项学科教授名后注明(如: 陈女士〔女〕)。

每项学科之学分,均记于各该学科名称之后(如: 学分 2),若遇全年学科,则于其上下学期学分之间,缀以"连号"、"分号",或"加号"(如: 学分 2—2; 学分 2,2; 学分 2+2)。

凡以全年为单位之学科,于其科目号数奇数及偶数间,联以连号(如: 历史 5—6)。该项学科,须全年修习,方能得有学分。

全年学科,在第二学期可以退班,惟不得由第二学期选读者,于科目号数间,联以分号(如: 历史 151,152)。该项学科,第一学期之功课,常为第二学期之预习功课。

全年学科,在第二学期可以退班,亦得在第二学期选读者,于科目号数间,联以加号(如: 生物 103+104)。该项学科,每学期自为一单位,而第一学期之功课,亦不为第二学期之预习功课。

秋季开班之学科,以奇数表示(如: 生物 3)。春季开班之学科,以偶数表示(如: 生物 4)。

科目号数由 1 至 100 者,为初级大学学科; 科目号数由 101 至 200 者,为高级大学学科; 科目号数在 200 以上者,为研究院学科。

历史学系

王克私（Ph. de Vargas）	哲学博士	教授兼主任
王桐龄	文学硕士	教授
洪煨莲	文学硕士　神学士	教授（在假）
费宾闺臣 （Mrs. M. S. Frame）	神学士　文学博士	教授（在假）
陈垣		教授
张星烺		副教授
李瑞德（R. H. Ritter）	文学士　神学士	助教
庆美鑫女士 （Miss M. L. Cheney）	文学硕士	助教
孟世杰		助教
李崇惠	文学士	助理
柏基根（T. M. Barker）	文学硕士	宗教学院教授
李荣芳	文学硕士　神学士　神学博士	宗教学院教授
夏尔孟 （H. B. Sharman）	哲学博士	名誉讲师
谢迪克（H. E. Shadick）	文学士	英文系助教

本系学则

（一）本科

甲　主修资格：修毕下列各项

（1）现代文化，学分2—2；（2）历史5—6，学分2—2；（3）历史55—56，学分4—4；（4）自然科学，学分4—4。

乙　修业条件

（1）历史182，学分3；（2）号数在一百以上之历史课程，至少须读二十九学分，其中之十六学分须于四年级得之；（3）论文一篇，所费时间，须与二至六学分相等，此项学分可算为四年级必修之十六学分之内。

丙　毕业

修业期满,成绩及格,得文学士学位。

历史 3—4　欧洲简史　学分2—2　庆美鑫女士　欧洲古世至中世纪简史,特别注意文化之发达方面。一、二年级选修。讲授:二、四,2∶30。

历史 5—6　近世史　学分2—2　庆美鑫女士　自欧洲中世纪至今日,国家及民族兴衰之情形。第一、二年级选修。讲授:三、五,1∶30。

历史 7　历史上之重要人物　学分2　李瑞德　研究下列诸历史上重要人物之背景、个性、思想、作事方法及其事业:苏格拉底,茹留该撒,耶稣,路得马丁,佛里梯尔。尽量应用初级史科,注重历史方面之研究。一、二年级选修。一、三,2∶30。

历史 8　历史上之重要人物　学分2　李瑞德　依历史上之方法,而研究下列诸人:拿破仑,马志尼,林肯,列宁,甘地。一、二年级选修。一、三,2∶30。

＊历史 9—10　日本史　学分2—2　王桐龄　日本民族之发展与日本帝国之成立,特别注重其与中国及亚洲之关系。一、二年级选修。

历史 55—56　国史鸟瞰　学分4—4　(1)中国史之时代与分期;(2)历代各民族之盛衰兴亡;(3)历代政治之沿革与史域之伸缩;(4)历代学术思想变迁之大势;(5)历代学术与政治之交互影响;(6)历代社会状况一瞥。历史主科生必修。讲授:甲组(王桐龄):二、三、四、五,1∶30。乙组(孟世杰):二、三、四、五,2∶30。

历史 105—106　研究耶稣之史料　学分2—2　夏尔孟　以历史之考据及解释原则应用于关系耶稣之档案。讲授:四,2∶30—4∶30。

历史 115　英国史　学分3　谢迪克　英国各种制度、组织之发达;自1800至今日之社会及政治运动;今代英国各制度、组织之运用。讲授:一、三、五,8∶00。

历史 116　英国藩属史　学分3　谢迪克　英国之外交政策,版图之扩大,加拿大,南非洲,澳地利亚,印度归英后之简史;现在英国之重要问题。讲授:一、三、五,8∶00。

历史 117—118　美国史　学分 2　庆美鑫女士　美国之建立、发展,特别注意统一主义与分邦主义之冲突及外交政策。经该科教授之许可,本科第二年级生亦可选修。三、四年级选修。讲授：二、四,11：30。

*历史 129　西方古代史　学分 4　王克私　研究西方文化之来源,如埃及、米索不提米亚、叙利亚、伊真、希腊、意大利等之文化。须预修历史 5—6。二、三、四年级选修。

*历史 130　罗马与欧洲中古史　学分 4　王克私　罗马帝国之统一欧洲,日耳曼与亚拉伯民族之侵入,与欧洲中世纪之再造。须预修历史 5—6。二、三、四年级选修。

历史 131　拖雷美与塞留斯统治下之地中海东南（西纪前 323 年至 31 年）　学分 2　伍英贞女士　三、四年级选修　又本科第二年级生得该课教授特许者亦可选修。讲授：三、五,11：30。

历史 132　罗马百年统治下之巴勒士登（西纪前 68 年至西纪后 70 年）　学分 2　伍英贞女士　三、四年级选修。又本科第二年级生得该课教授特许者亦可选修。讲授：三、五,11：30。

历史 133　后中世纪至宗教改革时代之欧洲史　学分 4　李瑞德　讲授：一、二、四、五,9：30。

历史 134　十七世纪至一八一五年之欧洲　学分 4　李瑞德　研究列朝之盛衰、殖民地之争夺及法国之大革命。讲授：一、二、四、五,9：30。

历史 139—140　欧洲十九世纪史　学分 2—2　王克私　研究一八一五至一九一四期中之欧洲社会及政治状况与近代文化演进之情形。三、四年级选修。讲授：二、五,10：30。

历史 141　先秦史　学分 3　孟世杰　（1）传说时代开化之程度;（2）唐虞时代之进化;（3）先秦之政治组织;（4）先秦之学术思想;（5）三代之社会状况。二、三、四年级选修。讲授：一、三、五,3：30。

历史 142　秦及两汉　学分 3　孟世杰　（1）秦汉之政治组织;（2）秦汉之对外问题;（3）秦汉之学术思想;（4）佛教之传入与道教之成立;（5）秦汉时代之社会状况。二、三、四年级选修。讲授：一、三、五,

3：30。

　　*历史 143+144　中国史　学分 3+3　孟世杰　第一学期研究三国、六朝史（西元后 220—590）。第二学期研究隋唐五代史（西元后 590—959）。须预修历史 55—56。三、四年级选修。

　　*历史 145+146　中国史　学分 2+2　孟世杰　第一学期研究宋元史（西元后 960—1368）。第二学期研究明史（西元后 1368—1644）。须预修历史 55—56。三、四年级选修。

　　历史 147—148　清史　学分 2—2　孟世杰　（1）满洲民族之勃兴；（2）清初之政治组织；（3）清初之对外关系；（4）清室中叶以后政治之变化；（5）清室中叶以后之对外关系；（6）清代之学术思想；（7）清代之社会状况。二、三、四年级选修。讲授：二、四，3：30。

　　历史 149—150　民国史　学分 2—2　孟世杰　（1）民国之成立；（2）民国之政治组织；（3）民国之对外关系；（4）民国学界之思潮；（5）民国之社会状况。三、四年级选修。讲授：二、四，1：30。

　　历史 151—152　中国民族史　学分 2—2　王桐龄　（1）汉族胚胎时代，汉族、苗族之接触，汉族内部之融合，太古至唐虞三代；（2）汉族蜕化时代，东夷、西戎、南蛮、北狄血统之加入，春秋战国；（3）汉族休养时代，秦汉；（4）汉族第二次蜕化时代，匈奴、乌桓、鲜卑、氐、羌、巴氏血统之加入，三国两晋南北朝；（5）汉族第二次休养时代，高丽、百济、突厥、铁勒、沙陀、党项、奚、契丹血统之加入，隋唐；（6）汉族第三次蜕化时代，契丹、女真、蒙古及西域诸国血统之加入，五代及宋元；（7）汉族第三次休养时代，贵州、云南之汉化，明；（8）汉族第四次蜕化时代，满洲、西藏、新疆之汉化，清。三、四年级选修。

　　历史 161—162　宋辽金元史　学分 2　张星烺　讨论此数朝之民族兴亡，政府组织，当时国际交涉特别文化。二、三、四年级学生选修。讲授：9：30—11：30。

　　历史 182　历史研究法　学分 3　王克私　简论历史之意义、考证之方法，并选择简单题目以为实地之练习。须预修：历史 5—6 及 55—56。主修历史者须于本科第三年时读之。三、四年级选修。讲授：三、六，10：30。

历史 183　高级历史研究法　学分 3　王克私　该班特别适于撰写历史毕业论文之诸生,选者各自为其专题论文,而共同研究、批评、修正之。四年级与研究生选修。讲授：三、六,10：30。

历史 184　历史教授法　学分 2　庆美鑫女士　专论中小学历史之课程及其教授之方法。第三、四年级选修。

历史 185—186　国史研究　学分 2—2　王桐龄　（1）国史之定义;（2）国史之范围;（3）国史之组织;（4）史料之搜集与鉴别;（5）史料之整理;（6）对于旧史学之批评与新史学之改造。本科第四年级、研究生选修。历史学系学生以国史为主课者必修。讲授：一,1：30—3：30。

历史 187—188　基督教史　学分 4—4　王克私　基督教通史。本科第四年级、研究生选修。讲授：二、三、五、六,9：30。

历史 189—190　中国史学目录　学分 1—1　陈垣　分理论与实用二部：说明中国学术之流别、史料之来源,及如何利用图书以研究中国各种学问之方法。四年级、研究生选修。讲授：六,1：30。

历史 197—198　西北史地　学分 2　张星烺　中国史书上关于西北诸国各种记载之解释,西方各国关于中国各种记载之解释,西北各国与中国之交通、文化之交换,古代中国与西北各国通商之状况,西北各国内部之变迁。本科第四年级、研究生选修。讲授：六,9：30—11：30。

（《燕京大学本科课程一览》,1928 年）

燕京大学历史学系（1929）

　　王克私，教授兼代理主任；洪煨莲，教授兼主任（在假）；陈垣，教授；顾颉刚，教授；张星烺，讲师；瞿兑之，讲师；王世富，讲师；□□□，讲师；李瑞德，助教（在假）；庆美鑫，助教；朱士嘉，助理；费宾闺臣夫人，女部主任兼教授；容庚，国文学系教授；李荣芳，宗教学系教授；伍荣贞女士，宗教学系助教。

　　历史学系之宗旨在：甲　使主修历史之学生明了已往之大势，精通史学之方法，俾能：1.应用科学的方法以研究历史（尤注重中国史）；2.在中学、大学教授历史。

　　乙　使普通学生明了何为史观，并略晓史学之方法，盖史学方法乃近代任何学者所必不可少之工具也。

一、本学系规则

　　甲　本科一年规则

　　（一）文学院必修科目

　　国文，4—4；英文，4—4；现代文代，2—2。

　　（二）本学系以为宜选之科目

　　1.主修历史之一年生，最好选修一门自然科学，并须试验实习；

　　2.主修历史之一年生，最好每学期至少选修二学分之历史科目。

　　（三）选修第二外国语之规则

　　第二外国语对于研究历史，裨益甚大，但其修习之期限宜长，且求能于本科修业期间内选读该外国语之史书与史料。就法、德两国而言，须有二年之预备始能选读其史书。因此本系希望其主修生之拟修法文或德文者,能于第一、二学年修毕该文最初二年之功课,以便于第三、四学年选读该文之史书。如不得已,未能于一年级开始选修,则须于二年级起开始,俾能于四年级选读该文之史书一年。

乙　本科二、三、四年规则

（四）学分之数目

历史,至少 40—至多 68 学分；关系科目,至少 20。

（五）本学系之必修科目

甲　二年级——英文 5—6；社会科学英文 4—4；史学方法 2。

乙　四年级——高级史学方法 2；论文 2。

（六）关系学科

本科各系之历史科目或任何社会科学以及地理学之各种普通科目,皆得认为本学系之关系学科。

主修生最好选修地理学一门,社会、经济、政治通论各一门。

（七）选修第二外国语之规则,参看本则第三条。

二、修业程序

下列课程为本学系对于主修生之提示,庶几学生于选课时,有所指归。

（一）一年级

甲　文学院必修科目

国文 7—8,9—10,4—4；英文 1—2,4—4；现代文化,2—2。

乙　本学系以为宜选之科目

历史,2—2；自然科学,4—4；其他选修,2—2。

共 18—18。

（二）二年级

甲　本学系必修科目

历史 161 史学方法,2；英文 5—6 社会科学英文,4—4。

乙　本学系以为宜选之科目

历史 162 史学练习 2；历史选修,4 至 6—4 至 6；关系科目选修,

2 至 4—2 至 4；其他选修,6 至 2—6 至 2。

共 18—18。

（三）三年级

本学系以为宜选之科目

已经选修第二外国语者,须于此年选修一门,用该文教授之史书选读,或其他社会科学书籍之选读,0 或 2—0 或 2；历史选修,6 至 8—6 至 8；关系科目选修,3 或 4—3 或 4；其他选修,7 至 2—7 至 2。

共 16—16。

（四）四年级

甲　本学系必修

高级史学方法与论文,2—2。

乙　宜选

历史选修,8 至 10—8 至 10；关系科目选修,6 至 4—6 至 4。

共 16—16。

三、课程一览

第一类　中国与远东

历史 1—2　国史鸟瞰　学分 4—4　（1）中国史之时代与分期;（2）历代各民族之盛衰兴亡;（3）历代政治之沿革与史域之伸缩;（4）历代学术思想变迁之大势;（5）历代学术与政治之交互影响;（6）历代社会状况一瞥。一、二、三、四年级选修。

历史 7—8　中国名人传记　学分 2—2　瞿兑之　研究中国历史上重要人物之事实与其生活。一、二、三年级选修。讲授：8：00—10：30。

历史 11—12　中国上古史　学分 3—3　顾颉刚　三、四年级选修。

历史 19—20　宋辽金元史　学分 2—2　张星烺　讨论此数朝之民族兴亡,政府组织,当时国际交涉特别文化。三、四年级选修。讲授：二、四,11：30。

历史 35—36　中国近代之国际关系　学分 3—3　王世富　二、三、四年级选修。讲授：一、三、五，9：30。

历史 41—42　**西北史地**　学分 3—3　张星烺　中国史书上关于西北诸国各种记载之解释，西方各国关于中国各种记载之解释，西北各国与中国之交通、文化之交换，古代中国与西北各国通商之状况，西北各国内部之变迁。二、三、四年级选修。讲授：二、四，9：30；三，3：30。

历史 43—44　**西北史地**　学分 3—3　张星烺　续历史 41—42。三、四年级选修。

历史 57—58　**中国历史上之社会生活之研究**　学分 2—2　瞿兑之　研究历代衣冠、建筑、饮食、器用及其他一切关系于平民日常生活之变迁。二、三、四年级选修。讲授：一，10：30—12：30。

历史 61—62（宗教 55—56）　**中国基督教史研究**　学分 1—1　陈垣　三、四年级选修。讲授：六，10：30。

历史 65—66　**中国之"文艺复兴"**　学分 2—2　王克私　从比较文化之眼光研究中国之革新。三、四年级选修。讲授：二、四，10：30。

＊历史 71—72　**东亚通史**　学分 3—3

＊历史 75—76　**日本史**　学分 2—2

第二类　远东以外之世界

＊历史 85—86　**世界名人传记**　学分 2—2　李瑞德　一、二年级选修。

历史 91—92　**西洋文化之历史基础**　学分 2—2　庆美鑫女士　欧洲古世至文艺复兴简史，特别注意文化之发达方面。一、二年级选修。讲授：二、四，2：30。

历史 93—94　**欧洲近世各国发展史**　学分 2—2　庆美鑫女士　一、二年级选修。讲授：三、五，1：30。

历史 101—106　**西洋分期史**（六学期）

历史 101　**上古至纪元前第四世纪**　学分 4　伍英贞女士　二、三、四年级选修。讲授：上学期，二、三、四、五，2：30。

历史 102　**后期希腊至罗马**　学分 4　伍英贞女士　二、三、四年级选修。讲授：下学期,二、三、四、五,2：30。

　　*历史 103—104　欧洲中世史　文艺复兴　独裁政治　欧洲革命　学分4—4　李瑞德　1930—1931 开班,二、三、四年级选修。

　　历史 105—106　1815 以来之西洋史　学分3—3　王世富　二、三、四年级选修。讲授：一、三、五,11：30。

　　历史 119—120　近东国际竞争之外交史　学分2—2　王世富　三、四年级选修。讲授：二、四,3：30。

　　历史 121　英国民权发达史　学分3　1928—1929 讲授。

　　*历史 122　大英帝国之发展　学分3　1928—1929 讲授。

　　*历史 123—124　法国史　学分2—2　1930—1931 开班。

　　*历史 125—126　德国史　学分2—2　1931—1932 开班。

　　*历史 127—128　俄国史　学分2—2　1928—1929 讲授。

　　*历史 129—130　美国史　学分2—2　庆美鑫女士　美国之建立、发展,特别注意统一主义与分邦主义之冲突及外交政策。二、三、四年级选修。讲授：二、四,8：30。

　　历史 137—138（宗教 51—52）　基督教史　学分3—3　王克私　研究基督教内部之发展及其与社会相互之影响。四年级选修。讲授：二、三、五,9：30。

　　*历史 145—146　国际联盟之起源与发展　学分2—2　王克私

　　第三类　历史方法

　　历史 161　历史方法　学分2　王克私　史料之批评,报告法、札记法、图表法。二、三、四年级选修。主修生二年级必修。讲授：上学期三、五,10：30。

　　历史 167　高级历史方法　学分2　王克私　此科目特别适宜于撰写历史毕业论文之学生,选者各自为其专题预备,而共同研究、批评、修正之。三、四年级选修。主修生四年级必修。讲授：上学期,三、五,10：30。

　　历史 168　历史论文　续历史 167,此第二学期之工作,给与一或二学分。

* 历史 173—174　中国史学目录　学分 1—1　陈垣　分理论与实用二部，说明中国学术之流别、史料之来源，及如何利用图书以研究中国各种学问之方法。1928—1929 讲授。

历史 175—176　中国史学名著评论　学分 2—2　陈垣　三、四年级选修。讲授：六，8：30—10：30。

历史 178　西洋史学家　学分 2　费宾闺臣夫人　西洋史学方法举例。三、四年级选修。

历史 186（国文 222）　古器物学　学分 3　容庚　本科乃讲述中国器物之种类、形制及应用并其研究之方法。三、四年级选修。讲授：下学期，一、三、五，10：30。

历史 187—188　巴里斯登考古纪况　学分 2—2　李荣芳　二、三、四年级选修。讲授：二、四，10：30。

历史 196　历史教授法　学分 2　专论中小学历史课程及其教授之方法。三、四年级选修。

注意：凡有志学习历史者，务须于选课前留意丙楼历史系告白栏之布告，以知详情。

四、历史学系时间表（1929—1930）

日期/时间	星期一	星期二	星期三
8：00	7—8 中国名人传记 瞿	129—130 美国史 庆	
9：30	7—8 中国名人传记 瞿 35—36 中国近代之国际关系 王世	41—42 西北史地 张 137—138 基督教史 王	35—36 中国近代之国际关系 王世 137—138 基督教史 王
10：30	57—58 中国历史上社会生活之研究 瞿 下186 古器物学 容	65—66 中国之"文艺复兴" 王 187—188 巴里斯登考古纪况 李	上161 历史方法 王 上167 高级历史方法 王 下186 古器物学 容
11：30	57—58 中国历史上社会生活之研究 瞿 105—106 1815以来之西洋史 王世	19—20 宋辽金元史 张	105—106 1815以来之西洋史 王世
1：30		91—92 西洋文化之历史基础 庆	93—94 欧洲近世各国发展史 庆
2：30		上101 上古至纪元前第四世纪 伍 下102 后期希腊至罗马 伍	上101 上古至纪元前第四世纪 伍 下102 后期希腊至罗马 伍
3：30		119—120 近东国际竞争之外交史 王世	41—42 西北史地 张
4：30			

日期 / 时间	星期四	星期五	星期六
8：00	129—130 美国史　庆	35—36 中国近代之国际关系　王世	175—176 中国史学名著评论　陈
9：30	41—42 西北史地　张	137—138 基督教史　王	175—176 中国史学名著评论　陈
10：30	65—66 中国之"文艺复兴"　王 187—188 巴里斯登登考古纪况　李	上 161 历史学方法　王 上 167 高级历史方法　王 下 186 古器物学　容	
11：30	19—20 宋辽金元史　张	105—106　1815 以来之西洋史　王世	
1：30	91—92 西洋文化之历史基础　庆 上 101 上古至纪元前第四世纪　伍 下 102 后期希腊至罗马　伍	93—94 欧洲近世各国发展史　庆	时间未定之科目
2：30		上 101 上古至纪元前第四世纪　伍 下 102 后期希腊至罗马　伍	1—2 国史弓瞍　顾 11—12 中国上古史　顾
3：30	119—120 近东国际竞争之外交史　王世		168 历史论文 178 西洋史学家　费 196 历史教授法
4：30			

（《私立燕京大学文学院课程一览》，1929 年）

燕京大学历史学系（1930）

教授：费宾闰臣（系主任），洪煨莲，王克私，陈垣（国学研究所所长），顾颉刚，容庚，李荣芳（宗教学系）。

讲师：李瑞德，庆美鑫，贝卢思，张尔田，瞿宣颖，方壮猷，邓之诚，刘朝阳，张星烺。

助理：朱士嘉。

历史学系之宗旨在：甲　使主修历史之学生明了已往之大势，精通史学之方法，俾能：一，应用科学的方法以研究历史（尤注重中国史）；二，在中学、大学教授历史。

乙　使普通学生明了何为史观，并略晓史学之方法，盖史学方法乃近代任何学者所必不可少之工具也。

一、本学系规则

甲　本科一年规则

（一）文学院必修科目

国文七——八、九——一〇，学分四—四；英文一——二，四—四；现代文化，二—二。

（二）本学系以为宜选之科目

1. 主修历史之一年生，最好选修一门自然科学，并须试验实习；

2. 主修历史之一年生，最好每学期至少选修二学分之历史科目。

（三）选修第二外国语之规则

第二外国语对于研究历史，畀益甚大，但其修习之期限宜长，且求能于本科修业期间内选读该外国语之史书与史料。就法、德两国而言,须有二年之预备始能选读其史书。因此本系希望其主修生之拟修法文或德文者,能于第一、二学年修毕该文最初二年之功课,以便于第三、四学年选读该文之史书。如不得已,未能于一年级开始选修,则须于二年级起开始,俾能于四年级选读该文之史书一年。

乙　本科二、三、四年规则

（四）学分之数目

历史,至少四〇—至多六八学分；关系科目,至少二〇。

（五）本学系之必修科目

甲　二年级——英文,五—六；社会科学英文,四—四；史学方法,二。

乙　四年级——高级史学方法,二学分；论文,一—二学分。

（六）关系学科

本科各系之历史科目或任何社会科学以及地理学之各种普通科目,皆得认为本学系之关系学科。

主修生最好选修地理学一门,社会、经济、政治通论各一门。

（七）选修第二外国语之规则,参看本则第三条。

二、修业程序

下列课程为本学系对于主修生之提示,庶几学生于选课时,有所指归。

（一）一年级

甲　文学院必修科目

国文　七—八,九——一〇,学分四—四；英文　一——二,四—四；现代文化,二—二。

乙　本学系以为宜选之科目

历史,二—二；自然科学,四—四；其他选修,二—二。

共一八——一八。

（二）二年级

甲　本学系必修科目

历史 一六一 史学方法,学分二；英文 五—六 社会科学英文,四—四。

乙 本学系以为宜选之科目

历史 一六二 史学练习,二；历史选修,四或六—四或六；关系科目选修,二或四—二或四；其他选修,六或二—六或二。

共一八—一八。

（三）三年级

本学系以为宜选之科目

已经选修第二外国语者,须于此年选修一门,用该文教授之史书选读,或其他社会科学书籍之选读,〇或二—〇或二；历史选修,六或八—六或八；关系科目选修,三或四—三或四；其他选修,七或二—七或二。

共一六—一六。

（四）四年级

甲 本学系必修

历史 一六七 高级史学方法,学分二；历史 一六八 论文 二。

乙 宜选 历史选修,六或一〇—六或一〇；关系科目选修,八或四—八或四。

共一六—一六。

三、课程号码类别

中国与东亚细亚 一——八〇：中国通史 一——一〇；中国分代史 一一——四〇；中国分地史 四一——五〇；中国史专题研究 五一——七〇；东亚细亚 七一——八〇。

东亚以外诸国史 八一——一五〇：通史 八一——九〇；分代史 九一——一一〇；分地史 一一一——一三四；专地研究 一三五——一五〇。

世界史 一五一——一六〇。

历史方法 一六一——二〇〇：普通历史方法 一六一——一七

〇；目录学　一七一——一八〇；年代学、考古学　一八一——一九〇；历史教学法　一九一——二〇〇。

四、本系课程一览

中国名人传记　历史　七——八　学分　二——二　瞿宣颖　研究中国历史上重要人物之事实与其生活。一、二、三年级选修。

方志研究　历史　九——一〇　学分　二——二　瞿宣颖　研究方志之起源与进化，注重其体例，以便取材。一、二、三、四年级选修。

中国上古史研究　历史　一一——一二　学分　三——三　顾颉刚　第一学年注重经书及子书之古史材料，寻出其在各时代中之变迁痕迹。第二学年注重历史书中之古史材料，寻出其在各时代中之变迁痕迹。三、四、五年级选修。

中国上古史研究　历史　一三——一四　学分　三——三　顾颉刚　续历史　一一——一二。三、四、五年级选修。

秦汉史　历史　一五——一六　学分　二——二　瞿宣颖　周末，二五五 B. C. 至后汉二二〇 A. D.。二、三、四年级选修。

魏晋南北朝史　历史　一七——一八　学分　三——三　邓之诚　注重魏晋南北朝间（二二〇——五八九）之政治、经济与文化之迁变。三、四、五选修。

宋辽金元史　历史　一九——二〇　学分　二——二　张星烺　讨论此数朝之民族兴亡，政府组织，当时国际交涉特别文化。三、四、五年级选修。

西北史地　历史　四一——四二　学分　三——三　张星烺　中国史书上关于西北诸国各种记载之解释，西方各国关于中国各种记载之解释，西北各国与中国之交通、文化之交换，古代中国与西北各国通商之状况，西北各国内部之变迁。三、四、五年级选修。

西北史地　历史　四三——四四　学分　三——三　张星烺　续历史四一——四二。三、四、五年级选修。

东北史地　历史　四七——四八　学分　二——二　方壮猷　本课取材

有三:(一)中国史书上关于东北诸地之记载,(二)日本史书上关于东北诸地之记载,(三)近代学者研究满洲、蒙古东部等地之结果。三、四、五年级选修。

中国基督教史研究 历史 六一——六二 学分 一——一 陈垣

远东近世史 历史 七三——七四 学分 二——二 洪煨莲 远东各国间及其与西洋间之政治,商业与文化之关系。一、二、三年级选修。

日本国史 历史 七五——七六 学分 二——二 方壮猷 注重中国与日本之文化关系。一、二、三、四年级选修。

世界名人传记 历史 八五——八六 学分 二——二 李瑞德 一、二年级选修。一九三一——一九三二开班。

西洋文化之历史基础 历史 九一——九二 学分 二——二 贝卢思 欧洲古世至文艺复兴简史,特别注意文化之发达方面。一、二年级选修。

欧洲近世各国发展史 历史 九三——九四 学分 二——二 庆美鑫 一、二年级选修。

基督教史中之浪漫时期 历史 九五 学分 二 李瑞德 欧洲中古时代之僧院、武士及十字军。一、二、三年级选修。

革命时代之基督教史 历史 九六 学分 二 李瑞德 中古教会之反动与革新时代之新势力。一、二、三年级选修。

西洋分期史(六学期) 历史 一〇一——一〇六

上古至纪元前第四世纪 历史 一〇一 学分 四 二、三、四年级选修。(一九三一—三二开班)。

后期希腊至罗马 历史 一〇二 学分 四 二、三、四年级选修。(一九三一—三二开班)。

欧洲中世史 文艺复兴 历史 一〇三 学分 四 李瑞德 二、三、四年级选修。

独裁政治 欧洲革命 历史 一〇四 学分 四 李瑞德 自十七世纪至一八一五年之欧洲。二、三、四年级选修。

一八一五以来之西洋史 历史 一〇五——一〇六 学分 三——三 贝卢思 研究近代文化之特点,政府制度与社会势力。二、三、四年级选修。

印度史　历史　一一——一一二　学分　二——二　一九三〇——一九三一不开班。

被虏后之犹太人历史　历史　一一五——一一六　学分　二——二　伍英贞　研究犹太人在波斯人与希腊人统治之下的社会及宗教运动（纪元前第五世纪至第一世纪）。一、二年级选修。

罗马人统治之巴里斯登　历史　一一七——一一八　学分　二——二　伍英贞　研究地中海东部之宗教、思想、社会状况，尤注重纪元前七〇年至纪元后七十年间罗马人统治之下巴里斯登。三、四年级选修。

法国史　历史　一二三——一二四　学分　二——二　李瑞德　一、二、三、四年级选修。

德国史　历史　一二五——一二六　学分　二——二　李瑞德。

俄国史　历史　一二七——一二八　学分　二——二。

美国史　历史　一二九——一三〇　学分　二——二　庆美鑫　美国之建立、发展，特别注意其统一主义与分邦主义之冲突及外交政策。二、三、四年级选修。

英国民权发达史　历史　一三一——一三二　学分　三——三　贝卢思　根据最初之档案，以研究英国之制度及其自一八〇〇年以来之社会与政治运动。二、三、四年级选修。

不列颠帝国及其外交政策　历史　一三四　学分　二——二　贝卢思　研究不列颠帝国之外交关系及其发展，不列颠帝国统治下之加拿大、南菲洲、澳大利亚与印度之略史，近代重要之民治政策。二、三、四年级选修。

基督教史　历史　一三七——一三八　学分　二——二　洪煨莲　研究基督教内部之发展，及其与文化之关系。四、五年级选修。

国际联盟之起源与发展　历史　一四五——一四六　学分　三——三　王克私　国际联盟之创造、进化及其成立以来之工作。

史学方法　历史　一六一　学分　二　洪煨莲　史料之批评，报告法、札记法、图表法。一、二、三年级选修。

史学练习　历史　一六二　学分　二　洪煨莲　中国史与西洋史之专

题练习。一、二、三年级选修。

高级历史方法 历史 一六七 学分 二 洪煨莲 此科目特别适宜于撰写历史毕业论文之学生，选者各自为其专题预备，而共同研究、批评、修正之。三、四、五年级选修。主修生四年级必修。

历史论文 历史 一六八 续历史一六七，此第二学期之工作，给与一或二学分。

中国史学目录 历史 一七三——一七四 学分 一——一 陈垣 分理论与实用二部，说明中国学术之流别、史料之来源，及如何利用图书以研究中国各种学问之方法。

中国史学名著评论 历史 一七五——一七六 学分 二——二 陈垣 批评中国史学名著之来源、体裁及其组织，示初学者以鉴别与取材之门径。三、四、五年级选修。

西洋史学家 历史 一七七——七八 学分 二 费宾闺臣夫人 西洋史学方法举例。三、四、五年级选修。

年代学 历史 一八一——一八二 学分 二——二 刘朝阳 介绍年代学之科学方法，以便应用。三、四、五年级选修。

古器物学 历史 一八六 学分 三 容庚 本科乃讲述中国器物之种类、形制及应用并其研究之方法。三、四、五年级选修。

巴里斯登考古纪况 历史 一八七——一八八 学分 一——一 李荣芳 研究巴里斯登之新发现，特别注重考古学与历史之关系。二、三、四年级选修。

历史教授法 历史 一九六 学分 二 洪煨莲 专论中小学历史课程及其教授之方法。三、四、五年级选修。

五、教员姓名录

姓名	字	性别	职务	籍贯	履历	到校年月	备注
费宾阄臣 Mrs. M. S. Frame		女	教授兼主任	美国	美国赫理斯大学文学士，美国哈佛神学院神学士，本校女校科长。	民国七年	
洪业		男	教授	福建闽侯	美国俄省维礼安大学文学士，美国哥伦比亚大学文硕士，燕京大学历史学系主任及文理科科长。	民国十一年九月	
王克私 P. de Vargas		男	教授	瑞士	瑞士路塞尼大学文学士，哲学博士，瑞士高级学校教员，瑞士基督教学生会干事，中国基督教青年会干事。	民国九年十月	休假
陈垣	援庵	男	教授	广东新会	北平大学研究所导师，国立京师图书馆馆长，故宫博物院图书馆馆长。	民国十一年	
顾颉刚		男	国学研究所导师	江苏吴县	北京大学文学士，北京大学讲师。	民国十八年九月	
张星烺		男	讲师	江苏泗阳	美国哈佛大学理学士，德国柏林大学修业，北平大学教授，厦门大学教授。	民国十四年九月	
李瑞德 R. H. Ritter		男	讲师	美国	美国普仁斯敦大学文学士，美国哈佛神学院神学士，北平青年会干事，上海基督教学士会干事。	民国十三年十月	

（续表）

姓名	次章	性别	职务	籍贯	履历	到校年月	备注
庆美鑫 Miss M. L. Cheney		女	讲师	美国	美国罗兰氏大学文学士，美国哥伦比亚大学文学硕士，美国高级中学教员，北平贝满女中学教员，天津中亚女中学教员。	民国十五年	
贝卢思 Miss I. M. Burtt		女	讲师	英国	伯明汉大学文学硕士。	民国十九年十一月	
张尔田		男	兼任讲师	浙江杭县	北京大学国学教授，上海政治大学国文教授，上海交通大学国文主任。	民国二十年二月	
瞿宣颖		男	兼任讲师	湖南长沙	上海复旦大学文学士，上海复旦大学教授。	民国十七年	
方壮猷		男	兼任讲师	湖南湘潭	清华学校研究院毕业，暨南大学，北平大学教授及讲师。	民国十九年九月	
邓之诚		男	兼任讲师	江苏江宁	北大历史教授。	民国十九年九月	
刘朝阳		男	兼任讲师	浙江	厦门大学教育学士，理学士，厦门大学教育学系助教。	民国十九年九月	

（《北平私立燕京大学一览》，1930至1931年度）

燕京大学历史学系课程一览（1931）

　　李瑞德,讲师兼代理主任；王克私,教授（在假）；洪煨莲,教授；许地山,教授；顾颉刚,教授；邓之诚,副教授；庆美鑫女士,讲师（在假）；贝卢思女士,讲师；张星烺,兼任讲师；朱士嘉,助理；李荣芳,宗教学系教授；伍英贞女士,宗教学系讲师。

　　历史学系之宗旨在：甲　使普通学生能以历史的眼光,观察本国及世界政治、经济、文化运动,以为将来从事社会上任何事业之准备。

　　乙　使主修历史之学生一方面得到史学方法之训练；一方面对于历史之任何门类中得到正确的认识。俾能（1）应用科学的方法,继续研究,而尤注重于中国历史方面。（2）在中等以上学校讲授历史。

一、本学系规则

甲　本科一年规则

（一）文学院必修科目

国文,4—4；英文,4—4；现代文化,2—2。

（二）本学系以为宜选之科目

主修历史之一年级生,最好每学期至少选修二学分之历史科目。

（三）选修第二外国语之规则

　　第二外国语对于研究历史 ,畀益甚大,但其修习之期限宜长,且求能于本科修业期间内选读该外国语之史书与史料。就法、德两国而言,须有二年之预备始能选读其史书。因此本系希望其主修生之拟修法文或德文者,能于第一、二学年修毕该文最初二年之功课。以便于第三、四学年选读该文之史书。如不得已,未能于一年级开始选修,则须于二年级起开始,俾能于四年级选读该文之史书一年。

乙　本科二、三、四年规则

（四）学分之数目

历史,至少 40—至多 68 学分；关系科目,至少 20。

（五）本学系之必修科目

甲　二年级——历史　161：历史方法,英文 5—6；社会科学英文 4—4。

乙　四年级——历史　167：高级史学方法 2；论文 2。

（六）关系学科

本科各系之历史科目或任何社会科学以及地理学之各种普通科目,皆得认为本学系之关系学科。

主修生最好选修地理学一门,社会、经济、政治通论各一门。

（七）选修第二外国语之规则,参看本则第三条。

二、修业程序

下列课程为本学系对于主修生之提示,庶几学生于选课时,有所指归。

（一）一年级

甲　文学院必修科目

国文　7—8、9—10,4—4；英文　1—2,4—4；现代文化,2—2。

乙　本学系以为宜选之科目

中国通史,4—4；选修,4—4。

共 18—18。

（二）二年级

甲　本学系必修科目

历史　161：历史方法,2；英文 5—6：社会科学英文,4—4。

乙　本学系以为宜选之科目

历史 162：史学练习,2；历史选修,4 至 6—4 至 6；关系科目选修,4 至 4—2 至 4；其他选修,6 至 2—6 至 2。

共 18—18。

（三）三年级

本学系以为宜选之科目

已经选修第二外国语者，须于此年选修一门，用该文教授之史书选读，或其他社会科学书籍之选读，0 或 2—0 或 2；历史选修，6 至 8—6 至 8；关系科目选修，3 或 4—3 或 4。其他选修，7 至 2—7 至 2。

共 16—16。

（四）四年级

甲　本学系必修

高级历史方法与论文，2—2。

乙　宜选

历史选修，8 至 10—8 至 10；关系科目选修，6 至 4—6 至 4。

共 16—16。

三、课程一览

第一类　中国与远东

历史 1—2　中国通史　学分 4—4　邓之诚　（1）注意时代的认识。对于年代、世次作简单之说明，并从各个时代之事的、人物的、制度的各种关系，以探索其意义及因果；（2）注意文化的发展。从制度、政治、经济、学术、思想、艺术及中外交通上，以求其变化之痕迹；（3）注意社会进化。从社会、经济、生活、风俗、阶级各方面，作综合之观察。一、二、三、四年级选修。讲授：一、三，8：00；9：30。

＊历史 7—8　中国名人传记　学分 2—2　研究中国历史上重要人物之事实与其生活。一、二、三年级选修。

＊历史 9—10　方志研究　学分 2—2　研究方志之起源与进化，注重其体例，以便取材。

历史 11—12　中国上古史研究（《尚书》研究）　学分 3—3　顾颉刚　本课主旨：（1）提出《尚书》中包孕之问题，说明古今各家对于此项问题之解释，俾为将来继续研究之准备；（2）分析其真伪与窜乱，说明其逐次涂附之迹,俾知《尚书》中有若干为当时之真记载及其所以列于经典之故;(3)说明《尚书》与古史之关系,俾知若干古史问题有因《尚书》中某问题已解决而得解决者,又有须待《尚书》中某问题解决之后而得解决者;(4)从本书之研究见出中国古书问题之繁重,俾为将来校订其他古文籍之训练。三、四、五年级选修。讲授:二,2:30—4:20;四,3:30。

* **历史 13—14 中国上古史研究** 学分3—3 顾颉刚 续历史 11—12。三、四、五年级选修。

* **历史 15—16 秦汉史** 学分2—2 邓之诚 (1)秦汉统一事业之伟大及域外经营;(2)秦汉制度之沿革及其支配后代之力量;(3)秦汉经济制度之变迁;(4)秦汉学术思想之变迁及儒家、道家在政治上所占地位之消长;(5)秦汉之文学、艺术;(6)秦汉社会之普遍的观察。三、四、五年级选修。

* **历史 17—18 魏晋南北朝史** 学分2—2 邓之诚 (1)魏及晋宋南北因袭之各种制度;(2)五胡民族之变迁;(3)魏晋清谈思想之树立及其影响;(4)佛教之盛行及道教之成立;(5)魏以后之门第阶级及九品中正;(6)东西交通之经过;(7)南北文化之递进;(8)魏晋南北朝之学术、文学、艺术;(9)南北朝之纷乱及民生;(10)魏晋南北朝之社会观。三、四、五年级选修。

历史 19—20 隋唐五代史 学分2—2 邓之诚 (1)隋唐之统一建设;(2)隋唐统一与南北文化之沟通及其支配近代之力量;(3)中唐以后之经济制度及民生;(4)隋唐五代地方制度之扩大;(5)唐代中西交通之盛;(6)三教及三夷教、回教之盛衰;(7)唐代科举制度励行后门第阶级之堕落;(8)隋唐之域外经营及对于外族之待遇;(9)唐代之学术、思想、文学、艺术;(10)五代之纷乱及民生;(11)隋唐五代之社会观。三、四、五年级选修。讲授:四,8:00;9:30。

历史 21—22 宋辽金元史 学分2—2 张星烺 讨论此数朝之民族兴亡,政府组织,当时国际交涉特别文化。三、四、五年级选修。讲授:五,3:30—5:20。

历史 23—24 明清史 学分2—2 邓之诚 (1)元朝压迫下之民生

及元末群雄并起；（2）明代制驭北方政策；（3）明清两代制度之沿革；（4）明清两代经济政策及民生；（5）明清两代政治之比较；（6）明清两代之绅士阶级；（7）明末及清初之党局及其对于政治上所发生之影响；（8）满洲开国以前之史料的搜集；（9）明末流寇及张、李之兴亡；（10）南明史料之搜集；（11）满洲镇压汉族之策略；（12）清代文字之狱及汉族屡次革命运动；（13）明清两代海通后之西方学术输入；（14）西力东渐及侵略政策；（15）清代之域外经营；（16）明清两代之学术、文学、艺术；（17）明清两代之社会观。三、四、五年级选修。讲授：二，8：00；9：30。

　　*历史41—42　西北史地　学分3—3　张星烺　中国史书上关于西北诸国各种记载之解释，西方各国关于中国各种记载之解释，西北各国与中国之交通、文化之交换，古代中国与西北各国通商之状况，西北各国内部之变迁。三、四、五年级选修。

　　*历史43—44　西北史地　学分3—3　张星烺　续历史41—42。三、四、五年级选修。

　　*历史47—48　东北史地　学分2—2　本课取材有三：（1）中国史书上关于东北诸地之记载，（2）日本史书上关于东北诸地之记载，（3）近代学者研究满洲、蒙古东部等地之结果。三、四、五年级选修。

　　历史57—58　中国礼俗史　学分3—3　许地山　研究中国历代（1）衣、食、住状态之变迁及其环境之影响；（2）礼教风俗之沿革。上学期上古至唐，下学期五代至近时。二、三、四年级选修。讲授：二、三、四，10：30。

　　*历史59—60　道教史　学分2—2　许地山　中国道教发达之大纲。试为道藏一部系统之研究。一、二、三、四年级选修。讲授：四，2：30—4：20。

　　*历史61—62（宗教55—56）　中国基督教史研究　学分2—2　三、四、五年级选修。

　　历史66　中国之"文艺复兴"　学分3　王克私　从比较文化之眼光研究中国之革新。三、四、五年级选修。讲授：二、四、六，9：30。

　　历史73—74　远东近世史　学分　2—2　洪煨莲　远东各国间及

其与西洋间之政治、实业与文化之关系。一、二、三年级选修。讲授：五，2：30—4：20。

历史 77—78 佛教史 学分 2—2 许地山 叙述佛教之建立与发展经典之大概、宗派之分化，尤注重中国之佛教。一、二、三、四年级选修。讲授：二、四，9：30。

历史 79—80 南洋史地 学分 2—2 张星烺 南洋地理概观，印度文明及回教文明传入南洋各地，中国势力及欧洲势力次第侵入，葡萄牙之东方帝国及其衰败，西班牙在斐律宾之历史及美国势力之侵入，荷领东印度史，英国海峡殖民地及北婆罗洲史，华侨史。三、四、五年级选修。讲授：六，8：00；9：30。

* **历史 75—76 日本史** 学分 2—2

第二类 远东以外之世界

历史 85 世界名人传记 学分 2 李瑞德 一、二年级选修。讲授：三、五，8：00。

历史 86 世界名人传记 学分 2 李瑞德 续历史 85。一、二年级选修。讲授：三、五，8：00。

历史 91 西洋文化之历史基础 学分 2 贝卢思女士 欧洲古世至文艺复兴简史，特别注意文化发达方面。一、二年级选修。讲授：二、四，10：30。

历史 92 西洋文化之历史基础 学分 2 贝卢思女士 续历史 91。一、二年级选修。讲授：二、四，10：30。

历史 93—94 欧洲近世各国发展史 学分 2—2 李瑞德 一、二年级选修。讲授：三、五，11：30。

* **历史 95 基督教史中之浪漫时期** 学分 2 李瑞德 欧洲中古时代之僧院、武士及十字军。一、二、三年级选修。

* **历史 96 革命时代之基督教史** 学分 2 李瑞德 中古教会之反动与革新时代之新势力。一、二、三年级选修。

历史 101 上古至纪元前第四世纪 学分 4 贝卢思 二、三、四年级选修。讲授：一、三、四、五，11：30。

历史 102　后期希腊至罗马　学分 4　王克私　二、三、四年级选修。讲授：一、三、四、五，11：30。

*历史 103　欧洲中世史，文艺复兴　学分 4　李瑞德　二、三、四年级选修。

*历史 104　独裁政治，欧洲革命　李瑞德　二、三、四年级选修。

历史 105—106　一八一五以来之西洋史　学分 3—3　贝卢思女士　研究近代文化之特点，政治制度与社会势力。二、三、四年级选修。讲授：一、三、五，8：00。

*历史 111　印度史　学分 2—2

历史 115—116　被虏后之犹太人历史　学分 2—2　伍英贞女士　研究犹太人在波斯人与希腊人统治之下的社会及宗教运动。一、二年级选修。讲授：二、四，10：30。

历史 117—118　罗马人统治下之巴里斯登　学分 2—2　伍英贞女士　研究地中海东部之宗教、思想、社会状况，尤注意纪元前七〇年至纪元后七十年间罗马人统治下之巴里斯登。三、四年级选修。讲授：二、四，9：30。

历史 119—120　英国民权发达史　学分 3—3　贝卢思女士　根据最初之档案，以研究英国之制度及其自一八〇〇年以来之社会与政治运动。二、三、四年级选修。讲授：一、三、五，9：30。

历史 122　不列颠帝国之发展　学分 3　贝卢思　研究不列颠帝国之外交关系及其发展，不列颠帝国统治下之加拿大、南菲洲、澳大利亚与印度之略史，近代重要之民治政策。二、三、四年级选修。讲授：一、三、五，10：30。

历史 123　法国史　学分 2　李瑞德　一、二、三、四年级选修。讲授：三、五，9：30。

历史 124　法国史　学分 2　李瑞德　一、二、三、四年级选修。讲授：三、五，9：30。

*历史 125　德国史　学分 2　李瑞德　一、二、三、四年级选修。

*历史 126　德国史　学分 2　李瑞德　续历史 125。一、二、三、四年级选修。

*历史 127—128　俄国史　学分 2—2

*历史 129—130　美国史　学分 2—3　庆美鑫女士　美国之建立、发展,特别注意统一主义与分邦主义之冲突及其外交政策。二、三、四年级选修。

*历史 131　美国之外交政策　学分 3　庆美鑫女士　二、三、四年级选修。

*历史 132　美国经济史　学分 3　庆美鑫女士　二、三、四年级选修。

*历史 133　近东国际竞争之外交史　学分 2—2　二、三、四年级选修。

*历史 137—138　基督教史　学分 3—3　王克私　研究基督教内部之发展及其与文化之关系。三、四年级选修。

历史 146　国际联盟之起源与发展　学分 2　王克私　国际联盟之创造、进化及其成立以来之工作。三、四、五年级选修。讲授:二、四、六,8：00。

第三类　历史方法

历史 161　历史方法　学分 2　洪煨莲　史料之批评,报告法、札记法、图表法。一、二、三年级选修。主修生一年级或二年级必修。讲授:三,3：30—5：20。

历史 162　史学练习　学分 2　洪煨莲　中国史与西洋史之专题练习。一、二、三年级选修。讲授:三,3：30—5：20。

历史 167　高级历史方法　学分 2　洪煨莲　此科目特别适宜于撰写历史毕业论文之学生,选者各自为其专题预备,而共同研究、批评、修正之。三、四、五年级选修。主修生四年级必修。讲授:一,2：30—4：20。

*历史 175—176　中国史籍名著评论　学分 2—2　三、四、五年级选修。

*历史 178　西洋史学家　学分 2　西洋史学方法举例。三、四、五年级选修。

历史 187—188　巴里斯登考古纪况　学分 1—1　李荣芳　二、三、四年级选修。讲授：五, 1：30。

历史 196   历史教授法　学分 2　洪煨莲　专论中小学历史课程及其教授之方法。三、四、五年级选修。讲授：一, 2：30—4：20。

历史 199—205（168）　历史论文　学分 1—1

（《私立燕京大学历史学系课程一览》, 1931 年）

燕京大学历史学系（1935）

李瑞德（Richard H. Ritter），文学士，神学士，讲师兼主任；王克私（Philippe De Vargas）[①]，哲学博士，教授；洪煨莲，文学硕士，神学博士，教授；顾颉刚，文学士，教授；邓之诚，教授；庆美鑫女士（Miss Monona L. Cheney），文学硕士，讲师；贝卢思女士（Miss Lucy M. Burtt），文学硕士，讲师；张星烺，理学士，讲师（兼任）；陈观胜，文学硕士，助教（兼任）；冯家昇，文学硕士，助教（兼任）；李荣芳，文学硕士，神学博士，宗教学院教授；伍英贞女士（Miss Myfanwy Wood），宗教学院讲师。

本学系之宗旨

甲　使普通学生明了本国及世界政治、经济与文化之史观，此乃近代任何学者所必不可少之知识也。

乙　使主修历史之学生明了已往之大势，精通史学之方法，俾能：（1）应用科学方法以研究历史（尤注重中国史），（2）在中、大学教授历史。

主修本学系规则

1. 学分数目

历史，至少40，至多68学分；关系课程，至少20，至多24学分。

---

① 本学年在假。

2. 一年级宜选之科目

主修历史一年生宜选修历史科目三学分。

3. 二年级之必修科目

历史 161 初级历史方法，2；英文 5—6 社会科学英文，4—4。

4. 四年级之必修科目

历史 167 高级历史方法，2；历史 199—200 论文，1—1。

5. 关系科目

各学系之历史科目及任何社会科学与地理学之普通科目，皆得认为本学系之关系科目。主修生宜选修地理、社会、经济、政治及教育之普通科目各一门。

6. 选修第二外国语之规则

第二外国语非本学系之必需，但学生愿选修者可按以下之规则：第二外国语对于研究历史，裨益甚大，但其修习之期限宜长，且求能于本科修业期间内选读该外国语之史书与史料。有阅读日文之能力者对于研究中国史上甚有价值。德、法二文于预备继续研究欧洲史上确为重要。就德、法二文而言，须有二年之预备，始能选读其史书。因此，本学系希望其主修生之拟修德文或法文者，能于第一、二学年修毕该文最初二年之功课，以便于第三、四学年选修该文之史书。如不得已，未能于一年级开始选修，则须于二年级起开始，俾能于四年级选读该文之史书一年。

修业程序

下列课程为本学系对于主修生之提示，庶几学生于选课时有所指归。

1. 一年级

按一年级课程计画加习历史科目三学分。

2. 二年级

甲　本学系必修科目

历史 161 初级历史方法，2；英文 5—6 社会科学英文，4—4。

乙 本学系以为宜选之科目

历史162史学练习,2；其他历史选修,4—6,4—6；关系科目选修,2—4,2—4；其他选修,6—2,6—2。

18—18。

3. 三年级

本学系以为宜选之科目：

已经选修第二外国语者须于此年选修用该文教授之史书或社会科学,0—2,0—2；历史选修,6—8,6—8；关系科目选修,3—4,3—4；其他选修,7—2,7—2。

16—16。

4. 四年级

甲 本学系必修

历史167高级史学方法,2；历史199—200论文,2。

乙 宜选

历史选修,6—10,6—10；关系科目选修,8—4,8—4。

16—16。

课程号码类别

1—80 中国与东亚细亚：1—6 中国通史；7—40 中国分代史；41—50 中国分地史；51—70 中国史专题研究；71—80 东亚细亚。

81—150 东亚以外诸国史：81—90 通史；91—110 分代史；111—134 分地史；135—150 专题研究。

151—160 世界史。

161—200 历史方法：161—170 普通历史方法；171—180 目录学；181—190 年代学,考古学；191—198 历史教学法；199—200 论文。

课程一览

（一）中国与东亚细亚

历史 1—2　中国通史　3—3学分　邓之诚　（1）注意时代的认识。对于年代、世次作简单之说明，并从各个时代之事的、人物的、制度的各种关系，以探索其意义及因果；（2）注意文化的发展。从制度、政治、经济、学术、思想、艺术及中外交通上，以求其变化之痕迹；（3）注意社会进化。从社会、经济、生活、风俗、阶级各方面，作综合之观察。选修：一、二、三、四年级。讲授：一、三、五，11：20。

*历史 7—8　中国古代地理沿革史　3—3学分　顾颉刚　本课搜集古代地理材料，对于汉以前之各代疆域、民族予以系统之叙述，并推求当时地理观念之演进。选修：三、四、五年级。讲授：本学年不授。

*历史 11—12　中国上古史研究　3—3学分　顾颉刚　本课搜集上古史材料，审查其真伪与时代，俾得顺其发生之次序，以明了古史学说演化之经过，并予史实以系统之叙述。选修：三、四、五年级。讲授：本学年不授。

*历史 15—16　秦汉史　2—2学分　邓之诚　（1）秦汉统一事业之伟大及域外经营；（2）秦汉制度之沿革及其支配后代之力量；（3）秦汉经济制度之变迁；（4）秦汉学术思想之变迁及儒家、道家在政治上所占地位之消长；（5）秦汉之文学、艺术；（6）秦汉社会之普遍的观察。选修：三、四、五年级。预修：历史 1—2。讲授：本学年不授。

*历史 17—18　魏晋南北朝史　2—2学分　邓之诚　（1）魏及晋宋南北因袭之各种制度；（2）五胡民族之变迁；（3）魏晋清谈思想之树立及其影响；（4）佛教之盛行及道教之成立；（5）魏以后之门第阶级及九品中正；（6）东西交通之经过；（7）南北文化之递进；（8）魏晋南北朝之学术、文学、艺术。（9）南北朝之纷乱及民生；（10）魏晋南北朝之社会观。选修：三、四、五年级。预修：历史 1—2。讲授：本学年不授。

历史 19—20　隋唐五代史　2—2学分　邓之诚　（1）隋唐之统一建设；（2）隋唐统一与南北文化之沟通及其支配近代之力量；（3）中唐以后之经济制度及民生；（4）隋唐五代地方制度之扩大；（5）唐代中西交

通之盛；（6）三教及三夷教、回教之盛衰；（7）唐代科举制度励行后门第阶级之堕落；（8）隋唐之域外经营及对于外族之待遇；（9）唐代之学术、思想、文学、艺术；（10）五代之纷乱及民生；（11）隋唐五代之社会观。选修：三、四、五年级。预修：历史1—2。讲授：二、四，10：20。

历史21—22 宋辽金元史 2—2学分 张星烺 讨论此数朝之民族兴亡，政府组织，当时国际交涉，宋朝长期太平及各种文艺学术，西夏负固西北，西辽之建国中央亚细亚，元代西征事迹，元初各种建设事业，元代世界交通及其特别文化。选修：三、四、五年级。讲授：五，4：10；六，9：20。

历史23—24 明清史 2—2学分 邓之诚 （1）元朝压迫下之民生及元末群雄并起；（2）明代制驭北方政策；（3）明清两代制度之沿革；（4）明清两代经济政策及民生；（5）明清两代政治之比较；（6）明清两代之绅士阶级；（7）明末及清初之党局及其对于政治上所发生之影响；（8）满洲开国以前之史料的搜集；（9）明末流寇及张、李之兴亡；（10）南明史料之搜集；（11）满洲镇压汉族之策略；（12）清代文字之狱及汉族屡次革命运动；（13）明清两代海通后之西方学术输入；（14）西力东渐及侵略政策；（15）清代之域外经营；（16）明清两代之学术、文学、艺术；（17）明清两代之社会观。选修：三、四、五年级。预修：历史1—2。讲授：二、四，8：00。

历史41—42 东北史地 2—2学分 冯家昇 选修：二、三、四年级。讲授：二、四，9：20。

*历史63—64 中西交通史 2—2学分 张星烺 古代中国与欧洲及亚洲西部各国交通事迹，说明中国史书上关于欧洲之记载及西洋史书上关于中国之记载，唐宋时代中国与阿拉伯之交通。东西文化互换，古代使节、僧侣、游客、商人来往记载，由上古起至十八世纪末止。选修：三、四、五年级。讲授：本学年不授。

*历史65—66 中国之革新 3—3学分 王克私 以比较文化的眼光研究现代中国之革新。本课之要旨在使学生对于现代应加考究的问题得到系统之观察，及介绍外国人之见证，与其他重要之英、德文艺（认识德、法二文与否均可）。选修：三、四、五年级。讲授：本学年不授。

历史 73—74　远东近世史　2—2学分　洪煨莲　本课以乾隆癸丑英使马戛尔尼来聘案为始,选远东与西洋间政治、商业及文化之关系问题若干,由教师讲解,并指定各题参考史料,俾诸生阅览。此外,选习者应细阅 Hosea Ballou Morse and Harley Farnsworth MacNair, *Far Eastern International Relations*（Boston, Houghton Mifflin Co., 1931）,稻叶君山著（但焘译）《清朝全史》（上海中华书局,民国四年）二册,及王芸生《六十年来中国与日本》（天津大公报出版社,民国二十一年至二十三年）七卷。选修:二、三、四年级。讲授:五,2∶10,3∶10。

历史 79—80　南洋史地　2—2学分　张星烺　美属斐律宾群岛,荷属东印度,英属马来亚、缅甸、暹罗、安南诸地之地理、天气、人种、历史,尤注意古代各地与中国之交通及近代华侨发展史。选修:三、四、五年级。讲授:五,3∶10,六,8∶00。

（二）东亚以外诸国史

历史 85 或 86　世界名人传记　3学分　李瑞德　研究世界名人之背景、个性、思想及影响。本学年所研究者为:Socrates, Caesar, Jesus, Charlemagne, St. Louis, Marco Polo, Luther, Voltaire, Napoleon, Beethoven, Mazzini, Lincoin, Pasteur, Lenin.（本课上下学期皆授）选修:一、二年级。讲授:一、三、五,8∶00。

历史 91　西洋文化之基础　3学分　陈观胜　欧洲古世至罗马帝国灭亡期间之简史。选修:一、二年级。讲授:二、四、六,8∶00。

历史 92　欧洲近世各国发展史　3学分　贝卢思　自五世纪至现在欧洲人民之简史（历史 91 非本课预修课程）。选修:一、二、三年级。讲授:二、四、六,8∶00。

*历史 95　基督教史中之浪漫时期　2学分　李瑞德　欧洲中古时代之僧院、武士及十字军。选修:二、三、四年级。讲授:本学年不授。

*历史 96　革命时代之基督教史　2学分　李瑞德　中古教会之反动与革新时代之新势力。选修:二、三、四年级。讲授:本学年不授。

历史 101 上古至纪元前第四世纪 3 学分 伍英贞 近东帝国与古希腊。选修：二、三、四年级。讲授：一、三、五,10：20。

历史 102 后期希腊与罗马 3 学分 伍英贞 选修：二、三、四年级。讲授：一、三、五,10：20。

历史 103 欧洲中世史 文艺复兴 3 学分 李瑞德 选修：二、三、四年级。讲授：一、三、五,9：20。

历史 104 独裁政治与欧洲革命 3 学分 李瑞德 自第十七世纪至一八一五之欧洲。选修：二、三、四年级。讲授：一、三、五,9：20。

*历史 105 西洋史 1815 至 1871 3 学分 贝卢思 研究此时期之西洋史,特重意大利与德国之合并及爱国心之发展。选修：二、三、四年级。讲授：本学年不授。

历史 106 西洋史 1871—1918 3 学分 贝卢思 续历史 105,但在此学期则注重社会主义运动之历史、欧洲之伸张、大战前之酝酿,以及在 1871—1918 间国际主义之膨胀（历史 105 非本课预修课程）。选修：二、三、四年级。讲授：一、三、五,8：00。

*历史 107—108 1871 以来之西洋史 3—3 学分 王克私 注重国际关系与国际联盟。选修：三、四、五年级。讲授：本学年不授。

附注：历史 101—108 为分期之全部西洋史,八学期授毕。

历史 115 犹太人历史 3 学分 伍英贞 古时至纪元前第一世纪犹太人之历史,特重犹太人与其他各国之接触。选修：二、三、四年级。讲授：一、三、五,11：20。

历史 116 罗马统治下之巴里斯登 3 学分 伍英贞 研究纪元前 70 年至纪元后 70 年地中海东部各国之冲突。选修：二、三、四年级。讲授：一、三、五,11：20。

历史 119 古时至 1603 英国民主政治之发展史 3 学分 贝卢思 本课程研究民主政体之学理并古时至 Tudor 时代末之英国政府产生及发展。选修：二、三、四年级。讲授：本学年不授。

历史 120 1603 以来英国民主政治之发展史 3 学分 贝卢思 续历史 119,但更进一步研究工业运动时期之英国民主政治及现在民主政府之工作。选修：二、三、四年级。讲授：一、三、五,2：10。

*历史 123　法国史　3学分　李瑞德　法国古时至现在之发展史，特重该国度过中世至于现代化国家所持之方法，以及革命之效力。选修：二、三、四年级。讲授：本学年不授。

*历史 126　德国史　3学分　李瑞德　选修：二、三、四年级。讲授：本学年不授。

历史 129—130　美国史　3—3学分　陈观胜　美国建立及发展，特重其统一主义与分邦主义之冲突问题及外交政策。选修：二、三、四年级。讲授：二、四、六，9：20。

*历史 131　美国外交政策　3学分　庆美鑫　选修：二、三、四年级。讲授：本学年不授。

*历史 132　美国经济史　3学分　庆美鑫　选修：二、三、四年级。讲授：本学年不授。

历史 137—138　基督教史　2—2学分　洪煨莲　凡选习本课者应细阅 Robert Hastings Nichols, *The Growth of the Christian Church*（Philadelphia, Westminster Press, 1925, 2 vols.）并为笔记，逐条答复每章后所举问题。凡有疑问，提出，在班上讨论之。此外，由教师讲解中国人士所宜注意于基督教之思想及组织，及其与教外文化接触之大略，并酌选史料俾诸生参考焉。选修：四、五年级。讲授：二，2：10，3：10。

*历史 140　耶稣事迹考　3学分　李瑞德　耶稣之人生，原文与补文皆研究之。选修：二、三、四年级。讲授：本学年不授。

（三）历史方法

历史 161　初级历史方法　2学分　洪煨莲　此课注意史料之如何寻检、记录、批评及报告，由教师讲解，并指定浅近问题由诸生练习之。此外，选习者并应细阅朗格诺瓦及瑟诺博司合著（李思纯译）《史学原论》（上海商务印书馆，民国十五年）、何炳松《通史新义》（大学丛书，上海商务印书馆，民国十九年），及梁启超《中国历史研究法》及《补编》（上海商务印书馆，民国十一年；《补编》，民国二十二年）。选修：二、三、四年级。必修：二、三年级主修生。讲授：三，2：10，3：10。

历史 162　史学练习　2 学分　洪煨莲　本课为初级历史方法之继，每周分题练习，尤注意于书籍文稿之校雠及订定，习作题跋及短篇考证论文。预修：历史 161。选修：二、三、四年级。讲授：三,2∶10,3∶10。

历史 167　高级历史方法　2 学分　洪煨莲　此课细论历史毕业论文选题之标准、考证之程序、解释之理论及编纂之格式，而尤注意于学术工具，如年表、日历、图谱、目录、引得、类书等等之应用。选习者各自为其专题预备，报告其重要之心得，而全班共同批评、讨论、修正之。预修：历史 161（本科生如得教师特别允许，方可免修）。选修：三、四、五年级。必修：四年级主修生。讲授：一,2∶10,3∶10。

历史 187—188　伯勒斯丁考古学　1—1 学分　李荣芳　先讲考古学的原则，再论考古学与政治、文化、宗教等史的关系。选修：二、三、四年级。讲授：四,1∶10。

历史 196　历史教学法　2 学分　洪煨莲　本课略依约翰孙著（何炳松译）《历史教学法》（上海商务印书馆，民国十五年），而讨论其于中国中小学历史课业教学之应用，并注意于各史课本及参考书之选择及批评。选习者每二周试编其所拟授各课中之纲目，或讲稿一篇，由全班讨论、修正之。预修：历史 161 及历史 167（本科生如得讲师特别允许，方可免修）。选修：三、四、五年级。讲授：一,2∶10,3∶10。

历史 199—200　论文　1—1 学分。

历史学系授课时间表

日期/时间	星期一		星期二		星期三	
8：00	85,86 世界名人传记 106 西洋史,1871—1918	李 贝	23—24 明清史 91 西洋文化之基础 92 欧洲近世各国发展史	邓 陈 贝	85,86 世界名人传记 106 西洋史,1871—1918	李 贝
9：20	103 欧洲中世史 104 独裁政治与欧洲革命	李 李	129—130 美国史 41—42 东北史地	陈 冯	103 欧洲中世史 104 独裁政治与欧洲革命	李 李
10：20	101 上古至第元前第四世纪 102 后期希腊与罗马	伍 伍	19—20 隋唐五代史	邓	101 上古至元前第四世纪 102 后期希腊至罗马	伍 伍
11：20	1—2 中国通史 115 犹太人历史 116 罗马统治下之巴里斯登	邓 伍 伍			1—2 中国通史 115 犹太人历史 116 罗马统治下之巴里斯登	邓 伍 伍
1：10						
2：10	120 1603 以来英国民主政治之发展史 167 高级历史方法 196 历史教学法	贝 洪 洪	137—138 基督教史	洪	120 1603 以来英国民主政治之发展史 161 初级历史方法 162 史学练习	贝 洪 洪
3：10	167 高级历史方法 196 历史教学法	洪 洪	137—138 基督教史	洪	161 初级历史方法 162 史学练习	洪 洪
4：10						

日期/时间	星期四	星期五	星期六
8：00	23—24 明清史 邓 91 西洋文化之基础 陈 92 欧洲近世各国发展史 贝	85,86 世界名人传记 李 106 西洋史,1871—1918 贝	79—80 南洋史地 张 91 西洋文化之基础 陈 92 欧洲近世各国发展史 贝
9：20	129—130 美国史 陈 41—42 东北史地 冯	103 欧洲中世史 李 104 独裁政治与欧洲革命 李	21—22 宋辽金元史 张 129—130 美国史 陈
10：20	19—20 隋唐五代史 邓	101 上古至纪元前第四世纪 伍 102 后期希腊与罗马 伍	
11：20		1—2 中国通史 邓 115 犹太人历史 伍 116 罗马统治下之巴里斯登 伍	
1：10	187—188 伯勒斯丁考古学 李		
2：10		73—74 远东近世史 洪 120 1603 以来英国民主政治之发展史 贝	
3：10		73—74 远东近世史 洪 79—80 南洋史地 张	
4：10		21—22 宋辽金元史 张	

（《北平私立燕京大学文学院课程一览》，1935 年）

燕京大学历史学系（1936）

　　本系宗旨有二：甲，使普通学生明了本国及世界政治、经济与文化之史观，此乃近代任何学生所必不可少之知识。乙，使主修历史之学生明了已往大势，精通史学之方法，俾能应用科学方法以研究历史（尤注重中国史），或在中学、大学教授历史。

　　特别必修：二年级英文八学分。

　　主修：历史四十至六十八学分，其中须包括下列各科目：历史一六一　初级历史方法，学分二一〇；历史一六七　高级历史方法，二一〇；历史一九九—二〇〇　毕业论文，一一一。

　　副修科目：各学系之历史科目及任何社会科学与地理学之普通科目，选修二十至二十四学分。其中尤宜选修地理学一门，社会、经济、政治及教育学系内之课程各一门。

　　第二外国语对于研究历史，畀益甚大，但其修习之期限宜长，且求能于本科修业期间内选读该外国语之史书与史料。有阅读日文之能力者对于研究中国史上甚有价值。德、法二文于预备继续研究欧州史上确为重要。就德、法二文而言，须有二年之预备，始能选读其史书。因此，本学系希望其主修生之拟修德文或法文者，能于第一、二学年修毕该文最初二年之功课，以便于第三、四学年选修该文之史书。

（一）中国与亚细亚各国史

　　中国通史　历史一—二　学分三—三　邓之诚　一、注意时代的认识。对于年代、世次作简单之说明，并从各个时代之事的、人物的、制度的各种关系，以探索其意义及因果；二、注意文化的发展。从制度、政治、经济、学术、思想、艺术及中外交通上，以求其变化之痕迹；三、注意社会进化。从社会、经济、生活、风俗、阶级各方面，作综合之观察。选修：一、二、三、四年级。

中国古代地理沿革史 历史七—八 学分三—三 顾颉刚 本课搜集古代地理材料，对于汉以前之各代疆域、民族予以系统之叙述，并推求当时地理观念之演进。选修：三、四年级及研究生。本年不开班。

中国地理沿革史 历史九—一〇 学分二—二 谭其骧 本课以讲述历代疆域变迁、州郡沿革、形式阨塞为主，兼及河渠水利、边徼四裔、地理之概要，并指导选修者研读《汉志》、《水经注》等名著。选修：三、四年级及研究生。

中国上古史研究 历史一一—一二 学分三—三 顾颉刚 本课搜集上古史材料，审查其真伪与时代，俾得顺其发生之次序以明了古史学说演化之经过，并予史实以系统之叙述。选修：三、四年级及研究生。本年不开班。

春秋史 历史一三—一四 学分二—二 顾颉刚 将春秋时史料分国纂集，说明其内政及国际关系，并为上稽西周，下考战国之准备。选修：三、四年级及研究生。

秦汉史 历史一五—一六 学分二—二 邓之诚 一、秦汉统一事业之伟大及域外经营；二、秦汉制度之沿革及其支配后代之力量；三、秦汉经济制度之变迁；四、秦汉学术思想之变迁及儒家、道家在政治上所占地位之消长；五、秦汉之文学、艺术；六、秦汉社会之普遍的观察。预习：历史一—二。选修：三、四年级及研究生。

魏晋南北朝史 历史一七—一八 学分二—二 邓之诚 一、魏及晋宋南北因袭之各种制度；二、五胡民族之变迁；三、魏晋清谈思想之树立及其影响；四、佛教盛行及道教之成立；五、魏以后之门第阶级及九品中正；六、东西交通之经过；七、南北文化之递进；八、魏晋南北朝之学术、文学、艺术；九、南北朝之纷乱及民生；十、魏晋南北朝之社会观。预习：历史一—二。选修：三、四年级及研究生。

隋唐五代史 历史一九—二〇 学分二—二 邓之诚 一、隋唐之统一建设；二、隋唐统一与南北文化之沟通及其支配近代之力量；三、中唐以后之经济制度及民生；四、隋唐五代地方制度之扩大；五、唐代中西交通之盛；六、三教及三夷教、回教之盛衰；七、唐代科举制度励行后门第阶级之堕落；八、隋唐之域外经营及对于外族之待遇；九、唐代之学术、思想、文学、艺术；十、五代之纷乱及民生；十一、隋唐五代之社会观。预习：历史一——二。选修：三、四年级及研究生。本年不开班。

宋辽金元史　历史二一——二二　学分二—二　张星烺　讨论此数朝之民族兴亡，政府组织，当时国际交涉，宋朝长期太平及各种文艺学术，西夏负固西北，西辽之建国中央亚细亚，元代西征事迹，元初各种建设事业，元代世界交通及其特别文化。选修：三、四年级及研究生。

明清史　历史二三—二四　学分二—二　邓之诚　一、元朝压迫下之民生及元末群雄并起；二、明代制驭北方政策；三、明清两代制度之沿革；四、明清两代经济政策及民生；五、明清两代政治之比较；六、明清两代之绅士阶级；七、明末及清初之党局及其对于政治上所发生之影响；八、满洲开国以前之史料的搜集；九、明末流寇及张、李之兴亡；十、南明史料之搜集；十一、满洲镇压汉族之策略；十二、清代文字之狱及汉族屡次革命运动；十三、明清两代海通后之西方学术输入；十四、西力东渐及侵略政策；十五、清代之域外经营；十六、明清两代之学术、文学、艺术；十七、明清两代之社会观。预习：历史一——二。选修：三、四年级及研究生。本年不开班。

东北史地　历史四一——四二　学分三—三　冯家昇　（甲）介绍中外学者研究的成绩及最近的新发现：一、欧美人的研究。二、俄人的研究。三、日人的研究。四、国人的研究。（乙）研究各民族的演变及其与内地的关系：一、史前时代。二、郡县时代。三、藩属时代。四、对峙时代。五、潜伏与滋大时代。六、国际竞争时代。七、日本独占时代。选修：二、三、四年级。

中国地方志学　历史五二　学分二　张国淦　选修：三、四年级及研究生。

自然地理　历史五九—六〇　学分二—二　达伟德　选修：一、二、三年级。

中国地理　历史六一—六二　学分二—二　张印堂　本课注重中国各种地理要素，如位置、地形、土壤、山脉、水系、气候、自然生物之分布、天然富源之分布及自然区域之划分，并研究其自然地理要素对于文化发展之影响，如政治区域之划分、人口之分布及人民各种经济活动等。使学者能了解中国现在"人地"之关系，俾研究未来改善之方法。选修：一、二、三、四年级。

中西交通史　历史六三—六四　学分二—二　张星烺　古代中国与欧洲及亚洲西部各国交通事迹。说明中国史书上关于欧洲之记载及西洋史书上关于中国之记载。唐宋时代中国与阿拉伯之交通。东西文化互换、古代使节、僧侣、游客、商人来往记载，由上古起至十八世纪末止。选修：三、四年级及研究生。

中国之革新　历史六五—六六　学分三—三　王克私　以比较文化的眼光研究现代中国之革新。本课之要旨在使学生对于现代应加考究的问题得到系统之观察，及介绍外国人之见证，与其他重要之英、法、德文艺（认识德、法二文与否均可）。选修：三、四年级及研究生。

远东近世史　历史七三—七四　学分二—二　洪煨莲　本课以乾隆癸丑英使马戛尔尼来聘案为始，选远东与西洋间政治、商业及文化之关系问题若干，由教师讲解，并指定各题参考史料，俾诸生阅览。此外，选习者应细阅 Hosea Ballou Morse and Harley Farnsworth MacNair, *Far Eastern International Relations*（Boston, Houghton Mifflin Co., 1931）. 稻叶君山著（但焘译）《清朝全史》（上海中华书局，民国四年）二册，及王芸生《六十年来中国与日本》（天津大公报出版社，民国二十一年至二十三年）七卷。选修：二、三、四年级。

日本史　历史七五—七六　学分二—二　冯家昇　本课系通史性质，不偏重某时期。内容略分三大部份：第一，史前时期。讨论日本民族之由来，原始社会与民生状况及中日古代之关系。第二，佛教与中国文化之输入。讨论神道教与佛教之关系，及社会与政治之大变动。第三，西洋文化之输入。讨论内政之大改革，向外之发展及国势之澎涨。选修：一、二、三年级。

西亚史　历史七七—七八　学分二—二　韩儒林　本课自亚力山大帝

国分崩讲起,历述希腊、波斯、亚拉伯、突厥、蒙古诸族之盛衰,并采用辄近东方学采求考证之成绩,以从事东西民族接触及文化灌输等问题之研究。选修:二、三、四年级。

南洋史地 历史七九—八〇 学分二—二 张星烺 美属菲律宾群岛,荷属东印度,英属马来亚、缅甸、暹罗、安南诸地之地理、天气、人种、历史,尤注意古代各地与中国之交通及近代华侨发展史。选修:三、四年级及研究生。本年不开班。

(二)亚洲以外诸国史

西洋文化之基础 历史九一 学分三 贝卢思 欧洲古世至罗马帝国灭亡期间之简史。选修:一、二、三年级。

欧洲近世各国发展史 历史九二 学分三 贝卢思 自五世纪至现在欧洲人民之简史。选修:一、二、三年级。

上古至纪元前第四世纪 历史一〇一 学分三 伍英贞 近东帝国与古希腊。选修:二、三、四年级。

后期希腊与罗马 历史一〇二 学分三 伍英贞 选修:二、三、四年级。

欧洲中世史 文艺复兴 历史一〇三 学分三 李瑞德 选修:二、三、四年级。本年不开班。

独裁政治与欧洲革命 历史一〇四 学分三 李瑞德 自十七世纪至一八一五之欧洲。选修:二、三、四年级。本年不开班。

西洋史:一八一五至一八七一 历史一〇五 学分三 贝卢思 研究此时期之西洋史,特重意大利与德国之合并及爱国心之发展。选修:二、三、四年级。

西洋史:一八七一至一九一八 历史一〇六 学分三 贝卢思 续历史一〇五,但在此学期则注重社会主义运动之历史、欧洲之伸张、大战前之酝酿,以及在一八七一至一九一八间国际主义之膨胀。选修:二、三、四年级。

一九一八以来之欧洲史 历史一〇七—一〇八 学分三—三 王克私 注重国家与国际之问题、经济之生活及文化之现状。选修:三、四年级及研究生。

＊历史一〇一至一〇八为分期之全部西洋史，八学期授毕。

犹太人历史 历史一一五 学分三 伍英贞 古时至纪元前第一世纪犹太人之历史，特重犹太人与其他各国之接触。选修：二、三、四年级。

罗马统治下之巴里斯登 历史一一六 学分三 伍英贞 研究纪元前七十年至纪元后七十年地中海东部各国之冲突。选修：二、三、四年级。

古时至一六〇三英国民主政治之发展史 历史一一九 学分三 贝卢思 本课程研究民主政体之学理并古时至 Tudor 时代末之英国政府产生及发展。选修：二、三、四年级。

一六〇三以来英国民主政治之发展史 历史一二〇 学分三 贝卢思 续历史一一九，但更进一步研究工业运动时期之英国民主政治及现在民主政府之工作。选修：二、三、四年级。

美国史 历史一二九——三〇 学分二—二 齐思和 本课目的在以中国眼光研究现代美国文明之由来，于其政治制度之演变、社会经济之发展、学术思想之升沉，皆在可能范围内予以有系统之讨论，尤注意其外交政策及其对中国之关系。讲演、参考书、讨论三方面并重。选修：二、三、四年级。

基督教史 历史一三七——三八 学分三—三 王克私 检讨基督教自身之历史及其与环境之关系，特别注重原料之阅读，如 Eusebius, Augustine, Bede, 早期之 Franciscans, Luther, Calvin, Wesley 等之著作。选修：四年级及研究生。

（三）历史方法

初级历史方法 历史一六一 学分二 洪煨莲 此课注意史料之如何寻检、记录、批评及报告，由教师讲解，并指定浅近问题由诸生练习之。此外，选习者并应细阅朗格诺瓦及瑟诺博司合著（李思纯译）《史学原论》（上海商务印书馆，民国十五年）、何炳松《通史新义》（大学丛书，上海商务印书馆，民国十九年），及梁启超《中国历史研究法》及

《补编》(上海商务印书馆,民国十一年;《补编》,民国二十二年)。选修：二、三、四年级。

史学练习　历史一六二　学分二　洪煨莲　本课为初级历史方法之继,每周分题练习,尤注意于书籍文稿之校雠及订定,习作题跋及短篇考证论文。预习：历史一六一。选修：二、三、四年级。

高级历史方法　历史一六七　学分二　洪煨莲　此课细论历史毕业论文选题之标准、考证之程序、解释之理论及编纂之格式,而尤注意于学术工具,如年表、日历、图谱、目录、引得、类书等等之应用。选习者各自为其专题预备,报告其重要之心得,而全班共同批评、讨论、修正之。预习：历史一六一。选修：三、四年级及研究生。

巴里斯登考古学　历史一八七——八八　学分一——　李荣芳　先讲考古学的原则,再论考古学与政治、文化、宗教等史的关系。选修：二、三、四年级。

古迹古物调查实习　历史一八九——九〇　学分二一二　容庚、顾颉刚、李荣芳　北平为辽金、宋、元、明、清五代建都之地,古迹随处有之,又为文化机关所萃,古物之多亦远过他地,此皆史系生所不当不践履摩挲者。今设此课,目的在养成学生自动搜集材料之兴趣,俾所学不受书本限制。选修：二、三、四年级及研究生。

历史教学法　历史一九六　学分二　洪煨莲　本课略依约翰孙著(何炳松译)《历史教学法》(上海商务印书馆,民国十五年),而讨论其于中国中小学历史课业教学之应用,并注意于各史课本及参考书之选择及批评。选习者每二周试编其所拟授各课中之纲目,或讲稿一篇,由全班讨论、修正之。预习：历史一六一及历史一六七。选修：三、四年级及研究生。

毕业论文　历史一九九—二〇〇　学分一至一

附：历史学系教员(1936年度)

教授兼主任：顾颉刚。

教授：洪业,邓之诚,王克私(Philippe De Vargas)。

讲师：贝卢思女士(Lucy M. Burtt),李瑞德(Richard H. Ritter)(本年请假)。

兼任讲师：张星烺,张国淦,张印堂,齐思和,冯家昇,韩儒林,谭其骧。

兼任助理：侯仁之。

（《北平私立燕京大学一览》,1936 年度及 1937 年度）

燕京大学历史学系（1941）

齐思和,哲学博士,教授兼主任；洪业,神学博士、法学博士,教授；邓之诚,教授；王克私 Ph. De Vargas, 哲学博士,教授；贝卢思女士 Lucy M. Burtt, 文硕士,副教授；萧正谊,文硕士,讲师；聂崇岐,文学士,讲师；翁独健,哲学博士,讲师；裴文中,科学博士,兼任讲师；雷仁福 Charles C. Stelle, 哲学博士,名誉兼任讲师；侯仁之,文硕士,助教；王聿修,文硕士,助教；沈鸿济,文学士,助理；罗秀贞女士,文学士,兼任助理；张尔田,研究生导师；李荣芳,神学博士,宗教学院教授。

学程总则

宗旨：甲,讲授普通历史知识,使一般选修本系普通课程者,得明了本国及世界政治、经济、文化等过去演变之大势,藉以了解现在而准备将来。

乙,训练专门人才,对主修本系者,讲授比较专门问题及现代史学方法,以养成其以科学方法研究历史或教授历史之能力。

组织：本系分中国史及西洋史二组,学生得就兴趣所近,选修一组,至迟于第三年开始时决定。

特别必修：二年级英文,4—4 学分。主修：历史 40 至 68 学分,其中须包括下列各课程：历史 101—102（1—2）中国通史,3—3 学分；历史西洋史入门课程一门,3—3 学分；历史 272（161）初级历史方法,2 学分；历史 376（167）高级历史方法,2 学分；历史 497—498（199—200）四年级生毕业论文,1 至 4 学分。

　　此外主修中国史者,至少须选修断代史三门及中国史研究一门。主修西洋史者,至少须选修西洋史入门课程三门及西洋史研究二门。

　　有关课程：凡各学系之历史课程及普通之社会科学,皆为有关课程,须选修 20 至 40 学分。尤宜选修社会、经济、政治及教育学系之课程各一门。

　　学生如有志于高深研究,则英文之外,须通晓其他重要外国语言。但德、法、俄、日文等须学习二年以上,始能通读其史籍,故本系主修生拟学第二外国语者,应于第一、二学年起始,俾至三、四年级时能读其史籍。

课程说明

（甲）中国史与亚洲史

　　历史 101—102（1—2）　中国通史　3—3 学分　邓之诚　王钟翰　本课程内容：一、注意时代的认识。对于年代、世次作简单之说明,从各个时代之事与人物、制度各种关系,以探索其意义及因果；二、注意文化的发展。从制度、政治、经济、学术、思想、艺术及中西交通各方面,以求其变化之痕迹；三、注意社会进化。从社会、经济、生活、风俗、阶级各方面,作综合之观察。选修：一、二、三、四年级（每组限五十人）。甲组：星期一、三、五,10∶20；乙组：星期一、三、五,11∶20。

　　历史 205　殷周史　2 学分　齐思和　本课程依据近年来之新发现及可信之旧史料,讨论史前时代、殷代及西周之文化。选修：二、三、四年级。每隔一年开班,星期四,2∶10—4∶00。

　　历史 206（11—12）　春秋史　2 学分　齐思和　本课程依据《春秋》、《左传》、《国语》及其他有关史料,以及现存实物,将春秋时代之政治、经济、社会制度、学术思想及国际关系,作有系统之研究。并注意此时封建制度与西洋封建制度之比较。选修：二、三、四年级。每隔一年开班,星期四,2∶10—4∶00。

　　历史 207—208（13—14）　战国史　2—2 学分　齐思和　本课程为春秋史之续。研究春秋以后,秦统一六国以前二百六十年间政治、经济、社会之演变,尤注意封建制度之崩溃及中央集权制度兴起之程序。此外于学术之发展,亦加以讨论。选修：二、三、四年级。每隔一年开班。本年度不开班。

历史 209—210（15—16）　秦汉史　2—2学分　邓之诚　本课程研讨：一、秦汉之统一事业及域外经营；二、秦汉制度之沿革及其支配后代之力量；三、秦汉经济制度之变迁；四、秦汉学术思想之变迁及儒家、道家在政治上所占地位之消长；五、秦汉之文学与艺术；六、秦汉社会之普遍观察。预习：历史 101—102（1—2）。选修：二、三、四年级。每隔一年开班。本年度不开班。

历史 211—212（17—18）　魏晋南北朝史　2—2学分　邓之诚　本课程研讨：一、魏晋南北朝因袭之各种制度；二、五胡民族之变迁；三、魏晋清谈思想之树立及其影响；四、佛教盛行及道教之成立；五、魏以后之门第阶级及九品中正；六、东西交通之经过；七、南北文化之递进；八、魏晋南北朝之学术、文学、艺术；九、南北朝之纷乱及民生；十、魏晋南北朝之社会观。预习：历史 101—102（1—2）。选修：二、三、四年级。每隔一年开班。本年度不开班。

历史 213—214（19—20）　隋唐五代史　2—2学分　邓之诚　本课程研讨：一、隋唐之统一建设；二、隋唐统一与南北文化之沟通及其支配近代之力量；三、中唐以后之经济制度及民生；四、隋唐五代地方制度之扩大；五、唐代中西交通之盛；六、三教及三夷教、回教之盛衰；七、唐代科举制度励行后门第阶级之衰落；八、隋唐之域外经营及对于外族之待遇；九、唐代之学术思想、文学、艺术；十、五代之纷乱及民生；十一、隋唐五代之社会观。预习：历史 101—102（1—2）。选修：二、三、四年级。每隔一年开班,星期二、四,10：20。

历史 215—216（21—22）　宋史　2—2学分　聂崇岐　本课程内容略分四部：一、宋代内政外交之梗概；二、宋代典章制度之变革；三、各种学术之特点；四、民生状况与社会风俗。预习：历史 101—102（1—2）。选修：二、三,四年级。每隔一年开班。本年度不开班。

历史 217—218（21—22）　辽金元史　2—2学分　翁独健　本课程研讨此数朝之民族兴亡,政府组织,当时国际交涉,西夏负固西北,西辽之建国中央亚细亚,元代西征事迹,元初各种建设事业,元代世界交通及其特别文化。并特别注意重要史料与近代中外学者研究结果之介绍。预习：历史 101—102（1—2）。选修：二、三、四年级。星期六,9：20—11：10。

历史 219—220（23—24） 明清史 2—2学分 邓之诚 本课程研讨：一、元代压迫下之民生及元末之群雄并起；二、明代制驭北方政策；三、明清两代制度之沿革；四、明清两代经济政策及民生；五、明清两代政治之比较；六、明清两代之绅士阶级；七、明末及清初之党局及其对于政治上所发生之影响；八、满洲开国以前史料之搜集；九、明末流寇及张、李之兴亡；十、南明史料之搜集；十一、满洲镇压汉族之策略；十二、清代文字之狱及汉族屡次革命运动；十三、明清两代海通后之西方学术输入；十四、西力东渐及侵略政策；十五、清代之域外经营；十六、明清两代之学术；十七、明清两代之社会观。预习：历史 101—102（1—2）。选修：二、三、四年级。星期二、四,8：00。

历史 221—222 清代政治史 2—2学分 王钟翰 本课程在说明有清一代二百数十年间政治递嬗及典制变迁之概略。大凡十有三朝,大经大法,见之会典；而细微曲折之事,则有则例。今从一代史事,以证典例之得失。可分为三期：一、清初模仿明制时期（崇德至雍正,1636—1736）,二、清中叶守成变例时期（乾隆至咸丰,1737—1861）,三、清末变法时期（同治至宣统,1862—1911）,尤重一代因时变迁之故及其在行政方面之效率。选修：二、三、四年级。本年度不开班。

历史 225 & 226 中国官制史 3—3学分 聂崇岐 本课程共分两部讲授。上学期阐述历代官守之变迁沿革与其相互关系,以及历代封爵、品位与夫禄赐、章服之制。下学期专论历代学校选举及保荐铨叙之法。星期一、三、五,10：20。

历史 231—232 亚洲史概论 3—3学分 翁独健 本课程研讨：一、亚洲历史之地理背景；二、亚洲各国盛衰兴亡之相互关系；三、民族之分布与转徙；四、宗教之发生与传播；五、文化之演变与交流；六、民族主义之勃兴；七、亚洲史研究之现状。选修：二、三、四年级。

星期一、三、五,9：20。

历史 237—238（73—74） 远东近代史 3—3 学分 翁独健 本课程讲述自十八世纪末叶以来,远东各国间及远东与西洋间政治、经济、文化关系之演变。选修：二、三、四年级。星期一、三、五,11：20。

历史 239—240（75—76） 日本史 2—2 学分 萧正谊 本课程对日本历史作统括之探讨。尤注重明治维新以后,日本建立现代国家之经过。内容分：一、绪论：述日本国家之天然及人文环境、民族之由来；二、上古史：自先史、原史时期至大化革新,叙述日本未开化时代之社会状况及儒佛东传后之影响；三、中古史：自大化新政至平安朝末期,说明公家时代之特质；四、近世史：自镰仓幕府至德川幕府,说明武家政治之盛衰经过；五、现代史：即明治维新前后之历史,说明西化东来后日本内政兴革及国史伸张之经过。分两季授课,上季授至近世史部分,下季则专讨论现代史部分。选修：二、三、四年级。本年度不开班。

历史 241 回教史 3 学分 翁独健 本课程研讨回教之勃兴及其传布与演变,尤注意其在中国之历史。选修：二、三、四年级。每隔一年开班。本年度不开班。

中国史与亚洲史研究

下列各国史及亚洲史研究为于国史既得普通知识,而欲于某一时代作专门研究之学生而设。选修者得与教员商议,就各课程中,选一时代（如上古史组得选史前期或西周时代等是）或一问题（如上古史组得选上古之田制等问题等是）作为研究之范围,依教员之指导,读基本史籍,并作报告。每周至少聚会一次,时间临时商订。选修者须先得系主任及教员许可。各课程以五人为限。

历史 305 & 306 中国上古史研究 2—2 学分 齐思和 本年度不开班。

历史 309 & 310 秦汉六朝史研究 2—2 学分 邓之诚 本年度不开班。

历史 313 & 314 隋唐五代史研究 2—2 学分 张尔田

历史 315 & 316　**宋史研究**　2—2学分　聂崇岐

历史 317 & 318　**蒙古历史语言研究**　2—2学分　翁独健

历史 319 & 320　**明清史研究**　2—2学分　邓之诚　本年度不开班。

历史 321 & 322　**民国史研究**　2—2学分　邓之诚

历史 323 & 324　**中亚史研究**　2—2学分　翁独健

历史 341 & 342　**远东近世外交关系研究**　2—2学分　雷仁福

历史 339 & 340　**日本史研究**　2—2学分　萧正谊　本年度不开班。

（乙）西洋史

历史 145 & 146（91—92）　**西洋通史**　3—3学分　王克私　本课程第一学期讲授西洋文化之来源，希腊、罗马时代之文化，罗马之灭亡，蛮族之建国。第二学期讨论：西洋中古时代之文化，文艺复兴，及近世工艺、科学、文化之由来与发展，以迄于一九一四大战之爆发。甲组：注重制度之发展与政治思想之演进，为主修社会科学之学生而设。选修：一、二、三年级。星期一、三、五，8：00。　贝卢思。乙组：注重文化之进展，为文理学院学生所设。选修：一、二、三年级。星期一、三、五，2：10。　贝卢思。

历史 249—250（103）　**欧洲向外发展史（自文艺复兴至法国大革命）**　3—3学分　本课程讲授文艺复兴时期欧洲文化之发扬，及自十五世纪末至十八世纪末，欧洲势力与文化向外发展之经过与影响。选修：二、三、四年级。本年度不开班。

历史 251（104）　**法国革命及拿破仑（1789—1814）**　3学分　贝卢思　本课程讨论法国大革命之背景与发展及其对于西方之影响，拿破仑帝国之兴亡，以及欧洲各国在此时期之发展。选修：二、三、四年级。每隔一年开班。本年度不开班。

历史 252（105）　**欧洲十九世纪前期史（1815—1870）**　3学分　贝卢思　本课程研究十九世纪初年之守旧运动与其后各国之革命运动，以及民族主义与国际思想之发展。选修：二、三、四年级。每隔一年开班。本年度不开班。

历史 253 & 254（106）　**欧洲近代史（1871—1918）**　3—3学分　王

聿修　本课程第一学期研究此时期中国际间之情况,战前协商、同盟两大集团之缔结,与大战爆发之原因及战事之经过。第二学期讨论近世欧洲之政治、社会、经济及文化各方面之演进,以及欧洲势力向外发展之概况。选修：二、三、四年级。星期一、三、五,10：20。

历史 153 & 154（107—108）　西洋现代史　3—3学分　齐思和　王聿修　本课程之目的,在研究现代国际问题之历史背景,俾学生得以明了现今主要国际问题产生之原因,及其将来之趋势。本课程分两部：第一学期讨论一九一八年后国际间之重要政治、经济、社会、文化等问题。第二学期讨论西洋主要国家自大战以后之国内与外交问题。学生得选任何一部或二部皆可。选修：一、二、三、四年级（每组限五十人）。本年只分三组,甲组：星期一、三、五,8：00；乙组：星期二、四、六,8：00；丙组：星期一、三、五,11：20。

历史 255—256（119—120）　英国史　3—3学分　贝卢思　本课程研究英国政治及社会之演变。选修：二、三、四年级。每隔一年开班。本年度不开班。

历史 258（130）　现代美国史　2学分　雷仁福　本课程讲授现代美国政治制度、外交政策、社会组织之背景,尤注重美国远东外交政策发展之背景。起自一八五〇,讫于现今。选修：二、三、四年级。星期五,2：10—4：00。

历史 365—366（137—138）　基督教史　2—2学分　王克私　本课程研究基督教之内容及其与环境之关系,特重史料之阅读,如：Eusebius, Augustine, Bede, The Early Franciscans, Aquinas, Luther, Calvin, Wesley 等人之著作。选修：三、四、五年级。星期二、四,11：20。

历史 367—368　近代基督教史　2—2学分　王克私　本课程继续历史三六五——三六六,述至最近,尤特别注重二十世纪基督教之新发展与基督教中之重要人物。除讲授外并选读重要史料。星期二、四,10：20。

西洋史研究

下列各西洋史研究班为既选西洋史入门课程,而欲进一步作较高深之研究者而设。有志专门研究西洋史者,尤须多选此类课程。凡选修本学程各组课程者,须先读各范围之入门课程。如欲选上古史研究者,须先选读西洋上古史——历史145等是。本课暂分七组,选修者得就个人兴趣与教员商订研究范围(如上古史可以选时代史,如希腊史、罗马史等是。或选一问题,如古代政治制度史是),由教员指导选读基本史籍、史料,并作报告。教员学生每周至少聚会一次,时间临时订商。选修者须先得系主任及教员许可,每课程以五人为限。

历史 345—346　西洋上古史研究　2—2学分　贝卢思

历史 347 & 348　西洋中古史研究　2—2学分　王克私　本年度不开班。

历史 349 & 350　西洋向外发展史研究　2—2学分　王克私

历史 351 & 352　西洋近代史研究　2—2学分　王聿修　本年度不开班。

历史 353 & 354　西洋现代史研究　2—2学分　齐思和　王聿修　本年度不开班。

历史 355 & 356　英国史研究　2—2学分　贝卢思　本年度不开班。

历史 357 & 358　美国史研究　2—2学分　齐思和　本年度不开班。

(丙)史学方法与辅助科学

历史 272(161)　初级历史方法　2学分　洪业　本课程注重史料之如何寻检、记录、批评及报告,由教师讲解,并指定浅近问题由诸生练习之。此外选修者并应细阅朗格诺瓦及瑟诺博司合著(李思纯译)《史学原论》(上海商务印书馆,民国十五年)、何炳松《通史新义》(大学丛书,上海商务印书馆,民国十九年),及梁启超《中国历史研究法》及《补编》(上海商务印书馆,民国十一年;《补编》,民国二十二年)。选修:二、三、四年级。星期三,2:10—4:00。

历史 274(162)　史学练习　2学分　洪业　本课程为初级历史方法之继,每周分题练习,尤注意于书籍文稿之校雠及订定;习作题跋及短篇考证论文。预习:历史272。选修:二、三、四年级。本年度不开班。

历史 376（167）　高级历史方法　2学分　洪业　此课程细论历史毕业论文，选习之标准、考证之程序、解释之理论及编纂之格式，皆在讨论之列，而尤注意于学术工具，如年表、日历、图谱、目录、引得、类书等等之应用。选习者各研究其专题，而报告其重要心得，俾全班共同批评、讨论、修正之。预习：历史 272（161）选修：三、四年级。星期一，2：10—4：00。

历史 377（169—170）　中国史学名著选读　2学分　齐思和　本课程之目的，在使学生藉选读名著机会，得以略识中国基本史学名著之内容及其问题，以为将来应用时之准备。举凡重要中国古史、正史、编年、纪事本末、别史、职官各史，以及传记、年谱、考证、史评、书目等类之书，与杂志、图表皆择其重要者，加以研究。选修：三、四年级。本年度不开班。

历史 378　西洋史学名著选读　3学分　贝卢思　王克私　齐思和　本课程之目的，在藉选读西洋重要史家名著，使学生略知西洋史学进步之大势，及各派各家之特殊作风。所选史家，起于希腊，讫于当代，凡二十余家。所选读物，皆用英文译本，讲授时参照原文。学生能通读希腊、拉丁、德、法文者固佳，不能者亦可选修。星期二，2：10—4：00。第三时临时商订。

历史 379　西洋史学教学法　3学分　贝卢思　齐思和　本课程讨论历史教学之基本原理与技术，与夫西洋史教学之特别问题。并共同分析部颁之中、大学课程标准与通行课本。此外有一二次参观并批评其结果。每周上课二小时，个别讨论一小时。星期二，2：10—4：00。第三时临时商订。

地理 201—202（历史 281—282）　中国地理　3—3学分　侯仁之　本课程分两部：第一学期总论中国地理状况；第二学期分区域讲述。选修：二、三、四年级。星期二、四、六，9：20。

地理 203—204（历史 283—284）　世界地理　3—3学分　侯仁之　本课程讲述世界各大洲之自然与人文地理，如土地构造与地形、气象与自然景象、种族与人口分布，而尤注重各国经济发展之地理背景。

选修：二、三、四年级。星期二、四、六，11：20。

地理 209 & 210（历史 279—280） **中国地理沿革（政治经济的检讨）** 3—3 学分 侯仁之 本课共分两部，前后各占一学期，可以分别选修。第一学期讲述中国历史地理之政治部分，包括历代疆域之变迁、地方行政制度之递嬗以及都市之兴衰；第二学期讲述中国历史地理之经济部分，例如历代农田水利之兴废、交通运输之演变、天然富源之开发，而尤注重此等经济发展对于中国历史之影响。选修：二、三、四年级。星期一、三、五，9：20。

历史 287—288 **史前时代考古学** 3—3 学分 裴文中 本课程研究有文字记录以前文化发展之概况。举凡史前考古学之原理方法，近年来西洋及中国关于史前时代之重要发现，皆加以讨论，尤注重考古技术之训练。讲授、阅读与实习、参观并重。选修：二、三、四年级。星期五，10：20—12：10；1：10。

历史 289—290（187—188） **巴勒斯坦考古学** 1—1 学分 李荣芳 本课程先讲考古学原则，次论考古学与政治、文化、宗教等史的关系，以及近年考古家在巴勒斯坦之新发现。选修：二、三、四年级。星期四，1：10。

历史 291 & 292（189—190） **北平宗教古迹古物调查实习** 3—3 学分 李荣芳 本课程藉考察北平及近郊之古刹古物，训练学生考释古物、印证史事之方法。每月参观两次，每周上课一次。本课程以二十人为限，欲选此课者，须得本系主任许可。选修：二、三、四年级。星期二下午，7：00；星期六下午。

史学研究

下列史学研究各班为已选初级及高级史学方法，而更欲于中国或西洋史学作更高深之研究者而设。进行方法与其他研究班同，选修者须得系主任及教员同意。

历史 475 & 476 **中国史学研究** 2 & 2 学分 洪业 齐思和 本年度不开班。

历史 471 & 472　西洋史学研究　2 & 2 学分　洪业　齐思和　本年度不开班。

历史 497—498（199—200）　四年级生毕业论文　1 至 4 学分　全体教员。

历史 597—598（299—300）　研究院生毕业论文　全体教员。

（《燕京大学课程一览》,1941 年）

英士大学史学系（1947）

文理学院史学系一年级准开科目表							
科目名称	应修学分	本学期修习学分	每周时数		修习年限	担任教师	备注
			演讲	实习			
宪法概论	二	一	一		一年	赵增辉	必修,全院合班
国文	六	三	三		一年	敖士英	必修,文史一合班
英文	六	三	三		一年	朱琴珊	必修,文史一合班
中国通史	六	三	三		一年	郭卢中	必修,全院分甲乙组
世界通史	六	三	三		一年	葛定华	必修
中国地理总论	四	三	三		一年	赵镜元	必修
哲学概论	四	二	二		一年	皮高品	必修,全院合班
心理学（选修一门）	六	三	三		一年	陈锦枚	必修,中史合班
生物学（选修一门）	六	三	三		一年	盛伯梁	必修,中史合班
世界地理	六	三	三		一年	赵镜元	必修
体育				二	一年	吴渭水	必修,中史数合
史学通论	四	二	二		一年	葛定华	必修

（《三十六学年度第一学期准开科目》，

《英士大学校刊》1947 年第 9 期）

云南大学文史学系（1947）

概况

民国十八年，本校尚在东陆大学时期，文科所属有历史系，严继光先生为主任，然未招生。廿四年秋，本校已改为省立，于文法学院添设中国文学系，开始招生。二十六年改称文史学系，由闻宥先生主持，海内硕彦就聘前来讲学者日多，惟以文史范围广漠，所开课程，不免顾此失彼，乃于二十八年分中国文学及史学两组。三十年又增设外国语文组，时闻宥先生已离校，系务由胡院长小石兼理，继改由楚图南先生主持。是年本校校务会议曾通过将文史系所设三组扩充为系，惟呈部请求，未蒙允准。

三十二年，楚图南先生辞去系主任职务，系务改聘徐嘉瑞先生主持。三十四年，外国语文组呈准独立成系。三十五年，徐嘉瑞先生休假，系务由方国瑜先生主持。本系年来所开课程甚为完备，故学生逐渐增加，深望能于最近期内，将两组扩设为两系，俾得分别发展。

本系于三十一年成立西南文化研究室，由方国瑜先生主持。三十三年又设文史研究室，由刘文典先生主持，钱穆先生为导师，罗庸先生为特约导师。

文史系史学组课程表

课目	学分
中国近世史	四
西洋近世史	四
读书指导	四
中国地理总论	四
中国史学史	三
隋唐五代史	三
英国史	三
宋元思想史	四
西洋上古史	三
经学通论	三
明清史	三
东南亚诸国史	三
中国上古史	三
西洋文化史	四
魏晋南北朝史	三
宋辽金元史	四
西亚诸国史	六
西洋中古史	三
毕业论文	二
世界通史	六
伦理学	三
理则学	三

（《国立云南大学一览》,1947 年）

浙江大学历史学程纲要（1932）

　　一〇一——一〇二　**中国通史**　苏毓棻　每周三小时　一学年　六学分　本学程之范围包括中国自太古迄于唐亡之史实,其内容约略如下:(1)黄帝以前之政论,(2)黄帝纪元百年间之盛治,(3)唐虞之世,(4)本时代之法制,(5)本时代之文化;(1)夏之世,(2)商之世,(3)周之世,(4)本时代之法制,(5)本时代之文化;(1)春秋之世,(2)战国之世,(3)本时代之法制,(4)本时代之文化;(1)秦,(2)秦汉之间,(3)汉,(4)东汉,(5)本时代之法制,(6)本时代之文化;(1)三国,(2)晋,(3)东晋,(4)南北朝,(5)本时代之法制,(6)本时代之文化;(1)隋,(2)唐,(3)本时代之法制,(4)本时代之文化。

　　一〇三——一〇四　**中国通史**　苏毓棻　每周三小时　一学年　六学分　本学程为继续一〇二中国通史而研究中国自五代迄于清亡之史实,其主要内容如下:(1)五代之纷扰与契丹之南侵,(2)宋太祖之诸政,(3)澶渊之盟,(4)天书,(5)辽之极盛,(6)仁宗之即位,(7)西夏之建国,(8)仁宗之守文,(9)王安石新法,(10)神宗用兵,(11)朋党之争,(12)金灭辽,(13)二帝北狩,(14)高宗南渡,(15)宋金议和,(16)两国之贤主,(17)韩侂胄专政,(18)金宋之灭,(19)本时代之法制,(20)本时代之文化;(1)蒙古之兴,(2)太宗远略,(3)蒙古内乱,(4)世祖平定诸国,(5)世祖诸政,(6)成宗征蛮及武仁之立,(7)文宗篡弑,(8)顺帝失国,(9)本时代之法制,(10)本时代之文化;(1)明太祖之开国,(2)惠帝削藩及成祖篡位,(3)成祖武功,(4)仁宣致治,(5)王振乱国及英宗复辟,(6)宪孝二宗之政,(7)武宗失德,(8)大礼之议及严嵩之奸,(9)张居正执政,(10)党祸及阉祸,(11)庄烈帝失国,(12)福王及诸藩之亡,(13)本时代之法制,(14)本时代之文化;（1）圣祖之经营域内,（2）圣祖之经营域外,（3）圣祖之政治,（4）青海及准噶尔之用兵,（5）世宗时之内政与外交,（6）准噶尔之兼并及回部之平定,（7）西南诸藩之服属,（8）乾隆朝之政治,（9）嘉庆朝各省之乱事,（11）回部之乱,（10）鸦片之役,（12）太平天国之勃起,（13）英法同盟军之入寇,（14）太平天国之结果,（15）回乱之平定及新疆之建省,（16）云南回乱及教党之平定,（17）中法战争,（18）中、英、缅甸、暹罗之交涉,（19）朝鲜交涉及中日之战,（20）光绪之亲政及戊戌政变,（21）拳匪乱事及八国联军之入京,（22）日俄之战与清廷中立,（23）朝廷之预备立宪,（24）革命军起及清帝退位,（25）本时代之法制,（26）本时代之文化。

说明：上列二学程,讲述中国自太古迄于清亡之史实,使学者习后,对于国史已有之智识加以整理与充实,务期于今日中国社会状况之由来,文化递渐之因果,明其利弊,知所兴革焉尔。

一〇五　中国近百年史　苏毓棻　每周二小时　一学期　二学分　本科内容：近百年史,上起清之中叶,下迄现时,其主要之内容约略如下：（一）现代国际之由来,（二）道光以后之内政,（三）鸦片战争以后之外交经过,（四）清季之失政,（五）革命运动,（六）道光以后之学术大要,（七）中华民国成立后之内政与外交,（八）国民革命之展进,（九）最近政治、外交、社会、学术之概况。

一〇七——一〇八　中国文化史　每周三小时　一学年　六学分　本科内容：文化史,自上古以迄最近,对于政治、经济、学术、思想、美术、工艺、宗教、风俗诸端演进之经过,兴衰消长之原因,作一平均扼要之叙述,而以各时代之重要潮流（如印度文化、西洋文化之输入等）为讨论之中心。

一〇九——一一〇　西洋文化史　鲁潼平　每周三小时　一学年　六学分　本科目的：在研究西洋文化之背景及其发达之过程与趋势,性质与普通西洋通史相近,惟对于形成西洋文化之各种事实与问题特别注意。

教本　A. F. Hattersley, *A Short History of Western Civilization.* （MacMillan）

一一一一一一二　**西洋近百年史**　鲁潼平　本科内容为一八一五至一九一四年一百年中之西洋史,其间各国革命之经过、意大利之统一、德国之兴起以及欧洲各国间造成大战之各种外交关系,皆为本科所注意之点。此外关于近百年中中国与列强之关系,尤随时提出讨论,以阐明我国在国际间所处之地位。

教本：J. S. Schapiro, *Modern and Contemporary European History,*（Houghton Mifflin）　预修学科：西洋文化史。

一一三一一一四　**英国史**　鲁潼平　每周三小时　一学年　六学分　本科为英国通史,教材方面,注重英国建国之过程、宪法之发展、殖民地之开发、工业革命之兴起、帝国之建造及民治主义之演化诸问题,对于英帝国组识之现状及趋势,并随时提出讨论以供留心英国时事学生之参考。

教本：T. F. Tout, *A History of Great Britain*　预修学科：西洋文化史。

教员一览

姓名	字号	籍贯	担任职务或学科	学历	通讯处
鲁潼平		湖南宁乡	史学副教授	美国芝加哥大学毕业	杭州钱塘路九芝小筑
苏毓棻	叔岳	浙江瑞安	中国史讲师	国立东南大学文学士	瑞安城内虞池

（《国立浙江大学一览》,1932 年度）

浙江大学史地学系（1937）

规程

　　本系分历史、地理两组,两组课程规定与各大学史学、地学单独成系者相仿,以期造成完美之历史学及地理学之人材。历史组兼重中国史与世界史,地理组兼重人文地理与自然地理,于气象学、地质学之功课均有相当分量。又历史组学生得以地理组为辅系,地理组学生亦得以历史组为辅系。本校毕业总学分规定,除军训、看护、体育及党义外,须修毕一百三十二学分,主系学分至少四十学分,辅系学分至少二十学分,兹将本系四年全部课程列表如左:

		第一学年	第二学年	第三学年	第四学年
（一）史地二组公共必修	（甲）历史组	中国近世史（全年四学分） 地学概论（全年四学分）	西洋近世史（全年四学分） 本国地理概论（全年四学分）	中国文化史（全年四学分） 世界地理（全年四学分）	
	（乙）地理组	同前	本国地理概论（全年四学分）	西洋近世史（全年四学分） 世界地理（全年四学分）	中国文化史（全年四学分）
（二）历史组必修			中国中古史（全年四学分）	中国古代史（全年四学分） 西洋上古史（全年四学分） 西洋中古史（全年四学分）	西洋文化史（全年四学分） 史学史及阅读（全年四学分） § 历史研究
（三）历史组选修			日本史下（半年三学分）	中西交通史上（半年三学分） 中国近五十年史（半年二学分） 历史地理下（半年三学分） 中国政制史上（半年三学分） *印度史（半年三学分） 世界经济史（全年四学分） *中国民族史上（半年二学分）	*人类学上（半年三学分） *考古学下（半年三学分） 中国思想史上（半年三学分） 西洋思想史（全年四学分） 中国经济史上（半年三学分） 俄国史下（半年二学分） 英国史上（半年二学分） *美国史下（半年二学分） 中学历史教育（半年二学分）

（续表）

	第一学年	第二学年	第三学年	第四学年
（四） 地理组必修		普通地质学 （全年四学分） 制图学 （半年二学分）	本国地理分论（全年四学分） 气象学上（半年三学分） 测量学下（半年二学分） 地理实察下（半年二学分） 历史地质学（半年三学分）	§ 地理研究
（五） 地理组选修		矿物学上 （半年三学分）	亚洲地理上（半年二学分） 欧洲地理下（半年二学分） 经济地理上（半年二学分） 历史地理下（半年二学分）	气候学上（半年三学分） 地形学上（半年三学分） 水文学上（半年二学分） 构造地质学下（半年三学分） 地球物理学下（半年三学分） * 人类学上（半年三学分） 经济地质学上（半年三学分） * 海洋学下（半年三学分） * 国防地理下（半年二学分） * 美洲地理上（半年二学分） 地理学史下（半年二学分） 中学地理教育下（半年二学分）

附注：

（一）上指上学期开设者，下指下学期开设者。

（二）有 § 记号者指毕业论文之预备，本系必修，但不给学分。

（三）有 * 记号者每二年开班一次。

（《浙江大学史地学系规程》，《史地杂志》创刊号，1937 年 5 月）

学程

第一学期 地学概论：朱庭祜；中国地学分论：张其昀；中国上古史：张荫麟；中国中古史：俞大维；中国通史：贺昌群；日本史：贺昌群；中国民族史：苏毓荣；中国近世史：陈训慈；中国文化史：贺昌群；西洋中古史：顾毂宜；西洋近世史：费巩；中日问题：张其昀；普通地质学：朱庭祜；世界地理：顾毂宜；气象学：沈鲁珍。

第二学期 中国地学分论：张其昀；政治地理：张其昀；俄国史：顾毂宜；西洋中古史：顾毂宜；气象学：沈鲁珍；中国文化史：贺昌群；中国中古史：贺昌群；中国战事史：贺昌群；中国近世史：陈训慈；西洋近世史：陈训慈；中国民族史：陈训慈；普通地质学：叶良辅；地学概论：叶良辅。

（《国立浙江大学文理学院史地学系学程一览》，1937 年度）

浙江大学史地学系（1947）

一、必修课程表

	第一学年		第二学年		第三学年		第四学年	
	课程	学分	课程	学分	课程	学分	课程	学分
共同必修科	三民主义	4	社会科学一种（政治学、经济学、社会学或人文地理任选一种）	6				
	国文	6	西洋通史	6				
	英文	6						
	中国通史	6						
	自然科学一种（地学通论、普通地质学、气象学、人类学或普通理化任选一种）	6						
	哲学概论	6						
	理则学	4						

		第一学年		第二学年		第三学年		第四学年	
		课程	学分	课程	学分	课程	学分	课程	学分
史地学系	历史组			中国近世史	6	中国断代史	6	中国断代史	6
				西洋近世史	6	西洋断代史	6	国别史	3
				中国地理总论	6	中国历史地理	3	史学方法、史学通论任选一种	3/4
								历史名著选读	4
	地理组	地学通论	6	气象学	4	测量上制图下	4	分洲地理	3
				地质学	6	地形学	4	野外实测	3
				本国地理总论	4	气候学	3	地学名著选读	4
						经济地理	3		
						分洲地理	3		

　　* 史地系自民国廿五年创立之初，即分为史学、地学二组，各组功课均与独立之历史学系、地理学系相仿，以期满足专门研究之需要。惟为鼓励方志学与国际学之研究，及志在从事新闻言论事业者起见，本系常令学生有志于是项研究及事业者，于选足本组必修课后，互选他组之功课，期收两组合为一系相辅切磋之益。上列本系修正课程表，曾奉本年四月二日教育部令准予备案。

二、史学教员名录

姓名	别号	性别	年龄	籍贯	职别
张其昀	晓峰	男	四七	浙江鄞县	文学院院长、史地学系主任、史地研究所主任。
顾毂宜	俶南	男	四五	江苏无锡	史学教授兼训导长
陈乐素		男	四五	广东新会	史学教授
谭其骧	季龙	男	三七	浙江嘉兴	史学教授
李絜非		男	四〇	安徽嘉山	史学教授
黎子燿		男	三九	湖南汉寿	史学副教授
张 崟	慕骞	男	四〇	浙江瑞安	史学副教授
胡玉堂		男	三〇	浙江余姚	史学讲师
徐 规	絜民	男	二八	浙江平阳	史学助教
管佩韦	一弘	男	二八	浙江黄岩	史学助教
宋 晞	旭轩	男	二八	浙江丽水	史学助教

（《国立浙江大学文学院概况》,1947 年）

之江文理学院历史系学程说明（1939）

　　历史一○一——一○二　三—三学分　本学程拟划中国历史为三时期加以讲述。夏至战国为一时期（夏以前拟略及黄帝、尧、舜之传疑时代），秦至隋为一时期，唐至有清中叶为一时期。清中叶以后则划入近代史。每一时期着意各代之特点，如秦用法术，汉兼用道儒，唐之武功，宋之文治等皆是，推论其得失与夫治乱兴衰大概。

　　历史一○三——一○四　清代通史　三—三学分　本学程讲授清朝一代事实，注重民族之混合、国土之扩张、外国势力之侵入以及文化之趋势。

　　历史一○五——一○六　中国近代史　三—三学分　讲述自清鸦片战争至最近时期政制之演变、国势之消长及国际重要事件所于我国之影响。

　　历史一○七——一○八　近代欧洲史　三—三学分　讲授现代文化之背景，十七世纪之知识革命、科学革命、民治思想、民治改制之进步，欧洲文化与世界之关系，及最近发生之种种重要运动与问题。

　　历史一○九——一一○　中国古代史　三—三学分　讲述自太古经汉朝以迄唐朝之历史。注重该时期中之重要发明及建筑、领土之向外扩张及社会、经济、政治上之变迁大势。

　　历史二○一——二○二　中国文化史　三—三学分　讲述吾国文化之演进。内容分三个时期：（一）自上古至汉族文化独立发展时期，（二）自汉代至明代为中印文化融合时期，（三）自明末至现代为中西文化接触时期。每期于政治社会之背景、典制学术之升降以及风俗习尚之变迁，均详述之。

　　历史二○三——二○四　中国中古史　三—三学分　讲授自唐至明

历朝兴亡之大概,注重汉族与其他异民族之交涉、冲突及最后如何同化各异民族而成为中华民族步骤。

历史二〇五 西洋古代史 三学分 讲述史前时代文化之开始,埃及、巴比伦、波斯等国之兴废,腓尼基人及希伯来人对文明之贡献,及希腊、罗马文化之特质。

历史二〇六 英国史 三学分 讲述英国上古、中古、近世之各种制度,工业革命之发生,内阁制度之兴起,殖民地之发展,及今日英帝国所遭遇之困难问题。

历史二〇七 美国史 三学分 讲述如何发现新大陆,美利坚开国以来政治、社会、经济之变迁,尤注重当今美国在国际政治上所占之地位。

历史二〇八 日本现代史 三学分 讲述日本之政治变迁,及其与我国之关系,与国际其他国家之关系。

历史二〇九 俄国现代史 三学分 首略论俄国自大彼得帝立国以来政治演进之概况,次详论苏俄实行苏维埃制度后之各种社会情形,特别注重中、俄、日间之外交关系。

历史二一五 战后欧洲动态 三学分 讲授战后欧洲各大国之内政、外交、社会及经济之政策及情状。

（《之江文理学院课程一览》,1939 年）

中国公学史学社会学系（1929）

本系定名为史学社会学系，以史学为主，社会学为副。

本学系以养成用进化观念与科学方法整理及研究中外史学之专门人才为宗旨，又因历史进程之原动力在社会，故将史学与社会学合并为一系，以顺应最近史学界之趋势。

本系课程循序渐进，尤注意课外作业，指导学生研究专题，使其对于搜集、鉴别、整理史料有浓厚之兴趣，养成研究学术之习惯。

本系教授名录：杨鸿烈（主任），胡适，程仰之，黄凌霜，刘英士，李如苍，尹雪崖。

一、普通必修科目

科目	学分	号数
中国文学常识	六	中一〇一——一〇二
英文（或法文）（一）	六	外一〇一——一〇二
英文（或法文）（二）	六	外二〇一——二〇二
文化史	四	史一〇三——一〇四
哲学概论	四	哲一〇三——一〇四
心理学	三	哲二一三
政治学	三	政一〇一
经济学	三	政一〇三
社会学	三	史一一三
军事训练（一）	四	军一〇一——一〇二
军事训练（二）	四	军二〇一——二〇二

二、本系选修科目

科目	学分	号数
史学通论	三	史一〇一
中国通史	四	史一〇五——一〇六
西洋通史	四	史一〇七——一〇八
东洋通史	四	史一〇九——一一〇
历史地理学	二	史一一一
中国史学史	六	史二〇一——二〇二
西洋史学史	四	史二〇三——二〇四
中国上古史	三	史二〇五
中国中古史	三	史二〇六
西洋上古史	三	史二〇七
西洋中古史	三	史二〇八
社会进化史	四	史二〇九——二一〇
中国近古史	三	史三〇一
中国近百年史	三	史三〇二
西洋近世史	三	史三〇三
中国民族史	二	史三〇四
中国知识史	二	史三〇五
欧洲知识史	二	史三〇六
日本史	二	史三〇七
古籍校读法	二	史三〇八
社会心理学	二	史三〇九
社会问题	三	史三一〇
社会调查	三	史三一一
古史专题研究	四	史四〇一——四〇二
考证专题研究	四	史四〇三——四〇四
甲骨金文研究	四	史四〇五——四〇六

（续表）

科目	学分	号数
诸史研究	六	史四〇七—四〇八
社会统计学	四	史四〇九—四一〇
社会管理	三	史四一一
社会政策	三	史四一二
西洋哲学史	六	哲二〇一—二〇二
中国哲学史	六	哲二〇三—二〇四
佛学史	二	哲三〇四
商业史	二	哲三〇四
世界宗教史	二	商一〇一
西洋文学史	六	外三〇三—三〇四
教育史	六	哲二〇五—二〇六
数学史	二	数四〇四
物理学史	二	数四〇八
化学史	二	数四一二
美术史	三	史四一三
科学史	三	史四一四
医学史	三	史四一五
政治思想史	四	政二〇三—二〇四
中国民权发达史	三	政三〇二
经济发达史	六	政二一一—二一二
中国经济发达史	二	政三二二
经济思想史	六	政二一三—二一四
中国法律发达史	四	政二一五—二一六
中国法律思想史	二	政二一八
中国外交史	三	政三二二

（《吴淞中国公学大学部学则》，1929 年）

中山大学史学系（1930）

美洲史（美国之部）　每周三小时　此科分析：（一）美洲开辟与欧洲移民，（二）美国兴起与美洲各国之关系，（三）美国土地之开辟，（四）美国工商实业发展之方法与途径，（五）美国民主政治之特点，（六）美国与世界情势。

西洋最近史　每周三小时　此科在使学者明悉最近世界情势及国际竞争状况。其内容如次：（一）欧战以前之国际社会，（二）欧战经过，（三）国际联盟，（四）战后之国际，（五）各国政治、经济状况。

欧洲中古史　每周三小时　明析古代（即希腊、罗马）文化式微之因、近代文化肇始之原、宗教之传播、民族之同化分化及社会封建制度之盛衰。

西洋近代史　每周三小时　此科要目为：（一）近代社会进化之趋势，（二）近世文化进步之历程，（三）工业革命与经济、政治之关系，（四）国家主义、帝国主义与国际政治之关系，（五）社会主义与社会问题，（六）各国民主政治之发展。

殷虚文字研究　每周四小时　殷虚文字，为近二十余年所发见。其对于历史上、古文字上占极重要之位置，可以正史家之遗失、考小学之源流。授课次序，略分殷虚出土之历史与著作之书籍、文字之衍变、古代之事迹，一一分别研究而疏通印证之。

三代古器物研究　每周三小时　三代法物，其名称虽多由宋人考定，但仍有未翔实者。宋人所不能名，而近来考得者，亦甚夥。至若据实物以正《礼》经之误，在在皆是，补遗正谬，为此科研究之目的。

说文解字部首笺异　每周二小时　《说文》一书，前人笺注，至为详尽，而于部首，未有考证。今本传世之古文字，互相参校。

西史研究法　每周一小时　讨论泰西古今史学家对于历史观念之变迁,与吾人研究西史应有之方法与态度。内容(一)泰西史学的定义,(二)泰西史学的地位,(三)泰西史学的范围,(四)泰西史学与其他科学之关系,(五)研究西史之目的,(六)研究西史之方法。

欧洲上古史　每周四小时　研究亚西非欧各古国之略史,以明今日欧洲文化之起源。内容(一)埃及,(二)巴比仑,(三)亚叙亚,(四)黑合提,(五)希伯来,(六)波斯,(七)希腊,(八)罗马。

史前史　每周三小时　探求原始人类之活动,以考其进化之过程。内容(一)史前史之定义,(二)史前史学发展之经过,(三)史前史之材料,(四)史前史学与其他学科之关系,(五)冰世纪之情况,(六)史前史之分期,(七)新旧石器时代人类用具之鉴定,(八)新旧石器时代人类之生活状况,(九)新旧石器时代之艺术,(十)新旧石器时代人类分布之情形及其民化发展之方向。

英国史　每周三小时　考察大英民族之国民性,与其宪政稳定之原因,及其帝国成立之经过。内容(一)英国人种混成时期,(二)英国建国时期,(三)英国海权萌芽时期,(四)英国宪政完成时期,(五)英国实业勃兴、帝国成立时期,(六)英国宪法改良、民治发展时期,(七)英国对于吾国之外交政策,(八)欧战后之英国。

中国经济地理　每周三小时　此科目的在使各生明析中国现代经济状态,解决民生问题。内容：农业状况:(甲)现代农民生活及其工作。(乙)农产物。矿产状况：如煤、铁、金、银、铜、锡、锑、石油及其他矿产。工业状况：如公司工厂及工人生活,工业出品,中外合办事业、中国独营事业。财政及商业状况:(1)财政制度;(2)税制:(a)田赋,(b)盐务,(c)营业税,(d)矿税,(e)登录税,(f)印花税,(g)各种特税;(3)企业组织;(4)特种商业行政机关:(a)帮制（会馆公所）,(b)商会;(5)特种商业机关:(a)牙行,(b)买办;(6)特种金融制度;(7)度量衡制度;(8)货币制度。

中国近代法制史　每周三小时　此科目的在使各生知各种组织、典章、制度之改易。推定文物之变迁,藉以洞悉今后研究史学之方法。内容:(一)采集史料之方法,(二)中国社会制度之演进,(三)中国各种制度之系统研究,(四)近代法制之优越,(五)民国以来根本改制之利弊,(六)各种组织制度与民族性。

中国古代法制史 每周三小时 此科目的在使各生知中国古代各种组织、典章、制度之渊源,文化之流变,历史之重心及研究之方法。内容:(一)中国古代社会制度之演进,(二)史料之考证,(三)中国古人之思想对于各种制度之影响,(四)各种组织及制度,如政府组织、地方组织、兵制、刑制、学制、民间习惯,(五)婚姻制度、氏族制度、井田制度之特点。

人生地学史研究实习(中国之部) 每周二小时 为研究高深史学之预备,养成学生编书及著作能力。内容:指导编纂书籍之基础知识,指导材料之采集方法,指导逻辑之应用法,指导材料之分析方法,授以社会心理学上之各种要件,各学科原理原则之活用法,指导材料之综合法,指导材料之统计法,指导史料之考证法,如何避免主观思想,如何适应世界潮流,现代各国史学上著作之趋势。

中华交通地理 每周三小时 研究(一)交通与经济的关系,(二)交通便利系统一国家的必要,(三)我国交通不整理之原因及其影响,(四)整理本国交通须具有世界交通的眼光,(五)为研究建国方略的准备。

中华地理沿革 每周三小时 研究(一)中国自然地域的变迁,(二)中国境域发展的程序,(三)历代疆域的沿革,(四)历代分划政区的标准及比较,(五)历代地方官及自治制度的大略,(六)大都会的沿革,(七)物质地理的改变,(八)历朝领土被外力的侵占,(九)历代巨大的工程,(十)历代户口的增减。

商周史 每周三小时 以新出甲骨金文参校信书,考其世次、制度、文化事迹,成一有统系之纪述,至古书传说无可征信者,即宁缺无滥,以期好古不惑焉耳。

（《国立中山大学一览》,1930 年）

中山大学史学系（1933）

一、必修课目

（一）第一年级

必修课目	上学期学分	下学期学分
史学概论	二	二
中国古代文化史	三	三
中国通史	三	三
西洋通史	三	三
中国近百年史	三	三
第一外国语	三	三

（二）第二年级

必修课目	上学期学分	下学期学分
史学方法论	二	二
中国史学导论	三	三
中国中世文化史	三	三
世界古代文化史	三	三
欧美近百年史	三	三
第一外国语	三	三

（三）第三年级

必修课目	上学期学分	下学期学分
历史哲学	二	二
世界近世文化史	三	三
中国近世文化史	三	三
元史	三	三
第一外国语	三	三

（四）第四年级

必修课目	上学期学分	下学期学分
中国史学史	二	二
史前文化史	○	三
世界现代文化史	二	二
明史	三	三

二、选修课目

选修课目	一学期学分	选修年级
西洋中世法律史	二	二年级以上
中国经济史	三	二年级以上
中外文化交通史	三	二年级以上
中国史部名著研究	二	二年级以上
西洋史部名著选读	三	各级选修
中国近百年外交史	三	三、四年级
世界近百年外交史	三	三、四年级
民俗学	二	二年级以上
文化地理学	三	二年级以上
考古学	二	二年级以上
古地理学	二	二年级以上

三、史学系教员

职别	姓名	字	年龄	籍贯	学历	经历	担任课程	起聘年月	备考
史学系教授	朱谦之	情举	三三	福建侯官	见前	见前	历史哲学、文化哲学、社会学史、近代经济学派批评。	二十一年八月	
史学系教授	朱希祖	逷先	五四	浙江海盐	日本早稻田大学史地部毕业	国立北京大学国文系、史学系主任，国学研究所导师，国立清华大学教授，师范大学教授，国立中央研究院历史语言研究所专任研究员。	中国史学导论、元明史、史通研究。	二十一年十月	本校
史学系教授	萧鸣籁	作宾	三九	江苏盐城	国立北京大学文学士	国立广东大学文科教授，国立东南大学历史系教授，私立金陵大学教授，公立河南大学文科教授，国民政府考试院编辑局编撰，钟南中学校长。	中国通史、中国古代文化史、中国政制史、中国史部名著研究。	二十一年十月	
史学系教授	陈廷璠	昆山	三六	陕西鄠县	北京大学毕业	代理北京世界语专门学校校长，任暨南大学教员，任北平大学教员，任前建设大学教员兼高中部主任。	西洋通史、世界古代文化史、中世文化史、世界近世文化史。	二十一年十月	暂住东山亚旅店、东亚细亚旅店

（续表）

职别	姓名	字	年龄	籍贯	学历	经历	担任科目	到职年月	住址
史学系副教授	容肇祖	元胎	三六	广东东莞	国立北京大学文学士	厦门大学文史科讲师，国立中山大学文史科教授兼国文组主任，岭南大学文理学院副教授，国立中央研究院历史语言研究所特约编辑员。	中国戏曲史、中国小说史、中国戏曲选、中国小说选。	廿一年七月	侨商街六号二楼
史学系讲师	何襄明		二九	广东	上海东吴法科毕业，法学士，法国巴黎大学国际研究院研究院研究毕业。		中外近百年外交史、欧美近百年外交史、中外条约关系。	廿一年十月	维新北路廿五号

中山大学史学系课程概略（1934）

第一年级	必修课目七种	党义、史学概论、中国古代文化史、中国通史、西洋通史、中国近百年史、第一外国语。
	选修科目　种	
第二年级	必修课目八种	党义、史学方法论、世界古代文化史、中国中世文化史、欧美近百年史、中西文化交通史、史学实习、第一外国语。
	选修科目　种	
第三年级	必修课目七种	党义、历史哲学、世界近世文化史、中国近世文化史、日本近百年史、史学实习、第一外国语。
	选修科目　种	
第四年级	必修课目四种	党义、中国史学史、史学实习、论文指导。
	选修科目　种	
不分年级	必修课目一种	党义
	选修课目十一种	中国近三百年思想史、西洋哲学史、中国社会史、中国近代经济史、历史地理学、甲骨铜器文字、文化哲学、中国学术史、史通研究、西洋史部名著选读。

（《国立中山大学现状》，1934年）

中山大学史学系（1935）

（甲）必修课

（一）第一年级

课目	每周时数	每期学分	备考
党义	一	另定	
史学概论	二	二	
中国通史	三	三	
西洋通史	三	三	
日本近百年史	三	三	
中国近百年史	三	三	
欧美近百年史	三	三	
第一外国语	三	三	参见第一、第二外国语组

附注：本年级以通史为研究中心。

（二）第二年级

课目	每周时数	每期学分	备考
党义	一	另定	
史学方法论	二	二	
史学实习（一）	二	二	
世界古代中世文化史	三	三	
中国古代中世文化史	三	三	
中西古代中世文化交通史	二	二	
第一外国语	三	三	

附注：本年级以古代史为研究中心。

（三）第三年级

课目	每周时数	每期学分	备考
党义	另定	另定	
历史哲学	二	二	
史学实习（一）	二	二	
世界近代文化史	三	三	
中国近代文化史	三	三	
中西近代文化交通史	二	二	
第一外国语	三	三	

附注：本年级以近代史为研究中心。

（四）第四年级

课目	每周时数	每期学分	备考
党义	另定	另定	
中国史学史	二	二	
中国现代文化史	二	二	下学期课目
战后世界史	三	三	
史学实习（二）	二	二	
论文指导	另定	另定	

附注：本年级以现代史及论文为研究中心。

（乙）选修课目

课目	每周时数	每期学分	备考
中国思想及其对于欧洲文化之影响	二	二	各年级选修
历史地理学	二	二	二、三、四、年级选修（下同）
欧洲新兴诸国史	三	三	下学期课目
中国近百年外交史	三	三	
中外国际关系史	三	三	
法国革命史	三	三	
文化哲学	二	二	哲学系课目与教育系合

（《国立中山大学现状》,1935 年）

中山大学史学系（1936）

课程表

（一）共同课目

课目	年级	每周时数 上—下	学分
党义			
第一外国语	1、2、3	3—3	6

（二）必修课目

1. 第一年级必修课目

课号	课目	每周时数 上—下	学分
史 1	史学概论	2—2	4
史 39	中国通史	3—3	6
史 40	西洋通史	3—3	6
史 67	中国近百年史	3—3	6
史 68	欧美近百年史	3—3	6
史 48	日本近百年史	3—3	6
本年级以通史为研究中心。			

2. 第二年级必修课目

课号	课目	每周时数 上—下	学分
史 2	史学方法论	2—2	4
史 10	世界古代中世文化史	3—3	6
史 14—15	中国古代中世文化史	3—3	6
史 38	中西文化交通史	3—3	6
本年级以古代史为研究中心。			

3. 第三年级必修课目

课号	课目	每周时数 上—下	学分	备考
史 3	历史哲学	2—2	4	
史 12	世界近世文化史	3—3	6	
史 16	中国近世文化史	3—3	6	
史 48	清史（中国断代史研究之一）	3—3	6	与四年级合
本年级以近代史为研究中心。				

4. 第四年级必修课目

课号	课目	每周时数 上—下	学分	备考
史 5	中国史学史	2—2	4	
史 48	清史（中国断代史研究之一）	3—3	6	与三年级合
史 75	世界现代史	3—3	6	
史 94	考古学及考古实习	3—3	6	
	论文指导			
本年级以论文为研究中心。				

（三）选修课目

课号	课目	年级	每周时数 上—下	学分	备考
史 15	中国民族史	2、3、4	3—0	3	
史 22	中国思想及其对于欧洲文化之影响	各	0—3	3	
史 33	中国经济文化史	各	3—3	6	
史 44	历史地理学	2、3、4	0—3	3	
史 66	俄国近代史	2、3、4	3—3	6	
史 69	鸦片战争前外交史	2、3、4	3—0	3	
史 69—70	中外国际关系史	2、3、4	3—3	6	
史 70	欧美近百年外交史	2、3、4	3—0	6	
史 71	中国民族运动史	各	0—3	3	
史 89	民族学及民俗学	2、3、4	3—0	3	史学系、社会学系共同选修
史 92	文化社会学	2、3、4	3—0	3	社会学系、史学系共同选修
史 103	甲骨铜器文字	2、3、4	3—3	6	中国语言文学系课目
史	方志学	2、3、4	0—3	3	
史	中国法制史	2、3、4	3—3	6	

（《史学系二十五年度课程表》，
《国立中山大学日报》第 2207 期，1936 年 6 月 9 日）

授课时间表

上学期

时间 / 星期	八点至九点	九点至十点	十点至十一点	十一点至十二点	一点至二点	二点至三点	三点至四点	四点至五点
星期一		朱谦之，史学方法论，二必	朱谦之，史学方法论，二必	杨熙时，中外国际关系史，二、三、四选	杨熙时，中外国际关系史，二、三、四选	徐家骥，战后世界史，二、三、四选	徐家骥，战后世界史，二、三、四选	吴三立，甲骨铜器文字，二、三、四选
		萧鸣籁，中国通史，一必	萧鸣籁，中国通史，一必		姚宝猷，中西文化交通史，二必	姚宝猷，中西文化交通史，二必		
		姚宝猷，鸦片战争前外交史，二、三、四选	罗香林，隋唐五代史（中国断代史研究之一），三必		吴三立，甲骨铜器文字，二、三、四选	吴三立，甲骨铜器文字，二、三、四选		

时间／星期	八点至九点	九点至十点	十点至十一点	十一点至十二点	一点至二点	二点至三点	三点至四点	四点至五点
星期二	任启珊，中国法制史，二、三、四选	陈廷璠，世界古代中世文化史，二必 朱谦之，历史哲学，三必 吴宗慈，清史（中国断代史研究之一），四必	陈廷璠，世界古代中世文化史，二必 朱谦之，历史哲学，三必 吴宗慈，清史（中国断代史研究之一），四必	杨熙时，世界近世文化史，三必 徐家骥，欧美近百年史，一必	姚宝猷，鸦片战争前外交史，二、三、四选	姚宝猷，鸦片战争前外交史，二、三、四选		

时间／星期	八点至九点	九点至十点	十点至十一点	十一点至十二点	一点至二点	二点至三点	三点至四点	四点至五点
星期三	杨熙时，中外国际关系史，二、三，四选 姚宝猷，中西文化交通史，二必 朱谦之，史学概论，一必	杨熙时，世界近世文化史，三必 萧鸣籁，中国史学史，四必 朱谦之，史学概论，一必	杨熙时，世界近世文化史，三必 萧鸣籁，中国文学史，四必 姚宝猷，日本近百年史，一必	陈安仁，中国近代文化史，三必 萧鸣籁，中国古代中世文化史，二必 杨熙时，考古学及考古实习，四必 姚宝猷，日本近百年史，一必	陈安仁，中国近代文化史，一必 徐家骥，欧美近百年外交史，二、三，四选 杨成志，民族学及民俗学，二、三，四选	徐家骥，欧美近百年外交史，二、三，四选 杨成志，民族学及民俗学，二、三，四选	徐家骥，战后世界史，二、三，四选	

时间 / 星期	八点至九点	九点至十点	十点至十一点	十一点至十二点	一点至二点	二点至三点	三点至四点	四点至五点
星期四	任启珊，中国法制史，二、三、四选	陈廷璠，世界古代中世文化史，二必	萧鸣籁，中国古代中世文化史，二必		徐家骥，欧美近百年外交史，一、二、三、四选	吴宗慈，中国民族史，二、三、四选		
		杨成志，考古学及考古实习，四必	陈廷璠，西洋通史，一必	吴宗慈，清史（中国断代史研究之一），四必	杨成志，民族学及民俗学，二、三、四选	徐家骥，近百年史，一必		
		陈安仁，中国近代文化史，三必	杨成志，考古学及考古实习，四必	陈安仁，中国近百年史，一必				
		萧鸣籁，中国通史，一必						

时间＼星期	八点至九点	九点至十点	十点至十一点	十一点至十二点	一点至二点	二点至三点	三点至四点	四点至五点
星期五	任启珊，中国法制史，二、三、四选	陈廷璠，西洋通史，一必	陈廷璠，西洋通史，一必	陈廷璠，俄国近代史，二、三、四选	朱谦之，中国思想及其对于欧洲文化之影响，各选	朱谦之，中国思想及其对于欧洲文化之影响，各选		
星期五		罗香林，隋唐五代史（中国断代史研究之一），三必	罗香林，隋唐五代史（中国断代史研究之一），二、三、四选					
星期六	陈安仁，中国近百年史，一必	吴宗慈，中国民族史，二、三、四选	陈廷璠，俄国近代史，二、三、四选	陈廷璠，俄国近代史，二、三、四选	陈安仁，中国近代文化史，三必			

下学期

时间＼星期	八点至九点	九点至十点	十点至十一点	十一点至十二点	一点至二点	二点至三点	三点至四点	四点至五点
星期一	黄昌毂，党义	朱谦之，史学方法论，二必	朱谦之，史学方法论，二必	杨熙时，近代国际关系史，二,三,四选	杨熙时，近代国际关系史，二,三,四选	徐家骥，战后世界史，二,三,四选	徐家骥，战后世界史，二,三,四选	
		萧鸣籁，中国通史，一必	萧鸣籁，中国通史，一必		姚宝猷，中西文化交通史，二必	姚宝猷，中西文化交通史，二必		
			罗香林，隋唐五代史，三必					

时间　星期	八点至九点	九点至十点	十点至十一点	十一点至十二点	一点至二点	二点至三点	三点至四点	四点至五点
星期二	杨熙时，近代国际关系史，二，三，四选 任启珊，中国法制史，二，三，四选	姚宝猷，日本近百年史，一必 陈廷璠，世界古代中世文化史，二必 朱谦之，历史哲学，三必 吴宗慈，清史，四必	徐家骥，欧美近百年史，一必 陈廷璠，世界古代中世文化史，二必 朱谦之，历史哲学，三必 吴宗慈，清史，四必	徐家骥，欧美近百年史，一必 陈廷璠，近百年史，一必 在法学院选修，中国经济史，二，三，四选	姚宝猷，鸦片战争前外交史，二，三，四选 吴三立，甲骨铜器文字，二，三，四选	姚宝猷，鸦片战争前外交史，二，三，四选 吴三立，甲骨铜器文字，二，三，四选 军训部，军训学科，一必	军训部，军训术科，一必	吴三立，甲骨铜器文字，二，三，四选 军训部，军训术科，一必

时间＼星期	八点至九点	九点至十点	十点至十一点	十一点至十二点	一点至二点	二点至三点	三点至四点	四点至五点
星期三			徐家骥，世界近世文化史，三必	陈安仁，近代文化史，三必	陈安仁，中国近百年史，一必	王镜澄，作文，一必	徐家骥，战后世界史，二，三，四选	
	姚宝猷，中西文化交通史，二必	萧鸣籁，中国史学史，四必	萧鸣籁，中国史学史，四必	萧鸣籁，中国古代中世文化史，二必	杨成志，民族学及民俗学，二，三，四选	杨成志，民族志，民族学及民俗学，二，三，四选	王镜澄，学术文选读，二必	
	朱谦之，史学概论，一必	朱谦之，史学概论，一必	姚宝猷，日本近百年史，一必	杨成志，考古学及考古实习，四选				
			陈安仁，战争与文化，一，三，四选	姚宝猷，日本近百年史，一必				

时间／星期	八点至九点	九点至十点	十点至十一点	十一点至十二点	一点至二点	二点至三点	三点至四点	四点至五点
星期四	任启珊,中国法制史,二,三,四选 陈安仁,中国近百年史,一必 杨熙时,德国现代史,二,三,四选	陈廷璠,世界古代史,二,四选 杨成志,考古学及考古实习,四必 萧鸣籁,中国通史,一必 在法学院选修,中国经济史,二,三,四选	萧鸣籁,中国古代中世文化史,二必 陈廷璠,西洋通史,一必 陈安仁,中国近世文化史,三必 杨成志,考古学及考古实习,四必	萧鸣籁,中国古代中世文化史,二必 吴宗慈,清史,四必 李函各,学术文选读,一必	徐家骧,世界近世史,三必 杨熙时,中国民族运动史,各选 杨成志,民族学及民俗学,二,三,四选 陈安仁,中国近百年史,一必	吴宗慈,方志学,二,三,四选 徐家骧,欧美近百年史,一必 李函各,翻译,二必	李函各,翻译,一必 伍福焜,修辞学,三必	伍福焜,作文,二必 朱昌梅,名著翻译,三必

时间＼星期	八点至九点	九点至十点	十点至十一点	十一点至十二点	一点至二点	二点至三点	三点至四点	四点至五点
星期五	任启珊,中国法制史,二,三,四选	陈廷璠,西洋通史,一必	陈廷璠,西洋通史,一必		杨熙时,德国现代史,二,三,四选	杨熙时,德国现代史,二,三,四选	朱昌梅,时文选读,三必	
		罗香林,隋唐五代史,三必	罗香林,隋唐五代史,三必			朱昌梅,模范文选读,一必		
	吴宗慈,方志学,二,三,四选	吴宗慈,方志学,二,三,四选	陈廷璠,俄国近代史,二,三,四选	陈廷璠,俄国近代史,二,三,四选				
星期六	朱谦之,中国思想及其对于欧洲文化之影响,各选	朱谦之,中国思想及其对于欧洲文化之影响,各选	杨熙时,中国民族运动史,各选	杨熙时,中国民族运动史,各选				

（《国立中山大学史学系二十五年度授课时间表》，《国立中山大学日报》第 2243 期，1936 年 9 月 16 日；第 2354 期，1937 年 2 月 16 日）

中山大学历史学系（1943）

（一）必修科目

1. 第一年级

科目		规定学分	每周授课时数	每学期学分	备考
国文		六	三	三	
外国文		八	四	四	
中国通史		八	三	三	
论理学		六	三	三	
伦理学概要		二	一	一	
生物学		六	三	三	
社会学	任选一科	六	三	三	
政治学		六	三	三	
经济学		六	三	三	
三民主义		○	一	○	
军训		○	三	○	
体育		○	三	○	

2. 第二年级

科目		规定学分	每周授课时数	每学期学分	备考
西洋通史		六	三	三	
中国近世史		六	三	三	
中国断代史		六	三	三	
哲学概论	任选一科	六	三	三	
科学概论		六	三	三	
社会学	任选一科	六	三	三	
经济学		六	三	三	
政治学		六	三	三	
外国文		六	三	三	

3. 第三年级

科目	规定学分	每周授课时数	每学期学分	备考
西洋史学史	二	二	二	下学期开
中国断代史二	四	二	二	
西洋断代史一	四	二	二	
西洋近代史	六	三	三	
国别史	四	三	三	

4. 第四年级

科目	规定学分	每周授课时数	每学期学分	备考
中国史学史	四	二	二	
专门史	六	三	三	
西洋断代史二	四	二	二	
中国地理	三	三	三	上学期开

（二）选修科目

科目	规定学分	每周授课时数	每学期学分	何年选修	备考
考古学	六	三	三	三、四	
抗战史料	二	二	一	四必选 各系级选	部令特开科目
中国文化史	六	三	三	三必选	本系特开科目
史学概论	六	三	三	二必选	本系特开科目
中国思想史	六	三	三	二、三、四	本系特开科目
中西交通史	六	三	三	二、三、四	本系特开科目
中国现代革命史	六	三	三	二、三、四	本系特开科目
人类学	六	三	三	二、三、四	
中国经济史	六	三	三	二、三、四	本系特开科目
西洋经济史	六	三	三	二、三、四	本系特开科目
中国美术史	六	三	三	二、三、四	
中国哲学史	六	三	三	二、三、四	
中国文学史	六	三	三		

（《国立中山大学现状》），1943 年）

中央大学史学系（1930）

一、概况

本系成立以来历有年,所以昔较今,仅名义之殊同、部属之递变,而其性质则一也。溯自南高时,已有文史地一部,由刘经庶先生主持,其范围较广,尚未划分。东大时,则改为史地系,属于文理科,已有单独成系之萌芽。及前岁革命后,本校设立社会科学院,而史地系属焉,由陈汉章先生主持。近迄中大始设文学院,而史学系遂亦单独成立,现由雷海宗先生主持系务,渐增学生较多,故不得不求发展以冀完美,兹将其最近概况胪列于左。

（一）教职员　本系因学程加增,事务较繁,而教职员亦随之而增加。如本年:（1）授中国史者:陈汉章——中国民俗史;蒙文通——中国古史研究;陈训慈——中国近百年史;束世澂——中国上古史、中国中古史、中国文化史。（2）授西洋史者:雷海宗——西洋中古史、文艺复兴与宗教改革史、西洋文化史;徐子明——西洋上古史、法国革命史、德国史;陈训慈——西洋通史、欧洲民族殖民史。（3）授东洋史者:刘继宣——日本史。（4）授通论者:郑鹤声——史学通论。（5）助教姚公书。（6）助理何东保。

（二）学生　本系学生逐渐增加,现已达七十二人,其以本系为辅系及特别生或旁听生除外。兹列表以明之。

人数	一年级	二年级	三年级	四年级	总数
	20	14	20	18	72

（三）学程　本学期所开课程共十六种。

中国史					
学程名	中国上古史	中国中古史	中国近百年史	中国文化史	中国民俗史	中国古史研究

西洋史							
学程名	西洋上古史	西洋中古史	西洋通史	西洋文化史	文艺复兴与宗教改革史	欧洲民族殖民史	法国革命史	德国史

东洋史	
学程名	日本史

通论	
学程名	史学通论

（四）设备　本系自成立以来，虽有设备，然于东大时曾经失慎，致图书物件均被焚毁。现因师生相互观摩，多所需要，故本系除于本校图书馆购置书籍以便参考外，复于本系设立专有图书室一所，内置图书、杂志多种，以供浏览。惟历时未久，且限于经济，致规模不甚完备，然草创伊始，固难臻完美。兹将其内容大要列下：

（1）书籍种类　本室书籍均按王云五《中外图书统一分类法》编目，兹列表于左以明之。

种类\部册	哲学类	社会学类	艺术类	商业及交通类	自然科学类	文学类	历史类	宗教类	目录学及图书馆学类	总数
部数	12	233	2	8	31	21	193	15	4	519
册数	12	243	3	8	36	36	238	17	4	597

除上表外，尚有小丛书二部六十六册，合上表共计五百二十一部六百六十三册。

（2）杂志种类

订期 类数	定期刊	不定期刊及零购者	总数
种类	30	40	70
册数	260	83	343

除上表七十种三百四十三册外，尚有在预订中者，兹不录入。

（3）挂图种类　此种历史挂图系坊版已制成者，其由本系测绘之图并未附入。

种类 数目	中国史图	西洋史图	历史人物图	总数
幅数	37	27	6	70

（4）绘图种类　本系除坊版图外，尚有何东保先生精绘史图，此图大都为坊版所无，且随教材绘就者，颇足为研究史学者之资助。

种类 数目	中国史图	西洋史图	日本史图	总数
幅数	48	16	26	90

（5）古物种类　本系有铁云龟甲文四百八十四片，以便考究殷商文字之用。

二、计画

就以上本系最近概况观之，教施及设备方面虽已进展，然冀臻完美，则不得不有所计画，其较难者暂缓，而急需者先行，兹撮其最要之事有五。

（一）添聘教授　本系新订规程从十八年度下学期举行，增加学程甚夥,计必修者有十六种,选修者有三十六种,尚有随时因需要而增添者。门类既繁则教者需多,以最低限度而言,则下学期拟添聘副教授二人,一任西洋史,一任中国通史,庶可按期开班,而学程亦较备矣。

（二）增加学程　现时本系所开学程虽已渐备,然均为要者大者,至缩小范围之专期学程,尚未开班。故将来拟另开此类学程:(1)关于中国史方面,如春秋时代、战国时代等史。(2)西洋史方面,如埃及、巴比仑、亚述等专期史。(3)东洋史方面,如日本古代史、南洋国别史等。(4)通论及研究班方面,如史学名著及专期或专题研究等。前者之所谓大者要者,俾学者得其纲领；后者之所谓专期精究者,俾诣其深造也。

（三）招收研究生　本系卒业学生,有志深造者不乏其人,虽欲继续研究,而苦无适当环境及指导者。故本系从十八年度下学期始设有研究生规章,即于是时招收此项学生。凡本系卒业者,由本系教师指导,如是则事半功倍而互得切磋之益矣。

（四）扩张图书室及划定专用教室　(1)图书室。本系现因所设图书室房屋狭小,所有图书物件因草创伊始类多阙略,以现状而论,教学需要均感踟蹰,且招收研究生后,尤须有较大书室及专门图书等以便研究。故本系拟另迁大室,增加应用物件,并于室内附设绘图室,由何东保先生管理,以便于师生研究。(2)专用教室。本系学程类与图表相关,故于十八年度下学期另划教室两所,装置挂图,专为本系授课之用,以便书图对照,庶教学时更感便利也。

（五）出版刊物　史学浩繁,门类斯别,况所趣各殊,所研因异,欲事观摩,尤赖切磋。故本系拟于十八年度下学期出版刊物,每半年一期,即以师生研究之所得供诸同好,庶免独学寡闻之消,而得相互揣摩之益焉。

三、课程

本系之设,旨在研究历史之重要智识,期以阐明历史对于人类社会之关系,并策专精研究之效。盖稽古所以知今,故讲明历史,最有助于事理之观察与推断。分析言之：于本国史则注意政治、文化蜕变之因果，庶可明其利弊，知所兴革；于外国史则详察各国兴衰存亡之故，庶可明其得失而有所取舍，识其情状而知所应付。惟同时于各门类之历史，仍注意专研之工夫，庶于切合实用之外，兼图专深之造诣。惟中外史事，范围至广，四年之期，自仅能开辟径途，择要研究，而为指导学生之修习，尤需有明确之规程。兹揣酌校章，权衡轻重，订为下列二种：（甲）选课规程——学生修习学分之标准，必修、选修之分配以及转系、转学之办法等。（乙）学程表——各种学程之名称与门类以及选修、必修年级次第等。合此二者成为此编，俾本系学生有所遵循，他系学生欲选本系学程者亦可为参考之资云。

（甲）史学系选课规程

（一）本系学生应照本大学普通规定与本系课程规则，于四学年中修毕一百二十八学分为毕业，其分配如下：

1. 共同必修　党义二学分，国文四学分，英文六学分，共十二学分。

2. 主系必修　见下列学程表，共五十二学分。

3. 主系选修　最少二十四学分。

4. 辅系必修　本系学生宜以本院各系之一，或他院性质相近之系为辅系，最少十五学分。

5. 系外选修　凡本系学生于可能范围内宜尽量选习以下他系之诸类课程：人类学，人生地理，政治地理，经济地理，经济原理，经济史，政治原理，政治思想史，社会史，文学史，哲学史，科学史，宗教史，美术史，教育史。以上课程，本系可承认为主系选修课程，但以十学分为限。

（二）学分与学程之分配

1. 每学期每生以修习十六学分为标准，最多不得过二十学分（体育在外）。

2. 每学期每生所修习不得超过六学程，如合共不满十六学分时，则可增习一学程（体育在外）。

3. 必修学程成绩不及格时，下学年必须补习。除补习学程外，该生至多可习十六学分。

（三）转系生选课规程

1. 他系二、三年级生曾习本系一年级或一、二年级必修课程,其学分达二分之一以上者始可转入本系,如不足二分之一者,须经本系特别审查准许后,方可转入本系。

2. 转系生于未入本系前及已入本系后,合共所修学程必须满足本系规定之七十六学分及辅系十五学分,方得毕业。

3. 转系生以前未习之本系一年级或一、二年级必修课程,得不补修。

（四）转学生选课规程

1. 本系二年级转学生须按照本系规定修足三学年,方得毕业。三年级转学生修足二学年,方得毕业。

2. 本系二年级转学生须修足本系二、三、四年级规定必修之四十学分、选修之二十四学分及辅系十五学分,方得毕业。三年级转学生须修足本系三、四年级规定必修之二十八学分、选修之十六学分及辅系之十学分,方得毕业。

3. 本系转学生之共同必修十二学分,本系得斟酌情形,令其补习一部或全部。

4. 转学生以前之成绩,本系认为不合格时,得令其补习之。

（五）本系与他系生皆须按照本系预修学程规定,选习本系课程。但遇有特别情形时,经本系指导员许可后,得不受其限制。

（乙）史学系学程表

本系学程区为下列甲、乙、丙、丁四种。

（甲）本国史

（10）中国通史	（11）中国上古史	（12）中国中古史
（13）中国近古史	（14）中国近世史	（15）中国现代史
（47）中华民国史	（50）中国文化史	（51）中国民族史
（52）中国风俗史	（53）中国法制史	（54）中国经济史
（59）中国历史地理	（61）中国外交史	（66）中国革命史
（88）蒙古史	（89）西藏史	（91）中国古史研究

（乙）西洋史

（10）西洋通史	（11）西洋上古史	（12）西洋中古史
（13）西洋近古史	（14）西洋近世史	（15）西洋现代史
（36）东罗马帝国史	（41）文艺复兴与宗教改革史	（42）欧洲君主专制时代史
（43）法国革命史	（50）西洋文化史	（61）欧洲民族殖民史
（71）英国实业革命史	（81-90）西洋国别史	

（丙）东洋史

（11）日本史	（15）日本近世史	（19）朝鲜史	（21）印度史
（25）南洋诸国史	（31）北亚史	（41）回教民族史	（51）欧亚交通史

（丁）通论与研究班

（10）史学通论	（11）中国史学史	（12）西洋史学史
（13）中国史部目录学	（14）西洋史部目录学	（15）历史哲学
（41）考古学	（50）历史研究班	

上列各学程外，遇有必要时得随时增设学程。

本系各学程分为必修、选修二类，今分列如下：

（一）必修学程表

学期\年级	上学期	学分	下学期	学分
一年级	中国通史（甲10上）	三	中国通史（甲10下）	三
	西洋通史（乙10上）	三	西洋通史（乙10下）	三

（续表）

年级＼学期	上学期	学分	下学期	学分
二年级	中国上古史（甲11）	三	中国近古史（甲13）	三
	中国中古史（甲12）	三	中国近世史（甲14）	三
	以上四学程，任习二门为必修。			
	西洋上古史（乙11）	三	西洋近古史（乙13）	三
	西洋中古史（乙12）	三	西洋近世史（乙14）	三
	以上四学程，任习二门为必修。			
三年级	中国现代史（甲15）	三	西洋现代史（乙15）	三
	中国文化史（甲50上）	四	中国文化史（甲50下）	四
	西洋文化史（乙50上）	四	西洋文化史（乙50下）	四
四年级	史学通论（丁10）	三	历史研究班（丁50）	三

（二）选修学程表

（1）二、三年级选修学程

学程	学分
中国民族史（甲51）	三
中国风俗史（甲52）	三
中国历史地理（甲59）	三
中国外交史（甲61）	三
蒙古史（甲88）	三
西藏史（甲89）	三
欧洲民族殖民史（乙61）	三
英国实业革命史（乙71）	三
西洋国别史（乙81—90）	三
日本史（丙11）	三

（续表）

学程	学分
日本近世史（丙 15）	三
朝鲜史（丙 19）	三
印度史（丙 21）	三
南洋诸国史（丙 25）	三
北亚史（丙 31）	三
欧亚交通史（丙 51）	三

（2）三、四年级选修学程

学程	学分
中华民国史（甲 47）	三
中国法制史（甲 53）	三
中国经济史（甲 54）	三
中国革命史（甲 66）	三
中国古史研究（甲 91）	三
东罗马帝国史（乙 36）	三
文艺复兴与宗教改革史（乙 41）	三
欧洲君主专制时代史（乙 42）	三
法国革命史（乙 43）	三
回教民族史（丙 41）	三
中国史学史（丁 11）	三
西洋史学史（丁 12）	三
中国史部目录学（丁 13）	三
西洋史部目录学（丁 14）	三
历史哲学（丁 15）	三
考古学（丁 41）	三

课程说明

（甲10）**中国通史** 二学期六学分 一年级必修 本学程讲述中国自太古以迄今日之略史,俾学者对于国史之已有智识加以整理与充实,务期略悉今日中国政治、社会状况之由来与其利弊,以为此后进而选习分期中国史各学程之准备。其内容仍以时代为序,而兼顾类别贯通之精神,取材轻重,略循下列之标准:（一）以政治上主要潮流为骨干,旁及经济、社会、宗教、学术、思想各方面之进化。（二）不囿于事迹的铺叙,而注重各种潮流与民族进化之解释。（三）分析研究中国民族兴衰之故,与其民族精神形成之由来。本学程以习完全部为原则,其只习前段者可酌给学分,至后段则不准单独修习。

（甲11）**中国上古史** 一学期三学分 二年级必修 本学程之范围,包括中国自太古以迄秦亡之史实（即自石器时代至西元前三世纪末）。其内容大要如次:（一）中国史前之遗迹,（二）古史之传说,（三）殷商之大事与其文化,（四）西周之文治与封建制度,（五）西周以前中国境内及四裔之民族,（六）春秋时代之局势,（七）战国之变迁,（八）学术思想之勃兴,（九）秦之兴亡与郡县制之萌芽。

（甲12）**中国中古史** 一学期三学分 二年级必修 本学程继续中国上古史,研究中国自西汉迄五代之史实（约自西元前三世纪末至西元后十世纪中叶一千一百余年间）。其主要内容如次:（一）两汉之政局,（二）两汉之开拓,（三）三国之兴亡,（四）五胡十六国之乱与民族之迁移与融化,（五）南北对峙之局,（六）隋唐之统一,（七）唐以前政制与社会之变迁,（八）佛教之输入与传布,（九）唐以前之对外关系,（十）五代之纷扰与契丹之南侵,（十一）汉以后学术之发展。

（甲13）**中国近古史** 一学期三学分 二年级必修 本学程继续中国中古史,研究中国自宋初至明中叶之史实（约自十世纪中叶至十六世纪初叶五百余年间）,其主要内容如次:（一）宋初之内政外交,（二）神宗与王安石之改革,（三）联金灭辽与宋之南渡,（四）南宋与金之对峙,（五）蒙古族之勃兴与其武功,（六）宋辽金元之政制社会,（七）明初之内治与外征,（八）明之中衰,（九）明之政制社会,（十）宋明之理学,（十一）宋明间之东西交通。

（甲14）中国近世史　一学期三学分　二年级必修　本学程继续中国近古史,研究自明中叶中西通商开端迄于清中叶之史实(约自十六世纪初叶迄十九世纪中叶三百余年间),其主要之内容如次:(一)欧洲人之东来与其影响,(二)明之衰亡与清之入主中国,(三)清初之内政与其向外之拓展,(四)清中叶(嘉道间)之内乱,(五)道光以前之中国外交要事,(六)清代政制与道光以前之学术。

（甲15）中国现代史　一学期三学分　三年级必修　本学程继续中国近世史,讲述自清中叶(约道光间即十九世纪中叶)迄于最近之史实。本学程在本系与上古史、中古史、近古史、近世史合而完成中国史分期研究之一统系,一方又可供他系学生略习现代史之助,其主要之内容如次:(一)现代国际关系之由来,(二)道光以后之内政,(三)鸦片战争以后之外交经过,(四)清季之改革运动与革命运动,(五)道光以后之学术大要,(六)中华民国成立后之内政与外交,(七)国民革命之进展,(八)最近政治、外交、经济、学术之概况。

（甲47）中华民国史　一学期三学分　三、四年级选修　本学程研究中华民国成立之由来,及自建国迄于最近之史实,使学生于中国现代史学程所未及详习者得作比较详尽之研究,而于今日各项重要问题有分析讨论之机会。其内容仍以政治事实为骨干,而旁及于法制、外交、经济、学术、思想、宗教各方面变迁之概况,其内容之注意点如次:(一)清季之失政与革命之进展,(二)辛亥革命与袁氏专制,(三)军阀政治之由来及其演进(包括袁氏称帝、溥仪复辟及历年内战),(四)新文化运动及其影响,(五)国民党与南方革命势力之奋斗,(六)国民革命之进展,(七)民国成立以来之外交,(八)最近政治、外交、经济、学术之概况与其问题。预修学程——中国现代史。

（甲50）中国文化史　二学期八学分　三年级必修　本学程研究自太古迄今日中国文化演进之经过,阐明其递变之因果,考求其兴衰消长之原因,使学者得明悉中国各方面文化演进之由来,知中国民族独造之特色,求人类进化之通例。其内容包括政治、经济、学术、思想、美术、工艺、宗教各方面,作一平均扼要之叙述,而以各时代重要潮流为讨论之中心,循文化变迁之重要关键,区为三大时期:(一)自邃古以迄西汉,是为中国民族本其创造能力,由部落进而建设国家,卒以构成独立文化之时期。(二)自东汉以迄明季,是为印度文化输入中国,与中国固有文化,相牴牾而卒相融合之时期。(三)自明季迄今,是为中印文化皆有中衰之象,而远西之学术、思想、宗教、政制以次输入,相激相荡而卒相合之时期。本学程以习完全部为原则,其只习前段者可酌给学分,至后段则不准单独修习。预修学程——中国通史或中国上古史。

(甲51)中国民族史　一学期三学分　二、三年级选修　本学程专究中国民族之构成与其进化,及今日民族分布之状况。旨在阐明今日中国民族构成之原素与其融化,由民族之兴衰研究中国民族精神之特长与缺点,并考求中国境内诸族与汉族关系之今昔及今后联络融合之方策,期为解决中国民族问题之一助。其内容大要如次:(一)汉族之构成,(二)汉族之演进,(三)满、蒙、藏诸族及回教民族、苗族之起源及其演进,(四)中国史上过去诸民族之回溯,(五)中国民族海外拓展之成绩,(六)今日中国境内之民族及其问题。　预修学程——中国通史或中国上古史。

(甲52)中国风俗史　一学期三学分　二、三年级选修　本学程专研中国历代各地方、各阶级重要风俗之沿革与其影响,使学者略知现今各种社会风俗之由来,且可了解中国民族性之特点。内容以时代为序,而注意于各种风俗之:(一)发生之原因,(二)递变之线索,(三)遗传之程序,(四)对于民生利病之关系,(五)对于民族性之影响。预修学程——中国通史或中国上古史。

(甲53)中国法制史　一学期三学分　三、四年级选修　本学程研究中国历代重要之法制,包括官制、兵制、法律、形制、税制、田制、教育、选举及工商、法制、币制等,阐明各项制度之源流沿革及其影响,使学者由历代制度而知现今政治、社会制度之历史背景,并由已往之得失为讨论今日制度利病兴革之一助。其内容于类别之中仍顾及时代精神之说明,其注意之点如次:(一)创制之原意,(二)递变之原因,(三)理论上之利弊,(四)实行后之得失,(五)时代潮流之影响,至对于现时有关系之问题,如历代考试权、监察权之利弊,并注意说明之。预修学程——中国通史或中国上古史。

　　（甲54）中国经济史　一学期三学分　三、四年级选修　本学程专究中国历代之经济制度与民生状况,而尤注意于明清以后经济情形之变迁及其影响。其宗旨不惟在阐明经济势力对于中国史事之因果关系,尤在解释今日经济生活之由来,以期进为解决今日中国民生问题之一助。其内容大要如次:(一)历代经济制度对于民生社会之影响,(二)衣食住之进化,(三)国内交通之沿革与进步,(四)历代之人口问题,(五)历代农业状况与平民生计,(六)历代之工业与通商,(七)现代经济组织之起源与其进展,(八)最近中国重要经济问题之讨论。预修学程——中国通史或中国上古史或中国中古史。

　　（甲59）中国历史地理　一学期三学分　二、三年级选修　历史地理学之宗旨,在于应用历史学演进之原理以研究过去各时代、各区域逐渐发达之经过。本学程拟不专以时代为阶段,亦不专以区域为单位,惟就中国史上显著之地理事实分析综合之,列为各种问题,其主要者为:(一)地形(名山之开发、大川之徙流、海岸线之变迁等),(二)气候(水旱、天灾与人口、食粮问题之关系),(三)富源(天然富源之发展与农工商业之关系),(四)交通(历史上政治区域之分布与其水陆交通之方法与孔道),(五)都市(中国史上光荣之都市,如政治、经济或文化中心及其盛衰消长之原因),(六)国防(历代国界之变迁、军事之要塞及国际交通之孔道)。至本学程之目的,要有二点:(一)使学者知中国文化与中国地理环境之关系,(二)使学者知中国各地文化进步之先后变化不一,其治史能于时代精神之外更注意区域精神而不为笼统之论。预修学程——中国通史或担任教员特别允许。

　　（甲61）中国外交史　一学期三学分　二、三年级选修　本学程研究十六世纪中西通商后,迄于最近中国外交上之重要史实及其对于中国现状之关系。旨在阐明中国现今国际地位之由来、不平等条约之影响、最近外交之形势,以培植学生之外交常识,而辅助其观察与应付外交事件之能力。其内容要点如次:(一)近世中国国际关系之由来,(二)中国外交失败之经过与不平等条约之内容,(三)列强在中国利权之分析,(四)废约运动与新约之研究,(五)最近中国外交上重要问题之讨论。

（甲66）**中国革命史** 一学期三学分 三、四年级选修 本学程专研近世中国革命之经过,使学者于中国革命之进展明其历史的背景,而于革命事业之现势得有较为明确之认识。其时期范围断自清季孙中山先生立志革命为始,但于清代中业内乱之革命的意义(如太平天国),以及中国过去革命之性质,亦推论其大略,而尤注意于孙中山先生之身世与其影响,以及民国十三年后国民党与国民革命之发展。其内容大要如次:(一)清季革命发生之背景,(二)孙中山与兴中会之成立,(三)十次革命之经过(一八九五——一九一一),(四)辛亥革命与民国之建立,(五)赣宁之役与革命之挫折,(六)国民党与南方革命势力之奋斗,(七)国民革命军之北伐,(八)南京定都后之国民党与国民政府,(九)革命对于政治、外交、社会之影响,(十)中国革命中之问题。本学程于讲习以外,并注意指导学生从事于革命史料之搜集与整理。预修学程——中国现代史或担任教员特别允许。

（甲88）**蒙古史** 一学期三学分 二、三年级选修 本学程研究蒙古民族之历史及其与中国之关系。其内容大要如次:(一)蒙古之地理环境,(二)蒙古民族之定居及最初部落之状况,(三)成吉思汗之事业,(四)蒙古之征略及蒙古帝国之建立,(五)蒙古帝国之瓦解与其民族衰落之原因,(六)清之征服蒙古,(七)俄日之侵略,(八)最近之蒙古问题。其中于东西洋交通之局及最近日俄在蒙古之势力讲述尤求详尽。

（甲89）**西藏史** 一学期三学分 二、三年级选修 本学程研究西藏民族之历史及其与中国之关系。其内容大要如次:(一)西藏之地理环境,(二)西藏之民族,(三)西藏之宗教与政治,(四)明以前居西藏之民族及其与中国之关系,(五)清之征服西藏及其设施,(六)英人之侵略西藏,(七)中英西藏交涉始末,(八)西康设省之经过与康藏近况,(九)最近西藏之讨论。

（甲91）**中国古史研究** 一学期三学分 三、四年级选修 本学程专究中国自太古迄于西周之史迹,讨论史书之真伪、诸家学说之得失(例如齐鲁之说与三晋之说),发掘对古史之印证,并指示研究古史之方法。其取材广搜博稽,详加推较,以科学的方法收博观约取之效,学者

习此,于西周以前之史迹可得一比较明确之概念。其内容注意之点:
(一)太古神话之解释,(二)古代文物之渊源,(三)西周前史迹之讨
论与诸家学说之异同,(四)古物发掘对于古史之贡献。预修学程——
中国上古史。

(乙10)西洋通史 二学期六学分 一年级必修 本学程讲述西洋民
族自太古迄今之略史,以政治之变迁为主,兼及文化潮流,使学生对于
西洋史有基础之智识,预为后此进而选习分期西洋史各学程之准备,
凡本系学生于一年级时皆须修习之。本学程以修完全部为原则,其只
习前段者可酌给学分,至后段则不准单独修习。

(乙11)西洋上古史 一学期三学分 二年级必修 本学程以研究罗
马帝国以前地中海沿岸诸民族之历史为目的。其内容包括埃及、巴比
仑、亚述、喜泰、犹太、腓尼基、波斯、克里特、希腊、罗马诸国。

(乙12)西洋中古史 一学期三学分 二年级必修 本学程以研究四
世纪至十五世纪之欧西历史为目的。其要点如次:(一)罗马帝国之
灭亡,(二)基督教会与日耳曼人之兴起,(三)黑暗时代,(四)封建
时代。

(乙13)西洋近古史 一学期三学分 二年级必修 本学程以研究
十四纪至十八世纪之欧西历史为目的。其要点如次:(一)文艺复兴,
(二)宗教改革,(三)地理发现与殖民竞争,(四)君主专制时代。

(乙14)西洋近世史 一学期三学分 二年级必修 本学程以研究
十八世纪末至二十世纪初欧美之历史为目的,其要点如次:(一)法国
革命与拿破仑,(二)民族主义与民治主义之革命,(三)欧洲新帝国主
义与美国之发展,(四)秘密外交与国际新局面。

(乙15)西洋现代史 一学期三学分 三年级必修 本学程以研究
一九一四年至今日之欧美历史为目的。其要点如次:(一)欧洲大战,
(二)巴黎和会与国际联盟,(三)战后欧美与世界之新形势。

(乙36)东罗马帝国史 一学期三学分 三、四年级选修 本学程研究
四世纪初至一四五三年东罗马帝国之政治与文化。其要目如次:(一)
罗马帝国东西分立之背景与经过,(二)四七六年前之东罗马帝国,
(三)四七六年后之东罗马帝国,(四)东罗马帝国与亚拉伯人,(五)

东罗马帝国与斯拉夫民族，（六）十字军时代之东罗马帝国，（七）土耳其人之西侵与东罗马帝国之衰亡，（八）希腊教会与帝国，（九）东罗马帝国之政制与法律，（十）商业与交通，（十一）文学与艺术，（十二）学术与思想。预修学程——西洋上古史或西洋中古史。

（乙41）**文艺复兴与宗教改革史** 一学期三学分 三、四年级选修 本学程以详细研究西洋十四世纪至十六世纪之政治、经济、学术、宗教各种新潮流为目的。其要点如次：（一）国家制度之兴起，（二）中等阶级之兴起与资本主义，（三）人文主义与新文艺，（四）宗教改革与旧教改良，（五）宗教战争，（六）均势局面之初起，（七）地理发见与殖民运动。预修学程——西洋通史或西洋近古史。

（乙42）**欧洲君主专制时代史** 一学期三学分 三、四年级选修 本学程以详细研究欧洲十七、十八两世纪之历史为目的。其要点如次：（一）君主专制之意义与其制度，（二）重商主义，（三）三十年战争，（四）法国之强盛与英法之竞争，（五）普鲁士与俄罗斯之兴起，（六）开明专制与开明运动。预修学程——西洋通史或西洋近古史。

（乙43）**法国革命史** 一学期三学分 三、四年级选修 本学程要目分四部：（一）旧制度之法国，（二）大革命，（三）拿破仑，（四）一八一五年后之新欧洲。预修学程——西洋通史或西洋近世史。

（乙50）**西洋文化史** 二学期八学分 三年级必修 本学程以希腊、罗马与欧西为研究范围，举凡文学、艺术、哲学、宗教、科学、法制、经济、风俗等皆为本课研究题目。本学程以修完全部为原则，其只习前段者可酌给学分，至后段则不准单独修习。预修学程——西洋通史或西洋上古史与西洋中古史。

（乙61）**欧洲民族殖民史** 一学期三学分 二、三年级选修 本学程研究自十五世纪迄今欧洲民族殖民事业，及其政治、经济势力发展之经过与现今欧洲各民族势力分布之概况，旨在阐明欧洲民族现势之由来，近世资本帝国主义演进之经过，弱小民族被侵略之因果，尤注意于中国被侵略之国际背景。其内容大要如次：（一）地理大发见后欧洲各国殖民发展之经过（十九世纪后略及美日各国），（二）欧洲民族发展中之经济背景与国际经济之现状，（三）最近之殖民帝国与弱小民族之民族运动,(四)欧洲发展与中国。预修学程——西洋通史或西洋近古史或西洋近世史。

（乙71）英国实业革命史　一学期三学分　二、三年级选修　本学程研究十八世纪中叶至今日之英国经济史,包括机器之发明、实业之发展、商业之推广及其对内对外之影响。预修学程——西洋近世史或英国史。

（乙81—90）西洋国别史　一学期三学分　二、三年级选修　本学程由本系随时指定西洋一国为专门之研究,兹举重要者如下：英国(81),法国(82),德国(83),意国(84),俄国(85),美国(86)。预修学程——西洋通史或担任教员特别允许。

（丙11）日本史　一学期三学分　二、三年级选修　本学程研究日本政治、文化之变迁及其与中国之关系。其内容略分为四时期:(一)日本文化萌芽时期;(二)中国、印度文化输入时期,始自大化革新迄于十二世纪末年;(三)武家政治与幕府政治时期,自十二世纪末年迄十九世纪中叶;(四)维新时期,自明治之维新日本尽力图强并吸收欧西文明迄于最近。

（丙15）日本近世史　一学期三学分　二、三年级选修　本学程专研日本自德川幕府末期至最近之历史。包括十九世纪中叶日本内政之变动与对外之关系,统一运动之机运,明治维新之因果,中日、日俄两役及其影响,世界大战后之日本,最后申论其国内阶级争斗与其对外之国际竞争诸大问题。

（丙19）朝鲜史　一学期三学分　二、三年级选修　本学程研究朝鲜政治、文化之变迁及其与中日之关系。其内容大要如次:(一)朝鲜建国及卫氏之兴亡,(二)三国对峙及新罗之统一,(三)高丽王氏之兴亡,(四)朝鲜李氏及其与明清之关系,(五)中日俄之角逐与日本之统治朝鲜,(六)朝鲜之民族运动。

（丙21）印度史　一学期三学分　二、三年级选修　本学程以研究印度文化、政治之蜕变及其与中国之关系为主。其内容大要如次:(一)印度之种族与地理环境,(二)吠陀时代,(三)哲学勃兴时代,(四)佛教之传播与其他宗教之消长,(五)十世纪前印度之政治变迁,(六)回教民族之统治印度,(七)莫卧儿帝国之兴衰,(八)欧洲人之经营印度,(九)英国之统治印度,(十)印度之民族运动。

（丙25）南洋诸国史 一学期三学分 二、三年级选修 本学程讲述越南、暹罗、缅甸及马来半岛、爪哇、苏门答腊、婆罗洲、斐律宾及其他南洋诸岛之略史,分地叙述,注意各民族之开化与演进,西力侵入之因果与其现在之问题。本学程不惟叙述诸国自身之史实,尤注意阐明中国历代对南洋各国之关系,中国人民在南洋经营之功绩与现今南洋华侨之地位。

（丙31）北亚史 一学期三学分 二、三年级选修 本学程以研究西伯利亚及其附近诸民族进退消长之史实,及其与中国之关系为主旨。其内容之大要如次:(一)北亚之地理与民族,(二)汉唐间据居北亚之民族,(三)蒙古诸部之兴衰,(四)俄人之侵入及其发展,(五)中俄交涉,(六)西伯利亚近况,(七)中国北境边防问题。

（丙41）回教民族史 一学期三学分 三、四年级选修 本学程研究七世纪初迄今回教诸民族之历史,并及回教民族与中国之关系。其要目如次:(一)七世纪前之亚拉伯,(二)穆罕谟德与回教之成立,(三)回教之发展与大食帝国之建设,(四)帝国之法制,(五)商业与交通,(六)学术与思想,(七)文学与艺术,(八)土耳其帝国之成立与回教民族之渐衰,(九)今日之回教世界,(十)回教与中国。预修——担任教员特别允许。

（丙51）欧亚交通史 一学期三学分 二、三年级选修 本学程研究范围在于远东与中亚与欧洲之交通,而尤注重中国与中亚及欧洲交通演进之经过(波斯以西之西亚一带为西洋文化发源地之一,与欧洲早相接触,不在本学程范围)。其内容要点如次:(一)欧亚交通之曙光,(二)亚历山大之东方领土,(三)中国与罗马之交通与贸易,(四)回教国家之兴与欧亚交通,(五)蒙古之西征与欧洲人之东来,(六)新航路发见后欧人之东来。其目的在使学者略知欧亚交通之由来、兴衰之原因,及其对于中国政治、经济、宗教及一般文化之影响,与西洋文化所受中国与中亚之影响。

（丁10）史学通论 一学期三学分 四年级必修 本学程研究史学之

各种基本智识，旨在融合中外学说，使学者对史学之意义、史料之性质等有明晰之观念，并略及历史研究法之大要。其内容要点：（一）史学之意义、范围与体系，（二）史料之源流、分类、整理与鉴别，（三）述作之方法与应用。预修学程——中国通史或西洋通史。

（丁11）中国史学史　一学期三学分　三、四年级选修　本学程研究中国史学界之沿革，俾学者明了国史之体系及其盛衰、得失、递变之故。其内容注意点：（一）史家与史著之概况，（二）各种史体之源流，（三）重要史学家之学说与其贡献，（四）重要史著之体制与其价值，（五）最近中国之史学。预修学程——中国通史或史学通论。

（丁12）西洋史学史　一学期三学分　三、四年级选修　本学程研究希腊迄今西洋史学界之沿革。其内容条目如次：（一）希腊史学，（二）罗马史学，（三）犹太史学，（四）基督教教会史学，（五）中古史学，（六）文艺复兴后之史学，（七）十九世纪之德国学派及其发展，（八）二十世纪之新史学。预修学程——西洋通史或史学通论。

（丁13）中国史学部目录学　一学期三学分　三、四年级选修　本学程研究中国史部分类之沿革、方法及其理论与各类史籍之名著，使学者与中国史学史融合观之，于中国史学之内容得有更为明确之了解。其内容注意点：（一）史部分类之源流，（二）史部分类之原则，（三）史部分类之方式，（四）史部分类之得失，（五）史部分类之改进，（六）各类之重要史籍，（七）最近中国史学出版之讨论。预修学程——史学通论或担任教员特别允许。

（丁14）西洋史部目录学　一学期三学分　三、四年级选修　本学程之范围如下：（一）研究西洋史部分类之方法，（二）介绍西洋史部目录之名著，（三）介绍讨论西洋各类史籍之名著，（四）介绍西洋支那学家著作目录，并讨论支那学家之史学名著。预修学程——史学通论或担任教员特别允许。

（丁15）历史哲学　一学期三学分　三、四年级选修　本学程研究中外思想家对于历史本质之解释，略分四部：（一）历史哲学之意义及其基本问题，（二）中国之历史哲学，（三）西洋之历史哲学，（四）今日历史哲学之趋势。预修——担任教员之特别允许。

（丁41）考古学　一学期三学分　三、四年级选修　本学程研究考古学之基本智识，使学者得一门径，可为治史之一助，亦可为专究之初阶。其主要内容如次：(一)考古学之意义，(二)考古学与他种学科之关系，(三)世界各地远古遗迹概观，(四)古物之种类与鉴别，(五)中国古器真伪之鉴别，(六)年代之判断，(七)发掘之方法，(八)中外考古略史。本学程对于中国之史前遗存及与历史有关系之古物特为注意。预修——担任教员之特别允许。

（丁50）历史研究班　一学期三学分　四年级必修　本班学生每人自由选定专题，由担任教员分别指导阅览图书及研究方法，旨在训练读书、鉴别、搜罗、综合、推理、判断及叙述各种能力。每生须就其研究之结果作成论文一篇，于学期终结两周前交与担任教员。预修学程——除本系四年级生外，他系四年级生曾习本系二十学分以上者，亦可加入此班。

文学院史学系课程规则临时附则

（一）凡十八年度上学期本系之三、四年级生，仍按照旧规则，修足本系三十六学分及辅系十五学分即可卒业。

（二）凡十八年度上学期本系之三、四年级生，于不与全校定章冲突之范围内，得不受新规则中所规定之每学期课程及学分数目之限制。

（三）凡十八年度上学期本系之一、二年级生，必须按照新规则选课方得毕业。

（四）凡十八年度上学期本系一、二年级生，于十八年度上学期以前曾习本系必修学程，而该学程较新规定少一学分或二学分者，则该生毕业时之本系必修学分总数得免一学分或二学分（于十八年度下学期习西洋文化史之本系学生亦得按此例免一学分）。

（五）中国通史如不开班时，本系一年级生得以中国上古史、中国中古史、中国近古史、中国近世史四者之二代之。

（六）西洋通史如不开班时，本系一年级生得以西洋上古史、西洋中古史、西洋近古史、西洋近世史四者之二代之。

（《国立中央大学一览》，1930年）

中央大学史学系选课指导书（1933）

（甲）本系设置方针

一、养成治史之专门人才。

二、以科学方法整理国史。

三、研究外国历史并探讨其治史之方法。

四、培养中学历史学科之师资人才。

（乙）本系课目支配标准

一、本系第一学年注重基本科目，第二学年注重中外近代史。

二、第三学年起分为国史组与外国史组，随学生志趣所近选修之。

（丙）选课规则

一、本系学生应于四学年内修足一百三十二学分方能毕业，其修习课目分配如左。

（1）全校共同必修

1.国文　六学分；2.英文　六学分，共十二学分。

3.党义　二学分；4.普通体育　八学分；5.军事训练　六学分，以上三项不在一百三十二学分内。

（2）本系必修共六十五学分；（3）本系选修共十三学分，共七十八学分。一年级十五学分，二年级二十五学分，三年级十九学分，四年级十九学分。

（4）辅系

1. 本系学生应以下列各系之一为辅系,最少应修满十五学分：中国文学系,外国文学系,社会学系,哲学系,地理学系,教育学系,政治学系,经济学系。

2. 本系学生选定一系为辅系后,其所修课目除遵照各该系所规定者外,应就后表内所指定之范围选修之。

3. 凡以中国文学系或外国文学系为辅系者,其所选共同必修之国文六学分、英文六学分不得再算入辅系之十五学分内。

（5）系外必修

1. 普通社会学　五学分,2. 政治学　五学分,3. 经济学　五学分。

（6）系外选修

除主系七十八学分、辅系十五学分、共同必修十二学分、系外必修十五学分,共一百二十学分,其余十二学分,得选修本系课目及后表所规定之他系课目。

二、毕业论文

凡本系学生须于第四学年开始时选定研究题目,商准系主任,由教授担任指导,撰著论文,于毕业考试前送缴本系。经系主任、担任教授及院长核准后,方得毕业,但不给学分。

三、以本系为辅系之学生,应修习左列各课目。

1. 中国通史或中国通史纲要或中国文化史。

2. 欧洲上中古史、欧洲近代史或西洋通史纲要或西洋文化史。

3. 中国近代史或欧洲现代史。

（丁）各学年应修课目表

年级	必修选修	课目	年限	学分	每周授课钟点	先修课目	担任教员	备注
第一学年	必修	中国通史	全	六	四			
		西洋通史	全	六	四			
		英文西史名著选读	全	三	三			
		政治学	全	五	三			
		经济学	全	五				
		国文	全	六	三			
		英文	全	六	三			
		党义		二				
		普通体育		二				
		军事训练		二				
第二学年	必修	中国近世史	全	五	三			任选四种，共二十学分。
		西洋近世史	全	五	三			
		日本史	全	五	三			
		俄国史	全	五	三			
		史学方法论	全	五	三			
		中国史学概论	全	五	三			
		社会学	全	五	三			
		普通体育		二				
		军事训练		二				
		中国沿革地理	全	五	三			任选一种，五学分。
		欧洲沿革地理	全	五	三			

年级	必修选修	课目	年限	学分	每周授课钟点	先修课目	担任教员	备注
（国史组）第三学年	必修	中国远古史	半	二	三			任选二种或三种,共十学分。
		商及西周史	半	三	三			
		春秋战国史	全	五	三			
		秦汉史	全	五	三			
		魏晋南北朝史	全	五	三			
		隋唐五代史	全	五	三			
		中国文化史	全	五	三			
		希腊史	半	三	三			任选一种或二种,共五学分。
		罗马史	半	二	三			
		西洋文化史	全	五	三			
		普通体育		二				
	选修	中国南方民族史	半	二	三			任选二种,共四学分。
		回教诸国史	半	二	三			
		印度史	半	二	三			
		美国史	半	二	三			
（外国史组）第三学年	必修	菲亚古国史	半	二	三			任选三种,共十学分。
		希腊史	半	三	三			
		美国史	半	二	三			
		西洋文化史	全	五	三			
		隋唐五代史	全	五	三			任选一种,五学分。
		宋辽金史	全	五	三			
		中国文化史	全	五	三			
		普通体育		二				
	选修	人类学	全	四	三			任选一种或二种,共四学分。
		法国史	半	二	三			
		印度史	半	二	三			
		回教诸国史	半	二	三			

年级	必修选修	课目	年限	学分	每周授课钟点	先修课目	担任教员	备注
（国史组）第四学年	必修	宋辽金史	全	五	三			任选二种，共十学分。
		元明史	全	五	三			
		清史	全	五	三			
		中国史学史	全	五	三			
		欧洲中古史	半	三	三			任选一种或二种，共五学分。
		欧洲近古史	全	五	三			
		西洋史学史	半	二	三			
		普通体育		二				
	选修	考古学	半	二	二			任选一种或二种，共四学分。
		历史哲学	全	四	三			
		英国史	半	二	三			
		德国史	半	二	三			
		史前史	全	四	三			
		中西交通史	全	四	三			

年级	必修选修	课目	年限	学分	每周授课钟点	先修课目	担任教员	备注
（外国史组）第四学年	必修	欧洲中古史	半	三	三			任选二种或三种，共十学分。
		欧洲近古史	全	五	三			
		罗马史	半	二	三			
		英国史	半	二	三			
		西洋现代史	全	五	三			
		西洋史学史	半	二	三			
		元明	全	五	三			任选一种，五学分。
		清史	全	五	三			
		中国史学史	全	五	三			
		普通体育		二				
	选修	考古学	半	二	二			任选一种或两种，共四学分。
		历史哲学	全	四	三			
		德国史	半	二	三			
		史前史	全	四	三			
		欧洲殖民史	全	四	三			
		中西交通史	全	四	三			

附注：如遇必修课目未能多开时，三、四年级可以通融互选，但仍须经系主任之许可。

（戊）各学年应修学分统计表

修别 学分 系别 年级	必修			选修			总计
	本系	他系	共计	本系	他系	共计	
第一学年	15	22	37	0	0	0	37
第二学年	15	10	25	5	0	5	30
第三学年 两组同	15	8	23	4	5	9	32
第四学年 两组同	15	7	22	4	7	11	33
合计	65	42	107	13	12	25	132

（己）辅系及其他选修课目表

（一）中国文学系

课目	年限	学分	每周授课时数	选修年级	先修课目	备注
各体文选甲	全	六	五			
国学概论	全	四	三			
文学史纲要	全	五	三			
文字学	全	五	三			
目录学	全	五	三			
文学研究法	全	五	三			

（二）外国文学系

课目	年限	学分	每周授课时数	选修年级	先修课目	备注
英文作文	全	四	三			
英国文学史	全	四	三			
英国文学	全	六	三			此课目甚多，可连续选读。
英国名著选	全	六	三			
文艺复兴时代文学	全	六	三			
欧美文学专题研究	全	六	三			
英国文字源流	半	三	三			
日文	全	六	三			
法文	全	六	三			
德文	全	六	三			

附注：凡选习日文或法文或德文者，宜认定一种连续修习之，不得同时并选。

（三）社会学系

课目	年限	学分	每周授课时数	选修年级	先修课目	备注
西洋社会思想史	全	六	三			
初民社会	半	三	三			
文化进化史	半	三	三			
社会研究法与社会统计	全	六	三			
社会变迁原理	半	三	三			
民族学	半	三	三			
普通人类学	全	四	三			

（四）哲学系

课目	年限	学分	每周授课时数	选修年级	先修课目	备注
哲学概论	半	三	三			
科学原理与方法	半	三	三			
中国哲学史	全	六	三			
历史哲学概论	半	三	三			误写在前
印度哲学史	全	六	三			
文化哲学	半	三	三			
历观之派别	半	三	三			

（五）地理学系

课目	年限	学分	每周授课时数	选修年级	先修课目	备注
自然地理	全	六	三			
本国地理	全	六	三			
亚洲地理	全	六	三			
欧洲地理	半	三	三			
美洲地理	半	三	三			
世界地理	半	三	三			
国际地理	全	六	三			
人生地理	全	六	三			
经济地理	半	三	三			
政治地理	半	三	三			
建设地理	半	三	三			

（六）教育学系

课目	年限	学分	每周授课时数	选修年级	先修课目	备注
教育学	全	四	二			
中国教育史	半	二	二			
西洋教育史	全	四	二			
社会教育学	半	三	三			
教育行政	全	四	二			
初等教育或中等教育	半	四	三			

（七）政治学系

课目	年限	学分	每周授课时数	选修年级	先修课目	备注
中国政治社会史	全	六	三			
中国外交史	全	四	二			
中国政治制度史	全	四	二			
西洋政治史	全	六	三			
西洋外交史	全	四	二			
西洋政治思想史	全	六	三			
现代政治学说	全	四	二			

（八）经济学系

课目	年限	学分	每周授课时数	选修年级	先修课目	备注
中国经济史	全	四	二			
欧美经济史	全	六	三			
经济思想史	全	八	四			
民国财政史	半	三	三			
现代经济学说	半	四	二			
中国经济问题研究	全	六	三			

（庚）课目说明

（一）中国史课目

中国通史　二学年　六学分　一年级必修　本课目以讲习国史基本知识为主,分二学期教授:(一)概说及太古至战国,(二)秦汉至南北朝,(三)隋唐至元,(四)明清至现代。概说略述史学要义及国史上之民族、年代与地理。自太古以降,则依次综述各时代之重要史实,以说明今日各种现象蜕化之所由及其造成之所以。尤注意四事:(一)民族之盛衰,(二)政治之隆污,(三)社会之变迁,(四)外国之关系。暂用缪著《中国通史纲要》为课本,参考书于讲习时随问题、时代分别列举。

中国远古史　一学期　二学分　三年级必修　本课目以探讨未有文字记载前之我国史迹为〔主〕。其要目为:(一)中国的地史与古人类,(二)北京原人,(三)河套古人,(四)原形中华人,(五)原始社会,(六)原始文化,(七)古神话与古传说。

本课目主要参考书:

(1)裴文中 , "Notice of the Discovery of Quartz and Other Stone Artifacts in the Lower Pleistocene Hominid-Bearing Sediments of the Choukoutien Cave Deposit" , 1931.

(2)M. Boule, H. Breuil, E. Licent et P. Teilhard, *Le paléolithique de la Chine, 1928.*

(3)Andersson,《中国远古之文化》;《甘肃考古记》。

(4)《路史》,《绎史》。

商及西周史　一学期　三学分　三年级必修　因殷虚古物发现而殷礼足征,因巨量铜器流传而宗周载记愈益征实。本课目即以古书杂记疏通新史料(如卜辞全文),更以新史料补苴旧史阙文。其要目为:(一)《商书》与《商颂》,(二)《殷本纪》与《宋世家》,(三)殷虚古物与卜辞,(四)《周易》、《周书》、《周颂》与《大小雅》,(五)《周本纪》与鲁、卫、燕、晋、齐、楚诸世家,(六)商周铜器及其款识。

春秋战国史　一学年　五学分　三年级必修　本课目为分代史之一,即周东迁后至秦统一间之列国史。其时政事、社会、风俗、学术之演变,皆绾今古枢机,故应并重各方面,而极尽彰往知来之瞻瞩。其教材以《尚书》之末二篇、《诗》之《国风》、《春秋三传》、《周官》、《礼记》、《周书》、《国语》、《战国策》、《论语》及先秦诸子,与《史记》周秦本纪、十七世家、李斯以前诸列传、十二诸侯及六国两表、八书中关于先秦诸记载为主要资料,而《世本》与《竹书纪年》真本之搜辑,亦为必不可少之从事焉。其时诸事迹异说纷纭,故应详加考证,凡汉以后关于先秦列国诸纪述,皆须搜罗而排比订定之。

本课目重要参考书:《国语》、《战国策》,群经以外,《逸周书》、《史记》乃至辑本《竹书纪年》等。

秦汉史 一学年 五学分 三年级必修 本课目以《史记》及两《汉书》为主要教材,旁及秦汉载籍及新出史料,对于此时代史实作一比较专门的研究,自政治、学术外,特详于汉族之向外发展及禹域僻壤之开辟。

魏晋南北朝史 一学年 五学分 三年级必修 本课目以《三国志》、《晋书》、《南》、《北史》、《隋志》及《通鉴》魏至隋初部分为主要教材,参以八史及他载籍,对于此时代史实作一比较专门的研究,自政治、学术及宗教外,特详于民族之竞争与迁徙、异族之华化与混合、社会风俗之变迁等。

隋唐五代史 一学年 五学分 三年级必修 本课目以《隋书》、《新唐书》、《新五代史》及《通鉴》自隋以后部分为主要教材,参以《旧唐书》、《旧五代史》及他载籍,对于此时代史实作一比较专门的研究。自政治、学术、宗教外,特详于疆土之开拓、外族之关系及藩镇割据之因果等。

宋辽金史 一学年 五学分 四年级必修 本课目为东胡内侵、华夏衰微之痛心史,而其时学术文化皆有进境,实为近世社会状况造成之源。应注意之端:一、唐末割据之影响,二、宋代制度与后世之关系,三、辽与北宋之关系,四、金与南宋之关系,五、西夏与宋金之关系,六、元与宋金之关系,七、宋代学术思想与后世之关系,八、宋末之忠臣义士。

本课目重要参考书: 以宋、辽、金三史、《宋史新编》、《宋史翼》、

《东都事略》、《南宋书》、《契丹国志》、《大金国志》、《三朝北盟会编》及《续资治通鉴》、《长编》等编年之书为重要资料。

元明史 一学年　五学分　四年级必修　本课目分两阶段：第一阶段为元史，应包括蒙古征战所及诸国之事迹，其端绪最为繁难，因非有波斯、阿拉伯、俄罗斯及蒙古诸文字之参考书不可也。至专言中国方面，则有《元史》、《新元史》、《元朝秘史》、《蒙古源流》、《蒙兀儿史记》等以及元明清人诸记录可为参考资料。其应注意之端：一、蒙古的起源及其发展，二、蒙古的征服之诸国概况，三、蒙古并吞中国及其政治，四、蒙古统治中国时诸特征，五、蒙古之内乱与其衰亡。第二阶段为明史，此为华夏光复而又转入衰亡之痛心史也。应注意之端：一、明太祖之创业，二、永乐以后历代之失政，三、明代边务，四、明代之倭寇，五、明代之政制与社会风气，六、西人东渐与科学之萌芽，七、明末之内忧外患与其灭亡时之民族意识。

本课目重要参考书：有《明史》、《明鉴》、《明季南北略》等等，时代近而书繁，不胜枚举也。

清史 一学年　五学分　四年级必修　本课目所涵括为瀛海棣通，中国与世界关系演进日深之时期，实前古未有之变局也。应注意之端：一、满洲入主中夏而渐同化，二、清代之开拓及其内政，三、清代华人之思想学术，四、太平天国战史，五、清末之外患，六、清末之改革，七、清末社会思想之变化。

本课目重要参考书：有《清史稿》等，时代至近，书至繁，不胜枚举。

中国近世史 一学年　五学分　二年级必修　本课目主旨，在阐明近百年来中西势力之相激相荡，及因此而发生之政治、社会及文化之变动，使学者对于现代中国之由来及其在世界上之地位，获得一正确认识。其内容包括中英鸦片战前及战后之国际关系，太平天国及其后之政治、社会改革与革命运动。

本课目除自编讲义、大事日志及选辑材料外，其重要参考书略举如下：

（1）《筹办夷务始末》。

（2）《清季外交史料》。

（3）《东华续录》。

（4）《方略全书》。

（5）Morse, *The International Relations of the Chinese Empire.*

（6）Cordier, *Histoire Des Relations De La Chine Avec Les Puissances Occidentales.*

（7）MacNair, *Modern Chinese History*—Selected Readings.

（8）Morse, MacNair, *Far Eastern International Relations.*

（9）其他中外官书、专集与专著（书繁，不胜枚举）。

中国沿革地理　一学年　五学分　二年级选修　讲述历代之疆域区分、都市兴废、山川名称之因革，俾学者明了政治、文化与地理环境之关系。其要目为：（一）历史与地理，（二）诸史《地理志》，（三）《山经》与《水经》等。

本课目主要参考书：《历代地理沿革表》、杨守敬《历代舆地沿革图》、诸史《地理志》、《水经注》、《读史方舆纪要》。

中国史学概论　一学年　五学分　二年级必修　述中国史学之起源及史学之派别，尤注重于各种史体之源流变迁，并以新史学评论其得失。

参考书：以《史通》、《文史通义》及历代史《艺文》、《经籍》各志中之史部书目，并历代史学名家传记。

中国史学史　一学年　五学分　四年级必修　对于史籍之体制流别、名著特征以及名家批评等，作系统的讲述，俾学者明了我国史学界之流派得失。其要目为：（一）历代史官建置，（二）纪年史，（三）纪事史，（四）纪传史，（五）评史与史评等。

本课目所参考书籍甚多，未便列举。

中国文化史　一学年　五学分　三年级必修　本课目循中国文化变迁之重要关键，区为三期。（一）自邃古以迄两汉，是为吾国民族本其创造之力，由部落而建设国家，构成独立之文化之时期。（二）自东汉以迄明季，是为印度文化输入吾国，与吾国固有之文化，由牴牾而融合之时期。（三）自明季以迄今日，是为中印两种文化均已就衰，而远西之学术、思想、宗教、政治以次输入，相激相荡而卒相合之时期。举凡典章、经制、教学、文艺以及建筑、图画、雕刻之类，皆就民族精神之所表现者,广搜列举,扼要讲习。暂用柳著《中国文化史》为讲授之根据,参考书按时代及问题分别提举。

中国南方民族史　一学期　二学分　三年级选修　本课目为关于华南民族之文化史的研究,凡南徙汉族之源流派别、历史语言、特殊文化,以及华南土著如猺、畬、獞、蛋、黎等之历史、语言、人种、文化等等,皆在检讨之列,而尤注意各族各系间之相互交涉及影响。

本课目所据材料,除各家关于华南一部分民族之调查报告书外,并注重华南各地省府州县志书,及各民族学家、人类学家、方言学家关于华南各种族之论著,与其他有关系之正史野史、游记笔记、谣谚传说以及华南各大族之家谱等。

中西交通史　一学年　四学分　四年级选修　本课目主旨在阐明十八世纪以前中国与葱岭东西各国之政治、商业、宗教、学术之关系,特别注重欧洲,并附述自汉以来西域诸国家、种族之略史,使学者得以明了中国在世界史上所处之地位。其内容包括古代中西之相互传说、张骞远征及丝缯贸易、欧亚间民族之骚动、唐宋之外教胡贾、蒙古之混一欧亚及明清之际海道大通以后之诸种关系。

本课目之主要参考书略举如下:

(1)张星烺:《中西交通史料汇编》。

(2)冯承钧编译史地各书。

(3)陈垣外教考诸文。

(4)洪钧:《元史译文证补》。

(5)桑原骘藏:《蒲寿庚考》。

(6)《天主教传行中国考》。

(7)Yule Cordier, *Cathay and the Way Thither*.

(8)Yule Cordier, *The Book of Ser Marco Polo*.

(9)Hirth, *China and the Roman Orient*.

(10)Moule, *Christians in China before the Year 1550*.

(11)Latourette, *A History of Christian Missions in China*.

(12)Laufer, *Sino—Iranica*.

(13)Cordier, *Histoire Générale De La Chine*.

（14）Beal, *Buddhist Records of the Western World.*

（15）Reichwein, *China and Europe.*

（16）Hudson, *Europe and China.*

（二）外国史课目

西洋通史　一学年　六学分　一年级必修　本课目远溯邃古，下逮近代，举凡政治之嬗递、社会之变迁、民族之兴衰、文化之隆替皆略述之，使史系新生得一西史概念，以为将来进攻专史之预备。

本课目由教者分期指定参考书，指导学生阅读。

菲亚古国史　一学期　二学分　三年级必修　本课目以研究北菲及西亚诸国文化为目的，分八部如下：（一）埃及，（二）罗马，（三）巴比仑，（四）亚叙亚，（五）喜太提，（六）腓尼基，（七）西伯来，（八）古波斯。

本课目主要参考书：

（1）*Cambridge Ancient History*, Vols I, II, III, IV.

（2）Petrie, *Prehistoric Egypt.*

（3）Childe, *The Most Ancient East.*

（4）Petrie, *History of Egypt.*

（5）Breasted, *A History of Egypt.*

（6）Breasted, *Ancient Records of Egypt.*

（7）Erman, *A Handbook of Egyptian Religion.*

（8）Budge, *The Book of the Dead.*

（9）Steindorff, *The Religions of the Ancient Egyptians.*

（10）Petrie, *Social Life in Ancient Egypt.*

（11）Erman, *General Sketch of Egyptain Literature.*

（12）Maspero, *Art in Egypt.*

（13）Hall, *The Ancient History of the Near East.*

（14）Baikie, *The Life of the Ancient East.*

（15）King, *History of Sumer and Akkad.*

（16）Delaporte, *The Babylonian and Assyrian Civilizations.*

（17）Goodspeed, *A History of the Babylonians and Assyrians.*

（18）Sayce, *Records of the Past.*

（19）Sayce, *The Hittites.*

（20）Cowley, *The Hittites.*

（21）Garstang, *The Land of the Hittites.*

（22）Maspero, *The Struggle of the Nations.*

（23）Macalister, *A History of Civilization in Palestine.*

（24）Sykes, *A History of Persia.*

（25）Jackson, *Persia.*

（26）Maspero, *The Dawn of Civilization.*

希腊史　一学期　三学分　三年级必修　欧洲政治、学术虽代有变迁，而溯其源则必推本希腊，缘其民族秀异、思想敏锐而又不厌探讨，故其哲学、科学之造诣超轶当时地中海诸邦，而供轶近诸国之衣被。兹录希腊史讲授要旨如下:(一)希腊民族之迁徙及拓殖,(二)雅典与斯巴达之迭为盟主,(三)希腊与波斯之战,(四)雅典之称霸及学术之全盛,(五)雅典、斯巴达之争长与两败,(六)马其顿之兴与亚力山大之混一欧亚,(七)亚力山大帝国之崩裂与诸将割据。

本课目以 Grote 之《希腊史》为依据,以 Bury 与 Holm 等所著之史为辅,修此门者先习通史更善。

罗马史　一学期　二学分　三年级必修　本课目讲述罗马之政治与文化,其要目如次:(一)叙论。1. 意大利之地理,2. 意大利之古民族,3. 罗马民族之特性;(二)古罗马。自拉丁民族建国至共和政体成立;(三)意大利之统一;(四)罗马与迦塞基之争霸;(五)东地中海之征服;(六)共和政体之崩颓及社会、经济之紊乱;(七)革命时代。自格拉克斯之变法至凯撒之被刺;(八)共和时代之学术思想;(九)奥古斯都之改制;(十)帝国时代。以帝系为纲,分述各时期政治之变迁、文化之演进、社会之发展、经济之荣枯、西欧之开发、北族之转徙、以及帝国之分离,至西罗马亡止。

本课目主要参考书:

（1）Mommsen, *The History of the Roman Republic.*

（2）Mommsen, *The Provinces of the Roman Empire.* (edited by

Bury）

（3）Holland, *The Roman Republic.*

（4）Gibbon, *The Decline and Fall of the Roman Empire.*

（5）Russell, *The Roman Empire.*

（6）Greenidge, *Roman Public Life.*

（7）Nilsson, *Imperial Rome.*

（8）Rostovtzeff, *Economic and Social History of the Roman Empire.*

（9）Inge, *Society in Rome under the Caesars.*

（10）Charlesworth, *Trade Routes and Commerce of the Roman Empire.*

（11）Case, *The Evolution of Early Christianity.*

（12）Mackail, *Latin Literature.*

（13）Plutarch, *Roman Lives.*

（14）Cicero, *Correspondence with His Friends.*

（15）Pausanias, *Tour Round Greece.*

（16）Livius.

（17）Strabo.

（18）Tacitus.

（19）*Cambridge Ancient History.*

（20）Bury, *Roman Empire.*

欧洲中古史 一学期 三学分 四年级必修 罗马之亡，西欧沦陷，独莤林（Byzantium, Constantinople）据黑海西隅，以形胜仅存。于是旧都文物，大抵东迁，其遗于罗马未遭焚荡者，惟教宗（Pope）是赖。故自五世纪至七世纪二百年间，戎狄侬扰，怀柔羁縻，耶教之功为巨。及弗兰克（Frank）王查理雄于北地，因南巡而加帝冕，则耶教始有护法，而西罗马帝国之名复焉。当查理盛时，威震全欧，孛列颠（Britannia）与抑彼利亚（Iberia, Spain）而外，莫敢不享。查理既没，诸子构兵，旧疆幅裂，德法二国，权舆于兹。其后德人仍帝国之名，谋制教宗（Pope），历年数百，财殚力痡，而教宗之势愈张，南面称孤者，莫不屏息。是时国各有王，分封侯伯，侯伯之下，复有附庸，转相君臣，而力田服穑者，最

658   现代大学史学系概览（1912—1949）

居下流,是号封建。英人据孛列颠之初,封建未行,及诺门威廉于一〇
六六克英,始移植其制,遂外酿英法百年之战,内启王侯政权之事。迨
十五世纪之末,甫告宁息。抑彼利亚（Iberia）僻在西南,自第七世纪为
回族所据,故政教独殊,绵延八百余年,终于被摈。然其盛时,则文教
学术,烂如明星,以视大陆沉酣固不侔矣。物极则变,十字军之役,欧
人由远征而获新知,加以突厥虎踞,莆林学者避地而西。意大利都邑
承罗马之遗风,受近东之薰染,为艺文复苏之地宜矣。本课包举之史,
起第五世纪,终十五纪,分两部讲授;（一）东罗马（即莆林）史,（二）
西欧中古史。所据史材如下:

Gibbon, *The Decline and Fall of the Roman Empire.*

Bury, *History of the Later Roman Empire.*

Bury, *History of the Eastern Roman Empire.*

Cambridge Medieval History.

欧洲近古史　一学年　五学分　四年级必修　欧洲中古之时,耶教盛
行,民坠颛愚。其后十字军东征,欧人见闻始扩。莆林之陷,学者西
避,则意大利北部诸邑先被其风,好古之士,恣意探讨,实事求是,故
哥仑布推地圆之义,发明新洲,建西班牙之霸业。及十六世纪,德人
马丁路德据经文以斥教廷之妄,而新旧教之争始起,绵延至三十年之
战。西欧列国,并假名护教,力政争权。迨一六四八年 Westphalia 之
约成,然后信仰趋于自由,而列国疆域亦更定焉。教争甫宁,而帝王专
制之风复盛。十七、十八世纪之间,瑞典、西班牙二国已衰,独英、法二
国争长西欧,法王路易十四,士饱马腾,志在囊括,英、奥合纵,仅乃克
之。然主暴则民怨,故清教徒发难于英而倡共和,法人亦覆灭王朝而
革其政体。拿破仑乘之,以匹夫而跻帝位,力征经营,几于混一。向令
滑铁庐不败,则维也纳之会固不得集也。本课所包,起自十六世纪,终
于一八一五年。其讲授资料,根于剑桥大学《近古史》,而参以近人各
著作,书目过繁不备举。

西洋近世史　一学年　五学分　二年级必修　本课目研究自维也纳
会议至世界大战欧洲各国之政治发展、国际形势以及社会、经济、文化
之演进。

本课目主要参考书:

Cambridge Modern History, Vol. X, XI, XII.

Peuples et Civilizations t. X V.

Seignobos, *Histoire Politique de L'Europe Contemporaine,* 1929.

H. Oncken, *Das deutsche Reich und die Vorgeschichte des Weltkrieges.*

A. Stern, *Geschichte Europas, 1815-1871.*

西洋现代史 一学年　五学分　四年级必修　本课目研究最近期之欧洲政治,自大战发生起,至最近为止,兼及战后之世界大势。要目如下:(一)战前之外交,(二)大战之发生,(三)大战之经过,(四)战时外交,(五)和平会议,(六)战后各国之改造,(七)国际联盟,(八)战后欧洲之国际关系,(九)最近之世界大势。

预修课目:欧洲近代史。

本课目主要参考书:

Gooch, *Modern Europe.*

Annual Register, Edited by M. Epstein. Annually.

History of the Peace Conference, Edited by H. V. Temperley, 6 vols.

A. J. Toynbee, *Survey of International Affairs*, *1920-31*, 12 vols.

A. Headlam-Morley, *The New Democratic Constitutions of Europe,* 1928

R. B. Mowat, *A History of European Diplomacy, 1914-25.*

Wl. Woytinsky, *Die Welt in Zahlen*, 7 vols.

C. Howard Ellis, *The Origin Structure and Working of the League of Nations*, 1918.

Florence Wilson, *The Origins of the League Covenant,* 1928.

俄国史 一学年　五学分　二年级必修　本课目要旨在用比较历史学之方法研究俄国政治、社会、文化演进之特点,兼及其与远东之关系。其内容略分为下列十项:(一)古代之俄罗斯,(二)蒙古统制时代,(三)莫斯科之兴起,(四)罗马诺夫朝之建立,(五)大彼得之维新,(六)农奴制度之成立,(七)十九世纪之俄罗斯,(八)一九〇五与一九一七年之革命,(九)革命后之政治、经济、外交,(十)苏俄现势。

预修课目：欧洲上、中古史及近代史。

本课目主要参考书：

Platonov, *A History of Russia.*

Vernadsky, *A History of Russia.*

Kluchevsky, *A History of Russia.* 5 vols.

Wallace, *Russia.*

Pares, *Russia and Reform.*

Mavor, *An Economic History of Russia.* 2 vols.

Mavor, *History of the Russian Revolution.*

Lawton, *An Economic History of Soviet Russia.* 2 vols.

Lobanov-Rostovsky, *Russia and Asia.*

日本史　一学年　五学分　二年级必修　本课目以日本为主，附述琉球及台湾略史。日史于古代详述中国文化之输入及其开化之经过，于中世略志其幕府之兴亡及与元明之关系，于近代则特详其改革成功之原因及对吾国之侵略，而各时代之政教风俗附焉。

本课目主要参考书：

（1）各史倭传及日本传。

（2）黄遵宪:《日本国志》、《日本杂事诗》。

（3）缪凤林:《日本论丛》。

（4）正续《国史大系》。

（5）源光国:《大日本史》。

（6）赖襄:《日本政纪》、《日本外史》。

（7）青光延光:《国史纪事本末》。

（8）冈谷繁实:《皇朝编年史》。

（9）久米邦武等:《日本时代史》。

（10）青木武助：正续《大日本历史集成》。

（11）木宫泰彦:《中日交通史》。

（12）大隈重信等:《开国五十年史》。

（13）昭和分年史。

（14）吉田东伍:《日本读史地图》。

印度史 一学期 二学分 三年级选修 本课目以研究印度民族、文化、政治之变迁，及其与中国文化上、政治上之关系为主。分三编：（一）印度时期，（二）回教时期，（三）英领印度时期。

英国史 一学期 二学分 四年级选修 英国旧地 Celts 民族之所居也，自 Julius Caesar 徇地至此，土人始沾罗马文化，夷于藩属，及狄南侵，罗马戍兵征还故国，而盎格鲁撒克逊民族遂自莱因河下游渡海而有其地。至十一世纪中叶，诺门人复由法国来，据其地而建王朝焉。其后，内则贵族之争，外则百年之战，兵戈俶扰，几无宁日。迨 Tudor 之朝始奏统一，而王朝与国会之权，尚迭为消长。绵延至 Charles I，以国君之尊，蒙匹夫之戮，而民权大昌矣。自是拓土殖民，领袖列邦，欧陆有事，英人常持其衡，迄今未变也。兹录英史讲授要旨如下：（一）罗马之兼并 Britain，（二）盎格鲁撒克逊民族之据有 Britain，（三）诺门公国之克英，（四）贵族与王室之竞争，（五）英法百年之战，（六）Tudor 朝之统一与专制，（七）Stuart 朝之溃败，（八）十八世纪英人海外之拓殖，（九）十九世纪之机械朋兴与工业革命，（十）英人之学术与风尚。

本课目以 Green 所著之史为依据，而参以各种分期史，如 Lecky《十八世纪英国史》之类。

法国史 一学期 二学分 三年级选修 法兰西民族为拉丁文化主要代表，其国家统一较早，政治制度集中，一七八九年大革命尤为近世史上开一新纪元。本课目即研究其政治情形、社会进化、经济变迁以及学术思想之趋势。

本课目主要参考书：

Ch. Seignobos, *Histoire de La Nation Francaise.*

E. Lavisse, *Histoire de France Depuis Les Origines Jusqu'à La Revolution.*

E. Lavisse, *Histoire de France Contemporaine.*

德国史 一学期 二学分 四年级选修 本课目择德国史上之重要关键加以研究，如德国民族之内部组织、中世罗马帝国之盛衰、宗教改革、普鲁士之兴起、民族国家之形成以及大战前德帝国之盛况。

本课目主要参考书：

J. Haller, *Die Epochen der deutschen Geschichte.*

Gebhardts *Handbuch der deutschen Geschichte.*

Ranke, *Weltgeschichte.*

Bezold, *Geschichte der deutschen Reformation.*

M. Ritter, *Deutshche Geschichte im Zeitalter der Gegenreformation und des Dreissigjährigen Krieges.*

Erdmannsdorffer, *Deutsche Geschichte vom Westfalischen Frieden bis zum Regierungsantritt Friedrichs des Grossen.*

Meinecke, *Preussen und Deutschland im Neunzehnten Jahrhundert.*

Brandenburg, *Die Reichsgrundung.*

Oncken, *Das deutsche Reich und die Vorgeschichte des Weltkrieges.*

美国史 一学期 二学分 三年级选修 本课目讲述美国史，自殖民时代起，至现代为止。其要目如下：（一）北美地理与原始文化，（二）西、葡、英、法在北美之殖民竞争，（三）殖民时代之政治、社会，（四）独立战争，（五）联邦政治之建立与发展，（六）奴隶问题与南北战争，（七）统一后之改造，（八）大企业之发展及其政治、社会之影响，（九）世界大战与美国，（十）战后之美国。

教本：Hockett and Schlesinger, *Political and Social History of the United States,* 2V. N. Y. 1925.

参考书：Greene Evarts and Fish, *Short History of the American People.* 2V.

Channing, *History of the United States,* 8V.

Shippee, *Recent American History.*

Rhodes, *History of the United States from the Compromise of 1850,* 8V.

Johnson, *America's Foreign Relations,* 2V.

Faulkner, *America's Economic History.*

Harper's *Atlas of American History.*

其他关于专题之参考书，于讲授时公布。

史前史 一学年　四学分　四年级选修　本课目以理董邃古史料,探讨文化起源为目的。其内容如次:(一)导论。1.先史范围,2.研究方法,3.冰时代之地质与地理,4.古生物之概况,5.史前年代之推测,6.原人颈骨之测量,7.爪哇猿人与北京人,8.新旧石器之制造方法,(二)原始石器时代,(三)旧石器时代初期,(四)旧石器时代中期,(五)旧石器时代末期,(六)宗教与艺术之起源,(七)中石器时代,(八)冰世纪后气候之变迁,(九)人类之转徙与原始谷类分布之地带,(十)专畜之豢养及种植、纺织、陶器之发明,(十一)埃及朝代期前文化,(十二)西亚洪水期前文化,(十三)安诺文化,(十四)印度斯河古文化,(十五)仰韶文化,(十六)东地中海文化,(十七)西地中海文化,(十八)大石冢文化,(十九)多恼河古文化,(二十)北欧古文化,(二一)阿尔卑斯区古文化,(二二)大西洋沿岸古文化,(二三)伊托斯坎文化,(二四)赫尔斯塔文化,(二五)纳天恩文化,(二六)马牙文化。

本课目主要参考书:

(1) Sollas, *Ancient Hunters.*

(2) Burkitt, *Prehistory.*

(3) Giekie, *The Great Ice Age.*

(4) Boule, *Les Hommes Fossiles.*

(5) Crawford, *Man and His Past.*

(6) Morgan, *Prehistoric Man.*

(7) Keith, *The Antiquity of Man.*

(8) Klaatsch, *The Evolution and Progress of Mankind.*

(9) Marett, *Anthropology.*

(10) Frazer, *Golden Bough.*

(11) Osborn, *Men of the Old Stone Age.*

(12) Quennell, *Everyday Life in Old Stone, New Stone, Bronze and Early Iron Ages.*

(13) Parkyn, *Prehistoric Art.*

(14) Breuil, *La Caverne de Font-de-Gaume.*

(15) Breuil, *Les Cavernes de la Region Cantabrique.*

(16) Breuil, *Les Cavernes d'Altamira.*

(17) Breuil, *Les Peintures de Caverne Pyrénéennes.*

(18) Childe, *Dawn of European Civilization.*

(19) Childe, *The Most Ancient East.*

(20) Petrie, *Prehistoric Egypt.*

(21) Evans, *The Palaze of Minos.*

(22) Peake, *The Bronze Age.*

(23) Hall and Woolley, *Excavations at Ur, Alubaid.*

(24) Langdon, *Excavations at Kish.*

(25) Frankfort, *Studies in the Early Pottery in the Near East.*

(26) Pumpelly, *Explorations in Turkestan.*

(27) Dennis, *The Cities and Cemeteries of Etruria.*

(28) J. R. Allen, *Celtic Art.*

(29) Bertrand, *La Religion des Gaulois.*

(30) Davies, *The Mythology and Rites of the British Druids.*

(31) Montelius, *The Civilisation of Sweden in Heathen Times.*

(32) Joyce, *South American Archaeology.*

(33) Joyce, *Central American Archaeology.*

回教诸国史　一学期　二学分　三年级选修　第七世纪初年,摩罕默德创教于阿拉伯以统一部落而成为天方国,其兵力东抵印度、波斯,西及北菲与西班牙,而其文物之盛,尤为中古世纪之曙星。及西突厥继阿拉伯人而代兴,专尚武功而文物衰矣。兹录回教诸国史讲授要旨如下:(一)摩罕默德未兴以前之亚拉伯,(二)摩罕默德以兵力传教,(三)天方国之拓境,(四)天方与茀林之战争,(五)回教之被北菲与西班牙,(六)回教徒在西班牙之文化,(七)西突厥之臣服于天方与其篡夺,(八)西突厥与十字军之战,(九)西突厥之灭东罗马。

本课目以 Ali 所著之 *Short History of the Saracens* 为依据,而参以《剑桥大学中古史》。凡选修此门者,以预习中古史为善。

欧洲殖民史　一学年　四学分　四年级选修　本课目讲述自新大陆及东方航路发现后至世界大战时代,欧洲人民之殖民事业与殖民政策,尤注意其于世界史上之经济、社会、文化各方面所发生之影响及各民族相互之关系。

本课目主要参考：

Leroy Beaulieu P., *De La Colonisation Chez Les Peuples Modernes*, 2 vols.

Zimmermann A. *Die Europaischen Kolonien*, 5 vols.

Sir C. W. Dilke, *Problems of Greater Britain, 2 vols.*

Sir C. W. Dilke, *British Empire.*

Seeley, *The Expansion of England.*

Ross, *History of British Empire.*

Rambaud A., *La France Coloniale.*

Koulomzine, A. N. de, *Le Transsibérien.*

Gonnaud, *La Colonisation Hollandaise.*

M. Townsend, *The Rise and Fall of Germany's Colonial Empire,* 1930.

Cambridge Modern History.

欧洲沿革地理 一学年 五学分 二年级选修 读史者患在不晓地理。数千年来,西方各民族所据之疆土不恒厥所,而其山川郡县之名,又或沿或革,加以形势险要,兵家所争,非详究图说,莫能明也。语称"左图右史",固知学者不可冥行。再兹录欧洲沿革地理讲授要旨如下:(一)希腊民族之分布,(二)罗马共和国与帝国疆域之伸缩,(三)北族南侵与割据之形势,(四)Charles the Great 帝国之疆域,(五)德法两国之分立,(六)民族国家之划分,(七)地名与史迹之相互关系。

本课目以 Freeman's *Historical Geography* 与 Bury 之 *Atlas* 为准,而令学生绘图实习。凡选修此门者,须预习欧洲通史。

史学方法论 一学年 五学分 二年级必修 即如何研究历史。内容分：一、史源学与辅助科学,二、史料之考证与运用,三、历史事实之解释与组织,四、著述。

本课目主要参考书：

E. Bernheim, *Lehrbuch der Historischen Methode und der Geschichtsphilosophie* 3 u. 4 Huflage.

Langlois et Seignobos, *Introduction aux Etudes historiques.*

B. Croce, *Theory and Practice of History.*

W. Bauer, *Einführung in das Studium der Geschichte,* Neue Auflage.

西洋史学史 一学期 二学分 四年级必修 本课目研究希腊迄今西洋史学界之沿革。其内容要目如下：（一）希腊史学，（二）罗马史学，（三）基督教会史学，（四）中古史学，（五）文艺复兴后之史学，（六）十九世纪之英、德、法、美、意等国之史学，（七）现代史学之趋势。

本课目主要参考书：

Shotwell, *Introduction to the History of History.*

Ritter, *Die Entwicklung der Geschichtswissenschaft.*

Fueter, *Histoire de L'historiographie moderne.*

Gooch, *History and Historians in the 19th Century.*

Histoire et Historiens Depuis Cinquante Ans.

Robinson, *New History.*

西洋文化史 一年级 五学分 三年级必修 研究泰西政法之改革、社会之进化、经济制度之演变，以及一切学术思想之发展。内容分列五部：（一）希腊文化，（二）罗马文化，（三）耶教文化，（四）回教文化，（五）科学文化。

本课目主要参考书：

（1）Greenidge, *Greek Constitutional History.*

（2）Mahaffy, *Greek Life and Thought.*

（3）Jarball, *Greek Art.*

（4）Tucker, *Life in Ancient Athens,*

（5）Seignobos, *Ancient Civilization.*

（6）Greenidge, *Roman Public Life.*

（7）Abbott, *Roman Political Institutions.*

（8）Davis, *Influence of Wealth in Imperial Rome.*

（9）Fowler, *History of Roman Literature.*

（10）Cumont, *Oriental Religions in Roman Paganism.*

（11）Oman, *Byzantine Empire.*

（12）Adams, *Civilization During the Middle Ages.*

（13）Munro and Sellery, *Medieval Civilization.*

（14）Taylor, *The Medieval Mind.*

（15）Flick, *The Rise of Medieval Church.*

（16）Tout, *The Empire and the Papacy.*

（17）Symonds, *History of the Renaissance.*

（18）Buckle, *History of Civilization.*

（19）Cunningham, *Western Civilization.*

（20）Pollard, *Factors in Modern History.*

（21）Andrews, *The Historical Development of Modern Europe.*

（22）Cunningham, *Outlines of English Industrial History.*

（23）Clapham, *Economic Development of France and Germany.*

（24）Bogart, *Economic Development of U. S. A.*

（25）Bryce, *The American Commonwealth.*

（26）Todd, *On Parliamentary Government in England.*

（27）Lowell, *Governments and Parties in Continental Europe.*

考古学　一学期　二学分　四年级选修　本课目讲述考古学之基本知识,以为治古史之一助。其要目如次:(一)考古学之定义、起原及其与他种学科之关系,(二)古物与遗迹,(三)调查之方法,(四)发掘之方式,(五)搜集与整理,(六)型模之制造,(七)古器物之鉴定,(八)古物年代之检测,(九)金石古文之考辨,(十)古物遗迹之保存与修理。

本课目主要参考书:

（1）Macalister, *A Text-Book of European Archaeology.*

（2）Petrie, *Methods and Aims in Archaeology.*

（3）Dechelette, *Manuel d'Archeologie.*

（4）De Morgan, *Les Recherches Archeologiques.*

（5）Deonna, *L'Archeologie.*

（6）Robertson, *A Handbook of Greek and Roman Architecture.*

（7）Bell, *Pre-Hellenic Architecture in the Aegean.*

（8）British Museum, *How to Observe in Archaeology.*

（9）British Museum, *Guides to Stone, Bronze, and Iron Ages.*

（10）Petrie, *Ten Years' Digging in Egypt.*

历史哲学　一学年　四学分　四年级选修　本课目研究欧洲学者对于历史观念之理论及其思想系统，举凡历史演进之定义、历史与哲学上之逻辑及智识论之关系均拟作深切之探讨。

本课目主要参考书：

Bernheim, *Geschichtsforschung und Geschichtsphilosophie.*

W. Dilthey, *Einleitung in Die Geisteswissenschaften.*

Flint, *Historical Philosophy in France, French Belgium and Switzerland.*

Hegel, *Philosophie der Geschichte.*

N. Hartmann, *Das Problem des geistigen Seins.*

H. Rickert, *Die Grenzen der naturwissenschaftlichen Begriffsbildung.*

E. Troeltsch, *Der Historismus Und Seine Probleme.*

英文史学名著选读　一学年　三学分　一年级必修　治欧洲古今诸史者，要在能读欧洲文字以扩充其课外之新知。本系诸生自各中学考入，其异域文字之程度殊不一致，而于听讲史实综论之外，鲜能深研欧洲史家之原书。本课目之设，其旨在使学子略识古今史家之专长，并以增益其读西史之才力，故所选史文，上起希腊，下包近代，录其有关大义而资启发者讲授焉。

本课目以希腊、罗马与近世列国史家之著作为依据，临时节选印发。凡修此门者，须能诵读寻常英文。

（《国立中央大学文学院选课指导书》，1933 年度上学期）

中央大学历史社会学系学程表（1941）

第一学年

学程	第一学期		第二学期	
	时数	学分	时数	学分
基本国文	四	三	四	三
基本英文	四	三	四	三
基本日文	四	三	四	三
中国通史	二	二	二	二
论理学	二	二	二	二
生物学	三	三	三	三
论理学	三	三		
政治学	三	三		
经济学			三	三
史学概论	三	三		
社会学	三	三	三	三
体育	一	一	一	一
军训	二		二	
总计	三四	二九	二八	二三

第二学年

学程	第一学期		第二学期	
	时数	学分	时数	学分
伦理学	三	三		
哲学概论	三	三	三	三
社会心理	三	二		
人文地理			三	三
社会进化史			三	三
史学史			三	二
中国断代史（古代）	三	三		
中国断代史（汉唐）	三	三		
中国断代史（宋明）			三	三
社会起源	二	二		
社会基础	二	二		
社会组织			二	二
社会制裁			三	三
历史哲学	三	三		一
体育	一	一	一	一
军训	二	二		
总计	二五	二二	二三	二〇

第三学年

学程	第一学期		第二学期	
	时数	学分	时数	学分
优生学	三	三		
社会问题	三	三		
现代社会学说	三	三		
民族学	三	三		
史学方法	三	三		
社会学方法	三	三		
社会学史			三	二
中西断代史（清代）				
中西断代史（希罗）	四	四	四	四
中西断代史（中世）				
社会演进				
社会调查与统计	四	四	四	四
社会主义运动				
总计	二六	二六	一一	一〇

第四学年

学程	第一学期		第二学期	
	时数	学分	时数	学分
中国近百年史	四	四		
西洋近现代史	三	二	三	二
东亚通史	三	三	三	三
文化问题	三	三		
社会政策			三	三
社会病理	三	二		
毕业论文				四
总计	一六	一四	九	一二

历史社会学系选科

社会哲学；人类学；政治地理；经济地理；科学史；宗教史；中国哲学史；西洋哲学史；中国教育史；西洋教育史；中国民族史；中国法制史；西洋法制史；中国风俗史；中国外交史；中国古史研究；蒙古文；西藏文；回教民族史；俄国革命史；合众国独立战争史；德国复兴史；欧洲民族殖民史；欧亚交通史；日本史；明治维新史；印度史；南洋诸国史；西洋诸国史；美洲国别史；中国史部目录学；西洋史部目录学；史学名著选读；乡村社会学；都市社会学；教育社会学；气候学；法理学；初民社会；犯罪心理；人口问题；劳工问题；妇女问题；儿童幸福问题；公共保健问题；犯罪问题；民众学校；社会保险；社会救济问题；合作制度研究；地方自治；保甲与民训；社会教育。

（《国立中央大学要览》，1941 年度）

北京大学史学系过去之略史与将来之希望（1929）

朱希祖

　　北京大学于民国六年以前，初无所谓史学系也。民国五年秋至六年夏，此学年内，文本科中仅有中国哲学门、中国文学门、英国文学门三项而已。至六年秋，始于中国文学门内分出一部分教员，及国史编纂处一部分编纂员，组织中国史学门。当时文科学长为陈独秀先生，竭力奖励新文学，整顿中国文学门，本门教员于新文学有不慊者，大都改归中国史学门。彼对于中国文学门拟为积极的建设，对于中国史学门拟为消极的安排，盖具有不得已之苦衷也。然陈先生对于史学门亦非无建设之意，曾劝希祖再至日本考察史学一二年，归为史学门主任，改革一切。希祖当时在中国文学门为教授，方专研究新文学，曾著《文学论》及《白话文之价值》等文，从事鼓吹，不愿改入史学门，其时史学门，尚无主任也。至民国八年五四运动后，乃推康心孚先生为中国史学门主任，始添西洋史各课，而改为史学系，于是始由一国的史学，而改为世界的史学，此为史学系第一次之改革。然当时所定课程，专偏重于史事之研究，而无社会科学等科目以为史学基本科学也。至民国九年，康先生逝世，蔡孑民校长力举希祖为史学系主任，希祖虽尝留学日本，专习史学，然所得甚浅，万不足以当此任，然斯时留学欧美专习史学者，尚无其人，不得已滥竽充数。民国十年，史学系始有第一届毕业生，希祖此时力主派选本系毕业生至德国留学，专习历史与地理，归国之后，任本系教授，庶史学系有改良之望。盖其他各系，皆有留学欧美专门学者主持教务，史学系独无，故有斯议。蔡校长力赞成之，故考选本系毕业生姚君士鳌学史学，理科毕业生毛君准学地理学，皆派至德国。惜近数年来，本校多故，留学经费，中断数年，致彼二人有时不能入校学习，至今尚未归国，从事改革，此虽为憾事，然不久即可收其效果，此为本系本纪之事一也。希祖颇思以欧美新史学改革中国旧史学，曾聘西洋史教授翻译新史学及唯物史观等书，从事鼓吹，此为本系可纪之事二也。以社会学、政治学、经济学等社会科学为史学基本知识，列于必修科，此虽为学术上当然之途径，然使学生一改其研究史学之心理，不致专以多识史事为史学，此亦可为特纪之事。盖由今观之，实为寻常，在当时则视为异常也。凡此设施，皆思以文学的史学，改为科学的史学，此为史学系第二次之改革。然课程虽改，而无科学的历史家为之教授，则甚引为遗憾，屡欲延请欧美历史专家来校讲授，已在德国及美国两三次聘定名师，皆以国内战争，经费欠发，辄行中止，虽有何炳松、陈翰笙、李璜诸先生来为教授，介绍欧美新史学，然至民国十六七年间，北京大学改为京师大学，诸先生皆先后远引高蹈，希祖亦追随去职，史学系至此，顿失旧观。十八年春始恢复原状，希祖亦于此时复职，然欲以全年课程缩为半年教完，故无改革之可言，然颇得名师，如陈寅恪、马衡、张星烺、罗家伦、孔繁霱诸先生来校讲授，气象为之一新。本年夏，希祖以西洋史教员之难聘，引咎辞职。至秋，以蔡校长、陈代理校长及本系诸同学之敦劝复职，不得已重行视事。希祖点察过去史学系之课程，弊在全恃教员的灌注，而无自动的研究；且课程太繁，亦无研究余晷，乃分四年课程为二部：前二年授史学之基本科学及通史；后二年使各就性之所近，专选一课为专门之研究，其余选择其所必需之课听讲，课程不预定，有专门教授，乃为设课，于是由普通史的灌注进而为专门史的研究，此为史学系第三次之改革。然本系缺点尚多，史学进步无穷，将来如何设施，此有待于全系各教授共同规画矣！至于将来之希望：其一，为本系派送德国留学历史、地理之姚、毛二君回校，或新聘外国有名之历史专家来校，以学理改革本系。其二，希望本系同学于初入系时，必先确定将来为历史著作家？抑为历史哲学家？如欲为历史著作家，则于历史文艺，必先从事研究，将来拟特设历史文艺一课，以资实习，庶几著述国史，翻译外史，文理密察，足以行远。如欲为历史哲学家，则不必为专门史之研究，于普通历史外,须从事社会科学及哲学,博习深思,经纬万有,著书立说,指导人类,蔚为史学正宗,此皆希祖之所深望也。

中华民国十八年十二月十七日北京大学三十一纪念日。

（《北京大学卅一周年纪念刊》1929 年）

北京大学史学系概况（1934）

廖远兮

任随什么都有它的历史，故先于此略述本系过去的大略粗状。北京大学于民国六年以前，初无所谓史学系也。民国五年秋至六年夏学年内，文本科中仅有中国哲学门、中国文学门、英国文学门三项而已，时尚称系为门。至六年秋，始由中国文学门及国史编纂处分出一部份教员及编纂员组织中国史学门。当时陈独秀先生担任文科学长，竭力奖励新文学，整顿中国文学门，此门教员有于新文学不慊者，大都改归中国史学门。是对于中国文学门拟为积极的建设，对于中国史学门拟为消极的安排，亦具不得已之苦衷也。其时史学门尚无主任可见。

第一次改革乃在民国八年五四运动后，康心孚先生来任主任始添西洋史各课，而改称为正式之史学系，乃由一国的史学转为世界的史学。

至民国九年康先生逝世，朱希祖先生由蔡元培先生力举为继任。民国十年本系始有第一届毕业生。朱先生欲发扬本系，力主考选本系毕业生派至欧美留学，便归国之后，任本系教授，庶几有改良之望。得蔡先生赞成实行，当时本系毕业生姚士鳌及理科毕业生毛准被派至德国，姚专习史学，毛则专攻地理学。此后朱先生更事刷新本系，以社会学、政治学、经济学等社会科学为史学基本智识，列于必修科。自今日观点视之，实属平常，然当时亦视为异常也。是渐自文学的史学转为科学的史学，可称为本系之第二次改革。但无科学的历史学家为之教授，甚感遗憾。于是延请欧美历史专家来校讲授者屡次，并在德国及美国二三次聘得名师，惜均以国内战争，经费欠发而中止。虽有何炳松、陈翰笙、李璜诸先生来为教授，介绍欧美新史，然至民国十六七年间，本校被迫改为京师大学之祸起，诸先生皆先后远引高蹈。正在发展中之本系，大受打击，顿失旧观。十八年秋始复原状,时颇得名师,如陈寅恪、马衡、张星烺、罗家伦诸先生来校讲授,气象为之一新。其时学生多无自动研究,乃由课程繁多所牵绊,朱希祖先生已复职,乃分四年课程为二部,前二年授史学之基本科学及通史,后二年使各就性之所近,专选一课为专门之研究,其余选学其所必需之课听讲,课程不预定,有专门教授,始为设课,是由普通的灌注进而为专门史的研究,为本系第三次改革。十九年秋朱先生去职,暂由校长蒋梦麟代理,现在主任为支加哥大学博士陈受颐先生,原为广东岭南大学校文学院长,二十年度秋季来校。

现行选课规则

一、依据文学院课程规定,凡文学院一年级学生必修下列四项科目: A. 哲学概论,B. 科学概论,C. 中国通史,D. 西洋通史。

二、除上列四种文学院共同必修科外,中国史料目录学为本系一年级必修科。

三、本系中国史、西洋史、断代研究科目系采二年一轮回法。中国史分六段,西洋史分四段,每年中国史三段,西洋史二段(本年所开设之断代史科目下年即不重开),两年之后周而复始。本系学生应修毕中国断代史全部及西洋断代史二段,或西洋断代史全部及中国断代史三段,始得毕业。

四、一年级学生除必修科外,得选习他系科目以代替本系选修科,但须得主任之许可。

五、史学方法导论为二年级学生必修科。

六、四年级学生于学年开始时,应各就兴趣所近,选择专门研究题目,认定本系教员受其指导,撰述论文,于学年完结时交纳,始得毕业。

教授们的简单介绍

陈受颐,主任。对西洋史极有研究,并对中国初期之天主教研究尤有心得,为全校中十余研究教授之一。担任功课繁多,如西洋中古史、西洋十七八世纪史、文艺复兴与宗教改革、西洋史籍举要、十七八世纪史研究、近代中欧文化接触研究等。先生为粤籍，为人和蔼可亲，于同学间感情融洽非常。

钱穆，教授。苏之无锡人，家学渊源，深邃密精，担任功课亦不在少数。有中国上古史、秦汉史、中国通史、中国政治制度史、中国近三百年学术史，及研究班于学术史一门，最有心得。中国近三百年来大师文集，尽都细阅，煞费苦心不少。《周初地理考》及《刘向歆父子年谱》之作，且震惊现在学术界。胡适先生尤钦佩不置，为同学间最信服教授之一。平时除教书外，努力不懈之精神，正足为我辈模范。

马衡，教授。年来为政务牵绊，近且被国府任为故宫博物院长，因为本系多年教授，仍讲授金石学。此科共分三编：一、总论，说明定义及范围及其与史学之关系。二、分论，分述各种材料并论前人之得失。三、结论，说明今后研究之方法及处理材料之方法。马先生早享名于学术界，兹无庸多述，免贻蛇足之讥。

傅斯年，名誉讲师。近为病魔纠缠，又兼任中央研究院历史语言研究所长，故只担任史学方法导论一科。

陶希圣，教授。为研究中国社会史独到人物，除担任中国社会史及中国政治思想史外，并担任法学院法律系功课。

张忠绂，政治系主任兼教授。担任中国外交史及西洋近代外交史，分析条理，最为晓明。

张星烺，特约讲师。北平辅仁大学史学系主任，担任中西交通史及南洋史地，为史学界名宿。

此外有顾颉刚先生之尚书研究、中国古代地理沿革史。孟森老先生之满洲开国史、明清史。民十本校派去德国留学之姚士鳌先生亦将于下学年返国，闻担任元史、西洋上古史、历史哲学等科目。吾川蒙文通先生本年度上期亦来任教，科目为魏晋南北朝史、隋唐五代史、周秦民族与思想。蒙先生久为吾人素仰，当不须再絮絮为也。至于我们的先生胡适之，则以公务鞅掌，常风尘仆仆于南北间，仍只担任其拿手佳构《中国哲学史》上部一门而已。间或现年于文学院一年级共同必修科科学概论及哲学概论班上（详见本系课程指导书）。

新的设备——阅览室

主任陈受颐先生对本系同学爱护备至，近与政治系接洽，将该系研究班教室与本系旧阅览室对调，辟成新的阅览室，共大房三间，在汉花园本校一院红色大楼之二层，置新书柜十五，满装本系用书。是均提自本校总图书馆者。对过北屋史学系教授会室内，并有二十四史全部及意大利文、法兰西文稀有史学书籍阅览室。内桌椅极够五六十人同时阅读。近以书籍大增，本校图书馆又允最近一二年内多购历史书籍，因加设一目录箱，一院红楼本全西式建筑，冬日汽管燃烧，绝无冻苦之虞，夏日则此室北向，炎威莫逼，洵属冬温夏凉。并又特雇工友一名，专司其事，的是几明窗净，好个读书所在也。有志史学的朋友们，盍兴乎来！

课程一览

中国通史、西洋通史、中国史料目录学、史学方法导论、中国上古史、秦汉史、魏晋南北朝史、隋唐五代史、宋辽金元史、明清史、西洋上古史、西洋中古史、文艺复兴与宗教改革、西洋十七八世纪史、西洋近百年史、欧洲殖民事业发展史、一八一五年以后之英帝国、考古与人类导论、金石学、中国近三百年学术史、中国近三百年学术史研究、中国政治制度史、中西交通史、近代中欧文化接触研究、南洋史地、中亚民族史、殷周史科考定、满洲开国史、周秦民族及思想、中国古代地理沿革史、英国史、法国革命史、日本史、科学发达史、尚书研究、先秦文化史、清代史学书录、西洋史籍举要、西洋十七八世纪史研究、中国地理、西洋地理、地图学、地理学、中国外交史、中国社会史、西洋近代外交史、中国政治思想史、西洋政治思想史、中国法制史、中国经济学、中国财政史、近代经济史、中国哲学史、西洋哲学史、中国佛教史、中国文学史概要、经学史、古历学，总共五十七门，亦可云粗具规模，将来吾人故敢期必蒸蒸日上了。

二月三日，一九三四年。

（《史学系概况》，《北京大学四川同乡会会刊》1934 年创刊号）

北大史学系的新动向（1935）

士　丁

> 陈援庵教授证明他的领袖地位，陈受颐主任正努力称职地工
> 作，钱穆先生不会配合姓名和面孔。师生谈话会，初度演出经过
> 良好，将发行刊物联络同学间的感情。

北大史学系，在全国的大学里，要算资格最老。陈援庵先生并且
把他高抬在全国各大学史学系中的领袖地位。陈先生曾在课堂上说
他今年到南京，遇见一位中央大学的教授，告诉他中大今年招生，只有
二十个报考史学系的，结果才录取七人，那位教授的结论是："投考史
学系的人，大家都跑到北方去了，不愿意在南方，将来南方的史学系，
恐怕难得发展了！"陈先生便对学生说："在北方大学的史学系，要以
北大为最老，课程也最完备，当居于领袖的地位，深望同学们负起责
任，永远保持这个领袖地位。"学生们听了，现出得意的微笑，但笑容立
刻收回，好像表示要负起这个责任来，非卖力气不可。

北大自从大兴土木以来，校内的空气由沉静变成流动。史学系当
然也不甘落后，要急起直追，大动而特动。主任陈受颐先生，竭力提倡
师生接近，要填平过去师生间一条隔膜的鸿沟，而史学系的"师生谈话
会"，便应此种需要而产生了。

钱穆先生说过："在点名册上知道每个同学的姓名，在课堂上认识
每个同学的面孔，但每个姓名总不能和每个面孔拼在一起。见了姓名
不晓得是哪张面孔，见了面孔不知道是哪个姓名。"这几句话很具体而
真实地说穿了过去师生隔膜的情况，现在这个师生谈话会，重要目的
也就在使各个先生们能将同学们的姓名和面孔拼在一起，而不致张冠

李戴。

　　谈话会的时间,定在星期二的下午三时至五时。谈话的范围,当主要的是在指导学生读书的方法。但为引起师生间谈话的趣味起见,并不一定限于板起面孔说书本话,凡兴之所至,也可将国家大事、私人生活,不拘形迹地随便说说。本月五日谈话会首次举行,指导三年级学生选择论文题目。有教授八九人,同学二十余人出席。毛准先生特别破钞,买了不少瓜子、花生、南糖。大家有说有笑,有吃有喝。由选择论文题目说起,接到如何读书,足足谈了两个多钟头,方才散会。皮名举先生又预约下次由他和姚士鳌先生破钞,同学们当下毫无异议,并表示感谢,于是笑嘻嘻的各人挟着书本走开了。

　　谈话会之外,还正在准备出一个通讯性质的刊物,专载在校同学和毕业同学的来往信件,使过去史学系的同学和现在史学系的同学有一个互通消息的机会,大家常常得以联系在一起,不致一分开马上就隔绝起来。

　　　　　　　　　　（《世界日报》第 9 版,1935 年 11 月 12 日）

北京大学史学系南迁记略（1939）

　　国立北京大学史学系创始于民国六年，迄今已二十二年，先后卒业同学达三百六十余人。民国二十六年七月卢沟桥事变以前，本系在校同学，除四年级已于六月终考试完毕卒业外，一、二、三年级合计尚有七十人。平津沦陷后，北京大学奉命南迁，与清华、南开合并为长沙临时大学，时本系同学到校上课者共三十一人。二十七年学校迁往昆明，改称西南联合大学，文法学院初在蒙自上课，本系同学到校者减为十九人。兹列一简表如下：

　　A　民国二十六年七月以前（卢沟桥事变前）在校学生人数（共七十人，以姓名笔画多寡为次）。三年级：王德昭、尹克明、李书箱、李迈先、何鹏毓（休学一年）、余文豪、金宝祥、高亚伟、高桂华、孙兴诗、张锡纶、郭殿章、曹盼之、杨志玖、赵春谷、郑逢源、卢玉泉。二年级：孔宪杰、仇申唐、李欣、吴承明、宋泽生、何佶、吕正都、林钧南（二十八年退学）、周鼎丰、高永徽（退学）、马士良、耿韵泉、张德光、张育璐、赵俊、赵宗濂、刘景春、刘祖春、樊肇芹、谌湘汉。一年级：王玉哲、王宏道、王庭梧、王启兴、王业媛、王骥卿、牛步贵、田广运、成庆华、李瑚、李书仁、李婉容、李梓荣、李善继、金灿然、马连捷、张国珍、张昭训、陈莹、彭建屏、贺家彦、喻存粹、游任遹、杨锡钧、杨翼骧、贾士倬、刘占文、刘景尧、刘雨华、刘熊祥、刘庆余、韩家骥、魏奉典。

　　B　长沙临时大学时期（从二十六年十月到二十七年二月报到上课者共三十一人，以报到先后为次）。四年级：郑逢源、金宝祥、赵春谷、杨志玖、余文豪、王德昭、高亚伟、李迈先。三年级：李欣、宋泽生、张德光、仇申唐、王俊升、吴承明、孔宪杰、耿韵泉、林钧南。二年级：刘熊祥、彭建屏、喻存粹、刘景尧、魏奉典、葛君柱、李婉容、杨锡钧、王玉哲、马连捷、金灿然、刘庆余、李瑚。

　　C　西南联合大学时期（二十七年四月以后）。1. 在蒙自分校报到上课者（共十九人）：郑逢源、余文豪、杨志玖、王德昭、高亚伟、金宝祥、李迈先（以上四年级）。孔宪杰、张德光、仇申唐、王俊升、林钧南（以上三年级）。王玉哲、刘熊祥、喻存粹、彭建屏、李婉蓉、马连捷、王宏道（以上二年级）。2. 在昆明文学院上课者——除三年级王俊升赴西北转学以外，又添复学者四人：何鹏毓、赵俊、耿韵泉、吴承明。

　　　　（《国立北京大学史学会纪事》，《治史杂志》1939 年第 2 期）

北大史学系近况（1946）

张　劲

　　北大史学系是启蒙时代的产儿,创立在民国六年,正当五四运动的前夜,对于新文化的接受与创导是尽过一番努力的。在史学方法上,掀起了实证派的大旗和古典派的为敌。他们无情地怀疑古代美丽的传说和神圣的经书,把中国的历史从正统派的因袭下解放出来,这种实事求是的精神是值得佩服的,但他们的贡献仅限于此,不能再进一步去接受新的科学的历史观,以致在五四前后大红特红了一阵之后,到现在还局限于实证主义历史学的范围。

　　然而,北大毕竟是"兼容并包"的,自然也包容了各式各样"乱七八糟"的学生,他们会叛逆地不听师长们的教诲,接受了"异教"的历史观,但敢用新的科学方法来研究历史。

　　最近,当一位联大复员来的学生向兼代系主任郑天挺先生提出,希望他继承北大兼容并包的精神,聘请新的科学派的历史学者来校担任教授的时候,他说:蔡先生兼容并蓄的作风是必然要继承下去的,以后如果有这方面的人才,而且能够聘到的话,是一定要聘请的。

　　这虽然是一张远期支票,但总比没有好得多。

　　多年来,系主任一职都是由姚从吾先生担任的。姚先生是北大史学系第一届的毕业生,德国留学生,在柏林大学当过中国文学的讲师。在联大,他是党团负责人之一,一举两得地利用党团的活动费举办每周两次的文史学会学术讲演。最近荣任为河南大学的校长,起初是妞妞妮妮地不肯去,后来电报催得急了,终于飞到南京。离开北平的时候,他说是去"辞职"的,但结果终于是"就职"。他还来信分辩说是政府压迫他去的,并且还包围了胡适和傅斯年先生压迫他去。

现在,系主任一职是由秘书长郑天挺先生兼代,郑先生也是北大的元老,因为常常开"明清史"的课,而被推为明清史的"权威",他说:今年本系所请的教授都是那一门学问的"权威"或"第一流的学者"。希望各位学生看重这样难得的机会,努力去请教。

让大家来看看教授的阵容:

傅斯年先生,他虽然是北大史学系的教授,但并没有在系里面开课,并且根本没有在北平,说是害了血压高病要带同太太和公子到美国去治疗,现在是抱病参加了"国大"。今年春天,他到北平,替北大接收了一些房屋,庇护了几位德籍的纳粹分子。"一二·一"之后,他从来没有和同学见过面,因为他们是曾经要他自杀以谢国人的。

向达先生是最得学生尊敬的一位师长,当今春东北风云紧急的时候,联大百余教授发出了"对东北问题宣言"之后,他发表了"一个声明",说为什么宣言里面只要他的名字,不要他的意见? 他是中西交通史的专家,对于史后考古、板本、目录、敦煌等学,都有很深的造诣。今年他开了隋唐五代史、中西交通史和印度通史三门学程。

毛子水先生在北大的历史也不浅,在胡校长面前特别显得殷勤,本学年原定是开科学史和西洋文化史的,毕竟是自知太空洞,把科学史停开了。在联大的时候,每年选他功课的学生总不会超出五位,现在北大图书馆长也是他,直到现在北大的图书还有十几万册没有整理出来,据说甚么一部丛书的编目就要费三年,按这度计算,他这一辈子也不能整理完毕。

以上几位都是北大的老教授,今年新聘的专任教授有五位。杨人楩先生以前在武汉大学任教,现在开的是西洋通史、法国革命史和西洋十九世纪史三门,选他课的学生倒不少。邓嗣禹先生是新从哥仑比亚大学留学讲学回来的,年纪很轻,西装毕挺地,装饰着三枝金笔和两只金表,开的课是中国近世史、远东史、西史名著选读。余逊先生以前史辅大的教授,今年开的是魏晋南北朝史和两班中国通史。张政烺先生以前是中央研究院历史研究所的,今年开了中国史上古、秦汉史和金石学。邓广铭先生是从复旦大学请来的,担任宋史专题研究和两班中国通史。

　　新请的兼任讲师如：陈垣先生，是辅仁大学的校长，在北大担任国史名著评论。刘崇鋐先生是清华历史系教授，在北大开美国史。裴文中先生是发现"北京人"的，是北大地质系教授，在史学系开了史前史和史前史实习。赵万里先生是北平图书馆善本室的主任，在北大讲中国史料目录。邝平璋先生是燕大教授，在北大兼了两班西洋通史。

　　此外，新聘而还没有到校的教授有新被中大解聘了的沈刚伯先生、地质研究所的林超先生、民族学家芮逸夫先生。从昆明回来的还有杨联陞先生。目前不能回校任教的老教授有陈受颐先生、钱穆先生、齐思和先生、马叔平先生、陈寅恪先生、翁独健先生等。

　　郑先生开的是明清史。姚先生原来开了辽宋金元史和历史研究法，离职以后，前者是停开了，后者打算请北大各位教授作系统的学术讲演来代替。今年北大史学系所开的学程，因为复员后还没有完全上轨道，所以就只有这些，下一年度说是要增加。

　　现在全系共有一百三十五名学生，有些是从联大来的，有些是从临大来的，就人数说，恐怕是该系的"盛世"，这是战后北大人数激增的结果。但郑先生因此希望把文学院改成史学院，因为在战前胡校长这样主张过，他说文学院的教育系、哲学系、中文系、西文系都应该提倡史的研究。

　　学生课业的规定，北大向来有其独特的作风。复员后的史学系经过几位"重要"教授的开会商定，恢复了二十六年北大的制度，那不但不同于教育部的课程标准，且不同于联大的。本系学生不修通史，必修中国断代史六段，西洋断代史四段，史料目录学、史学方法和研究学程各一种。四年之内修满一百三十二个学分，缴上一篇论文，就可毕业。教务会议修订的大一文学院共同必修科比他校略轻，是国文，英文，中国通史或西洋通史，哲学概论或逻辑，社会科学任选一种，数学或自然科学任选一种。二年级共同必修的有大二英文，对于临大分过来的学生，特设补习英文以资补救，因为他们在敌伪时代是被迫着念日文的。此外，因为胡校长提倡工具的训练，而为三、四年级学生开设英文西史名著选读。

　　北大文科研究所里与史学有关的部门是史学部分、考古学部分和人类学部分。近增设的四研究室,有三个是与史学系有关的：明清史料整理室,主任由郑天挺先生兼；古物整理室,主任是向达先生；金石文字整理室,主任原定由姚从吾先生兼,现在继任人选还没有发表,看情形可能是中国文学系的唐兰先生。松公府里面封存着三大间的金石、古物,现在还没有开始整理。

北大的藏书一共有六十余万册,大图书馆有五十万册,战后自伪新民学院接收来十二万册（前平大法商学院的）,其中历史方面的书籍约有二十万册。这数量是相当可爱,但用起来很感到不够,尤其是现代的和科学派的历史书籍。自从抗战以来,不但没有添购后方和欧美出版的新书,并且原有的书籍,如俄文的、近代史的、左派的图书都被敌伪搜去了,战后新添的数目很有限,整批的还没有运到。图书馆里职员倒不少,效率却低得要命,书库里有十几间是从地板上一直堆到天花板的,看样子,几年之内都不会整理清楚。就已经编好目录卡片的史学书说,中文方面,数量相当多,内容则只适于专门的研究,史材、考古学、中国古地理、传记年谱、金石、中国历代史、方志等方面的书倒很不少,至于现代史、民国史、外国史、通史方面,书籍却少得很。英文书方面总数和中文的差得太远了,近代史的更少的可怜,许多在联大时有的极普通的书籍都没有了。对这方面的改进,馆长和系主任都还没有考虑到。

课外经常的学术活动,有学术讲演会、学术讨论会、实习和参观。学术讲演会经常聘请校内外学者主讲,可是从开学到现在一个多月了还没有开始呢！学术讨论会是由学生的读书研究的结果于教师面前提出讨论,由教师指导,提供意见作为参考。目前有实习的学科只有史前史一种,以后准备增加,参观的对象是古迹、博物馆、图书馆、大书斋、古董铺。此外拟举办野外考古和旅行,对象是敦煌、云冈等地。

系里面原有的出版物是《治史杂志》,战前只出过一期,在昆明又出了一期,最近在希望一年之内出版第三期。能够支配的报纸史学副刊,有天津《大公报》的《文史周刊》是本系几位教授主编的,北平《经世日报》的《禹贡周刊》是张政烺教授编的,《益世报》上的《读书周刊》是郑天挺教授编的,这几种副刊都成了本系师生发表史学作品的地方。

外表上看来,复员之后,大学师生的生活似乎有了改善,实际上却不然,大家仍然在生活的重压下喘不过气来,要能上轨道地研究学问,恐怕还要经过一段艰苦的历程。

一九四六·十二·七　深夜

（《文汇报》1946 年 12 月 12、13 日）

北京大学史学系（1947）

艾治平

严格地说，时间的划分并不合理。"现在"两个字的运用便有点免强，而一切又似乎皆属"过去"了。潮退沙平，水迹斑斑。记诸于文字即为历史的象征。《殷墟书契考释》："《说文解字》：歷，过也。从止，厤声。此从止从秝，足行所至皆禾也，以象经历之意。"用谐语说或可称之为"翻旧案"云。

说到北大的史学系，是和中文系一样的惹人注目，不分轩轾。似乎北大的"起家"就是沾了文学院的光，而我们所先后提到的这两系恰巧是重要的台柱。单看图书馆的藏书还不是最显著的象征，摆在格子里经常参考的史学书籍可谓"屹然超群"。借一本有关法律、政治的书，往往要"预约"几次才抢到手，但属于历史这一部门的却很少时候"尚付阙如"了。

教授阵容整齐是北大堪可夸耀的。史学系主任姚从吾先生"恋恋不舍"的到河南大学去作校长，遗决由郑天挺先生兼代。郑先生是位书生气味极浓的饱学者，专攻明清史，抗战结束在北大第一次和读者见面的即是"载誉归来"的《清史探微》。他担任属于"断代史"里的"明清史"，上座成绩听说是颇不坏的。敢说话，说真话，因为在《文汇报》上一篇叫作《狗》的文章受到恫吓的向达先生，是最受青年欢迎的一位。他提议取消训学处，由教授会治校，立刻得到学生的声援。过几天"民主墙"上不知那位贴出"拥护向达作训导长"的标语，对于前次的提议又似乎是绝大的讽刺。前些时向先生因抑制"学生"撕毁布告标语而被辱，他立即捧出"辞呈"，闹得胡校长前往慰问，史学系全体趋府挽留，一场风波才算平静下来。他教"隋唐五代史"等功课，据一位该系同学告诉我："向先生学问很好，口才不十分强。"但他确是最受敬重的。"中国史料目录"以词曲享名学术界而目录学反被掩饰的赵万里先生担任，"魏晋南北朝史"是"家学渊博"的余逊先生，"西洋十九世纪史"是杨人楩先生，而"别出一格"的还是"历史研究法"，原授课的姚从吾因离职，乃由胡校长代理，据胡先生云："身体弱，遵医嘱还是不讲好。"于是遂改为讲演的方式，每礼拜四下午由史学系先生轮流讲授两小时，同学必须记录，作为成绩的考核。一般说来，这里的确笼络了几位史学界的权威。

史学系的同学在追求时代上是绝不后人的，他们常用过去的事实来反映今日的现象。课堂上时常有同学提出问题来征询先生作"历史观"，"史学会"几乎要全体参加来探讨每一个问题。专属于这一部门的壁报也有两个，是他们发表自己意见的地方。

如果说中文系同学是"古董"，那么史学系同学便是"道学家"无疑。图书馆的"线装书"多半把在他们手里，追寻，探讨，摸索，在作着"人生的采访"。从古今的印证上，也许明了到更多的事物，认识得更清楚一点，看样子，他们不大像"深知身在情长在"的"病祛书生"，这大概是书本上争王夺位英雄事业的赐与。

这一系功课是颇为调和的，不像中文系那样不专心追求某一门便几乎无事可干，也不像外文系那样一天到晚非吟哦成声不可，所以功课"吃弗消"的同学希望到这系来，觉得太清闲的同学也希望到这系来，在每年办理转系的时候便往往成为人们"理想的对象"！虽然如此，史学系的人数并不多，比较说又像有一点"沉着"。冷眼观之，他们确是"规规矩矩"的"读书人"。

孔子作《春秋》，乱臣贼子惧，司马迁修《史记》，亦为后世之警惕，但不知未来的这些历史家们怎样来记载一九四五年八月十五日以后的这些国内国外的大事。

（《今日之北大》1947 年）

北京大学史学系（1948）

北大史学系成立于民国六年,已经有三十一年的历史。由于学术空气的浓厚,治学态度的谨严,教授阵容的优良,图书设备的齐全,其研究成绩之卓著,对学术贡献之伟大,已是公认周知的事实,无需乎特加表扬了。

在战前的二十年中,本系一直在安定的学术环境里发展着。朱希祖先生做系主任的时期最长,延聘名儒硕学担任教授,广开各方面的课程,充实书籍图表的设备,使本系成为国内史学研究的重要中心。陈受颐先生继为系主任后,更在课程制度上建立了完美的体系,切实的启导学术研究的旨趣。于是根基既固,发展有途,人才荟萃,声誉益隆。史学界名宿如陈汉章、何炳松、陈衡哲、陈垣、邓之诚、徐炳昶、孟森、傅斯年、顾颉刚、蒙文通、钱穆等先生,都曾先后为本系的教授。

二十六年抗战军兴,本系随校播迁,暂驻足于长沙、蒙自,终稳定于昆明。抗战期间的教育学术工作,自然要比平时困难很多,但本系的师生仍在清贫艰苦的环境里孜孜不倦的读书和研究。

三十五年的秋天,学校由昆明迁回北平。本系全体教授共同计划系务的发展,课程方面也恢复了战前的制度。以历史研究法、中国史料目录学、中国断代史六段(上古史、秦汉史、魏晋南北朝史、隋唐五代史、宋辽金元史、明清史)及西洋断代史四段(上古史、中古史、近古史、近世史)为必修的主要课程,国别史、专门史、名著选读等为自由选习的课程。在去年本系教授会议中,又决定了新的课程制度,即以历史研究法、中国史料目录学、中国史(分四段:一、秦以前,二、秦汉魏晋南北朝,三、隋唐五代宋辽金元,四、明清。每学期讲授一段,依次两年授毕),及西洋史(分四段:一、上古,二、中古,三、近古,四、近世。每学期讲授一段,依次两年授毕)为必修的主要课程,中国断代史、西洋断代史、专门史、国别史、专书选读、专题研究及与史学有密切关系的学科,为自由选习的课程。先培植史学的根基,训练读书的能力,领悟研究的方法,再进而按照各人的兴趣,从事专门的研究。这便是本系课业上的原则与理想。

本系复员后聘请的教授很多,只以国内局势不安定,交通不方便,及其他生活环境的困难,一部份滞留外国,一部份羁身南方,没能全数到校。陈受颐先生自民国二十年担任本系主任,二十五年出国讲学,抗战期间在美国各大学任教授及系主任,宣扬我国文化,深得彼邦人士的崇敬。他是贯通中西的学者,尤精研西洋中古史及中西文化思想交通的历史。今年虽得返国一行,但仍须赴美,明年才能回校任教。姚从吾先生是抗战期间及复员后的系主任,精研蒙古史及史学理论,讲授宋辽金元史、蒙古史研究、历史研究法、中国史学史等课程。去年出任河南大学校长,希望他不久仍回校教书。郑天挺先生治清史负盛名,并对魏晋南北朝史、隋唐五代史、明史都有精深的研究。讲授明清史、清史研究、隋唐五代史、中国史第四段等课程。他现在兼代本系主任,对于学生的学业及生活方面,非常关切,常在百忙中来指导和帮助。毛准先生学识渊博,见解深辟,对于科学史尤有精深的研究,讲授西洋文化史及史学名著选读等课程,并担任本校图书馆馆长。向达先生为我校研究中西交通史的权威,精通中西学术,讲授中西交通史、印度通史、隋唐五代史等课。杨人楩先生是西洋史专家,尤深究法国革命史,讲授西洋史、西洋近世史、法国革命史、西洋史学名著选读等。余逊先生对于中国通史及秦汉魏晋南北朝史均有精深的研究,讲授中国通史、中国史第二段、魏晋南北朝史等。张政烺先生深究中国古代史,并精通古文字学及金石学,讲授中国上古史、秦汉史、中国史第一段、金石学、中国史学史等。邓广铭先生为著名的宋史专家,并对于中国通史有独到的见解,讲授宋辽金史、宋史专题研究、中国通史、中国史第三段等。韩寿萱先生是博物馆学专家,讲授中国美术史、博物馆学、编目与排列等课,并为北平故宫历史博物馆及北大博物馆的主持人。他如元史专家邵循正先生、板本目录学专家赵万里先生、西北史地专家黄文弼先生、考古专家裴文中先生等，都在本校执教。还有在美国深造，研究西洋史深著成绩的王毓铨、胡先晋两位先生，暑假后即返国到校担任西洋史方面的教授。

　　本系的一贯的精神，在以精密正确的方法，谨严慎重的态度，忠实于纯学术的研究。本校的毕业生，多半在学术、教育、文化的集团里，或继续高深的研究，或从事教育文化的工作。固然，在国内局面不安定的今日，学文史一类的人，生活与职业问题是非常严重的，如果为了出路的方便，读完四年后也许使你失望，但如对史学有真正的兴趣，则本系实是一块佳胜的园地。

（《史学系》，《北大院系介绍》1948 年）

北京大学史学系（1948）

　　史学系是北大最值得注意的一系。它有藏书廿余万册，占全校藏书的百分之三十。全系师生共一百九十五人，专任教授有八位，兼课先生也有八位，助教共四位，同学计有一百七十五人。北大素来就着重历史的研究，其他文院各系亦都有这种偏向，胡适校长曾经主张把文学院改为史学院，史学系的地位可以想见了。

　　系主任原为姚从吾先生，前年他荣任河南大学校长去了，系主任由郑天挺代理，郑先生是明清史专家，待人和善，是一个有求必应的大好人。他是北大的秘书长，虽然很忙，还是开了清史研究、隋唐五代史、历史研究法及史学名著评论四门课程。素为学生所尊敬的向达先生，最诚恳，尤富正义感，他是中西交通史的权威，在考古方面颇有惊人贡献。去年难得轮到他的休假，却因经济所逼而被"当"到南京中央图书馆去了。张政烺先生是一位踏实的学者，他讲中国上古史、秦汉史，都能旁征博引，材料丰富，无人过之。还有自称为自由主义的杨人楩先生，是西洋史的唯一教授。他是法国革命史专家，最推崇马回厄，他不主张有史观，因此讲书没有一定的看法。邓广铭先生，是胡校长的秘书，授宋辽金史，是宋史专家，并实际负责主编《申报·文史周刊》。毛子水先生也许大家已久闻其名了，他是北大图书馆长，他的科学史是最奇怪的课程，现在不开了，今年只授西洋文化史与《史记》。博物馆学专家韩寿萱先生所开的美术史、博物馆学，颇有新的见解。以能背诵史书著名的余逊先生，除教魏晋南北朝学外，常开中国通史。此外在本系兼课的先生很多：如清华史学系主任雷海宗先生教西洋中古史，邵循正先生开元史与中国近代史，翁独健先生教俄国史，以发现北京人闻名全世界的裴文中先生讲考古学，北平研究院的黄文弼先生开西北史地,北平图书馆善本室主任赵万里先生的中国史料目录学,是一年级的必修课程。

史学系中国史部分的课程怕是全国最整齐的,不过西洋史部分就太糟糕了,只是杨人楩先生在唱独角戏。最近老北大史学系主任陈受颐先生返国了,他是西洋史的权威学者。如果他留教北大,那么北大史学系或许有更出色的新的发展。

史学系同学在北大是颇为活跃的,他们多半都加入了社团,参加各种活动,有的是理事会的理事,有的是歌剧团的台柱,有的是生活福利的健将。但是也有一些是死啃线装书的"老夫子",及与世隔绝的、明哲保身的君子,和一些书也不念、事也不管的怪人。一般说来,史学系的功课都比较不太紧张,月考也是罕有的事情,但真正用心读书的却忙得不亦乐乎。不过大家都没有耐心搞那些线装书本,大多数的同学都无心于支离破碎的考证,厌弃与现实无关痛痒的东西。他们迫切地渴求着新的知识,他们希望能从历史的发展里发现新的道路。史学会是全系的组织,常代表同学发表意见,也时常主办学术讲演,有时还举行学术讨论会。在最近全系又将出现一个新史学研究会,欲以新方法研究中国历史,开辟新的史学途径。

（《院系介绍》,《北大：1946—48》1948 年))

北京女子师范大学历史学系（1932）

黎锦熙

历史学系系由本校之史地系演变而成。史地系虽自民国五年度即有毕业生，然历史系之得独立，乃自民国十七年始。故历史系之历史，不过五年耳，仅有毕业生四班。至女师大则民国十年始有史地部，改大后称史地学系，至今尚有一班，未尝析出历史为独立学系也。

（《文学院概况》，《师大月刊》1932 年第 2 期）

大夏大学历史社会系简况（1947）

苏希轼

本校在抗战以前，历史、社会原为两系。学校迁贵阳，奉教育部令合并为一系，惟系内仍分历史与社会两组。本系在学校内迁期间，于三十一年以前，吴泽霖先生主其事，对系务力谋发展，学生人数颇众。复员时，因交通阻梗，除三、四年级学生得随校来沪外，余则转学他校，学生人数，因以减少。本系教授，现专任者计八人，兼任者四人，各教授均谆谆善诱，颇得学生信仰，师生间感情至为融洽。本系设历史社会研究室一所，搜集研究资料甚多，过去曾出版《史地论文摘要》、《文史周刊》、《社会周刊》及望亭、惠水等地调查报告等书。复员后，出版《历史社会季刊》，发行以来，承各方赞助，引以为慰。至于学术演讲，按期举行，听众亦颇踊跃。往事大略如此，对于将来之期望，谨述数端于后。

一、增购图书。图书为研究工具，至关重要。过去数年，出版界受战事影响，新书种类不多，西文图书，尤属难能可贵，今后拟请校方尽力增购新书，以供参考阅读之用。

二、添聘教授。大学首重学术研究，国立大学如北大、清华等校，无不以延揽名教授为当务之急。本系教授，虽不乏博学之士，尚嫌人数不多，有增聘之必要。

三、扩充研究室。本系史社研究室，在全校各研究部门中，虽历史最悠久，惟因经费支绌，一切设备，尚属简陋，为提高本系学生研究兴趣，研究室之扩充，实不容缓。

四、出版史社丛刊。本系教授著述丰富，各同学研究亦颇有心得，今后拟以研究部名义出版丛书，对社会不无些微贡献。

　　五、设置特约讲座。京沪一带名教授颇多，本系拟设置一特约讲座，每隔一二周，聘定一二学者，对某项问题作一系统之讲述。

　　六、筹设实验区。本系不特注重学理之探讨，亦注意实地调查工作。过去本系学生在望亭、惠水等地曾作一番社区调查，并印有专册，公布于世。本系拟继续办理实验区，积极负起改造社会之工作，以本校附近一、二村落为研究对象，以观其后效焉。

　　　　　　　　（《历史社会系简况》，《大夏周报》1947 年第 24 卷第 1 期）

东北大学历史系概况（1941）

东北大学自萧一山先生来主持文理学院后,历史系便脱离史地学系而独立了。从前是史地合系,原属于师范学院,是为造就中学师资人才而设的。大学是研究学术的机关,这种办法自不适宜,所以结果史地分系了。分系后第一成问题的是教授的缺少,原有史地系教授被地理系分去了一半,所余的一半教授自不敷分配,非增聘教授不可。幸得萧院长的努力,这种困难终被克服了。现在,史学系共有教授七位。中国史方面五位,西洋史方面二位,都是著名的历史学家,每一个断代史都有一位对这一代有专门研究的教授,这不能不说是东大历史系同学之幸。兹将诸教授及所授课程介绍于后。

萧一山先生,兼授清史研究与中国最近世史。丁山先生,担任先秦史及书志研究。蒙文通先生,担任汉魏晋南北朝史、沿革地理、中国史学史。蓝文徵先生,担任隋唐五代史、明史、中国通史诸课程。金静庵先生,担任宋辽金元史。何鲁之先生,担任西洋上古史及西洋通史。

（《读书通讯》1941 年第 29 期）

复旦大学史学系概况（1930）

余楠秋

关于历史一类课程，本校开办以来，即行设立，最初隶属于高等正科第一类。自民八学校分科后，乃纳入文科学程，仍未设系。自民十四秋季起，史学系始正式成立。去年秋季，学校改组，本系以之隶属于文学院。现在学生人数虽少，然皆勤奋好学，成绩斐然，颇解此中兴趣。方今史学日趋重要，将来学生自必发达。查此类课程，有数科为各系所必修，因而人数甚形拥挤，希望稍迟可以分组教授，使学生多得讨论机会。

（《史学系概况》，《一九三〇年复旦毕业生纪念刊》，
《复旦大学志》第一卷，复旦大学出版社 1985 年）

福建协和大学历史学系（1941）

　　本校历史学系曾经数次之分合,始也与社会合成一组,称为历史社会组,与政治经济组同隶于社会科学系之下,继独立自成一学系,隶于文科。民国二十五年秋季又与中国文学系合称为中国文史学系。二十八年秋季教育部颁布大学课程标准,本校遵照标准,析中国文学与历史为两系,获得教育部批准设立,二十九年秋季开始招生。历史学系除充实教学内容,成立历史学会,奖励师生为各种专题研究外,今后拟从两方面促其发展：第一,搜购古物及有关历史之资料,筹设历史博物馆,期于古代社会、生活及文化之进展有更深切之了解。第二,选译世界史学名著,编辑历史教本及国际问题丛书,传记及文明史尤所注重,期于民族精神之激扬,人格修养之训勉,并数千年人民心理之改革上有所贡献也。

　　（《历史学系》,《私立福建协和大学二十五周年纪念册》1941 年）

福建协和大学历史学系概况（1948）

　　本校历史学系自一九四七年夏林敬侯教授辞去主任一职以后，系务主持无人，颇受打击。且校方曾因经费支绌之故，有提出与中文系合并为文史系之议，并一度暂时停止招生。兹经过详细考虑，经已决定继续办理，于本年续招新生。对于教授阵容亦已渐加充实。该系主任经暂由新生部主任郑德超博士代理，新聘教师则有北平燕京大学硕士、母校校友陈增辉先生，及美国雅鲁大学硕士温卫凯牧师。本年春间哈佛燕京副主任陈观胜博士莅校巡视后，深觉该系有扩充之必要，曾面允尽力代为物色北方驰名教授，来校任职，闻陈博士最近来函谓颇有希望云。

　　　　（《历史学系概况》，《协大校刊》1948 年第 30 卷第 3 期）

漫谈辅仁大学历史学系及一九四九班（1949）

西涯柳色最宜春,风雨湖山作近邻。

十载韶华消旧邸,三余灰荻画萧晨。

青灯有味披前史,紫砚无端砺此身。

执手临歧情更切,依依难忘是陶钧。——惜别

花开两朵,各表一枝。几句俚诗念罢,再谈谈我们的历史学系。

我们史学系在各系中,所学的范畴要算最广了,昔人称之为经世济民之学,包含着天文、地理、人事,今人所谓政治、经济、社会、文学、个人事绩,过去的、现在的、未来的,统在学习、研究、推测之内。真可称得是"驰骋古今,包罗万象"了。所以如果有人问起我们的所学,而不能回答时,只好说"所学过广,一时不及奉告"了。

中国史学界,以前有人分为南北二派,说南派博,北派精,南派学者尚叙述,北派学者重考证。其实正应融会贯通于一炉,只重叙述而不重考证,则所讲者每难可信;只事考证而忽史实,则必嫌琐碎。所以要想当一个史学家,不但要"书读五车",而且得"史具三长",难矣哉!

在我们系中,最可引以为荣的,就是今日中国史学权威陈援庵先生,他不但是大学的校长,同时又是本系的教授,今年虽已七十,但仍精神矍铄,谆谆善诱,奖掖后进,不已不休。又如系主任张亮尘先生的中西交通史,可以坐中国史学界的第一把交椅,而且皓首白髯,慈霭可亲,讲起话来,娓娓不倦。他如黄国璋教授的地理学总论,代理系主任柴青峰教授的历史研究法,张艺汀教授的明清史,余让之教授的秦汉史,杜任之教授的社会发展史等,俱各有专长,久为世人所称道,而伸以巨擘的。

在这些博学的、和霭的、善诱的、不倦的教师的领导之下的我们

同学，在各院各系，以至国内，无论参加抗战，鼓吹革命，也常居领导的地位。所以，师生之间有"出类拔萃"之誉，厚颜的说"确可当之而无愧"了。

史四班中，人材更为辈出，举如：新史学家，旧史学家，经济史学家，政治史学家，诗人史学家，考古史学家，神父史学家，大夫史学家，茶史学家，怪史学家……名目繁多，难以列举，总之，满腹中皆是"史"也。

在一、二年级时，同学间的感情稍嫌疏远，男女同学之间鸿沟更深，颇有"民至老死，不相往来"之慨。三年级时，则以聚会之日日少，所以藉几次的旅行（如南城访古，北海赏月，居庸览胜，卢沟观流……）以及球赛、饺子会、座谈会等来团结联络，总算是大有进步，但仍未能做到"辅仁一家"的境地。

一三一以后，同学们真的"解放"，线装书收将起来，开始向群众学习。上课时，三三两两，点缀桌椅之间，当然也有时坐满了半间屋子。新添的功课，有社会发展史、辩证唯物论，课外的讨论，由系会主席陶秉福、班会主席刘翰屏同学领导，发言踊跃，学习迅速，这也须归功于薰陶既深，得天独厚的。而且不如此，就要有"开口便错也"的危险。

目前有些同学，为着前途忧，其实我们所学的范畴既广，则在政治上、经济中、人情下又何往而不利呢，甚至当个教员尝尝粉笔屑的滋味，作着所谓替人民服务的伟大事业，却也是件有意思的工作哩！

凌滨小史，民国三十八年五月三日。

（《漫谈历史学系及一九四九班》，《辅大年刊》1949 年）

广东大学史学系一周年经过概略（1925）

吴　康

本学系一年来教员无变更，惟杨宙康先生上年为专任讲师，本年改聘教授。学生有由东南大学转入本系者二人。课程仍旧。学生自动之学术研究会，上年有人地学会，本年又与文学系学生合开文史研究会。教员课外指导，上年皆依时到本系教授室应学生询问质疑。今年由文科合办研究室告成时，当到研究室依时指导。此本系一年来之大略情形也。并书教员学生人数及课程表、课外指导、学术演讲等项如左。

（甲）本系之教员

人数共六人，教授一人，专任讲师三人。学生人数九人，计三年级一人，二年级五人，一年级三人。

（乙）本系之课程表

科目名	单位	必修者	选修者
中国通史（近世）	三	本系三年	
世界地理（欧洲之部）	三	本系一、二年	
本国地理	二		任选
西洋中世史	三		任选
第一外国语	四	必修	

（续表）

科目名	单位	必修者	选修者
第二外国语（法文）	二		任选
第二外国语（德文）	二		任选
第二外国语（俄文）	二		任选
十九世纪史	三		任选
中国经济史	三		任选
西洋文化史	二	本系二、三年	
史学概论	二	本系一年	
西洋通史（A）	三	本系二、三年	
中国通史	三	本系一、二、三年	
中史研究	二		任选
西洋通史（B）	三		任选
西洋上古史	三	本系一、二年	
西洋最近史	三	本系二、三年	
欧洲大战	三	本系一、二、三年	
中国法制史	二		任选

（丙）课外指导

各教员每周担任二小时以上。

（丁）学术演讲

由各教员自拟演讲题目及指定时间与文史研究会等□的□□。

（《文科学院周年报告·史学系一周年经过概略》，

《国立广东大学周刊》1925 年 11 月 11 日）

广东省立文理学院史地系概况（1943）

一、前言

在"以史地教科阐明民族的真谛"的大方针之下，本院于二十九年奉令增设史地学系，于卅年秋开始招生。此后，本院增加一个重大使命，而有志治史地学者，亦相庆得其所矣。

二、设备

史地系继承文史、博地两系一部份设备，参考资料还算不少。单就图书说，本省各府州县志，差不多已齐全，各省志亦大致完备。除总图书馆的图籍外，研究室一所（与中文系合设）安置必要参考书籍，以便利研究。至若仪器，则有德文、英文名贵地图几百幅。各洲地形模、矿物显微镜、岩石切片等几百件。虽然不算多，但和国内各文科史地系的设备比较，还算是难得的了。现正计划成立一个简单的测候台。关于学生的研讨和实习当不会十分成问题了。

三、课程

本系之设置，完全是依文科史地系的标准设立，所以课程也是依教部颁布的为准绳。现在一年级多数是普通课程，二年级较偏向专门，由三年级起分史组、地组。兹将各年级科目列下：一年级：三民主义、体育、军事训练、国文、英文、伦理学、论理学、中国通史、西洋通史、生物学、政治学。二年级：体育、军事训练、史学通论、地理学通论、中国上古史、传记研究、地质学、经济地理、科学概论、经济学、民族学、人类学。三年级：（史组）——中国断代史、中国中古史、西洋上中古史、中国地理、世界地理、国别史、专门史、中国史学史、史籍名著、军事训练、体育。（地组）——中国地理、世界地理、人生地理、地形学、气象学、地图读法、政治地理、测量学、中国中古史、西洋上中古史、军事训练、体育。四年级：（史组）——中国近代现代史、西洋近代现代史、中西交通史、史前史、考古学、中国史部目录学、历史教学法、历史实习、中国历史地理、中国地理、毕业论文、体育。（地组）——国防地理、中国地理、世界地理、天文地理、气候学、考古学、地理实习、地理学史、中国历史地理、中国近代现代史、西洋近代现代史、毕业论文、体育。

四、师资

本系最初一位系主任是施畸先生，其次是徐颂平先生。迄卅二年春，徐先生赴新疆主持新疆学院，即聘黄文博先生主持。这时西洋史由黄先生讲授，中国史由黄灼耀、黄福銮两先生担任，地理功课由陈家骥、吴壮达两先生讲授。三十二年秋，复聘王名元、蒋震华两先生。名师济至，研究之风气更加浓厚矣。兹将各教授姓名、职位及讲授功表如下：

教授兼主任	黄文博	西洋通史、国别史、西洋断代史、西洋上古史
副教授兼总务主任	黄福銮	中国通史、中国中古史
副教授	王名元	传记研究、殷周货币史、中国断代史、史学通论
副教授	蒋震华	人生地理、政治地理、世界地理、西洋通史
副教授	吴壮达	中国地理、地学通论、经济地理、地形学
讲师	黄灼耀	中国上古史、中国通史、国文
助教	李士琏	

五、学生

本系现有学生三班，计八十二人。其中三年级十四人（史组四人地组十人），男的十一位，女的三位。其年龄最大的是廿五岁，最少的亦廿二岁，平均年龄廿三·二强。二年级学生十九人，男的十五位，女的四位。最大的廿四岁，最小的只得廿岁，平均年龄是廿一·九岁弱。一年级学生四十九人，男的四十二位，女的七位。最大的达廿五岁，最小的仅十八岁，平均年龄廿一·二强。至于这八十二个学生中，高中普通科毕业的有七十四人，高中师范科毕业的四人，高中职业学校毕业的仅一人，高中修业的三人。学生的籍贯以本省为主，外省籍者仅四人：两位是湖南宜章的，一位是江西南昌的，另一位是广西怀集。而本省中有远至防城的，也有近至院址所在的桂头的。家长职业方面，从商的廿七人，务农的十九人，赋闲的十三人，为政的八人，教育界七人，军界五人，医界三人，工界仅一人。

六、展望

本系中相当完备的设施，复有学问渊博的教授，且学生研究的风气相当浓厚。现在黄主任的西洋通史巨著，已整理就绪，行将付梓，蒋震华先生的《太平洋政治地理》、黄福銮先生的《南洋革命史》，亦将脱稿，王名元先生的《殷周货币史》、黄灼耀先生的《西周甲骨文研究》等均在搜集材料研究。下期有史地学会又经常出版研究性学术性之期刊，不久的将来，行见一向在樟林碧波边孜孜研究的成果，在学术界上获得一席位。

（《史地系概况》，《文理院刊》1943 年第 6 期）

广东省立文理学院历史学系（1948）

民国二十二年勤勤大学教育学院时代，曾设文史、博地、数理化三系。民国二十八年教育学院改易今名后，博地系改为生物系，该系二年级以上各班课程仍包括博物学与地理学，一年级之地学课程则停开。民国三十年八月奉准将文史学系分系，并呈准地理学课程恢复。历史地理学系遂由此产生。至民国三十五年第一学期，又奉准将史地分系，至第二学期乃成立为独立之历史学系。

年来本系之研究中心为本国史，对于广东与国史有关之史实，亦特别注意。为使学生明了世界文化全貌和了解西学研究态度与方法，复有西洋史之讲授。此外为认识外来文化之起源与本国文化对四邻民族之影响，本系更有东亚诸国史之讲授，今后并拟对东南亚各地民族史，予以特别之研讨。

本系现有学生一○八人，计一年级三四人，二年级二六人，三年级一七人，四年级三一人。

（《本院各学系概况》，《文理学院院刊》1948 年第 22 期）

光华大学历史系概况（1947）

吕思勉

近数十年来,我国史学进步较著,新史料既屡有发见,旧史料之整理亦已略具体系,史学之领域既日趋广大,治史之方法亦日益进步。史学界人才之众,著作之富,均远在其他学科之上,今后之发展正未可限量。本校历史系于抗战前规模略具,人才辈出,战后限于环境,未能有所发展。胜利以还,本系即着手复兴,惟因时间短促,尚未有显著之成绩可言。

本年度本系仅有一年级学生,一切未能按照预定计划进行,所开学程亦仅为基本必修之课,自下年度起即拟陆续增设学程,引导同学从事于研究工作,所需图书拟大加添置,并拟组织史学研究会,成立研究室,对于旧史料之整理检讨,新史料之考索研求,以及治史方法之探究,皆将兼筹并顾也。

（《历史系概况》,《光华大学廿二周年纪念特刊》1947年）

光华大学历史系（1949）

　　本校历史系，向来教学之目标，除打定同学史学方面之基本根底以外，并着重于研究方法之指导，务使同学能由此而有所深造。故历年来本系同学虽不多，造就之人才尚不少。本学年因鉴于升入大学之一般同学，史学根底较差，在课程方面不能不加以改进，其属于基本训练者，计有下列三点：

　　（一）本系一年级之"基本国文"自本学年起，特别注重于史书之选读与讲解，俾养成同学阅读史书之能力，并对各种史书之体例性质，有所认识。

　　（二）关于本国史方面，本学年起本系一年级即修读"近世史"，此后每学期修读"断代史"一学程，庶几到毕业为止，能将本国史分段修毕。

　　（三）关于西洋史方面，本学年起本系二年级即修读"近世史"，此后每学期修读"断代史"一学程，庶几到毕业为止，亦能将西洋史分段修毕。

　　如此，则同学之基本根底当可较为深厚。至于研究方面之指导，仍一本旧贯，除着重方法之指导外，并引导同学自动学习，探寻研究之门径，以为他日渐次进入高深研究之基础。

　　　　　　　　　　　　　　　　（《本校近况》，《光华通讯》1949 年）

贵阳师范学院史地系概况（1948）

七年前,本系之前身,史地专修科始正式成立,肄业期限为三年。嗣以期限迫促,不足以陶铸大器,乃于民国三十三年呈准教育部,改科为系,肄业期限延展为四年。前专科时代先后毕业三班,学生四十一名。改系后至本年六月,已毕业一班,学生十一名。此本系之简史也。

本系离职教授、副教授计有罗志甫先生、姚公书先生（二位教授皆曾兼主任）、施畸先生、郝新吾先生、商文立先生、朱澈先生、王炳庭先生、王钟山先生、王学源先生、吴道安先生、徐知良先生等十余人。现有教授计栗庆云先生（兼系主任）等五人,副教授有周春元先生一人,另有助理袁正科先生一人。本系肄业生六十七人,计四年级十六人、三年级十七人、二年级二十人、一年级十四人。学科方面,史地并重,未曾分组,但学生得从其所好偏重一种。此本系之现状也。

为提高学生程度起见,对于所开各学科,或增加教学时数,或采用教本,务期按时讲授完毕。对于课外研究方面,除扩充中西图书供学生阅读参考外,并已着手筹备研究室,购置仪器,从事缮制地图、模型及表解。学生课余之暇,可随时入室研究或习作。并拟搜集资料,编纂《贵州图志》、《贵州建制史》等书及定期刊物,且拟以所缮图表,分饷本系毕业同学,俾彼等于教学上获得相当之补益。此则本系之简明计划也。

国立贵阳师范学院史地系

民国三十七年十月二十四日

（《民国三十七年史地系概况》,蒲芝权、伍鹏程主编

《贵州师范大学校史资料选辑》,方志出版社 2001 年）

贵州大学历史学系（1948）

　　本系原名为历史社会学系,分历史、社会两组,自三十四年起,奉部令改为历史学系。于课程设备方面,亦有所不同。兹将课程及研究工作分述于后。

　　A 课程。必修学程：中国通史,西洋通史,中国近世史,西洋近世史,中国断代史（现设有上古史,秦汉史,魏晋南北朝史,隋唐五代史,宋辽金元史,明清史）,西洋断代史（现设有上古史,中古史,文艺复兴至法国革命）,亚洲诸国史（包括朝鲜,日本,印度,南亚、北亚及中亚诸国）,西洋国别史（现设有美国史,英国史,法国史,德国史,希腊史,罗马史）,专门史（现设有中国文化史,西洋文化史,中国近代外交史,西洋外交史,中国法制史,中国政治思想史）,中国史学史,史学通论,史学方法,中国沿革地理,地理总论,世界地理等课。此外尚有本系选修及公共必修课程多种,未及备列。

　　B 研究设备。本系辟有图书室、制图室各一所,专供本系师生参考及绘制图表之用。图书室设有本系应用书籍,如二十五史、《通鉴》、《明史稿》、《清实录》、《四部备要》、《图书集成》、《太平御览》以及现代出版之史地书籍。制图室备有历代疆域图表、各种拓片及现代各种地图,现正绘制中西史地挂图及史表,并训练本系学生参加绘制。惟缺乏技术人员及印刷工具,恐非短期内所能完成。

　　（《历史学系》,《国立贵州大学概况》1948 年）

华西协和大学历史社会系消息（1940）

　　本校历史社会学系,鉴于近年来国家专力向建设途径迈进,对于政治、经济、社会各方面,需要人才甚多,学校当局,因亦深深感到培养建设人才之重要,乃锐意经营,多方改善。近两年中,因学生人数加多,为使各学生有专攻之机会,自上年秋季起,分为政治、经济、社会、历史四组,并设边政课程,尽量充实。学生入该系肄业,即须决定选何组为主,何组为副,以期学生受大学四年之教育后,得有较深较博之造诣,以应社会之需求。又该系同学现增至百人,每年毕业人数亦较前加多,为使在校与毕业同学明了该系之学程设施工作与计划起见,乃更从事于刊物之编辑,现已出版发行者,计有《消息》与《社会科学学报》两种,意义宏大,乃所以藉此使教职员、同学、毕业生彼此互通声气,传达消息,统一精神,维系情感。教职员、同学均可藉此园地,发表有关该系改进与建设之意见及批评云。

　　（《历史社会学系消息》,《华西协和大学校刊》1940年第2期）

华西协和大学哲史学系（1949）

郭荣良

一、简史

（一）历史溯源

哲史系的渊源甚长,追探起来,远在本校成立之初,实际上即有它的存在了。本校成立于一九一〇年,其时校内并无院系的设立,只有以性质不同而有的分科。在文学方面,当时只有文科与教育科。在科学方面有理科。在医牙方面,有医科与牙科。文科的宗旨,在沟通中西文化与发扬中西学术,而哲学与历史则为研究中西文化的基本智识,了解中西文化的应具学问,所以当时的文科,即是哲学历史科。一九三三年,本校在教育部立案后,即依照部令成立文学院,院下分设各系,哲学系与历史系乃在此时正式成立,但两系各自独立,相互间并不关涉。后来因为经费问题与教部的裁并学系计划,于是教育系乃与哲学系合并,称哲教系。社会系与历史系合并,称史社系,时间是一九三五年。

（二）哲史系的创立与发展

哲学与教育合并免不掉生硬与牵强,历史与社会结合则内容又过份庞大,所以在实际上发生的困难很多。因此哲学组有脱离教育组,历史组有脱离社会组的自然倾向。凑巧,本校文学院长罗忠恕先生适自英国牛津大学研究科卒业归来,认为这种倾向有利于新学系的产生,于是他协同其他的教授在一九四〇年秋季创办了哲史系。

学历史的人不能不研究哲学,学哲学的人不能不以历史为依归。

有哲学修养的人方足认识历史，有历史智识的人方足以体会哲学。哲学与历史在本身上即有至为密切而相互牵涉的关系，二者的结合成功实在有非常重大的意义。在国内，这种结合尚是创举，这实在是一个杰作。姜蕴刚教授尝说："哲史系的成立，是一种偶然的结合，但实是必然的存在。"真是很有道理。

哲史系成立之际，正是我国对日本作殊死战争的第四年。一般同学在当时，因时代潮流之所趋，多学习实际学科，所以来学哲学、历史的，在数量上非常稀少。二九级和三〇级的毕业同学都只有一人，三一级虽然有六人毕业，为数也极有限。但真实而有价值的学问，始终是会被人认识的，同时兼系主任罗忠恕先生一方面努力建设学系，一方面尽量请名师讲学，所以当三五级入学时（一九四五年），哲史系的人数即增为一百一十余人，一步竟跃列文学院三大系之一了。四五年中，系中同学有十余倍的增加，原是一件惊人的事，但这正可说明一般人对本系的认识与乎本系发展的梗概。

事实上，当时的哲史系确是光耀眩人的，在教授方面来说，如张东荪、钱穆、蒙文通、何鲁之、罗忠恕、萧公权、牟宗三、郑德坤、常燕生、姜蕴刚、蒙思明等都是国内哲史学界一致公认的第一流学者。在设备方面，有系图书室的成立，有哲史系研究部的开拓，有专题讲座的举办。师生方面，情感有如家人，同学之间，友爱胜似手足。治学空气，极其浓厚，课外活动，异常热烈。学术界交相赞美说："哲学与历史，在国内，华大实在是第一位。"顾颉刚先生说："目前谈哲学历史，不能不谈到华大。"从前在一般人的心目中，所谓华大，就只有一个医科牙科，而今则仿佛又有一个哲史系了。这虽是人们识见之偏，但也可以说明哲史系之渐为一般注意。一九四六年秋，罗忠恕先生受英国邀聘，赴欧洲讲学，哲史系遂由姜蕴刚先生接长。姜先生是民族狂飙运动的领导人，主张友情主义，接长系务，以新的姿态再努力于哲史系的发展。当时在报纸上曾有如是一段消息："华大哲史系自姜蕴刚教授接办以来，力加整顿，气象一新，本期延聘教授多人，开课凡五十二种。"哲史系的兴旺情形，从此可见一般了。当时所开课程，主要者如下：何鲁之：西洋通史、西洋近世史、法国史、专题研究，萧公权：中国政治思想史、西洋政治思想史、专题研究,蒙文通：中国哲学史、中国地理沿革史、专题研究,常燕生：法家哲学、希腊罗马史、魏晋南北朝史,郑德坤：四川古代文化史,解难：英国史,冯汉骥：人类学、文化学,姜蕴刚：历史艺术论、孔孟荀哲学,唐君毅：伦理学原理、形上学、知识论、印度哲学史,华伦士：柏拉图哲学、数理逻辑,杜丛林：老庄哲学,罗玉君：哲学概论、美学,韩裕文：西洋哲学史、西洋专家哲学、高等逻辑、现代哲学,黄少荃：中国通史、战国史。

二、设备

（一）哲史系研究部

哲学与历史同为范围系广、义理至深的学问,同学在大学四年之中,实际只能对之作边沿的窥探,不能对之有深切与精详的理会。由于事实上的需要与乎便利同学的进修,于是在罗忠恕先生的筹划下,建立了哲史系研究部,时间是一九四二,主任指导是钱穆先生。

（二）专题讲座

哲史系所开课程,虽分门别类,完全而又专精,但同学求知欲极旺,故于专修学科之外,更望于其他专题有研究之机会,于是为满足同学之所需,系主任罗忠恕先生又设置专题讲座,此一讲座不定时间,视机会适当而举办。先后曾经举办过两次,一次为一九四一年秋季的文化讲座,邀请校内外（五大学）文化学专家按周讲演,使同学对文化问题有完整而明确的认识。一次为一九四六年春举办的墨学讲座,由当代墨学大师伍非百主讲,听众除本校同学外,校内外学术界名流咸来参加,轰动一时,实为盛举。前姜蕴刚先生曾邀胡适先生来此,但以目前环境限制,尚未实现,但将来之必成事实,是不难想像的。

（三）系图书室

系图书室,在哲史系成立之后创立。藏书多系专门著作,但抗战期间,新书添置受制于经济来源,多有不便。故一九四五年曾由系会举办大寄卖，以佣金收入添购图书，于藏书数目大有增加。图书室中，终日皆有同学流连不去，阅书座位几无空设。

三、同学动态

哲史系同学的活动偏重在学术方面，大体可分为三种：

（一）公开演讲

此种讲演，经常由系会或级会主办，演讲者不仅为留蓉的名教授，而且是来访成都的名学者，如冯友兰、梁漱溟、张东荪、伍非百、贺麟等都曾前来讲演。

（二）讨论会

讨论会多以个人兴趣相同而结合的团体为主，间亦有系会级会所主持者。讨论内容经常以有关哲学历史之问题为主。三一级以后，此为经常举办之会。

（三）刊物

刊物可分三类。系刊之题名曰《函谷关》，由系会主办。本系自开办以来，即成立此刊，内容充实，排版新颖，极得各方好评。时事研究报，由系中同学自由组合的时事研究社所出，评论时政，瞻望将来，具有创见，其作品采取集体思想、集体创作方法，亦极精彩。其出版时间系一九四四到一九四六年。文艺刊物，以本系同学为主体而创设的文艺刊物甚多，其中最重要者为海雨文艺社与大风诗社所出之定期壁报，蒋仲元、彭塞、汪克永、刘盛舆等乃海雨的创办人。张定华、孟宇、薛汉生等为大风诗社的中坚份子，数年之间，坝上文艺界之牛耳，恒为此两社互执。

四、系友会暨返校节

（一）系友会

本系毕业同学早期因人数不多，联络不易，故无形式的组织。一九四八年秋，丁幹廷、刘志锜、郭荣良等鉴于本系日益扩充，联络亟感必需，故先着手组织本系三四级留蓉系友会。系留蓉班友十余人闻风而来加入，情绪极为热烈。此会凡两周一聚，时而聚餐，时而茶话，时而游□，时而围炉，情感异常和洽。后因事□上的必需，内容遂加扩大，凡本系留蓉班友纷纷前来与会。虽冬季严寒，虽杂务聚集，亦罕有缺席不到者。此一级友会，内容上遂一变而为系友会了。闻此会尚拟扩展，并将草拟详密计划，加强整系团结，以便对国家社会稍尽微力云。

（二）返校节

哲史系有一传统的除夕联会，这是每年新年前夕的一大盛会，也是哲史系全体同学的一大围炉联欢会。早些年，除夕晚会照例是在系主任罗忠恕先生家中举行，围炉聚餐，老教授们破着嗓子唱京戏，罗院长摇着手唱小小蜘蛛，节目繁多，空气和谐，师生间无拘无束，欢呼雷动。平时只要提到除夕晚会，没有一个毕业系友不生出甜快的回忆。由于这是一个历史传统，由于它在系友们心目中所产生的意义，所以姜蕴刚先生特定这一日为哲史系系友返校节。去年是日，即有很多系友返校参加。这是一个内心向往的日子，系友们怎么不有向内的倾向了。

附本系毕业同学名单（自哲史系成立后始）

一九四三：程天赋。一九四四：彭塞。一九四五：王克永、蒋种元、刘盛舆、王学哲、蒙绍章、郭志琴。一九四六：陈忠猷、曾元福、胡师谟、唐礼藩、李礼、周永昌、寿康、毕承烈、龚光廷、蒋炎午。一九四七：张光铣、张定华、吴福临、陈能芳、周宇澄、贺令名、杨安全、刘承烈、章国秀、史接云、徐汉烈、张冈龄、陈可。一九四八年：刘秉礼、刘中安、韦固安、裴广铎、马富春、方信瑜、郑鸿、张定华、薛汉生、邱焕纹、李勋华、童登宣、刘志镕、魏竞琦、郭孟钧、戴传福、谢邦媛、南敦敬、刘克俊、胡乃铺、杨正莲、张淑慧、熊崇德、李尧东、樊启烈、丁幹廷、吕如端、孟宇、郭荣良。

五、现状与将来

（一）引言

哲史学系有悠久的历史，也有光辉的成绩，目前正在发展中，将来的成绩实在未可限量。但从表面上看，哲史系目前是非常沉静。但目前的沉静，岂只哲史系如是，又岂只华西大学如是。目前的沉寂是活动的准备，是光明的先导。光明与主动正蕴含在这当中，我们把握着现在，正在创造将来。

（二）现状

本系现有学生人数：四年级二十人，三年级一十六人，二年级三十一人。一年级未分系，据估计至少当在三十人以上。故本系人数当在一百一十人左右。本系仍分哲学组与历史组，据统计，二年级以上，哲学组有十七人，历史组有六十人。本系现任主任为姜蕴刚先生。教授有李思纯、蒙文通、罗忠恕、杨献谷、刘薮仙、罗玉君、黄少荃、华伦士、吴燕生、孙永庆、黄觉天、李祖桓、李祖桢、韩群生等。

（三）将来

哲史系将来有三大计划。一、在学术自由的目标下，加强同学的学术活动，因为唯有在学术方面的放任，方能产生新颖的思想，方有新的前途。二、在哲学历史必须踏踏实实下功夫的原则下，充实起哲史研究部的内容来。三、在哲学历史结合的重大意义下，竭力促进两者的化合，哲学与历史混合只是一个假的哲史系，惟有二者的化合，哲史系方是真的。如何达到这三点，目前正在详密计划中，在相当时期内，这计划的实施，即是目前沉闷时代的完结，即是晨光灿烂的开始。

（《哲史学系》，《华西协和大学校刊》1949 年"文学院特刊"）

华中大学历史系（1947）

　　历史系大约是华大人数最少的一系了，旧同学本已不多，而今年报考本系的新同学又寥寥无几（本系同学共二十二人，旧同学十六人，新同学六人）。记得我曾经鼓吹过一位同学读历史系，他的第一句话是："学历史将来到社会上干哪行？"是的，历史系似乎和那些飞黄腾达的大道并不相通，论出路的确太狭窄了，这大约也是本系一向不大被垂青的理由之一吧？本系的先生也和本系的同学一样，在学校中占着很小的数字。去年系中教师仅甘施礼（兼系主任）、王玉哲、徐衍梁、石声河四位，这学期多了一位最近来自美国的 Dr. Ward（曾任哈佛教授）。不过本系先生人数虽少，却都是饱学之士，他们凭着自己的学识获得了同学们的敬仰。因为本系的人数少，所以同学和同学间、同学和先生间都处得很融洽。假如说华大的传统精神是"学校家庭化"的话，那么这句话的意义在历史系得到了更充分的表现。

　　今年历史系的课程，除了文学院必修的中国通史、西洋通史外，有 Mr. Constantine 的西洋近代史、教会史，Dr. Ward 的历史批评、美国史，徐衍梁先生的欧化东渐史，王玉哲先生的中国民族史、中国古代史，石声河先生的中国近代史、政治学概论。

　　像其他各系一样，历史系也有一个学会的组织（历史学会），本系同学为当然会员，别系同学也可以自由参加。学会的活动本来规定得有学术演讲、座谈会、出版会刊等等（在喜洲时曾组织考古旅行团，很有成绩），但为了种种原因，在刚过了的这学期，一切都搁浅了。会刊的刊行在前不久曾经酝酿了一些时候，但终因经费问题而不幸流产了。

　　本系因为先生少，故所开课程也有限（像历史哲学、历史方法论这些理论方面的课程，很久都没有开过了），由于本系没有足够的课程来让同学自由选读,于是同学有些时候就不得不选别系的课以凑学分,这不能不说是历史系美中不足的一点。听说学校当局有扩充院系并充实原有各系阵容的计划,教授的增聘自是预料中事,所以我对历史系始终抱着无限的希望。

图书方面,在学校疏散及复员当中,损失颇巨,故很多参考书皆付阙如,同学时感不便,不过校长此次讲学归来,曾在英美订购大批图书,现已源源赶到。又,最近自美国来的 Dr. Ward 闻亦携有图书一批,将存放图书馆。关于参考书籍,以后大致不会太成问题。以前各系图书由各系负责管理(像国文系、英文系、化学系),今年则一并归入图书馆,这对同学有时多少会感到不便。我们的意思以为,普通参考书统归图书馆管理,较专门的则置各系研究室由同学负责,在同学方面说,这似乎比较省事。

每年报考历史系的同学虽不像别系那样踊跃,但每年总都有几个新同学参加进来。他们选择了这条别人不愿意走的路走,总是抱着一个目标的,对这些同学我们除了表示竭诚的欢迎外,并寄以无限的希望。假如说"重质不重量"是一个好现象的话,那么历史系正该为这现象高兴。

(《复员来本校各院系》,《华中通讯》1947 年第 1 卷第 1 期)

华中大学历史系（1948）

　　讲师石声河先生于今夏溘然病逝,本系损失之大,实无可比拟。石先生系本校校友,娴悉本校成规,诸事驾轻就熟,将来对本系之贡献,实可预期,不意竟天不假年如此也。石先生遗缺,迄未聘得适当人选继任,故"中国近代史"及"政治学"本学年只得暂予停开,而为教育学院学生所开之"历史教学法"一科,则幸有曹植福先生于重负之余,慨允担任,而得继开。本系甚望明年能觅得专人以补石先生之缺。

　　本学期课程方面,事实上除"中国近代史"一课未开外,凡教育部规定之必修课程,均已开齐,课程之多,实本系史所未有。"中国断代史"由喻存粹、曹植福两先生分任,甘施礼教务长及 Dr. Ward 则负责西洋史方面。至于新开之"中国古代地理"、"文艺复兴以后法国革命以前之欧洲地理"两科,及教育部规定必修之地理课程,则由 Dr. Tregear 及 Dr. Ward 两先生分别教授。

　　由于西籍教授较多之故,语言问题顿形严重,以英文较差之学生类难在用英文之讲解中获益也。故本系势将仿效校中某几系之办法,规定具有良好英文基础之学生,始准主修历史,以免徒劳无功。

　　　　　　　　　　（《各系天地》,《华中通讯》1948 年第 3 卷第 3 期）

暨南大学历史学系（1948）

马翼伦

　　本系去年从史地系分出来,学生人数虽然少了一些,但教授阵容却更形整齐,如谢兆熊、沈錬之、周谦冲、谭季龙、束天民、魏建猷、牟润荪、顾廷龙诸先生对中西史学各有专长研究,系主任由文学院院长孙蜀丞先生兼任。下学期计划成立历史研究室,出版史学报。本系过去由于前任校长何炳松氏是史学家,历年来,校方对于本系的经营格外重视,所以有很好的基础。

　　（《国立暨南大学概况》,《读书通讯》1948 年第 158 期）

金陵大学历史系（1943）

　　首都频危,本校西迁。本系主任贝德士先生留京照管校产,教授仅陈恭禄、吴征铸两先生先后随校来蓉,系务由陈先生主持。廿九年秋,王绳祖先生在英专攻西洋史期满回国,遂聘王先生为西洋史教授,主持系务。民国三十年春,贝主任由京回国,王先生遂继其任。自此中国史方面,有陈恭禄先生指导,王先生则专任西洋史课程,中西史学学程,双方并重,一时系务日趋发达。旋因教部更定文科学生必修科目,中国史及西洋通史并皆列入,课程骤加繁重,陆续添聘陈锡祺先生、丁云孙先生来校分任各课,而以本系为主系之学生亦日见增加云。

　　本系同仁,素重研究工作。陈恭禄先生之《中国近代史》、王绳祖先生之《现代欧洲史》,均已列为大学丛书,早已风行全国,颇得学术界之好评。近来陈、王两氏,对于著作,赓续努力。陈恭禄先生对于断代史之研究,其《中国史》第一册叙述远古至秦代,已由商务出版,第二册叙述两汉,稿件亦已交付商务,惜香港陷落,未能付印。现陈先生又着手于《中国通史》之写作,又于去秋一度赴西北大学讲学云。王绳祖先生对于外交史之研究,除写著中国外交史专题论文外,其在牛津大学所写论文,亦由该校出版,现正着手编纂《欧洲外交史》课本。此外,三十年七月,该系曾印行《史学论丛》,除分赠外,并于各地寄售,销路甚广,足见该刊之价值,非一般稗贩刊物可比,惜创刊号出版后,以印费太昂,第二期集稿已成,未能付印,殊为恨事。

　　本年春,教育部史地教育委员会鉴抗战期中史学知识之重要,发起史地教育演讲周,成都方面,委托本系主持,主讲人员,除由本系教员全体参加外,并聘请校外史地学专家主讲,听众踊跃,收效甚宏。本系教授,除担任本科教学工作外,尚须参加史学研究部工作,故特为忙碌,现本系教授三人(一人在假),副教授一人,讲师一人。

（《科系简况》,《五年来之金陵大学文学院》1943 年）

金陵大学历史系（1948）

　　一九一〇年，汇文书院与宏育书院合并，易名为金陵大学。当两校分立时代，梅格斯先生 F. E. Meigs 搜集史籍多种，为本系图书建立一个基础。合并前后，即成立历史政治学系，首任系主任为萨特曼尔先生 C. S. Settlemyer。民国元年，萨先生休假返国，系务由哲学心理系主任韩凯先生代理。魏钟斯 Charles Wade-Jones 先生为教授，自一九一九年至一九二二年魏先生专授美国史。一九二〇年贝德士先生 M. S. Bates 来校，教授西洋史及政治学课程。彼时之中国史附属于国文系中，一九二四年历史与政治分别成为两系独立，课程编订，图书购置，教学指导，悉由贝先生一手规划。本校毕业同学为社会所知名者，如杭立武、刘乃诚、蔡维藩、马博厂、陈恭禄、王绳祖、徐国懋、陈铁民、江文汉、韩荣森诸君，皆出先生之门下。

　　本系工作，自始即注重教导学生及培植师资方面，而研究与出版，列为次要。历年购置图书，虽以经费有限，但选择极有计划，加以本校中国文化研究所收藏之书籍，亦供给师生研究参考，因之，本系图书尚能适应学生之需要。

　　本系所持政策，早年注意于：（甲）灌输欧洲史及世界通史之智识；（乙）研究日本史与俄史，此二国历史为国内一般大学所忽视者；（丙）用近代考证方法研究中国史。近代以来，于上述三项而外，更添设美国史及历史方法等课程。

　　本系所设课程，金陵女子文理学院学生亦得选读。自一九二〇年来，高级课程班上，经常有金女大学生，两校史系，对于课业，完全合作。

　　本系现有专任教授四人：贝德士先生、王绳祖先生、陈恭禄先生、章诚忘先生。以往曾在本系任专任教授者有蔡维藩、韩荣森、丁云孙、陈锡祺等先生。

本系教授于授课之余，从事著述，其已出版者已有多种，兹略具其重要者于次：

a. 贝德士先生：

Religious Liberty: An Inquiry. Harper and International Missionary Council, 1945. 该书现已译成七国文字，流行全世界。

An Introduction to Oriental Journals in Western Languages, with an annotated bibliography of representative articles.（University of Nanking. 1933）

Christianity and Communism. 该书在民国二十二年已译成中文，由上海基督教广学会出版。

Crop Investigation in the Nanking Area and Sunday Economic in Data.（Survey Report, Nanking, International relief Committee, 1938）

The Nanking, Population: Employment, Earnings and Expenditures.（Same, 1939）

Missions in Far Eastern Cultural Relations.（American Council, Institute of Pacific Relations, for the Eighth Conference of the Institute, Mont Tremblant. Quebec, 1942, Reprinted by the Foreign Missions Conference of North America, 1943.）

Data on the Distribution of the Missionary Enterprise.（International Missionary Council, 1943）.

Half of Humanity: Far Eastern Peoples and Problems.（The Church Peace Union, 1942）

b. 王绳祖先生：

《欧洲近代史》（商务，民国二十五年）

The Margary Affair and the Chefoo Agreement.（Oxtord University Press. 1940）.

《近代欧洲外交史》（商务，民国三十四年）

c. 陈恭禄先生：

《日本全史》,中华书局,十六年;

《印度通史》,良友公司,十七年;

《中国近代史》,商务,廿四年;

《中国近百年史》,商务,廿五年;

《中国史》(第一册),商务,廿九年;

《中国通史讲义》(第一册),本校史学系,卅三年;

《中国史》(第二册),商务,卅六年。

(《文学院之事业及现状》,《金陵大学六十周年纪念册》1948 年)

兰州大学历史学系（1948）

本系研习课目悉遵部颁标准,循序前进。惟本校地处西北,故于通常史事之外,尤注意历代经营西北之事迹,期能追踪先民之往迹,发扬昔贤之遗绪,俾收因地制宜、事半功倍之效。

西北为中华民族发祥之地,遗文载籍,斑斑可考,前哲陈迹,随处可见。周原秦亭,实姬嬴之始基;寘颜皋兰,又卫霍之战地。长城边塞,故址依然,敦煌楼兰,遗物犹在。虽国力渐有消长,而华风则因时远被。故五凉三秦,羌浑党项,迭相起伏,各据一隅,终乃相混为一,了无差异;而祁连山下,罗布泊畔,又为海通以前中外文化交流之孔道,使节贾人,名僧大德,踪迹相继,时时往来,流风余韵,迄今未息。且边庭守圉,动多事故,是以建置兴革,壇坫折冲,关系尤巨,其间一鳞一爪,皆为治史者所应珍视。本校设立未久,似不足以言此,然千里之行,始于跬步,会当竭力以赴之。

校中规模草创方就,图书设备,已渐可观,史学书籍,尤称繁富。而著录甲骨、金石之专著,与夫明清之史料、边疆之载籍等亦大致齐全。语其著者,如《皇明经世文编》、明清实录皆在庋藏之列,至若近年坊间刊印之正史、故宫发表之档册,亦多广为搜罗,分部购置,更为学子参考方便计,普通版本,兼备复册,即以《史》、《汉》二史而论,三数同学已可分配一部,朝夕讽诵,尚不感若何困难。

本系主任顾颉刚先生为当代史学大师,研治古史,尤有声于士林,经辛校长坚邀,惠允来此主持系务,校中实庆得人。此外何乐天、徐褐夫、李旭、涂序瑄、张德光、李得贤、吉祥、史念海诸先生皆分门任课,各以其所长教育群彦。此外助教有刘昌洪先生。至于同学方面,因本校成立不足二载,故目前仅有一、二两年级。二年级二十八人,一年级

三十六人。其中籍隶陕、甘二省者为最多，而晋、豫、冀、鲁、两江、两湖
等地亦间有负笈来此者。将来群彦会萃，集四方之英才，兴西北之建
设，于沟通文化，发扬旧史，或能稍树风声。

（《文理学院概况》，《兰州大学校讯》1948 年第 1 卷第 3 期）

岭南大学历史政治系（社会学）概况（1938）

　　历史政治系，即原日之社会科学系，自民国廿四年度上学期起，改称历史政治系，包括历史、政治、社会学三科。本系主修学生人数之众，向为全校各系之冠，年来虽受战事影响，而主修该科者尚有四十八人。

　　本系教员人数，本学期并无增减，间有一二引退，亦另聘学识宏富之新教员补充，本系实力，愈形充实。

　　历史组担纲教授，有包令留先生，这位富有学问的美国长者，来我国服务已达二十余年，其道德经验，固足为我们表率，而循循善诱的精神，也足使我们敬佩，廿余年的教学，他的门弟子可说遍于中国，讲授近代欧洲史和英国宪政史，都是他的专长。教西洋文化史和革命史的是李兆强先生，这位宗教家而兼诗人，他的词令，是岭南校园所知名的。此外何格恩先生的中国学术史，白约翰牧师的宗教史，都是专门的讲述，为学生者所欢迎的。

　　历史是研究政治、社会的基础，亦是中外文学的背景，政治、社会史和文史，本组同样地注重，鉴于目前国际关系的一日变千，本系教授尤注意于时事之分析与解剖，俾可收"以古为鉴，可知兴替"的实效。

　　政治组宗旨，在养成政治人材，供给国民以高深之政治学识，尤注重行政与外交两方面行政人材，尤其是地方行政人材，是中国目前的急需。一国的政治能否上轨道，当视行政人材的良窳为转移。政治组的计划，就是向着这方面推进。希望下年度能够加聘一位地方行政的教授，充实我们的教材；并于最近的将来，和省县政府联络，使专修政治的同学，有在行政机关实习的机会。

　　政治组今年新添两位教授：陈玉符先生和谭春霖先生。陈先生是岭南的旧同学,燕大的文学士,后来到日本留学,在东京专攻外交学四年,所授的外交史和外交原理,都是素有研究的科目。谭先生是本校的文学士,燕大的法学硕士,在燕京担任教授两年,芦沟桥事变后,始回粤省。谭先生读书的时候是研究外交,教书的时候却又注意到行政学,著作颇多。

社会学组有三位教授:伍锐麟先生担任基本社会学及农村社会学。霍真先生担任社会人类学,而黄翠凤女士则担任社会服务方面的功课。社会学组除了研究社会学的种种理论,还训练学生作实际的调查,岭南社会调查所过去几年的努力,在国内社会学界是有相当的贡献的。在伍锐麟先生领导之下,过去数年对于珠江蛋民以及广州洋车夫之研究与调查,发表后,曾引起国内学者极深切的注意。去年开始研究的有"海南小民族"、"从化县之生活与文化"、"暹罗华侨"等专题,今年虽因战事而中辍,下年度可望继续进行。

本组学生的毕业论文,多注重于实际问题,针对目前我国的需要。对于社会一切服务,社会组是素来注重的。本年文学院组织乡村服务团,到河南各乡从事国难工作,共七队,该组教授领导者凡三。此外属于本组员生组织者,尚有"社会科学研究会"和"国际关系讨论会",俾员生于课外之余,从事讨论与研究。

(《文理学院概况》,《岭南周刊》第 12 卷第 13 期,

1938 年 5 月 11 日）

南华学院文史学系概况（1948）

　　本院于三十年度奉令办理并系以后，于是年秋开设文史学系。初聘胡毓寰先生为系主任，招收第一届学生数人。卅十一年系主任改由龚宏煦先生担任，至卅三年秋改聘何爵三先生为本系主任。因粤北告急，各大学院流离迁徙，其时转来本系寄读者，人数亦激增。为提高学术研究风气，遂发起文史学会之组织，每月举行辩论会一次，聘请名人作专题演讲，并在《中山日报》出版《文史周刊》。翌年，何主任赴穗主讲文理学院，学会亦暂停。三十四年系主任仍由龚宏煦先生继任。迨国土重光后，本院奉令迁汕开办，为扩展院务计，经分别呈部增设科系，经呈准将文史学系改为中国文学及历史两学系，聘饶宗颐先生为中国文学系主任，加聘各科专门教授分别担任，以史学系人数大少，文史仍暂行合并，同时恢复文史学会，并假《大光报》续出《文史周刊》，由饶主任宗颐主编，于卅五年十一月廿五日第一期出版，发行共卅期，旋停刊。三十七年秋分别招考文学、史学两系学生。文史学会由学生自行组织，本系各教授为指导，时作专题讨论，并举行学术演讲，先后请黄文博博士演讲"现代中国文艺思潮"，饶宗颐主任演讲"中国东南沿海史前遗迹"。饶主任并将香港、海丰、潮属、揭阳、普宁与台湾各地发掘之石器、陶片数十种加以陈列，以增进学生对于史学研究之兴趣。现本系毕业学生已有四届，计第一届六人，第二届十九人，第三届十人，第四届十七人。

（《南华学报》十周年纪念特刊，1948 年）

南开大学历史系（1947）

　　冯院长语笔者云：暑期后文院将聘请名教授数人，聘函已一一送出，学生及课程方面在可能范围内亦大量招收，广后班次课程，今将计划表列下：

甲、教师人数

历史系	教授副教授	讲师	教员	助教	总计
暑前	一	二	三	一	七
暑后	三	二	三	一	七

乙、学生人数

历史系	一年级	二年级	三年级	总计
暑前	七	八	暑后升转	十五
暑后（拟）	二十	十二	十三	四五

丙、所开课程

	暑前原有暑后续开	暑后增开
历史系	史学概论	商周秦汉史（或隋唐五代史）
	史部目录	西洋近世史
	中国史（先修）	英国史
	中国通史（大一）	美国史
	魏晋南北朝史	
	宋辽金元史	
	中国近世史	
	西洋通史	
	中国地理	
	地理（先修班）	
	十种	四种

（《南开大学文学院简介》,《南开周刊》1947 年复第 5 期）

女子师范学院史地学系（1945）

本学院因史地教育之重要,故开办之时即设史地学系,用以培植中等学校史地教学之人才,史地课程为大学共同必修科目,其重要性不亚于其他语文学科。本学院各系科课程中,均设有中国或西洋文化史科目,由该系各教师分别讲授。

系主任谢澄平先生任职二年,对于系务之推进不遗余力,近因应东北大学之约,特请假往三台讲学。现任系主任为沈思璟先生。教师年有加增,历史方面有教授二、副教授一、讲师二、助教一。地理方面除系主任外,有教授二,共九人。

自设系以来,四个年级今甫完成。四年级学生人数较少,计十二人,三年级二十人,二年级二十七人,一年级新生较多,计二十九人,共八十八人,占全体学生总数百分之十六,为各系科中学生之次多者。

学生除课内攻习外,并自动研究有关史地之学术,发为文章登载于学会所编之《今日史地》上,或搜集现代史料举行时事座谈,或参阅古史作读书报告,或研究中国分省问题举行公开讲演,或绘制世界地图举行定期展览。本学期四年级生曾由教师率领往重庆参观博物展览会中之石器与铜器,并至中央大学图书馆及史地学系参观历史图书及地理仪器之设备。

此外,每学期由史地学会敦请院内外教授作专题或学术演讲多次,最近曾请史学专家向觉明先生来院讲演“敦煌的考察”,使该系同学对于敦煌艺术之研究发生极大兴趣。

（《系科概况》,《国立女子师范学院院刊》1945 年第 4 卷第 1 期）

筹办清华大学历史系计画书（1926）

陆懋德

本校现定下年开办历史专科,学分中外,时括古今,范围宽博,事体重大。鄙人既由同人推举,承乏主任,虽凛临深履薄之思,犹冀千虑一得之效。查吾邦为东亚古国,世界同钦,然问其上古之文化起原,至今迄无定说,即来一适用之通史教材,至今亦尚无善本,是则史学急需整理,史书急需改造,人所共喻,无待多言。近时学者如梁任公、王静安两先生,皆治史学有名,并为本校罗致,此实千载难遇之机,亦为中外属目之点,整理史事,斯正其时,失今不图,后起难继。然非本校当局对于历史系确有远大之希望,确有诚实之提倡,则前途发展,未易乐观,此因人才非有机会不能表见,学术非有补助不能发达故也。兹当开办历史系专科之始,除由本系同人已将课程拟就暂名试办外,所有关于扶助本系之进行计画,谨就管见所及,略陈者左。

（一）宜中西并重以资深造也。历史为陶铸国民性之工具,亦为养成爱国心之教材,世界学者,无不承认。本校旧制课程,原为留美预备,前清以来,素重西史而轻中史,近年以来,且有西史而无中史,此因西史在美国可得学分,而中史在美国不能得学分故也,然青年因此所受之损失,本校实有应负之责任。今既改办大学,自应中史为主,虽校内之成见一时难更,而学生之趋向已与前大异。本系现定课程,中西并重,凡专门中史者兼习西史,专门西史者兼习中史,其有中西同时研究者,亦当视其才力,乐为成就,总期学生毕业之后,既知中史精神,复谙西史之方法,中西兼综,以成全才。

（一）宜添聘通才以宏造就也。教授历史,端赖通才,本系担任西史者现有三人,尚敷凭用,而担任中史者,除梁任公只允讲授一小时外，其余仅有一人，如不添聘教授，实难分配课程，无如中史人才，物色非易，盖因西史善本甚多，易于掇拾，而中史新著甚少，尚待整理故也。吾国史料，浩如烟海，整理之事，实未易言。盖非精研考古，不能授上世史书，非通达政治，不能议近古史事，品评名著，有关文学，较量古今，尤切经历，人才难得，各校皆然。本系第四年史学专门问题研究已承梁、王二君担任，其他如本国史必修及选习各课，所余钟点尚多，自非添聘妥员，不足以资分配。第一、二年内至少须增加一人，至第三、四年内，中西史两方人才均恐未必足用，此时尚难预计。

（一）宜注重西史方法以广传习也。西国自十九世纪以来，历史一门，久成科学，近时多谓之历史科学 Science of History, 德法史家，尤称深造。盖研究上古史者，必赖人类学、考古学、地质学、语言学、宗教学之结果，研究近代史者，又必用地理学、政治学、社会学、经济学之解释，而其审择材料，组织成书，又须严安科学方法。吾国学者每多文史并称，而文亦无不以史家自命，辗转遗误，自不待言。今须力矫前人之弊，认定历史为专门之学，而望其根本改造，自必赖西国方法。本系第二年已承梁任公担任历史研究法，并拟于第三、四年添设西史方法及历史哲学等门，务使学生于西人所谓科学方法，切实了解，并拟于第四年添设历史教授法，以广传习。

（一）宜搜罗东西材料研究也。现当世界大通，学术互相补助，吾国史册非但苦无善本，即材料亦多放失，如匈奴蒙古史迹，多存于欧洲著作，隋唐明清遗事，多见于日本记述，又况近数十年，欧洲人所谓东方学，日本人所谓支那学，研究甚力，进步甚速，彼土对于专题研究，往往突过吾国硕学，譬如关于吾国之文化、哲学、文学、美术、佛教等史，欧日学者均已成书多种，而吾国著作依然寥若晨星。现查研究中国古学者，以英、德、法学者为最，日本尚居其次，吾人故步自封，抱残守缺，常此以往，岂可与世界学者相见。本系拟于本年请派人赴日本一次，明年再派人赴欧洲一次，以期搜集彼土著作，并期交换两方史家意见，以资参考。

（一）宜添设考古学室以资参证也。历史之功，非徒记述国家兴亡，尤当注意人类进化，然欲引起学生兴味，则托之空言，不如征之实物，又况如西人所谓历史前的文化者,既无记载可凭,尤赖器物为据,故欧美大学无不附设博物馆,以备研究。北京大学虽屡感经济困难,而不废搜集事业,故其所办之考古学室,成绩灿然,全国推托。本校于此项学术,素无设备,每遇演讲文化,顿觉瞠目无睹,且大学如无收藏,徒存四壁,既负学府之名,亦失士林之望。本系拟请组织考古学室一所,暂定开办费三千元,以后岁定经常费二千元,以便购买中西古物,并请聘王、梁二先生为顾问,以助鉴定,开始虽难足用,积久自有可观,本系并拟于第三、四年添设人类学、考古学等门,彼时需用古物标本尤多。

（一）宜改编吾国史书以便学界也。西国史家多谓旧时史书,皆不足信,故自近百年来竞称历史改造。英国剑桥大学,首定远大计画,期以廿年时力,改编世界全史,上起埃及,下迄欧战,分期编纂,各由专家,全书现已告成,学界群推绝作。吾人对于西史,虽云无能为役,而对于中史,岂可暴弃自甘。吾国史书之急待改造,前已言及,本校财力,全国称羡,而史学前辈,均聚于此,如能利用时机,整理史事,期以十年之功以便编出中国通史及上古史、中古史、近代史各一部,庶几上可比剑桥之盛举,下亦不失吾国史界之威权,非徒本国学校有所遵循,即外人之研究吾国史事者,亦可由此免除误会。

上陈数端,皆就管见所及,胪列一二。虽思虑多所未周,而高远亦未敢先务,虽理想或难达到,而实际亦不容缓图。是否有当,理合专函达议,用备采择。

（《筹办历史系计画书》,《清华周刊》1926年第25卷第16期）

清华大学历史系发展计画概略（1927）

泳　沂

　　本系专科学生已有十六人,而他系学生兼习本系各门中西历史课程者已在八十人以上。本年虽限于经费,难言发展,而其决定可以进行之计画,大略如下:

　　（一）本系第四年课程有专题研究,已请定史学大家梁任公、王静安两先生担任指导。

　　（二）中史教授添聘一人,已推荐史学大家柳翼谋先生,现方等候评议会议决。

　　（三）本年添设人类学一门,与古史极有关系,已请定人类学大家李济之先生担任。

　　（四）除中国历史研究法已请梁任公先生担任外,其西史研究法已定于后年添设。

　　（五）与本校研究院合办考古学陈列室,现已采集各种金石拓片、历代兵器、钱币、土俑及上古石制、骨制、铜制箭头甚多。

　　（六）本系主要课程为上古史、中古史、近代史,各分中西,逐年开办。其他各门史学,亦视临时需要,分年添设。已详见本校课程大纲。

　　（七）本系中西并重,除中史用中文外,凡西史课程皆用西文原书,以期易于深造。

历史学系现任教授

　　陆懋德（主任）、刘崇鋐、梁启超、钱端升、麻伦、李济之。

历史学系专修课程

第一年　中国通史（附注），西洋通史（附注），其余为普通科目。

第二年　历史研究法（中文），中国近代史或欧洲近百年史（附注），本系选习，自由选习。

附注：学生专门中史者，先习中国近代史；专门西史者，先习欧洲近百年史。如时间不冲突，亦可同时兼习。

一、二年之选习课程如下：在本系内者——中国上古史（八）、中国文化史（六）、英国史（六）、美国史（四）、日本史（四）。在他系内者——中国哲学史、中国文学史、政治学、经济学、社会学、本国文学、英国文学、外国语（附注）、经济思想史。

附注：选习外国语者以连习二年为佳。

第三年　历史研究法（西史），本系选习，自由选习。

第四年　史学专题研究及论文（中史或西史）（附注），本系选习，自由选习。

附注：学生专门中史者，选中史专题研究；专门西史者，选西史专题研究。三、四年之选习课程如下：在本系内者——中国上古史（八）、中古史（八）、西洋上古史（八）、中古史（八）、中史名著研究（八）、欧洲交通史（六）、俄国史（四）、印度史（四）、中国断代史（八）、西洋革命时代史（六）、欧洲文艺复兴时代史（六）、欧洲扩展史（六）、历史教授法（四）。在他系内者——本国文学、英国文学、外国语、中国法制史、中国财政史、英国宪政史、西洋政治思想史、西洋哲学史、科学史、教育史，其余不备列。

（《历史系发展计画概略》，《清华周刊》第 408 期，1927 年 4 月 29 日）

清华大学历史学系课程概状（1931）

杨凤岐

一、原有课程本年继续开班者

中国通史，吴其昌，全年八学分；西洋通史，孔繁霱，全年八学分；日本通史，钱稻孙，全年四学分；近代中国外交史，蒋廷黻，全年四学分；西洋十九世纪史，刘崇鋐，全年四学分；史学方法，贾邦乐，全年六学分；中国近代外交史专题研究，蒋廷黻，全年四学分。

二、曾有之课程本年恢复开班者

英国通史，刘崇鋐，全年六学分；欧洲十七十八世纪史，刘崇鋐，全年四学分；欧洲近代史初期，孔繁霱，全年四学分。

三、本年新添之课程

俄国通史，贾邦乐，全年四学分；一九一四年后之欧洲，刘崇鋐，全年二学分；南洋史地，张星烺，全年四学分；中国上古史，吴其昌，全年六学分；战国秦汉史，钱穆，全年四学分；晋南北朝隋唐史之研究，陈寅恪，全年四学分；南明史，朱希祖，全年四学分；欧洲宗教改革时代史，孔繁霱，全年四学分；上古之"近东"及希腊，贾邦乐，全年六学分；清史史料研究，蒋廷黻，全年六学分。

按：历史学系本年新聘之贾邦乐 J. J. Gapanovich 先生，为西洋上古史专家，曾学于当今上古史权威 Rostovtseff 氏（现任美国 Yale 大学史学教授)，后在海参威大学任历史教授，今来清华授课，该系深庆得人云。又钱穆先生亦为本年新聘。钱先生曾在燕大中国文学系授课，本年充任北京大学历史系副教授，对中国古史，甚有研究云。

(《历史学系二十年至二十一年度课程概状》，

《消夏周刊》1931 年第 7 期)

清华大学历史学系（1932）

蒋廷黻

　　史学确是知识界最谦逊的顺民,研究史学者不想作拿破仑、毕士麦、列宁、蒋介石、汪精卫,万一有如此人物出世,史学家殷勤研究其所以在此时此地出世,及其事业与当时及后代的关系而已。史学家不愿作革命或反革命家,仅研究及纪录革命运动或反革命运动的起因和结果。史学家自己无功名可图,不过藉别人的功名立言而已。

　　史学虽然是这样的谦逊,他并不是抱不抵抗主义者,史学在知识界也有他的地盘,他的存在的必要。史学绝不放弃本地内的生命线。现在抽象的理论暂且不提,专讲清华的史学系。在我们编制清华史学系课程的时候,我们顾虑到几点。

　　第一,我们知道非史学系的同学,也有他们必须的史学知识,是史学系应负责供给的。同时史学系的同学也未必人人都会以研究历史为他们终身的事业,总有几分之几是不会永守贞节而中途出嫁的。就是以史学为终身事业的人也必由浅入深。因此我们设立了好几门普通的课程,如中国通史、西洋通史、日本通史、俄国通史等等。

　　第二,我们知道中国早已过了闭关时代的生活。现在已经到中西文化的汇流时代。我们中国行民治,讲宪法,则我们不能不知希腊、罗马的民治试验,中古城市市民的参政,阶级会议的经过,以及近代英、法、美各国对宪法及民治的供献。其他经济、思想、科学各方面,我们都受西洋的影响。因此清华的史学系是中外历史并重的。

　　第三,我们知道中国的史学在考据方面——审查书本史料方面——确乎有相当的成绩。这种学问是必须的,是我们应该继续的。同时我们也知道中国史学在总合方面是很幼稚的。我们的史学家缺乏时代观念,好像我们的绘画家缺乏立体的观念。照我们的史籍,好像三代的人所说的话与明清的人一样的。我们从各种史籍可以知道各朝代许多史实,但是究竟某一朝代在中国全民族史上占一个什么地位,我们的史籍就不能告诉我们了。历史应该成为活的电影,不应该成为死的幻灯片。中国以往史学的成绩,不过产生了许多幻灯片。近年有许多的时髦的史学家以为讲文化史就是新史学。殊不知也要看文化史是怎样的讲法。许多讲文化史的人不过放弃二十四史的本纪和列传,反又把二十四史中的天文志、地理志、食货志和职官表等机械式的凑合起来就算了。大毛病在不知道,在不实在了解两个根本观念：一个是沿革,或演化,或源流;一个是环境。前一个观念教我们历史是先后连环的,后一个观念教我们生活的方方面面——饮食、风俗、思想、气候、政治等等——是互为环境的。简单说来,中国的史学是未受过达尔文学说洗礼的。因此清华的史学课程想要培养一种新史学。为达此目的,史学方法及史学哲学并为一课,为史系同学所必修的,但这课免不了过于抽象。我们希望各种课程,除授内容外,同时也是新史学的一种具体表演。有抽象的理论,有具体的表演还不足,同学须在校时期内至少实际作一种小规模的研究以资实习。

至于史系的同学应兼习的课程也有几点可为诸位说说。第一,外国文字不可忽略。在今日治学而仅能利用本国的文字是绝不足用的。除英文外,同学应于法、德、俄、日各国文学再学一种。这还不算专门文字,如满文、蒙文等。第二,其他社会科学,如政治、经济、地理、社会学也不可忽略。第三,哲学及思想,知一国一时代的政治、经济而不知其思想等于画龙不点睛。至于史学工具的学问那更不用说了,如年代学、目录学等。

清华史学研究所也有几点可以奉告的。研究所现在不办西洋史也因为史料难置,且难与西洋究竟争。中国史也不是一时齐办的。目前决定不办上古史,因为上古史研究的进步须恃考古学,而考古学家一时不能聘请。现在我们所办的有两个范围:一是晋至唐,一是清。关于晋至唐这一时期研究的人甚少,而清华幸而有一位中外公认为第一等学者陈寅恪先生在此担任讲席。至于清史,因为史料丰富,聚于北平,研究清史尤其是在北平各史系的特别责任。

中国史学界可作的事太多了。处处是史料,处处是问题,我尝说我们在史学界的人好像是垦荒的,可垦的地,必须垦的地,有如一个新大陆,全是日人所谓处女之地。我们做教员的并不是已经把这大陆都开辟了,城市、铁路都修好了,我们只应领导同学去游玩了。不是的,教员们不过知道前面方向的大概,有了一点开垦的经验,而请诸位同学一道去占领这新大陆去,一道去出汗,去受苦。

（《各系之组织内容与目的》,《清华暑期周刊》1932 年第 2、3 期）

清华大学历史学系近三年概况（1934）

蒋廷黻

近代史家的治史方法及对历史的根本观念多有与旧日不同者。在中国，新史学的输入为时尚短，所谓"背景"、"环境"、"演化"诸辞句虽常见于近日的出版物，实至今未深影响国内的史学。治史者仍多以某一书为其研究对象，而不以某一问题，或某一方面、某一时代为其研究对象，结果有书的注疏而无史，讲史者亦好讲书而不讲史。学生程度较高者尚能受其益，较低者则如入迷途。如此，多数课程等于虚设。

处此过渡时期，中国历史课程的编制不能不带试验性质。中国通史一课不但是本系其他国史课程的入门，且是多数他系学生所必习，大学历史训练影响中学历史程度者亦以此课为最多。如近年中学毕业生之历史程度不满人意，愚以其故之最要者即大学通史之教授不得法。本系以往最感困难者即在此课。讲通史者，多不能使其通。下焉者，每年发数十页讲义，授课时间尽费于讲义的文字之解释。上焉者，或采纪事本末体裁，以许多史实，堆积成课，不加消化，徒压迫学生之记忆力；或舍正史之本纪、列传不用，专采有关制度之志及《通考》、《通典》诸书，名之曰文化史，以求时潮之赞许。本系自二十二年起，中国通史由雷海宗教授担任，此问题始得解决。雷教授以讲演阐明民族生活变迁之线索，以所编之史料选录激发学生对旧籍之兴趣，并引导学生于史实中探讨史理。此外，加以分组讨论，以求师生之间发生更密切的知识关系。现在通史一门可算已入轨道。（雷教授除通史外，尚担任上古史、汉史及史学方法。）

国史高级课程中，以陈寅恪教授所担任者为最重要。三年以前，陈教授在本系所授课程多系极专门者,如蒙古史料、唐代西北石刻等。因学生程度不足,颇难引进。近年继续更改,现分两级,第一级有晋南北朝史及隋唐史,第二级有晋南北朝史专题研究及隋唐史专题研究。第一级之二门系普通断代史性质,以整个一时代为对象;第二级之二门系 Seminar 性质,以图引导学生用新史料或新方法来修改或补充旧史。

明清两代的历史尚少研究。本系蒋廷黻教授拟以外交史为出发点,渐及清朝全史。新聘助教吴春晗拟以明史自任,俟明史及清史有普通断代史课程后,本系拟更进而研究明清两代之社会经济史。

理想课程表之编制甚易,求其实现则甚难,求之过速不免名实不符。本系自始不图于短期内能包括国史之各方面及各时代,但求逐渐改良与扩充。二十二年度,本系与哲学系合聘张荫麟博士为专任讲师,是亦本系发展的一主要阶段。张讲师将在本系担任中国思想史及宋史。此外本系历年有张星烺讲师之中西交通史、宋辽金元史,钱穆讲师之近三百年中国学术史及陶希圣讲师之中国社会史。以专家授其专长,其成绩自然可见。

本系在研究部虽仅有国史,在大学本科则中外史兼重。现在本系专授西洋历史者有刘崇鋐、孔繁霱、噶邦福三教授。刘、孔两教授皆曾受过极高深之训练,皆有极富之教学经验,所授课程皆极实在。历年本系学生从其游者,不但于西洋史实得甚正确之认识,且于西洋史学方法,亦间接窥知不少。噶邦福教授以俄国史家担任俄史,固胜任有余,惟讲演时,文字上不无困难。

以往本系之外国史全为美洲及西欧之历史,近三年来,于日本史及俄国史始得兼重。将来如经费及师资无困难,拟就此二门略加扩充。

历史系主任蒋廷黻

历史学系,因其学术性质,不能不带若干试验性质。此中困难,该系主任在其报告中已言之甚详。就全国各大学史系论,清华之史学系之新史学的成分为最重,将来之成败全恃新史学之代表者能否一面继

续中国旧日之考据贡献，同时大规模的输进西洋的史的观念，二者缺
一不可。

文学院长蒋廷黻　七月廿二日

（《历史学系近三年概况》，稿本，藏清华大学档案馆）

清华大学历史学系的概况（1934）

蒋廷黻

　　清华的历史学系向来是合中外历史为一系的,并且是中外历史兼重的。就近两年论:史系每年平均约有二十二种课程,其中中外史各占一半。在中国的大学里要提倡中国历史的研究,这是无庸讨论的。为什么要兼重外国历史呢?第一是外国史的本身有研究的必要。中国现在已经深入国际生活中了,闭关自守的时期早已过了,研究日本和西洋各国历史不过等于认识我们的邻舍而已。我们初见人必问他的履历,一国的履历就是他的历史。处今日之世界,这一点交邻的本分我们是不能不尽的。何况这些邻舍的物质和精神文明时常在输入之列呢?这些外货的取舍,最好的凭断就是历史的。

　　第二是外国史学,尤其是西洋史学,有许多地方可资借镜的。西洋史学的进步就是西洋各种学术进步的一方面,而中国史学不及西洋史学,正像中国的政治学、经济学不及西洋的政治学、经济学。一种学术要想出类拔萃是万难的,普通总是与其他同环境的学术相伯仲。西洋的史家现在都到了 Post—Baconian 和 Post—Darwinian 的时期,中国史家除少数伟人具了培根治学的精神以外,不但是 Pre-Darwinian,而且还是 Pre—Baconian。换句话说,在史学方法的分析方面——如考据、校勘等等——我们的史家确有能与西洋史家比拟的人,但在史学方法的综合方面,我们的史学简直是幼稚极了。

　　因为有这两个原故,清华的历史学系一定要学生兼习西史,学到能领会西洋史家大著作的程度,同时我们也希望每门西史课程就是史学方法的一个表演和一个练习。

　　清华历史系除了兼重中外史以外,还有一种特别:要学生多学外国语及其他人文学术,如政治、经济、哲学、文学、人类学。"多识一种文字就多识一个世界",中国历史已成一种国际的学术,日本人和法国人尤其对于中国史学有贡献,他们研究的方法和结果,我们不能不知道。其他人文学术大能帮助我们了解历史的复杂性、整个性和帮助我们作综合工夫。

西洋各大学所立的外国史课程多注重其文化系统以内的国家。譬如美国的大学,其外国史课程中,英国史居首席,法、德史次之,西班牙及南美各国的历史又次之,斯拉夫各国史更次之,中、日史则居末席了。在中国的大学里,这个次第不能适用。所以清华史学系在编制外国史课程的时候,努力于日本史及俄国史研究的提倡,因为日、俄两国是我们的近邻,而已往国人对于日、俄的了解是最浅薄的。

至于中国史的研究,清华的史学系努力的方向在使我国的史学有进一步的演化。已往我国的史家以治某书为始,也以治某书为终,结果我们有某书的注疏考证,而没有一个时代或一个方面的历史。我们有某书的专家,而没有某一时代或生活的某一方面的专家,实在治书仅是工具学。我们虽于工具务求其精,然而史家最后的目的是求了解文化的演变。所以清华的史学系,为要达到这个目的,除兼重西史及社会科学以外,设立的课程概以一时代或一方面为其研究对像。

以上所说的是历史学系的本科,至于研究所则只设有中国中古史及清代史二研究科。外国史的研究科现皆不设。研究所的办法概照学校新颁的章程。具体说来,历史研究所的学生有两个责任:(一)须知道中外古今学者对于其研究科(中古史或清代史)已得的知识;(二)作一篇毕业论文,在已得知识之上又能有所发明。换言之,研究所要学生专门而又专门。

主任:蒋廷黻;教授:刘崇鋐,陈寅恪,孔繁霱,噶邦福,雷海宗,张荫麟;讲师:张星烺,钱穆,陶希圣;助教:杨凤岐,谷霁光,杨绍震;助理:吴锡钧。

(《历史学系的概况》,《清华周刊》1934年第41卷第13、14期)

清华大学历史学系概况（1936）

刘崇鋐

　　本系成立于民国十五年,当时仅有教授三人,学生三人,图书费年只数百元,嗣后年益括充,至民国十九年蒋廷黻先生为主任后,进步尤著。迄今本系共有教授八人,讲师二人,教员一人,助教三人,图书费每年增至一万三千元,课程本年开班者有二十二学程,下年度更拟请研究院出国之二同学回校担任蒙古史及日本史,于课程方面当更充实不少。学生人数,除一年级不分系外,计二年级二十五人,三年级十八人,四年级十人,研究院共四人,与初成立相较,已不可同日语矣。

　　史系之进步虽年新岁异,但方针却为一贯,换言之,即中外历史兼重,此式即为本系之特色。吾人对于国史之研究固应多加注意,但外国史学,尤其是西洋史学,其优点甚多,据可供吾人借镜,况现在国际关系密切,研究日本和西洋各国之历史,直等于认识我之邻舍,其重要性可以想见。惟其如此,故本系每年所设之课程,总使中外史各居其半,即以本年而论,本系共设有二十二学程,其中除史学方法外,中史居其十,西史居其十一,此后,课程容有增加,但斯旨决不变也。至本系课程之详细说明,请参阅本校一览,此处不再多赘。

　　本系除中外史兼重以外,更要使学生多习外国语及其他人文学术,如政治、经济、哲学、文学、人类学等课。多习外国语,为多得几种治学工具;多习人文学学术,为其能助吾人了解历史的复杂性,使吾人有综合的观察,西洋史学的优点就在此等处,故吾国训练史才,亦应从此处着手。

　　至本系研究所,因导师及设备关系,仅设有中国中古史及清史二门,前者由陈寅恪先生指导,后者由蒋廷黻先生指导(蒋先生现因事请假，由张荫麟先生暂代），他们都是知名的学者，用不着多事介绍。研究所之目的在使学生对某一方面，有专门独到的研究，研究所的办法，概照学校所颁之章程。

最后愿报告消息，清华历史学毕业学生，迄今共五十五人（大学部五十二人，研究院三人）。其中大部仍继续作研究工作，此种现象，诚可使吾人告慰。因为历史乃一种纯学术之学科，研究此学非终身从事不为功，尤其是中国史，恰如一片莽原，更须大队兵去垦荒，我们已经送出去的壮丁既然大部未逃亡，更希望未来的人，多多去接应他们。

（《历史学系概况》，《清华周刊》1936 年向导专号）

清华大学历史学系（1947）

梅贻琦

课程：在抗战期中，本系同人参加联大历史学系工作，当时集三校教师学者于一处，蔚为大观，所开课程亦精辟充实，教师咸系当代权威，学子受益，诚匪浅鲜，在校诸教师皆以治学谨严，蜚声士林，兹不赘述。至所开课程项目，大体如战前，复员之后所辟课程，规模如旧，但微有增减耳。

师资：联大时代之历史学系教师，除北京、南开二校不计外，本校当时应聘就职者，有陈寅恪先生，陈先生于三十四年九月一日离校赴英讲学，卅五年母校在平复员，自英返校，赓续授课。雷海宗先生、刘崇鋐先生、葛邦福先生，抗战期间，迄未离校，复员后，随校北返，现在校执教。邵循正先生于三十四年九月廿一日赴英研究，为期一年，复员后返校执教。王信忠先生抗战前即任本校教授，随校南迁，三十二年度休假赴美，卅三、四，二年请假，卅五年学校准假一年，赴日考察，今夏返校。孙毓棠先生抗战期间应本校历史学系聘为教授，胜利前，英国文化委员会聘往牛津大学研究，今夏返校。丁则良先生于三十四年秋应本校聘为专任讲师，现亦随校复员任教。孔繁霱先生战前系本系多年教授，因病未能随校南迁，三十五本校复员，即聘孔先生返校，孔先生亦已应聘，惟因三十五年秋，旧病复发，本学年学校准予病假一年，下年度当可返校。抗战期间，本系莫大损失，即张荫麟先生于民国三十一年作古，奇才陨落，倍增惋惜。

中日战事史料征辑会：民国廿八年岁首，联合大学历史系与北平图书馆合作，组中日战事史料征辑会，三校各聘教授一二人指导工作。本校历史系，由雷海宗、王信忠两先生负责，并由文学院院长冯友兰先生主持会务。联合大学结束时，三校同意，全部所辑史料，由北平图书馆负责保管，所辑史料中，除本国报章、杂志、小册子、文告外，日文资料，尤为珍贵。

（《复员后之清华》，《清华校友通讯》1947年复员后第2期）

清华大学历史学系（1948）

记得去年深秋，在图书馆前，我看见一个平时总是跳跳蹦蹦的同学，在低头捡红叶，这是他大学里最后一个秋天。我平时从没有这种感情，总以为自己和这周围的一切将永不相离。这时，才意识到你我的存在，不过都是代表变化中的一段过程。我们前面走过了无数的人，后面又有无数人跟踵上来了。现在又该轮到和一些熟悉的面孔握别的时候，介绍本系，也无异让我们一起把过去重再追溯。

推开系主任办公室的门，就可以看见雷海宗先生。雷先生终日都是忙的，如果你胆子很大，不怕黑的话，今晚两点半，不妨到新林院附近看看，雷先生书房里的灯，一定还没有关呢！雷先生研究的是偏于思想、文化方面，西洋中古及殷周秦汉部分。他喜欢哲学，对人类几个文化的历史，有他自己的哲学看法。

清华中国通史，普通开两班，一班由吴晗先生担任，吴先生总是皱着眉的。吴先生讲通史是分几个专题讨论，自上至下，一刀劈下去，如官制、军制，从先秦、秦汉到明清，给你一个极有系统的轮廓。一年将终，又把近百年帝国主义入侵、国耻时期再讲一下。吴先生专致力于明史。

西洋通史，复员后，由刘崇鋐先生担任。刘先生治学极严，为人又极宽恕，旧学极好，可是刘先生是专门研究西洋史近世部分及英国、美国史。

中国近世史，由邵循正先生担任。邵先生研究元史和清史，他治学态度极严，讲书非常透彻。

孔繁霱先生，又是一位旧学好而专于研究西洋史的先生，学识极博，对同学也非常关切。

噶邦福先生,担任希腊、罗马史及俄国史,研究战争史,讲到战争时,总绘图来说明。

还有几位尚在国外的先生,像孙毓棠先生、丁则良先生等,想同学都已闻名了吧。

历史系同学较别系少,但是清华园中到处都是我们的伙伴,历届理事都有我们同学当选。到了傍晚,这些人开会、练唱、教识字班、扭秧歌、采访新闻、管弦乐队等,没有一人在屋里。不过在气象台前春耕的田里,你可以找到一大半,满手是泥,又叫又笑的锄草。来！我们欢迎和我们一样肯流汗的傻瓜,一起拓垦那野草蔓生的荒地。

（《人少而活跃的——历史学系》,《清华年刊》1948 年）

四川大学师范学院史地学系（1945）

陈　刚

　　系主任李思纯先生,专任教授有郑砺俭先生,兼任教授有陈寅恪、徐中舒、王文元、余俊生、吴廷璆先生,副教授有沈汝生、周辅成先生,讲师有金宝祥先生,助教有廖德清先生。本系课程,有与文学院史地系合开者,多请由文院史地系教授兼授,以是本系专任教授较少。关于教学方面,多注重于各项教材之讲授程序,兼指示学生教学之方法。惟史地一学,至为庞博,综贯兼通,良非易易。现在本系各年级课程,虽采取史地并重方法,惟为顾及学生使有专门特长计,将来或采取分组之办法也。

　　（《本院现况》,《国立四川大学师范学院院刊》1945 年第 1 期）

四川大学史学系（1947）

　　本系原名史地学系,本年始将地理组划归理学院,成立地理学系。原有地理组二、三、四年级学生仍属本系。本系教授最著名者如蒙文通、徐中舒、李思纯、闻在宥去年进修,即将返校。周传儒、缪钺、冯汉骥诸先生均学术界名流、海内共知。另有外籍教授傅吾康、沈书美两先生。本系过去名教授极多,如陈寅恪、钱穆等先生均曾来系讲学,近来均先后离去,此实本系之一大损失。本系现有学生三百余人,极其诚笃向学,与一般史系之情形大有相同。

（《文学院概况》,《国立四川大学校刊》
1947年第20卷第2、3期）

　　史学系：冯汉骥（代理系主任）,周书舲,蒙文通,傅吾康,徐中舒,闻宥,缪钺,刘明扬,蒋炳然,孙次舟,邓少琴,谭英华,李思纯,卢剑波,罗鬐渔。

（《本年度教授阵容一般》,《国立四川大学校刊》
1947年第20卷第1期）

台湾大学史学系（1947）

　　过去该系以南洋史与民族学为最特色,包括荷领东印度、菲律滨、马来半岛、法领印度支那、缅甸、暹罗及其他海洋洲各地之历史与民族学文献,资料搜集甚为丰富。此外尚有图版、相片、古文书等资料,民族学讲座附属标本室内备有南洋各种族与台湾高山族等民族学标本约三千四百件,尤以高山族民俗标本最为完整。光复前史学系刊行《史学年报》八辑,内以有关南洋史之论文为最多,民族学讲座,在光复前之刊物有《南方民族季刊》已出八卷及高山族系统所属研究报告书两大册,现在设有中国史研究室、西洋史研究室、南洋史研究室、社会学、民族学研究室。

　　史学系必修科目(六二学分)　中国近世史　四学分,中国断代史　九学分,西洋近世史　四学分,西洋断代史　九学分,亚洲诸国史　六学分,西洋国别史　三学分,专门史　六学分,中国地理总论　四学分,中国沿革地理　三学分,中国史学史　三学分,史学方法三学分,史学通论　三学分,毕业论文或研究报告　二学分。

　　史学系选修科目(三〇学分以上)　中国古代史研究　三学分,民俗学　三学分,考古学　三学分,传记学　三学分,人类学　三学分,历史学科教材与教法　四学分,社会心理学　三至四学分,中国史学名著选读　六学分,西洋史学名著选读　六学分,国语或日文　二学分。

　　　　　　　　　　　　（《文学院概要》,《国立台湾大学概况》1947 年）

武汉大学史学系丛谈（1936）

冶　人

　　在文法科正被缩减学额的今日，我们来学历史，至少应该抱着两种志愿：第一，我们毕业之后，能在中学里做一位不能歪曲史实的教员，尤其需要将此种正确知识，应用于阅读书报和观测现势上；第二，我们必须担负起学术的使命，融会科学进步的理论，钩稽辨析，建设新的史学方法，精治通史，以求完成划时代的著作。这种宏愿虽近幻想，然而我们既是来学习一般"实用主义者"认为绝路的史学，自宜更加努力，找寻光明，开辟新域。

　　本校的史学系成立于民国十九年，已经毕业了三班，计五十六人，在系同学约四年级六人，三年级十一人，二年级十四人，依我据现况观察，学校当局对本系的宗旨似有偏重于第一志愿的趋势，又以地理系之设尚付阙如，故本系又含有地理科目。总之，因为本校的职教员大都是些脚踏实地的"干角"，他们一定会逐步实施，继续改进，以使本系臻于远大的境域的。

　　历史是一门界于文法学院之间的科学，研习的范围遂因而广博些，在本校本系所开的科目，以四学年计，必修和选修一共总在七十种左右，而专为本系开设的约三十种，其丰富的程度虽较北大弱些，这也是基于历史的原因。本系的教授皆国内著名的学者，为介绍详尽计，爰据所知，略叙如左：

　　李剑农先生，为本系主任，为人沉谨，待同学亦忠恳，所著《中国近三十年政治史》，风行海内，刻精治中国经济史。编书以条理清晰、文句简畅、见解卓越著称。

　　吴其昌先生，清华研究院卒业，曾任教于清华。先生待人诚挚，治学谨严，而尤具有一青年之风度，充满热情。授课有甲骨文、金文，《金文世族谱》考证精审，称誉于世。又有《金文历朔疏证》八卷，已刊一部于各大学之学报上；宋元明清学术史；中国文化史，本课讲稿规模甚大，已成者有《田制》等编，将来全书写竣，当又为一有价值之著作。

郭斌佳先生，现专授西史，如西洋近代史、远东近世史等课。先生英文著作较多，天才卓越，读书甚富，中西语言皆清晰晓畅。

陈祖源先生，讲授欧洲古代史、欧洲中古史等课，说话和蔼，读书极多，日夕专心于研究中。

韦润珊先生，地理科教授，风度幽默，留学英伦有年，同学中从游的很多。

本校同学，于团体活动，夙颇沉寂，本系情形，当亦相似。惟去年十月间，才复活历史学会，因以前曾有是会组织，后因经济关系中辍，现在的组织，尚称良好。工作方面，除迎新送旧之外，已开始举办历史期刊之编印，第一期稿件已收到七万字，多前后同学之精心作品，本年十月间，决付梓问世，就斧于海内学者。至于较小的组织，有本系一九三九级级会，主旨在联络感情，砥励学识，并附有球队和读书会。

一年级的课程，多普通基本科目，如基本英文、论理学、经济学、政治学、作文等课，本行的只有中国近代史、西洋近代史、世界地理，教本以英文写刊者较多，文字除经济学一科为基特著《政治经济学》外，余均易读，选修科目如文字学、哲学概论等为刘博平、范寿康诸先生教授，都很精采（校中印有《课程指导书》备取）。

新同学所需要明了的，大概可以止于此吧。因为这几点都是在我们入学以前所急于求知而广人告知的，不过有些事也不要过于相信老同学的话，因为那仅是老同学的观察感觉，而不一定是你们的啊！最后，我们还有很多的奇文妙事，以及一些公开的秘密，都必须你们进校以后，在欢迎席上，贡献给我们的好友——将进校的新同学们。

八，十九　夜

（《史学系丛谈》，《国立武汉大学欢迎新同学特刊》1936 年）

西北大学历史学系（1948）

定　一

系主任为吴澄华氏，系经济史名家，前大夏文学院长。名教授有黄文弼、许重远、关益斋、冯永轩诸先生。该系对西北史料向极注意，自联大迁至城固，即大量搜集陕南文物，成立考古室。年来在甘、青、新等省所获史料亦多，曾公开展览数次。卅四年春，教部复将西北艺术文物考察团累年所得文物资料，全部拨归该校整理研究。该系成立西北文物研究室，将原有考古处并入，正积极整理，作系统研究，由王子云教授主持研究。该室成立以来，除分期举行专题展览外，并拟成立永久性之西北文物馆，以资长期陈列，先以原有文物作基础，然后就西北特有之文物资料逐渐扩充，务使各类文物均能单独有一时代系统，以发挥其在教育上之价值。现全部资料约一百种，合二千余件，计分下列五类。一，实物类：甲、史前石器；乙、铜器；丙、陶器；丁、□；戊、砖；己、瓦；庚、佛像；辛、钱币；壬、写经；癸、藏画。二，模型类：甲、陵墓雕刻；乙、佛像教雕刻；丙、碑刻。三，拓片类：甲、碑碣；乙、墓志；丙、造像；丁、花纹图案。四，图画类：甲、壁画摹绘，乙、风俗写生；丙、史迹名胜。五，照片类：甲、建筑；乙、雕刻；丙、壁画；丁、风俗；戊、史迹名胜。该系今后发展计划为编制各种图表，以便教学，添购中西史籍，以备参考，续搜西北文物，以资研究。

（《西北大学之院系与设备》，《西北通讯》1948 年第 3 卷第 2 期）

厦门大学历史学系概况（1946）

　　本校于十二年即分设社会学、历史学二系，后合并为历史社会学系。廿六年本校改归国立，改本系为历史学系。历年在本系任课者多为国内知名之士，如顾颉刚、张星烺、徐声金、李嘉齐、薛永黍、郑德坤、林惠祥、萧炳实、陈庆麒、张镜予、吴士栋、谷霁光、李祥麟、郭宣霖诸教授。本系附设古物陈列所，收藏甲骨、钟鼎、陶器、明器、古钱及文化风俗标本等项数千件。嗣又益以林惠祥教授在本省武平所得之新石器，均为贵重难得之品。惜抗战后皆为日寇劫去，现正设法寻回。计自设系迄今，前后毕业生凡六十人，恰为一整数。他科学生以本系为辅系者，尚未计入。毕业生大半分布省内外各学校担任文史课程，其继续研究工作者，有徐光仁考入国立中山大学研究院，胡寄馨等入福建研究院。在母校服务者，前后有上官世富、陈诗启、王华东诸位。本系设立甚早，历年添置史学图书甚夥，故图书馆中收藏中外史地图书特多，师生阅读研究，颇觉便利。现本系专任教授有李兆民、谢兆熊、叶国庆三先生，此外有讲师一位，助教一位。尚有两位教授因目前交通不便，未能来汀，暑假后本校迁厦，即可到校。现全系学生计有廿一人，学生组织有历史学会，以为联络感情、切磋学问之资，并出刊一种，名曰《史佚》云。

　　（《历史学系概况》，《国立厦门大学廿五周年纪念特刊》1946年）

燕京大学历史学系的近况（1937）

本文揭载于校友返校日（四月廿四日）出版之《燕大友声》（第三卷第六期），内容介绍本系之设备与近况。按此文乃为本校校友而作，故措词语调采用轻松娓娓的文体，以增隽趣。本文特转载于此，以供本会会员明了本系年来进展之状况。

去年的迎新特刊上，有人写了一篇介绍历史学系的短文，开头这样写着："骆驼是沉重、稳健、耐劳、沉默地迈步往前走着。历史学系的气氛正像骆驼的性格。历史学系的师生们都不大善于交际，也不好高骛远，总是踏着实地迈步往前走。常爱埋首在陈旧的线装书堆或洋装书里，多少带点书呆子的模样。"这幅朴实的写照，不知在新旧校友的记忆里会唤起怎样的印象？文的末段，更写出史系同学一个共同的经验道："历史学系的师生，最有英国牛津大学的风度。教师们对课外指定参考书，虽介绍甚夥，但全不强迫阅读，也不在意点名制度，更忽略考试，完全尊重学生个人研究精神。学生们却以图书馆为矿藏，孜孜发掘。有空暇的时候，便爱探访教授们，清茶香烟，纵论古今，怡然自得。学系主任李瑞德先生总爱预备点红茶、饼干款客；邓之诚先生会敬你一枝大前门；洪煨莲先生的六角烟斗冒着鸩烟，热情微笑的眼睛望着你。在这烟雾漫漫里，不端坐，不拘束地，由学术谈到人生，由人生谈到宇宙。在黄昏晚霞时节，或月华满空的当儿，亲切地送你出大门。你便可以感觉到，在美国的环境里，还有一点英国的滋味。"这对于历史学系毕业的同学，应该兴起无限的眷恋之感吧？

本年本系稍有变动，第一，是连任六年的学系主任李瑞德先生休假回国，由顾颉刚先生继任。顾先生休假已二年，这次回来，授课之外，还要主持系务，各方面都有新的计划与设施，颇有一番蓬勃的气象。他接待学生最诚挚,热情就如一团火,燃烧了他自己,也燃烧了和他接触的每一个学生。第二,是另一位老教授王克私先生也在两年的休假后回校,从新开了他的旧课"中国之革新"、"一九一八以来之欧洲"和"基督教史"。第三,本学年又加聘了四位兼任讲师,即齐思和先生担任"美国史",张印堂先生担任"中国地理",谭其骧先生担任"中国地理沿革史",三位都是本系毕业生,回来任教,是义不容辞的。还有一位韩儒林先生,是专攻西部亚细亚史地的,担任"西亚史"。至于旧任教授与讲师,则由邓之诚先生担任"中国通史"及断代史(张星烺先生担任其中宋辽金元的一部),顾颉刚先生担任"中国上古史"及"古迹古物调查实习"(又容庚先生及李荣芳先生亦分担此课),洪煨莲先生担任"史学方法"及"远东近代史",张星烺先生担任"东西交通史"及"南洋史地"(轮流开班,并宋辽金元史,见上),冯家昇先生担任"东北史地"及"日本史"。贝卢思女士担任"欧洲近世史"及"英国史",伍英贞女士担任"欧洲上古史"及"犹太人历史",李荣芳先生担任"巴勒斯登考古学"。自从前年本校的地理地质学系停办后,本系便有酌加地理课程的计划,本年新设"中国地理"一课,下年更想加聘一位专任地理教授。

　　至于本系学生,比年激增。至本学年已达三十八人(研究生不在内),男女各半数。加增的原因,不外学系的成绩,较能满意,教授不但能各自贡献其专长,而且也最关心学生的课业与生活,尤其是课外的攀谈,学生得益最多。历史学系的几位教授又最能启发学生自动研究的兴趣,每一个受教的学生,差不多都能津津有味的说出他自己一些被启发的经验来——这些经验是最宝贵、最受用的。历史学系的学生最重视自己的毕业论文,大半从三年级的后半,就各自分头会见教授去选择自己研究的范围,然后由学系会议通过,确定题目,分配导师,一到四年级,便开始写作了。这样,一个学生用在论文上的工夫,足足有一年半(有时或多或少,都属例外),而且导师也最认真,名义上的导师虽只一人或二人,而实际上每位本系的教授都是导师,他们都同样的关心着一个四年级学生的毕业论文。他们之所以把论文看得这样严重,大半是由于一种无形的标准定得非常之高,这标准并不见于何种成文的说明或规定,而是由本系历届毕业生优异的成绩无形中造成的。他们的毕业论文都要择优发表于《史学年报》,或出版单行本。同时,凡是历史学系的学生,都经过极严格的初高两级历史方法的训练,对于史学写作,所求极苛,态度也最谨严。教授们也不时有作品发表,处处留下一个切实的榜样,每个学生都紧紧追随,不敢懈怠。诚然,历史学系的师生都不大注意绩点与分数之类,因为他们实际的努力与成绩,也永远不是绩点或分数可以完全表示出来的。

此外,历史学系学生的增多,也自有其客观的原因,就是两三年来,由国事的激变,大家对于史地知识,渐感迫切。同时更有一部分学生认历史为社会科学的一个基本部门,他们要从此入手去获得对于政治、社会以及经济的一个更正确的看法,一部分热心社会运动的同学,毅然弃绝了他们原来的兴趣与课业而转入历史学系,这不能不说是原因之一。

其次要来谈到历史学系学生的课外作业。从本学年起,历史学系本科及研究院的学生,轮流编辑了一个刊物,即《史学消息》,最近已出五期,每期除两三篇专门的写作或译述外,照例要有几十篇的西洋汉学论文提要和日本"支那学"论文提要,其次是书报批评和介绍,以及一般史学界消息和各国关于汉学新刊的书目,最后是本系消息和历史学会会讯。这样,一方面对本国史学界尽了一番传达介绍的责任,另一方面又给全系同学一个练习编辑的机会,在国内各大学的历史学系,这还算是创举。且发刊以来,甚得各方好评,最近又得校内欧洲语文学系法文、德文两班及国文学系日文班同学在译述方面的协助,内容当日益充实。

提到历史学系学生的课外活动,不能不想到历史学会。"燕京大学历史学会"这个名称,因了他每年一期的《史学年报》,早已传播于中外的史学界了。《史学年报》和《燕京学报》是燕园内寿命最长的两种专门学术刊物,在国内外学术界,评价极高。《史学年报》已出八期,第九期正在征稿,同时更预备筹备一个十周年纪念专号,并进行募集一笔基金,因为每期年报的印刷费,除学系的津贴及少数学术广告的收入外,都赖会员捐助,所以年报内容虽然十分充实,而每次却都是在十分

"难产"的情形下出版的。而且专门学术刊物，销路常极迟滞，到是出版愈久，价值愈高（《史学年报》前三期，现在琉璃厂书肆每册索价至三元），以报费补偿印刷费，更不可靠。现在募金的倡议，正是势所必然。

历史学会又感觉有发展成一个永久固定组织的必要，即每位历史学系的毕业同学，得仍然为本会会员。同时，本系以外的同学，对史学素有兴趣者，皆得由会员介绍入会，这样又可以扩大学会的组织。这一切都在推进中，希望来年今日，可以有圆满的结果报告读者。

最后，关于本校文科研究所历史学部，亦一并略述于此。现在文科研究所主任兼历史学部主任为本系教授洪煨莲先生，担任研究范围为"远东近世史"、"史学研究法"、"年代学"及"目录学"，导师王克私先生担任"西洋史"及"基督教史"，容庚先生担任"考古学"及"金石学"，张星烺先生（兼任）担任"辽金元史"及"中西交通史"，顾颉刚先生担任"中国上古史"、"经学史"及"中国地理沿革"，邓之诚先生担任"明清史"及"中国政治经济制度沿革"，张尔田先生担任"中国中古史"、"中国文学史"及"中国佛学史"。实力之充实，可见一般。

本年研究生共九人，照章每人研究期限至少为二年。第一年必须阅读及温习指定之书籍，以准备参与年终之基本史学知识考试。所列书籍，重要者如下：

（一）世界史及西洋史

（1）Mikhael I. Rostovtzeff, *A History of the Ancient World.* Translated from the Russian by J. D. Duff. Vol. 1, Oxford, 1926.

（2）Edward Gibbon, *The History of the Decline and Fall of the Roman Empire*, Ed. with introduction, notes, appendices, and index, by J. B. Bury, 7 Vols., London, 1896.

（3）George Burton Adams, *Civilization During the Middle Ages.* rev. Ed. New York, 1914.

（4）Wilbur C. Abbott. *The Expansion of Europe, A History of the Foundations of the Modern World*, rev. Ed., New York, 1924.

（5）Carlton J. H. Hayes. *A Political and Social History of Modern Europe*. 2 Vols., New York, 1918-1926.（or later editions.）

（6）John Martin Vincent, *Historical Research*: *An Outline of Theory & Practice*, New York, 1929.

（二）中国史

（甲）史实之部：马骕《绎史》、袁枢《通鉴纪事本末》,陈邦瞻《宋史纪事本末》,李有棠《辽金纪事本末》,陈邦瞻《元史纪事本末》,谷应泰《明史纪事本末》,魏源《圣武记》,王闿运《湘军志》。

（乙）典章制度之部：马端临《文献通考》,蔡方炳《广治平略》,王庆云《熙朝纪政》。

（丙）史学考证之部：翁元圻注《困学纪闻》,黄汝成《日知录集释》,王鸣盛《十七史商榷》,赵翼《廿二史札记》。

（丁）史学批评之部：浦起龙《史通通释》,章学诚《文史通义》。

所读书籍既如此繁重,故研究生可以不读学分,专用全力泛览或细读全书。年终基本考试及格,然后可以留校继续作专题研究和预备硕士论文。这是和其他研究所极不相同的。所以凡来入学的研究生,大半都抱有研究学术的决心,否则是不会来自寻苦恼的。

（《历史学系的近况》,《史学消息》1937 年第 1 卷第 6 期）

燕京大学历史系本年概况（1938）

　　行政与教学：上年暑假系主任顾颉刚先生因事赴绥远，旋以战事阻隔，转道南下，其后受中英庚款委员会之嘱，与本校经济系教授戴乐仁先生，同赴甘陕一带，调查西北边疆教育，迄今仍留兰州，系主任一职，乃由副教授贝卢思女士代理。今将本年在校同仁及所授课程列下：邓文如教授：中国通史，隋唐五代史，明清史；洪煨莲教授：初级史学方法（上），史学练习（下），高级史学方法，近世远东史；王克私教授：中国之革新；李荣芳教授（宗教学院）：巴勒斯坦考古学；贝卢思副教授（兼系主任）：西洋文化之基础，欧洲近世史，美国民主政治发展史；张星烺讲师（兼任）：宋辽金元史；齐思和讲师（兼任）：春秋史，史学名著选读；韩儒林讲师（兼任）：蒙古史研究；谭其骧讲师（兼任）：中国地理沿革史。此外洪煨莲先生又兼任本校研究院文科研究所及历史学部主任，另请张孟劬先生为研究生导师。本科方面，下年将聘齐思和先生为专任副教授，同时对于西洋史教学，亦曾经两次讨论，决定改西洋文化之基础一课为西洋通史（课名尚未确定），为本系主修生之必修课；或于可能范围内分作两组，一为本系及英文系主修生，另一组为他系学生。其他各课亦将有变更，重在集中课目并加紧教学效率。

　　主修学生：本系本科主修生，上学期十四人（一年级不计），寒假毕业者一人，修完学分而离校者两人。本学期旧生返校及借读入学者五人；研究生上学期正式注册者八人，在校研究者一人，寒假离校者一人，本学期考入者一人。

　　师生课外作业：本系师生，素极注重课外之自由研究，殆已成为一种学风。上年洪煨莲先生著成《两汉经学源流考》一文（即《礼记

引得序》,刊载《史学年报》第八期),以是荣获法国 L'académie des Ins
criptionet Belles-Letters—九三七年度之 Stanislas Julien 东方学奖金。
按 Stanislas Julien(1799-1878)为法国汉学家,此奖金即彼所捐赠,奖
于每年世界所出关于中国学术贡献最大之著作一名。中国学者荣获
此项奖金者,洪煨莲先生为第二人(第一人为中央研究院李济先生,以
其安阳发掘报告书得此奖)。消息传来,燕园人士,咸感振奋,盖此非
仅洪先生个人及母校之荣誉,实亦中国学术进步得与世界学者抗衡之
表征也。其他师生撰述,因篇幅所限,不能列举,惟以历史学会名义出
版之《史学年报》,为本系师生共同努力之结晶,不得不略述如次。

　　该年报九年以来,经我先后同学及师长之努力,在国内外学术界,
已占有绝对地位,美国学术界且公认为第一流之东方学刊物,与我校
之《燕京学报》,并享盛誉。吾辈非敢以此自诩,将欲倍加奋勉,因思于
本年发刊一册十周年纪念专号,所以追念先进诸同学缔造维护之功,
并以激励未来。现在一切均在筹备中,极望校友于文字及物质上予以
援助。至盼! 至盼!

　　至于本系上年出版之《史学消息》,因系月刊,出版极感不便,又以
学系经济情形,未能继续,遂致停刊。今拟将该刊内容并于年报,除专
门论著外,另辟书评及消息两栏。

　　系中其他一切均好,师生努力,愿与诸校友共勉之。

　　　　　　　(《文学院本年概况》,《燕京新闻》1938 年校友特刊)

燕京大学历史学系概况（1940）

周学章

　　本系人事方面,以代理主任贝卢思女士休假回国,系务改由齐思和先生负责。邓文如、洪煨莲、王克私、李荣芳、张尔田、张星烺诸先生均照常在系任教。此外又聘萧正谊先生担任日本史,穆瑞先生担任英国史。谭其骧先生以应浙江大学之聘,于本年下学期离校,所授功课遂暂停开课。教材方面,邓文如先生《中国通史讲义》之明清史上部,业已出版,下部在编纂中。齐思和先生编著 *Contemporary World History Lectures and Documents,1919-1938* 亦于去秋出版。本年本系主修生,本科三十二人,寒假毕业者二人,暑假毕业者六人;研究生六人,毕业者二人。外系同学之选修本系课程者,则较往年倍增,现代史一班竟达二百十二人,为前此所未有,足征近年同学对于历史兴趣之激进。本系师生于教读之外,又有历史学会之组织。在校会员八十余人,每月召开演讲会或论文报告会,分别在各教授住宅举行。该会出版之《史学年报》,刊载师生研究之心得,于国内外学术界,素负盛誉,上学年发刊十周年纪念专号。至第十一期,亦将于本学期出版,内容刷新,益见精彩。近者本系因成立已逾二十年,毕业生过百人,于国家社会,不无贡献,因拟编纂本系一览,用志本系一切情形及毕业系友近况,俾各地系友得明本系近况,而前后同学于学问事业,亦易资联络。现正从事调查编辑,不日即可出版云。

（《文学院概况》,《燕大年刊》1940 年）

燕京大学历史系（1947）

车 蕙

　　燕大的历史系早已国际驰名了,就是现在教授的阵容也可说是最硬整的。现在老教授洪煨莲先生还在美应聘讲学未归,系主任是齐思和先生,他开的课很多,可说是"古今中外"样样俱全,古如商周春秋,西如美国史,今有西洋近代史,这些都是非常受同学欢迎的,其吐谈甚为幽默,所以常常使同学们哄堂大笑。

　　中国史方面,有年近古稀,执教燕京史学系有十余年的邓之诚先生,他对历朝史事非常熟稔,尤以教授明清史是他的拿手,其精心杰作有《中华二千年史》。

　　通七八国文字的有翁独健先生,他对亚洲史有专门的研究,尤精于蒙古部分,其所开的课程有东亚、亚洲、元代诸史及俄国史,这些都是别开生面的课程。

　　专门研究宋史,而对典章制度特别娴熟的是聂崇岐先生。此外,还有教西洋通史有名的贝卢思女士,兼课教员有李荣芳先生,德国老学者对满清、蒙古有独到研究的福克司先生,及举世闻名的人类学专家日籍老教授鸟居龙藏先生。

　　有了这么好的教授,所以课程方面非常齐全。可惜的是,物质方面的损失太大,有一百多幅珍贵的地图还没有下落哩。

（《燕京大学》,《中国青年》1947年第6期）

燕京大学历史学系（1948）

　　在燕京，历史系并不算大系，同学总数也不过二十八个，但旁系的同学选历史系课程的人却是最多。一方面这固然是由于时代的刺激，知乎古始知乎今，使同学都想多读读历史；但一方面确因历史系的教授教授阵营在各系中是最强大的原故。

　　大约二十年前，顾颉刚、邓之诚、洪煨莲等知名的历史学者都来到燕京，打下了历史系的基础，奠定了它的传统，同时因燕京哈佛学社成立，图书馆丰富的藏书，故都的文化环境，在种种优良的条件之下，历史系便蒸蒸日上，培育出许多有名的学术工作者。

　　战前历史系拥有十几个教授，虽在复员以后，顾颉刚、容庚、裴文中诸先生都未返校任教，但在目前仍拥有名教授七八位之多。

　　历史系所开的课程，可谓中外古今，样样俱全。例如系主任齐思和先生讲述的中国上古史、美国史、西洋现代史，翁独健先生讲述的东亚近代史、俄国史等，都是在国内其他院校极少开的课程。这两位都是老燕京，哈佛大学的博士。翁独健先生更精心于元史，尝随法国伯希和学习语言学，所以精通蒙古文、伊朗文等文字。

　　邓之诚老教授，熟悉掌故，有"活史料"之称，在燕京讲秦汉史、隋唐史、明清史等课程，有名的《中华二千年史》便是他早年在北大教中国通史的讲稿。聂崇岐先生是一位博雅的学者，精心于宋史和历代典章制度，所开的课程有宋史、中国政治制度及考试制度史等，他现在已然动身到哈佛大学讲学。刚自美国回来的陈观胜先生精通梵文，所讲述的课程有佛教史、印度史等。

　　其他除英籍教授贝卢思女士（Miss L. Burtt）的西洋通史和许大龄先生在下年开的中国通史外，名考古学家、北京人的发现者裴文中先生和专研魏晋南北朝的周一良先生都将重返燕京执教,而日籍教授、世界第一流考古家鸟居龙藏先生也多年在这里作研究教授,指导着同学们。

有人说历史系的同学好静,用功风气浓厚,如图书馆二层大半数是历史系同学在作读书报告。但是本系同学在课外活动方面也最活跃,社团、团契到处都有他们的脚踪。本届自治会的负责人中,历史系同学就占了四席。

燕大一家的精神,也在系里积极发扬着。师生之间关系非常密切,有如一家人一样,这也是历史系特有的传统。

（《历史学系》,《燕大三年》1948 年）

燕京大学历史学系近十年概况（1948）

（一）沿革

　　燕大历史学系，创设于民国八年（一九一九），届今已历三十九载。最初负责者为王克私（De Vargas）先生。课程方面，多偏重西洋史，学生人数极少。民国十二年洪煨莲主持系务，始略事扩充，中史课程，规模粗具。民国十五年（一九二六）校址由盔甲厂迁至西郊，设备日臻完善，教员学生人数日增。嗣又以哈佛燕京学社之协助，经费较裕，研究工作亦渐由西洋史而转重国史。陈援庵、张亮尘、顾颉刚、邓文如诸先生先后来校任课。同年又成立历史学会。除从事参观及学术讲演工作外，并刊行《史学年报》，发表师生之写作。民国二十七年（一九三八）系主任顾颉刚先生离校，系务由贝卢思女士（Miss Lucy Burtt）兼代。翌年，贝女士返英休假，由齐思和先生主持系务，教员及主修生人数日增。至民国二十九年（一九四○）有专任教员及学系助理凡十五人，开课逾三十门，历史学会会员多至九十四人。《史学年报》编辑至十二期。民国三十年（一九四一）十二月八日，日美战起，燕校被迫停顿。三十一年（一九四二）成都分校成立，因旅行困难，敌伪压迫，教授多不克前往，历史学系乃暂由郑德坤先生主持。民国三十四年（一九四五）八月，战争结束，校方积极筹备复校，暂招收一年级新生，并恢复研究院史学部，招收研究生。一九四六年，复学者日多，一切渐复旧观。教授除洪煨莲先生出国未返外，并新聘哈佛燕京学社驻平干事陈观胜先生担任佛教史，美国芝加哥大学教授史考特（Scott）先生担任欧洲发展史、西洋史学史、西洋文化史诸课。再聂崇岐先生应哈佛大学之聘，将于本年九月赴美讲学。研究院历史学部遵照教育部定章,改为历史研究所,并将设立博士学位云。

（二）组织

历史学系有主任一人,主持系务。教授、副教授、讲师若干人,助教、助理若干人。最初主持为王克私先生、洪煨莲先生,民十七至十八(一九二八——二九)主任为谢迪克先生(Harold Shadick),民十八至二十(一九二九——三一)为王克私先生(De Vargas),民二十至二十五(一九三一——三六)为李瑞德先生(Ritter),民二十五至二十六(一九三六——三七)为顾颉刚先生,民二十六至二十八(一九三七——三九)为贝卢思女士(Miss Lucy Burtt),二十八年至三十年(一九三九——四一)为齐思和先生,民三十一至三十四(一九四二——四五)为郑德坤先生,复校后仍由齐思和先生担任。前任教授先后有陈援庵、常乃惪、王峷山、张亮尘、邓文如、张孟劬、顾颉刚、齐思和、聂崇岐、翁独健、谭其骧、张印堂、韩儒林、冯家昇、容庚、裴文中、侯仁之诸先生。西迁时,授课者中国史方面则有陈寅恪、徐中舒、郑德坤、王钟翰诸先生,西洋史方面则有吴廷璆、鲁光桓、张庆和诸先生。复校后,任课者则有洪煨莲、邓文如、齐思和、翁独健、聂崇岐、贝卢思、王克私、陈观胜、史考特诸先生。学系事务则由林树惠先生助理,并由舒化章先生担任绘图工作,在假者有洪煨莲教授、侯仁之先生。

（三）课程与设备

历史学系课程,分中国史、西洋史、亚洲史并史学方法及辅助科学四部。兹摘录一九四七——四八年度课程表如下:

甲、中国史

史一〇一——一〇二	中国通史	聂崇岐先生	三——三学分
史二〇五	商周史	齐思和先生	三
史二〇六	春秋战国史	齐思和先生	三
史二〇九—二——一〇	秦汉史	邓之诚先生	二——二
史二一一——二一二	魏晋南北朝史	邓之诚先生	二——二
史二一三——二一四	隋唐五代史	同上	二—二
史二一五	宋史	聂崇岐先生	三
史二一八	辽金元史	翁独健先生	三
史二一九——二二〇	明清史	邓之诚先生	二——二
史二二五	中国考试制度史	聂崇岐先生	三
史二二六	中国政治制度史	聂崇岐先生	三
史五〇一——五〇二	研究指导	邓之诚先生	二——二

乙、西洋史

史一四五 & 一四六	西洋通史	Miss Burtt	三 & 三
史一五三 & 一五四	西洋现代史	齐思和先生	三 & 三
史二四五	西洋文化史	Mr. Scott	三
史二四九	欧洲发展史	Mr. Scott	三
史二五三 & 二五四	十九世纪欧洲史	Miss Burtt	三 & 三
史二五五——二五六	英国史	Miss Burtt	三
史二五七——二五八	美国史	齐思和先生	二 & 二
史二五九——二六〇	俄国史	翁独健先生	二——二
史三六五——三六六	宗教史	Mr. De Vargas	二——二
史三六九	中西文化关系	Mr. De Vargas	三
史五〇三——五〇四	研究指导	齐思和先生	二——二

丙、亚洲史

史二三一——二三二	亚洲史概论	翁独健先生	三——三
史二三五	东亚近代史	翁独健先生	三
史二三七——二三八	印度史（本年未开）	陈观胜先生	三——三
史二四三	佛教史	陈观胜先生	三
史二三九——二四〇	日本史（本年未开）		二——二
史三二三	中亚语言学指导研究	翁独健先生	二

丁、史学方法及辅助科学

史二七二	史学方法	翁独健先生	二
史二七四	史学实习（未开）	洪煨莲先生	二
史三七一	西洋史学史	Mr. Scott	
史三七五	高级史学方法	洪煨莲先生	二（本年未开）
史二八七——二八八	史前考古学（本年未开）		二——二
史四九七——四九八	论文指导		系同人 一——四
史五九七——五九八	研究院论文指导		系同人 一——四

本系设备较为完善，图书馆储书四十万册，足敷研究之用，此外并设有古物陈列室及史前博物馆。古物陈列室搜罗历代器物书画甚富，足资同学课外之观摩。史前博物馆成立于民国二十九年（一九四〇）十二月四日，筹画者为裴文中先生，馆中所存古物标本，大部分皆为裴先生历年在周口店发掘所得者，并有鸟居龙藏先生发掘之石器、骨器、兽骨多种，有助于史前考古学之研究不浅。自学校封闭后，该项器物即落日人手。民三十五年（一九四六）夏，复由鸟居龙藏先生重加整理，渐恢复旧观，并聘任助理，协助研究工作。闻裴文中先生将于今年十月返校，并携归近日甘陕考古所得。未来之发展当可预料。再我国

历代沿革史图,向称缺乏,坊间所见者,亦鲜精确。本系有鉴于此,乃发起历史挂图之制作。该项工作由学系绘图员舒化章先生担任,现已完成十余幅,最便教学。

（四）研究工作

本系教授一部份为哈佛燕京学社研究员。其研究之范围,上古之部为齐思和先生,秦汉明清之部为邓之诚先生,宋及历代典章制度之部为聂崇岐先生,辽金元为翁独健先生,魏晋南北朝为周一良先生,地理沿革为侯仁之先生,印度之部为陈观胜先生。研究结果,在《燕京学报》或《史学年报》发表,或刊行专号。《史学年报》出版至十二期,因战争影响而停刊。民三十五年（一九四六年）秋季,同学成立历史学会,商议恢复,因经费不足未果。《燕京学报》则继续由哈佛燕京学社出版。兹将本系教员发表于此二刊物上之主要文章列后:

《史学年报》十二期	
中国史前学上之重要发现	裴文中
尹洙之年寿	聂崇岐
新元史蒙兀儿史记爱薛传订误	翁独健
《燕京学报》二十九期	
宋代府州军监之分析	聂崇岐
契丹之角䚡	鸟居龙藏
斡脱离考	翁独健
《燕京学报》三十期	
西周地理考	齐思和
北平金水河考	侯仁之
元典章译语集释	翁独健
《燕京学报》三十一期	
中国石棚之研究	鸟居龙藏

（续表）

《燕京学报》三十二期	
满官汉释	聂崇岐
周代锡命礼考	齐思和
《燕京学报》三十三期	
中国细石器文化略说	裴文中
奴儿干都司考	鸟居龙藏
商鞅变法考	齐思和
宋役法述	聂崇岐
凤冈及门弟子编三水梁黄孙先生年谱（书评）	邓之诚
《燕京学报》三十四期	
论宋太祖收兵权	聂崇岐
金上京城佛寺考	鸟居龙藏
战国策著作时代考	齐思和

（五）主修学生附论文题目

民国三十四年至三十五年度（一九四五——四六），平校复原，文科研究所史学部招收研究生二人。民国三十五至三十六年度（一九四六——四七），本科学生人数始增，计二年级男十一人，女三人，四年级男五人，女二人，未定班次男二人，女二人，研究院男四人，女三人，共三十二人。四年级同学或时经八载，或远隔千里，始克反校卒业。民国三十六年至三十七年度（一九四七——四八），计二年级男四人，女一人，三年级男十一人，女七人，四年级男一人，女一人，未定班次一人，研究院男二人，女三人，共三十一人。二年中毕业者，研究院四人，本科八人，共十二人。兹将民国三十年至三十七年内毕业学生论文题目附列于下：

三十年六月

本科

梁季同	中国古代农业史	黎秀伟	李提摩太先生传
张述祖	西周国名考	姜渔清	宋律考
谢国振	中国古代田制考	何怀德	清初四朝之会议制度
刘士鉴	庚子拳祸综录	吴宗澄	唐代吐蕃考
杨思慎	成都平原水利史	赵　时	宣统政纪考证
田广运	崇祯虏寇交横始末		

历史学部

王伊同　五朝门第

三十二年六月

成恩元　山西隰吉乡宁陕西耀县采集之石陶器报告

三十三年六月

刘　适	春秋吴师入郢地名新释	段昌同	清代经营新疆考略

三十四年一月

李雅书	坞考	陈鼎文	中国之葡萄酒史

三十四年七月

宣兆鹏　晚明流寇背景

三十五年一月

历史学部

刘开荣　唐代小说研究

三十五年五月

李陶钦	翼王石达开供状广证	李惠英	鸦片与烟草留传中国考
王守义	论关于殷代社会性质诸问题	卫永清	明太祖之民政与兵制

三十五年六月

徐绪典	乾隆禁毁书籍考	戚国淦	曾惠敏公年谱

訾学谦　甲午至九一八东北大事年表

历史学部

陈增辉　犹太人归化考　　　　程明洲　张文襄公传稿

戴德森（Marcy L. Ditmanson）*A History of the Lutheran Mission Churches in China.*

三十六年六月

本科

吴鸣岗　鸦片战前之中英贸易　　陆峻岭　后汉党锢人物考

王之均　西汉驭匈奴　　　　　　王椿茂　汉代边患年表

马健行　袁世凯与北洋新军之建立　谢　桢　元祐党人碑

缪希相　范仲淹评传

历史学部

许大龄　清代捐纳制度之研究

三十七年一月

本科

周　桓　秦郡之研究

历史学部

万心蕙　总理衙门考

三十七年六月

历史学部

陈舒永　仡佬话的纪录和分析　　万秋芳　巴黎和会

燕京大学历史学系一年概况（1949）

　　燕大历史学系自民国八年创办以来，至今已历三十载，其中虽几经沧桑，然却日益扩大。本学报于前期中曾载有《历史学系近十年概况》一文，介绍历史学系之一切情况，今更补记过去一年来之经过于下。

一、人事组织

　　学系主任仍由齐思和先生担任。教授方面除聂崇岐先生应哈佛之聘，于四八年秋赴美讲学外，余仍在校任教，计专任者有邓文如、翁独健、陈观胜、贝卢思、王克私诸先生。兼任者有周一良先生，洪煨莲及侯仁之二先生则仍在假。新聘者有裴文中、许大龄及翦伯赞三位先生。此外学系事务由李文瑾女士助理。史前博物馆方面则由安志敏先生负责。舒化章先生专司绘图工作。一年中人事方面略有变动，盖本系教授一部分系担负其他部门工作，或系兼任者，常因其他职务而离校，如王克私先生之赴菲岛，陈观胜先生之往岭南，及其后裴文中先生之因地质调查所职务繁重，不容分暇以执教燕园。然"得失互补"者即聂崇岐先生却于平津局势日急时，悄然由美返平，遂致寒假后仍能开课讲学也。

二、课程及设备

　　历史学系课程，分中国史、西洋史、亚洲史及史学方法与辅助科学四部，兹摘录一九四八至四九本度课程表如下：

A 中国史

课名	学分	教员
中国通史	三——三	许大龄先生
外侨中国历史	三——三	陈观胜先生 （王钟翰先生代）
商周史	三	齐思和先生
春秋战国史	三	同上
秦汉史（本年未开）	二——二	邓之诚先生
魏晋南北朝史	二——二	周一良先生
隋唐五代史（本年未开）	二——二	邓之诚先生
宋史（本年未开）	三	聂崇岐先生
辽金元史（本年未开）	三	翁独健先生
明史	二——二	邓之诚先生
清史	二——二	同上
中国近代史	三	聂崇岐先生
中国考试制度史（本年未开）	三	同上
中国官制史（本年未开）	三	同上
中国史研究指导	二——二	邓之诚先生
专题研究	二——二	系同人

B 亚洲史

课名	学分	教员
亚洲史概论	三——三	翁独健先生
东亚近世史	三＆三	同上
印度史（本年未开）	二——二	陈观胜先生
日本史	二——二	周一良先生
佛教史（本年未开）	三	陈观胜先生
中西历史语言研究	二	翁独健先生

C 西洋史

课名	学分	教员
西洋通史（本年未开）	三——三	贝卢思女士
西洋现代史（本年未开）	三 & 三	齐思和先生
欧洲向外发展史（本年未开）		
欧洲中古史 500—1500	三	修圣模先生
十九世纪欧洲史	三 & 三	贝卢思女士
英国民主政治发展史	二 & 二	同上
美国史（本年未开）	二 & 二	齐思和先生
俄国史（本年未开）	二——二	翁独健先生
基督之生平	二——二	修圣模先生
西洋文化概论	一 & 一 或 三 & 三	包贵思女士 贝卢思女士 博晨光先生
基督教史	二——二	王克私先生 （修圣模先生代）
中西文化关系	三	王克私先生 （翁独健先生代）
西洋史研究指导	二——二	齐思和先生

D 史学及辅助科学

课名	学分	教员
史学方法	二	翁独健先生
史学实习	二	同上
历史哲学	二	翦伯赞先生
中国史学名著选读	二——二	齐思和先生
西洋史学研究（本年未开）	二	
高级史学方法（本年未开）	二	洪煨莲先生
史前考古学	三——三	裴文中先生（安志敏先生代）
四年级生毕业论文	一至四	系同人
研究生毕业论文	一至四	系同人

综观上列课程,其中为本年度新添者,有齐思和先生之中国史学名著选读、贝卢思女士之英国民主政治发展史、周一良先生之日本史及裴文中先生之史前考古学。及至春季开学,因大局之转变,为适应时代需要,经师生会商之结果,暂于人力物力情况允许下,增设新课程二,一为聂崇岐先生之中国近代史,一为翦伯赞先生之唯物史观之历史哲学,二课大为同学热烈欢迎。此外则各课程多采取讨论方式。

设备方面除继续增购中西史籍及制作教学用图表外,于此应提出者即史前博物馆之恢复。该馆成立于民二十九年,乃裴文中先生一手创办者,后太平洋战起,该馆遂与燕校同遭劫运。复校后,由裴文中先生重加整理,近更购得大批模型标本,大致已恢复旧观,终于十一月举行重新开幕典礼。是日,校内外人士前往参观此华北唯一史前博物馆者络绎不绝。考古学课则聘定新自陕甘青返平之裴文中先生担任。唯自寒假后,裴先生因城内工作繁忙不容分身,讲课乃由安志敏先生代替。

三、师生之研究工作

尽管外界之局势动荡不安,学校之经费拮据不裕,而我系师生仍努力研究不辍,《燕京学报》三十五期仍能按期出版,本期中历史系同人发表之文章有:

齐思和先生	孟子井田说辨
鸟居龙藏先生	金上京城及其文化
周一良先生	敦煌写本杂钞考
齐思和先生	商君书解诂定本（书评） 邋堪文集（书评）
安志敏先生	史前时期之西北（书评） 斗鸡台沟东区墓葬

同学方面,本年度于秋季开学时,注册者计二年级男五,女四,三年级男四,女二,四年级男七,女七,研究院男三,女二。然一年来,由

于时局之变迁而先后离校,参加工作者颇不乏人。故至暑期时,留于校中者计二年级男四,女三,三年级男一,女一,四年级男四,女三,研究院男二,女二。兹将本年度之毕业生姓名及其研究论文之题目列于下:

三十八年一月

本科

李远勋　太平天国天朝田亩制度和圣库制度的研究

三十八年六月

本科

韩维纯　八王之乱

刘惠珍　盛宣怀传

杨逸民　唐代的租庸调之研究

石荣年　唐代吐蕃年表

时宗本　清末立宪始末

张子云　明代土司制度考

（《历史学系一年概况》,《燕京社会科学》1949 年第 2 卷）

浙江大学史地学系概况（1937）

柽

　　史地系之创立,差近一年,若追溯其历史背景,实渊源流长,已累千百年矣。盖自南宋建都杭州以来,浙江之人文学术,常蔚然郁然而为全国之冠,至明清两代,尤备极一时之盛事,前后大史学家,相继辈出,地方志籍,亦允推先进,其流风所播,被及全国,自是两浙学术,遂益形辉煌灿烂,此非徒闾里之乐,抑邦家之光也。近年以来,斯风渐泯,而先儒学术之遗产,尚有待于后人阐发者,竟无以为继。本大学有鉴于添设史地系,在浙大之不可缺,在浙江之尤不可少,故在民国二十五年夏爰有史地系之设立,以为专门研习史乘舆地之所,希有以继承前业,而启发后学,重扬绵亘千百年来浙江学术渊然之光。故蒋院长复本校竺校长电文中有谓"史地系之添设,于我浙学术之继承与发扬,实为必要"云。本系既经教育部核准,即请张其昀先生为主任,同时名教授分别应聘,来系讲学。

　　国内各大学,其有史地系者,寥寥可数,而中等学校则视数理化为主科,目史地为赘肬。若考西洋各国,鲜有不重视其本国之历史与地理者,盖宣扬本国过去光荣之史绩,光耀以往历史上之英雄,正所以激发民族精神也。而明了本国版图之广袤,资源之雄厚,尤是以确定其国家观念。近年我国民气之萎靡消沉,虽不乏其他原因,而国民因太无本国史地之知识,以致丧失其自信力者,比比然也。故欲在当前国势阽危已极之时,从事于国民之心理建设,以图民族复兴者,则舍发扬本国史地而末由。若本系之设,亦一本斯旨,且提倡一时之风气,或以本系为拥篲先导。

　　本系以一年之历史,凭诸教授之精神与努力,颇有建树,兹举其荦

荦大者,列之于下:

（一）举行浙江学术演讲。本系与浙江省立图书馆合办浙江学术讲座,邀请校内外专家,分题研讨,作公开之演讲,每月举行两次,其资料为本省之文献与科学。自去年十一月以来,至今已积有十次,每次座为之满,深得社会人士之交誉,其演讲稿将发行专刊云。

（二）举行绥远省图籍展览会。二十五年冬,绥远国军抗战方殷,本系为唤起内地人民对于前线军情之注意,乃在本校大礼堂举办绥远省图籍展览会,陈列品计百余件,分地图、书籍、照片三类,开幕时并由张其昀先生演讲绥远省之军事地理。

（三）举行读书会。本系自今年三月份起举行读书会,以供本系师生共同讨论之机会。现暂由各教授、助教担任讲述,时或邀专家莅会演讲,先后举行已四次,以后学生亦例应参加讲述。

（四）创办《史地杂志》。本系编辑《史地杂志》,发表个人研究所得之论文,以供诸同好,且作本系对于学术上之贡献。创刊号已于今年五月出版,此后两月为期,敢以一有价值之刊物自许。

此外如去年浙江省立图书馆举行浙省文献展览会,本系亦被邀参加,贡献历史地图及浙省名胜史迹照片凡八十幅。最近黄膺白氏逝世,遗命简俭丧葬,以余资办理教育,今其家族集款三万元,捐作膺白奖学基金,以资补助无力升入大学之优秀清寒学生,每年定为十名,每名补助三百元,其中史地一名规定设于本系,本年秋季即实行举办云。

本系学生至二年级再分历史、地理两组,使业各专精,以造就完美之历史与地理人才。历史组兼重中国史及世界史,地理组兼重人文地理与自然地理,于气象学、地质学之功课均有相当分量,又两组学生得相互以为辅系。

本系特辟一史地陈列室,其中庋藏中西图书杂志,以供学生之参考,可以随时出借,并备精密地图,测绘者如中国邮政总局、海道测量局、英国参谋本部等,其他亦略备地形模型、矿物标本、地球仪等。本系既属新创,一切设施未能称备,史地陈列室虽不得谓为丰富,然供学生之阅读,已绰然有余裕矣,平日本系学生时至是室,深得其便,良为一读书之所在也。此后逐年添办图书仪器,日积月累,必有以能餍学生之所望。

现且介绍本系教授、讲师如后：

张其昀先生为我国人地学之开山大师，握全国地理学之权威，其广博专精之学识，为全国所景仰。曾任中央大学教授有年，去岁应聘为本系主任，兼任本国地理概论等课，本学期开国防地理班，阐发地理与军事之关系，深具独特之见地，我国言治军事地理学者，当自先生始。往年考察地理，足迹遍历西北各省，历时可一年，闻先生正从事著述游记，不日付刊，当有以享海内也。

朱庭祜先生曾任两广地质调查所所长，在云南、两广考察地质多年，学问经验，两皆丰富，在本系任自然地理、普通地质学、矿物学等课。近浙江省政府委托先生组织浙江矿产调查队，闻已领导其调查队开始工作，于浙省矿产之开发，必大有贡献也。朱先生平日亦常率学生游杭州附近诸山，作实地之观察，所以免闭门造车之弊。

景昌极先生为中国之思想家，著有《道德哲学论》等书，学贯乎中西，识通于今古，任本系之中国文化史及哲学史等课。

费巩先生，著有《比较宪法》，介绍欧西之法治精神于我国，为本系之政治教授，兼任西洋近世史。

顾毅宜先生，留学于俄国中山大学史地系，对于世人常认为神秘之俄国，尤有深切之认识，现担任世界地理等课。

陈训慈先生为浙江省立图书馆馆长，本系之兼任教授也。先生主编《文澜学报》及《图书展望》，并主持本系、图书馆合办之浙江学术讲座，去年曾一手搜集举行浙江文献展览会，备极一时之盛。先生治近代史多所发明，著有《中国近世史》、《欧洲近世革命史》、《世界大战史》等书，于本校讲中国近世史，搞摅前朝掌故，纵论治乱得失之机，尤为学生所欢迎，大教室且几不能收容。

苏毓棻先生任职本校已有七年之历史，一积学之士也，于中国民族史造诣独深，任本系之中国通史及中国民族史。

（《史地学系概况》，《浙大学生》1937年第3、4期）

浙江大学文学院师范学校史地学系
概况（1940）

（一）沿革

本系系于民国二十五年八月成立，初隶于文理学院。二十七年八月本校师范学院成立，内设六系，本系亦为其一。二十八年八月，文理学院分为文学院与理学院，本系隶属于文学院。文、师二院之史地学系实相需相依，其行政与师资设备现仍合一。

本校于二十五年十一月间曾奉行政院蒋院长复电，中有"史地学系之添设，与我浙学术之继承与发扬，实为必要"等语。二十八年七月，本校奉教育部训令设立文科研究所史地学部。同年八月，本系又奉教育部委托，设立史地教育研究室。二十九年八月，添设师范学院本系第二部。

（二）教职员学生

本系成立时聘张其昀君为主任，以迄于今，二十七年起兼任师范学院史地学系主任。

本系除主任外，现有专任教授五人，专任副教授三人，专任讲师三人（内有专任讲师一人在浙东分校）。

本系学生自二年级起，分为史学、地理二组。现文学院史地学系有四年级生六人（史组三人，地组三人），三年级生六人（史组四人，地组二人），二年级生二十六人（史组十二人，地组十四人），师范学院史地学系有三年级生十二人（史组三人，地组九人），二年级生十二人，共计六十二人（一年级生不分系）。二十八年度招收史地学部研究生四人，二十九年度招收研究生六人，共十人。二十九年招收第二部学生已到校者二人。

（三）课程

本系分史学、地学二组，自二年级起学生即须认定一组。每组课程编制与其他大学史学、地学独立成系者规模相仿。每组学分、公共必修科目，大体依照教育部所颁布之大学课程纲要。本系方针在造就史学与地学之完全人才，但仍注重史地二科之联系性，俾专精与通识得其平衡。史学组以国史为本位，兼重世界史之学程，养成比较研究之能力。地学组则地形、地质、气象诸学与人文地理并重，以充实其科学研究之基础。师范学院之史地学系自三年级起，亦采取分组原则，惟史地二组间之联系性更为密切，俾造就健全之中学师资。

（四）设备

本系现有测绘仪器（缩放仪、罗盘仪等）价值一千四百元，气象仪器（旋转温度计、气压表等）价值三百元，地图、照片、幻灯片等价值一千一百元，地形模型、岩石矿物标本价值二千三百元，合计现有设备价值五千一百元。本系自行采集之标本未计入。二十八年度本系添购之仪器因尚未运到，亦未计入。

（五）刊物

本系在二十六年五月出版《史地杂志》，专载历史、地理之著作，为双月刊，已出二期。嗣以抗战军兴，大学数度迁移，印刷困难，以致停顿。现于本年九月复刊。史地教育研究室所编辑之丛刊已出版者，有《地理学研究法》一种。本系教授之著作，除在校外发表者外，散见于本校出版之《浙江大学季刊》、《文学院院刊》、《师范学院院刊》及《国命旬刊》等杂志。

（六）史地学会

本系于二十六年三月开始举行读书会，由本系教授、学生全体参加，推定教授一人或二人轮流担任讲述，每月举行二次。二十七年四月，本系学生组织之史地学会成立（时在江西泰和），本系教授为特别会员。其后读书会以史地学会名义举行，除教授演讲外，并由学生报告读书心得，二者相间举行。内容除学理研究外，对于时事问题之讨论亦甚注意。读书会已经举行三十次。

（七）奖学金

黄膺白先生奖学金委员会集款三万元，补助大学之贫寒优秀学生，名额十名，每名补助法币三百元，其中史地一名即设于本系。二十六年七月，此项奖金为本系女生赵冬君所得。赵生因病休假，现由赵松乔君递补。

（八）文科研究所史地学部

文科研究所史地学部系奉部令于二十八年七月成立，由部核给全年图书补助费二千元。新招之研究生中，五名由部核给每年生活费，每名四百元。本学部设主任与副主任，主任由史地学系主任张其昀君兼任，副主任由本系教授涂长望君兼任，处理所内事务。本学部现设史学、地学二组，每组就学科性质得分为若干门，每组每门设导师一人或二人。二十八年度录取研究生四名，每名每年给生活费六百元，除部款外，余由本校自筹。二十九年度录取研究生六名。本学部导师每周与研究生谈话一次，每二月举行部务会议一次。图书补助费二千元已经部务会议议决，专供添购世界各著名史学与地学杂志之用。

（九）史地教育研究室

1. 缘起

本系史地教育研究室系奉部令委托于二十八年九月间成立,但实际工作系自二十九年二月本校迁至黔北遵义后开始。本室经费由史地专款(两年半共三万元已由部一次拨付本校)保管委员会负责管理,按月支领。该会遵部令由校长、史地研究室主任及会计主任,并另推教授二人(现为教务长张绍忠及本系教授叶良辅二君)组织之。

2. 组织

本室由史地学系主任张其昀君兼任主任,本系教授任美锷君兼副主任,均不支薪,另聘李絜非君为专任副研究员,除担任编辑工作外,处理室内日常事务。其余研究员则特约本校及校外专门学者任之,均不支薪,惟实际担任撰述者,则按字数致送稿费。本室每月经费规定千元,行政费及杂费尽量节省,以充裕编辑费用。本室现租赁遵义城内南庐为办公处,与本系办公室及文科研究所史地学部合在一处,俾符部令研究部与研究室密切合作之指示。一切参考资料,系利用本系图书及本系同人所收藏者。

3. 编纂

本室进行中之编辑工作,大致分为下列六类:(一)历史教材研究,由张其昀、顾毅宜二君主持。(二)传记丛刊,由张荫麟君主持。(三)历史挂图,由谭其骧君主持。(四)地理教材研究,由任美锷、黄秉维二君主持。(五)地理学丛刊,由叶良辅、涂长望二君主持。(六)地理挂图,由涂长望、任美锷二君主持。

4. 出版

本室编辑书籍大部分由中国文化服务社出版,已与该社社长刘百闵先生接洽,得其赞助,印刷费由该社负担。本室现已出版之书籍,有叶良辅等编著《地理学研究法》一种,在印刷中者有张荫麟著《中国史纲》、束世徵著《中国上古文化史》、任美锷著《欧洲政治地理》、黄秉维著《植物地理》等书。

（十）师范学院本系第二部

查部颁师范学院关于第二部之设置，曾于第一章总纲第九条有如下之规定，师范学院得设第二部，招收大学其他学院性质相同学系毕业生，授以一年之专业训练，期满考试及格，经教育部覆核无异者，由院校授予毕业证书，并由教育部给予中等学校某某科教员资格证明书。本年五月间，本校师范学院院务会议议决，增设第二部，暂以招收史地系为限，并由本系拟具预算，呈请教育部核示，旋奉部令准予照办，所需经费由部就各师范学院第二部经费统筹核给。本系奉令后即着手筹备招生及计划应设课程等事，同时为顾及各省现任史地教师之进修起见，特由本院分函浙、赣、黔、桂、湘、鄂、川、滇等省教育厅，酌派现任教师来院深造，藉以逐渐推行辅导工作。现已有桂、鄂二省教育厅保送教师入学。第二部课程尤注重教材研究与教学方法。

【附】文科研究所史地学部规程草案

（一）本学部奉教育部令设立，每年由部拨助图书、设备经费及研究生生活费。

（二）本学部现设下列二组，各组就学科性质得分为若干门。

　　1.史学组。2.地学组。

（三）本学部暂定每年招收研究生五名，每名给予生活费每月五十元，除由教育部补助二千元外，余由本校自筹。

（四）本学部设主任、副主任一人，每组每门设导师一人或二人，均不另支薪或津贴。主任得由史地学系主任兼任，副主任由导师兼任，处理所内事务。其所任本系功课钟点得酌量减少。每组门导师负指导研究生之责，于必要时亦得减少其授课钟点。

（五）本学部至少每二月举行部务会议，由主任、副主任、各组门导师组织之。

（六）本学部得接受其他政府机关之资助及学术团体或私人所捐助之奖学金。

（七）本学部得受公私团体之委托，研究史地学术之特殊问题。

（八）本学部得应研究之需要，举行学术调查及考察。

（九）本学部导师及研究生之著作，经部务会议认可，得由本部出版。刊物分为二类：甲类为专刊，内容系专题研究，乙类为集刊，由性质相似之论文若干篇汇集之，皆为不定期刊。

（十）本学部研究生得导师之允许，可在本大学选修学程，惟每周不得过六小时。

（十一）本学部研究生不得兼任其他职务，惟研究生兼任本系助教或类似工作者，不在此例。

（十二）研究生修业期限为两年，但成绩优良而工作未能结束者，得延长一年。在第一年修毕期满后，考核成绩，其成绩及格者，继续给予生活费，其成绩特优者，得外加奖金，成绩不合格者，停止修业。全部修业期满后，考试及格，给予证书。

（十三）本学部与本大学史地学系所附设之史地教育研究室（教育部另拨史地专款办理）应保持密切之联系。

（十四）研究生招生简章另订之。

（十五）本学部办事细则另订之。

（《国立浙江大学文学院师范学院史地学系概况》，

《史地杂志》1940年第1卷第3期）

中大史学系素描（1945）

柯　因

中大史学系是去年新设立的。全校最年轻的系别就是商学系和史学系，而这一系是最年轻的后生，所以只有一年级，也只有一班，人数不到半百。

中大史学系的人数不到半百，大约有三十多位，而其中女同学多过男同学，并且他们和她们之间都励行着"不闻不问"的法规，所以人谓史学系颇有古风。

中大史学系男同学没有穿西服的，女同学也没有穿得太入时的。因为人数不多，又没有□□，所以功课是……但是缺乏活泼的气象，也是美中不足的。

中大史学系有几位同学是学化学的，入史学系反串，由自然科学而转变社会科学。

中大史学系主任是齐思和先生，为史学界有名人物，和蔼可亲，教授中国上古史，讲解精详，谈吐幽默，能引人入胜，彼尤善比喻，如："《春秋》一书，就是现在的中国上古史，可知孔子当初担任的课程，也是历史。"同学听了，无不掩口胡卢，其为学可谓"循循善诱"。

中大史学系每逢星期六，有"史学入门"，为翁独健先生讲授，不但该系全体出席，并且有许多别学系的同学也来听讲。

中大史学系翁独健先生，不但学问渊博，尤擅讲演，每值授课，口若悬河，大有戈贝尔风度（因翁先生也蹒跚也）。所以同学十分欢迎，尤其是史学人材缺乏之下，真有些"此翁独健"的感觉。

中大史学系有研究班，为本年度新设，每周二小时，是请史学界元老，年逾花甲，精神奕奕之王桐龄老先生教导，史学系得此老教授真乃三生有幸。

中大史学系还有讲师徐宗元先生,精于殷商文字学,现在中大研究院,是齐思和先生的得意高足,为此同学们都以"大师兄"呼之。彼一举一动,一答一行,酷肖致中先生,讲的也够□的。

中大史学系主任齐致中先生,近倾全力写一合乎科学方法论及有系统的《中国政治思想史》。

（《中华周报》1945 年第 2 卷第 18 期）

中山大学史学系（1930）

　　前国立广东大学即有本系之设,其科目有史学概论、人类学、社会学、地理学、东洋史、西洋史、中国史、统计学、考古学、生物学、地质学、语言学、中国法制史、中国经济史、中国财政史、近代政治史、近代外交史等(见《国立广东大学概览》)。盖草创伊始,因陋就简,未足云详备也。逮本校改组为国立中山大学后,始得力求改进,增加课程,如目录指南、殷周古器物铭释、殷虚文字、人类学实地工作、考古学书目指南、中国上古史、上古史研究实习、史前文化史、历史研究法、书经研究、春秋研究、孔子研究、古代地理研究、经学史、中国中古史、中国近古史、近世史、近代史料研究、清史要略、中国近三十年史、历代疆域沿革、中国地理沿革、西洋古代史、西洋中古史、西洋近代史、欧洲最近史、英国史、历史哲学、史学问题等,每周定期讲演者,复有史学导论、中国近三百年来思想史、史学讨论等,各教授穷年孜孜,指示学生以研究史学之方法与材料之搜集,盖三致意焉。本科自设语言历史研究所,教员学生相得益彰,研究所得载诸本系研究所周刊,以供海内外学者之商榷焉。

（《文科概述》,《国立中山大学一览》1930 年）

中央大学历史学系概况（1944）

蔡守堃

中大历史系的前身便是南高的文史地部，算起年纪来，在四十多系科中也可以说是老大哥了。因为时间长久，先后毕业出来的同学很多，代代相衍，所以本系也永久保持着那一种独特的作风，师生们去栽培灌溉这一块小小的园地，使他一天天健大起来。

现在的系主任是张贵永先生。张先生在德国柏林大学研究史学，在系内主讲西洋近世史及西洋史学史等，和蔼可亲，深为同学所敬爱，讲起书来，条理清晰，内容丰富，娓娓动听，对于西洋史学史及西洋史学方法，更多精辟的见解。

沈刚伯先生是本系前系主任，西洋史专任教授，开有欧洲上古史、英国史许多课，融会贯通，沈先生当之而无愧。先生平日上课只有粉笔一枝，但是讲起书来却滔滔不绝，一个年代、一个地名人名无不随手写出，每节课内总有透辟神知、启迪思想的高论发表。虽然讲的一国或一代之史，但是古今中外的大道理可以随时比较发挥，因此听课的人特别多，旁听的人尤其不少，去晚了往往是没有座位的。

贺昌群先生常常有文章在各杂志上，大家早已熟知，现在系内开中国中古时期各断代史。贺先生精研两汉魏晋隋唐诸代，并通内典，平日上课总是笑容满面，偶而有幽默的语调，惹得同学哄堂，但是授起课来，却切切实实教给我们许多宝贵的新知、高深的见解。

郭廷以先生在系内开有中国近世史、中西交通史等课，是研究清史及中国近世史专家，有《近代中国史》几大卷及《太平天国历法考订》诸书。郭先生教课认真，督促同学很严，偶而缺课也是必定设法补授的，讲书时材料丰富，内容精辟，更是人人都知道的。

　　缪凤林先生是史地系主任兼本系教授，专研中国通史，是史学大师柳翼谋老先生的高足，先后著有《中国通史纲要》三卷、《中国通史要略》。平日尚有许多论文散见各杂志，现在系内有史学名著、宋史等课。

　　此外又有专研究中亚西亚史的朱延丰先生，回教史专家纳子嘉先生，他们各有特殊的见解来传授给我们。这许多师长们都将平日的研究心得，聚集一块来指导我们，这实在是一个最可宝贵的机会，同学们也在努力的去接受学习。

　　至于本系的课目，除了中西两通史、两近世史是每年必开外，其他每年各先生所开的课也略有不同，统计约有几十种。中国断代史方面有商周史、春秋战国史、秦汉史、魏晋南北朝史、隋唐五代史、宋辽金史、明史及清史等，西洋断代史方面有亚非古国史、希腊史、罗马史、欧洲中古史及法国大革命史等，国别史有英国史、俄国史及回教诸国史等。此外专门史有突厥史、回教文化史、西洋近代文化史等等，大家都可以找所好者选习。

　　有关本系的图书也大部分从南京运了出来，除了图书馆借书处有许多中西文的史书外，参考书的架子上也放满了许多大部的专书，像廿四史、九通，多则二三套，少也有一部，其他中西各著及参考资料也都应有尽有，历史研究部也藏了许多更专门的书。虽然年来因战时添置不多，旧藏当有破损，可是仍然是精神食粮重要的供给地，真正读起书来，反而有应接不暇之势了。

　　全系的同学除了应征服役的以外，还有六七十人，比起二百多人的系不能算多，然而在文学院中已是相当多的了。同学间平日互相接触往来的机会很多，大家都能融融和和地，师生之间也极少隔膜，读书用功的风气很盛，朴实勤勉，可以算是这一群的特色吧！

　　　　　　　　　　（《历史学系概况》，《国立中央大学概况》1944 年）

中正大学历史学系概况

谷霁光

　　历史系原与文学合组为文史系,本年度始奉部令分别设立,是为本大学扩大历史研究之初步。原有之文史系,向分文史两组,二者本为相辅相成,而各自独立,分别成系之后,独立自由之研究精神,自属一仍旧贯,其在教学上可略予变通者如:(一)研究历史,除藉助于文哲之外,尚须辅以政治、经济诸科,欲学生多选习系外有关课程,系内必修科目务求其少,使选习较为自由,藉以培养其研究兴趣。(二)目前大学中之历史系毕业生,除继续专门研究外,亦往往从事于史地教学,以是地理课程势须予以增加,予以充实,同时历史教材及教学法一科,亦应与史学方法同其重要,视同必修,类此均属教学方面非甚重要之增省。至于研究部份,正在计划中,一二年之内,只能从事准备工作,恐难付诸实施。目前所最急切为谋者,一为扩充图书,一为延聘教授。教授除原有者外,新聘有罗尔纲、崔骥、徐中舒诸先生。图书方面已向英美分别订购,并拟在寒暑假中派员去平收购旧书及史料,希望一年之内先行解决教学问题,兼能顾及研究之最低需要。

　　(《历史学系概况》,《国立中正大学校刊》1946年第5卷第2期)

全国专科以上学校史学教员研究专题概览（1937）

校名　　国立北平大学　　　　　　　　　文科——史学

1. 题目	中文	史学方法论					
	西文						
2. 研究人		姓　名	职　别	性　别	年　龄	籍　贯	
		李宗武	教　授	男	四十一	浙江省 绍兴县	
3. 研究计划 及步骤	分引论、历史哲学、方法论、史学与各科学之关系。中国史学之五部,已完成引论、方法论及史学与各科之关系三部。						
4. 研究期间	开　始	民国二十年九月　　日起					
	预定完毕	民国二十五年十二月　　　日					
5. 研究结果							
6. 备考							

1. 题目	中文	埃及宗教史
	西文	

2. 研究人		姓　名	职　别	性　别	年　龄	籍　贯
		吴祥麒	教授	男		四川省□县

3. 研究计划及步骤	（1）人文地志,（2）宗教诸相的历史的发达,（3）神说论及神的观念的发达,（4）祭司祭仪咒术,（5）神话及传说,（6）经典及宗教文学,（7）灵魂观念及来世的信仰,（8）异邦及基督教时代的埃及宗教。

4. 研究期间	开　始	民国　　年　　月　　日起
	预定完毕	民国　　年　　月　　日

5. 研究结果	未成

6. 备考	

校名　　　国立北京大学　　　　　　　文科——史学

1. 题目	中文	近三百年学术史
	西文	

2. 研究人		姓　名	职　别	性　别	年　龄	籍　贯
		钱穆	史学系教授	男	四十二	江苏省无锡县

3. 研究计划及步骤	（1）注重学术思想与当时政治社会之相互关系。（2）根据"近三百年学术史"之研究,可以说明最近国内学术思想之本国的来源,及其利弊得失所在。（3）将来由"近三百年学术史"推溯至北宋,完成"中国近代学术史",改编宋元明学案,拟自二十五年八月起着手。

4. 研究期间	开　始	民国二十年八月　　日起
	预定完毕	民国二十五年四月　　日

5. 研究结果	全书十四章,附表一份,总三十余万字,大体于二十四年七月完稿,最近续加校订。

6. 备考	此稿已由上海商务印书馆承印,于四或五月间可以付排。

1. 题目	中文	近代中欧文化接触史				
	西文	History of Sino-European Cultural Contacts（1550—1800）				
2. 研究人		姓　名	职　别	性　别	年　龄	籍　贯
		陈受颐	教　授	男	三十六	广东省番禺县
3. 研究计划及步骤	（1）搜集史料：除本国史料外，旁及英、法、德、意、西班牙及拉丁文之纪载。（2）参考专著：包涵近代东西洋学者与本问题有关之著述。（3）研究单题以为著史之准备。					
4. 研究期间	开　　始	民国十四年　　月　　　日起				
	预定完毕	民国　　年　月　日				
5. 研究结果	二十三年度内未刊稿三种（利玛窦信札选译，汤若望中华近事汇编译文，Wolf 一七三二年讲稿译文），已刊一种（英文）：海道发见后之中欧文化接触。					
6. 备考						

1. 题目	中文	中国中古文学史专题研究				
	西文					
2. 研究人		姓　名	职　别	性　别	年　龄	籍　贯
		罗　庸	国文系教　授	男	三十六	江苏省江都县
3. 研究计划及步骤	由西汉至陈隋之一时期中，选定六个至十个中国文学史上之专题，从事研究。搜辑材料及整理排比之工作，得由本学系选习本学程之学生分任之。其详目具见本校文学院课程一览，不备录。					
4. 研究期间	开　　始	民国二十三年八月　　　日起				
	预定完毕	民国二十四年七月　　　日　至少完成二题至四题				
5. 研究结果						
6. 备考						

1. 题目	中文	明元清系通纪
	西文	

2. 研究人		姓　名	职　别	性　别	年　龄	籍　贯
		孟　森	教　授	男	六十七	江苏省武进县

3. 研究计划及步骤	明开国时,即有清之肇祖,为一部之长,是为清王业所由始。清修明史尽讳之,世人只认万历以来,应考清之轶事。殊不知清之列祖列宗,及其部族之事实,明十七朝中无代不载实录,又有《朝鲜实录》互见,兼有清代禁毁之书复出,可供编纂。是以用明之纪元,按年月日,为清祖先史事长编,名曰明元清系通纪,为国家修清史及补修明史之用。

4. 研究期间	开　始	民国元年　　月　　日起至民国二十年始正式工作
	预定完毕	民国二十八年　　月　　日

5. 研究结果	女真由微而盛,在《明史》应列于《外国传》。清世自讳其为东夷,遂隐没之,非但外国传少一种族,即纪表志及诸臣传,皆有臣服女真及征讨女真,应载之史实。故《明史》应改修使之完备,清史尤应上溯其先世,清代不认为夷,遂抹煞其先祖,今亦当补叙,此书成则两史皆可较慊。

6. 备考	以《明实录》、《朝鲜实录》两官书为取材之地,私家著述不甚确实者,徒耸听闻,务考其真伪以著之。《清实录》亦在取证之列,决不用委巷传述,难为征信之杂说杂书,秽乱史体。冀于改革以来群言淆杂之后,知所别裁,留一中国史家之系统。已由学校出版者十一册。

1. 题目	中文	中国古代宗教与神话				
	西文					
2. 研究人		姓　名	职　别	性　别	年　龄	籍　贯
		朱光潜	教　授	男	三十九	安徽省桐城县
3. 研究计划及步骤	在搜集材料中。					
4. 研究期间	开　始	民国　　年　　月　　日起				
	预定完毕	民国　　年　　月　　日				
5. 研究结果	已成《考巫》一篇。					
6. 备考						

1. 题目	中文	日本神话				
	西文					
2. 研究人		姓　名	职　别	性　别	年　龄	籍　贯
		周作人	教　授	男	五十二	浙江省绍兴县
3. 研究计划及步骤						
4. 研究期间	开　始	民国二十四年一月一日起				
	预定完毕	民国二十五年十二月三十一日				
5. 研究结果						
6. 备考						

校名　　**国立清华大学**　　　　　　　　文科——史学

1. 题目	中文	近代中国外交史
	西文	Modern Chinese Diplomatic History

2. 研究人		姓　名	职　别	性　别	年　龄	籍　贯
		蒋廷黻	教　授	男	四　十	湖南省宝庆县

3. 研究计划及步骤	廷黻于民国二十三年夏季以前草有近代中国外交史稿,根据中外已出版之史料及前人研究。二十三年夏至二十四年夏于休假期内赴欧搜集未出版之史料,在伦敦所得最多英外部文件,从一八三五年至一八八五年有关中国而前此未发表者,廷黻择要照相携归。现拟研究新得史料以整理旧稿,拟分两册出版,上册起自鸦片战争至中法越南之役,下册从该役至国府迁都南京。

4. 研究期间	开　始	民国　　年　　月　　日起
	预定完毕	民国　　年　　月　　日

5. 研究结果	上册可于民国二十五年夏付印,下册再须二年(二十七年夏付印)。

6. 备考	

1. 题目	中文	中国中古史
	西文	Chinese Mediaeval History

2. 研究人		姓　名	职　别	性　别	年　龄	籍　贯
		陈寅恪	教　授	男	四十五	江西省修水县

3. 研究计划及步骤	选择重要问题,逐渐研究,以期推及全部。

4. 研究期间	开　始	民国二十三年八月一日起
	预定完毕	民国二十四年七月三十一日

5. 研究结果	已将研究结果发表于《中央研究院历史语言研究所集刊》第五本第二分。

6. 备考	附《武曌与佛教》论文一篇,《三论李唐氏族问题》一篇。

1.题目	中文	汉魏六朝冢墓遗文图录				
	西文					

2.研究人		姓　名	职　别	性　别	年　龄	籍　贯
		赵万里	讲　师	男	三十二	浙江省海宁县
	合作人	中央研究院历史语言研究所				

3.研究计划及步骤	辑录汉至隋人墓志墓碑，证之以史，以求其相互间之关系。

4.研究期间	开　始	民国二十年七月　　日起
	预定完毕	民国二十五年五月出版

5.研究结果	

6.备考	中央研究院出版

1.题目	中文	中国的兵				
	西文					

2.研究人		姓　名	职　别	性　别	年　龄	籍　贯
		雷海宗	历史教授	男	三十四	河北省永清县

3.研究计划及步骤	

4.研究期间	开　始	民国　　年　　月　　日起
	预定完毕	民国　　年　　月　　日

5.研究结果	已于国立清华大学《社会科学》第一卷第一期出版（民国二十四年十月）。

6.备考	

校名　　国立武汉大学　　　　　　　　文科——史学

1. 题目	中文	中国文化史					
	西文						
2. 研究人		姓 名	职 别	性 别	年 龄	籍 贯	
		吴其昌	教 授	男		浙江省海宁县	
3. 研究计划及步骤	内容分四部二十四篇。自然之部：1. 年历篇，2. 疆域都市篇，3. 民族篇，4. 天象灾变篇；社会之部：5. 社会组织篇，6. 生活状况篇，7. 国民经济篇，8. 风俗仪式篇；政制之部：9. 国家财政篇，10. 政治思想篇，11. 政制组织篇，12. 法典篇，13. 军制篇，14. 国际关系篇，15. 交通营建篇，16. 礼制篇；文化之部：17. 语言文字篇，18. 文化工具篇，19. 宗教篇，20. 教育篇，21. 哲学思想篇，22. 学术篇，23. 文学篇，24. 艺术篇。						
4. 研究期间	开　始	民国十九年　　月　　日起					
	预定完毕	民国　　年　　月　　日　　终身研究					
5. 研究结果	国民经济篇中之田制章（约十五万字）已完成，社会组织篇中之婚姻章、门第章、奴隶制度章，初稿粗具。						
6. 备考							

1. 题目	中文	鸦片战争期内宣宗对英态度迭变之研究					
	西文						
2. 研究人		姓 名	职 别	性 别	年 龄	籍 贯	
		陈恭禄	教 授	男		江苏省镇江县	
3. 研究计划及步骤							
4. 研究期间	开　始	民国二十三年　　月　　日起					
	预定完毕	民国　　年　　月　　日					
5. 研究结果							
6. 备考							

1. 题目	中文	殷虚书契解诂				
	西文					
2. 研究人		姓　名	职　别	性　别	年　龄	籍　贯
		吴其昌	教　授	男		浙江省海宁县
3. 研究计划及步骤						
4. 研究期间	开　　始	民国二十二年　　　月　　日起				
	预定完毕	民国　　　年　　月　　　日　　不计时间				
5. 研究结果	已写成十六分之一，分刊于本校《文哲季刊》。					
6. 备考						

1. 题目	中文	春秋四微				
	西文					
2. 研究人		姓　名	职　别	性　别	年　龄	籍　贯
		刘　异	教　授	男		湖南省衡阳县
3. 研究计划及步骤						
4. 研究期间	开　　始	民国二十四年三月　　　日起				
	预定完毕	民国　　　年　　月　　　日				
5. 研究结果	已完成三分之一。					
6. 备考						

1. 题目	中文	金文疏证					
	西文						
2. 研究人			姓　名	职　别	性　别	年　龄	籍　贯
			吴其昌	教授	男		浙江省海宁县
3. 研究计划及步骤	第一、历朔疏证（附疑年表），第二、方域疏证（附地图），第三、民族疏证（附世族谱），第四、名象疏证（附字典），第五、习语疏证（附韵表），第六、职官疏证，第七、礼制疏证。						
4. 研究期间	开　始	民国十七年　　月　　日起					
	预定完毕	民国三十三年　　月　　日					
5. 研究结果	《历朔疏证》已完成，不久由商务出版；《世族谱》已成，刊中央研究院刊；《名象疏证》已成一部分，本校付印。						
6. 备考							

校名　　国立暨南大学　　　　　　　　文科——史学

1. 题目	中文	中国通史					
	西文	General History of China					
2. 研究人			姓　名	职　别	性　别	年　龄	籍　贯
			周谷城	教授	男	三十六岁	湖南省益阳县
3. 研究计划及步骤	编著中国通史之材料，似不难获得，唯编法极费斟酌，编者为此，曾考虑五年。						
4. 研究期间	开　始	民国二十年六月　　日起					
	预定完毕	民国二十六年一月　　日					
5. 研究结果	现已编定四分之三。						
6. 备考							

1. 题目	中文	汉齐悼惠以后的封泥考证				
	西文					
2. 研究人		姓　名	职　别	性　别	年　龄	籍　贯
		张　凤	教　授	男	现五十岁	浙江省嘉善县
3. 研究计划及步骤	偶然购入封泥二百余个，又二百余个，两次购入，一看，都是齐国官名，考知为齐悼惠王以后物，于是想做这篇考证，考官名，考地名。					
4. 研究期间	开　始	民国　　年　　月　　日起				
	预定完毕	民国　　年　　月　　日（作辍不定未成）				
5. 研究结果	做成绪论一首，未印。汉王国中的官职与中央比是具体而微的。					
6. 备考	这一类的工作倒很趣，譬如做侦探捉贼，业余为之，非但可自怡悦，并且知人所未知。					

　　　校名　　　国立浙江大学　　　　　　　　文科——史学

1. 题目	中文	春秋总论初稿				
	西文					
2. 研究人		姓　名	职　别	性　别	年　龄	籍　贯
		毛　起	哲学兼法文副教授	男	三十六	浙江省定海县
3. 研究计划及步骤						
4. 研究期间	开　始	民国　　年　　月　　日起				
	完　毕	民国二十四年五月　　日出版				
5. 研究结果						
6. 备考						

校名　　　国立四川大学　　　　　　　　　文科——史学

1. 题目	中文	史记旁证
	西文	

2. 研究人		姓　名	职　别	性　别	年　龄	籍　贯
		庞石帚	教　授	男	四　十	四川省綦江县

3. 研究计划及步骤	《史记》疑义至众,拟博采汉唐以至近世诸家之说,为之疏通证明,成一比较详备之《史记》补注。

4. 研究期间	开　始	民国二十三四年　　月　　日起
	预定完毕	民国　　年　　月　　日

5. 研究结果	《史记》已成数卷,惟兹事体大,非十年不能成功。

6. 备考	

1. 题目	中文	五行考原与明堂五帝成因（先秦史考之一部分）
	西文	

2. 研究人		姓　名	职　别	性　别	年　龄	籍　贯
		丁　山	教　授	男	三十五	安徽省和县

3. 研究计划及步骤	（一）自五星运行说推演五行命名之意义;（二）自天体五宫分晰五神帝与天文学之关系;（三）五神帝皆星名,明堂五帝始易以人帝之名;（四）明堂形式,犹今日民间建筑之四合房,五室十二堂说皆不信。

4. 研究期间	开　始	民国二十三年一月四日起
	预定完毕	民国二十三年六月　　日

5. 研究结果	五行说出于五星运行,本天文家学说也。天文学汉人犹列于阴阳家,故中国迷信学说,皆以五行为本。明堂五帝初为神帝,后代以人帝,当分别观之。

6. 备考	

1. 题目	中文	西洋中古史				
	西文					
2. 研究人		姓　名	职　别	性　别	年　龄	籍　贯
		何鲁之	教　授	男	四十六	四川省成都县
3. 研究计划及步骤	注意蛮族社会生活、封建制度及中古文化。					
4. 研究期间	开　始	民国二十三年九月　　日起				
	预定完毕	民国二十五年九月　　日				
5. 研究结果	正整理材料从事编纂。					
6. 备考						

校名　　省立勤勤大学　　　　　　　　　　文科——史学

1. 题目	中文	近代西洋史学史概论				
	西文	Introduction to Modern Western Historiography				
2. 研究人		姓　名	职　别	性　别	年　龄	籍　贯
		严星甫	教　授	男	三十三	四川省华阳县
3. 研究计划及步骤						
4. 研究期间	开　始	民国二十三年　　月　　日起				
	预定完毕	民国　　年　　月　　日				
5. 研究结果						
6. 备考						

校名　　　私立燕京大学　　　　　　　　　文科——史学

1. 题目	中文	1. 四政府官员之研究：a. 林则徐, b. 曾国藩, c. 李鸿章, d. 张之洞。 2. 中国最初应用西洋技术之工业的研究。				
	西文	1. Four studies of government officials who influenced the introduction of western techinque into China. a. Lin Tse Hsü b. Tseng Kuo Fan c. Li Hung Chang d. Chang Chi Tung. 2. A study of Private Chinese industries which early introduced western technique.				
2. 研究人		姓　名	职　别	性　别	年　龄	籍　贯
		陈其田	教　授	男		福建省
	助理人	杨任之	研究员	男		
3. 研究计划 及步骤						
4. 研究期间	开　始	民国　　年　　月　　日起				
	预定完毕	1. 民国二十五——二十六年　　　月　　　日 2. 民国二十八——二十九年　　　月　　　日				
5. 研究结果		1. a. 林则徐, 已于民国二十二——二十三年出版； 　 b. 曾国藩, 已于民国二十三——二十四年出版； 　 c. 李鸿章, 将于民国二十四——二十五年出版； 　 d. 张之洞, 将于民国二十五——二十六年出版。 2. 将于民国二十八——二十九年出版。				
6. 备考						

1. 题目	中文						
	西文	Franciscan Travellors to Mongolia and China during the Yuan Dynasty					
2. 研究人		姓　名	职　别	性　别	年　龄	籍　贯	
		李瑞德	讲　师	男	四十一	美　国	
3. 研究计划及步骤							
4. 研究期间	开　　始	民国二十一年　　月　　日起					
	预定完毕	民国　　年　　月　　日未定					
5. 研究结果							
6. 备考							

校名　　私立辅仁大学　　　　　　　　文科——史学

1. 题目	中文	马可孛罗游记					
	西文						
2. 研究人		姓　名	职　别	性　别	年　龄	籍　贯	
		张星烺	教　授	男	四十九	江苏省泗阳县	
3. 研究计划及步骤	先比较各种版本,次翻译,注解。						
4. 研究期间	开　　始	民国十年　　　月　　日起					
	预定完毕	民国二十五年七月　　日					
5. 研究结果							
6. 备考							

1. 题目	中文	中国近世思想史				
	西文					
2. 研究人		姓　名	职　别	性　别	年　龄	籍　贯
		容肇祖	副教授	男	三十七	广东省东莞县
3. 研究计划及步骤	将由宋至清末有关系时代及个人思想之著作阅读，无论为专著为诗文集，注意其表现一种特出的或承袭的思想，而选若干思想家，为之分析其思想，为之说明，并申说其因果的关系，以见中国思想的发展。					
4. 研究期间	开　始	民国二十三年十月　日起				
	预定完毕	民国二十六年十月　日				
5. 研究结果	已成了宋代一大部分，明代一小部分。					
6. 备考						

校名　　私立广州大学　　　　　　　文科——史学

1. 题目	中文	孙中山先生事迹				
	西文					
2. 研究人		姓　名	职　别	性　别	年　龄	籍　贯
		邓慕韩	教授	男	五十四	广东省三水县
3. 研究计划及步骤	先将孙中山先生之世系、主义、思想、功业、轶事、举动之史料收集中外人士之著述，而加以实地调查，折中于与孙先生往来亲密同志及慕韩所亲见者而成。					
4. 研究期间	开　始	民国十五年冬月　日起				
	预定完毕	民国　年　月　日				
5. 研究结果	已完成者计有"孙中山先生年表"、"孙中山先生传记"约七万言，"孙中山先生伦敦蒙难详纪"约二万余言，"孙中山先生世系图"、"孙中山先生所至南洋各地图表"及"轶事"数十则、"孙中山先生自述考证"等。					
6. 备考	以上各种均未刊行，均存于南京中央党史会及广州革命纪念会二处。至孙中山先生传记，中山文化教育馆亦存稿一份，余间散见于各杂志日报。					

校名　　国立北洋工学院　　　　　　　文科——史学

1.题目	中文	国立北洋工学院四十年院史
	西文	

2.研究人		姓名	职别	性别	年龄	籍贯
		冯成麟	国文教授	男	三十八	河北省遵化县

3.研究计划及步骤	就四十年来政治、经济、学术之背景中研究本院产生之历史，赓续活动之迹象，而寻求其活动之总成绩及其因果之关系，以备异日之参考。本此原则，本文在纵的方面，略依编年体例，撰为通史，以见其各方面进展之经过，以为全部之鸟瞰。在横的方面，略依书志体例，撰为专编，以见某一事项进展之经过，以为精密之探讨。以上二者均参以重要政治、经济、学术之背景，借为盯衡近代历史者之比较。 研究步骤先将档案分类排列（尤注意历年账目，可寻求重要之史料），历年一览搜集齐全，参考书籍择要购置，先撰通史，次撰专编，渐次完成焉（史料除文字纪载外，更注意于访问，历任当局，尚多健在，历年校友，所在皆有，均于院史有重要之帮助）。

4.研究期间	开始	民国二十四年五月一日起
	预定完毕	民国二十五年六月三十日

5.研究结果	通史已撰至民国九年，专编之经济编及科系学生等编亦将有初稿。

6.备考	本院创设于前清光绪二十一年，嗣经庚子之乱，旧有档案荡然无存。访问故老，亦以年代久远，多不记忆，故庚子前之情况撰述至为困难，犹待官书之搜求也。

校名　　私立厦门大学　　　　　　　　　文科——史学

1. 题目	中文	水经注研究
	西文	

2. 研究人		姓　名	职　别	性　别	年　龄	籍　贯
		郑德坤	教　员	男	二十八	福建省思明县
	助理人	张颐年	绘图员	男	未详	河北省北平县

3. 研究计划及步骤	水经注研究之计划及步骤,可表列大纲以明之：甲 水经注之标点(附引得)；乙 水经注图之编绘(附引得)；丙 水经注作者之研究,一、水经作者考,二、水经注作者考；丁 水经注历史之研究,一、研究水经注之历史,二、水经注板本考；戊 水经注本文之研究,一、水经注篇目考,二、水经注体例考,三、水经注之校勘；己 水经注引书之研究,一、水经注引书考,二、水经注引文考证；庚 水经注史地之研究,一、史料之讨勘,二、地名之今释,三、川泽之变迁,四、水利之研究,五、物产之研究,六、古迹之研究,七、外族之分布,八、风俗之研究,九、宗教之研究；辛 水经注文学之研究,一、文笔之分析,二、写景文之研究,三、故事之研究,四、歌谣之研究；壬 水经注错误之订正；癸 水经注价值之估定。

4. 研究期间	开　　始	民国二十年元月 日起
	预定完毕	民二十九年元月 日

5. 研究结果	Ⅰ 以往三年之工作,所得成绩如下：(1)水经注标点；(2)《水经注引得》,北平燕京大学出版,价十元；(3)水经注图(未刊)；(4)《水经注板本考》,刊《燕京学报》No.15；(5)水经注引书考(未刊)；(6)水经注故事钞(未刊)。	Ⅱ 民二十三年度研究结果有：(1)水经注研究史料汇篇；(2)水经注赵戴公案之判决；(3)《水经注书目录》(刊《图书馆学季刊》第九卷第三期)；(4)《水经注引书类目》(见厦大图书馆报》第二期)。

6. 备考	水经注之研究其困难有二：(1)厦大任课每周十四小时,所有时间全费于预备功课、编讲义,此种专题研究只能在暑假时进行。(2)厦大因经济关系,专题研究结果,苦少发表机会。

校名　　私立福建协和学院　　　　　　　文科——史学

1. 题目	中文		
	西文	1. A special week's trip to the region of Teh Hwa in Fukien Province to investigate the present day pottery activity and continue my historical study of its origin and activity through the centuries. 2. Extensive excavation, collection and study of kitchen-midden sherds from building excavations in Foochow City, near Tai Bing Ge hill, ancient city dwelling sites from ancient times. 3. Continuation of collection of Min River Boat Songs. 4. Acquisition and study of ancient grave wares, Han to Sung, excavated in Fukien Province. 5. Minor excavation and collection of shards, Han to Sung on the University Campus and in various places throughout Fukien Province.		
2. 研究人		姓　　名	职　　别
		Malcolm F. Farley,	Professor of English in Fukien Christ. U.
3. 研究计划及步骤	Time	1. Trip to Teh Hua, from April 28 to May 6th inc. continuing a study of many year's standing. 2. Several afternoons weekly from the end of February to June.	
	Beginning	3. Throughout the year as occasion presented. 4. Throughout the year as occasion presented.	
	Conclusion	5. Throughout the year as occasion presented.	
4. 研究期间	开　　始	民国　　年　　月　　日起	
	预定完毕	民国　　年　　月　　日	

（续表）

5. 研究结果	Results All of the projects listed above(with the exception of number 2)have been going on four years. Various results have been obtained. Some of these have been published from time to time. In no case has the material collected been completely studied or published. Two articles of Min River Boat Songs have been published. Much more material awaits study and publication. In the meantime, of course, the collection of the songs continues whenever the songs are heard. Teh Hua ware has been under investigation by the writer for more than ten years. Quantities of material have been collected both of information and objects of Teh Hua ware. This material is now in active process of preparation for publication. The results of the writer's extensive collecting and excavation of shards from kiln sites and kitchen middens will be published from time to time, some probably during the year 1936-1937. This material has very important information to contribute to the early history of Fukien and South China.
6. 备考	

（教育部编:《全国专科以上学校教员研究专题概览》下册，

商务印书馆 1937 年）

专科以上学校历史学门教员名册（1941-1944）

一、历史学门教员名册（1941-1942）

（一）教授

姓名	别号	性别	年龄	籍贯	学历	经历	专长科目	服务学校
沈鍊之		男	39	浙江永嘉	北平师范大学毕业，法国里昂大学文学博士	中央政治学校地政学院研究员	西洋史	福建省研究院
涂序瑄		男	40	江西南昌	日本九州帝国大学文学士，英国格拉斯哥大学荣誉研究员	四川大学教授，中山大学教授	文化科学	四川大学
郭廷以	量宇	男	39	河南舞阳	东南大学毕业	清华大学教员，中央政治学校讲师，中央军校教官	中国近代史，中国外交史	中央大学

（续表）

姓名	别号	性别	年龄	籍贯	学历	经历	专长科目	服务学校
方壮猷	心安	男	41	湖南	清华大学研究院毕业，巴黎大学研究院研究	北京师范大学研究所专任研究员，编辑员，中央大学讲师	中国社会史，宋辽金元史	武汉大学
郑天挺	毅生	男	44	福建长乐	北京大学毕业，北京大学研究所国学门研究	北京大学副教授，北京大学文科研究所副主任	明清史，隋唐五代史	西南联合大学
顾穀宜	俶南	男	41	江苏无锡	交通大学毕业，俄国莫斯科中山大学历史组毕业	中央大学史学教授	俄国史，欧洲史	浙江大学
顾颉刚		男	50	江苏吴县	北京大学哲学系毕业	燕京大学及四川大学教授	中国古代史，经学，目录学	齐鲁大学
王国秀		女	48	江苏	美国哥伦比亚大学毕业	金陵女子大学教授	西洋史	大夏大学
王信忠	迅中	男	34	江苏南通	清华研究院史学研究所毕业，日本东京帝国大学日本史科毕业	清华大学教授	近代中日外交史，近代中国外交史	西南联大

（续表）

姓名	别号	性别	年龄	籍贯	学历	经历	专长科目	服务学校
王绳祖	伯武	男	38	江苏高邮	金陵大学文学士，英国牛津大学文学士	金陵大学教授	欧洲近代史	金陵大学
袁文彰		男	38	江苏青浦	日本东京早稻田大学毕业	暨南大学教授	日本史、日文	暨南大学
黄廷毓	以字行	男	40	广东梅县	岭南大学文学士，美国哈佛大学哲学博士	哈佛燕京学社驻哈佛研究员	中国近代史	岭南大学
李季谷	宗武	男	43	浙江绍兴	日本东京高等师范毕业，英国剑桥大学及勃列斯德大学研究	北京大学教授，西北联合大学教授	西洋近世史、日本通史	四川大学
束世澂	天民	男	47	安徽芜湖	东南大学毕业	金陵大学讲师，四川大学教授	中国上古史、中国经济史	四川大学
鄢远猷	淇竹	男	43	湖南	复旦大学文学士，英国伦敦政治经济学院研究	国立编译馆专任编译，武汉大学教授	历史	武汉大学
蒙文通		男	59	四川盐亭		中央大学教授，北京大学教授	中国古代史、中国史学史	东北大学

（续表）

姓名	别号	性别	年龄	籍贯	学历	经历	专长科目	服务学校
蓝文徵	孟博	男	40	吉林舒兰	清华大学研究院毕业，日本早稻田大学大学院研究	西北大学教授	中国史、中国边疆史、东洋史	东北大学
蒋百幻	孟影	男	34	湖南新宁	中央大学文学士，英国伦敦大学文学博士	西北大学及西北师范学院教授	西洋中古近世史、中国近世史	中央大学
吕思勉	诚之	男	58	江苏武进	前清县学附生	沈阳高等师范教授，沪江大学教授	中国古代史、文字学	光华大学
吴其昌	子馨	男	39	浙江海宁	清华大学研究院毕业，继续研究二年	国立北平图书馆编纂委员	中国文化史、甲骨文、中国古代史	武汉大学
阎宗临	宗琳	男	37	山西五台	瑞士国立伏利堡大学文学硕士	山西文学院历史系主任	西洋古代史、拉丁文学	广西大学
罗香林	元一	男	38	广东兴宁	清华大学文学士，北平燕京大学研究院研究	暨南大学教授，中央大学讲师	中国民族史、隋唐五代史	中山大学
金毓黻	静庵	男	58	辽宁沈阳	北京大学毕业	辽宁教育厅厅长，东北大学东北史地经济研究室主任兼教授	宋辽金史、中国史学史	中央大学

（续表）

姓名	别号	性别	年龄	籍贯	学历	经历	专长科目	服务学校
朱谦之	情牵	男	41	福建福州	中央研究所社会科学研究所特约研究员，留学日本	暨南大学教授，中央军事政治学校政治教官	史学史，历史哲学	中山大学
黎东方	饮青	男	37	河南正阳	法国巴黎大学文学博士	中山大学教授，东北大学教授	中国通史，历史哲学	国立编译馆
徐嘉瑞	梦麟	男	46	云南昆明		中国公学大学部教授	古代史，诗经	云南大学
周谦冲	天冲	男	41	湖北黄陂	法国巴黎大学研究院毕业	武汉大学教授，四川大学史系主任兼教授	西洋史学史，西洋近代史	东北大学
周培智	宁舍	男	38	安徽合肥	清华大学文学士，英国爱丁堡大学文学博士	中央大学教授	中国文化史，欧洲通史	中央大学
周谷城		男	45	湖南		中山大学教授	中国中古史	暨南大学
周子同	名遷	男	54	浙江瑞安	北京高等师范毕业	商务印书馆编辑，安徽大学教授兼文学院长	经史学，中国教育学史	暨南大学
包会留		男	46	美国	美国哈佛大学硕士	岭南大学教授	历史学	岭南大学

（续表）

姓名	别号	性别	年龄	籍贯	学历	经历	专长科目	服务学校
张圣奘		男	39	湖北江陵	北京大学文学士，欧海阿大学文学、史学博士	中央大学教授，中央政治学校教授	中国社会经济通史，元史	重庆大学
张荫麟		男	36	广东东莞	美国斯丹佛大学博士	清华大学教授	中国社会史，解析哲学	浙江大学
张伯怀		男	43	山东临淄	齐鲁大学毕业，美国芝加哥大学研究员	齐鲁大学教授	历史，社会史	齐鲁大学
姚名达	显微	男	36	江西兴国	清华大学研究院毕业	中国公学大学部教授，复旦大学教授	历史研究法，史理学，史理学史	中正大学
皮名举		男	35	湖南长沙	清华学校毕业，美国哈佛大学博士	北京大学副教授，南开大学教授	西洋史	西南联大
缪凤林	赞虞	男	44	浙江富阳	南京高等师范毕业	东北大学预科教授，中山大学讲师	中国通史，日本史	中央大学
陆懋德	泳沂	男	57	山东历城	美国峨亥峨大学研究院硕士	北平清华大学教授	历史，考古	西北大学
陈安仁	任甫	男	52	广东东莞	广东高等师范肄业	国府侨务委员，暨南大学教授	中国文化史，中国近代史	中山大学

（续表）

姓名	别号	性别	年龄	籍贯	学历	经历	专长科目	服务学校
陈高傭		男	40	山西平遥	日本东京帝国大学研究院学士	复旦,大夏,暨南等大学教授	史学,哲学	暨南大学
陈祖源	其可	男	41	江苏吴县	东南大学毕业,法国巴黎大学博士	武汉大学教授	西洋古代史与中古史	武汉大学
陈恭禄		男	43	江苏	金陵大学毕业	武汉大学教授	中国近代史,印度史,日本史	金陵大学

（二）副教授

姓名	别号	性别	年龄	籍贯	学历	经历	专长科目	服务学校
李祥麟		男	35	山东平度	中国公学法学士	厦门大学副教授	外交史,日本史	厦门大学
李树华		男	35	山西应县	中央党务学校毕业,英国伦敦大学研究员	山西省党部委员,山西省立第一师范第一中学教员	近代史,国际问题	齐鲁大学
吴道存		男	37	安徽黟县	复旦大学文学士	复旦大学讲师	近代欧洲史,美国史	复旦大学

（续表）

姓名	别号	性别	年龄	籍贯	学历	经历	专长科目	服务学校
谷霁光		男	33	湖南湘潭	清华大学文学士	南开大学讲师，厦门大学副教授	中国中古史	厦门大学
朱延丰	汉新	男	37	江苏萧县	清华大学文学士，英国牛津大学文学士	德国国立博恩大学东方学院汉文学讲座	近代史	东北大学
朱伯奇		男	40	江苏泰兴	法国巴黎大学文学博士	军事委员会西南运输处贵阳分处专员	历史学	大夏大学
刘宝书	黎仙	男	53	四川成都	华西协和大学毕业	华西协和大学教授	历史、宗教史	华西协和大学

（三）讲师

姓名	别号	性别	年龄	籍贯	学历	经历	专长科目	服务学校
王伊同	斯大	男	28	江苏江阴	燕京大学文科研究所历史学部毕业		秦汉史、魏晋南北朝史	金陵大学
杨向奎	拱辰	男	34	河北丰润	国立北京大学毕业	甘肃学院讲师	中国古代史、经学	西北师范学院

（续表）

姓名	别号	性别	年龄	籍贯	学历	经历	专长科目	服务学校
柳定生	静明	女	29	江苏镇江	中央大学毕业	浙江大学助教,国立编译馆编译	中国通史,中国近世史	中央大学
贾占豪	晰光	男	35	河北束鹿	北平师范大学毕业	北平师范大学附中及西北师范学院教员	中国通史,中国近世史	西北大学
韩荣森	亦峤	男	33	南京市	金陵大学文学士	南京汇文女中社会科教员	西洋近代史	金陵大学
华尔劼		男	40	波兰	比利时政治大学博士		历史	光华大学
蒋益明	伯熙	男	37	湖南醴陵	北平师范大学毕业	中央军校上校,政治主任,教官	三民主义,西洋通史	金陵大学
罗绳武		男	39	河南新野	北平大学毕业	南通学院讲师	社会史	复旦大学
徐兆民	知良	男	43	河北遵化	北平大学第一师范学院毕业	西北联合大学先修班讲师	中国近代史,西洋文化史	西北师范学院
鲁光桓	公望	男	36	湖南长沙	南开大学文学士,清华大学研究院研究	重庆南开大学商科研究所经济学部研究员	历史	光华大学

（续表）

姓名	别号	性别	年龄	籍贯	学历	经历	专长科目	服务学校
姚公书	琴友	男	42	江苏兴化	中央大学毕业	国立师范学院讲师	历代沿革地理、秦汉史、中国通史	国立师范学院

（四）助教

姓名	别号	性别	年龄	籍贯	学历	经历	专长科目	服务学校
沈鉴	镜如	男	31	浙江孝丰	清华大学文学士，清华大学研究院研究	重庆中央宣传部口立出版社编辑及民意周刊社编辑		厦门大学
汤晓非	复白	男	29	辽宁北镇	东北大学毕业	四川三台私立国本中学校长		东北大学
黄灼耀		男	29	广东台山	广东省立勷勤大学毕业	勷勤大学助教，广东省立教育学院助教		广东省立文理学院
李柠栯		男	32	辽宁新民	东北大学毕业			东北大学

（续表）

姓名	别号	性别	年龄	籍贯	学历	经历	专长科目	服务学校
苏乾英		男	33	广东潮安	暨南大学毕业	暨南大学助教		暨南大学
吴宏中	韦城	男	35	江苏萧县	北平师范大学文学士	西北联合大学助教		西北师范学院
吴景贤		男	35	安徽合肥	中国公学大学部毕业	安徽省立庐州女子中学教员，安徽省立图书馆流通股主任		国立师范学院
张亮采		男	26	辽宁沈阳	东北大学毕业			东北大学
张维持		男	29	广东中山	岭南大学文学士			岭南大学
陆维亚		女	32	湖南长沙	武汉大学毕业	武汉大学助教		武汉大学
陈士襄		男	28	河北正阳	中央大学毕业	中央工业职业学校教员		中央工业专科学校

（续表）

姓名	别号	性别	年龄	籍贯	学历	经历	专长科目	服务学校
陈锡祺		男	31	江苏盐城	武汉大学毕业	镇江中学教员，国立三中教员		武汉大学
孙道远	任重	男	28	安徽天长	复旦大学文学士	中国乡村建设研究所研究员		复旦大学
孙祖绳	贻谋	男	31	辽宁新宾	东北大学毕业	中国边疆文化促进会研究员		东北大学

二、历史学门教员名册（1942-1944）

（甲）教授

姓名	别号	性别	年龄	籍贯	学历	经历	专长科目	服务学校
沈刚伯		男	46	湖北宜昌	武昌高等师范毕业，英国伦敦大学研究	中央大学教授	亚非古国史，希腊史	中央大学
梁园东		男	45	山西忻县	北京大学文学士	大夏大学，国立师范学院教授	中国历史	国立女子师范学院

（续表）

姓名	别号	性别	年龄	籍贯	学历	经历	专长科目	服务学校
谢澄平	海若	男	48	安徽当涂	北京大学毕业，美国哥伦比亚大学硕士	暨南大学等校教授	西洋近代	东北大学
诸葛麒	振公	男	48	浙江东阳	国立东南大学学士	浙江大学教授	中国史地	浙江大学
郑师许		男	48	广东东莞	国立东南大学毕业	大夏大学、暨南大学、交通大学、中山大学教授	中国文化史，考古学，中外交通史	中山大学
郑鹤声	萼荪	男	43	浙江诸暨	国立东南大学毕业	中央政校教授	中国历史	国立编译馆
雷海宗	伯伦	男	42	河北永清	清华大学毕业，美国芝加哥大学博士	清华大学教授	中国通史	西南联大
黄文弼	仲良	男	49	湖北汉川	国立北京大学毕业	北京大学助教、讲师，副教授	考古学，西北史地，秦汉元史	西北大学
萧一山		男	41	江苏铜山	北京大学毕业，英国剑桥大学研究	清华大学、北平师大、河南大学教授	中国近代史	部聘教授
蔡维藩	文侯	男	46	南京	金陵大学文学士，美国伊立诺大学硕士	南开大学、西南联大教授	欧洲外交史，西洋通史及近代现代史	西南联大

（续表）

姓名	别号	性别	年龄	籍贯	学历	经历	专长科目	服务学校
杨人楩	萝蔓	男	42	湖南醴陵	北京师范大学毕业，英国牛津大学毕业	四川大学教授	历史	武汉大学
柳诒徵	翼谋	男	67	江苏镇江		东南大学等学校教授	中国文化史	中央大学部聘教授
李思纯	哲生	男	51	四川成都	巴黎大学毕业	东南大学教授，北京师范大学教授	史学方法论、史学	四川大学
噶邦福		男	50	俄国	圣彼德堡大学毕业	清华大学教授	史学、古代史、欧洲史	西南联大
罗宝珊	梦册	男	38	河南南召	河南大学毕业，伦敦大学研究	东北大学教授，河南大学教授	历史哲学	中央政校
容肇祖	元胎	男	47	广东东莞	北京大学文学士	中山大学教授，岭南大学教授	中国史学	中山大学
毛准	子水	男	52	浙江江山	北京大学毕业，德国柏林大学研究	北京大学教授	历史	西南联大
向达	觉明	男	45	湖南溆浦	南京高等师范毕业，英国牛津大学研究	北京大学教授	口口史	西南联大

（续表）

姓名	别号	性别	年龄	籍贯	学历	经历	专长科目	服务学校
谷霁光		男	35	湖南湘潭	清华大学文学士	厦门大学副教授	魏晋南北朝史	厦门大学
程憬	仰之	男	42	安徽绩溪	北京大学毕业,清华大学研究院国学门毕业	暨南大学、安徽大学等校教授	中国古代史	中央大学
姚从吾		男	50	河南襄城	北京大学毕业,德国柏林大学毕业	北京大学教授,德国波恩大学及柏林大学东方研究所汉学教员	中国史学史	西南联大
张森楠	邃青	男	52	河南太康	国立北平高等师范毕业	河南省立第一中学校长,河南大学教授	中国史学史、史籍名著	河南大学
张贵永	致远	男	36	浙江鄞县	德国柏林大学史学博士	中央大学教授	西洋史	中央大学
陈嘉勋	绥荃	男	59	湖南湘阴	美国哥伦比亚大学硕士	湖南大学教授,交通大学教授兼训导长	西洋史	湖南大学

（续表）

姓名	别号	性别	年龄	籍贯	学历	经历	专长科目	服务学校
陈寅恪		男	56	江西修水	美国哈佛大学研究院研究，柏林大学研究院院研究	清华大学教授	中国中古史	燕京大学部聘教授
贺昌群		男	41	四川马边	上海沪江大学肄业	浙江大学及东北大学教授	秦汉史	中央大学
邵循正	心恒	男	36	福州	清华大学研究所毕业，法国法兰西学院及东方语言学院研究	清华大学教授	元史、中国近代史	西南联大
刘崇鋐	寿民	男	47	闽侯	清华大学毕业，美国威斯康星大学学士，哈佛大学硕士	南开大学讲师，清华大学教授	西洋史	西南联大

（乙）副教授

姓名	别号	性别	年龄	籍贯	学历	经历	专长科目	服务学校
汪诒荪	毅庵	男	41	安徽怀宁	国立北平大学法学士，日本九州帝国大学研究院研究	武汉大学讲师、副教授	中国近世史、中国政治史	武汉大学

（续表）

姓名	别号	性别	年龄	籍贯	学历	经历	专长科目	服务学校
谭其骧	季龙	男	35	浙江嘉兴	暨南大学毕业、燕京大学研究所毕业	浙江大学副教授	中国断代史	浙江大学
施之勉		男	50	江苏无锡	南京高等师范学校毕业	扬州中学中学教员、边疆学校研究部主任	国史	国立边疆学校
姜季辛		男	41	湖北安陆	武昌师范大学毕业、日本大学法学士	教部编口、民国大学教授	亚洲各国史	中央宣传部
黄现璠	免如	男	40	广西扶南	北平师范大学毕业、日本东京帝国大学院研究	广西大学副教授、中山大学教授	中国通史、文化史	国立桂林师范学院
叶国庆	谷馨	男	43	福建龙海	厦门大学毕业、燕京大学研究院硕士	厦门大学副教授	历史	厦门大学
胡福林	厚宣	男	35	湖北望都	北京大学毕业	齐鲁大学副教授、中央研究院历史语言研究所助理研究员	甲骨学、古代史	齐鲁大学
吴　晗		男	35	浙江义乌	清华大学毕业	清华大学教授	历史	西南联大

（续表）

姓名	别号	性别	年龄	籍贯	学历	经历	专长科目	服务学校
蒙思明		男	37	四川盐亭	私立华西协和大学文学士，燕京大学研究院硕士	华西大学副教授	中国社会史、史学通论	华西大学
翁达藻	大草	男	34	浙江慈溪	复旦大学法学士	复旦大学副教授	中国通史	复旦大学
何基	惠廉	男	37	湖南邵县	清华大学毕业	南开大学商科研究所研究员	历史	贵州大学
何竹淇	丽生	男	39	湖南衡山	北平师范大学毕业	湖南大学副教授，西北大学讲师	史学	湖南大学
徐德嶙	莹怀	男	42	湖南益阳	武昌中山大学毕业	中央政治学校副教授	中国史	中央政治学校
姚薇元		男	39	安徽繁昌	清华大学毕业，研究所研究	中央大学讲师、贵州大学副教授	历史	贵州大学
姚公书	琴友	男	43	江苏兴化	中央大学文学士	国立师范学院副教授	中国通史、秦汉史	国立师范学院

（续表）

姓名	别号	性别	年龄	籍贯	学历	经历	专长科目	服务学校
魏秀莹		女	43	福建古田	华南女子文理学院文学士，美国南加州大学硕士	华南女子文理学院副教授	西洋史学	华南女子文理学院
周荫棠	汉南	男	40	安徽桐城	金陵大学毕业	金陵大学讲师	中国政治制度史	湖南大学
陈述	玉书	男		河北乐亭	北平师范大学毕业	东北大学副教授，中央研究院历史语言研究所助理研究员	中国史学史	东北大学
陶普	振誉	男	34	安徽天长	清华大学毕业，日本东京帝国大学研究生	云南大学副教授	历史	武汉大学
陶元珍	云孙	男	37	四川安岳	武汉大学毕业，北京大学文科研究所史学部研究	中山大学及东北大学教授	中国通史	浙江大学
邓永龄	子琴	男	42	云南永善	中央大学文学士	齐鲁大学讲师	文字声韵学，宗教史	社会教育学院

（丙）讲师

姓名	别号	性别	年龄	籍贯	学历	经历	专长科目	服务学校
唐长孺		男	34	江苏吴江	上海私立大同大学毕业	光华大学讲师	辽金元史	国立师范学院
姜子润		男	49	湖南永定	南京高等师范学校毕业	暨南大学讲师、杭州师范等学校教员	中国史学	福建省立师范专科学校
郭宣霖	雨林	男	36	福建福安	清华大学毕业	青岛大学、山东大学秘书兼讲师，福建协和学院讲师	欧洲外交史、中国政治外交史	厦门大学
王沛然	雨村	男	43	安徽太和	国立药专及金陵大学文学士	金陵大学讲师	中国文学史	中央工专
夏定域	朴山	男	43	浙江富阳		杭州之江大学教员，浙江省立图书馆编纂	本国史	浙江大学
王新民		男	31	福建惠安	燕京大学肄业	福建省立师范等中学教员	中国哲学史、中华通史	福建省立第一临时中学
王德昭		男	31	浙江嘉兴	北京大学毕业	贵州大学讲师	清史	贵州大学

（续表）

姓名	别号	性别	年龄	籍贯	学历	经历	专长科目	服务学校
千人俊	梅园	男	44	浙江宁海	复旦大学文学士	奉化、天台等县立中等学校教员	中国文学史	三门县立中学
夏德仪	卓如	男	43	江苏东台	北京大学毕业	私立中法大学讲师、浙江省立中学教员		大学先修班
聂家裕		男	33	安徽太湖	武汉大学毕业	中山文化教育馆特约编辑	历史中国社会史	国立编译馆
丁际昌	云孙	男	39	河南	金陵大学毕业	河南大学及金陵大学副教授	历史	金陵大学
栗庆云	蜀化	男	46	河南泌阳	燕京大学毕业	汉口武汉女中教员，大夏大学讲师	历史	大夏大学
甘碧云		女	34	广西宁明	金陵女子文理学院文学士	广州真光女中教员	历史	武汉大学
马腾淮	桐溪	男	38	山西翼城	山西大学文学士	国立边疆学校教员	历史	国立边疆学校
范学俊	竹人	男	45	南京	金陵大学毕业	中等学校教员	中国近代史	中央工专

（续表）

姓名	别号	性别	年龄	籍贯	学历	经历	专长科目	服务学校
黄福銮	征五	男	31	广东台山	中山大学毕业，研究院硕士	中山大学讲师及先修班教员	中国通史	广东省立文理学院
庄为玑	文山	男	36	福建晋江	厦门大学毕业	厦门大学教员，协和大学讲师	历史	福建协和大学
吴景贤		男	36	安徽合肥	吴淞中国公学毕业	国立师范学院教员	中国历史	中央政校
史念海	筱苏	男	33	山西平陆	辅仁大学毕业	甘肃省立平凉师范学校教员	秦汉史	国立编译馆
尚 笏	搢之	男	37	河南罗山	金陵大学文学士，国学研究班毕业	南京汇文女中教员，金陵大学讲师	中国史	中央工专
舒连景	竣山	男	37	山东聊城	山东大学文学士	国立师大中学教员，齐鲁大学讲师	中国古代史	齐鲁大学
徐嗣山		男	34	山东长山	北平师范大学毕业	南开中学教员，社教学院讲师	中国上古史	社会教育学院
黎子耀		男	36	湖南汉寿	武汉大学毕业	苏州女师教员，浙江大学讲师	历史	浙江大学

（续表）

姓名	别号	性别	年龄	籍贯	学历	经历	专长科目	服务学校
刘祖泽	润寰	男	37	江苏仪征	中央大学毕业	贵州大学讲师	西洋史	贵州大学
刘桂东		男	40	江苏萧县	东南大学毕业	国立社会教育学院讲师	中国通史	社会教育学院
刘寿嵩	绥松	男	31	湖北沔阳	清华大学毕业	南开中学教员，西北工学院讲师	中国文学史	西北工学院
刘金宝	纵戈	男	33	河南郾城	清华大学毕业	金陵女子文理学院讲师	希腊史	河南大学
周 超	拔夫	男	40	山东堂邑	中央大学文学士	国立口作师范教员，南京中等学校教员	历史	大学先修班
张 泽	孟伦	男	35	江西万年	武汉大学毕业	国立第十三中学教员，中正大学讲师	中国上古史	中正大学
张克昌	炽甫	男	45	山西河曲	北京大学毕业	山西大学讲师	历史	山西大学

（续表）

姓名	别号	性别	年龄	籍贯	学历	经历	专长科目	服务学校
陈 超	卓甫	男	33	河南开封	清华大学毕业	山西大学讲师	西洋史	山西大学
孙正容	泆川	男	44	浙江瑞安	中央大学毕业	中等学校教员，中正大学讲师	史学	中正大学

（丁）助教

姓名	别号	性别	年龄	籍贯	学历	经历	专长科目	服务学校
王慎楼	淑重	女	□8	福建闽侯	北平师范大学毕业	青岛市立女中教员，西北师范学院助教		西北师范学院
王华东		男	26	浙江东阳	厦门大学毕业	厦门大学历史系助教		厦门大学
李贵兰	拯中	女	31	广东高要	中山大学毕业	中山大学助教		中山大学
欧阳琛	伯瑜	男	30	江西宜春	清华大学毕业	西南联大助教		西南联大

（续表）

姓名	别号	性别	年龄	籍贯	学历	经历	专长科目	服务学校
蒋相泽		男	28	贵州安龙	金陵大学毕业,清华大学文科研究所研究	同济大学附中教员,贵州大学助教		贵州大学
瞿宗沛		女	29	安徽泾县	金陵女子文理学院毕业	蜀光中学等校教员,女子师范学院讲师		国立女子师范学院
史亚民		男	27	辽宁铺县	东北大学毕业	东北大学助教		东北大学
冉昭德	晋叔	男	36	山东曹县	山东大学文学士	西北大学助教		西北大学
金铄	大成	男	28	辽宁新民	东北大学毕业	东北大学助教		东北大学
季平	平子	男	26	浙江龙泉	清华大学毕业	金陵大学附中教员,浙大助教		浙江大学龙泉分校
何鹏毓	耀南	男	31	河南南阳	北京大学文学士	西南联大助教		西南联大

（续表）

姓名	别号	性别	年龄	籍贯	学历	经历	专长科目	服务学校
隋 觉	涤生	男	28	辽宁辽阳	东北大学毕业	东北大学助教兼研究员		东北大学
邓人撰		男	27	江西奉新	武汉大学毕业	武大助教		武汉大学
邵景洛		女	27	浙江绍兴	清华大学毕业	上海中国中学等校教员，西南联大助教		西南联大

（教育部编：《专科以上学校教员名册》第一、二册，商务印书馆 1942、1944 年）

大学规程·历史学门

历史学门分为左之二类：

中国史及东洋史学类

一、史学研究法，二、中国史（《尚书》、《春秋左氏传》、秦汉以后各史），三、塞外民族史，四、东方各国史，五、南洋各岛史，六、西洋史概论，七、历史地理学，八、考古学，九、年代学，十、经济史，十一、法制史（《周礼》、各史志、《通典》、《通考》、《通志》等），十二、外交史，十三、宗教史，十四、美术史，十五、人类及人种学。

西洋史学类

一、史学研究法，二、西洋各国史，三、中国史概论，四、历史地理学，五、考古学，六、年代学，七、经济史，八、法制史，九、外交史，十、宗教史，十一、美术史，十二、人类及人种学。

（《教育部公布大学规程令》1913 年 1 月 12 日，

《教育杂志》1913 年第 5 卷第 1 号）

高等师范学校历史地理部课程标准

学科目＼学期＼学年	每周时数	第一学期	每周时数	第二学期	每周时数	第三学期
		第一学年				
伦理学	二	伦理学	二	同上	二	同上
心理学 教育学	二	心理学	二	同上	二	同上
历史	八	中国史 东亚各国史 西洋史	八	同上	八	同上
地理	五	地理学通论 中国地志 中国人文地志	五	同上	五	同上
法制 经济						
国文	四	讲读	四	同上	四	同上
英语	五	讲读	五	同上	五	同上
考古学 人类学						
体操	三	普通体操及游戏 兵式训练	三	同上	三	同上
合计	二九		二九		二九	

（续表）

学科目 \ 学期	每周时数	第二学年 第一学期	每周时数	第二学期	每周时数	第三学期
伦理学	二	西洋伦理学史	二	同上	二	同上
心理学 教育学	三	教育学	三	同上	三	教育史
历史	九	中国史 东亚各国史 西洋史	九	同上	九	同上
地理	五 实验 （一）	地理学通论 亚洲志 海洋洲志	五 实验 （一）	同上	五 实验 （一）	地理学通论 欧洲志
法制 经济	三	法制总论 公法 经济总论	三	公法 生产	三	私法通论 私法 交易
国文						
英语	三	讲读	三	同上	三	同上
考古学 人类学						
体操	三	普通体操及游戏 兵式训练	三	同上	三	同上
合计	二八 实验 （一）		二八 实验 （一）		二八 实验 （一）	

（续表）

学年／学期／学科目	第三学年			
	每周时数	第一学期	每周时数	第二学期
伦理学	二	中国伦理学史	二	同上
心理学 教育学	五	教育史教授法	五	教育史教授法 学校卫生 教育法令
历史	九	中国史 西洋史 史学研究法	九	同上
地理	四 实验（一）	欧洲志 美洲志	四 实验（一）	美洲志 非洲志
法制 经济	三	私法 分配 消费	三	国际法 财政
国文				
英语				
考古学 人类学	三	考古学概要	三	人类学概要
体操	三	普通体操及游戏 兵式训练	三	同上
合计	二九 实验（一）		二九 实验（一）	

第三学年第三学期课实地教授　随意科目为乐歌、德文。

（　）为次数之符号，后仿此。

（《高等师范学校课程标准》，《中华教育界》1913 年第 5 期）

光华大学史学系课程

吕思勉

　　吾国史学夙称发达，惟现今学问观点不同，一切旧籍均应用新方法整理，而非略知旧时史学门径，则整理之工作，亦无从施。至于通知外国史事大概，明了现今世变之所由来，进而精研西籍，更求深造，亦今日学者所应有事也。本系之设，虽未敢侈语高深，要必先立平实之基，为进求高深之渐，求精确而勿流于琐碎，务创获而勿涉于奇邪，凡我同学宜共勉焉。

　　凡入本系之学生，宜修共同必修学分若干，本系必修、选修学分若干，辅系必修、选修学分若干，系外选修学分若干，每学系至少应修学分若干，至多许修学分若干，以及由他系转入本系，由本系转入他系，暨考试补习等，悉照本校所定通则办理。

　　本校学科分为 类如左：

　　（一）中国通史、东洋通史、西洋通史。

　　（二）中国文化史、世界文化史。

　　（三）中国上古史（周以前）、中国中古史（秦至唐中叶以前）、中国近古史（唐中叶至明）、中国近世史（自西力东渐至清末）、中国现代史（自清末改革至现在）、西洋上古史（罗马以前）、西洋中古史（罗马之亡及日尔曼人兴起）、西洋近古史（文艺复兴时代）、西洋近世史（自法国革命至帝国主义之完成）、西洋现代史（欧战以后）近世欧洲外交史、美利坚外交史。

　　（四）朝鲜史、日本史、后印度半岛及南洋诸国史、印度史、西域史、东西交通史、希腊史、罗马史、俄罗斯史、法兰西史、德意志史、意大利史、英吉利史、近东史、远东史、美利坚史、拉丁美洲史。

（五）中国民族史、中国政体史、中国官制史、中国教育史、中国选举制度史、中国法律史、中国兵制史、中国财政史、中国赋税制度史、中国币制史、中国外交史、中国政治思想史、中国族制史、中国人口问题史、中国阶级制度史、中国风俗史、中国农业史、中国工业史、中国商业史、中国衣食住史、中国交通通信史、中国经济制度史、中国经济思想史、先秦学史、两汉学史、魏晋学史、中国佛学史、理学史、考证学史、经学史、中国文学史、中国美术史、中国物质科学史、中国医学史、中国宗教史。世界民族史、文艺复兴史、宗教改革史、西洋经济发展史、西洋政治思想史、西洋经济思想史、西洋哲学史、西洋科学发达史、近世欧洲思想史。

（六）史学通论、历史研究法、历史哲学、中国史学史、西洋史学史、中国史部目录学、西洋史部目录学、考古学、年代学、历史地理。

（七）史籍研究（就中西史部专书加以研究，其书目临时定之）。

以上七类中，以中国通史、东洋通史、西洋通史、中国文化史、世界文化史、中国近世史、中国现代史、历史研究法为本系必修科目，其余科目临时酌开。

（《史学系课程》，手稿，华东师范大学张耕华教授提供）

清华大学历史课程改良刍议

沈有鼎

中国史。中国史亦为一年级之必需科目,有梁任公之"中国文化史"演讲,及萧一山先生之"中国通史"讲授。梁先生于中国史学界,为不可多得之人才,得亲聆其教诲,诚难遇之良机,不可谓非我侪之大幸。梁先生所讲,现止"社会组织"一篇,顾皆专门研究之结果,凡非预备将来专研史学,或对史学有特别兴趣之人,似不应作为必需科目。至萧先生所授,对于不预备专习史学者言,亦嫌芜杂。如许关于盘古、三皇、五帝之考证,似非必需之常识,抑亦无甚应用可言。

外国史。外国史亦一年级必需科目,原意盖以西洋史为主,而于东洋史中之印度、日本,亦提要讲述。去年刘崇鋐先生授印度史,过求详审,虽悉心减削,实未得适当之剪裁。致今年有西洋史,反不得不开快车,而于日本史,并重要之点亦不及讲授。又西洋史应考及格者,不能选习他科,仍强之读日本史,岂所授日本史材料,为中国大学生必需之知识乎? 则未凭考西洋史及应考不及格者,何以遂可不习? 如谓所授日本史非必需之知识,则应考西洋史及格者,何不使从各人之兴趣,而选其所欲选之科目(日本史其一)乎? 此所以清华大学,可以历史专门学校目之也。

(《大学部课程改良刍议》,《清华周刊》1926年第25卷第9期)

清华大学历史学系课程商榷

吴景超等

　　这是留美同学所组织的清华文科课程委员讨论会吴君景超等五人给清华留美同学会会长徐君宗涑的一个报告。记者因其文中所言，皆系关于大学部文科课程的增减问题，故特依照原文，录登《周刊》，以便供清华当局及留心清华课程者参考。此外另有关于工科课程一文，因原稿系用英文，俟下期译出，再行刊登。

——记者

　　宗涑会长：前接来函，派我们研究清华大学文科的课程，于五月一日前报告。我们于春假期内，曾将清华大学文科课程，在《周刊》上发表的，详细讨论一次，今将研究所得报告于左。我们不敢说我们的意见是完善的，不过这一得之愚，希望会长转达清华当局，作他们将来修改课程时之参考。

　　在报告课程本文之前，我们先要说几条根本观念：

　　（一）我们以为清华大学教育出来的人材，第一要有广博的常识，二要能在社会上作一有用的国民，三要有自动研究的本领。

　　（二）清华大学的文科，其职务不只在灌输学生以欧美的智识。大学文科的教员，应与学生一同研究中国的问题，使中国的社会科学，将来有独立的希望。

　　（三）我们以为大学一、二年级学生，不宜即分系专攻，他们的必修科目，当较选科为多。到了大学第三年级时，始许学生分系。

　　（四）我们以为清华大学所教的科目，半年即当作一结束，不必拉长至一年之久。学生每星期应读课程四种或五种，每种课程，一星期授课四点钟。

关于报告的本文，我们也有下列的简单说明。

（一）我们这次所讨论的课程，只限于政治、经济、历史、教育心理四系。

（二）课程中一百至二百之科目，系为大学一、二年级学生而设；二百至三百科目，系为大学三、四年级学生而设；三百至四百科目，带研究性质，愿习者须得主任、教授许可。

（三）中国现在之社会科学，多取材外国，关于本国之社会材料，知之者甚多。因此，本委员会对于研究中国社会之高深科目，多置于三百至四百中，以示该种科目，注重搜考而不注重讲演之意。

（四）课程中何者为必修，何者为选科，由教务主任与各系主任斟酌合定之，我们对于此点，并未讨论。

（五）《周刊》中登载之课程，带有课程表性质，所以在政治系下，也列了一些国文、历史各系的课目，今为节省时力起见，各系下只列该系所教授的课程，其他概从省略。

（六）读这篇报告的，请与《周刊》上所载之课程参观。凡原文所无而本委员会以为应设之课程，在本报告中，皆有＿＿＿＿＿为记；凡原文所有而本委员会以为可以取消之课程，我们于每系课程之尾，也有说明。

报告本文如下：

（三）历史学系

一百至二百之科目：中国通史一（唐以前），中国通史二（唐以后），西洋古代史，西洋近代史。

二百至三百之科目：日本史，俄国史，英国史，美国史，印度史，文艺复兴史，法国革命史，十九世纪欧洲史，战后之欧洲，欧美帝国发展史，西洋文化史，廿世纪俄国史，近代日本史，中国近百年史，新文化革命史，中国移民史。

三百至四百之科目：中国历史研究法，中国考古学，中国与藩属关系史，中国文化史，中国断代史，中国宗教史，中史名著研究。

原文分中国史为"上古史"、"中古史"与"近代史"，仿效欧史分期法，我们以为近于勉强，不足取。中国清代以前之历史，未经整理，除一二大师外，无人可以教授，所以在二百至三百之科目中，我们并未列举各代史之名目。我们希望清华的教授,在中国断代史的研究班中,能写出几本完善的教科书来,让将来教授中国古史的,有所根据。原文的"西洋革命时代史",我们以为可以在"法国革命史"、"十九世纪欧洲史"、"廿世纪俄国史"等科中分授。"欧亚交通史",散见于"欧美帝国发展史"、"中国近百年史"及"中国移民史"中。"历史教授法"可归入教育系中。外国史中,我们特别关注英、美、俄及日本,因为这四国与中国的关系,在过去与将来,都较他国为密切的缘故。

　　文科课程委员会:吴景超(主席)王化成 雷海宗 何莲暄 胡毅 同启。

(《关于清华大学文科课程的商榷》,
《清华周刊》1927年第28卷第4期)

中央大学历史系课程规例说明草案要删

缪凤林

　　十七年春,余任中大历史教职时,感校中历史课程规例尚未规定,不揣浅陋,拟成草案,当时注意之点凡三。

　　一、**适合学分制**　中大行选课制,学生以修毕一百二十八学分为毕业。历史系属社会科学院,以历史为主系者,其学分之分配,为共同必修者十六学分,分组必修者三十学分,本院必修者二十五学分,辅系必修者十五学分。其主系必修者,仅三十四学分,余八学分,则主系、辅系选修或任意选修者也。区区三十四学分,至多能修十二个课程。故草案将课程及各课程之学分缩至最小度(如上古史仅三学分,较之前东大某君授秦史六学分者,相去悬远矣),重要课程之性质相近者,亦多并而为一(如日本、朝鲜史是)。盖在修学年限、选课规程未能变革前,舍此外固无他法也。

　　二、**不作高论**　因学分之限制,课程缩至最小度矣。此最小度之课程,亦惟择其最普通者。如国史除通史、文化史外,不但尚书研究、春秋研究、孔子研究(广州中大历史门有此三课程)等等都谈不到,即正史讲习,亦皆缺如。至各种专史,如文学、美术之总史、分史则详文学院,哲学、宗教之总史、分史详哲学院,教育、学制等史详教育学院,经济、法制、政治、思想等史详经济、法律、政治诸系,概不列入。盖三十余学分之范围,只能讲习中外历史上之重要知识,以为专门研究之准备。苟好高矜异,则学分满而称史学士,必有叩以普通历史常识而不知者矣(商务印行顾颉刚等编之初中历史教科书,大学院聘请专家审查,指摘缺误百余处,以此)。

　　三、**注重实用**　史为经世之学,故以实用为归。草案首标宗旨,略云："本系之设,一以讲习历史上之重要知识,一以造成史学研究之中心。前者之职志,曰由稽古而知今而察来,则观测事理能不诬,论断事理能不谬。后者之职志,曰于国史则熟研今日政教礼俗及其他各种现象之所由,明厥变迁而知其所以,识厥利弊而知所兴革。于外史则详察各国家各种族兴衰存亡之故,审其得失而知所取舍,识其情状而知所对待。"较之时人之以考据空想为史学,或称为史而学史者,颇有不同。盖史之纪载,为人类经验之总汇。人事不外改善与继续,根据前事,因应方今,然后无量数人之识解思想,皆惟吾所裁择,其有切实用,实在任何学科之上。草案所列课程,特略于考据空论,至定国史要略为预科必修,亦以其为大学生必不可缺之公民常识故耳。

本是三者以定课程,分类凡四,曰国史,曰西史,曰东洋史及其他,曰通论及其他。为课程凡三十,西史类十二种,系雷君海宗所拟,余十八种分年列表如次。

	第一学期	第二学期
预科	国史要略	国史要略
一年级	东洋通史 上古史 史学通论	东洋通史 中古史
二年级	中国外交史 近世史 日本朝鲜史	中国文化史 考古学 印度及南方诸国
三年级	中西文化史 史学史	中西交通史(西域史附) 史籍考
四年级	史学研究 历史研究法 历史哲学	毕业报告

草案并附说明三点:(一)专史课程,遇他院他系不立该学程时,本系得酌立之。(二)表中课程,遇有与他院他系重复时(如中国外交史、历史哲学之类),则当互商合作,或立或否。(三)表外课程,遇有特别讲

座时,亦得斟酌添设。至课程内容,草案于注明学分年限后,皆附简要说明。兹删其他人之已有说者,录存如次。

一、**国史要略**　四学分　全年　预科必修　本学程内容分:(1)种族,(2)朝代,(3)职方,(4)官制,(5)田赋,(6)征榷,(7)钱币,(8)选举,(9)学制,(10)军制,(11)刑法,(12)四夷,(13)外交,(14)国耻,(15)文化,(16)学术,(17)宗教,(18)礼俗等问题。通贯古今,作一扼要之讲述,尤注意说明今日各种现象蜕化之所由,及其造成之所以。学者习此,觇国论政,皆有历史的根据。

二、**上古史**　三学分　半年　主系必修

三、**中古史**　三学分　半年　主系必修

四、**近世史**　三学分　半年　主系必修

五、**中国文化史**　八学分　全年　主系必修　本学程采用柳诒徵《中国文化史》为课本。凡分三编:第一编自邃古以迄两汉,是为吾国民族本其创造之力,由部落而建设国家,构成独立之文化之时期。第二编自东汉以迄明季,是为印度文化输入吾国,与吾国固有之文化,由牴牾而融合之时期。第三编自明季迄今日,是为中印两种文化均已就衰,而远西之学术、思想、宗教、政治以次输入,相激相荡而卒相合之时期。将各种文化作一扼要的、平均的及历史的叙述,一以求人类演进之通则,一以明吾民独造之真际。

六、**东洋通史**　四学分　全年　全院必修　本学程以国史为纲,通贯印度、西域、朝鲜、日本、北亚及南方诸国家诸种族史实,遇诸国家诸种族与宗邦有关系时,即顺叙其前后。如衣挈领,纲举目张。亚洲全史,除西亚外,略焉可睹,尤注重其与中国文化上、政治上之关系,及其相互间之交涉与形势之今昔。

七、**日本朝鲜史**　二学分　半年　本学程除日本、朝鲜外,附述琉球及台湾略史。日史于古代详述其开化之经过及与吾国之交通,于中世略志其幕府之兴亡及与元明之关系,于近代则特详其改革成功之原因及与吾国之交涉,而各时代之政教风俗附焉。朝鲜史略志其自箕氏立国、卫氏兴亡、三国鼎立、新罗一统及王氏、李氏之始末,详述其与吾国政治上、文化上之关系及日本侵略之终始。

八、**印度及南方诸国**　二学分　半年　印度史以研究印度文化、政治之蜕变及与中国文化上、政治上之关系为主。分三编:(一)印度时期,(二)回教时期,(三)英领印度时期。至南方诸国,则除略述安南、暹罗、缅甸之沿革、政俗及其与中国之关系外,兼及马来半岛、荷属东印度群岛及斐律宾群岛之略史。

九、**中西交通史**(西域史附)　三学分　半年　本学程以研究近世以前中国与葱岭东西诸国文化上、经济上及政治上之交通为主,而附述自汉代至有清中叶西域诸国家诸种族之略史。中西交通分四时代:(一)汉魏六朝时代,(二)唐宋时代,(三)元时代,(四)明清时代。其与中西交通有关之要籍,亦皆各别提出研究。

十、**中国外交史**　二学分　半年　本学程讲述明末迄今之中外重要交涉事实,特别注意:(一)帝国主义之压迫,(二)不平等条约之内容,(三)国权之丧失,(四)外交失败之原因等项。

十一、**史学通论**　二学分　半年　主系必修

十二、**历史研究法**　二学分　半年　本学程以讨论实际修史之方法为主。内容分三部:(一)史之考证,(二)史之义例,(三)史之述作。以刘知幾《史通》、章学诚《文史通义》、《校雠通义》及法人 Longlois and Seignobos, *Introduction to the Study of History* 为主要参考书。

十三、**历史哲学**　二学分　半年　历史哲学为古今思想家对于历史本质之解释,探讨人类因何而动作。本学程于各种史观均详其义蕴,明其流变,而评其曲直。

十四、**史学史**　二学分　半年　本学程以中国史学为主。分四时代:(一)秦以前曰初兴时代,(二)汉隋间曰极盛时代,(三)唐明间曰中衰时代,(四)由清迄今曰复兴时代。特详于重要作者及著作。至欧西史学,则特辟过去之西洋史学史一章,略志梗概。

十五、**史籍考**　二学分　半年　本学程以考订古今史籍为目的。内容分四部:(一)过去史部目录分类之研究,(二)古今史部著述之统计,(三)古今史籍之存佚,(四)重要史籍之提要。

十六、**考古学**　二学分　半年　本学程以讲授考古学上之重要智

识及中外考古学略史为主。内容分:(一)古物之种类及概况,(二)中国考古学略史,(三)西洋考古学略史,(四)考古学之方法,(五)古物之鉴定,(六)考古家之态度等。特详于国内之史前遗存及与历史有关之古物。

十七、**史学研究**　二学分　主系四年级必修　半年　本学程分专书研究及专题研究二者,专究中外各种历史问题之一个或数个,或某种历史之一部或全部。学生自由选定后,由教者分别指导阅览图籍及研究方法,旨在训练读书、鉴别、搜罗、综合、推理、判断及叙述各种能力,为毕业论文之预备。

十八、**毕业论文**　二学分　主系四年级必修　半年　就上项研究之所得,写为论文。仍由教者分别指导。

(《史学杂志》1929 年第 1 卷第 1 期)

大学历史系课程分配之商榷

郑师许

一、序恉

历史为一种最富复杂性,最不易了解而又最占重要地位的一种社会科学。著者向来从事史料的搜集与批判及工具的修治之学,像这样的一个题目,是从不敢开口的。不过因为生成一副历史的头脑,除年少时以《史记》、《汉书》及《纲鉴》等书为小说阅读外,在大学时即以历史为主系,来沪掌教各大学后,又常担任国学系、史学系的功课,十余年与大学里的历史系结缘,眼看自我的学生时代,大学里的历史系课程,实在有点不能负起它的使命。若长此任其贫血下去,未免于现时的史学生为无益,于未来的史学界为有莫大之损失。因敢不揣浅陋,以十余年蕴蓄于胸者,拉杂写来,以求各专家发表高见而已。闻说大学的各院系课程,教部正在规划,倘能因此引起编订历史系课程的委员们的注意,更是意外的因果了。

二、现行各大学历史系一般课程的鸟瞰

著者见闻不广,现行各大学历史系一般课程是怎么样的？除目前服务的学校外,确实不甚清楚。据持志学院卫聚贤的《史学史讲义》所统计,民国十七年度全国各大学史学系所开的学程,有如下的配置：

史学通论：中央必2；史学原论及研究法：成都必4；史学方法论：清华必4,暨南必2,大夏选2,燕京选3；史料之收集与整理：暨南选2；世界史纲：金陵必5,光华3；中国通史：清华必6,暨南必3,

金陵必 10，光华 3；国史鸟瞰：燕京必 8；中国上古史：中央必 2，成都必 4；中国中古史：中央必 3，成都必 4；中国上中古史：河南必 3；中国近古史：中央必 3；中国近世史：中央必 3，成都必 6，河南必 3，沪江选 3；中国近百年史：清华 8，金陵必 5；先秦史：燕京选 3；秦及两汉史：燕京选 3；唐代西北史料：清华选 2；宋辽金元史：燕京选 4；清史：河南必 3，燕京选 4；民国史：燕京选 4；国民革命史：河南必 3；东洋通史：中央选 2，成都必 7，河南必 3，金陵必 25，燕京选 4；印度史：金陵选 5；西洋通史：暨南必 3，燕京选 4，成都必 3；西洋上中古史：河南必 3；西洋中古史：清华选 6；西洋近古史：中央必 2；后中世纪至维也纳会议之欧洲：燕京选 4；欧洲十九世纪史：燕京选 4；西洋近百年史：清华必 8；西洋现代史：中央、河南必 3，成都必 4，金陵必 10，大夏必 6，沪江选 3，燕京选 4，光华 3；希腊史：成都必 2，大夏选 2；罗马史：厦门必 3，大夏选 2；亚历山大以后希腊势力之影响：燕京选 2；罗马百年统治下之帕勒斯厅：燕京选 2；英国史：金陵必 5，沪江选 2，燕京选 3，光华 3；英国藩属史：燕京选 3；美国史：中央选 2，清华必 6，成都必 4，金陵必 5，燕京选 4；法国史：厦门必 3；俄国史：金陵选 5；近代俄国史：燕京选 6；近代大事记：金陵选 5；国际关系史：光华 3；欧洲势力扩张史：厦门必 2；中西交通史：清华选 4；中国民族史：成都选 4，燕京选 4，中央选 2；中国法制史：中央选 2；中国古代法制史：中央选 3；中国社会史：光华 3；中国史学史：清华必 2，暨南必 3；中国文化史：中央必 3，金陵选 3；河南文化史：河南必 2；中国学术史：厦门必 3；中国文学史：金陵、大夏必 3；社会思想史：暨南、大夏选 3；佛教史：暨南必 2；宪法史：大夏选 2；西洋经济思想史：大夏选 3；西洋民族殖民史：中央选 2；英国实业革命史：中央选 2，暨南选 3；西洋近代哲学史：大夏选 3；西洋文化史：中央必 3，暨南选 3，成都必 6；外国史学史：清华必 2；历史上之重要人物：燕京选 4；中国历史专书选读：清华必 4；外国历史专书选读：清华必 4；中国史学研究：中央选 2；西洋史学研究：中央选 2；进化论：清华选 4；中国历史地理：中央选 3，暨南必 2，成都必 3；西北史地：燕京选 2；人文地理：清华选 4，暨南选 3。

（原注说明）选、必表明必修或选修，数字表明学分数。

其后国民政府定都南京以后，首都的教育，俨然为全国新教育试验的中心。据民国十九年《国立中央大学文学院史学系课程规则说明书》所开学程说道：

本系学程区为下列甲、乙、丙、丁四种：

（甲）本国史

（10）中国通史	（11）中国上古史
（12）中国中古史	（13）中国近古史
（14）中国近世史	（15）中国现代史
（47）中华民国史	（50）中国文化史
（51）中国民族史	（52）中国风俗史
（53）中国法制史	（54）中国经济史
（59）中国历史地理	（61）中国外交史
（66）中国革命史	（88）蒙古史
（89）西藏史	（91）中国古史研究

（乙）西洋史

（10）西洋通史	（11）西洋上古史
（12）西洋中古史	（13）西洋近古史
（14）西洋近世史	（15）西洋现代史
（36）东罗马帝国史	（41）文艺复兴与宗教改革史
（42）欧洲君主专制时代史	（43）法国革命史
（50）西洋文化史	（61）欧洲民族殖民史
（71）英国实业革命史	（81-90）西洋国别史

（丙）东洋史

（11）日本史	（15）日本近世史
（19）朝鲜史	（21）印度史
（25）南洋诸国史	（31）北亚史
（41）回教民族史	（51）欧亚交通史

（丁）通论与研究班

（10）史学通论	（11）中国史学史
（12）西洋史学史	（13）中国史部目录学
（14）西洋史部目录学	（15）历史哲学
（41）考古学	（50）历史研究班

　　上列各学程外，遇有必要时，得随时增设学程。本系各学程分为必修、选修二类，今分列如下：

　　（一）必修学程表

年级　学期	上学期	分学	下学期	分学
一年级	中国通史（甲10上）	三	中国通史（甲10下）	三
	西洋通史（乙10上）	三	西洋通史（乙10下）	三
二年级	中国上古史（甲11）	三	中国近古史（甲13）	三
	中国中古史（甲12）	三	中国近世史（甲14）	三
	以上四学程任习二门为必修			
	西洋上古史（乙11）	三	西洋近古史（乙13）	三
	西洋中古史（乙12）	三	西洋近世史（乙14）	三
	以上四学程任习二门为必修			
三年级	中国现代史（甲15）	三	西洋现代史（乙15）	三
	中国文化史（甲50上）	四	中国文化史（甲50下）	四
	西洋文化史（乙50上）	四	西洋文化史（乙50下）	四
四年级	史学通论（丁10）	三	历史研究班（丁50）	三

（二）选修学程表：

（1）二、三年级选修学程

学　程	学　分
中国民族史（甲 51）	三
中国风俗史（甲 52）	三
中国历史地理（甲 59）	三
中国外交史（甲 61）	三
蒙古史（甲 88）	三
西藏史（甲 89）	三
欧洲民族殖民史（乙 61）	三
英国实业革命史（乙 71）	三
西洋国别史（乙 81-90）	三
日本史（丙 11）	三
日本近世史（丙 15）	三
朝鲜史（丙 19）	三
印度史（丙 21）	三
南洋诸国史（丙 25）	三
北亚史（丙 31）	三
欧亚交通史（丙 51）	三

（2）三、四年级选修学程

学　程	学　分
中华民国史（甲 47）	三
中国法制史（甲 53）	三
中国经济史（甲 54）	三
中国革命史（甲 66）	三
中国古史研究（甲 91）	三
东罗马帝国史（乙 36）	三
文艺复兴与宗教改革史（乙 41）	三
欧洲君主专制时代史（乙 42）	三

（续表）

学　程	学　分
法国革命史（乙43）	三
回族民族史（丙41）	三
中国史学史（丁11）	三
西洋史学史（丁12）	三
中国史部目录学（丁13）	三
西洋史部目录学（丁14）	三
历史哲学（丁15）	三
考古学（丁41）	三

此外又规定系外选修课程，于可能范围内宜尽量选习：人类学、人生地理、政治地理、经济地理、经济原理、经济史、政治原理、政治思想史、社会史、文学史、哲学史、科学史、宗教史、美术史、教育史。并谓："以上课程，本系可承认为主系选修课程，但以十学分为限。"中央大学于历史系有深长的历史，而常年经费又较他校为多，故所开课程在当时最为完备。

到了国难以后，全国教育经费，因之大为减缩，各校的课程，不无变动，但详细的调查统计，现在尚未见到。仅就已有的材料，选录一二，以为讨论的根据。至于不能力求精确详细，应请读者原谅。在《战后之暨南》一书里，载着该校二十年度第二学期文学院文史哲系、外国语文学系准开学程：

中国文字学2（学分），中国文学史2，西洋艺术3，诗选3，词选3，文学批评3，社会经济学2，中国社会史3，中华民族奋斗史3，散文3，曲选3，英国文学史3，现代欧美戏剧3，英诗研究3，西洋文学史3，浪漫派诗人3，莎士比亚3，文学概论3，西洋史3，现代政治地理2，社会调查与测验1，各国政党与社会1。

在当时喘息未定之中，该校又为战争损失最重的一校，能照常开学上课，已属万幸，故三系合开仅得二十二学程，这是非常之变，不能作为举例。不过即此可见国难以后各校紧缩的情状了。

　　现在该校已经恢复常状,各系课程亦充实异常。据二十三年度第一学期历史地理学系准开学程,有:

西洋上古史	3(学分)	二(年级)	必
中国文化史	3	二	必
西洋文化史	3	二	必
人文地理	3	二	必
中国学术史	3	二	必
海外侨民史	3	二	选
南洋地理	3	二	选
地文地理	3	二	选
世界地理	3	三	必
中国现代史	3	三	必
西洋近代史	3	三	必
史学方法论	3	三	必
战后欧洲政治史	3	三	选
本国沿革地理	3	三	选
史籍解题	3	三	选
东洋诸国史	3	三	选
中国中古史	3	三	选
气象学	3	三	选
考古学	3	四	必
本国地理	3	四	必
西洋诸国史	3	四	必
中国社会史	3	四	必
社会进化史	3	四	必
史地名著选读	3	四	选
地理教学法	3	四	选
历史科学研究	3	四	选
法国大革命史	3	一、二	选
中国民族史	3	二、三	选
社会学	3	二、三	选

（续表）

经济地理	3	二、三	选
世界民族运动思潮	2	二、三	选
产业革命史	3	二、三	选
各国现代经济史	3	三、四	选
英国史	3	三、四	选
中国土地制度	3	三、四	选
西洋社会思想史	2	三、四	选

等等，属于历史的有二十二种，属于地理的有十种，属于史地合的有一种，属于其他的有三种，足见该校已恢复常态了。可是该校是以历史与地理合系的，故所开课程不能不分开一半以容纳地理的功课。此外又有以历史与社会合系的，我们也应当看它的分配如何。据二十三年六月《大夏大学一览》载该校历史社会学系所定课程为：

（子）普通学程

中国通史	一学年	6（学分）
中国近百年史	一学期	3
中国民族史	一学年	6
中国上古史	一学期	3
中国中古史	一学期	3
清史	一学期	4
中国文化史	一学年	6
西洋上古史	一学期	3
西洋中古史	一学期	3
西洋近代史	一学年	6
英国史	一学期	3
美国史	一学期	3
俄国史	一学期	3
西洋文化史	一学年	6
族国主义发展史	一学期	3
亚洲通史	一学年	6

（续表）

社会问题	一学年	6
社会调查	一学期	3
社会事业概论	一学期	3
人类学	一学期	3
社会起源	一学期	3
社会心理	一学期	3

（丑）研究课程

历史研究法	一学期	3
现代史（世界政治思潮）	一学期	4
西洋史学史	一学期	3
中国史学史	一学期	3
历史教学法	一学期	3
社会运动史	一学期	3
社会专题研究	一学期	3
社会思想史	一学期	3

　　计历史课程有二十一种,社会课程有九种。历史课程与社会课程的分配,约如前项历史课程与地理课程分配的比例,大家都是侧重在历史方面的。

　　此外各校在国难以后课程改进的情形,大致不出上列的范围,恕不再列。

三、现行课程的缺憾

　　我们从上列的课程以观,足见现时各大学历史系的课程的分歧,从好的一方面说,是自由发展,各有专长;从坏的一方面说,是漫无目的,不合实际。就现时观察所得,约有下列六种的缺憾:

　　（一）共同必修学程分配不合。现行各大学的课程,大抵第一学年多为共同必修学程。如基本国文六至十二学分,英文十至十八学分,军事训练六学分,党义二学分,心理学三学分,自然科学四至八学分,论理学、哲学三至六学分,社会、政经六学分。虽各校不必尽同,但大致则必不可免。第二学年以后,则逐渐添上第二种外国语及辅系必修,则每一学生在四年一百五十学分中,能够得读本系必修学程五十二学分,选修学程二十四学分,仅占全学分数三分之一或二分之一,这种损失是何等的重大! 其实现在各地的高级中学已办有相当的历史,这种语言文字的训练如基本国文、英文及科学常识的训练如物理、化学、政治、经济等课程,应由高中这一段教育阶段负责,在大学入学试验时应提高试验的标准,毋庸再如前此在高中未办旧制中学依然存在时青黄不接的时候,在大学初年再为补足此等基本训练的工作。这种与高中重复的课程,往往因所授的内容材料与高中时所已习者全然相同,而失去训练的意味和精神,学者生厌,教者愁眉,这是我们应该注意和矫正的。鄙意以为这种学程应极力减少其学分,而每一种共同学程如基本国文、英文等当加速学生阅读能力而严定其及格标准。庶于双方兼顾之中,免占本系应有训练的时间。

（二）本系课程的重复或偏枯。这事发生的原因,大抵与所聘的专任教授的专长有连带关系,今时因为聘来一俄国史或法国史专家,他时因为聘来一希腊史或罗马史专家,于是便不问全部课程的主辅轻重,临时遂添开适合专家的一类课程,甚至忘记了一系里并无西洋通史、西洋上中近古史等项的课程,形成了偏枯的毛病。试问这一项有特别专长的学生,出校后将就何种的职业或研究? 又或者因为应开的学程,一时找不到专家担任,于是以别项同性质的课程移补,故既有中国近世史,复有清史;既有史学方法论,复有史料搜集与整理;形成叠床架屋的重复。试问内容交互相同,或彼包于此,教材又将如何支配? 所以重复与偏枯,实应有重行订定的必要。

（三）选必课程彼此不相联络。教育的实施,似应有一定的计画和系统,故同在一系里选修与必修应有层累的阶进;主系的课程与辅系的课程应有互相助长的作用。如本系既无文学概论、文学批评等等为之预修,则中国文学史一课程,便无关联,似应改为选修,或简直可以不开,改将这学程列入中国语文学系里,让该系的学生学习。反之,如在本国史里已习蒙古史与西藏史,则东洋史里的回教民族史似应修习。又如中国通史已经学习,则其余中国民族史、中国法制史、中国学术史、中国社会史、中国历史地理均可定为必修或选修,而中国文化史尤当为必备的课程,否则无以明了一事件发生的各方面。现在检查上项的课程,往往犯了彼此不相联络的现象。

（四）各校功课的不一致。这显然是整个高等教育问题,其是非优劣,著者不敢妄加末议。现在所能说者,只是事实问题,我们根据上文卫氏的统计表,现行各大学史学系课程的彼有此无,彼多此少,如果有甲校一个学生转入乙校,则学分的承认补修或截长补短,须经过很麻烦的手续,或竟至延长这个学生的修习年限,这是常见的事实,这是值得注意的。

（五）与中学课程不衔接。中学当然不是纯为大学升学的预备学校,但是现行新标准高中本国史及世界史的分量,已超过原日大学预科制的程度,所以在大学史学系里的中国通史与世界史纲的内容标准应早为厘定,免使大学史学系里这两个课程的内容有与高中时相等或较低的弊病发生,而应使之衔接或推进。无奈照现行的办法,这显然又是一个缺憾。

（六）与社会的需要不适应。大学里特设史学系的目的与功用,虽然要留待下文再说,现在不妨先谈事实。就目前而论,史学系的学生毕业后可以就绝对与他的本行没有关系的职业者可以免论外,其余则大部分为中小学校史学教员,其次则为国史馆、地方通志馆、各书局里的编纂,专门从事史学的占少数,一出校门即任大学教授或讲师者更占少数。别的尚有时间可从事加修者,暂可不讲,最苦者厥为在中小学担任史学教员。一经做了教员,全校或全乡村便视这教员为专家。往往在校时并无这学程或虽有而并不充实,而现行教科书则往往有此种应授的材料,如中国史前史一学程在现行各校间是没有的,而今日高中课本则当然排去传疑神话而代以新科学的成分;或又如国民革命史在大学可以不讲,在中学则绝不能不讲。临时准备,虽可以勉强应付一时,但因生吞活剥,勉强敷衍,未免有失学生的信仰。甚至有在校时辽、西夏、金、元史没有读过，而中学的课本，这一段约占十分之一，地名人名倘然发生问题，课本中若有脱误，这时便没法更正。现时中学里历史教员最难引起学生的兴趣，大学校史学系的课程支配得不好，实在应该负一部分的责任。

四、历史系设置之目的与功用

历史系设置的目的与功用，在现在似乎讨论的人不多。《国立中央大学文学院史学系课程规则说明书》说道："本系之设，旨在研究历史之重要知识，期以阐明历史对于人类社会之关系，并策专精研究之效。盖稽古所以知今，故讲明历史最有助于事理之观察与推断。分析言之：于本国史则注意政治、文化蜕变之因果，庶可明其利弊，知所兴革；于外国史则详察各国兴衰存亡之故，庶可明其得失而有所取舍，识其情状而知所应付。惟同时于各门类之历史，仍注意专研之工夫；庶于切合实用之外，兼图专深之造诣。"据这个说明书所解说，大学里史学系设立的目的，在"研究历史之重要知识，期以阐明历史对于人类社会之关系，并策专精研究之效"。换言之，即在养成史学的专家。在专重学术研究的大学里，当然这个是它设立史学系的惟一目的。同时在兼重供应社会需要的大学里，恐怕还有一种切合实用的副目的，换言之，就是兼为养成中等学校的历史教员人材。自从全国高等师范学校裁废后，从前高师里的史地部或文史部已受撤销，中学历史教员已无供给机关，有史学系的大学便应负此责任。所以在现时大学的史学系的功用，既须养成史学专家，又须养成中等学校的历史教师，这恐怕是办高等教育的人们所承认的。

五、新兴科学与历史学的关联性

在这里，我们没有讨论大学史学系课程应如何分配之先，似乎应该要说一说新兴科学与历史学的关联性。世界的进步，瞬息万变，学术的分工研究，愈趋于狭小。从前依附或包含于某科中的，现在已纷纷独立自成一科。计二十世纪以来,新兴的科学,着实不少。现在只就其中与历史学最有关系的,约略举三数个例说说。

(一)考古学。考古学的目的在发现及研究过去人类的物质的遗物。因这种遗物的研究,结果每每足以更正前人纪录上的不足或讹误。例如印度古史,外民族的侵入印度大别之可分为三次:第一次为希腊人(Yavana),第二次为萨卡尔人(Sakai),第三次为帕提亚人(Pahlava, Parthia)。在希腊人的侵入,也可分为三个阶段,其初因希腊的佣兵及官吏与波斯的势力同时东进,在公元前四世纪前后,在印度西北繁荣起来。然直至亚历山大东征,乃为第一阶段。第二阶段为安泰奥卡斯(Antiochus)三世大王之时,在公元前二一二至二〇四年。第三次为巴克特里亚(Bactria)之侵入。所以亚伽多克勒(Agothokles)、安泰麦卡斯(Antimachos)诸王或亚历山大、安泰奥卡斯、尼喀昔罗(Nicastro)等肖像无不刻铸于货币的面上。这次巴克特里亚侵入,为侵入印度的空前大举,向印度中部各地东进,凡喀布尔(Kabul)河流一带地方,莫不受其骚扰。关于此点,希腊、罗马及印度诸史所说,均为断片的纪录。此时唯一的史料,厥为考古学上所发见的铸像货币。《史记》、《汉书·西域传》所谓各如其王面者是也。从公元前二世纪至一世纪之间,三十王及二妃的货币,殆成为唯一可靠的史料。其后巴克特里亚王统,自公元前一六二年以后,有新旧王统之分,巴克特里亚与印度对立,这事也可由货币上推定。兴都库什山以北,即巴克特里亚的铸币,其式样、铭记、量目等,皆纯然希腊遗风。反之,其南则为类型的模仿,而铭记为两国国语并记式,其量目则或为印度式,或为波斯式。则其内讧篡夺,诸王并立,及亚历山大东征,希腊政治势力没落段阶的实情,可以考见。在第二次、第三次侵入以后,则我国及希腊史籍,及印度、波斯的碑文、货币,均足为其史料。而货币的作风,往往不铸王号、肖像,而铸个己的名字。但是,我们如无考古学上的常识,怎样能够考证这时期史料上的漏略和脱误呢? 这不过是顺手拈来的一例吧! 已可证明考古学与历史学的关联性。所以我以为今后大学史学系的课程,务必加入相当考古学的学分。

(二)方志学与年鉴学。方志学为我国固有的学术,自来研究历史的人，无不有相当的注意。如清朝的章实斋一辈，便是在这方面有极大贡献的一人。迄今，《章氏遗书》为历史学生所必不可不读之书。但是时移世易，古昔的方法，往往不能范围新近发生的材料。自民国以后，各省县的通志局馆，往往成立多年，不能蒇事，早日杀青。最近上海市通志馆编纂诸君，有鉴于此，于编纂通志之余，另分一部分功力，从事《上海市年鉴》的编辑。所以 Year Book 虽为外国新兴的科学，而我国史学界终必不能不采用，而与方志学成为姊妹学了。日前瞿兑之在《禹贡》半月刊发表《读李氏方志学》一文，说道："每省每县请上一两位年高望重的耆绅作个幌子，支上几千块钱的局用。究竟修志有什么用处？就是修成了以后，又何尝不是往图书室里一交，原封不动的摆在架上。过上若干年之后，偶然遇着我们这类的呆子从这里面往复搜寻那极稀微淡薄的材料，徒然掩卷长吁，追恨修志者之无史识而已！……简直将修志的事情停止，另外想别的办法。……以国民政府主计处担任搜集材料之责，以中央研究院担任整理之责，然后再与各省的学术机关分别订立合作的方法，叫他们实地参考研究。分之则为一县一县的志，合之则为一省一省的志，再合之则为全国一览。经过这一次大举之后，便可以每年出一种年鉴，以记载流动的事实。其他的事也可以在这里附带的补充修正，使其日异而月新。……这个办法如果办不到，我以为更可以干脆停止修志。但须由中央制定一种钞送史料的格式，每一地方限定他们若干时期必须送来多少史料。只请他们钞而不请他们作；只求现在仅有的史料不再损失，而不遽求史料之整理。与其嚷了多少年的修志而仍是一字无存，倒不如多钞点书，犹为慰情胜无。"这是瞿君说明方志学不得不变通和年鉴学的不得不采用的道理。现在我国的各行政当局及实业机关、学术机关等已渐渐知道保存现代史料的重要，故近来除《申报年鉴》、《上海市年鉴》以外，其他如《铁道年鉴》、《财政年鉴》、《银行年鉴》等，似乎已有发见。而各学术机关的年报，也出了不少。所谓历史系切合实用的人才，将来恐怕以编辑年鉴这项的需要为最多。所以我以为大学历史系应添加这一类的课程，使之与文学系的新闻学分道扬镳，一则应尽量搜集现时已有的中外年鉴以供他日史学生的攻究与考证，二则应聘专家为之讲习,造成出门合辙的高车。不过现时的大学,真的能留意及此的很少很少。以我所见早年昙花一现的建设大学的图书馆里储有自欧洲带回六十余册的英法年鉴,恐怕是最多的了。

(三)宗教学。宗教虽不是新的东西,可是宗教而可以自由讨论研究至成为一种学,确是新兴的事情。在宗教学尤其是比较宗教学的平等观看来,各国的古史,有许多事情是可以解说和证明的。如果不懂宗教学,古史便无法明白,无法整理。最近著者在本杂志《读经问题专号》里有一段话,说道:"又如夏、殷、周间言天言巫、祝之事至多,《洪范九畴》也须天命锡禹,彷佛与摩西十诫受之西奈山的故事相同。其余如《尚书》之《高宗肜日》、《西伯戡黎》、《大诰》、《康诰》、《多士》、《多方》,《诗经》之《文王》、《大明》、《皇矣》等篇,俨然与《旧约》之《申命记》同一口吻。而周人宗教祭祀的典礼,清儒考据亦极为详明。康有为至怀疑这些都是后人的伪造,以为古人断无此事,如果是真实的话,古人只得日日拜神,宁复有人事之可言。康氏虽然在经学上有了很大的创造和成绩,而其所言如此,为的就是犯了没有比较宗教学的常识与造诣的毛病。所以有志读经的人们,我也得奉劝他涉猎涉猎宗教学才是。"其实六经只不过是尚未整理的史料,所以上文这一段话,也得说明宗教学与历史学的关联性。又如"汤一征自葛始"这一场战争,据我看来,是古代藉宗教名义以侵伐别国的史实(详见拙著《中国学术概论》宗教章)。又如曾国藩与太平天国的对抗,说者也谓可以拿宗教心理来解释。此外西洋史中的十字军战争、宗教革命、印度的佛回两教冲突和我国近百年来的教案,都随在需要宗教学的常识来帮助我们去理解它。所以宗教学一课程,似乎有添加大学史学系里的必要。

此外,其他新兴科学如统计学、民族学、民俗学、史前史等,他们与历史学的关联性也很大。别的且不说,即如最近日本交通史专家白鸟库吉、藤田丰八与桑原骘藏辩论大宛国贵山城问题,桑原氏终于高出一筹,为的就是他已知道汉代里数换算的方法,汉代一里约合今日四百米突,为近世欧洲汉学家所已统计出来的(详见《交大季刊》第十六期拙著《前汉时代陆路交通考》中,又早年《中国学术周刊》里,闻宥也有说过）。推之民族学、民俗学、史前史等，它与历史学的关联性，可以不言而喻了。善哉英国弗里曼（E. A. Freeman）之宣言曰："历史常须从事于任何事物之叙述，故彼所通晓者愈多，则彼工作之预备亦愈优胜。"

我们在现代的新环境里，既然知道了各种新兴科学与历史学的关联性，则我们重新分配大学历史系的课程时，自应酌量添入为是。

六、今后历史系课程分配刍议

在这里，我们既已明白大学历史系设置的目的和功用，又已认识今日新兴科学与历史学的关联性，自然可以谈到今后历史系课程分配的问题。不过著者所见不多，读书亦少，何敢自作主张？况现下教育部正在编订大学各院各系的课程，这是当局的责任，我们只可拭目以观吧了！惟是古语云："愚者千虑，必有一得。"我们不妨把个人所见到的，归纳成几条原则，说了出来，给大家作个参考。

这原则是怎样的？

第一、根据上文所说，大学历史系设置的目的，（A）是养成史学的专家，（B）是养成中等学校的历史教员。所以今后的历史系课程，以并包兼顾为是。不过课程的多少与全校的经费极有关系，鄙意以为，可由教部预为规定若干大学养成（A）项人材，若干大学养成（B）项人材，或侧重（A）项、（B）项。如是则办理者易于聘请教师及设备，而学者亦得于投考之先知所抉择。

第二、课程分配之间，固然不得有偏枯与重复之嫌，尤须与高级中学所已授者相衔接，而不可有流于补习的事实或形式。

第三、新兴科学有添设的必要者应尽量添入。从前误为排入，在现今实无需此者，应尽量删去。

第四、本系的学生应规定须修习中国史学分占全学分数三分之一，西洋史占三分之一，东亚史及史学通论或研究占六分之一，其余六分之一则为辅系选习及共同必修。如属（A）项目的学生以不选辅系功课为原则。

第五、如史地合设或历史社会合设为系的大学里，并得规定历史课程应占六分之三,地理或社会则占六分之二,辅系选习及共同必修至多不得超过六分之一。

第六、各地方大学虽得因其特别环境添设地方文献的课程,但教部所编订的课程大纲的最低限度应不得减少,庶于自由活用之中有全国一致的精神。

第七、规定课程项目后,如此项教师难得,得由相近数校合聘一教师,排年讲授,但不得藉故变更。

以上七项原则,如认为尚可采用或尚需增减,大致决定后,然后由教部召集专家会议全盘审定,并将各项课程定出详细课程大纲,暂行试用。

七、赘语

我国兴学三四十年,对于学制上一切的一切,向来只有抄袭外国,尚无适合本国国情的十年大计。近数年来,全国上下对于此点已有深切认识,小学、中学各级课程标准和大纲,已有详细的规定。据最近国立编译馆所报告,高中的各项教科书,亦均有精密的审查。将来此项高等教育课程,也能如此规定,从试用而渐臻于完备,则我这回小小的提议,自然不算是废话了。

民国二十四年五月二十八日写完于沪上四部书斋。

（《学术世界》1936 年第 1 卷第 10 期）

对于大学历史课程的一点意见

雷海宗

　　近年来时常得机会与各大学比较熟识的历史学系毕业生谈话,他们都表示,回想已往四年的工作,觉得对史学的园地并没有得到一个清楚的认识。他们都很客气,不肯把责任归到各位教授身上,总是说他们自己未曾用心读书。但事后自省,我们这些教历史的人实在不能摆脱责任,并且大半的责任在我们方面,学生当负的责任甚少。

　　第一点我们未曾尽职的,就是对于学生选课,我们没有充分的加以指导。各校的情形或有不同,但一般的讲来,课程都开的太多,必修的基本课程太少,大多数的课都是比较专门的选修课。在自由研究的美名之下,我们就放任实际对历史一无所知的一群青年,用近乎拈阄的方法去随意选课。至于他们是否有能力去选拣,似乎无人注意。史学难倒真是漫无准则,无论怎样乱学都可以? 补救此种弊病的方法,最好是大量减少选修课的数目,增加必修课的数目,并极力充实必修课的内容,务必使学生把几种基本的必修课读过之后,对历史能有一个比较清楚的认识。这并不是一个很高的理想,不致有不能克服的困难。

　　所以第二点我们当考虑的,就是历史功课分配与组织的问题。中国各大学的制度大半以美国为标准,我们可把美国与中国几个重要大学的西洋史课程列表比较一下,就可看出我们的办法是如何的不合理:

学校＼课程	通史	上古史	中古史	近代史	国别史	专题史
哥伦比亚（1927-1928）	文化概论（全）	上古通史（全）近东与希腊史（全）罗马史（全）	中古史（全）	近代史（全）欧战前后史（半）欧洲史，一八七○至一九一四（半）	美国史（全）英国史（半）	美国制度史（全）英美宪法史（全）欧洲发展史（全）大英帝国史（全）欧洲文化史（全）
哈佛（1934-1935）	西洋通史—罗马帝国末至最近（全）	罗马共和国（半）罗马帝国（半）希腊史（全）希腊罗马末期（半）后期希腊（半）巴比伦亚述（半）犹太史（半）	中古文化史（半）	文艺复兴与宗教改革（全）欧洲文化史，一七五○至一八○○（全）法国革命史（半）欧洲大陆史，一八一五至一八七一（半）欧洲大陆史，一八七一至一九一四（半）	英国史（二年）美国史（二课一年）俄国史（全）西班牙帝国史（半）德国近代史（全）法国中古史（半）法国近代史（半）意大利中古史（半）意大利近代史（半）	英国中古宪法史（全）日耳曼中古宪法史（半）英国外交史，一八一一四以下（半）
芝加哥（1935-1936）	历史导论（季）西洋经济史（季）	上古之地中海世界（三季一年）	中古史（三季一年）	近代史，一五○○至一九一四（六季二年）欧战背景史（季）战后史（季）	英国史（二季）美国史（三季一年）俄国十九世纪史（季）	十九世纪经济社会史（季）欧洲向外发展史（二季）英国专题研究（三季一年）

（续表）

课程 学校	通史	上古史	中古史	近代史	国别史	专题史
中央 （？年）	西洋文化史（全）	上古中古史（全） 菲亚古国史（全） 希腊史（半） 罗马史（全）	中古史（见上古史栏）	近代史（全） 文艺复兴（半） 宗教改革（半） 法国革命（半） 现代史——大战后（全）	英国史（全） 美国史（全） 俄国史（半）	史前史（全） 英国工业革命（半） 考古学（半） 欧洲沿革地理（全） 西洋史学史（半）
北大 （1935-1936）	西洋通史（全）	上古史（全）	中古史（全）	文艺复兴与宗教改革（半） 十七十八世纪史（半） 十九世纪史（全） 当代史（全）	法国史（全） 英国史（全）	历史学研究法（全） 西洋史籍举要（全） 上古史择题研究（全） 中古民族迁移史（全） 西洋史学史（全） 希腊文明史（全） 科学发达史（全） 考古学（全） 历学（全）

（续表）

课程＼学校	通史	上古史	中古史	近代史	国别史	专题史
清华（1935–1936）	西洋通史（全）	希腊史（全）罗马史（全）	中古史（全）	近代史初期（全）宗教改革史（全）十七十八世纪史（全）法国革命史（全）十九世纪史（全）	美国通史（全）英国通史（全）俄国通史（全）俄国近代史（全）	史学方法（全）西洋史学史（全）近代国际关系史（全）俄国在亚洲发展史（全）欧洲海外发展史（全）
武汉（1935–1936）	西洋文化史（全）	上古史（全）	中古史（全）	近世史（全）		史学方法（半）
燕京（1930–1931）	西洋文化之历史基础（全）	上古至纪元前第四世纪（半）后期希腊至罗马犹太史（二年）	基督教史之浪漫时期（半）欧洲中古史—文艺复兴（半）	近世各国发展史（全）革命时代之基督教史（半）独裁政治,欧洲革命（半）一八一八以来之西洋史（全）	法国史（全）德国史（全）俄国史（全）美国史（全）	史学方法（半）史学练习（半）高级历史方法（半）西洋史学家（全）年代学（全）历史教授法（半）巴里斯登考古（全）英国民权发达史（全）不列颠帝国及其外交政策（半）基督教史（全）国际联盟（全）

关于上面所列的表,有几点需要解释:

(1)去年的大学一览或历史学系课程说明,有的学校一时不能找到,所以只得用几年前的旧刊物。其中关于中央大学,所据的说明书上没有注明年月,但推想大概是属于一九三三或一九三四年的。

(2)每课程下括弧中的"全"字,指全年课程,"半"字指半年课程。只有芝加哥大学行季制,一年四季,以三季为一学年。

(3)关于美国三个大学,只列本科与本科及研究院公同的课程,专为研究院而设的课程一概从略。因为中国各大学即或有研究院,规模也很小,学生甚少,实际并没有专为研究院开设的课程。

(4)关于中国各大学,只列西洋史的课程,与不分中西的课程,如史学方法之类,纯粹中国史的课程从略,因为美国各校实际没有中国史。

(5)文化史或文明史,按课程说明的标准,或归"通史"栏,或归"专题史"栏。

从上列的比较表,我们按类分析,可得结论如下:

(1)通史方面,无论中美,各校都有一个一年的课程,大半都是为全校一年级的学生而设,不专属于史学系。此点无需讨论。

(2)上古史方面,芝加哥是一年的课程,哥伦比亚除一个一年的上古通史外,又有两个全年的断代史。哈佛规模最大,共有四年的课程。中国各校,最少有一年的课程,多的可有三年。在量上讲,我们可说与美国最高的标准几乎相等。

(3)中古史方面,哈佛半年,但"国别史"中有许多中古的课程。美国其他两校的中古史都是一年。中国各校,除中央没有独立的中古史外,都是一年的课程。

(4)近代史方面,哥伦比亚是二年,芝加哥约二年半,哈佛三年半。中国,除武汉只为一年外,其他各校最少三年,多的可有五年。在量的方面,我们超过美国。

(5)国别史方面,哥伦比亚只有英美两国,共一年半;芝加哥有英、美、俄三国,合共二年。哈佛比较复杂,除英、美、俄三课已有四年外,尚有六种课程,合共三年半。中国,除武汉因历史学系规模较小,没有国别史外,各校最少有二年的课程,多的可到四年。并且我们的课并不限于情形比较特别的英、美、俄三国,我们似乎非学美国规模最大的哈佛不可,哥伦比亚与芝加哥还不能达到我们的标准。

(6)专题史方面,哥伦比亚有五课,共五年,在美国三校中规模最大。哈佛只有三课,共二年,芝加哥也是三课二年。在这一点,我们的课程真可说是洋洋大观。武汉规模最小,但也有一个美国三校所无的史学方法。其他各校可以多到十门课程以上,年限最少的也有三年半,多的可到九年。

若把以上几项平均起来讲,可说我们的功课在各方面都较美国最完备的三个大学为复杂,最少也与它们并驾齐驱。但这只限于西洋史。我们不要忘记,在美国历史学系只有西洋史,中国史最多也不过有一两门不相干的课程。但在中国,中国史最少占二分之一的地位。试问在此种情形下,我们如何能希望学生得着充分的训练?功课如此之多且滥,选课指导又非常的马虎,又何怪学生毕业后感到连对历史的大体仍是一知半解?所以我们必须有一个通盘的计划,不能一切都照抄美国,更不可添上美国所不敢有的许多新花样。

中国史至今尚未研究清楚,所以中国史的课程暂时不免琐碎,各课都有一点研究练习的性质。但对这种情形,我们当设法早日补救。至于西洋史,大致已无问题;同时由人才与设备上讲,我们也决无能力对西洋史有研究的贡献。所以各种繁琐的课程可以一概不开。只求叫学生对西洋史能得一个整个而比较充分的了解,已非容易,也就很够我们努力的了。

所以我们的课程,极需澈底的改革。中国史目前恐无完善的办法。关于西洋史,作者先把个人的意见提出,妥当与否尚望各校同人指教:

(1)通史:西洋通史一年,仍按今日的办法,每周三小时或四小时,为全校学生而设。

(2)断代史:根本废除上古、中古、近代的刻板分期法,开一门内容极其充实的"西洋史",二年授完,每周上课五小时或六小时,除讲演外,课外的读书也要相当的丰富,凡以历史为主系的人都要修习。二年分配的方法并无需一致，但作者个人以为最好第一年授今日所谓上古史与回教及东罗马帝国的历史，约至一五〇〇年为止。第二年授所谓中古与近代史，由三〇〇年左右开始。这个分法或者好像奇特，西洋各大学也不这样作。但我们在课程的分配上并无需盲目的追随西人。回教在历史上的地位甚为重要，与中国的关系也很密切。但在西洋史的课程中回教总是处在附属的地位。我们不加思索，承袭西人，把十字军总看为欧西人征服东方的发展运动，始终不曾反过来想，把它看为回教所遇到的一个外来大患。所以最好把所谓中古时代在空间上分为两部。第一年的末期只讲回教与东罗马的部份，以回教与东罗马为主，以欧西为辅；关于欧西方面，只讲它与回教及东罗马的关系，欧西本身整个不管。第二年的初期只讲欧西部份，以欧西为主，以回教及东罗马为辅；关于后者，只讲它们与欧西的关系，本身的历史一概从略。

这门功课的目的，为的是叫学生于二年之内对整个的西洋史能够大致明了。如此教法，对于教者或不免困难。一人教授，当然办不到，也无需一人包办。两人分教，或仍有难处，然而并非不可能。再退一步，若以半年为单位，由四人分教，按理当毫无问题。但二人或四人必须密切的合作，把时间的分配预先商定，教授的方法在可能范围内务要一致。

（3）国别史：只开英、美、俄三种，因为三国的历史比较有特殊性。每课或一年，每周三小时，或半年，每周五、六小时，可按时间支配的便利而定。三课皆可作为选修，但本系学生至少当习一种。

（4）专题史：可以完全不要。因为中国史已够我们研究不清的了；越俎去研究西洋史，既无此需要，在国内也决无此能力。最多或者可有一门欧洲向外发展史的课程。但连这一课的内容，在第二年的西洋史中也当有比较详尽的讲授，特辟功课实非必要。另外或可与政治学系合作，开一门大战后国际政治。

专题课程，目下中国各校所同有的就是史学方法，并且大半都是必修课。这在美国各校都是研究院的功课，且是专为要得高等学位的人而设，其他的研究生并无需选习。我们本科有此必修课，大概是希

望历史学系毕业生将来都能成为历史专家,尤其是考据专家。关于这
一点,我们并不一定要追随美国,为本科四年级生也未尝不可开这样
一门功课,但似乎无需定为必修。历史学系本科的目的是要给学生基
本的知识,叫他们明了历史是怎样一回事,叫他们将来到中学教书时
能教得出来,叫他们将来要入研究院或独自作高深的研究时,能预先
对史学园地的路线大略清楚,不致只认识一两条偏僻的小径。即或将
来也不教书,也不继续研究,最少叫他们毕业后回想起来,还能知道人
类已往发展的步骤与情形,可作他们应付人生的一种助力。至于训练
专家,那是研究院的事。并且要作专家,也须先有基本的知识。偏枯
的专家不只不能算为一个完备的"人",在自己专门的范围以内也难以
有很大的贡献。

　　本文并没有指摘任何学校的意思。作者自己与表中所举五个国
内大学中的三个先后都有关系,对它们的功课表可说多多少少,直接
或间接,都要负责。所以本文与其说是批评,不如说是忏悔。

十月十四日

(《独立评论》1936 年第 224 号)

论大学历史学系设立要旨

边理庭

各大学过去设置历史学系，注重应用者多，注重理论者少。现在既增设师范学院以为造就中等学校师资之场所，则文学院之史学系，应注重学理，以期发明，乃为当然之事。惟注重学理亦有历史真相与历史真理之不同，其所置科目亦因而有异。兹分论之：

一、注重历史真相者：除普通史及社会、政治、经济为必修科目外，尚须以考古学、地史学、人类学、人种学、言语学等为必修科目，而以各种国别如英、美、德、法、俄、日等国史为选修科目，或选修专门史如社会史、经济史等以补之。

二、注重历史真理者：除普通史及社会学、经济学、政治学为必须科目外，尚须以心理学、论理学、哲学及历史哲学等为必修科目，而以各种专门史如哲学史、美术史、社会史、经济史等为选修科目，或选修人文地理、人类学以补之。

以上各者，无论注重任何一种，而有一个应深切了解者，则为中外历史之不可偏重，普遍史之必须完备是。盖必如此始能使学生对史学园地之路线，大概清楚，了解人类以往发展之步骤与情形，为应付人生之一种助力。然后再就各校之环境与师资，决定为研究历史真相或历史真理之一种。如为前者，则历史辅助科学如考古学、地史学等之必须完备。如为后者，则社会科学之若干部门如政治、经济及心理、论理等科目绝对不宜缺少。何去何从，应由各校自行抉择之。

（《论大学文理法三学院各学系设立要旨》，

《教育通讯》1940 年第 3 卷第 19 期）

大学文学院历史学系科目表

大学文学院历史学系必修科目表

科目	规定学分	第二学年		第三学年		第四学年		备注
		第一学期	第二学期	第一学期	第二学期	第一学期	第二学期	
中国近世史	4-6	2-3	2-3					起自道光,至抗战为止。要旨在研究外力压迫所引起之政治、经济、文化各种改革。
西洋近世史	6			3	3			自维也纳会议至现在
中国断代史	8-12	2-3	2-3	2-3	2-3			详附注(一)
西洋断代史	8-12			2-3	2-3	2-3	2-3	详附注(二)
国别史	4-6			2-3	2-3			详附注(三)
专门史	4-6					2-3	2-3	详附注(四)
中国史学史或史学方法	3					3		
中国地理	3						3	
西洋史学史或史学方法	4			2	2			
毕业论文或研究报告	2-4					1-2	1-2	
总计	46-62	4-6	4-6	11-14	11-14	8-11	8-11	

附注：

（一）学生至少须选习下列中国断代史学科之二：（1）商周史，（2）秦汉史，（3）魏晋南北朝史，（4）隋唐五代史，（5）宋辽金元史（或元史分设，或元史与明史合授为元明史），（6）明清史（清史得授至道光时为止，俾与中国近世史衔接）。每科定为四学分至六学分。

（二）学生至少须选习下列西洋断代史学科之二：（1）西洋上古史（希腊史、罗马史分设亦可），（2）西洋中古史，（3）文艺复兴至法国革命（其中得分设文艺复兴史、西洋十七十八世纪史或法国革命史）。十九世纪史已在西洋近世史中讲授，至于大战后之世界，如西洋近世史未及讲授时，得分别开设。每科定为四至六学分。

（三）学生至少须选习下列国别史一种，如日本、俄国、英国、美国、德国、意国、法国、印度、西班牙及南洋或巴尔干半岛等国史，或诸国某一时代史。每科四至六学分。

（四）学生至少须选习下列专门史一种，如中国经济史、中国社会史、中国政治史、中国政治思想史、中国哲学史、中国教育史、中国文学史、中国美术史、中国财政史、中国外交史（如外交方面特别有关之国家，得分国别讲授）、中国殖民史、中西交通史、西洋经济史（或分国别讲授）、西洋美术史、西洋政治思想史、欧洲殖民史等。每科四至六学分。以上课程无论在任何院系设置，均得为史学系课程。

大学文学院历史学系选修科目表

科目	规定学分	设置学年及学期	备注
中国史部目录学	3	第二、三、四学年	
传记学	3-4	第二、三、四学年	
史籍名著	3-4	第二、三、四学年	
历史教学法	3-4	第二、三、四学年	
史前史	3	第二、三、四学年	
考古学	3-6	第二、三、四学年	
世界地理	4-6	第二、三、四学年	
制图学	3-4	第二、三、四学年	
人类学	3	第二、三、四学年	
文字学概要	6	第二、三、四学年	
社会心理学	3-4	第二、三、四学年	

（《大学各学院分系必修及选修科目表》,1939 年 8 月 12 日,

《教育法令汇编》第 5 辑,正中书局 1939 年）

师范学院史地学系科目表

师范学院史地学系必修科目表

科目	规定学分	第二学年		第三学年		第四学年		第五学年	
		第一学期	第二学期	第一学期	第二学期	第一学期	第二学期	第一学期	第二学期
史学概论	3	3							
中国上古史	3-4		3-4						
中国中古史	4			2	2				
中国近世史	4-6					2-3	2-3		
西洋上古史	4			2	2				
西洋中古史	4			2	2				
西洋近世史	6					3	3		
自然地理	6			3	3				
中国地理（总论）	3				3				
中国区域地理	6					3	3		
世界地理	9					3	3	3	
中国历史地理	3								3
分科教材及教法研究	2-4					3	3	1	1
教学实习						3	3	5	5
毕业论文								1-2	1-2
总计	87-92	6	6-7	9	12	17-18	17-18	10-11	10-11

师范学院史地学系选修科目表

科目	规定学分	设置学年及学期
中国史部目录学	3	第三、四、五学年
中国文学史或史学方法	4	第三、四、五学年
国别史	4-6	第三、四、五学年
专门史	4-6	第三、四、五学年
史前史	3	第三、四、五学年
考古学	3	第三、四、五学年
传记学	3	第三、四、五学年
中国文学专书选读	4-6	第三、四、五学年
中国史学专书选读	4-6	第三、四、五学年
历代文选	6-10	第三、四、五学年
国防地理	3	第三、四、五学年
经济地理	3	第三、四、五学年
政治地理	3	第三、四、五学年
地理实察	2	第三、四、五学年
地图读法	3	第三、四、五学年
天文地理	3	第三、四、五学年
测量学	3	第三、四、五学年
地形学	6	第三、四、五学年
气候学	3	第三、四、五学年
气象学	6	第三、四、五学年
儿童及青年读物	3	第三、四、五学年
中外教育家研究	2-4	第三、四、五学年
训育原理及实施	2	第三、四、五学年
升学及就业指导	2	第三、四、五学年

（李友芝等编《中国近现代师范教育史资料》第 2 册，
北京师范学院内部交流版，1983 年）

修订文学院历史学系必修科目表

科目		学分	第一学年		第二学年		第三学年		第四学年	
			第一学期	第二学期	第一学期	第二学期	第一学期	第二学期	第一学期	第二学期
中国近世史		4-6			2-3	2-3				
西洋近世史		4-6					2-3	2-3		
中国断代史		12-16			3-4	3-4	3-4	3-4		
西洋断代史		8-12			2-3	2-3	2-3	2-3		
西洋国别史		4-6					2-3	2-3		
专门史		4-6							2-3	2-3
中国史学史	选习一种	2			2					
史学方法										
西洋史学史	选习一种	2				2				
史学方法										
毕业论文		2-4							1-2	1-2
共计		42-60			9-12	9-12	9-13	9-13	3-5	3-5

（《修订文学院历史学系必修科目表》，
1944 年修订，油印本，上海图书馆藏）

现行历史学系必修科目表

科目	规定学分	第一学年		第二学年		第三学年		第四学年		备注
		上	下	上	下	上	下	上	下	
中国近世史	4-6			2-3	2-3					起自道光，下迄最近。要旨在研究受外力影响而引起之政治、经济、文化各种改革。
中国断代史	9					3	3	3		详附注一
西洋近世史	4-6			2-3	2-3					自维也纳会议迄今
西洋断代史	9					3	3	3		详附注二
亚洲诸国史	6					3	3			详附注三
西洋国别史	3						3			详附注四
专门史	6							3	3	

（续表）

科目		规定学分	第一学年		第二学年		第三学年		第四学年		备注
			上	下	上	下	上	下	上	下	
中国地理总论		4	2	2							
中国沿革地理		3		3							
世界地理		4			2	2					
中国史学史	选习二种	3							3		
史学方法		3								3	
西洋史学史		3							3		
史学通论		3								3	
毕业论文或研究报告		2-4							1-2	1-2	
共计		60-66	2	5	6-8	6-8	9	12	13-14	7-8	

附注：

一、至少须选习下列中国断代史之三种：（1）商周史，（2）秦汉史，（3）魏晋南北朝史，（4）隋唐五代史，（5）宋辽金元史，（6）明清史（清史得授至道光时为止，俾与中国近世史衔接）。每种定为三学分。

二、分为（1）西洋上古史、（2）西洋中古史、（3）文艺复兴至法国革命等三段,每段各为三学分,按序设置。

三、包括朝鲜、日本、印度、南亚、北亚及中亚诸国等六部分。

四、至少须于俄国史、英国史、美国史、德国史、法国史、意大利史、土耳其史等选习一种。

五、学生至少须选习专门史二种,如中国社会经济史、中国政治思想史、中国哲学史、中国文化史、中西交通史、西洋社会经济史、西洋政治思想史、西洋哲学史、西洋文化史、欧洲殖民史等,每种三学分,合计六学分。

(《现行历史学系必修科目表》,1944 年修订,油印本,上海图书馆藏)

现行修订历史学系选修科目表

科目	规定学分	选习学年	备注
中国史部目录学	3	第三、四学年	
中国古代史研究	3	同右	包括西方学者研究中国古史之成就及地下发掘结果之研究
民俗学	3	同右	
史前史	3	同右	
考古学	3-6	同右	
传记学	3-4	同右	
制图学	3-4	同右	
人类学	3	同右	
古文字学	6	同右	
历史学科教材教法	4	同右	
社会心理学	3-4	同右	
地史学	6	同右	
中国史学名著选读	6	同右	
西洋史学名著选读	6	同右	

（《现行修订历史学系选修科目表》,油印本,上海图书馆藏）

各院校对于历史学系课程意见

　　国立西南联合大学：一、共同必修科目之中国通史、西洋通史，如他系改为任选一科，史学系仍须两者兼修。二、中国近世史、西洋近世史照旧必修。三、中国史、外国史。（一）共修四十学分，课程书目及每课学分不必规定。（二）两者学分不必均等，但每种不得少于十二学分。（三）性兼中外之课程（如中西交通史），得计入四十学分之内，但不得计入最少十二学分种类之内。（四）中国断代史、西洋断代史、亚洲诸国史、西洋国别史、专门史、中国史学史、西洋史学史七种，皆并入中国史、外国史总数内，不必另列。四、中国地理总论、中国沿革地理、世界地理非本系课程，可改为选修。五、史学方法、史学通论两科性质相近，可改为任选一种。六、选修科目范围甚广，可听各校按师资与设备情形自定，不必列举。

　　国立厦门大学：一、中国断代史拟改为四学分。讲断代史须求周详，兼及史料之检讨批评，如是则材料繁多，授课时间须增加。二、中国史学史改为四学分。因教材多，须增加授课时数。三、史学方法拟改为必修科。此科乃在指导学生自修方法及研究门径，本系学生应当修读，以为进修之基。四、专门史拟改为选修科。因此科教材多见于断代史中。

　　国立武汉大学：本系兼包中西史与地理课程，原已繁重。年来部定标准一、二学年共同必修科目复占去不少时间，结果学者既感时力不足，教者亦难强其所不能。于是应及时阅读之书，每多废置，或粗知其大略，不克深求，或用耳学，未及心通，殊非实事求是之道。补救之方，似宜将一、二年级共同必修科减去若干，本系必读之书，取其最要者，分年规定若干种，责令学生阅读，教师为之析疑辨惑，详阅笔记，庶无旷日废时之弊。再,地理一科,欲求其完善,应设立专科。

私立金陵女子文理学院:一、中国断代史分三学期授毕,每期应增至四学分,西洋断代史亦然。二、必修科目中,地理课程过多。三、专门史中,对中国外交史、西洋外交史、中国艺术史、西洋艺术史、宗教史等均宜列入。

国立复旦大学:一、主张中国通史为任何院系一年级必修。二、各系二年级增设与该系有关之英文选修科目。

国立西北大学:历史系课程拟订如次:必修科目:中国近百年史 4-6,中国断代史 12-18,西洋近世史 4-6,西洋断代史 8-12,亚洲诸国史 4-6,西洋国别史 4-6,专门史(一)(二)8-12,中国沿革地理 3。中国史学史 3、史学方法 3、西洋史学史 3、史学通论 3,四科中,任选二科。选修科目:中国史部目录学 3,民俗学 3,史前史 3,考古学 3-6,传记学 3-4,制图学 3-4,人类学 3,古文字学 6,社会心理学 3-4,中国史学名著选读 6,西洋史学名著选读 6。

国立东北大学:一、中国通史改授中国近世史,世界通史改授世界近世史。二、中国文化史(代替中国通史)及西洋文化史(代替世界通史)改为二年级必修科,各六学分。三、中国地理总论及世界地理改为选修。四、选修科目中国古代史研究、制图学、社会心理学、地史学免修。

国立山西大学:一、请将中国断代史改为二、三年级讲授,每一学期一学门,每门四学分。西洋断代史(近百年史除外)改为三年级及四年级第一学期讲授,每一学期一门,每门四学分。二、请加开近代西洋文化史一科目,第三年级起讲授。三、选修科目请将中国史学名著选读改为二、三年级必选课程,共为十二学分。

国立中央大学:一、西洋近世史应改为二年级必修科。二、亚洲诸国史无必修之理由,应将各国分开列入国别史范围之内容。如印度史、朝鲜史等等,学生得任意选习。三、地理概论、中国地理、历史地理应一律改为选修。四、选修科中应增添历史辅助科学,如古文字学、史料校勘学、年历学、目录学等。

国立桂林师范学院:一、取销中国沿革地理一科。二、改地理实察为野外实习,四学分。三、记入史学史一科,四学分。

国立中正大学：历史学系似宜列中国史学名著选读为必修。

（《各院校对于历史学系课程意见》,油印本,上海图书馆藏）

顾颉刚、陶振誉拟具的历史学系科目审查意见（1939）

一

（一）分代史拟倒授。二上明清史，二下授宋辽金元史，三上授隋唐五代史，三下授魏晋南北朝史，四上授秦汉史，四下授商周史。鉴时代愈古，学生之了解愈难，如此排列，时代颠倒，而于了解力之增进实顺，且学生既已选习中国通史，时代次序已了然于心，不致误解也。

（二）中国地理、世界地理二门，为史学系学生所必应习。如某大学有地理系，则史学系学生应往选修，如无地理系，则史学系中应设置该科目。

（三）史学系学生不当专读书，应就大学设置一地实习，搜集史料，使毕业后无论到何处，均可实地工作，故应添"古物古迹调查实习"一科，如理学院实习功课例，以二小时作一小时计。

（四）审查意见二中，谓印度为世界古文化之一，且与我国关系綦切，拟添入印度史，其言甚是。按西亚诸国为回教发源地，我国西陲同胞崇奉回教者至多，至天方朝圣者亦踵相接，为明了其宗教、伦理及社会组织计，各大学有设立"西亚史"科目之必要。

（五）"中国史学史"、"西洋史学史"、"史学方法论"三科目，应如审查意见二所说，不列入。

（六）"中国史部目录学"及"商周□□"二科目，应如审查意见三所说，均列入。

顾颉刚

二

（一）历史学系应以研究本国史为主，此为公论，但目前本国史之研究尚在"分析"之阶段，对于各种不科学的历史观念，亦犹未能尽除，故西洋史志训练仍属必须。必修课目表中所列之各种本国断代史，衡以目前本国史之研究状况及教授人才，其名目似嫌太多，若勉强完全定为必修，则结果其所授者恐未必即为"历史"。必修表所列之各种断代史，似乎应视各个大学之教授之专长，以定开班或停授，必修或选修。

（二）西洋断代史，似无须一定采用必修科目表中所列划分之四个阶段，如果教授有人尽可使学生于修完"西洋通史"后，径读"欧洲十九世纪史"、"文艺复兴时代史"、"罗马史"等等更为专门之学科，以免"三重"之弊。

（三）"西洋断代史"如系指欧战之欧洲，似应由政治系教授担任，更不必列为历史学系之必修科。

（四）"史学概论"内容含混，似可取消，"史学方法"、"中国史学史"、"西洋史学史"三科至多，只宜定为大学四年级之选修科。

（五）外国国别史中似应特别注重与中国邻近之日本史及俄国史。

（六）选修科目似不宜固定，其具体名称及开班与否，可以教授之专长为准。

（七）各种断代史似应倒授，由近而古。

（八）各科学分似嫌太少，无相当教授之学科似可停授，不必有名无实，既开班，则每一学科至少须定为四学分。

（九）历史学系之第二外国语，似应以选读日文或法文为原则。

陶振誉

（刘兴育主编《云南大学史料丛书·教学卷》(1922 年—1949 年)，
云南大学出版社 2011 年）

大学文学院历史学系必修选修科目表审查意见

朱希祖

　　大学与中学异，中学课程表必须整齐画一，不可参差，大学别延请人材，不能一致，设备方面，亦不能一律，院系开设之多少，与必修、选修即有伸缩之关系，图书仪器多少，亦与设立科目多少有关，故不能制定一表，以整齐画一之也。窃谓大学各系课程，教育部只宜规定原则，例如须注重精要科目，不许为人而设范围狭小、不甚重要科目，使各大学遵守，而课程仍使各大学各顾学校实情自定，惟不许违背原则。所拟课程，呈请教育部审核施行，如必欲整齐画一，则非将各大学经费、院系之多少一律，及图书仪器之至少限度一律，教授待遇及薪水一律不可。然国家不特设机关以培植大学教授人材，朝毕业于外国大学，而夕即执教鞭于中国大学，贻笑外人，诳耀学子，虽画一课程表，亦何能奏其效，不揣其本，而齐其末，恐未能有当也。

　　以历史学系而言，因造就史学人材目的不同，故各大学所设课程亦异，有注重应用者，有注重学理者。注重应用者，大都以造就师资方面居多，故有史地系者，有史学系二、三、四年级分成两部，一偏重本国史，一偏重外国史者，论理大学教育，应注重学理，以期发明。至于应用方面，则师范大学、师范学院任之，然就注重学理而言，其目的亦有不同，例如以发明历史真相为主者，则除普遍史，包括文化史，及社会学、政治经济学为必修科目外，尚须以考古学、地史学、人类学、人种学、言语学、人文地理学、吾国之文字学包括甲骨文字、古文书学等为必修科目，而以各种国别史，如英、美、德、法、俄、日等国史为选修科目，或选修专门史如社会史、经济史等以辅之。以发明历史真理而言，则除普遍史及社会学、政治学、经济学为必修科目外,尚须以心理学、论理学、历史哲学包括史观等为必修科目,而以各种专门史,如社会史、政治史、经济史、哲学史、美术史、宗教史为选修科目,或选修人文地理学、人类学以辅之。至于史学方法论、史学概论、史学原理等,其内容多有相通者,用其一种,不必重设。史学史、史籍举要,其内容亦有相通者,用其一种,不必重设。今部拟史学系必修选修科目表,似未能达此二种目的也。

历史学系课程,若欲规定原则:一、造就史学人材,目的宜确定标明,然后分别拟定课程。二、中外历史不宜偏重,普遍史必须完备。三、须以社会科学之若干门为基础。四、基本历史辅助科学,必须完备,如上列考古学等六种或心理学等四种。五、不准因人而设范围狭小、不甚重要科目。六、学分与钟点立定标准。至于科目分配之先后,分代史画分之长短,半学年、一学年之伸缩,钟点、学分之多寡,皆由各大学斟酌实情,自由排列,以不违背原则为限。

(《广东日报》1948 年 7 月 27 日)

对教育部所拟大学史学系二三四年级课程科目表之意见

杨家骆

　　夫以史事之繁，史籍之多，往史之有待于董理，新史之有待于撰作，而欲习史学者，于三年之期，尽理古今中外之赜，其不能者势也。窃谓中西通史既列于第一学年为必修，则于史实已识其概，其后三年，必修科目，不在断代而加详，而在培其读史治史之力。且所谓详者，中国断代史不过三倍于通史，西洋断代史不过二倍于通史耳。讲述重复，耗时既多，不如培其力，使自读原籍，庶可不囿于课本之简，而得深造之梯焉。

　　读史治史之力何以培之？一、使先明史学，次习史法，再介之以史籍。此原表所列史学概论、史学方法论、史学史已足任已，惟时间尚须斟酌耳。二、使知文化之流变，制度之沿革，疆域地名之更易，著作文物之名数。自来百官、郡邑二志，为史籍之骨干，于此不详，不能读史。阐扬积业，为读史之主旨，著作文物，为史料之府库，凡欲治史，又必讲习者也。故拟列文化史、政治制度史、地理沿革史、著作文物史于必修，而退至断代史于选修焉。

　　史之为用，莫著于现代史，从政治事，处世接物，以迨衡论时局，阅读报章，皆有取焉。兹拟于现代史外增现代人物传略及国家机构现况二目为选修。现代历史仍在英雄史与群众史交流嬗递之中，领袖人物，动系全局，讲习此科，可增学生历史之识力，而于修养亦极有益也（中央政治学校大学部曾开此课程）。所谓国家机构非但指政体而言，举一国政治、社会、文化、教育、经济、生产之机构，皆属之，盖所以填补社会科学各课程之空泛，而使彻底了解国家社会之现况及其运动之方,以激其维护及改造之志趣者也。

方志之用至广,而赓修亦最难。盖吾国郡县既繁,而志才不多觏也。以传本而论,无虑盈万,然体例足称者,寥寥无几。衡以西洋地方年鉴分门之详,编制之善,旧志时效尽失,皆有待于重修。而重修全国之志,又非广培志才不能举。窃望大学课程中列方志学为必修,学生卒业后,分发各县修志一二年,以试其史才,如是者二三十春,吾国之志书可观矣。

此外亚洲各国史、中国边疆史、中国移民史,皆应特为注重,无待详说。据上举各端,大学史学系二、三、四年级必修课程,其科目应如下:

史学通论,历史方法论,中国史学史,西洋史学史,中国史料之新发见与新估定,史籍选读,方志学。

中国文化史,西洋文化史,中国政治制度史,西洋政治制度史,中国地理沿革史,西洋地理沿革史,中国著作文物史,西洋著作文物史(文化二字,含义至广,政治制度史、著作文物史皆与文化史相涉,又著作文物史又与史学史相涉,然其范围广狭与讲述义旨终有不同),亚洲各国史(上列皆以中国、西洋对举以此弥其阙),中国现代史,西洋现代史,亚洲各国现代史(知己知彼,百战百胜,故应特详)。

选修课程,其科目应如下:

各断代史,各国别史,各类别史,考古学,历史教学法等。外增:现代中国人物传略,现代世界人物传略,中国国家机构现况,各国国家机构现况,中国边疆史,中国移民史等。

(《教育杂志》1939 年第 29 卷第 5 号)

对于中国通史与历史学系科目表草案之意见（上教育部书）

蔡尚思

　　尚思在沪、汉各大学教授中国历史，时日既久，经验渐多，对于现有之历史学系与"中国通史"，遂有种种见解，且常与国中史家商榷。兹特乘贵部发表《大学各院系科目表草案》之机会，贡献一二，并请课程委员会诸公教正！二十八年四月一日于上海。

　　（一）中国通史应为大学各学院之共同必修。本国人对于"中国通史"与"国文"，实同一重要。今贵部既指定"中国通史"为文、理、法各学院共同必修，则商学院及其他学院自亦不可例外。第一，因"中国通史"与商学院之关系，较理学院为密切。第二，因在此非常时期，更有注重"中国通史"之必要。总之，凡中国人均不可不读"中国通史"，"中国通史"应为大学所有学院之共同必修。第三届全国教育会议陈议长之闭幕词，亦已有见及此，如谓："倡导国文、历史、地理及数学、物理、化学，国、史、地造成爱国的国家从根救起，数、理、化造成现代之国家迎头赶上。"（二十八年三月二十七日《申报》）"既欲造成爱国的国家从根救起"，自非注重"中国通史"不可。

　　附说明：通史之重要——主张以中国通史为共同必修之理由，详见拙著《中国历史新研究法》第一章一。

　　（二）历史学系之中国通史应由第二学年移至第一学年。"中国通史"一课，既指定为文、理、法各学院一年级共同必修科目，又列入于历史学系二年级必修科目中，此点似有错误。今为避免重复计，历史学系之"中国通史"应由二年级移至一年级。

　　（三）历史学系必修课目应增删与归并迁移者。历史学系必修科目:（1）应增"秦汉史"、"亚洲各国史"两课。如以"中国上古史"包括"秦汉史"，既觉时代过长，而古史须兼作书本与器物之考证，亦颇费时，故应分为两课。本国历史与亚洲各国之关系，视西洋为密切。西洋方面，既有"西洋通史"与西洋"上古"、"中古"、"近世"、"现代"四史，亚洲方面，自应增加"亚洲各国史"一课，其中如古代之印度与近代之日本等，尤不容忽略。（2）应删"史学概论"、"史学方法论"两课，鄙意颇与甲乙丙三审查者相近，惟此二课取消之后，当另增"历史研究法"一课。此课可包括上述两课，至关重要，有三学分足矣。（3）"中国史学史"、"西洋史学史"两课，在审查者多主张完全删去。鄙意此系本学系之专门学问，实不当完全删去，但亦不必列入"必修"，故以移入"选修课目"中为是。

（四）历史学系选修课目应增删与重新归并者。历史学系选修科目中，应增"历史专书研究"、"中国史籍举要"（可略等于"中国史部目录学"）、"甲骨金石文字研究"三课，而删"史学新发现"一课。此外关于专史方面，如中国"民族"、"交通"、"政治制度"、"财政"、"哲学"、"美术"、"文学"七种专史，除"中国民族史"或可照原草案通过外，其余为避免零碎而难包括计，似宜归纳为三种课目，即中国"经济"、"政治"、"学术"三史，但将三者改名中国社会经济史、中国民族政治史、中国学术思想史，而将中国民族史与中国政治史合并亦可。至于"财政"、"哲学"、"美术"各种特别专门史，乃"经济"、"哲学"、"文学"各学系所必有者，似无需在历史学系细分。

（五）历史学系应增兼修课目。所谓"兼修"，亦系"必修"之一部分，惟非属于本学系之范围。详见后面"兼修课目说明"。

（六）各课程之时数亦当略为改变。此点另详左表，但可随时增加。

文学院历史学系课目表

（1）历史学系必修课目——系内必修课目

课目	学分	一上	一下	二上	二下	三上	三下	四上	四下	
历史研究法	三			三						
中国通史	六	三	三							全校共同必修
西洋通史	六			三	三					
中国上古史	三			三						
秦汉史	三				三					
魏晋南北朝史	三				三					
隋唐五代史	三					三				
宋辽金元史	三						三			
明至清中叶史	三							三		
中国近百年史	三								三	
西洋上古史	三					三				
西洋中古史	三						三			
西洋近世史	三							三		
西洋现代史	三								三	
亚洲各国史	四			二	二					
总计	五二	三	三	十一	十一	六	六	六	六	

（2）历史学系兼修课目——系外必修课目

经济学，政治学，社会学，哲学（侧重近代西洋哲学方法）。

［说明］本系学生，应于一、二年级内向经济、政治、社会、哲学各系，选习上列主要课程若干学分，作为必修之第二部分。

经济、政治、社会三学之重要，原草案颇有鉴及，而哲学与历史之关系，似不下于三者，此在美国史家 Fling 之《历史研究法》书中，亦有"逻辑哲学与历史观点"一节专论之。

（3）历史学系选修课目

课目	学分	
中国地理沿革史	四	
西洋地理沿革史	四	
中国史学史	三	
西洋史学史	三	
历史专书研究	三	
中国经济史	四—六	上列三课，为中国史的"科别（或性质）研究"，以补必修课目中"分期研究"之所不逮。
中国政治史	四—六	
中国学术思想史	四—六	无经济、政治系者，必设中国经济、政治两史于本系。
英国史	三	
美国史	三	自英至俄五课，为西洋史的"国别研究"，以补必修课目中"分期研究"之所不逮。"日本史"补"亚洲各国史"之所不逮。
法国史	三	
德国史	三	
俄国史	三	
日本史	三	
中国史籍举要	二—三	
西洋史籍举要	二—三	
甲骨金石文字研究	二—三	
考古史	二—三	
历史教学法	三	
其他		

　　选修课目，可听各校斟酌实际情形自由增减，而属于何年级，亦无固定之必要。

　　教育部决定中学注重本国史地。

　　第三届全国教育会议关于《中学教育改进案》中议决，"史、地二科并列,本国历史、本国地理应占三分之二,外国历史、外国地理应占三分之一。""初中不习英语者可加习国文、史地、劳作或简易职业等科。"在会议后又召开中学课程标准讨论会,对于高中课程议决：国、英、算及外国史地之时间数均减少,惟本国史地之时间数增加。"此次讨论全为将来组织课程委员会时修改课程之张本。"（见二十八年四月十二日上海《申报》）

（《中国历史新研究法》,中华书局 1941 年）

修正《师范学院史地系必修选修科目表草案》意见

谢澄平

一、宗旨

师范学院史地学系之主旨,在养成中等学校之优良史地师资,先就史地基本知识加以训练,再自社会科学方面充实其识见,俾能重新认识祖国,明了世界大势,激励民族精神,发扬中华文化。

二、学程

第一学年	二十一学分——二十一学分
党义	一学分——一学分
国文	四学分——四学分
英文	四学分——四学分
教育概论	三学分——三学分
中国近代史(说明一)	三学分——三学分
社会学及社会问题(说明二)	二分学——二学分
生物学(说明三)	四学分——四学分
第二学年	二十一学分——二十一学分
教育心理	三学分——三学分
中等教育	三学分——三学分

（续表）

中国中古史（同说明一）			三学分——三学分
西洋近代史（同说明一）			三学分——三学分
政治学（同说明二）			二学分——二学分
本国地理			三学分——三学分
经济学（同说明二）			二学分——二学分
哲学概论			二学分——二学分
第三学年			十六学分——十六学分
普通教法学			二学分——二学分
中国上古史（同说明一）			三学分——三学分
西洋上中古史（同说明一）			三学分——三学分
外国地理			三学分——三学分
人文地理			二学分——二学分
史学通论（说明四）			三学分——〇
地学通论			——三学分
第四学年			十四学分——十四学分
分科教材教法研究			四学分——四学分
统计学（同说明二）			二学分——二学分
中国沿革地理（说明五）			二学分——二学分
（说明六）	甲组	中国文化史（同说明一）	三学分——三学分
		西洋文化史	三学分——三学分
	乙组	气象学	三学分——〇
		气候学	〇——三学分
		地图板影（说明七）	三学分——
		地理实察	〇——三学分
第五学年必修			十一学分——十一学分
教学实习			八学分——八学分

（续表）

论文讨论			
（说明八）	甲组	日本史	三学分——〇
		俄国史	〇——三学分
	乙组	自然地理	三学分——〇
		经济地理	〇——三学分
选修学程举要			
一年级以上可选修者			
中国民族史			三学分——〇
欧洲向外发展史			〇——三学分
文字音韵学（说明九）			二学分——〇
考古学（同说明八）			〇——二学分
中国文学史			三学分——〇
法学通论			〇——三学分
中国政治制度史			三学分——〇
中国经济学			〇——三学分
图书馆学			三学分——〇
进化论			〇——一学分
地质学（说明十）			三学分——三学分
人类学（说明十）			二学分——二学分
中国哲学史			二学分——二学分
宜于甲组选修者（同说明六）			
甲骨文（说明十一）			二学分——〇
金石文（说明十一）			〇——二学分
中西文化交通史（说明十一）			二学分——二学分
中国史学史			三学分——〇
中国史学专著研究			二学分
西洋史学选读			二学分

（续表）

宜于乙组选修者（同说明六）	
中国区域地理	四学分
本国气候	四学分
国防地理	三学分
地形学	六学分
地理学史	三学分
西洋地学选读	二学分

综上，共同必修、专业训练、分组必修及选修学程，五年卒业，计得学分一八六（较原草案所定者多十六学分，乃事实上需要如此者）。

三、说明

（一）按《师范学院史地系必修选修课目表草案》，原定中国文化史、西洋文化史为一、二年级全体学生必修科目，而以中国通史、西洋文化史为史地系一年级必修学程，此原系过渡办法，含补习意味，为将来计，似无此必要。且此种办法实施时，亦有困难。中国通史与中国文化史同时开讲，教学上既不经济，史地系学生程度优良者亦有重复学习之嫌。因高中本国史内容，已相当充实，而每学年三小时之中国通史讲习，加详则时间不敷，简略则得益较少。至为其他各系一年级必修中国及西洋文化史，恐难了解，以文化史较通史为进一步的高深研究，非确有根基者，不能领悟。

（甲）为解除上述困难，拟在第一学年规定各系共同必修中国近代史，一则易引起一般学生研究国史之兴趣，并加强其认识近世史与国民生活之关系，再则使史地系学生，能把握当前，追溯既往，不致似以往先修上古史，开卷无味，兴趣索然也。

（乙）按教部二十五年六月修正颁行之高初级中学课程标准，所定之历史教学目标及教材，不特详分上古、中古、近代、现代各段，且重综合的文化研究。准此以谈，原草案仅设中西通史及中西文化史四课，纵的分代的基本史实失之过少,而横的分门的史地学识分量反重。将来史地系学生依部订标准教学,恐不能胜任。以是拟改分近代、中古、上古三阶段教学,西洋上古、中古史则合为一学年课程,第四学年乃授以中西文化史,为综合之研究。如此,史地系学生对古今之史实,能了然于胸,而对于社会科学及其他学科亦较一年级为深造,然后研究文化史,能左宜右有,融会贯通。而他系学生在高年级学习中西文化史,亦易于了解,不致如一年级时之茫无头绪。

（丙）研究史学所以由近代出发者,理由不仅如上述,在唤起初步之兴趣,并使教育与生活发生密切关系,即就学习本身论,治史贵能重新认识。研讨中西中世史,已非具较高学识者不能认识分明,至于古代史,更非对社会科学、文学及自然科学有相当准备者所能了解,何况中国上古史,尚在重新整理期间,探讨史实,非具有根柢者不辨。

（二）社会科学,原草案规定在政治学、经济学、社会学或法学通论中任选一种。惟此四学程皆系史地学者必备之基础知识,不可或缺。兹拟:

（甲）改订社会及社会问题、政治学、经济学、统计学四门分年必修,其学习年次,可以变动。法学通论之内容多为民法,其他部份则亦屡见于政治史中,故改为选修。至于统计学对史地图表(此亦系部颁中学课程中教材上所必备者)及一般社会生活之简括的研究,极关重要,不可不列为必修。

（乙）社会科学课程所以加重者,不仅便利史地研究,且亦为将来教师出路着想。各地高初中学全设者少,分设者多,史地课程专聘教师,殊多困难,故宜先事准备,以便来日能分担社会科学。

（三）自然科学,原草案规定在物理、化学、生物学、数学中任选一种。理、化、数学对史地一年级生为补习性质,可以免习。生物学为社会科学之母,史地系必先修习。

（四）史学通论一课,应讲及史学方法,原草案分为二学程,今合为一。

（五）中国沿革地理,原草案分为选修,今改为必修。此为中国地理上重要科目,即研究中国历史者,不明沿革,亦不免印象模糊,空疏无物。

（六）高年级必修及选修学程分组训练，意在随学生旨趣，分别施以专门训练，且欲史地兼善，同时并进，事实上恐不可能。兹拟于前三年施以共同训练，至后二年实行分组训练。庶几学有专长，便利教学，或担任高级历史兼初级地理，或担任高级地理兼初级历史，并可为将来高深研究之阶梯。

（七）地图板影、地理实察两门，原草案列为选修，今改为分组必修。因地理教学必须能绘制地图，再加以实地考察，庶可与地学通论上之原理及方法互相印证。

（八）（甲）日本史、俄国史，原草案列为选修。兹因纠正往昔史学教育之过于偏重欧西美洲，而忽略日俄近邻之积弊，为加强抗战建国与远东形势之深切认识，应改为甲组必修。（乙）自然地理、经济地理，原草案列为选修，现亦改为乙组必修。盖因中学课程标准颇重自然方面，而吾人尤应明了国计民生所依寄之经济地理。至于（甲）、（乙）两项必修之学年次序，可视情形而变更之。（丙）考古学及中国史学新发现两项，原草案列为第五学年必修，但以两者过于专门，尤不宜于史地两组共同必修，故改为选修。

（九）文字音韵学，对于本国史籍之阅读，人名地名之变化，乃重要之工具，故今列为选修科目。

（十）人类学、地质学，均应为史地学生共同学习之科目，如时间可以分配，应列为必修。

（十一）甲骨文、金石学，乃治国史所应知者，而中西文化交通史，亦为达教部中学课程教学上目标之要件，故添列为选修。

（《国师季刊》1939 年第 2 期）

师范学院史地系史学课程问题

谢澄平

师范学院之大规模地设立,乃抗战建国中国家教育上最重要之新建树,而其中负有复兴民族的使命之史地系,更为基本国民教育上一支生力军。吾人服务于史地教育界,对此伟大工作感到异常兴奋,同时亦深觉其任务之艰巨。作者三年来生活于此种新环境之中,一面致力于历史之教学,一面留意于整个史地系进展之途径,兹当全国教育界人士热心企图改进师范教育之际,愿以往日□的试行经验,与夫个人理想的历史教育,对于试行中之师范学院史学课程,略抒管见,以供参考(至于地学方面,门外汉不敢妄加议论,当留待地学界专家之指教)。

兹将教育部所颁定之师范学院史地系必修与选修之史学课程,列表于下,以为讨论与批评之根据。

年级	学程	学分	必修	选修
一	中国文化史	6	△	
二	史学通论	3	△	
二	西洋文化史	6	△	
二	中国上古史	3-4	△	
三	西洋上古史	4	△	
三	中国中古史	4	△	
三	西洋中古史	4	△	
四	中国近世史	4-6	△	
四	西洋近世史	6	△	

（续表）

年级	学程	学分	必修	选修
第三、四、五学年设置	中国史部目录学	3		△
	中国史学史或史学方法	4		△
	国别史	4-6		△
	专门史	4-6		△
	史前史	3		△
	考古学	3		△
	传记学	3		△
	中国史学专书选读	4-6		△

史地系必修之中西通史或断代史,由前表观之,过于简单,而修学之前后亦颇成问题。兹敷陈管见如下。

（一）本国史部份有文化史或通史一课。且在第一年级不分系别,一般学习,困难甚多,收效亦小。盖因全体新生共同必修,其程度差异颇大,而学习兴趣不同,使史地系学生一同上课,未免过于勉强。史地系学生对于历史常识自应高于其他各系,而在学习中所应注意之内容及其所应探究之问题更大不相同。且所谓通史,上下五千年,言之详尽,非短时间所能。讲之过略,无异于重演高中本国史,若特别注重文化方面,分门叙述,则非初入门者所能领略,即在史地系学生亦恐难感兴趣。而史地系将来又有分期的上中古及近代通史,第一年所修学之略而不详或详而不尽的通史,似乎无多裨益,何况所谓通史,在讲授上多半只讲到一半,或止于隋唐,或迄于宋末,何通之有? 与其残断不全,不如干脆不设。愚以为史地系不必同其他各系一样于第一年修学本国通史,最好留待第四年级,于修毕上中古及近代通史之后,设本国文化史一课,作一番全盘的、综合的、较高深的专门研究,得益多矣。

（二）各期中国通史或断代史。现只分上古、中古、近世三大阶段,实失之过于笼统。吾人研究史学之目的,在了解本国民族之发展及其在世界中之地位,故对于中国史应特别重视,详加研究,且为教育中等学生计,尤应加强本国史的认识。因此之故,本国史课程应分为上古、中古、近古、近代、现代五个阶段，至少亦须分为上古、中古、近代、现代四个阶段。根据过去两年统考成绩，中学生大抵对于上中古史之了解优于近代部分，而一般大学生之不明了中华民国史，尤为普遍的怪现象，故急应改正此种弊病。

（三）西洋史中之通史或文化史一课。以上述关于中国通史之同样理由，应改在第四年作综合的研究，至于各期通史，照部定分为上古、中古及近世三阶段，亦属可行。如时间许可，可加设近古一阶段，最好添设第一次欧战以来世界史。今日大中学生对于国际时事异常关心，但其所取材料多得自报纸、杂志，杂乱零碎，甚或错误无稽，不如予以系统上的智识，使其对于今日问题之根源，能有深切之史的了解。

（四）中西通史及文化史修学时期之先后。应大加调整，依三年之试行经验：第一年级，各校事实上于文理分组之外，亦令学生分系，史地系一年级即应学习中西近代现代史。因新生之专学习何种学科，大多系尝试性质，而第一年之学习兴趣如何，颇影响其学习之前途。同时一般学生在中学时代史地智识多较其他基本课程为浅，且研究之兴趣亦喜近代而畏古史。何况吾人研究史学之根本旨趣在乎了解今日生活之由来及其发展之道，在学术上以及日常生活上都应首先学习近今史，然后以溯源法进而学习中古及上古、远古之史，尤其上古、远古史学，非对于社会科学，尤其人类学、社会学、考古学以及古代语文有相当基础之后，不能了解。至于中西文化史之列入第四、五年学习，其理由见前，不赘。

以上就中西通史而言。其次，除上列各期断代史及文化史外，急应添设之必修应如左列。

（五）急应添设之中西史课程。

（甲）中西文化交通史。本课应在第五学年设置，于各期通史及文化史修毕以后，尤应有比较的综合研究。查教育部中学课程标准，关于本国史及外国史方面，最后都曾列入中西文化关系一项，为供将来中学教师能胜任计，为使本国史、外国史之间减少隔阂，并使学生认识本国之地位且易了解外国史计，均有加修本课之必要。

（乙）南海史（南洋史）及西域史。此两种史对于我国文化及民族之关系，至为深切。近代列强在中央亚细亚、西亚细亚以及南洋之争夺，已引起各国史地学家对于此等地带热烈之研究。我国近年亦颇注意及此，惜乎专门人才甚少，且不普及，故应于师范教育中，加以强化，使史地教育更能适应复兴民族之需要。

（丙）日本史及俄国史。在部颁课程表中略已述及，但仅列为选修，尚未特别加以重视。通常所谓外国史或西洋史，对于日本固略而不谈，对于俄罗斯亦视同化外。我国学生谈及英、美、德、法、意之事，各有相当认识，惜对于与我国关系最深切、最接近之两大强邻，反不明其国情，甚至《大公报》《中央日报》等权威的舆论界，对于日俄之认识偶亦失之浅薄。今后须将日俄史列为必修课程，以收知己知彼之效，而为抗战建国之助。

复次，关于学习历史之工具以及辅助学科，亦愿略陈数事。

（六）辅助学科。

（甲）社会科学。部定史地系一、二年级学生可于政治、社会、经济、法学四门中任选两门。愚以为近代史学之特色在其社会科学为其基础，政治、社会、经济三者全须必修。此外，应用统计学列为必修或选修，吾人如能运用统计的方法于史学，不仅得数字表格，一目了然，且搜集史料时亦非懂得此种科目不可。

（乙）自然科学。部令史地系学生可于化学、数学、生物学、人类学、地理学五门中任学两门。愚以为化学、数学可列为选科，但生物学为近代科学之母，人类学乃史学之姊妹，亦应列为必修，至于地理学，原是以后必修之一种。

（七）工具之学。语文，仅有国文及英文两种，实不敷应用，来日之优良师资，不仅为谋其教学之便利，且为其进一步高深之研究计，自应多有几种利器。日文、俄文或德文，在史学理论上以及现代史的实际上，至少有修学一种之必要。甲骨、金石文字学乃研读古史时不可少之工具，亦应选学。

最后，史地系学生将来服务及研究学术之前途如何，实为学生心目中之一大事，而为吾人所应及早注意之问题。

（八）加强史地专业训练。师范学院之修学年度，虽较大学犹多一年,但以其必修一般的及教育的课目甚多,而实习及教材教法研究等工作亦占不少时间,以致各系本身专门智识反不如大学程度之高,作者他非所知,单就史学一方而言,实不免如此。至于地学方面,据日常同事及学生谈话看来,其困难似较史学尤多。吾人常以为此辈学生将来出校,能否为高中史地教师之优秀份子,殊为可虑。故上文加强各点,无非欲提高师范生之专业程度,使其他日为师时,能胜任愉快,且有良好之学习基础,亦能进一步升堂入室,在史地学界放一异彩,不仅终身为穷陋之教师已也。近闻师范学院年限又将改为四年,则此后学程之合理分配,专业训练之完备充实,更应予以美满解决。

(九)高年级史地分组学习。史地合成一系,其目的似可沟通姊妹科学,史地合一却是一种理想,然在实施上极成困难,欲求两全,几不可得。所谓史地系几多有史主地副之势。年来大学方面,亦有史地分家,各成一系者,处此情势之下,为求实行之可能,纵不能分系,至少亦应于第三年分组学习,依学生之兴趣及其所长,偏重一方,其选学之课程,应有比较的差异,不可如现行课目之勉强一律。如此,或可造成两种人才,一则优于地而稍劣于史,一则长于史而稍短于地。将来充任中等教师,或任高中历史兼初中地理,或任高中地理兼初中历史,如史地课程钟点甚多,一人尽可专讲史学或地学也。

总之,理想的师范学院史地系,其宗旨应在养成优良的中等学校师资,同时培植史地研究之基础,使其来日为青年之导师,为中华文化发展之先锋。为实现如此伟大之任务,史地系之史学课程,须在纵的方面以中西通史及文化史为之经,横的方面以自然科学、社会科学及语言文学为之纬,纵横交织,而以我大中华民族之文化使命为其中心,为其灵魂。如是之历史教育,庶几可成为作育现代青年之生命动力,复兴中华民族之精神基础。本此旨趣,则本国史之重于外国史,近代史之重于远古史,南洋、西域史之重于一般中华民族发展历史,日本、俄罗斯史之重于其他国别史,乃应有事,固不待言矣。

中华民国三十年"五九"纪念日于粤北坪石。

部颁师范学院史地学系课程
的一个修正意见

李思纯

　　教育部颁定师范学院课程标准,原定为五学年,其后以高字第二四五三二号部令改为授课四学年,其第五学年,完全为教育实习之期间。是此项课程标准,教部已自行修正之矣。鄙意部定课程出于仓卒之决定,似尚多应考虑及修正之点。余近年承乏四川大学师院史系事务,请就史地学系课程,一加论次,并略述其修正之意见,以供教育当局之采择焉。

　　教育之目的,为应养成通才,或应养成专家,此种问题,无庸争论。盖世无一事不专之通才,亦无万事不通之专家也。专家为专向一方面深入之通才,而通才为常识具备之专家,二者似相反而实相成。既明此理,然后根据之以讨论师院史地系之课程标准,庶几有当。

　　师院史地系之目的,在养成中等学校之史地教师,固已。然亦不能谓其毫无养成专门史地学者之目的也。即以专在养成中等学校之史地教师而论,当亦不期望为一粗浅涉猎史地学之教师,而必期望其成为一深入专精之史地教师。故重在培养其专精之学,非令其略涉门径而已。如承认其必需专精治学,蔚为学者,则现行课程,决无由达此目的,势不能不加以修正。

　　第一点之修正,则史与地必须于第三学年分组也。史地二学,虽曰密切相关,实则性质悬隔,无由混合。历史为人文之学,地理为自然之学,历史为时间之学,地理为空间之学,历史为文字记载之学,地理为实际观察之学,二者合途而分辙,以一人之时间精力,决无兼治二学之理。即以优良教师而论,有专授历史而不授地理者,亦有专授地理而不授历史者。除小学教师外,事实证明,初中教师即有史地分途之势,高中更无论矣。若师范学院四年中,完全以史地并重为原则,势必于二者皆入之不深,名为二者并重,实则二者俱轻。故鄙意师院史系第一、二年,应采史地并重之原则,自第三年至第四年,则应分组专攻。于第三年上期,根据学生之求学兴趣,分为历史、地理二组,分头发展,各有主从,其办法与文学院之分组略同。

第二点之修正,则历史课程必须改定也。部定课程史地系第一学年,仅一中国文化史,且系公共必修,地理则完全无之,是第一年之史地系,完全无本系之主要课程也。鄙意第一学年宜授地学概论,而将第二年之史学通论,亦移在第一学年讲授,以树立其对于史地二学之基本概念。此项史学通论、地学概论,各授半年三学分,于第一学年上下学期,分别讲授之。

部颁课程师院史地系不授中国通史、西洋通史,而仅授文化史。在订立此课程者之初意,不外以为作教师者应特研习中西之文化而已。然通史为治史者之骨干,何能不习?凡研习历史之人而未习通史,此成为何等之历史学乎?鄙意应于第一学年,修中国通史全年六学分,中国文化史半年三学分,于第二学年,修西洋通史全年六学分,西洋文化史半年三学分,其文化史为师院各系公共必修,通史则为史地系所独有。

师院课程中之断代史,则尤为非修正不可者。按部定课程,中国分为上古、中古、近代三断代史,西洋亦然。而特于中国近代史,说明自鸦片战争起。于西洋近代史,说明自维也纳会议起。但其间有一大可注意之点,为部订课程标准所绝未注意者,则中古史之长度,殊可惊可笑也。按部定课程之三分断代法,中国方面,若以先秦为上古期,则是秦、汉、魏、晋、南北朝、隋、唐、五代、宋、辽、金、元、明、清至鸦片战争,皆为中古期也。西洋方面,若以希腊、罗马为上古期,则是第五世纪以后,第六、七、八、九、十至十一、十二、十三、十四、十五、十六、十七、十八世纪,至十九世纪维也纳会议则皆为中古期也。中古史之期间,其长度至于如此,岂非可惊可笑乎?以此一千四五百年长度之中古史,而规定第二学年四学分即授毕,此实为不可能之事,试问将令教师以何法讲授乎？如必需讲授，恐必较高中所授尤为简略，此宁非滑稽之事。在部订课程标准之初意，因师院史系不授通史，故全授此三个断代史，用以代替通史。然则何以不迳名曰通史，而伪称为断代史乎？以通史而尸断代史之名，使断代史失其专精一代之意义，此大不可。故鄙意主张别授通史而充实断代史之精神，乃为合理。

鄙意史地分组之后，第三、四学年历史组，应就下列中西断代史，各选修其二：（1）上古，（2）中古（国史自秦至唐五代，西史自五世纪至文艺复兴），（3）近古（国史自宋至明，西史自文艺复兴至十七世纪），（4）近代（国史自清初至现代，西史自十八世纪至现代）。如此规定，则于二年之中修四个断代史，换言之，即一年中修中西断代史各一个，其目的在专对一时代作较深入之讲授。且中西各修二个断代史，即为毕业，不必全修也。其中国上古史，部定为半年四学分者，亦应修改与其他断代史同。每一断代史，俱为一学年六学分。如此修正，庶使第三、四学年之历史组学生，获有比较深厚之研究。

第三点之修正，则地理课程必须改定也。部定课程，第一学年无地理。鄙意以为名为史地学系，而第一年无地理课程，似有未妥。故须于第一学年增加地学概论，与史学通论对峙，以培养新入大学青年对于史地二学之兴趣，并认识其大体轮廓。部定课程，于第三学年始授中国地理总论，第四学年始授中国区域地理及世界地理。鄙意第二学年尚未分组，可讲授人生地理全年六学分，历史地理全年六学分，中国地理总论半年三学分，以便与历史组共同研究。至第三学年史地分组，其属于地理组者，应讲授自然地理全年六学分，中国区域地理全年六学分，世界地理全年六学分。至第四学年，可讲授世界地理半年三学分，别将部定课程未列入之地质学、地形学、气象学、海洋学、制图学，均各列为半年三学分，且均改为必修。如此，则第四学年，可比较为深入之研究。

第四点之修正，则教育课程之酌量减少也。国家学制既设师范学院，则是教育学之广泛化矣。然师范学院中，仍设有教育及公民训育系，可见教育学仍设有专系以研究之，则其他各系似又可不必讲授过多之教育课程，以免与教育、公训二系有叠床架屋之嫌。鄙意除教育心理及分科教材教法研究二者外,其他教育课程,一并免修,以免与教育、公训二系重复。且教育系为他系开设之课程过多,班次广大,教师不敷分配,势必以较优良之教师讲授本系之课程,而以较逊色之教师讲授为他系所开之课程。此殆为事实上所难免之弊病,不可不防止也。

综合以上四点修正意见,可列为下举之方式。

师范学院史地学系必修课程表私拟如下:

(A)第一学年(史地并重)

史学通论(半年三学分)、地理概论(半年三学分)、中国通史(全年六学分)、中国文化史(半年三学分)(公共必修)。

(B)第二学年(史地并重)

西洋通史(全年六学分)、西洋文化史(半年三学分)(公共必修)、人生地理(全年六学分)、历史地理(全年六学分)、中国地理总论(半年三学分)。

(C)第三学年(史地分组)

历史组:中国断代史一(上古、中古、近古、近代任开一门)(全年六学分)、历史方法(半年三学分)、中国史学史(半年三学分)、西洋断代史一(上古、中古、近古、近代任开一门)(全年六学分)。

地理组:自然地理(全年六学分)、中国区域地理(全年六学分)、世界地理(全年六学分)。

(D)第四学年(史地分组)(加授教育心理及分科教材教法研究)

历史组:中国断代史二(上古、中古、近古、近代任开一门)(全年六学分)、西洋断代史二(上古、中古、近古、近代任开一门)(全年六学分)、中国史部目录学(半年三学分)、西洋史学史(半年三学分)。

地理组:世界地理(半年三学分)、地质学(半年三学分)、地形学(半年三学分)、气象学(半年三学分)、制图学(半年三学分)、海洋学(半年三学分)。

(E)第五学年(教学实习)

中华民国三十三年五月廿六日,川大寓庐写成。

历史学系课程之检讨

朱光潜

　　文院各系课程,以史学系为最简要,而亦最富于弹性。普通必修科中,已授中西通史,故学者于人类史纲,已得一鸟瞰。近世史于吾人生活关系至密切,故特设专科,使学者入本系时即循序学习。次复设中西断代史,使各校可斟酌教授专长所在,择开一二时代,俾学者对之作较精深之研究。再次设国别史与专门史,使学者对于某一国或某一方面得较完备之知识。断代史、国别史与专门史,均仅胪列可设之科目,不预定某一代、某一国或某一方面,断代史亦不拘时序之先后,各校得斟酌时宜,择要开设,故极富于伸缩性。所可议者:中国断代史分六段,学者如仅习商周与明清二段,则中间二千年之一大阶段,可被忽略,对于中史之知识必甚不完备,而前后衔接之痕迹,亦无由窥测。今日治中史者,实有偏重头尾而忽略中段之趋势,各校设课时,宜力免此弊。如断代史多开数期,使学者于必修之外,尚有选修之机会,亦补救之一道也。西洋断代史分三段,学者可遗其一,如所遗者为希腊罗马史,或文艺复兴至法国革命,则亦至可惋惜。就研究言,各时代均有其重要性,就中国学生之准备与需要而言,中古史似居次要也。国别史中,印度、西班牙、巴尔干半岛等,与日、俄、英、美、德、法诸国,等量齐观;专门中,殖民史与经济、政治、社会等史并列,似可商讨。盖性质较偏僻者应列入选修科也。中西史学史或史学方法共占七学分,列为必修,似亦欠妥,此种过于专门之科目,只宜设于研究所或选修科,今设于本科为必修,恐教者难以应付,而学者亦难获实益,反侵占其他要课之学分,甚不合算也。地理与史学关系至巨,史的事实发生于一定地带,戏剧动作之必有舞台背景,固无论已;而史的轨迹常为地理因素所决定,尤为学者所必知。今仅设中国地理,而世界地理夷为选修,学者对于历史事迹之有关地理者,不至茫然乎? 习中国史者,明白现代地理,犹为未足,对于疆域之沿革与地名之变迁,尤不能不了如指掌,今必修选修科中,均无史的地理,亦殊不可解。鄙意必修课程中之中西史学史,应改为选修,其所占之学分,应以世界地理与中国史的地理两科充之。

（《文学院课程之检讨》,《高等教育系列》1941 年第 1 卷第 3 期）

历史系课程的问题所在——实习

黎东方

一、先要确定目标

我们今日在校研究历史的学生,是有怎样的一种抱负? 国家对于他们,是具有怎样的一种期望? 这些似乎先要认清,必须确定一下,然后再讨论课程设置上的具体问题。

学生们所憧憬的,以追步司马迁与"韦尔斯"或朗开(Ranke)的后尘呢? 或是并非必欲修史为终身事业,而仅仅志在读史,以掇取古人的政治经验,把历史作为创造未来的一种依据,志在作一个中国的季梭(Guizot)或蒂埃(Thiers)呢? 前者可谓志在做一个职业的历史家,后者则是一个业余的历史家。

他们的抱负,无论是属于前者,或属于后者,都不应该责备。但是国家对于他们,可以有附带的要求: 即无论你们是否志在修史,或"用史",你们将来必须遇必要时专教或兼教几个钟点历史,并且要多写一些文章,让其他的人可以享受到你们的心得。

那么,我们历史系的教育目标可以确定了。我们一定要使得学生:

第一,知道中国历史与世界历史的精确轮廓、重要事实,包括政治、经济、文化诸方面的演进。

第二,读过几种直接史料,从头至尾,并且略知每一种的重要与得失所在。

第三,懂得怎样看书,并且知道在甚么地方去找书看; 要有很健全的理则学训练,与很及时的目录学知识。

第四,会作独立的专题研究,并且有描述心得的能力; 知道怎样去搜集史料、分析史文与综合史实,决不是到了毕业之前的三个月,才开始写论文,也决不是四年之内,仅仅写过这一篇论文。

第五,懂得教书的方法,没有"恐坛病"(Stage Fright)与口吃、太多的土音等等。

第六,受有相当的社会科学训练,俾于毕业以后,能够运用历史学的方法,去研究政治学、经济学、社会学等理论上与实际上的问题。

二、现行的课程科目

以中国所能有的人才,与各校所能有的设备而论,现行的课程科目虽非完美无憾,也不可谓非已经十分致密而慎重了。中国通史与西洋通史,可以供给基础的知识;断代史与国别史,可以指导进一步的阅读;专门史与选自他系的科目,可以启发"用史"于实际生话的门径;专题研究,可以指导怎样去研究专题,并且还有毕业论文或研究报告一课,可以说明怎样去写作历史文字。除此以外,史学方法与历史教学法等等,也几乎是应有尽有。

严格地说起来,当然其中也不无遗漏的地方。例如,在本系选修的科目之中,有世界地理而无中国地理,有传记学而无方志学(或地方史)。历史地理即沿革地理一课,列在地理系的选修科目之中;历史哲学一课,列在哲学系的选修科目之中,而本系独付阙如。此外,语言文字的训练,即外国语,满、蒙、回、藏文等等,于参考书及重要史料的译读上最有关系,也不曾获得应得的地位。史籍名著是有了,而直接史料的接触仍无机会。理则学与社会科学的素养也嫌不够充分。然而这些,都还不是问题的所在。

三、问题所在

问题所在,似乎不在科目表的外相,而在每一课程的内容,也就是全部课程的共同精神。

直到现在,我们的大学历史系,太拥护那小学都已经放弃了的注入主义！这注入主义真不知贻误了多少极有抱负的青年,阻碍了多久中国历史学的进步！它使得我们的学生,读了四年的历史,而仅仅获得每年一二百页的讲义或笔记;使得他们仅能每半年回答两个(或三个之中的两个)极简单无味,不出那讲义与笔记的范围的小问题;使得他们到了第四年级下半年才开始晓得汇抄一点《淮南子》、《管子》与《周礼》等等颇堪疑问的廉价材料;使得他们卒业以后,既不能做一个职业的历史家,又不能做一个业余的历史家,至多能侥幸厕混于水准甚低的今日中国社会而已！

为了扑灭这个注入主义,我要求全国各校的同仁们以"多读,多写,多讲"来代替学生们的"永远听讲"。每一种课程,学生于听讲以前,必须先有机会去"读";然后,讲时才能免于浮泛、浅陋、粗俗,教学两方面俱感兴趣。例如要讲中国通史中涉及秦汉之际一节,倘若各人事先并未诵读《项羽本纪》、《高祖本纪》、《淮阴侯列传》等等比较重要的几篇文章,那么,讲的时候焉能不细细交代,虽义帝是谁,项羽是谁,项梁是谁,都要一一报告,那有时间来比照刘项两方的得失,更那有时间来介绍《史记志疑》一类的书籍！同样,在讲了以后,倘若每一位学生必须做一篇短文,发表他的感想、心得或特殊见解,甚至试作小规模的探讨,其收获又将如何？再进一步,每星期指定学生两人或三人,各作十分钟的讲授,令其他同学观摩,是否经了四年以后,还要顾虑甚么"恐坛病"与"发音不清"？

无奈几十年的注入主义,已经在大学历史系中造成了一种极有力的学风,学生只有听讲的权利,无任何写作、讲书或登坛的义务,甚至连上课的时候,也决不肯轻易与教书者交言。倘若教师要提出甚么问题,"请求"学生答复,这显然是误解了他们,把他们当做小学学生或工科学生了。

这虽是教学形式的问题,实在就是课程内容的问题,因为他的解决完全系于课程内容的分配。简单的说,某一学程是六学分,每周三小时,我不赞成这三小时都是讲授,应该仿照理工课程的办法,以一小时讲授,以其他两小时作为实习。实习的办法,可以共同阅读事先印就的材料,或共同演习专题的写作与讲授,最好是两者兼行,斟酌各课程情形而加以伸缩,但教师必须参加。实习的地点,可以仍在课室,或与图书馆洽排时间与座位,但实习的材料必须充分,足够一小时阅读,而且不可脱节(笔者前在中山大学试办此课,即因油印室工作不能合拍,而未能贯彻)。

过去有几个大学的历史系也常常给予学生以不少的 assignments,但是做学生的每苦于课外的时间太少,不能细加玩味,并且不看参考书的也可以照样的及格。也有些大学的历史系,规定毕业论文之外,每学期须写学期论文(term paper)一篇,但是事实上做到一年一篇的很少。并且内容庞大,学生们喜欢好高骛远,而先生们改不胜改。譬如有一些新兵,立正稍息的姿势都还没有正确,尽管每半年叫他们实弹大操一次,不会有甚么效果的。

实习! 这一个口号的提出,我深信必能获得各校同业者的同情。它的实现,还需要各校当局的谅解与赞助。也许,只要教师能每役必与,每一小时都到,而且能事先苦心编印了很多材料,事后改正了很多文卷,虽则有三分之一二的小时不用口而改用眼,总不会被人们怀疑为企图省力吧。

至于因课程而牵涉到的师资问题,如一人是否能兼教数种专门科目,并且年年更换等等,我想留待其他的机会到来,再为讨论。

(《高等教育季刊》1941 年第 3 期)

改进史学系之一说

吕思勉

贵切实，戒浮泛；贵求心得，戒骛声华。此凡学问之所同，史学自亦莫能外。

近数十年，好治史者颇多，史学似极兴盛，然夷考其实，实鲜足观。治外国史而足语于专门研究者，殊鲜其人。治本国史者似多矣，然或拾人牙慧，陈陈相因；或徒事钞撮，支离破碎；真能卓然自立者盖寡也。此其故何哉？图书之不备也，研究之鲜暇也，境实为之，固也。然治学者之浮泛而好骛声华，亦不能不分尸其咎也。

治学之道贵专，专则必各精一门，固也。然常识必不可以不具，故基本之书，必不容不细读。基本之书，众说之所自出也，必明乎此，然后于前人之说，乃能真实了解。此非谓墨守，即欲批评前人，矫正前人，亦非如此不能无误。不则无的放矢，而其自矜创辟者，亦必不免误入歧途矣。迩来之治学者，有一病焉，学者于基本之书，尚未卒读，常识尚未完具，而先使之择一专题，从事搜集材料。夫研究之可贵，在能发人所未发。常识尚未完之人，安能得有价直之题目？则亦人云亦云而已。据人云亦云之题，求共见共闻之料，即所翻检，均为原书，搜采极博，亦必无所心得，不过较胜高等钞胥而已。况乎搜采亦不易博，又为速成之见所中，乃据前人已成之作，汇合勤取，略事补苴，据为己有，是伯宗之攘善也。以此教人，岂不坏人心术？使后生小子，误以为所谓学问者，即系如此，又安肯切实用功，尚安有入门之日乎？

欲治一种学问，基础必不可不立。植基之道：（一）与本科相关之学科，当有普通之了解。（二）则本科中基本之书，必须细读一过。由前之说，在于普通必修科目之认真，在于辅系之选择。由后之说，在于本科之学程中,有若干注重自习。本校史学系课程史籍名著研究、史学名著研究,皆重阅读元书,其意即在乎此。但今此两学程,仍偏重于讲授,尚未合设科元意。最好能办到读书在教室外,教室中注重析疑问难,即以此代考试,而积平时之札记,以代毕业论文。如此,看似零碎,而其人必有心得,可以略知门径,与泛泛听讲、芒芒钞撮者不同也。然至大学毕业,亦不过略有门径而已,真欲精研,端在毕业之后。如毕业生能继续进修者,留居校中,将凡基础之书,一一细读,他科与本科有关系之书,亦于此时肆意泛滥。如此更四五年,即可以卓然自立,然后真可以语于研究矣。此四五年中,当专力于读书,不必骛心于述作,指导者当抑其速成之见,勉以于根本上用功,与相切磋。若设立如此之研究制度,虽不足以驰骛声华,然养其根,竢其实,真正之学者,能于此植其基者,必不少也。

（《光华大学十六周纪念特刊》1941 年）

历史学系

朱光潜

史学在吾国学术界中素占优越之地位。古谓文字为史，凡文字所记载者皆属史的范围，故自广义言之，"六经皆史"。史之最显著的功用为保存文化传统与社会遗产，使后人可据已往之经验为治国立身之准则，故史有"鉴"之喻。司马光《资治通鉴》一书即从政者之课本，用意在藉史迹为"鉴"以"资治"。惟史之功用尚不仅在"以古为鉴"。史之职责在记载人类一切思想行为所已经之轨迹而求解释其因果关系，凡政治、经济、宗教、哲学、文艺等等文化活动在时间上继续进行者均为史所必讨探。惟其记载人类已有成就，故史为各科常识之宝库；惟其解释事变因果，故史可养成远大平正之眼光。国无历史即无文化，人无史学知识，对文化亦不免茫然。史学者，"宽大自由教育"之最有效的工具也。

吾国历代史有专官，邦国大事咸逐时载诸方册。西人有称吾国为"历史家的国土"者，良非虚誉。自周秦以至于今日，二千余年中史的记载绵延不绝，求之世界任何国家，无有也；四部所载，注疏之作不计外，史籍为量最多，其材料之丰富，求之世界任何国家，亦无有也。惟中国史学材料虽甚丰富，而方法或尚欠精密。中国史学家素不出传记、编年及纪事本末之范围，其重要功用仅在记载，未有将一时代全体社会之思想行为作一整个的有系统的描绘而显示其因果关系者。换言之，中国史学是叙述的而非解释的，零乱的而非综合融贯的，故至今尚无一部满人意之通史或断代史，此其失一。中国史家素从政府立场着眼，对于政治之变迁，朝代之更替，官吏之升降，战争之起讫，均言之綦详，而于社会生活形态及经济发展等等则视为无足轻重而语焉不详,故史料虽富,而社会史、经济史所必资之源,如食货、盐铁诸书,实简略零碎,难以为据,此其失二。加以古史多凭传说,官书时多忌讳,材料之审定尤为史家当务之急。总之,中国史学有如旧家遗产,珍宝满室而灰封虫蚀,洗刷清理颇不易为功。近代西方史学方法日趋于严密,吾人若借以为鉴而整理国史,则可开垦之沃壤尚多,而可希望之收获亦必丰富,是则有待于史学系之英俊矣。

文学院公同必修科中已有中国通史与西洋通史,学者对于人类史全体应已有赅括之认识,故史学系不另设通史。史籍至浩繁,即西方专门学者穷毕生之力,亦往往仅精通某一断代史、国别史或专门史。史学系特设此三科,用意亦仅在示学者以门径与方法,以为卒业后继续研究之基础。断代史中之近世史,与吾人生活关系至接近,如现代文化之形成,社会经济政治之转变,外交之纠纷,交通之发展等等,均为一般公民所必有之常识,治史学者决不能置之不顾,故史学系特设中国近世史与西洋近世史两科。史学与地理学关系至密切,治史学者不能不知地理,而沿革地理尤为重要,浙江、暨南诸大学史地合系,对于学者实较为便利。现行史学系课程中仅设中国地理三学分,似嫌不足,世界地理之列入选修,盖受学分之限制,实则研究西洋史者仍以先选修世界地理为妥。

(《文学院》,《教育通讯》1940 年第 3 卷
第 27、28 期"升学指导专号")

图书在版编目（CIP）数据

现代大学史学系概览（1912－1949）／王应宪编
校.—上海：上海古籍出版社，2018.11
（中国近代史学文献丛刊）
ISBN 978－7－5325－9009－4

Ⅰ.①现… Ⅱ.①王… Ⅲ.①高等学校—史学—课程
—研究—中国—1912－1949 Ⅳ.①K092

中国版本图书馆 CIP 数据核字（2018）第 235265 号

中国近代史学文献丛刊

现代大学史学系概览（1912－1949）

（全二册）

王应宪 编校

上海古籍出版社出版发行

（上海瑞金二路 272 号 邮政编码 200020）

（1）网址：www.guji.com.cn

（2）E－mail：guji1@guji.com.cn

（3）易文网网址：www.ewen.co

浙江新华数码印务有限公司印刷

开本 635×965 1/16 印张 60 插页 10 字数 894,000

2018 年 11 月第 1 版 2018 年 11 月第 1 次印刷

ISBN 978－7－5325－9009－4

K·2570 定价：238.00 元

如有质量问题，请与承印公司联系